Todo *meu caminho* diante de mim

Tradução:
Francisco Nunes

Todo *meu caminho*
diante de mim

C. S.
LEWIS

Edição *especial* |

Título original: *All My Road Before Me*

Copyright © 1991 by C. S. Lewis Pte. Ltd. Foreword copyright © 1981 by Owen Barfield.
Edição original por HarperCollins *Publishers*. Todos os direitos reservados.

Os pontos de vista desta obra são de responsabilidade de seus autores e colaboradores diretos, não refletindo necessariamente a posição da Thomas Nelson Brasil, da HarperCollins Christian Publishing ou de sua equipe editorial.

Publisher	*Samuel Coto*
Editores	*André Lodos Tangerino e Bruna Gomes*
Produção editorial	*Brunna Prado*
Preparação	*Clarissa Melo dos Santos*
Revisão	*Davi Freitas e Brunna Prado*
Diagramação	*Sonia Peticov*
Capa	*Rafael Brum*

CIP–BRASIL. CATALOGAÇÃO NA FONTE
SINDICATO NACIONAL DOS EDITORES DE LIVROS, RJ

L76c
   Lewis, C. S. (Clive Staples), 1898-1963
     Todo meu caminho diante de mim / C. S. Lewis; tradução de Francisco Nunes. — 1.ed. — Rio de Janeiro: Thomas Nelson Brasil, 2020.
     640 p.

     Tradução de: *All My Road Before Me*
     ISBN 978-85-71670-68-6

1. Biografia — diário. 2. Cristianismo. 3. C. S. Lewis. I. Nunes, Francisco. II. Título.

5-2020/39   CDD: 920.9
                                                                   CDU: 929.012

Thomas Nelson Brasil é uma marca licenciada à Vida Melhor Editora LTDA.

Todos os direitos reservados à Vida Melhor Editora LTDA.
Rua da Quitanda, 86, sala 218 — Centro
Rio de Janeiro — RJ — CEP 20091-005
Tel.: (21) 3175-1030
www.thomasnelson.com.br

Todo *meu caminho* diante de mim

Clive Staples Lewis (1898–1963) foi um dos gigantes intelectuais do século XX e provavelmente o escritor mais influente de seu tempo. Era professor e tutor de literatura inglesa na Universidade de Oxford até 1954, quando foi unanimemente eleito para a cadeira de Inglês Medieval e Renascentista na Universidade de Cambridge, posição que manteve até a aposentadoria. Lewis escreveu mais de 30 livros que lhe permitiram alcançar um vasto público, e suas obras continuam a atrair milhares de novos leitores a cada ano.

SUMÁRIO

Nota sobre a edição brasileira   9

Prefácio de Owen Barfield   11

Introdução de Walter Hooper   17

O diário   31

   1922   33

   1923   225

   1924   365

   1925   449

   1926   487

   1927   551

Epílogo   593

Apêndice biográfico   595

Apêndice do Magdalen College   613

Índice   623

NOTA SOBRE A EDIÇÃO BRASILEIRA

Embora C. S. Lewis seja um dos autores mais prolíficos da história, com contribuições diversas nos campos teóricos e literários, ele levou anos para desenvolver sua voz como escritor. Este diário acompanha sua fase inicial, período em que ele começava seus estudos em Oxford e ainda amadurecia seu estilo de escrita e suas referências teóricas.

Já nesse período, o leitor pode perceber como Lewis era culto. Ele devorava livros, que foram seu amor ao longo da vida e a base de seu trabalho como estudioso e escritor. Naturalmente, sua obra deixa transparecer a variedade de referências, contendo camadas com centenas dos grandes livros da história escondidos nas palavras do autor.

Os registros dos cadernos aqui apresentados (que vão de 1922 a 1927) possibilitam ao leitor formar um senso único de Lewis de maneiras que podem ajustar em sua mente a imagem do homem e do escritor, ajudando a descobrir os padrões de pensamento de Lewis fora do ensino formal e da escrita.

Para que o leitor realmente encontre Lewis, tivemos a preocupação de não interferir no texto com alterações que comprometessem a forma original. Por isso, procuramos conservar as abreviações e até mesmo alguns erros ortográficos que não comprometessem o sentido da frase. Também mantivemos o uso de maiúsculas desnecessárias com a intenção de manter a autenticidade e o sabor do texto lewisiano.

Por idêntico motivo, não alteramos a estrutura das frases — mesmo em casos que geram estranhamento ou parecem pouco corretos — a não ser que a clareza do pensamento estivesse comprometida.

Todo meu caminho diante de mim

Sempre que possível, explicamos através de notas de rodapé conceitos que aparecem no livro, assim como os autores e obras mencionados. Contudo, muitas referências podem ter ficado de fora, já que é impossível mapear com precisão todo o intrincado de pensamentos que passavam pela cabeça do autor. Mas esse é justamente o desafio e a diversão de ler Lewis. Como J. R. R. Tolkien disse uma vez, à respeito de Lewis, ao biógrafo George Sayer: "Você nunca vai chegar ao fundo dele."[1]

---

[1] SAYER, George. *Jack: A Life of C. S. Lewis* [Jack: uma vida de C. S. Lewis]. Wheaton, IL: Crossway Books, 1994, p. xx.

PREFÁCIO

O próprio Lewis respondeu à primeira pergunta: por que dedicar a quantidade substancial de horas que serão consumidas para ler este registro meticuloso de uns poucos anos sobre ele quando ainda estava no limiar da carreira? Embora admitidamente intercalado com ocasionais comentários perspicazes sobre a vida e a literatura, a maior parte do diário é, de longe, um catálogo factual, muitas vezes repetitivo, de intermináveis tarefas domésticas e comezinhas, estudos acadêmicos e procura de emprego. Bem, na anotação de 20 de junho de 1923, ele observou:

> (...) acho que a repetição do dia a dia ajuda a pessoa a ver o movimento maior e a prestar menos atenção a cada maldito dia em si.

Tal, creio eu, será a experiência desses leitores — e eles provavelmente serão a maioria —, que sentem um interesse especial não apenas no todo ou em parte do legado literário de C. S. Lewis, mas também em sua pessoa. Eles terão entrado na pele, por assim dizer, do jovem que ele foi de 1922 a 1927 de um modo tal que nenhuma outra informação ou reflexão poderia ter possibilitado.

A segunda questão é mais difícil: por que, uma vez que ele próprio já estava dentro daquela pele, Lewis encontrou tempo para manter um diário (com apenas algumas lacunas) ao lado das outras tarefas excessivamente numerosas e pesadas que conduzia? Lewis pensava que, em algum estágio posterior da vida, ele o leria para "ver o movimento maior"? Eu duvido muito. Anotações aqui e acolá registram a leitura do diário para a sra. Moore e, pelo menos uma vez, ela o repreendeu por não ter escrito por alguns dias. Minha suposição, portanto, e não é mais do que isso, é que aquelas leituras contemporâneas em voz alta foram o principal motivo de Lewis para manter o diário.

Acho estranho relembrar que, durante os primeiros anos, eu não tive qualquer indício de todo aquele pano de fundo familiar. Lewis era simplesmente um colega de graduação e, mais tarde, um amigo literário e filosófico. Lembro-me de ele me dizendo, em certa ocasião, que tinha de voltar para limpar o forno do fogão a gás, e eu considerei isso como algo que aconteceria muito raramente. Só a partir do diário vim a saber que uma parte substancial de seu tempo e energia eram consumidos para ajudar a administrar a casa da sra. Moore, e também quanto daquilo foi devido à sombra da extrema pobreza que pairou sobre eles até que finalmente Lewis obteve sua bolsa de pesquisador. Talvez seja relevante aqui relembrar que só a partir de alguma época nos anos 1940 que usamos nossos nomes de batismo. Antes disso, éramos Lewis e Barfield. Quando ele sugeriu a mudança, consegui lembrá-lo de que eu mesmo o fizera alguns anos antes, e ele judiciosamente recusou com base no fato de que nossa amizade era mais intelectual do que doméstica!

É claro que não é apenas em relação ao trabalho doméstico e às preocupações financeiras que o nome da sra. Moore — "D", como Lewis a chamava e no diário a denomina — ocorre com tanta frequência. Uma das coisas que me faz saudar sua presença nesse impresso é que servirá muito para retificar a imagem falsa que dela foi pintada como uma espécie de madrasta venenosa e uma implacável mandona. É uma imagem que apareceu pela primeira vez em 1966 nas memórias introdutórias de *Letters to C. S. Lewis* [Cartas para C. S. Lewis], de W. H. Lewis, e reapareceu com frequência na prolífica literatura sobre C. S. Lewis que desde então foi publicada. Se ela impôs alguns fardos sobre ele, também o salvou de outros, tomando-os sobre si mesma apesar dos protestos dele. Além disso, ela estava profundamente preocupada em promover a carreira dele. Foi o que ocorreu em todos os eventos durante os cinco ou seis anos que o diário cobre. Esses anos foram seguidos por outros tantos que,

Prefácio

de qualquer modo, para amigos e visitantes, pareciam ser de uma vida familiar normal e razoavelmente feliz. Lembro-me de mais de uma noite social bastante alegre em Hillsboro com os três: Lewis, a sra. Moore e Maureen, a filha dela — e aqui talvez eu possa dar alguma ajuda técnica ao leitor. Há várias misteriosas referências a um jogo de salão chamado "Boys' Names" [Nomes de meninos], que às vezes era jogado nessas ocasiões. Era um jogo de lápis e papel. Alguém escolhia uma letra do alfabeto e a todos era dado um ou dois minutos para escrever o maior número de nomes de meninos em que poderiam pensar, começando com aquela letra. Pelo menos, era assim que se esperava que o jogo funcionasse na primeira vez em que era jogado. Os nomes de meninos, no entanto, logo se esgotavam, e a prática era selecionar outra categoria: escritores famosos, capitais, rios, artistas, alimentos ou o que fosse. Certa vez, sugeri que um nome mais satisfatório para o passatempo seria "Categorias", mas a tradição era forte demais e o nome antigo permaneceu.

Talvez eu tenha exagerado a preocupação dos apreciadores de diários com os problemas pessoais de Lewis, quer sejam acadêmicos ou familiares. Há muito mais. O amor pela natureza, por exemplo, que transparece nas inúmeras descrições de sua caminhada diária para casa e de quando visitava outras pessoas durante os feriados. Algumas delas me lembraram de relatos detalhados similares de passeios nos primeiros cadernos de Coleridge.[1] Era o amor de um pintor de paisagens ou de um poeta, e não de um naturalista, um deleite na paisagem, no impacto da natureza em seus sentidos em vez de alguma participação íntima nos acontecimentos secretos dela, como encontramos em Richard Jefferies, W. H. Hudson ou Konrad Lorenz.[2] Mas era nada menos que um profundo amor, e

---

[1] Samuel Taylor Coleridge (1772–1834), um dos maiores poetas ingleses. [N. T.]
[2] John Richard Jefferies (1848–1887), conhecido por sua prolífica e sensível obra sobre história natural, vida rural e agricultura do final da Inglaterra vitoriana. Considerado o "primeiro e mais verdadeiro conservacionista". William Henry Hudson (1841–1922), nascido na Argentina, foi autor, naturalista e ornitólogo. Konrad Zacharias Lorenz (1903–1989), zoólogo, etólogo e ornitólogo austríaco. [N. T.]

um amor que não estava desconectado daquela experiência elusiva sobre a qual ele mais tarde escreveria em *Surpreendido pela alegria:*[3]

> Além da cerca havia um marrom rico e profundo. Fui realmente tocado pelo sentimento correto. A pedra parecia mais macia em todos os lugares, os pássaros cantavam, o ar estava deliciosamente frio e fino. Eu tive uma espécie de agitação estranha e caí na verdadeira alegria.
>
> Virei-me para a esquerda e, assim, passando pela grande samambaia, fui para meu pinheiral favorito, onde me sentei por um longo tempo e tive a "alegria" — ou melhor, tive apenas uma visão dela, mas ela não chegou.

Também não foi a visão o único dos cinco sentidos através dos quais esse amor poderia emergir:

> Caminhei pelos campos até Stowe Woods depois do almoço, para ver se havia alguma flor lá em cima, mas não encontrei nenhuma. Tudo o que pude fazer no percurso de volta foi caminhar contra o vento ou manter os olhos abertos contra o sol. Do modo como se desfruta das violências da natureza até o momento em que elas se tornam dolorosas ou perigosas.

Confesso com alguma surpresa não ter encontrado referência a sua longa discussão comigo, mais tarde denominada em *Surpreendido pela alegria* como "Grande Guerra", já que ele deixa tão claro ali que esteve bastante preocupado com isso na última parte dos anos do diário. O mais próximo a que ele chega é uma anotação em 18 de janeiro de 1927:

> Estava pensando sobre a imaginação, o intelecto e a confusão profana em que estou sobre eles no presente: fragmentos não digeridos

---
[3] A citação não se encontra em nenhuma edição em inglês de *Surprised by joy*. [N. T.]

Prefácio

de antroposofia e de psicanálise lutando com o idealismo ortodoxo sobre o pano de fundo do bom e velho racionalismo kirkiano. Senhor, que bagunça! E todo o tempo (comigo) existe o perigo de cair na maioria das superstições infantis ou de correr para o materialismo dogmático a fim de escapar delas.

Talvez não seja por acaso que o dia anterior registre: "Uma carta de Barfield dizendo que ele está no Air Hill e virá aqui — sempre uma boa notícia".

Há, de fato, muito metal legível na grande massa informe de minério, além de seu valor como revelação pessoal: comentários incisivos sobre amigos, colegas, alunos; a luta contínua com seu poema narrativo *Dymer* e as esperanças e os medos por causa da qualidade intrínseca dele, bem como por seu possível sucesso; numerosas observações críticas tanto sobre escritores contemporâneos como sobre os muitos livros de diferentes períodos que ele estava lendo ou relendo para sua futura graduação em Língua e Literatura Inglesas. Por exemplo:

> Depois disso, li o *Phantastes*, de Macdonald, enquanto tomava chá, o qual já li muitas vezes e que, na verdade, acredito preencher para mim o lugar de um livro devocional. Isso me deixou mais animado e me encantou.
> Também li alguns Dryden na tentativa de descobrir o que ele quis dizer com sagacidade. Mas ele dá a isso um significado diferente a cada vez. Ele é o estranho caso de um homem que era apenas um poeta e nada mais — sem magnanimidade, sem conhecimento, sem poder de pensamento: apenas ritmo e prazer.
> Reli algumas das melhores histórias de *O País dos Cegos e outras histórias*, de H. G. Wells. Nunca releia um antigo favorito sem descobrir que ele contribuiu com mais do que se suspeita para o repertório habitual de alguém.
> Naquele dia, comprei *Amelia*, de Fielding, e comecei a ler. É estranho como uma sucessão tão monótona de infortúnios — na qual os contínuos ataques à inexpugnável virtude de Amélia se tornam

ridículos —, lastrada com tal retórica malévola no diálogo pode se tornar palatável à força de puros poderes narrativos. O contador de histórias nato pode realmente fazer o que gosta na literatura. Para certo tipo de humor, a prosa de Milton supera qualquer um que eu conheça. Ele abusa dela como um vendedor ambulante inspirado — como Falstaff.

Ou, de modo mais geral:

> Nas pressões da conversa, descobri uma nova ideia minha que acho verdadeira: o que chamamos de "filosofia" desses romancistas modernos é um hábito que eles têm de vincular seus personagens ao que supõem serem grandes movimentos do Zeitgeist — como, por exemplo, a revolta da juventude nos romances de [Hugh] Walpole. Mas isso é realmente um artifício literário: paralelo ao cenário de rei e rainha de tragédias ou do sobrenatural — um meio de evitar o puramente privado e individual, de quem realmente não gostamos.

Esses são apenas alguns exemplos de muitos que poderiam igualmente ter sido escolhidos. Eles são suficientes, espero, para mostrar que, intercalados com a reportagem monótona, o leitor encontrará nas próximas páginas bastante escrita em que, se ainda não for o "vintage Lewis", já podemos discernir, através da abundante folhagem, o vislumbre do desabrochar do amadurecimento.

OWEN BARFIELD[4]
Maio de 1990
Forest Row, Sussex

---

[4] Veja Owen Barfield no Apêndice biográfico.

INTRODUÇÃO

C. S. Lewis fez várias tentativas de manter um diário quando era menino, mas todas tiveram vida curta. Então, aos 23 anos, quando era estudante de graduação em Oxford, ele começou um novo diário em que usou mais de um quarto de milhão de palavras e que abrange os anos de 1922 a 1927. Esse era o Lewis pré-cristão, um ateu cujas objeções à fé foram ventiladas nessa tentativa. Ele perseverou porque não dizia respeito apenas à sua vida, mas também à de sua amiga, a sra. Moore. Várias vezes ele registra como se atrasou e como a sra. Moore insistiu em que ele retomasse a tarefa. Grande parte do conteúdo documental foi ditado pelo interesse dela em registrar os prazeres e as decepções causados pelos muitos que visitavam a casa em que viviam. E, como o diário deixa claro, a sra. Moore era sua principal audiência. Lewis costumava lê-lo em voz alta para ela, e ela podia vê-lo a qualquer momento. Assim, não obtemos um relato inteiramente desprotegido feito por Lewis da sra. Moore, mas aprendemos muito sobre o dia a dia dele.

Quando C. S. Lewis chegou a Oxford em abril de 1917, a Europa estava em guerra. Ele poderia ter reivindicado a isenção do serviço militar por ser irlandês. Mas Jack Lewis, como seus amigos o chamavam, acreditava que deveria ganhar o direito de estar na universidade passando pelo Corpo de Treinamento dos Oficiais (OTC, sigla em inglês) para o Exército. Lewis, que tinha dezoito anos na época, era um acadêmico do University College e, apesar do fato de a maioria dos edifícios estar sendo usada como hospital do Exército, ele gostava muito da companhia dos doze homens que ainda permaneciam lá. Embora Lewis estivesse no estágio de amar Oxford, ele se importava muito pouco com a Inglaterra como um todo. Não era, portanto, surpreendente que ele fosse especialmente atraído por outro irlandês em seu College, Theobald Butler. Um dos efeitos de estar ao redor do pitoresco Butler, além de ficar "solenemente bêbado", foi que Lewis se tornou nostálgico.[1] Escrevendo para seu amigo de Belfast, Arthur Greeves,[2] em 27 de maio, sobre uma conversa com Butler, disse: "Como todos os irlandeses que se encontram na Inglaterra, terminamos com críticas à invencibilidade e à fraqueza da raça anglo-saxônica. Afinal, não há dúvida, amigo, que os irlandeses são um povo único: apesar de todas as suas falhas, eu não teria prazer em viver ou morrer entre outras pessoas".[3]

Ele certamente conseguiria o que desejava. Depois de apenas um semestre, o OTC exigiu que Lewis abandonasse seus aposentos no University College e se juntasse a um batalhão de cadetes no Keble College. Isso foi em 8 de junho de 1917, e aqui novamente ele se encontrou com outro de seus compatriotas. Seu colega de quarto era Edward Francis Courtenay "Paddy" Moore, que nasceu em Dublin e veio para o Keble do Clifton College, em Bristol. Lewis fez bons amigos no OTC, mas, desde o início, preferiu Paddy e sua família irlandesa. A mãe de Paddy, a sra. Janie King Moore, que tinha 45 anos nessa época, viera de Bristol com Maureen, a filha de onze anos, para ficar com o filho o maior tempo possível antes dele ir para o exterior. Lewis parece ter encontrado toda a família durante a primeira semana no Keble College, e a primeira menção à sra. Moore aparece em uma carta ao pai, Albert Lewis,[4] de 18 de junho: "Moore, meu colega de quarto, vem de Clifton e é um homem muito decente: sua mãe, uma irlandesa, está aqui, e eu a encontrei uma ou duas vezes". Após uma semana de manobras militares em Warwick, ele escreveu ao pai em 27 de agosto dizendo: "Voltamos no sábado,

---

[1] *They Stand Together: The Letters of C. S. Lewis to Arthur Greeves* (1914–1963) [Eles permanecem juntos: As cartas de C. S. Lewis para Arthur Greeves], ed. Walter Hooper (1979), carta de 10 de junho de 1917, p. 191.
[2] Veja o Apêndice biográfico.
[3] *They Stand Together*, p. 187.
[4] Veja o Apêndice biográfico.

Introdução

e passei a semana seguinte com Moore nas atividades domésticas de sua mãe, que, como mencionei, está em Oxford. Gosto imensamente dela e me diverti de verdade".[5]

Quando o curso no Keble College terminou, os homens receberam uma licença de um mês (de 18 de setembro a 18 de outubro) antes de ingressarem nos respectivos regimentos. A essa altura, Lewis e a família de Paddy gostavam tanto um do outro que Lewis desapontou muito o pai ao passar, desproporcionalmente, três semanas com os Moore e apenas a última semana em casa. Lewis tivera um resfriado febril e, assim que ele foi à casa dos amigos, na 56 Ravenswood Road, em Bristol, a sra. Moore insistiu que ele permanecesse na cama, pois cuidaria dele até que recuperasse a saúde. "Foi durante esse período", Warren ("Warnie") Lewis[6] escreveu mais tarde, "que se iniciou um relacionamento que teve um enorme e determinante efeito sobre o modo como ele viveu subsequentemente".[7]

A sra. Moore era a filha mais velha de um clérigo da Igreja da Irlanda, o reverendo William James Askins (1842–1895), e de sua esposa, Jane King Askins (1846–1890). Ela nasceu em 28 de março de 1872 em Pomeroy, no Condado de Tyrone, onde o pai era um curador (1869–1872). O sr. Askins tornou-se vigário de Dunany, Condado de Louth, em 1872, e a filha foi batizada como Janie King na igreja de Dunany, em 21 de julho de 1872. Foi em Dunany, uma pequena aldeia na costa leste da Irlanda, entre Belfast e Dublin, que Janie cresceu. Seu pai foi o vigário lá até a morte, em 1895, e ele e a sra. Askins tiveram três filhos, William, John e Robert, e mais duas filhas, Edith e Sarah.

Em 1º de agosto de 1897, Janie casou-se com Courtenay Edward Moore, que, como ela, veio de uma família eclesiástica irlandesa.

---

[5]*Letters of C. S. Lewis* [Cartas de C. S. Lewis], editadas com memórias por W. H. Lewis (1966). Edição revisada e ampliada, editada por Walter Hooper (1988), p. 64.
[6]Ver *Brothers and Friends: The Diaries of Major Warren Hamilton Lewis* [Irmãos e amigos: Os diários do major Warren Hamilton Lewis], eds. Clyde S. Kilby e Marjorie Lamp Mead.
[7]*Letters of C. S. Lewis*, p. 28.

Ele era filho do cônego Courtenay Moore (1840-1922), reitor de Mitchelstown, no condado de Cork, e de Jessie Mona Duff (1843-1936). Courtenay nasceu em Dublin em 26 de junho de 1870 e, depois de quatro anos (1884-88) no Haileybury College, em Hertford, ele se formou no Trinity College Dublin, em 1893. Depois que ele e Janie se casaram, moraram em Dublin, onde ele era engenheiro civil. Paddy nasceu em 17 de novembro de 1898 e Maureen, em 19 de agosto de 1906. Não muito depois disso, Courtenay e Janie se separaram, sob circunstâncias e causas inteiramente desconhecidas para nós. Naquela época, na Irlanda, o divórcio era concedido apenas pelas causas mais graves, e é improvável que os Moore se encaixassem em uma delas. A sra. Moore foi morar em Bristol, onde seu irmão, dr. Robert Askins, era oficial médico do governo, e onde Paddy foi admitido no Clifton College, em maio de 1908. A sra. Moore geralmente se referia ao marido como "a Besta", mas, a não ser pelas palavras desfavoráveis a respeito dele, ele procedia de duas boas famílias. Foi graças à mãe dele que Maureen herdou o título de baronete e tornou-se Lady Dunbar de Hempriggs, com um castelo e uma propriedade em Caithness, na Escócia.

É evidente que, nessas três semanas na 56 Ravenswood Road, Lewis saboreou ao máximo a hospitalidade proporcionada pela sra. Moore. Todos sabiam que não voltaria a ser assim por muito tempo, porque Lewis já havia sido enviado para a 3º Batalhão de Infantaria Leve de Somerset e Paddy, para a Brigada de Fuzileiros. E se os jovens não voltassem da guerra? Maureen tinha doze anos na época, e ela me disse há alguns anos que se lembrava de ter ouvido Lewis e seu irmão prometerem um ao outro que, se apenas um sobrevivesse à guerra, este cuidaria da mãe de Paddy e do pai de Lewis.

Lewis juntou-se a seu regimento em Crownhill, em South Devon, em 19 de outubro de 1917. Havia rumores de que seriam enviados para a Irlanda a fim de lutar contra o Sinn Féin,[8] e ficaram muito surpresos quando, em 15 de novembro, foi-lhes ordenado que

---

[8] Partido político republicano irlandês, de direita, fundado em 1905. [N. T.]

Introdução

seguissem para o *front* após uma licença de 48 horas. Lewis gastaria todo esse tempo para fazer uma viagem de ida e volta à Irlanda; assim, em 15 de novembro, ele correu para a casa da sra. Moore, em Bristol. Dali, enviou o seguinte telegrama ao pai: "Cheguei a Bristol para 48 horas de licença. Apresento Southampton sábado. Você pode vir Bristol. Se sim, encontro na Estação. Resposta endereço sra. Moore 56 Ravenswood Road, Redlands, Bristol. Jack". Para qualquer um naquele país, um soldado que se apresentasse em Southampton em 1917 só podia significar que estava sendo enviado para o exterior. Mas Albert Lewis telegrafou de volta: "Não entendi telegrama. Favor escrever". Desesperado, Jack respondeu na manhã seguinte: "Enviado França. Apresentação Southampton 16h sábado. Se vier, telegrafe imediatamente".[9] O sr. Lewis não veio. E Jack, depois de ser transferido para o 1º Batalhão de Infantaria Leve de Somerset, seguiu para a França em 17 de novembro.

Lewis chegou às trincheiras do *front* em 29 de novembro, seu 19º aniversário. Em fevereiro de 1918, ele teve "a sorte", como disse, "de cair de cama com o que as tropas chamavam de 'febre das trincheiras' e os médicos, de POD (pirexia de origem desconhecida)".[10] Isso significou tranquilas três semanas em um hospital em Le Tréport, durante as quais ele escreveu alguns dos poemas publicados em *Spirits in Bondage* [Espíritos em escravidão] (1919). Das cartas que escreveu a Arthur enquanto estava no hospital, fica claro que ele acreditava que seu velho amigo precisava saber que ele não havia sido substituído em sua afeição pela sra. Moore. "Devo admitir que o destino jogou de forma estranha comigo desde o inverno passado", escreveu Lewis em 2 de fevereiro. "Sinto ter entrado de vez em uma nova época da vida e me sinto impotente sobre isso de maneira extraordinária [...] Quanto aos dias mais antigos de passeios reais longe nas colinas [...] Talvez você não acredite que eu quero tudo isso de novo, porque outras coisas mais

---

[9] *Lewis Papers* [Documentos de Lewis], vol. V, pp. 241–42.
[10] C. S. Lewis, *Surpreendido pela alegria*, cap. XII.

importantes entraram em minha vida: mas, ainda assim, há espaço para outras coisas além do amor na vida de um homem."[11]

Lewis voltou ao seu batalhão em Fampoux, em 28 de fevereiro. Ele foi um dos que enfrentaram o ataque alemão final na Frente Ocidental, e, em 15 de abril, foi ferido no Monte Bernenchon durante a Batalha de Arras. As baixas foram muito grandes, e, depois de chegar ao Hospital Liverpool Mobile Merchants, em Etaples, soube que vários de seus amigos haviam sido mortos. Jack ainda estava em Etaples quando escreveu ao pai, em 14 de maio, dizendo: "Minha amiga, a sra. Moore, está com um grande problema: Paddy está desaparecido há mais de um mês e é quase certo que está morto. De todo o grupo de que eu fazia parte em Keble, ele foi o primeiro a sair, e é patético lembrar que, pelo menos, ele estava sempre certo de que iria voltar".[12]

Lewis foi transferido para o Hospital Endsleigh Palace, em Londres, em 25 de maio. A partir do momento em que voltou para a Inglaterra, ele começou a implorar a seu pai para visitá-lo. Aqui, novamente, as memórias de Warren Lewis, a melhor coisa já escrita sobre C. S. Lewis, são muito úteis. "Meu pai era um homem muito peculiar em alguns aspectos", disse ele; "em nenhum outro mais do que em um ódio quase patológico de dar qualquer passo que envolvesse uma ruptura na rotina monótona de sua existência diária".[13] Mesmo assim, é difícil imaginar como Albert Lewis poderia resistir às súplicas de um filho que acabara de voltar de uma guerra tão sangrenta. Escrevendo ao sr. Lewis em 20 de junho de 1918, Jack disse: "Sei que muitas vezes tenho estado mais longe do que deveria em minhas relações com você e desvalorizei uma afeição e uma generosidade que [...] uma experiência de 'pais de outras pessoas' me mostrou sob uma nova luz. Mas, se Deus quiser, farei melhor no futuro. Venha me ver. Estou com saudades de casa, que é a forma mais longa

---

[11] *They Stand Together*, p. 206.
[12] *Letters of C. S. Lewis*, p. 79.
[13] *Letters of C. S. Lewis*, p. 30.

e a mais curta de dizer [...] Essa semana, a sra. Moore esteve em visita à irmã, que trabalha no Departamento de Guerra, e tivemos um bom tempo juntos. Acho que é um conforto para ela estar com alguém que era amigo de Paddy e é um elo com os dias de Oxford: ela certamente foi uma amiga muito, muito boa para mim".[14]

Em 25 de junho, Lewis foi transferido para um hospital em Clifton, perto de Bristol, que ele escolhera para poder ter a assistência da sra. Moore. Mais uma vez, ele ficou sem receber visitas do pai. Em meados de setembro, confirmou-se que Paddy estava morto e, quando Lewis foi transferido para o Perham Down Camp, em Ludgershall, Hampshire, em 4 de outubro, a sra. Moore foi com ele. A última parte da convalescença de Jack passou-se em um hospital em Eastbourne, e de lá ele escreveu para seu pai em 8 de dezembro dizendo: "Por minha sugestão, a sra. Moore veio até aqui e fica em quartos perto do acampamento, onde, espero, vai permanecer até eu sair de licença".[15]

O armistício foi assinado em 11 de novembro de 1918. A Jack, no entanto, foi dado a entender que ele não teria alta antes do Natal. No entanto, Warnie foi capaz de escrever em seu diário de 27 de dezembro: "Um dia com letras vermelhas. Estávamos sentados no escritório por volta das onze horas da manhã quando vimos um táxi subindo a avenida. Era Jack! Ele tinha sido desmobilizado, graças a Deus. Não é preciso dizer que houve grandes comemorações. Ele parecia bem em forma [...] À noite, houve um jantar alegre em homenagem ao evento: a primeira vez que tomei champanhe em casa".[16]

Jack retornou a Oxford em 13 de janeiro de 1919 e passou a residir no University College. Ele estava lendo o mais famoso dos cursos de artes em Oxford, que é conhecido como *Literae Humaniores*, ou "Greats" [Grandes], para dar-lhe o nome popular. "Foi um grande retorno e algo pelo qual sou muito grato", escreveu ao pai

---

[14]*Letters of C. S. Lewis*, p. 84.
[15]*Letters of C. S. Lewis*, p. 98.
[16]Roger Lancelyn Green e Walter Hooper, *C. S. Lewis: A Biography* [C. S. Lewis: uma biografia] (1974), cap. 11.

em 27 de janeiro. "É claro que já há uma grande diferença entre essa Oxford e o fantasma que conheci antes: verdade, somos apenas 28 no College, mas jantamos novamente em Hall, a Sala Comunal Junior não está mais envolta em lençóis empoeirados, e a velha rodada de palestras, debates, jogos e coisas assim não está sendo feita. O redespertamento é um pouco patético: em nossa primeira reunião da S. C. J. lemos as atas da última — 1914. Não conheço nada que me tenha feito perceber a suspensão absoluta e o desperdício desses anos mais profundamente."[17]

Em 1919, o custo médio de vida em um dos vinte Colleges que compunham a Universidade de Oxford era de cerca de 60 libras. [Naquela época, 1 libra (£1) equivalia a cerca de 5 dólares americanos.] A bolsa de estudos de Lewis do University College era de 80 libras por ano, mas, depois que todas as despesas do College eram pagas, ele ficava com cerca de 11 libras por semestre. O sr. Lewis dava a ele 67 libras por semestre, além de pagar despesas incidentais. O sr. Lewis também trabalhou muito para conseguir que o filho recebesse do Exército uma "gratificação por ferimentos", e Jack recebeu 145 libras em março de 1919 e mais 104 libras em julho. Essas 234 libras (excluindo a gratificação por ferimentos) teriam permitido algum luxo para um homem que vivia no College — Albert Lewis era de fato muito generoso com o filho. Mas, como Warnie Lewis observou em suas memórias, "uma vez que uma mesada calculada para atender um solteiro que vivia no College não era suficiente para um chefe de família, Jack se viu miseravelmente pobre".[18]

É claro que o pai e o irmão de Lewis não sabiam que a nova "família" de Jack, como ele chamava a sra. Moore e Maureen, haviam-no acompanhado até Oxford. Estavam morando a três quilômetros a leste do centro da cidade, na casa da srta. Featherstone, em 28 Warneford Road — a mesma casa em que estavam quando o diário se inicia — e não muito longe da Escola Headington, onde

---

[17] *Letters of C. S. Lewis*, p. 100.
[18] *Letters of C. S. Lewis*, p. 33.

Introdução

Maureen tornou-se aluna logo após chegarem a Oxford. Jack confidenciou a Arthur Greeves em uma carta de 26 de janeiro: "Depois do café da manhã, trabalho (na biblioteca ou em uma sala de aula, ambas quentes) ou assisto a palestras até as 13h; então, vou de bicicleta para a casa da sra. Moore. Elas estão instaladas em nossa 'própria casa alugada' (como fazia o apóstolo Paulo, embora não pregassem ou ensinassem). A dona da casa ainda não a limpou, e pagamos um pouco menos que o total por ela ainda usar um quarto".[19] Não sabemos quanto dinheiro a sra. Moore recebia do marido, mas parece que não o ganhou por muito tempo.

Jack morou no University College por três semestres, como era exigido pelos estatutos da universidade. Depois disso, ele foi autorizado a "residir e a frequentar regularmente o semestre escolar em alojamentos situados em um raio de cinco quilômetros de Carfax" — isto é, do centro da cidade. Com certeza é prova da dependência mútua que havia entre eles e do amor de Lewis pela vida doméstica ele ter sido capaz de obter, como o melhor da classe, três graduações, mesmo estando constantemente mudando de lugar. Eles eram tão pobres que foram forçados a viver em vários lugares detestáveis. De 1917 a 1930, viveram em nove casas diferentes.

Lewis escondeu tudo isso do pai. Mesmo antes de seu primeiro semestre em Oxford haver terminado, quando, é claro, seu pai o esperava em casa, Jack estava definindo o padrão para os próximos anos, inventando alguma desculpa para permanecer em Oxford com a nova família. "Eu tenho de ficar aqui por mais uma semana seguindo as orientações [do meu tutor]", escreveu ao pai em 15 de março de 1919. "Depois disso, vou descer para ajudar a sra. Moore com sua mudança em Bristol: ela tem de voltar para limpar a casa. Parece haver uma dificuldade considerável em ir para outro lugar. Não há possibilidade em Londres e Bristol: sugeri que viesse para cá, mas isso parece igualmente impossível".[20] A verdade é que

---

[19] *They Stand Together*, p. 241.
[20] *Letters of C. S. Lewis*, pp. 103–4.

Todo meu caminho diante de mim

"a família" estava em Oxford desde janeiro. O mesmo aconteceu novamente quando Lewis escreveu ao pai de Somerset, em 4 de abril de 1920, dizendo: "Achei uma boa oportunidade de saldar um compromisso com um homem que me pede há algum tempo para ir e 'andar' com ele".[21] Mas, pela carta a Arthur de 11 de abril, ficamos sabendo que ele, na verdade, estava com as Moore.

É difícil dizer o quanto Albert Lewis sabia sobre Jack morar com as Moore. Ele certamente estava ciente de que Jack via a sra. Moore durante seu primeiro semestre em Oxford e escreveu a Warnie sobre isso. E Warnie, que estava na Bélgica, disse, em uma carta de 10 de maio: "O assunto da sra. Moore é com certeza um mistério, mas acho que talvez você esteja dando muita importância a isso. Você tem alguma ideia de em que pé ele está com ela? Ela é uma intelectual? Parece-me absurdo que possa haver qualquer coisa aí. Mas o assunto todo me irrita por sua aberração".[22] Albert respondeu em 20 de maio: "Confesso que não sei o que fazer ou dizer sobre o caso de Jack. Isso me preocupa e me deprime muito. Tudo o que sei sobre a dama é que ela tem idade suficiente para ser mãe dele — que ela está separada do marido e está em uma situação bem difícil. Também sei que Jack frequentemente dá cheques a ela de até £10 — por qual motivo, eu não sei. Se Jack não fosse uma criatura impetuosa, de bom coração, que pudesse ser bajulada por qualquer mulher que tivesse passado por maus bocados, eu não ficaria tão desconfortável. Depois, há o marido, que sempre me disseram ser um patife — , mas os ausentes são sempre os culpados —, que está nos bastidores, que um dia desses pode tentar fazer uma chantagem cordial. Mas, à parte todas essas considerações que podem ser o resultado de uma mente de tribunal policial, que suspeita, há a distração quanto ao trabalho e a loucura das cartas diárias. No geral, estou desconfortável".[23] Com exceção disso, há muito pouco nas

---
[21]*Letters of C. S. Lewis*, p. 111.
[22]*Lewis Papers*, vol. VI, p. 118.
[23]*Lewis Papers*, vol. VI, p. 123.

Introdução

cartas de Albert a Warnie sobre a sra. Moore. O que considero lastimável esquecer sobre esse bom homem — algo que Jack e Warnie mencionaram com frequência — é que ele apoiou o filho durante todos os anos de graduação e até ele ser feito Membro do Conselho do Magdalen College.

Muito antes do que qualquer outro, Albert Lewis suspeitou da presença de elementos naquele concubinato que eram profundamente nocivos. Um relacionamento substituto mãe-filho não estava entre eles: Jack e a sra. Moore sofreram perdas recíprocas, por assim dizer, e uma solução simbiótica para esse problema não é antinatural, nem incomum, nem moralmente problemática. Mas a rapidez e a profundidade do envolvimento de Jack, as iniciativas tomadas pela sra. Moore para garantir isso, sua aquiescência às mentiras de Jack e a prontidão dele para mentir — Albert Lewis é a única pessoa a quem sabemos que Jack mentiu — juntas provocam palavras como "caso", "injúria" e "chantagem", todas usadas por Albert para discutir o concubinato.

A ideia de intimidade sexual entre os dois deve ser considerada provável. O jovem sensual ateu vive com uma mulher não atraente, ainda no início da meia-idade, que não só está disponível para ele, mas muito provavelmente com interesses próprios: o jovem é, como o pai aponta, sobretudo de boa índole e manipulável com facilidade, e a mulher — naquela sociedade, naquela época — certamente se beneficiaria da presença de um homem na casa. Essa combinação de motivos, meios e oportunidades convida, embora não exija, à conclusão de que Janie King Moore e C. S. Lewis eram amantes.

O próprio Lewis parece ter isso em mente em uma conversa com Arthur Greeves durante a visita a Belfast, em outubro de 1917, a qual mais tarde lamentou. Quando escreveu a Arthur em 28 de outubro, ele disse: "Desde que voltei & encontrei certa pessoa, comecei a perceber que não era de todo certo que eu contasse a você tanto quanto fiz. Devo, portanto, tentar desfazer minhas ações, tanto quanto possível, pedindo-lhe que tente & esqueça minhas

27

várias declarações & não se refira ao assunto".[24] E o tabu provavelmente permaneceu para o resto da vida de Lewis.

Assim, não é prudente interpretar em excesso. A natureza da intimidade entre eles, sua duração e as circunstâncias sob as quais ela terminou são em grande medida desconhecidas para nós. O que é conhecida é a devoção cotidiana mostrada por C. S. Lewis à sra. Moore até a morte dela, após um longo declínio físico e mental, aos 78 anos. A vida é mais ricamente texturizada — ou, como Lewis diria, "mais espessa" — do que esperamos que seja. Nenhum de nós é isso ou aquilo; ao contrário, nós e todas as pessoas "comuns" que encontramos e conhecemos são muitas coisas ao mesmo tempo, cheias de sombras e nuances. Essa história pode ter começado com autoindulgência, cinismo e pecado, mas terminou como um exemplo duradouro da caridade cristã — e da economia divina.

Após a morte de Albert Lewis em 25 de setembro de 1929, com 66 anos, os documentos da família foram levados para Oxford. Warnie Lewis passou a maior parte dos anos seguintes editando esses papéis, bem como seu diário e o de Jack, e no final produziram onze volumes encadernados. Depois que seu diário foi datilografado, Jack o revisou e acrescentou notas de rodapé onde as considerou necessárias. As anotações de ambos irmãos foram mantidas nesta edição. O magnífico feito de Warnie é geralmente chamado de *Lewis Papers* [Documentos de Lewis], cujo original está no Wheaton College, em Illinois, com uma cópia na Biblioteca Bodleiana. Os *Lewis Papers* compõem a principal fonte do diário. Outra fonte é um caderno que Warren Lewis me deu em 1964 e que contém, entre outras coisas, o original do diário de Lewis para o período de 27 de abril de 1926 a 2 de março de 1927.

Nenhum dos irmãos escrevia corretamente, e Warnie costumava dizer que jamais era capaz de lembrar se mantinha um "diário" ou um "leitário".[25] Seu erro mais característico foi alterar contrações

---

[24] *They Stand Together*, p. 200.
[25] Jogo de palavras em inglês com *diary* e *dairy*. [N. T.]

Introdução

como "*can't*" [não posso] para "*ca'nt*". Além de erros como esses, nos *Lewis Papers* havia outros que eram o resultado inevitável da digitação de vários milhares de páginas com dois dedos. Como não consegui distinguir os erros ortográficos de Warnie dos de Jack, corrigi a parte do diário encontrada apenas nos *Lewis Papers*. A partir de 27 de abril de 1926, segui a grafia original de C. S. Lewis, encontrada em seu caderno.[26]

Aqueles que leram uma versão datilografada do diário nos *Lewis Papers* terão notado que, por toda parte, Lewis se refere à sra. Moore como "D". Descobri daquela parte do diário no caderno que a abreviatura que Lewis usava ao longo do diário e que Warnie Lewis não conseguiu reproduzir com a máquina de escrever era a letra grega Δ (delta). Eu mantive a letra "D" porque ambos irmãos aprovaram o uso dela. Jack e Warnie chamavam a sra. Moore de "Minto", e não posso dizer se Δ tem algum significado além de ser uma abreviação útil.

Lewis encerrou seu diário com a anotação de 2 de março de 1927. Embora não tenham sido copiadas para os *Lewis Papers*, o caderno contém várias outras páginas de diário. Lewis fez anotações do dia 19 a 22 de janeiro e em 2 e 3 de junho de 1928 em inglês antigo e uma anotação em 4 de junho de 1928 em latim. O caderno também contém "retratos" ou descrições escritas de nove colegas de Lewis no Magdalen College, durante o período em que a última parte de seu diário estava sendo escrita. Eu acredito que eles foram feitos para acompanhar o diário e os incluí em um apêndice.

A diferença mais significativa entre o que é encontrado nos *Lewis Papers* e este livro é que este é bem mais curto. O diário inteiro usa, como eu já disse, mais de um quarto de milhão de palavras, e o Espólio de Lewis e os editores achavam que o livro ficaria mais palatável para mais leitores se fosse diminuído em cerca de um terço.

---

[26]Tanto quanto possível, os erros serão reproduzidos na tradução, bem como a pontuação, o uso de maiúsculas e minúsculas, as abreviações e as frases truncadas peculiares de Lewis. [N. T.]

Tentei fazer isso de tal maneira que nenhum dos principais interesses de Lewis — amigos, livros, vida doméstica — fosse perdido. Havia muitas repetições no diário, e eu cortei principalmente alguns dos muitos detalhes das tarefas domésticas que, ouso dizer, Lewis estaria feliz em esquecer quando foram escritas.

Agradeço a todos os que ajudaram na edição deste livro. Tenho motivos especiais para agradecer ao sr. Owen Barfield, à srta. Nan Dunbar, do Somerville College, ao sr. e à sra. Colin Hardie, ao sr. George Sayer, ao professor James Como e ao irmão Paul Browne OSB [Ordem de São Benedito]. A edição deste livro foi especialmente agradável por causa da ajuda que recebi da srta. Lesley Walmsley, da Collins Publishers, e de John Ferrone, da Harcourt Brace Jovanovich, e a ambos agradeço.

WALTER HOOPER[27]
21 de agosto de 1990
Oxford

---

[27] Walter McGehee Hooper (1931), autor, editor e curador do espólio literário de Lewis, a quem serviu como secretário por poucos meses, em 1963.

O DIÁRIO

Você estranho, muito antes de seu olhar se acender
Sobre essas palavras, o tempo terá levado embora
O primeiro momento em que tomei a caneta para escrever
Com todo meu caminho diante de mim — ainda agora,
Aqui, se, em qualquer condição, nós encontramos...

(C. S. Lewis, *Dymer*, I, 1)

1922

Nesta época, Lewis dividia uma casa com a sra. Moore e Maureen, a filha dela, na 28 Warneford Road, a cerca de três quilômetros do centro de Oxford.[1] Maureen era aluna diurna na Headington School. Em 1920, Lewis havia concluído a Graduação de Primeira Classe[2] em Moderações Clássicas — escritores clássicos gregos e latinos. Agora, ele estava se preparando para seu exame (8 a 14 de junho) em Literae Humaniores ou "Greats" — historiadores e filósofos gregos e latinos. Ele estava esperando obter uma bolsa de pesquisador em um dos Colleges de Oxford, e para isso ele teria uma chance melhor com outro Primeiro. "D" era a sra. Moore.

---

[1] Desde que Lewis retornou a Oxford em 1919, com as Moore, eles tinham vivido em muitos lugares, dos quais 28 Warneford Road era o que mais gostavam. Era propriedade da srta. Featherstone, que havia se mudado por um tempo para lhes dar mais espaço e agora estava pensando em voltar.
[2] Característica do sistema educacional na Inglaterra que não possui um similar no Brasil. É algo como graduar-se com distinção (como usado na apresentação), com excelência, com honra, em que se exige um projeto de pesquisa do aluno e mais de 90% de pontuação. Isso lhe permite participar de um programa de doutoramento sem precisar de um mestrado. [N. T.]

Abril

Sábado, 1º de abril: Eu caminhei até Iffley de manhã e liguei para os Askins.[3] O Doc tolamente se esgotou andando longe demais e pode não vir para Headington à tarde. Ele falou sobre a Atlântida, sobre a qual aparentemente há uma abundante literatura filosófica: ninguém parece perceber que um mito platônico é ficção, não lenda e, portanto, não há base para especulação. Também falamos do Antigo Testamento e de antropologia: observações ridículas de Mary. Um dia agradável.

Fui ao show na Headington School depois do chá... Eles fizeram uma cena de *Nicholas Nickelby* que não foi mal interpretada e por um momento me fez lembrar dos terrores de Wynyard — um tributo alto, mas subjetivo, aos amadores.[4] Eles também fizeram *Tristram*, de Arnold (m. ruim), e *Land of Heart's Desire* [Terra dos desejos do coração], de Yeats: mesmo a atuação da menina da escola não conseguia estragar sua beleza maravilhosa.

Domingo, 2 de abril: Um lindo dia de primavera. D ocupada cortando laranjas para a geleia. Sentei-me em meu quarto perto de uma janela aberta sob o sol brilhante e comecei um poema sobre "Dymer" em rima real. Caminhei por Shotover à tarde, muito incomodado por todos os meninos e meninas em seu passeio dominical. À noite jogamos bridge — mãos muito ruins por todo lado, e Maureen falando o tempo todo. Eu li em voz alta o livro do Coronel Repington, que estamos desfrutando muito.[5] Tarde para ir dormir. Ainda muito preocupado com o atraso da chegada da caderneta bancária de movimentação de D.[6]

---

[3]Ver John Hawkins Askins no Apêndice biográfico.
[4]Quando tinha nove anos, Lewis foi enviado para a Wynyard School, em Watford, Hertfordshire. É a escola referida como "Belsen" [nome de notório campo de concentração nazista] em *Surpreendido pela alegria* (1955).
[5]Charles à Court Repington, *After the War: A Diary* [Depois da guerra: um diário] (1922).
[6]A caderneta com a movimentação da conta bancária da sra. Moore na Irlanda, na qual o marido deveria fazer pagamentos regulares.

1922

Segunda, 3 de abril: Recebi uma carta de casa pela manhã... Meu pai parece em boa forma. Nevou muito durante o dia inteiro: à tarde, eu me diverti muito cavando e tentando limpar o telhado enquanto derrubava súbitos montões de neve em frente à porta do corredor, com um ruído semelhante a um trovão. Trabalhei em anotações da história romana durante toda a manhã e nos capítulos de Adamson sobre Aristóteles depois do almoço.[7] Um dia bastante deprimente: à noite, mais história e mais Repington. Maureen com uma disposição maravilhosa.

Terça, 4 de abril: Caminhei até Oxford e deixei dois poemas ("Misfire" e "Offa") para serem datilografados. Lembrando ontem, coloquei um casaco e sofri com calor — o dia foi-se tornando ensolarado e bonito — mais ainda para os montes de neve sob as sebes etc. Trabalhei em Adamson antes do almoço: estou começando a pegar o jeito da teoria aristotélica de *eidee*. Forma e matéria são quase o mesmo que realidade e potencialidade... Isso leva à Alma como a realização de potencialidades orgânicas: o "corpo vivo", um grande avanço sobre o antigo Animismo de Corpo mais Espírito, aparentemente fatal para a imortalidade. Não consigo ver por que, cargas d'água, *nous* está em uma posição diferente.

Uma carta veio de Arthur hoje pedindo-me para passar alguns dias com ele em Londres: sem dúvida, seria bastante agradável, mas não é possível.[8] História Romana toda a tarde e um pouco à noite, além do livro II da *República*. Na cama logo depois das 12.

Quarta, 5 de abril: Comecei a revisar História Grega hoje. No começo, achei minhas anotações etc. em grande confusão, mas, quando isso foi corrigido, trabalhei com mais interesse e prazer do que esperava.

Uma mulher bonita reclamou hoje de manhã o pagamento da ampliação da foto de Paddy:[9] ela ainda não está "terminada" e

---

[7]Robert Adamson, *The Development of Greek Philosophy* [O desenvolvimento da filosofia grega], eds. W. R. Sorley e R. P. Hardie (1908).
[8]Veja Arthur Greeves no Apêndice biográfico.
[9]"Paddy" é Edward Francis Courtenay Moore (1898–1918), o filho da sra. Moore que morreu na guerra. Veja a introdução.

(talvez por essa razão) parece-me mais viva e interessante do que a antiga. Após o almoço, liguei para a srta. Baker a fim de obter os detalhes sobre uma apresentação em Cumnor, na qual Masefield deve atuar como Lear: ela não sabia, e Maureen deve descobrir com os O'Maleys.

Eu também peguei os dois poemas (datilografados com m. precisão por 1/-)[10] e vi Stead a fim de conseguir o endereço do *London Mercury*.[11] Ele me disse com um rosto solene e ingenuidade admirável como ele tinha conseguido ser aceito. Dois ou três [poemas] lhe foram enviados de volta por correspondência, por isso ele foi até Londres e ligou para o editor, dizendo: "Veja aqui, sr. Squire, você não ficou com esses poemas meus, e quero saber o que há de errado com eles!!"[12] Se a história terminasse aí, seria meramente uma informação sobre Stead, mas a piada é que Squire disse: "Fico feliz que você tenha vindo conversar sobre: é exatamente isso que eu quero que as pessoas façam", e realmente aceitou o que havia anteriormente recusado. Realmente os modos dos editores são inescrutáveis!

Stead me deu a prova de seu novo livro, *The Sweet Miracle* [O doce milagre], que eu peguei. Até agora parece bastante enfadonho. Trabalhei pelo resto do dia, exceto por uma saideira de Repington.

Quinta, 6 de abril: D me acordou com notícias alarmantes da Irlanda. Parece que "Hi"[13] ligara para o banco e as cartas do banco para D foram devolvidas, mais uma vez pela estupidez dos correios de Bristol. Portanto, é muito provável que a Besta[14] tivesse sido informada, e a menção de cartas do banco (em oposição à caderneta de transações) sugere que D esteja no vermelho. É claro que temos

---

[10] Forma antiga, chamada de *old money*, de expressar valores monetários na Inglaterra. Corresponde a 1 xelin e 0 pence. [N. T.]
[11] Veja William Force Stead no Apêndice biográfico.
[12] John Collings Squire (1884–1958), poeta e homem de letras, fundou e editou o *London Mercury*, de 1919 a 1934.
[13] A irmã da sra. Moore, a sra. Sarah Horan, era casada com um advogado de Dublin.
[14] O nome pelo qual a sra. Moore chamava o marido, Courtenay Edward Moore, de quem estava separada.

1922

de acertar as coisas, já que, se a Besta cessar o pagamento, será muito difícil ver uma solução para nós: a escola de Maureen, por exemplo, deve ir pro beleléu: nossa renda conjunta dificilmente será suficiente para bancar aluguel e alimentação.

Nós nos mudamos hoje para Red Gables, que Lady Gonner muito gentilmente nos emprestou durante sua ausência de quinze dias (só precisa de mais alguns favores para nos colocar no asilo!).[15] Um dia agitado pelo empacotamento, além da ansiedade mental, ainda assim consegui fazer um bom trabalho de manhã. Foi uma tarde estranha e lúgubre, pronta para trovejar. Chegamos a Red Gables às 18h de táxi. É uma casa muito charmosa com uma excelente biblioteca, onde encontrei e iniciei a *New Republic* [Nova república], de Mallock. Depois do jantar, eu pretendia fazer anotações de história, mas estava muito cansado: em vez disso, li o livro IV da *República*. Maureen vai ao correio amanhã. D está bem farta com a mudança e o despejo: só Maureen, por estupidez ou heroísmo, continua de excelente humor...

Sexta, 7 de abril: Nada da Irlanda no correio desta manhã — apenas meus dois poemas devolvidos pelo *Mercury*. Sentei-me depois do café da manhã e tive duas horas de trabalho muito satisfatórias memorizando anotações atualizadas de Hist. Grega, quando fui interrompido pela chegada de Joy Whicher e a mãe dela...

Eu fui a Warneford Rd. com esperança de encontrar cartas, mas não havia ninguém na casa. Acho que Maureen tentou novamente depois do jantar e muito estupidamente arrombou a casa por trás: tomara que a srta. Featherstone não se importe. D e eu enviamos a carta mais forte que podíamos para a agência de correio de Bristol, cuja incompetência fez toda a situação ficar assim. Com a ausência

---

[15]Lady Gonner (nascida Nannie Ledlie) era a viúva de Sir Edward Carter Kersey Gonner (1862–1912), que havia sido consultor econômico do Ministério da Alimentação e professor de Ciências Econômicas na Universidade de Liverpool. Sua única filha, Sheila, estava na Headington School com Maureen. "Red Gables" ficava na Headington Road, a primeira casa do lado direito da hospedaria "The White Horse".

de novidades, o despejo continua. D está muito desgastada com a mudança e a indigestão.

Acordei com dor de garganta, mas parece ter desaparecido. Como disse essa tarde, desejo que a vida e a morte não sejam as únicas alternativas, pois também não gosto de ambas: pode-se imaginar uma via média...

Sábado, 8 de abril: D me acordou essa manhã entrando em meu quarto com a alegre notícia de que a caderneta bancária tinha chegado: nenhuma crise financeira ou pessoal se materializou. Fui à cidade logo depois do café da manhã procurando carne: voltei pouco antes das onze e fiz um bom trabalho em Hist. Grega até o almoço e depois do almoço até a hora do chá...

Maureen me conta que hoje, enquanto estava em uma loja, um graduando desconhecido entrou e anunciou a tudo e a todos que ele havia se formado — isso é melhor do que "Córsega" Boswell![16]

Ouvi de Dorothy que a srta. Featherstone está falando em voltar à Warneford Rd., o que é uma notícia séria. Depois do jantar, eu li a maior parte do livro V da *República*. Uma dor de cabeça bestial e uma sensação geral de muito cansaço: D muito melhor, mas não tão bem quanto antes de nos mudarmos. Como uma saideira intelectual, nossas contas têm sido intrigantes, que aparecem de um modo diferente cada vez. Não foi um dia agradável, mas graças a Deus pelas notícias desta manhã.

(Concluída *The Everlasting Mercy* [A misericórdia eterna], na minha opinião, a coisa mais pobre de Masefield que já li — quase toda ela pode ter sido composta de improviso; mas talvez tenha sido um mau leitor hoje.)

Acabei de me lembrar de registrar que Pasley e "Johnnie" Hamber se casaram hoje. Deve ser um dos horrores do casamento refletir em

---

[16] *Um registro sobre a Córsega, o diário de uma viagem para aquela ilha, e memórias de Pascal Paoli* é um relato escrito pelo biógrafo e diarista escocês James Boswell (1740–1795), em que narra sua estada naquela região em um período de agitação militar e social e sua posterior amizade com o líder do movimento de independência da Córsega, general Pasquale Paoli. [N. T.]

um momento como esse quantos amigos bondosos sabem exatamente o que você está fazendo.[17]

Domingo, 9 de abril: Hoje terminei *Pompey the Great* [Pompeu, o Grande], de Masefield, com grande prazer: tem o mérito de obrigar você a INTERPRETAR cada discurso à medida que avança, é finamente realista e comovente. Ao lado de *Dauber* e de partes de *Reynard*, a melhor coisa que já li. Depois, eu andei na Shotover, voltando antes do almoço.

Eu tentei muito escrever algo hoje, mas era como tirar leite de pedra. Apesar de me prometer não ser influenciado pela decisão do *Mercury* — e eu sei, pelo que eles publicam, que seu cânon está errado — a rejeição de minhas coisas me deixou um pouco desanimado...

Segunda, 10 de abril: Uma carta de Pasley escrita no segundo dia de sua lua de mel — a oitava que ele escrevera naquela tarde. D considera uma maneira curiosa de passar esse tempo, mas ele parece satisfeito.

Fiz um trabalho matutino muito satisfatório, passando pela Hist. Romana (as guerras de 69 d.C., fico feliz em descobrir que o gr. não as tirou da minha cabeça) e, depois, atualizei anotações de grego. Saí um pouco antes do almoço para aproveitar o sol e beber uma garrafa de Guinness ao lado, no "White Horse".

Após o almoço, copiei o poema que começa com "A última estrela da noite", com o qual quero tentar o *Mercury* novamente, e enviar os que o *Mercury* recusou para a *English Review*. Eu, portanto, caminhei para Oxford: um lindo dia quente. Deixei o poema para os datilógrafos e enviei os outros dois: procurando em um exemplar da *English Review* pelo endereço, fiquei enojado com a poesia nela — toda na pior tradição moderna — e meio que pensei em não enviar o meu. Mas eu decidi que não preciso ser legal, pois quase certamente serei rejeitado...

Terça, 11 de abril: Todos nos divertimos muito com a chegada do boletim de Maureen hoje, em que ela está marcada como

---

[17] Veja Rodney Pasley no Apêndice biográfico.

Todo meu caminho diante de mim

"melhorando" em duas disciplinas que ela não faz — um bom exemplo dos métodos dessa escola.

Tive um bom trabalho pela manhã em Hist. Grega e li mais do livro VI da *República* após o almoço. Fui para Oxford depois do chá... Encontrei o Doc aqui quando voltei, parecendo muito melhor: ele logo vai para Clevedon. Ele ficou para o jantar: depois, conversamos sobre as guerras napoleônicas, um assunto sobre o qual ele tem muita informação... Eu andei até o ônibus com ele depois: começamos com os sonhos de Christina, mas, como sempre acontecia com ele, terminamos com a imortalidade.[18]

Sexta, 14 de abril: Ontem à noite eu tive um sonho ridículo com Squire mandando de volta meu poema e dizendo que ele não podia aceitar porque eu soletrei a palavra "receber" errado: e, com certeza, o primeiro correio trouxe o poema de volta! Eu pretendo trabalhar arduamente nele um pouco mais ainda.

Dediquei-me à Hist. Grega até a hora do almoço — foi uma manhã bem lenta. À tarde, subi pelo caminho de campo que representa a estrada romana, ao longo da estrada que contorna Stowe Woods, e de volta pela trilha que começa pela igreja de Elsfield...

Realizei um bom trabalho depois do chá e novamente depois do jantar. Outro lindo dia, com um belo pôr do sol na hora do jantar: um vento estava apenas começando, logo seguido de chuva, e agora há uma gloriosa tempestade. D recebeu um maravilhoso jornal de Dundalk de uma de suas "informantes" na Irlanda chamado

---

[18] No prefácio à segunda edição de *Dymer*, de 1950, Lewis definiu "Sonhos de Christina": "Naquela época, a nova psicologia estava apenas começando a se fazer sentir nos círculos que eu mais frequentava em Oxford. Isso uniu forças com o fato de que nos sentíamos (como sempre fazem os jovens) escapando das ilusões da adolescência e, como resultado, nos exercitávamos muito com o problema da fantasia ou do pensamento positivo. O 'Sonho de Christina', como o chamamos (por causa de Christina Pontifex, do romance de Butler), era o inimigo oculto que estávamos todos determinados a desmascarar e derrotar [...] Na época em que escrevi *Dymer*, eu estava, sob a influência de nossa obsessão comum com os Sonhos de Christina, em um estado de revolta furiosa contra aquele feitiço. Eu considerei isso como o tipo de ilusão de que eu estava tentando escapar. Deve, portanto, ser atacada com selvageria".

1922

Democrat: entre outros tesouros, encontramos alguém, na coluna Mortes, descrito como "uma mulher completamente decente"...

Sábado, 15 de abril: D me lembra de que foi neste dia, há quatro anos, que fui ferido no Mt. Bernenchon. Trabalhei pela manhã. Após o almoço, caminhei para Oxford a fim de visitar de passagem o College e comprar algumas coisas. Um belo dia ensolarado e ventoso, mas, na cidade, detestável por causa da poeira e das multidões de turistas. O College parecia muito deserto e triste. Eu peguei na biblioteca *Persian War* [Guerra persa], de Grundy, que é indispensável...

Tentei trabalhar em "Dymer" e resolvi alguns documentos: mas estou muito desanimado com meu trabalho no momento — especialmente porque acho impossível inventar uma nova abertura para a "Wild Hunt" [Caçada selvagem]. A antiga é cheia de clichês e nunca funcionará. Apoiei-me muito na ideia de poder escrever poesia e, se isso for um erro, eu me sentirei um tanto fracassado.

Outro belo pôr do sol. Vejo que eu nunca mencionei o gato nesta casa: é muito grande, e bale como uma ovelha da maneira mais irritante. Li um pouco mais de Repington. Um dia não satisfatório, mas, louvado seja Deus, sem mais dores de cabeça. (Essa estadia em Lady Gonner's tem-se, como esperávamos, provado terrivelmente cara: enquanto a srta. Featherstone está virando a outra casa de cabeça para baixo em nossa ausência.)

Domingo, 16 de abril: Hoje, por ser domingo de Páscoa, fui de alguma forma convencido a ir com Maureen à Igreja Highfield. Fiquei impressionado com a extraordinária severidade do sr. Clarke em sua capacidade de oficiar — ele parecia um padre que regularmente discute. Ele pregou um bom sermão com um sabor metafísico que ng. esperaria de sua conversa — mas talvez isso tenha saído de um livro. Ele é um homenzinho tolo, como uma alvéola, e é surpreendente que ele não seja mais popular com as Demos.[19]

---

[19]O reverendo Alured George Clarke se tornou o vigário de All Saints, Highfield, Headington, em 1920.

Após o almoço, trabalhei em "Dymer" e fiz alguns progressos: mas isso vai precisar de mais coragem do que posso agora colocar nele...
Segunda, 17 de abril: ... Srta. Brayne, professora de violino de Maureen, veio tomar chá. Eu fui para outra sala e trabalhei na memorização e, depois, fiz algumas caminhadas no jardim. D teve uma longa conversa com a srta. Brayne, de quem ela gosta. Ela (srta. B.) diz que Londres ou Bruxelas são absolutamente necessárias para música séria. A menos que eu consiga um emprego em Londres, os fundos nunca cobrirão isso.

Após o jantar, terminei o livro VII e iniciei o VIII da *República*. Uma carta muito divertida e encorajadora chegou para mim hoje, da tia Lily, me contando como ela colocou várias pessoas em *Spirits in Bondage* e registrou muitas coisas legais.[20] Também um pedaço do bolo de casamento dos Pasleys.

Terça, 18 de abril: Trabalhei pela manhã. À tarde, caminhei até Oxford e procurei os documentos de exame do Serviço Público na União. "Greats" é brincadeira de criança em comparação com eles...

Antes do jantar, fiz uma visita rápida e vi Arthur Stevenson e sua mãe, esperando ouvir alguma coisa sobre o Serviço Público.[21] Ele, no entanto, desistiu. Ele me disse que não há vaga este ano no Serviço Público de Sua Majestade, e que provavelmente não haverá nenhum no próximo. Isso é devido em parte ao Geddismo,[22] em parte às nomeações de tantos ex-oficiais sem exame. Foi assim que "Diz" conseguiu seu posto. Stevenson achava que a negligência da vida no Serviço Público era muito exagerada e que as pessoas eram frequentemente mantidas por muito tempo em seu ofício. Assim termina o sonho de uma carreira pública tão subitamente quanto começou: sinto de imediato que estive em território estranho — não meu e, no fundo, impossível.

---

[20]Veja Lily Suffern no Apêndice biográfico.
[21]Arthur Stevenson e suas duas irmãs, Sylvia e Sydney, moravam em Headington Hill com a mãe, de quem lemos muito no diário.
[22]Referência a William Duncan Geddis (1896–?), político unionista norte-irlandês e prefeito de Belfast. [N. T.]

1922

À noite, copiei "Joy" [Alegria] e trabalhei em um novo final: agora está pronto para ser datilografado. D bem ruim...

Quarta, 19 de abril: ... Não ficamos muito satisfeitos com a chegada inesperada de Cranny.[23] Sua cabeça careca fervilhava (ele havia subido de sobretudo pela Warneford Rd.), mas ele recusou minha oferta para que se lavasse... Cranny e eu conversamos sobre teologia. Perguntei a ele por que as pessoas na posição dele, que não acreditavam que Jesus era Deus, passavam o tempo consertando um navio que afundava em vez de começar a produzir um novo. Ele disse que não acreditava haver algo novo. Ele pensava que a evolução tinha antes de tudo tentado tipos sucessivos, depois se estabeleceu para o desenvolvimento de um tipo, o HOMEM: da mesma forma que nós tínhamos primeiro religiões sucessivas e agora nos estabelecíamos para o desenvolvimento de uma. Eu me pergunto se o mastodonte falaria dessa mesma maneira.

Ele me disse que Stead, depois de questionar várias pessoas, dissera: "Lewis, claro, está inclinado ao catolicismo romano". Homem incrível, Stead! Cranny está muito interessado em que o Doc seja ordenado: mas há muitas dificuldades. Ele ficou por um tempo interminável e tratou de todos os assuntos imagináveis: D e eu estávamos exaustos. Ele disse que a angústia atual era bastante exagerada e que muitos dos desempregados em Childrey estavam vivendo no cinema. Eu não acho que ele tenha muita simpatia de verdade. Eu tive uma dor de cabeça forte antes de ele ir...

Quinta, 20 de abril: Um trabalho de manhã pouco enfadonho. Fui ao White Horse antes do almoço. À tarde, fui a Oxford para tentar recuperar "Joy", mas percebi (o que eu já sabia, se tivesse lembrado) que era o dia de encerrar mais cedo. Saímos de táxi de Lady Gonner às três horas. As empregadas gostaram muito de D e foi com dificuldade que nos deixaram partir: são Dorothy e Beatrice (pronuncia-se Beetrus), ambas as meninas camponesas m. mal-educadas, preguiçosas, barulhentas e ineficientes, mas de bom coração e muito divertidas.

---

[23] Veja Frederick Walker Macran no Apêndice biográfico.

Encontramos a srta. Featherstone em boa forma, mas parecendo miseravelmente doente. Ela não fez nenhuma proposta para voltar. Eu acho, e D concorda comigo, que ela decidiu nos aturar e está desempenhando sua parte com pura virtude. Muito ocupado a partir do chá até o jantar. D manteve a mudança e o empacotamento bem, e está muito mais forte do que quando partimos. Maureen muito doente ao sair: D e eu sentimos falta do jardim, mas no geral vemos a mudança (como alguém disse: "Warneford Rd. não é mesmo suburbano") menos desagradável do que esperávamos. Dorothy (Broad) ainda está longe. Eu não deveria me importar de voltar a meus pratos e louças se não fosse pelo trabalho: estou esperando perder menos por considerar amanhã como domingo e trabalhando no verdadeiro domingo.

Após o jantar, comecei a copiar "Nimue" com muitas correções: estou agradavelmente satisfeito com isso. Se eu tiver sucesso ou fracassar, quão ridículo será ler isso algum dia!...

Sexta, 21 de abril: Levantei-me pouco antes das sete, limpei a grelha, acendi o fogo, preparei o chá, "fiz" a sala de visitas, preparei torradas, banhei-me, barbeei-me, tomei o café da manhã, lavei tudo, coloquei o novo pedaço de presunto para ferver, e saí às dez e meia...

Eu consegui "Joy" do datilógrafo, finalmente, por 1/9d. Em tudo o que eles datilografaram até agora, não encontrei um único erro...

Voltei por volta das 12h: descobri, para meu desgosto, que Maureen estava fora e deixara D cozinhando — a primeira vez desde sua doença. Lavei tudo depois do almoço. Trabalhei nas anotações da Hist. Grega até o chá, quando a srta. Baker chegou. Eu tinha sentado para trabalhar quando D me chamou "por cinco minutos" para falar sobre o programa de Maureen para o próximo semestre. Isso não teria importância, mas, antes que eu pudesse escapar, a srta. Baker começou uma falação e continuou assim. Quando ela finalmente saiu, era hora de jantar e de limpar as coisas de chá que Maureen gentilmente deixara em *status quo*. Uma boa hora, portanto, desperdiçada... Trabalhei novamente depois do jantar, deixando a louça para Maureen lavar. D parece bem melhor.

1922

Sábado 22 de abril: Levantei-me cerca de 6h30 e fiz os mesmos trabalhos de ontem. Resolvi trabalhar até às 9h30 e ter uma excelente manhã...

Sheila Gonner — criança alegre — veio para o chá. Dorothy vai voltar amanhã: assim não mais ficaremos sem empregados. A pedido dela, emprestei-lhe, para sua irmã, Rose, minha cola para a História de Tácito — o que a faz imaginar que ela tenha gostado disso? Possivelmente romances cristãos antigos do tipo *Quo Vadis*. Trabalhei de novo, depois do chá e do jantar, até as dez horas, terminando Heródoto. As últimas páginas do livro IX. Eu li agora pela primeira vez, tendo me cansado dele em minha primeira leitura...

Domingo, 23 de abril: De manhã, terminei de copiar "Nimue": se "Joy" for aceita, usarei o dinheiro resultante para datilografar...

À tarde, pedi à sra. Stevenson que falasse de casas. O homem Raisin (ou Rayson) está construindo mais duas que ele pode deixar, e, enquanto a sra. St. critica a casa existente, devemos tentar uma das novas. Eles estão todos no sopé de Shotover na Roman Road e sob as ordens da floresta do Professor Jack...

Segunda, 24 de abril: Ontem terminei minhas anotações sobre Heródoto e comecei a memorizá-las em massa hoje. Trabalhei bastante das 9 às 11 da manhã, depois fui para a cidade com Maureen para vê-la ir para Bristol, onde ficará por alguns dias...

Em seguida, liguei para o escritório de Rayson, o arquiteto, 15 Broad St. Ele é um homenzinho tagarela e alegre e pode ser honesto. Ele me disse que seu projeto de construir duas novas casas perto da que a sra. Stevenson está buscando ainda está sem previsão de começar. Ele não vai iniciá-las até que tenha vendido a atual. Expliquei nossa própria posição e pedi que me dissesse francamente se alguém estava antes de nós na lista de espera. Ele disse que não havia ninguém e pegou o nome de D. Ele me disse que o teto do Bodleian era feito de cobre: nós dois comentamos sobre a cor bonita.

Trabalhei depois do almoço: após o chá, andei na Shotover. Um dia tempestuoso com chuvas fortes e sol brilhante. Fiquei algum tempo olhando sobre a planície para as Chilterns[24] e observando as nuvens. Por alguma razão, fiquei especialmente impressionado com a *enorme escala* da paisagem de nuvens, especialmente a partir de uma colina. Trabalhei depois do jantar: mais cedo para a cama.

Uma animada carta de meu pai hoje, anunciando que Warnie esteve em casa (vindo de Serra Leoa) por doze dias e está bem: também que ele pagou meu subsídio para o próximo semestre.

Terça, 25 de abril: Um dia de trabalho duro. A mulher-com-as-sobrancelhas-falsas-que-diz-mentiras fez uma visita rápida hoje a Dorothy, que está se tornando uma de suas clientes: ela lhe confidenciou alguns detalhes sobre nós, que foram objeto de conversa entre nossos vizinhos próximos. Dorothy contou a D assim que a mulher se foi. Foi muito esclarecedor: e, como os cães podem saber tantos fatos sobre mim como sabem, ultrapassa minha compreensão. D disse que era a pior parte de ser pobre — ter de viver entre eles...

D pendurou hoje uma cortina que fizemos para a porta do salão. A base era um cobertor do exército: em um projeto meu, D fez uma árvore (desconhecida para os naturalistas) e cegonhas e lírios e uma lua com estrelas. Tudo em lã, cores claras brilhantes. Fica admiravelmente bem com as paredes, e estou muito satisfeito com isso...

Quarta, 26 de abril: Tendo terminado o período de Heródoto, eu agora estou compondo a Pentecontecia:[25] um dia de trabalho duro e prazeroso. Se eu tivesse apenas mais alguns meses, conseguiria me sair bem.

Um cartão de Maureen para dizer que, depois de uma hora com a srta. Whitty, ela considera sua música "sem esperança" e uma carta da srta. W. dizendo que sua técnica foi desgraçadamente negligenciada.[26] Após lançar algumas maldições bem merecidas contra a completa

---

[24]Cadeia de colinas calcárias a noroeste de Londres. [N. T.]
[25]Termo aplicado aos cinquenta anos da história grega entre as guerras persas e peloponésias (480 a.C.–430 a.C.), período em que Atenas alcançou maior eminência literária e artística. [N. T.]
[26]A srta. Kathleen Whitty tinha sido professora de música de Maureen em Bristol, antes de se mudarem para Oxford, em 1917.

ineficiência da escola em todos os ramos, D e eu descobrimos, para nossa surpresa, que não sabíamos o que era técnica em música...

Quinta, 27 de abril: O semestre começou hoje. Trabalhei duro na política ateniense da Pentecontecia: muito difícil decifrar os fatos. Grundy cheio de erudição, mas escreve de maneira abominável e é quase impossível ver a conexão do pensamento entre alguns de seus parágrafos. Antes do almoço, fui a Oxford e retirei o livro de Whibley sobre a União: mas descobri que foi escrito antes da descoberta da Pol. At. e é, portanto, inútil.[27] Trabalhei novamente do almoço até o chá. É muito difícil não apenas aprender a história, mas escrevê-la primeiro!...

Sexta, 28 de abril: Cheguei cedo ao College e descobri que tínhamos *collections* no *hall* às 9h30.[28] Documentos de filosofia, mas Stevenson os distribuiu dizendo que Carritt tinha caxumba.[29] Ele nos implorou para levá-los a sério, mas todos permaneceram muito animados: Blunt, Wyllie, Watling, P. O. Simpson, Montagu, Hastings, Haig e Salvesen — este último "um estrondo constante à distância", como disse Haig.[30] Todos falaram, zombaram e falaram. Todos sempre apelam para os demais por qualquer fato que tenham esquecido, e recebem uma dúzia de sugestões: mas duvido que alguém anote as informações variadas e muitas vezes irreconciliáveis assim obtidas. Blunt disse que Platão nasceu cedo demais e foi preparado pela natureza para um pároco inglês ortodoxo. Eu disse que não achava que fôssemos tão mal assim. Saímos às 12h30. Olhei para Wadham para ver se Baker ainda estava por ali, mas nenhum sinal dele.[31]

---

[27] Leonard Whibley, *Political Parties in Athens During the Peloponnesian War* [Partidos políticos em Atenas durante a Guerra do Peloponeso] (1889).
[28] "Collections" é um exame de faculdade realizado no final ou no início de cada semestre em Oxford e em algumas outras universidades. [N. T.]
[29] Veja George Hope Stevenson e Edgar Frederick Carritt no Apêndice biográfico.
[30] Henry Pyot Blunt, Basil Platel Wyllie, Edward Fairchild Watling, Philip Overend Simpson, John Eric Montagu, John Maurice Hastings, Edward Felix Gray Haig e Harold Keith Salvesen — todos do University College — estavam estudando Greats, exceto Salvesen, que estudou Filosofia, Política e Economia.
[31] Veja Leo Baker no Apêndice biográfico.

Após o almoço, prossegui com Hist. Grega. Stead entrou, obviamente querendo que suas novas provas fossem elogiadas. Felizmente, o *Sweet Miracle*, em sua forma tranquila, tem méritos consideráveis, e eu disse isso a ele... Ele tinha uma carta de Yeats que agora mora em uma torre em Gort, nas propriedades de Lady Gregory: tudo parece muito bem escolhido como cenário para o grande homem... Ele também falou de Bridges. Ou Stead é um homem muito melhor do que ele me parece ou então ele se impôs como um verdadeiro americano no mundo literário... D muito ocupada fazendo algumas "camisolas" que a sra. Raymond vai comprar. Carta de Cox dando conhecimento de £67 de meu pai.

Sábado, 29 de abril: Subi logo para o College, onde preparamos um trabalho geral de história antiga para Stevenson. Fui entrevistado por ele como de costume e foi arranjado para eu fazer palestras nesse semestre: ele me avisou para "não trabalhar muito". Todas as pessoas habituais lá. Escrevi muito, mas nada de alta qualidade... Simpson descreveu *collections* como o esforço para escrever linguagem jornalística na torre de Babel...

Uma longa carta para D da srta. Whitty hoje. Ela diz que uma carreira musical séria é inútil para Maureen e que a culpa está inteiramente no ensino: ela foi abandonada a todo pecado original que qualquer criança praticaria se lhe fosse permitido, e ensinaram-lhe aquele tocar impreciso e emocional de sala de estar. Seus dedos estão velhos demais para voltar e aprender a técnica agora. Então, seu sonho terminou tão subitamente como o meu em relação ao Serviço Público: o meu foi morto pelo Comitê Geddes, o dela, por pura ineficiência na escola. É muito lamentável: além da questão de uma carreira (e, se ela se casar, isso não importa) o efeito psicológico imediato sobre ela será muito ruim. A srta. Whitty está furiosa, e não me admiro com isso.

Domingo, 30 de abril: Visitamos Baker em Wadham e caminhamos pelos campos até Marston, começando pela Mesopotâmia. Uma manhã esplêndida. Baker está muito ocupado com os ensaios de uma peça de Wycherley, na qual ele deve aparecer como um

1922

pai vilão: será no Palace, criado por [Edith] Craig (filha de Ellen Terry), e ele é um dos dois ou três amadores de uma família de artistas profissionais. Ele teve uma boa dose de encorajamento e conheceu a sra. Asquith e a princesa Bibesco. Ele descreveu a sra. A. como uma velha horrível com ligas esquisitas.

Ele teve um poema aceito pelo *Beacon*: ele diz que Barfield agora é tão bom quanto o subeditor. Assim, provavelmente meu "Joy" foi para ele. Eu não invejo muito Barfield seu trabalho de recusar todos os poemas de seu amigo para o próximo ano ou mais![32]...

Após o almoço, trabalhei em "Dymer". D respondendo cartas atrasadas. A srta. Featherstone ligou enquanto eu estava fora: D diz que ele estava com problemas de saúde. Depois do chá, coloquei cortinas no quarto de D com o novo aparelho chamado Rawlplugs: as alegações da propaganda não são verdadeiras, mas uma ideia inteligente.

Depois do jantar terminado e limpo, copiei o primeiro canto de "Dymer"...

Maio

Segunda, 1º de maio: Esta manhã, o destino tentou me enfurecer, mas exagerou, de modo que se tornou meramente engraçado. D recebeu na hora do café da manhã uma resposta de um corretor imobiliário, falando sobre um bangalô chamado Waldencot para alugar em Headington. Então, correu depois de mal engolir uma refeição, apenas para descobrir que era o "estábulo"...

Trabalhei a tarde toda em Tucídides, um autor que amo. Uma carta de Barfield aceitando "Joy" para o *Beacon* e dizendo coisas boas: ele se descreve como "subeditor *free-lancer* atuante, não remunerado"...

Terça, 2 de maio: Trabalhei de manhã memorizando anotações sobre a Pentecontecia e lendo Tucídides.

Maureen subiu para Headington e foi até o "estábulo", já que achamos que vale a pena tentar. Maureen entrou com uma senhora,

---

[32] Veja Owen Barfield no Apêndice biográfico.

outro inquilino em prespectiva [*sic*] e rival, e fez um bom trabalho em apontar para ela todas as desvantagens do lugar.

Após o almoço, passei para tentar ver Jenkin, mas ele não estava.[33] Deixei "Nimue" para ser datilografado. Andei devagar e agradavelmente pela Mesopotâmia e, de balsa até Marston, subi a estrada para Headington pelo pequeno cemitério. Um lindo dia e muitos cucos. Pensando para variar — e livre dos sonhos de Christina...

Voltei a tempo de completar mais algum trabalho antes do jantar. Planejei com D uma carta ao dr. Ley da Christ Church pedindo-lhe que recomendasse um bom professor de música para Maureen:[34] ela foi tirada da srta. Ploughman sob algum eufemismo a respeito de "horários que não se encaixam" — caso a srta. Ploughman venha a notar se ela aparece ou não!...

Quarta, 3 de maio: Uma manhã úmida. Trabalhei no texto de Tucídides, com grande interesse, mas encontrando muitas passagens que, para a mera tradução, é sábio passar por cima.

Fui para a cidade após o almoço e, depois de procurar em vão por Jenkin na Merton St., encontrei-o na Mesa Alta. Já tinha clareado e descemos a St Aldate's e sobre o sistema de abastecimento de água até Hincksey.

Eu falei em permanecer por mais um ano e lamentei que todos os meus amigos ficassem abatidos: ele disse que não conhecia nenhuma nova pessoa com interesse desde o primeiro ano. Nós dois concordamos que encontrar pessoas que tivessem interesse em literatura e que não fossem, ao mesmo tempo, muito afetadas por *dillettanti* falando "*l'art pour l'art*" etc., era quase impossível — na verdade, ele colocou Baker, Barfield e a mim como as únicas exceções em seu próprio círculo: e até mesmo os homens "amáveis" eram preferíveis ao tipo literário usual...

Nós conversamos sobre religião, sobre a qual seus pontos de vista são tradicionais e bem diferentes dos meu. Ele citou uma boa

---

[33]Veja Alfred Kenneth Hamilton-Jenkin no Apêndice biográfico.
[34]Henry George Ley (1887–1962) foi organista e mestre de coro da Christ Church Catedral (1909–1926) e precentor e diretor de música do Eton College (1916–1945).

1922

(e verdadeira) perversão de um velho lugar-comum: "Para o puro todas as coisas são impuras"...

D, após tentar uma nova cura para a indigestão, apresentada pela srta. Featherstone, está muito mal, com a cabeça ruim. Trabalhei em Tucídides novamente à noite. Cedo para a cama.

Quinta, 4 de maio: Um dia brilhante, ventoso e lindo. D muito doente como resultado da droga repulsiva da srta. Featherstone (que o céu nos salve de nossos amigos) e achando sua visão estranha — vendo o papel que eu estava lendo no café da manhã como se fosse azul. Isso diminuiu em certa medida durante o dia. A srta. Featherstone, como uma velha enfermeira, deveria saber bem que não se deve dar esse tipo de droga a uma paciente sem orientação médica.

Fui para a cidade cedo. Encontrei Baker em Wadham. Ele me fez várias perguntas sobre os sofistas. Ele disse que ele pod. provavelmente ver Barfield hoje e pedi-lhe que mandasse Barfield deixar uma mensagem dizendo quando ele e eu poderíamos nos encontrar. Ele me mostrou o número de maio do *Beacon*: está melhorando lentamente mês a mês.

Fui para o College às 10h30 para a aula de Stevenson: Watling, Wyllie, Blunt, Montagu, Haig e (mais tarde) Hastings. Stevenson marcou meu questionário de exame com A menos. Blunt foi um grande incômodo, retendo-nos implacavelmente a algum maldito problema cronológico sobre meses intercalares e eclipses, em parte, acho que porque Stevenson não se destaca sobre esses assuntos...

Fui a Cornmarket e peguei "Nimue" datilografado com precisão por 3/6: enviei-o para Squire à tarde, não tanto com qualquer esperança de que ele aceitaria, mas "para que ele pudesse preencher a medida de suas iniquidades".

Trabalhei em um texto inglês da *Política* na parte da tarde, com algum interesse, e saí para um curto passeio até Headington antes do jantar. Tucídides (confecção de anotações) à noite... Preocupado hoje por dores em minha axila esquerda perto da ferida antiga, mas muito leves.

Sexta, 5 de maio: ... Encontrei Barfield às 2h30 perto da Agência Postal de Headington. Um dia brilhante: nós caminhamos sobre o riacho de Bayswater (onde eu vi a cobra) e tomamos chá em uma casinha na London Rd. Nós conversamos sobre Baker e os fragmentos misteriosos de sua vida anterior que obtivemos e comparamos nosso conhecimento... Ele disse que a maneira mistificadora de Baker referir-se às coisas era bastante inconsciente, e nós rimos muito sobre isso.

Conversamos sobre os velhos tempos: depois, sobre a quinzena de Barfield na Itália, nas últimas férias. Em parte em Florença, em parte andando nos Apeninos. Ele contou como em um restaurante teve um chamado da natureza e, depois de irritadamente vasculhar seu livro de frases, descobriu que o italiano (literalmente) era "Onde ela pode fazer uma pequena água, por favor?". Em resposta a isso, o garçom respondeu "Onde quer que ela goste".

Conversamos sobre o *Beacon*, e ele me contou como Appleton tinha vindo contratá-lo.[35] Um dia, Appleton mostrou-lhe um poema e perguntou sua opinião. "Obsceno", disse Barfield. Appleton mostrou-lhe outro: "Infame", disse Barfield. Depois disso, eles não demoraram para se tornar amigos. Barfield parecia perfeitamente miserável e não esperava por nada. Esse caso de amor infeliz foi muito profundo, porque o tornou um verdadeiro poeta. Tenho certeza de que ele vai ser ótimo...

Sábado, 6 de maio: Fui à cidade depois do café da manhã para ver o dr. Allchin na 15 Beaumont St., sobre as lições para Maureen: descobri que ele estava ocupado até as doze.[36]

Tentei trabalhar em "Psyche" na Associação (não na nova métrica q. eu acho quase impossível) sem sucesso.

Encontrei Wallis,[37] P. O. Simpson e Blunt. Carritt parece ter se preocupado com as *collections* de todos. Wallis e Watling

---

[35]E. R. Appleton era o editor do *The Beacon*.
[36]Veja Basil Charles Allchin no Apêndice biográfico.
[37]Edward John Wallis estava estudando Greats no University College e obteve seu BA [Bacharelado em Artes] em 1923.

obtiveram Γ =. Voltei para Allchin às 12: foi organizado para que Maureen pud. ir até ele às 4h15 da próxima terça e, depois de ouvi-la, ele viria ver D. Um homenzinho simpático. Lembrei-lhe do verão de 1917, quando ele era oficial do OTC e eu era cadete: ele ria das "coisas loucas que se tinha de fazer" — palestras sobre assuntos a respeito dos quais ninguém sabia nada etc.

Domingo, 7 de maio: Um verão repentino. Sentei-me no jardim, escrevendo uma passagem para uma nova versão de "Psyche" em verso branco, não sem algum sucesso...

Fui até a 14 Chadlington Rd., através do horror de North Oxford em um domingo quente: vilas, jardins, deslumbramento e roupas de domingo. Stevenson, sua esposa, sua filha Helen e um sujeito mudo chamado Mackay, de Magdalen:[38] almoço bastante agradável. Stevenson me disse — o que eu nunca ouvira antes — que o Mestre, em sua juventude, perdera uma bolsa de estudos da Câmara por escrever um ensaio modernista sobre a Ressurreição: isso foi nos dias de Pusey.[39]

Nós nos sentamos no jardim depois do almoço. Stevenson falou de seu trabalho em Le Touquet durante a guerra, onde eles tinham uma confusão completa de especialistas em interpretação de código. Ele disse que, ao final, depois que as coisas sem valor foram eliminadas, passou a consistir inteiramente de estudiosos clássicos. Como um exemplo similar de habilidades estranhas usadas para fins de guerra, a sra. S. mencionou um pintor futurista que estava empregado em fazer navios "deslumbrantes"...

Cheguei em casa a tempo de encontrar D no jardim com o Doc, Mary e o Pirralho [Peony Askins]... Nós nos sentamos no jardim depois do jantar, D escrevendo cartas à luz da lua: uma noite de beleza extraordinária, mas um dia exaustivo. O Doc parece muito

---

[38] Roy McKay, que estudou Direito em Magdalen e obteve seu BA em 1923.
[39] Reginald Walter Macan (1848–1941) era membro do conselho e tutor de História no University College (1884–1906) e mestre do College (1906–1923). Algo do "ensaio modernista" pode ter entrado em seu livro *The Resurrection of Jesus Christ* [A ressurreição de Jesus Cristo] (1877).

melhor, e com camisa cáqui, calça com cinto, chapéu que parecia uma fôrma de bolo, alfinete de gravata agindo como um botão (ele está sempre sem botões) era uma figura eloquente e característica. Durante uma estada com os Walkers, eu tive uma conversa divertida com Ziman, que agora tem meus antigos aposentos, me dizendo o quanto ele não gosta de meu mau humor e como o velho George o encorajou para Mods.[40] dizendo que "o sr. Lewis conseguiu o primeiro lugar, e ele nunca trabalhou de jeito nenhum: ele sempre saía logo após o café da manhã".[41]

Segunda, 8 de maio: Um dia escaldante com um vento leve. Comecei a trabalhar no jardim às 8h45 e continuei, fazendo anotações e memorizando, até a uma da tarde.

Fui para a cidade depois do almoço para os aposentos de Jenkin. Robson-Scott estava com ele quando cheguei.[42] Após sua partida, J. disse-me que ficara bastante surpreendido ao saber de minha remoção dos Martlets: ele tinha perdido uma reunião e ele se perguntava se os rapazes já tinham todos nos colocado de lado. Jenkin disse que iria a qualquer reunião com a qual ele se importasse, quer fosse ele um membro ou não. Ele me levou em sua canoa por um curto período de tempo...

Cheguei em casa por volta das 4 horas: chá no jardim e fiz uma análise de Kant, chegando até as "Anticipations of Experience" [Antecipações da experiência]. Memorizei isso depois do jantar, e também minhas anotações de Hist. Grega.

Um dia lindo. D muito abatida, seja de causas psicológicas ou que os efeitos do veneno da srta. Featherstone ainda permanecem.

---

[40] Abreviação de *Honour Moderations*, uma graduação específica da Universidade de Oxford. [N. T.]

[41] Herbert David Ziman (1902–1983) obteve uma segunda graduação em Greats e recebeu seu BA em 1924. Foi redator-chefe do *The Daily Telegraph* (1934–1939) e editor literário (1956–1968).

[42] Veja William Douglas Robson-Scott no Apêndice biográfico. Lewis e Robson-Scott eram membros de uma sociedade literária no University College chamada de Martlets. Como Lewis não comparecia a uma reunião há algum tempo, havia uma questão de saber se ele ainda tinha o direito de ir ou não.

1922

Terça, 9 de maio: "Nimue" retornou de Squire (eles o chamam de Jeová C., eu descobri), com a habitual recusa impressa. Tudo isso é feito para que as Escrituras sejam cumpridas.

Outro dia glorioso. Comecei a trabalhar no jardim às 8h45: fiz mais algumas análises de Kant e algumas anotações de Tucídides. Assim que o sol entra pela janela do meu quarto, estou tentando o plano de fechar a janela e a porta e tirar as cortinas para nunca mais admitir ar quente: acho que é uma melhoria...

Quarta, 10 de maio: De volta ao tempo frio e à lareira. Trabalhei na Hist. Grega durante parte da manhã e, em seguida, fui para a cidade e fiz duas perguntas na União sobre condições nas escolas, uma de um periódico de História Romana e uma de um periódico de Lógica. Eu também comprei um chapéu panamá falso no Lane, na Queen St., por 5/11. É bonito e confortável e a melhor solução para o problema da insolação.

Encontrei Watling, que me disse que nossas aulas começam no dia 8 de junho. Eu peguei da biblioteca a tradução que Jowett fez dos sofistas e trabalhei nela depois do almoço. É sobre o Nada e o mais interessante: lindamente traduzido, mas em sua introdução, onde ele fala de filosofia, Jowett parece um tolo e um tolo autossatisfeito.

A srta. Featherstone ligou hoje e disse que fora convidada para hospedar-se com um amigo no verão e que não precisaríamos nos mudar a menos que fosse nossa escolha, o que é uma excelente notícia. Eu andei em Shotover depois do chá: está lindo agora e uma massa de abrunheiros. Eu estava pensando seriamente em como eu enfrentaria a perspectiva de ter de desistir da poesia, se viesse a ser preciso...

Quinta, 11 de maio: O tempo continuou invernal. Na cidade cedo e passei para ver Baker. Contei a ele sobre o retorno de "Nimue" e amaldiçoei Jeová C. Confessei um medo de que deve haver algo totalmente errado em nossa atitude: embora estivéssemos sempre prontos a admitir falhas nas coisas que J. C. devolvia, talvez estivéssemos realmente cegos para os méritos daquilo que ele aceitou, muito do que parece contemptível. Baker disse que não achava que fosse assim.

Ele me devolveu o primeiro Canto de "Dymer", que eu havia deixado com ele. Sua fala sobre a maior parte foi encorajadora, especialmente o fim. Ele achava que algumas das partes irreverentes eram fracas e as duas primeiras estrofes eram entediantes, no que eu concordava com ele. Descobri que, além da performance com os profissionais do Palácio, a peça de Wycherley está sendo apresentada com amadores hoje à noite, sexta e sábado na Corn Exchange.

Eu, então, fui para a Univ. e vi Carritt. Eu o fiz explicar o que ele queria dizer com "atmosfera" em um papel de exame e perguntei quando ele o tinha feito: "Na verdade, senhor, você quer dizer blefe?" Ele concordou. Então eu fui para a aula de Stevenson. Watling, Wyllie, Blunt, Montagu, Hasting e Haig. Uma manhã desesperadamente monótona, mas não inútil.

Cheguei em casa por volta de meio dia e meia. Encontrei o Doc aqui e Maureen muito doente. O Doc disse a D que Cranny estava movendo céus e terra sobre a sua (do Doc) ordenação: mas que a ideia de que ele realmente desejava ser ordenado era principalmente uma ficção de Cranny. Muito típico!

Após o almoço, eu fiz, sob as condições da escola, um artigo de lógica que Carritt me dera, bem mais para minha própria satisfação, e descobri que três horas me davam bastante tempo livre...

Sexta, 12 de maio: ... Trabalhei em minha análise de Kant e depois em Hist. Grega até pouco antes do almoço; daí fui para a cidade a fim de ver se Jenkin viria ao espetáculo hoje à noite. Trabalhei de novo após o almoço, mas com dificuldade e achando difícil me concentrar.

Lady Gonner e sua sobrinha passaram por aqui e eu fui para outro quarto. O Doc esteve aqui duas vezes hoje: na primeira ocasião — antes do almoço — ele contou a D um caso sobre um graduando e uma graduanda que moram juntos em algum lugar da vizinhança. Como a história é apenas uma daquelas que "todo mundo sabe", não precisa ser acreditada. É de se esperar que seja falsa, pois, quando o desastre vier, levará a muitos novos estatutos tolos para o resto de nós...

1922

Eu vim para o jantar e voltei para esperar na fila da Corn Exchange. Ela consistia principalmente de meninas: esperávamos os portadores de ingressos. O mundo todo estava lá: notei Cyril Bailey, Lindsay, Joachim, Carritt, Curtis, Mary e Stead.[43] Grande empolgação foi causada pela chegada dos Asquiths: era mais uma alegoria política — todo mundo sussurrando "É a sra. Asquith", e ninguém notou o pobre velho Asquith, uma figura gorda e flácida, parecendo John Bunny, saindo do carro atrás dela. Ela tinha cara de velha, com lábios finos e muito brilhantes, abanava seus dedos ossudos para alguém e era felina.[44]

O espetáculo foi, no geral, bom. Eu tive de ficar de pé. Allen regeu.[45] A música do primeiro balé era de um antigo livro virginal.[46] Do segundo, de Purcell, em torno do tema de uma peça de Wycherley: esse foi o melhor dos três — uma maravilhosa marionete louca como o quê — arrebatando completamente as pessoas. Baker excelente como sr. Formal: durante um intervalo, ouvi sua performance elogiada por um estranho de aparência teatral. A música era deliciosa. Com a terceira, de Bach, eu não me importei tanto. O que mais me impressionou foi o fato de Barfield dançar nas passagens mais barulhentas: uma alegria

---

[43]Este grupo contém muitos dos grandes homens cujos livros e palestras Lewis leu ou ouviu durante seus anos em Oxford. Cyril Bailey (1871–1957), um conhecido professor de Clássicos e notável personalidade de Oxford, era membro do Balliol College; Alexander Dunlop Lindsay (1879–1952) foi membro e tutor de Clássicos em Balliol (1906–1922) e mestre de Balliol (1924–1949); Harold Henry Joachim (1868–1938) foi professor de Lógica de Wykeham (1919–1935); Geoffrey William Seymour Curtis estudou Greats no University College e obteve seu BA em 1925.
[44]Este era Herbert Henry Asquith (mais tarde Conde de Oxford e Asquith, 1852–1928), um estadista que havia sido primeiro-ministro (1908–1916). Margot Asquith (1864–1945), sua segunda esposa, tinha uma personalidade magnética que às vezes era uma desvantagem política.
[45]Sir Hugh Allen (1869–1946) foi professor de Música em Oxford (1918–1946) e assegurou a criação da faculdade de música.
[46]Virginal é um antigo instrumento musical, de teclado, semelhante à espineta, porém menor. O *Fitzwilliam Virginal Book* (ver a próxima nota) é uma coleção de 297 peças para teclado compilada no início do século XVII na Inglaterra. [N. T.]

impressionante, contagiante sobre ele, e você pensaria que ele nunca ficaria cansado.[47]...

Domingo, 14 de maio: ... Peguei um ônibus para a cidade e voltei para casa pouco após o almoço, tendo conseguido o *Magic* [Mágica], de G. K. Chesterton, e *Road to Endor* [Estrada para Endor], de Jones, da Associação.

Maureen levantou-se antes do almoço. D e eu nos sentamos na pequena alameda atrás das janelas francesas depois do almoço. Eu li *Magic* sem interrupção. Uma agradável pequena peça — não tenho certeza de que a entendi. Depois comecei a ler em voz alta *The Road to Endor* e continuei isso pelo resto do dia.[48] É o relato (agora famoso) da fuga de dois oficiais britânicos de Yosgad, na Ásia Menor, por meio do espiritismo falsificado. Nós dois gostamos muito. A ironia de ler isso e *Magic* no mesmo dia foi bastante involuntária...

Segunda, 15 de maio: Cheguei ao trabalho às 9h30 e tive uma boa manhã na Expedição Siciliana e memorizando.

Após o almoço, D leu para mim no *Times* o artigo memorial sobre Sir Walter Raleigh que acabou de morrer: Jenkin estava sempre cantando elogios a ele.[49]...

---

[47]"O Festival Musical de Oxford terminou em um esplendor de cores [...] A principal novidade do Festival, três balés históricos, aconteceu na Corn Exchange às quintas e sextas e aos sábados à noite. Os balés foram intitulados 'A Masque at the Court of Queen Elizabeth' [Uma Mascarada na corte da rainha Elizabeth], com música do Fitzwilliam Virginal Book, 'The Gentleman Dancing Master' [O cavalheiro mestre dançarino], com música de Henry Purcell, e 'J. S. Bach and Frederick the Great' [J. S. Bach e Frederico, o Grande], com música extraída das suítes orquestrais de Bach [...] A Música para as danças foi selecionada a partir das obras de Marchant, Byrd, Robert Johnson e Giles Faranby, que obteve a graduação em B. Mus. em Oxford em 1592. 'The Gentleman dancing Master', arranjado por F. R. Harris, é baseado na peça de Wycherley com o mesmo nome [...] O [...] terceiro balé [...] ilustrou um encontro entre Frederico e o compositor e as festividades dadas na Corte em honra de Bach. As várias danças foram apresentadas com um abandono alegre que foi muito inspirador e trouxe um final vivo para um programa realmente agradável." (*The Oxford Times*, 19 de maio de 1922, p. 8).
[48]De Elias Henry Jones (1920).
[49]Veja Sir Walter Raleigh no Apêndice biográfico.

1922

Eu memorizei posteriormente. Enquanto estava na cidade, encontrei Poynton,[50] e ele me deu uma Prosa Latina para fazer, "como uma bola de teste".[51] Ele disse que só teria tempo para um e então "você poderia muito bem colocar todas as suas asneiras nisso". Depois do jantar eu trabalhei no Sofista e comecei a prosa que é interessante.
D mal esta noite.
Terça, 16 de maio: Um dia ocioso. Comecei a trabalhar depois do café da manhã, mas logo fui à cidade para conhecer a *History of Sicily* [História da Sicília], de Freeland.
Visitei Baker e bebemos um pouco de xerez. Ele estava ensaiando em Londres no sábado e almoçou com Ellen Terry: depois ele teve uma boa conversa com Edith Craig no apartamento dela e ela disse que poderia conseguir um emprego para ele no Old Vic. Também foi-lhe prometida uma parte na próxima peça de M. Harvey. Perguntei se não era necessário passar por uma escola técnica: ele disse que isso se aplicava mais a meninas. Também falamos muito sobre "Dymer". Eu combinei caminhar com ele esta tarde…
Baker veio a mim logo após o almoço, e nós subimos em nossas bicicletas até Shotover e sentamos lá. Ele está tentando convencer Barfield a ir ao palco da sala de música. Eu ri com vontade ao pensar em meus dois principais amigos literários terminando ambos nos palcos…
Depois do chá, até quase 7h, Baker e eu tivemos uma conversa próxima e boa outra vez sobre "Dymer". Concordamos que o grande objetivo era manter o MITO verdadeiro e introduzir como pequena invenção ou alegoria consciente quanto pudesse ser. Ele está particularmente muito interessado na escuridão da passagem em que Dymer encontra a garota e se opõe a qualquer coisa como um diálogo. Nós cancelamos entre nós a excelente ideia de fazer da bruxa

---
[50]Veja Arthur Blackburne Poynton no Apêndice biográfico.
[51]Na prática informal do críquete, esporte britânico, a primeira bola lançada em cada rodada leva esse nome. [N. T.]

uma "matriarca". Tudo me deixou muito interessado e ansioso por poder para fazer o que precisa ser feito...

Quarta, 17 de maio: Trabalhei na Hist. Grega — sem muita energia nem interesse — toda a manhã. Um dia suave, úmido, como eu gosto. O Doc veio ver Maureen por alguns minutos antes do almoço. Trabalhei novamente até a hora do chá. A sra. Raymond veio para o chá.

Eu fui à cidade para minha aula sob a tutoria de Carritt: ele disse que não havia vaga adequada para mim e me aconselhou fortemente a permanecer mais um ano. Li o artigo que fiz para ele e ele o aprovou. Ele fez algumas observações interessantes sobre a teoria dos universais de Croce. Os conceitos verdadeiros (Verdade, Beleza etc.) são imanentes, transcendentes: os matemáticos são *apenas* transcendentes — isto é, eles não têm particulares; os pseudoconceitos são apenas imanentes, ou seja, são meros agrupamentos arbitrários de particulares. Ele também chamou minha atenção para a diferença entre os primeiros e os posteriores pontos de vista de Kant sobre os Noumena, que eu devo procurar. Eu encontrei Blunt, que me disse que está começando a ler Tucídides pela primeira vez!

Esqueci de mencionar um sonho curioso que tive nas primeiras horas desta manhã: — Baker e eu estávamos andando em um campo quando de repente apareceu do nada um touro enorme com características sexuais exageradas, vindo muito rápido. Saltamos por cima de uma cerca alta e eu machuquei a perna. Soa verdadeiramente psicanalítico...

Quinta, 18 de maio: Hoje e ontem D tomou café da manhã na cama, pois as pernas não estão muito bem e precisam de ainda mais descanso...

Trabalhei na sala de jantar do almoço até o chá... Depois passei por Iffley, cruzei o dique e segui ao longo dos prados. Fiquei maravilhosamente feliz por um curto período de tempo. Um dia ventoso e tempestuoso: o rio cheio de ondas agitadas e tudo de um brilho incomum.

1922

Depois do jantar, escrevi uma longa carta para casa, explicando minha posição e propondo ficar por mais um ano.[52]

Sexta, 19 de maio: Uma manhã úmida: trabalhei na Revolução dos 400, comparando Tucídides com Aristóteles. Após o almoço, fui para Oxford com uma vaga ideia de enviar um novo projeto para um periódico. Ao procurar Baker para obter o endereço de *Youth* encontrei-o ansioso por causa de meu conselho. Ele deve ir ao Old Vic. para uma audição algum dia em breve e estava tentando escolher quais linhas ele vai declamar...

Depois do chá, voltei ao colégio e procurei o Larápio.[53] Ele tinha acabado de receber uma carta do "sr. Wyllie" pedindo-lhe que recomendasse alguém para uma bolsa de estudos por um ano na Cornell University (estado de Nova York). Ele disse que eu era a única pessoa que ele gostaria de indicar: mas como o dinheiro, apesar de adequado para o ano lá fora, não incluía as despesas de viagem, dificilmente seria considerado. Nós então falamos de meus planos. Ele disse que eram passado os dias quando alguém podia sair das Escolas para uma Irmandade: mesmo em universidades menores havia uma demanda por homens que haviam feito alguma coisa, e isso havia sido intensificado em Oxford pela Comissão Real.

Ele me aconselhou, no entanto, a manter o ano extra. Ele disse que o College era muito dispendioso, mas que ele achava que eles poderiam fazer um arranjo a fim de continuar minha bolsa de estudos. Perguntei-lhe se, caso eu "fracassasse em Greats", ele ainda aconselharia o ano extra, e ele disse que sim. Ele disse que eu deveria

---

[52]Na carta ao pai de 18 de maio, Lewis disse: "Os temas vigentes de meu próprio curso de Greats são uma quantidade incerta no momento: pois ninguém sabe que lugar clássicos e filosofia vão ocupar no mundo educacional no período de um ano... O que se quer em todos os lugares é um homem que combine a qualificação geral que supostamente Greats oferece, com as qualificações especiais de quaisquer outros temas. E a Literatura Inglesa é um tema 'em ascensão'. Assim, se eu pud. obter um Primeiro ou mesmo um Segundo em Greats, e um Primeiro no ano que vem em Literatura Inglesa, eu estaria em uma posição muito firme, de fato."
[53]O mestre do University College. [*Mugger*, em inglês: "ladrão traiçoeiro, assaltante, larápio".]

tentar obter outro prêmio da Universidade: e que havia possibilidades nos trabalhos de Extensão Universitária. Agradeci a gentileza dele. Um velho querido, mas a inesgotável loquacidade da idade instruída me levou à "Cidade e Universidade" para recuperar-se com uma Guinness.

Uma longa conversa com D depois do jantar, contando sobre os velhos tempos, Tubbs, srta. Cowie etc.[54]

Depois comecei em meu próximo artigo para Carritt e fiz 45 min. Um surto de feminismo de Maureen durante o jantar sobre a "vida mais fácil" dos homens: D acha que não havia conhecimento por trás disso — apenas que era interessante.

Sábado, 20 de maio: Trabalhei de manhã nos antigos Ática e Sólon. Após o almoço, fui à Associação e peguei *The Admirable Crichton* [O admirável Crichton]:[55] depois, viajei além de Marston com a ideia de ir a Beckley e ver Barfield.

Eu o encontrei, no entanto, um pouco além da aldeia, andando com uma mala, enquanto ele estava indo para o baile do All Souls. Depois de tentar em vão entrar em um *pub*, fomos para um campo e nos sentamos. Ele recentemente viu *Peer Gynt* no Old Vic. A tradução de Archer em um tipo de métrica Hiawatha, que ele diz ser muito eficaz no diálogo. Parabenizei-o por sua dança: ele está pensando seriamente nos "Halls". Ele não sabia quando eu deveria receber as provas de "Joy". Combinei de almoçar com ele no Old Oak às 13h da próxima quarta.

Em casa para o chá, onde encontrei o Doc e Mary que logo foram praticar esportes escolares com Maureen. Durante o resto do dia, trabalhei no segundo Canto de "Dymer", com prazer maravilhoso. Uma noite muito quente com um prateado céu coberto por pequenas nuvens: nós jantamos no jardim.

Domingo, 21 de maio: Um dia ardente e quente. Fui para a Merton St. depois do café da manhã e chamei Jenkin. Nós, então,

---

[54]O sr. Tubbs foi um dos mestres e a srta. Cowie, a matrona, na Cherbourg School, em Malvern, quando Lewis foi aluno de 1910 a 1912.
[55]De Sir James Barrie (1902).

1922

pedalamos por Marston para Elsfield e Beckley, onde nós passamos pela Bee Cottage. Barfield estava fora, mas Harwood nos deu água e descansamos por um tempo.[56] Jenkin combinou de voltar lá para o almoço e eu deixei o 1º Canto de "Dymer" para as críticas de Barfield.

Continuamos nossa jornada descendo de Beckley, o objetivo sendo Joseph's Stone: mas, depois de passar por uma região muito ruim de brejo, por sulcos de lama petrificada, chegamos a um pântano péssimo, de baixa altitude, e tivemos de parar. Jenkin subiu em um carvalho.

Ele disse que nunca poderia gostar de Harwood — ele sempre achou algo condescendente em seus modos. Eu disse que isso era apenas uma voz e um rosto sem sorte. Baker teve o mesmo problema, e Barfield costumava ficar muito bravo com ele por causa disso.

Hoje, pela primeira vez desde que o conheço, Jenkin queixou-se amargamente da séria doença que sempre se manifesta em todas as atividades físicas e mentais que ele pratica. Mal sabia como responder a ele, mas parabenizei-o, apesar de tudo, por ter-se recusado a ser um valetudinário...

Segunda, 22 de maio: Um dia quente e sufocante. De ônibus para o College, de acordo com uma nota que chegou no café da manhã, e paguei a Farquharson £5 de taxa de entrada para os Cursos do College.[57] Saí e vi Allchin, combinando com que Maureen o visse às 3h30 da próxima sexta. Cheguei em casa e trabalhei, terminando minhas anotações sobre Sólon. O Doc esteve no jardim com D a maior parte da manhã.

Após o almoço, fui de ônibus até Wadham e vi Baker. Ele teve duas horas com Bernice de Bergerac preparatórias para sua audição e está fazendo os discursos de Romeu antes da entrada do farmacêutico...

Eu então contei a ele meu sonho sobre o touro e isso levou a uma longa conversa sobre psicanálise...

---

[56] Veja Cecil Harwood no Apêndice biográfico.
[57] Veja Arthur Spenser Loat Farquharson no Apêndice biográfico.

Cheguei em casa e encontrei um telegrama de P[apai] dizendo "Permaneça" em resposta a minha carta. Isso é realmente muito decente bem cerimonioso [*sic*]...

Terça, 23 de maio: Trabalhei a manhã toda na alameda, memorizando as anotações de Hist. Grega. Mary e o Doc ligaram. Após o almoço, fui de ônibus até Oxford, tirei *Essence of Aesthetic* [Essência da estética], de Croce, da Associação e caminhei para me banhar no Parson's Pleasure.[58] Quando entrei, eu encontrei Wyllie saindo: nós lamentamos ter deixado de lado um ao outro e combinamos de nos banharmos juntos no futuro. Um belo banho (água 17 graus), mas muito lotado. Em meio a tanta nudez, fiquei interessado em notar a passagem da minha própria geração: há dois anos, a cada dois homens um tinha uma marca de ferimento, mas eu não vi uma hoje.

Cheguei em casa e tomei chá no jardim e depois terminei o artigo para Carritt, o tempo obrigando-me a terminar no meio de uma frase. Eu terminei o Croce: um livro difícil e provocativo. As diferentes atividades dos espíritos aparentemente crescem umas nas outras em um ciclo. Emoção leva à imagem, e quando nós fazemos a imagem nós queremos entender: a partir do entendimento nos voltamos para a ação, que leva à nova emoção, e o ciclo se repete. Ele assume a irrealidade da matéria, considerando-a como nós consideramos a notícia "Rainha Anne está morta".

D melhor hoje. Cedo para a cama. Depois de chegar do jardim, escrevi uma estrofe "gastronômica" de "Dymer".

Quarta, 24 de maio: ... Saí de casa por volta das 12h45 e fui de ônibus para Oxford, encontrando Barfield fora do Old Oak. Depois de achar uma mesa, decidimos ir para Good Luck em vez de ficar. Um excelente almoço, os sorvetes sendo

---

[58]Há uma pequena área a nordeste do Magdalen College onde dois braços do rio Cherwell se encontram. É chamada de "Mesopotâmia" [já citada no diário], em referência ao antigo país entre os rios Tigre e Eufrates, e em um dos braços há uma piscina reservada para homens, na qual o costume é banhar-se nu — "Parson's Pleasure" [Prazer de Parson].

1922

particularmente bons e tendo, como diz Barfield, a verdadeira manteiga como consistência.

Dali nós caminhamos para os jardins de Wadham e sentamos debaixo das árvores. Começamos com os sonhos de Christina: eu os condenava — o sonho de amor tornou um homem incapaz de amor verdadeiro, o sonho de herói fez dele um covarde. Ele tomou a opinião oposta e um argumento teimoso se seguiu.

Depois, voltamos para "Dymer", que ele trouxera de volta: para minha surpresa, seu veredito foi ainda mais favorável do que o de Baker. Ele disse que era "de longe" a melhor coisa que eu fiz, e "Eu posso ficar com isso?" Ele não sentiu a fraqueza das estrofes mais leves. Ele disse que Harwood tinha "dançado com alegria" e me aconselhado a abandonar todo o resto e seguir em frente com isso. De um crítico tão severo quanto Barfield, o resultado foi muito encorajador. Em seguida, chegamos a uma longa conversa sobre as coisas derradeiras. Como eu, ele não acredita na imortalidade etc., e sempre sente o pessimismo materialista ao seu alcance.

Ele é muito infeliz. Ele disse, no entanto, que os "fatos concretos" que nos preocupavam poderiam, para a posteridade, parecer meros preconceitos de *siècle*, como os "fatos" de Dante parecem a nós. Nossa doença, eu disse, era na verdade uma doença vitoriana. A conversa girou por muitos tópicos e por fim morreu porque era impossível manter um tribunal entre dois advogados do diabo.

Os jardins estavam esplendorosos — lilás e castanha magníficos. Acho que os jardins de Wadham encaixam muito bem em minha imagem da ilha da Acrásia. Andei com ele até Magdalen, dei uma volta nos claustros e depois voltei à casa para o chá.

Isso nós tivemos no jardim, sendo repentinamente postos em fuga por uma tempestade. Voltei para Carritt às 5h45 e li para ele meu artigo. Discussão interessante: ele estava em sua linha usual de correto sem relação com o bem, que é irrefutável: mas, assim é o outro lado.

Encontrei uma carta breve de P. no College confirmando seu telegrama. Eu não sei por que, mas algo nela foi inquietante para mim.

Cheguei em casa e encontrei o Doc, que estava aqui. Parece haver algum risco de que a dor no braço de D possa ser de veias rompendo em um novo lugar. Notícias horríveis!...

Quinta, 25 de maio: ... trabalhei duro na memorização pela manhã. O Doc chegou pouco antes do almoço e examinou o braço e o ombro de D, que estão muito inchados, embora menos doloridos do que ontem. Ele disse que não iria se encarregar do caso da própria irmã e que, se ela não melhorasse em poucos dias, deveríamos procurar um médico. Ele admitiu que pode ser um monte de coisas desagradáveis. Ele e D tinham mais medo de trombose ou de um tumor "benigno". Por outro lado, pode ser meramente muscular. Essa é nossa ração de emergência de esperança...

D e Baker estavam discutindo minha ida para a Irlanda quando cheguei. Baker a princípio depreciou "colocar minha cabeça na boca do leão". Eu disse que eu não omiti minha estadia por causa do perigo, quando meu pai e meu irmão estavam lá: especialmente com coisas desagradáveis começando com "eu tinha esperança" e terminando com "longe de mim" não só poderiam, mas seriam ditas. Claro que é verdade que tive minha cota de ser baleado em maior medida do que eles — mas o que se pode fazer? Baker por fim concordou comigo. Ele disse que eu pod. ir para o Larápio e Truslove se eu quisesse algum trabalho de tutoria em setembro...

Sexta, 26 de maio: Muito mais tranquilo hoje. Fui de ônibus para Oxford depois do café da manhã e entreguei um teste de tradução de Hist. Grega sob condições escolares na Associação. Cheguei em casa pouco depois das doze. Maureen fora para o almoço (que, diga-se de passagem, foi um de nossos melhores, linguado frito, batatas novas e aspargos). Li *Theory of the State* [Teoria do Estado], de Bosanquet, à tarde: um livro atraente no geral.

O Doc e a sra. Stevenson vieram tomar chá. Ela estava tão animada quanto uma bola de tênis em uma quadra de cimento e cantava elogios ao sr. Clarke. D aconselhou-a a casar com ele, principalmente pela casa.

Uma conversa animada entre o Doc e a sra. S. sobre espiritismo. D se retirou quando sentiu que não poderia se abster de interrupções céticas. Eu estava menos gentil e perguntei por que os fantasmas sempre falavam como se pertencessem à classe média baixa. Conversamos um pouco de psicanálise, condenando Freud...

Depois do jantar, comecei a ler *Queen Victoria* [Rainha Vitória], de Strachey, para D. Um céu muito lindo esta noite. O braço de D estava muito menos inchado hoje e muito pouca dor [*sic*]: o Doc parecia ter recebido um encorajamento ao ver isso. Ficou até tarde falando: uma conversa memorável.

Sábado, 27 de maio: ... Eu liguei para Stevenson e pedi que ele me avisasse de qualquer trabalho tutorial para as férias do qual ele ouvisse falar. Eu então liguei para Carritt e fiz o mesmo pedido a ele. Ele também prometeu dar meu nome ao *Manchester Guardian* para alguma resenha. No decorrer da manhã, encontrei Blunt, que disse ter certeza de que poderia me conseguir um menino da escola de Lynham para eu ser professor particular, já que ele é um OD e muitas vezes está lá.

Eu também visitei Williams, que é o agente local da Trueman & Knightley: ele me deu um formulário e disse que, ao restringir o campo para Oxford, reduzi minhas chances, mas que se houvesse alguma coisa, minhas qualificações atenderiam. Ele também me aconselhou a colocar um anúncio no *Oxford Times*...

Após o almoço, eu trabalhei em "Dymer" no jardim: fui de bicicleta para a cidade depois de chá e banhei-me (água 20 graus). Alguns rapazolas ali, que, mesmo nus, eu adivinhei serem cadetes de Sandhurst ou oficiais muito jovens. Eles conduziram o tipo de conversa que prossegue teoricamente com base no princípio de que não importa quantos malditos civis estejam ouvindo, mas da qual toda palavra, na prática, é proferida em benefício dos espectadores.

Como Harwood, a quem encontrei do lado de fora, disse: "Você pode vê-los olhando pelos cantos dos olhos para ver se você os está admirando."... Ele elogiou "Dymer" bem extravagantemente...

Segunda, 29 de maio: Após o almoço, pedalei até a cidade e fui a Baker: de imediato, fomos para os jardins de Wadham... Eu comecei de imediato a falar de minhas dificuldades com a passagem erótica em "Dymer". Eu disse a ele que estava colocando folhas largas e caules úmidos atraentes: ele disse que isso alterou de seu ponto de vista o simbolismo e fez dela autoerótica. Ele foi tranquilizado quando eu falei a ele sobre o aroma.

Ele me contou uma boa história sobre como ele havia acordado Pasley no hospital uma noite e dito "Eu pensei em uma boa frase". Pasley grunhiu e disse que boas frases eram um maldito incômodo, já que alguém estava sempre tentando escrever poemas em volta delas. Passados alguns dias, Baker mostrou-lhe um poema. "Excelente", disse Pasley, "mas eu deixaria esse trechinho de fora". "Esse trechinho" era, naturalmente, a boa frase...

Depois do chá, eu tive de ir ver a srta. Wiblin de 43, Hamilton Rd. Allchin nos enviara uma carta recomendando-a para ensinar técnica a Maureen até que ele tivesse uma vaga para ela. Ele falou encorajadoramente dos talentos naturais dela.[59]

Jantar de ovos cozidos, ameixas e creme no jardim. Todos nós decidimos que era a única refeição para este tempo. Depois, Mary e o Doc ligaram. Entrei em casa e trabalhei em minha prosa latina. Estamos sentados na sala de jantar esta noite.

Junho

Quinta, 1º de junho: ... No College, encontrei um bilhete de Carritt me dizendo que Farquharson achava que ele poderia me arrumar um emprego em Oxford durante as férias e também chamando minha atenção para um cargo de pesquisador em Magdalen por meio de exame, na *Gazette* de hoje.

Eu então procurei Baker e dei a ele o novo "Dymer". Ele descreveu a cegueira habitual com o qual Wadham celebrava o fim dos Oitavos [anos] — todos os assentos de madeira retirados das latrinas, é claro, e queimados. Ele concordou comigo que isso representava energia reprimida e falta de originalidade.

---

[59] Veja 3 de junho de 1922.

1922

Eu voltei e vi Farquharson: ele acha que pode me conseguir uma boa tutoria com algumas pessoas em Boar's Hill. Nós discutimos meus planos. Ele disse que gostaria que o College me mandasse para a Alemanha por um ano. Eu gostaria que esse homem não fosse tão cheio de lábia. Quando perguntei se ele tinha alguns minutos de sobra, ele disse que nunca estava ocupado demais para *me* ver. Velho bobo!

Eu o deixei, cortei o cabelo, voltei para casa e tomei um banho frio. Trabalhei na sala de visitas, que era mais arejada, depois do almoço. Chá no jardim e ao Parson's Pleasure para um banho — perturbado por pessoas com uma bola de futebol. Percebo que a flor da castanha está quase acabando agora.

Depois do jantar, li Heitland, indo para meu próprio quarto, quando Mary e o Doc apareceram. Quando estava escuro, saí e conversei com ele sozinho no jardim. Começando com o canibalismo sexual nos insetos (que ele comparou com o sadismo) e, dali, passando à perversão em geral, acabamos nos "feitos às cegas", anedotas e na filosofia geral de ficar bêbado...

Sexta, 2 de junho: Mais fresco pela manhã. Trabalhei bastante na Hist. Grega e comecei a revisar a Romana — que pareço reter bem — do café da manhã ao almoço. D ocupada fazendo bolos: Maureen fora para o almoço.

Troquei de roupa e fui para a luta do chá de Baker por volta de 3h45.[60]

Houve alguma conversa antes de seus convidados chegarem. Ele ficou muito satisfeito com o novo canto em geral, mas disse que "se alimentar de vaidosa fantasia" era indesculpável e que as duas estrofes antes da última eram "simplesmente horríveis"...

Sábado, 3 de junho: ... Eu li, na Associação, o prefácio e alguns dos poemas do novo livro de Hardy: o prefácio escrito em sentenças

---

[60]Por "luta do chá", Lewis refere-se àquelas ocasiões em que, assim que você entra na parte interessante de uma conversa com alguém, todos os convidados se esquivam dela.

tão tensas e intrincadas que eu mal conseguia entendê-lo — um ou dois dos poemas eram magníficos.

Eu também examinei um exemplar de *Conferências introdutórias à psicanálise*, de Freud, que está entre os novos livros: tenho um novo ponto de vista sobre a perversão, q. ficou na minha cabeça: qual seja, que ela é sempre a substituição de alguns detalhes menores pelo ato em si. Dúvida: do ponto de vista comparativamente naturalista, todo o amor humano é, em oposição ao mero apetite, uma enorme perversão? ... Peguei o *World of Dreams* [O mundo de sonhos], de Havelock Ellis, da Associação e voltei para casa.

No jardim, depois do almoço, li Spenser — o belo canto sobre Phaedria. Sheila Gonner veio para o chá: Jenkin chegou um pouco mais tarde. Todos nos sentamos para o chá e, como diz Bozzy, estávamos com estado de espírito extraordinário quando a srta. Wiblin chegou — uma mulher gorda, rasa, tímida e risonha.[61] Uma refeição muito insana — o que a estranha pensou de nós não posso imaginar.

Quando as coisas se acalmaram, Jenkin pediu-me que fosse ao rio: então caminhou até a Magdalen Bridge e dali subiu o Cher em sua canoa. Rio bastante vazio e deliciosamente agradável sob uma suave luz noturna. Ele citou com aprovação as observações do sr. Scrogan no *Chrome Yellow* [Cromo amarelo], de Huxley, sobre a sexualidade "séria" moderna. Nós falamos de *Don Juan*: ele estava em êxtase em elogios aos cantos de Haidée — disse que estava prestes a desfalecer por causa deles. Ele disse que ninguém tinha vivido se não houvesse estado na ilha de Haidée. Eu disse da mesma forma que ninguém tinha vivido se não houvesse feito mil outras coisas e era preciso omitir algumas. Ele é fortemente obcecado pelo moderno — e antigo — ideal de ter todas as experiências. Nós também falamos dos horrores do casamento. Ele também estava preocupado em defender as dificuldades da English School contra o prestígio exagerado dos Greats...

---

[61] Veja Vida Mary Wiblin no Apêndice biográfico.

1922

Domingo, 4 de junho: ... Eu li o livro sobre sonhos de Havelock Ellis. Ele os desenvolve principalmente como eventos fisiológicos simbolizados em imagem — ou melhor, o físico causa a emoção, que então inventa um símbolo e o centro superior procede a "logicalizar" esses símbolos em um mundo, e assim o sonho é feito. Ele não é de modo algum um freudiano. (Comentário referente a uma nota de rodapé a *Studies in Psicologia do sexo*, de Ellis, vol. III, capítulo sobre "Amor e dor".)

Maureen está muito deprimida hoje. Depois do jantar, sentou-se por muito tempo lá fora conversando sobre os antigos dias de 1917: de Somerville, e por que ele era um estrito anglo-católico e ainda se juntou em zombar da religião — de Brand na sala abaixo de Paddy e de mim, e seu repugnante amigo — de Sutton etc.[62]...

Segunda, 5 de junho: ... Eu... caminhei para Cornmarket... e fui até a sra. McNeill e Janie, que estão hospedadas no Oxenford Hotel. Eu prometi ir até elas na tarde de quarta.[63]...

Lady Gonner veio para o chá. Uma conversa interessante sobre pais e filhos: ela e D concordaram que, quando as coisas davam errado, era quase sempre culpa dos pais. Lady Gonner disse que suas filhas sempre a trataram não como uma "irmã mais velha" como os sentimentalistas queriam, mas como uma irmã mais nova. Também discutimos Strachey: ela acha *Eminent Victorians* [Vitorianos eminentes] melhor que *Queen Victory* [Rainha Vitória]. Não se pode descrever Lady G. melhor do que dizer que, embora ela seja muito surda, não nos cansamos de falar com ela...

Terça, 6 de junho: ... Jenkin devolveu "Dymer", que eu lhe emprestara no sábado: ele ficou muito menos satisfeito com o texto do que Baker ou Barfield. Ele diz que não consegue digerir a

---

[62] Esses foram alguns dos outros membros do OTC que Lewis veio a conhecer quando foi alojado no Keble College. Ele compartilhou um quarto com Paddy Moore, mas quem ele mais admirava era Martin Ashworth Somerville (1898–1918), do King's College, em Cambridge, que serviu no Egito e na Palestina e morreu de ferimentos sofridos em ação.
[63] Veja Jane "Janie" McNeill no Apêndice biográfico.

gíria etc., e tem uma incapacidade constitucional de gostar de solilóquio psicológico. Ele achou o elemento byroniano muito pronunciado, mas elogiou uma ou duas passagens.

Watling retornou, tendo ido ao College: trouxe-me um bilhete de Carritt dizendo que Wadham queria que um homem de Greats atuasse como reitor e o "pressionasse" para estudar Direito e se tornar um professor de Direito. Isso seria adequado para mim?

Fomos todos para Magdalen Bridge e pegamos a canoa de Jenkin: subimos o rio Tâmisa, passamos pela Folly Bridge e pelos postos de gasolina, entramos em uma corrente estreita e, finalmente, até Ferry Hinksey. Aqui tomamos um bom chá (1/2d por pessoa) no jardim do *pub*, que desce até a água... nada foi dito a tarde inteira que valha a pena gravar, a não ser um momento muito agradável e alegre. Lugar fresco perto da água e no rio cheio de beleza natural e humana...

Quarta, 7 de junho: ... Rumo ao College para ver Carritt a respeito do trabalho proposto em Wadham. Ele estava fora por um dia... Então, encontrei-me com Baker em Wadham e pedi conselhos sobre o trabalho de Wadham. Ele descreveu os deveres do reitor júnior. Eu poderia descer entre uma multidão de estudantes juniores e dizer "Apaguem a fogueira!" numa voz que comandaria a obediência de homens bêbados? Nós dois rimos da cena, porque eu estava bastante deprimido com a percepção do que me falta... Tive uma conversa com D que concorda com Baker sobre minha incapacidade de ser um reitor júnior...

Trabalhei no jardim até cerça de 3h45 e depois fui aos McNeills no Oxenford Hall Hotel, e levei Janie para o Good Luck. Chá tolerável para dois, com gelos, por 3/-. Eu a encontrei desesperadamente chata — embora, na Irlanda, muitas vezes eu a tenha considerado como uma partícula do mundo maior. Ela revisou histórias antigas e explicou a psicologia de W[arnie] para mim com uma demonstração generosa de ignorância. Ela está estagnada como o resto, e retrocedendo em matéria que tem sido usada repetidas vezes — eu estou realmente triste por ela. Ela me diz que tia Lily segue falando que me foi prometido uma bolsa de pesquisador...

1922

Quinta, 8 de junho: Comecei Greats hoje: D me lembra de que este dia, cinco anos atrás, foi meu primeiro no exército. Sem sol e fresco do lado de fora sempre que o vento soprava, mas muito opressivo sob a cobertura.

Saí de casa cedo e fui para o College: vi o velho George e recuperei meu capelo, deixado lá desde que eu morava em sua quitinete. Tentei encontrar Carritt, mas ele estava fora.

Retornei para os Cursos do College às 9h30 com Blunt e Montagu. Respondemos perguntas sobre História Romana até as 12h30: aquele exame não era muito elaborado, mas minha impressão geral é negativa — nada muito difícil ou muito fácil e, em mim, sem brilho, sem *débâcle*. Notei uma afetação divertida por parte de Joan Biggs, que trouxe — e usou — uma caneta de pena enorme e totalmente escarlate.

Todos nós fomos ver Stevenson depois: ele foi incapaz de responder a maioria dos fragmentos,[64] que eram de fato uma seleção pobre. Wyllie infelizmente tem algum tipo de calafrio, mas está prosseguindo. Almocei em Hall com P. O. Simpson, Blunt, Montagu, Mackenzie, Currie e outros, e depois deitei na grama do pátio.[65]

Retornei ao Curso para as Invisíveis[66] às duas horas. O grego — uma passagem sobre os sonhos de Filóstrato — foi extraordinariamente fácil; o latim (do *De Natura Deorum*), mais difícil. Terminei por volta das 3h45 e cheguei em casa muito cansado e com dor de cabeça...

Sexta, 9 de junho: ... Cursos do College das 9h30 às 12h30, artigo sobre livros filosóficos. Fiquei bastante satisfeito com meu trabalho. Ficou surpreendentemente frio durante a manhã e, por

---

[64]Em inglês, *gobbet*: a palavra, que também significa "pequeno pedaço de carne crua", refere-se a um pequeno fragmento de "fonte" histórica que os alunos devem comentar e do qual explicar o significado histórico. Era um tradicional exercício pedagógico em universidades inglesas. [N. T.]
[65]Charles Wilfred Mackenzie obteve seu BA em 1922, e John Alexander Currie obteve um B.Sc. [Bacharelado em Ciência] em 1924.
[66]Refere-se a uma passagem para tradução, em um teste, não lida nem preparada previamente pelo aluno. [N. T.]

causa disso ou por alguma outra razão, eu me vi evidentemente cambaleante quando saí. Almoço no Hall com Montagu, P. O. Simpson, Blunt etc.

Tradução dos textos da História Romana das 2 às 4 — bastante satisfatória até onde posso julgar.

Chegando em casa, encontrei a srta. Featherstone e D no jardim. D me diz que a srta. F. sofre agruras terríveis com o ouvido, do qual o tímpano já se fora. Ela é maravilhosamente alegre. Eu estava muito menos cansado esta tarde do que ontem.

Depois de ler um pouco de Platão, voltei para a cidade. Eu encontrei Wyllie na Mesa Alta[67]... [Ele] disse que as meninas não podiam levar Juvenal ou Catulo para os Cursos, algo que eu nunca soubera antes...

Encontrei o sr. Taylor — um bom menino idoso — com D, no meu retorno: algum assunto caseiro, mas muito sensato. Carta de P. à tarde: também um aviso de Truslove, chamando minha atenção para uma cátedra filosófica em Bangor, N. Wales, com £300 por ano.

Sábado, 10 de junho: Nos Cursos, às 9h30, como de costume, para o trabalho de Hist. Grega (perguntas). Esta foi minha *bête noir*[68] e fiquei muito feliz por me deparar com fragmentos — o que eu temia mais do que qualquer coisa — excelentemente adequados para mim. O resto da prova foi muito tolerável e acho que lidei com ela muito melhor do que eu tinha o direito de esperar.

Eu saí pouco antes do tempo e fui com Baker para Wadham: ele tem trabalhado demais e está saindo para Bee Cottage, para se recuperar antes dos seus Cursos. Ele me mostrou um dos melhores poemas modernos que vi, de um americano desconhecido, no

---

[67] No original, "the High". Referência à "High Table", a mesa alta é parte do refeitório da Magdalen School e trata-se, literalmente, de uma mesa comprida colocada a 90 graus das outras em uma plataforma elevada.

[68] Expressão francesa que significa, literalmente, "besta negra". Usada em inglês para indicar algo pelo que se tem uma antipatia especial, que é temido e incômodo, que provoca desgosto e deve ser evitado. [N. T.]

London Mercury.[69] Almoçamos juntos no Old Oak (solha com molho, pão, e gelo e café, 2/7d). Harwood veio de outra mesa e falou conosco. Uma refeição muito alegre, embora eu não me lembre de nada que foi dito.

A cidade estava cheia de pessoas em trajes estranhos, coletando dinheiro e vendendo programas para a Rag Regatta. Ninguém me atacou — talvez pensassem que um homem de gravata branca já tivesse problemas suficientes.

De volta aos Cursos, às duas da tarde, para um artigo sobre tradução de Platão e Aristóteles que era ideal para mim e dificilmente poderia ter sido melhor...

Depois do jantar, li os dois Cantos de "Dymer": senti-me bastante satisfeito — eu não acho que o fim do Canto II está tão ruim quanto eu imaginava. Ocorreu-me também que uma estrofe sensual do tipo que tenho tentado escrever seria realmente mais um anticlímax.

D e eu então conversamos sobre maneiras e meios — as fér. de verão sendo sempre um problema, pois meus dois auxílios estão tão distantes... Um aviso de Truslove hoje sobre uma Cátedra Clássica em Durham, £300 por ano.

Domingo, 11 de junho: Levantei um pouco tarde; uma linda manhã. Eu pedalei para Oxford, deixando minha bicicleta no College: de lá, atravessei Christ Church até Luke St., passei pelo sistema de abastecimento de água e subi a concavidade na colina de Hinksey até o topo. Sentei-me no terreno do bosque — todas as samambaias e os pinheiros, a areia mais seca e a paisagem em direção a Wytham de um brilho quase polido. Tomei um sopro da verdadeira alegria, mas apenas momentâneo.

Voltei para o bosque e para casa: passei pela Associação para lavar minhas mãos por haver rasgado seriamente um telegrama e

---

[69]Era "For a Dead Lady" [Para uma senhora morta], de Edwin Arlington Robinson, citado em "A Letter from America" [Uma carta da América], de Conrad Aiken, *The London Mercury*, vol. VI (junho de 1922), pp. 196–98.

retirar *Varieties of Religious Experience* [Variedades de experiência religiosa], de Wm. James. Eu o li a maior parte da tarde, um livro excelente: particularmente fiquei satisfeito ao ver pela primeira vez a observação de Carlyle sobre a senhora que disse que aceitava o universo — "Meu Deus! ela faria muito melhor", e também por encontrar um registro da ascensão e do escopo do sotaque de Boston. Quanto mais eu leio, mais vejo que os ditos do Doc e seus semelhantes são simplesmente tomados de uma tradição que é tão prontamente feita ortodoxa para eles quanto a Bíblia e o Livro de Oração são para pessoas antiquadas.

D muito ocupada — ocupada demais em minha opinião — na confecção de seu vestido. Estive procurando alguns de meus antigos ensaios de filosofia como uma atualização para o futuro. Maureen saiu para o chá no Gonners.

Segunda, 12 de junho: ... No College, encontrei Poynton... com fantástica disposição e [ele] começou em seu falsete envelhecido e trêmulo a expor uma teoria de punição que ninguém poderia entender. A essência dela era que os assassinos deveriam ser soltos e fuzilados pelos fazendeiros locais porque, embora Poynton "tivesse uma vaga crença em uma vida futura", ele achava um erro calar as pessoas e deixar que os párocos falassem a elas como uma preparação: e que eles deveriam ser "mandados embora, xô!" (aqui um gesto magnífico).

Stevenson manteve um risinho borbulhante e foi reprimido por Poynton sempre que tentava falar. Antes de chegar a Poynton, eu havia dito a eles que, se um homem recebesse A+ no exame de Lógica, ele teria de obter um Primeiro:[70] isso era um dos *Arcana Imperii*.

Nós então nos dirigimos aos Cursos para nosso exame de Lógica: fiquei muito desapontado com ele e, apesar de eu certamente não

---

[70]Por Primeiro, Lewis se refere a *first-class degree* [diploma de primeira categoria ou Primeiro], que se refere a uma distinção dentre os alunos das universidades britânicas. Também era possível receber um *second-class degree* [diploma de segunda categoria ou Segundo] ou *third-class degree* [diploma de terceira categoria ou Terceiro]. [N. E.]

ter feito um exame ruim, com frequência fiz outros muito melhores para Carritt...

Voltei para os Cursos às duas horas e fiz um exame de tradução bastante fácil. Cheguei em casa para o chá. D (de acordo com a superstição) disse que tinha medo que eu pegasse um exame ruim hoje de manhã porque eu estava muito ansioso com ele...

Fui então falar com Carritt sobre o trabalho em Wadham. Ele disse que todos se sentiam tímidos no início como reitores, mas que havia muito pouca coisa desagradável para enfrentar. Eu disse que eu não era bom em repreender pessoas: ele disse misteriosamente que achava que eu era. Ele disse que eu deveria ver Allen para descobrir como Direito era.[71] Ele também me disse que Ewing provavelmente voltará da Suíça para competir pela Magdalen Fellowship, o que é uma notícia desagradável...

Terça, 13 de junho: Fui para o College e depois para os Cursos às 9h30, onde encontrei um agradável artigo de História Antiga Geral. Eu escrevi constantemente durante todo o tempo e acredito que fiz um bom trabalho.

Começou a cair chuva pesada durante a manhã. Às 12h30, corri para Queen's Lane até Wadham e me encontrei com Baker... Conversamos sobre Pasley e sobre o abismo que separa os casados dos solteiros: sobre o mesmo assunto, à noite, D disse que achava que era aquele que permanecia solteiro que inconscientemente criava o abismo.

De volta aos Cursos, às duas da tarde, para Prosa Latina: não é uma peça ruim — uma crítica de J. R. Lowell a Carlyle. Eu saí por volta das 4h45: agora estava tão frio que me vi tremendo...

Quarta, 14 de junho: Continuou muito frio. Nos Cursos, às 9h30, e fiz um exame bastante decente sobre filosofia Moral e Política... Almocei no Hall com Montagu, Fasnacht, Currie

---

[71]Carleton Kemp Allen (1887–1966) foi catedrático em Jurisprudência no University College (1920–1929), professor de Jurisprudência (1929–1931), e diretor da Rhodes House (1931–1952).

e outros. Prosa grega à tarde — muito poucos apareceram e muitos ficaram apenas meia hora.

Eu então voltei para casa e tomei chá: li um pouco de Wm. James e conversei com D sobre vários assuntos. Fui novamente às 7h45 para jantar no Sala Comunal Sênior com Carritt e Stevenson... Uma noite muito agradável. Stevenson nos disse que um homem de Univ. — Zumagrinoff (?) acho que era o nome dele — tinha sido o assassino de Rasputin. Ele era fabulosamente rico e trouxera a Carritt um ensaio sobre o socialismo no qual ele dizia: "Um homem pode ter um automóvel ou dois ou três, mas dez — Não!"...

Carritt descreveu alguém — Smith talvez — indo dar uma volta com Bradley, o filósofo.[72] Bradley continuou correndo para repreender os garotinhos que estavam espalhando jornais ou "escreviam seus nomes nas paredes". Depois desses episódios dolorosos, ele perguntava "Você gosta de crianças?" em uma voz que levava você, se fosse sábio, a responder "Não muito". Então, com uma voz terna e encorajadora: "Você gosta de *cachorros*?".

Carritt, Haig e eu então entramos em uma longa e interessante conversa sobre o subconsciente, algo que Carritt nega totalmente, assumindo uma visão extrema e sustentando que o eu literalmente deixa de existir durante o sono. Ele admitiu alguma validade em meu argumento de que um assunto tolo talvez pudesse escapar do seu sonho na manhã seguinte. Haig estava na "extrema esquerda" e falava de Coué e Badouin...

Quinta, 15 de junho: Um dia de folga, finalmente. Eu saí para uma caminhada às 10 horas. Foi o dia de verão mais agradável, fresco e de céu cinzento. Subi Shotover e desci pelo outro lado para Wheatley, daí para a direita, sobre a ponte ferroviária, e passei pelo antigo moinho de vento onde uma vez estive com Jenkin de bicicleta. Eu estava em excelente forma, entusiasmado com tudo, cheio de memórias não especificadas e, por algum tempo, quase livre de pensamentos.

---

[72]Francis Herbert Bradley (1846–1924).

1922

Cheguei em casa quase quinze para uma. Almoço muito tarde. Escrevi cinco estrofes para o terceiro canto de "Dymer" à tarde. A srta. Wiblin veio dar uma aula a Maureen e parou para o chá. Desesperadamente simples, mas bastante sensível — exceto que ela se lembrava de si mesma e tinha de rir de vez em quando...

Li Wm. James à tarde e à noite: cheguei até o capítulo sobre misticismo, que é o mais interessante até agora. D em muito bom estado, mas assustadoramente ocupada com seu trabalho. Estamos sentados na sala de estar hoje à noite diante da lareira. Meus dois poemas voltaram da *English Review*.

Sexta, 16 de junho: ... Um bilhete de Carritt foi deixado para mim no alojamento contendo um ingresso para a peça grega anual em Bradfield de amanhã a oito dias: fui ao departamento de ônibus, mas eles não tinham detalhes sobre um ônibus para Bradfield e estou pensando em ir de bicicleta...

Sábado, 17 de junho: Um aviso de Truslove veio pelo correio cedo, sobre uma cátedra clássica por um ano em Reading, £300, "solicitar a E. R. Dodds, chefe do departamento clássico". Fiquei imaginando se esse não seria Eric Dodds, o bêbado Sinn Féiner e amigo de Theobald Butler, que estivera na Univ.[73] Indo para a cidade, encontrei Carritt na biblioteca e descobri que a coisa era assim — ele tinha encontrado Dodds ontem e meu nome tinha sido mencionado. Ele também me disse que era bem possível pedalar até Bradfield...

Eu então falei com Poynton. Ele disse que achava muito improvável que minha falha em fazer versos me impedisse o trabalho em Reading. Eu pedi um depoimento, pelo que ele ergueu as mãos

---

[73] Lewis chegou ao University College em meados de janeiro de 1917, quando Butler e Dodds (ambos irlandeses) estavam realizando seus cursos no College. Theobald Butler (1894–1976) alcançou distinção como advogado. Ele foi chamado para o Bar, Inner Temple, em 1921, tornando-se magistrado da corte em 1960. Eric Robertson Dodds (1893–1979) foi professor de Clássicos no University College, Reading (1919–1924), professor de Grego na Universidade de Birmingham (1924–1936) e professor régio de Grego na Universidade de Oxford (1936–1960).

horrorizado e exclamou: "Meu querido garoto!", mas prometeu escrever um se Dodds pedisse. Eu também liguei para Stevenson, que me prometeu outro. Ele achava que um emprego em Reading por um ano me ajudaria em Oxford e aprovou minha ideia de tirar um bilhete de temporada e continuar a morar em Oxford se eu conseguisse.

Fui para o JCR e escrevi duas cartas para Dodds, uma delas uma candidatura formal, a outra em uma pressão jovial lembrando-o de mim e de quando nos conhecemos...

Voltei para casa. Maureen esteve no rio o dia todo com os Rowells... Pobre D terrivelmente ocupada terminando um pouco de trabalho... Ceia às 10 horas: depois discutimos formas e meios. Parece que vamos ter de apertar muito o cinto para passar por estas longas fér...

Domingo, 18 de junho: Acordei no final da manhã em um estado de miséria e depressão como não lembro de ter tido alguma vez. Não havia razão aparente. Realmente um pouco ridículo — me vi em lágrimas; pela primeira vez durante muitos dias, enquanto me vestia. Eu escondi isso o melhor que pude e a sensação passou depois do café da manhã. Suponho que seja algum tipo de reação patológica que estou tendo por não ter concluído conscientemente, ou pela exaustão durante as aulas.

Escrevi algumas estrofes para "Dymer" pela manhã e depois li *Of Morals* [Sobre moral], de Hume. Ele contém quase todas as minhas próprias falácias em ética — que parecem mais falaciosas na linguagem de outra pessoa.

Após o almoço, subi a Shotover e segui para o bosque de abetos no outro extremo que dava para a alameda que ia a Horsepath. Aqui eu estava completamente fora do alcance das multidões de domingo e sentei-me por algum tempo...

Depois do jantar, continuei a *Antígona*. Quem pode ter inventado a teoria de que os gregos eram grandes artesãos em subordinar as partes ao todo? Na verdade, eles venderão a alma para trazer mitos, "gnomos" e passagens rebuscadas. Percebo a longa digressão

1922

de Creonte sobre dinheiro, e o refrão πολλὰ τὰ δεινα,[74] e a bela passagem de Níobe no dueto de Antígona com o coro...

Segunda, 19 de junho: Depois do café da manhã, decidi não desperdiçar dinheiro em charutos ou ônibus, deixando meu tabaco para trás e levando meio *penny* no bolso...
  Um dia quente e úmido com muito sol. Eu tive uma leve dor de dente, mas ela passou depois do almoço. D e eu nos sentamos no jardim, a primeira vez em muitos dias. Eu escrevi um pouco mais do Canto III de "Dymer" e duas estrofes políticas para um canto posterior, com alguma satisfação própria...
  Depois do chá... fui até Headington novamente e [vi] a sra. Hinckley... Tivemos uma conversa interessante sobre pais e filhos e a "revolta da juventude". Eu estava inclinado a pensar que isso era necessário e ocorria em todas as gerações: ela acreditava que era peculiar à nossa... D muito mal com náusea e dor de cabeça, mas ficou melhor após sais de cheiro.
  Uma carta da tia Lily contendo um violento e bobo ataque a Sir W. Raleigh e anunciando que ela está vindo para ficar na Broadway: também me dizendo que eu deveria comer pelo menos "seis ou oito laranjas por dia!"...

Quarta, 21 de junho: Mais quente hoje. Sentei-me na alameda e escrevi o discurso de Tan para o Canto III de "Dymer": depois escrevi para P e tia Lily.
  Após o almoço, fui de bicicleta até Beckley e passei por Bee Cottage, onde encontrei Harwood sozinho e lendo prazerosamente uma atarracada Bíblia do 18º século. Ele citou de Gênesis "Tudo o que Adão chamou a qualquer coisa, esse *era* o nome da coisa" como uma excelente definição de poesia. Ele me disse que o prêmio do Chanceler não havia sido concedido este ano. Ele me assustou ao dizer que ele achava ter conseguido A em todos os seus trabalhos

---

[74]Expressão em grego que significa "coisas maravilhosas", mas também pode ser compreendido como algo assustador, no sentido de algo que seria tão maravilhoso a ponto de dar medo. [N. T.]

de tradução em Greats no ano passado, mas realmente conseguiu Γ. Mostrou-me o novo livro de De la Mare, *The Veil* [O véu], que é muito bom: o "Monólogo" concentra especificamente toda a miséria à semelhança de uma canção de ninar.

Depois do chá, ele trouxe "Tower" [Torre], de Barfield, e algumas novas peças dele mesmo, enquanto eu lhe dava o novo canto de "Dymer" para ler. A "Tower" está cheia de material magnífico e nunca uma frase inútil: a nova parte forte e selvagem — "Big Bannister" [Grande Corrimão] — é esplêndida, mas muito nebulosa no presente. A história é (para mim) tão difícil de seguir quanto *Sordello*.[75] Mas que gênio! A métrica é excêntrica *demais* para mim, mas sobre esse assunto Barfield provavelmente já esqueceu mais do que eu já tenha sabido.

As peças de Harwood originais, pitorescas e cativantes — ele melhorou: a parte de Dresden China sobre Nausika e "*nous n'irons plus au bois*" [nós não iremos mais ao bosque] são as duas melhores.[76] Ele me surpreendeu dizendo que o Canto II de "Dymer" era melhor que o Canto I: ele acha o final "realmente grandioso".

Nós saímos então para uma caminhada, atravessando um bosque, até Otmoor. Ele me conduziu a atravessar o jardim coberto de papoulas de uma mansão Tudor com um fosso estagnado, chaminés altas e janelas estreitas. Era silencioso e estranho. Diz-se que um excêntrico milionário americano e sua esposa moram lá sozinhos e fazem seu próprio trabalho. Voltei para Bee Cottage em torno de 7h15. Jantei fora de casa presunto curado (o melhor que já comi em minha vida) que eles vendem muito barato na aldeia.

Parti — depois de uma tarde muito agradável — às 7h45 e pedalei para os Martlets em 25 minutos. O primeiro encontro a que eu venho há séculos. Allen, Carritt, Watling, Robson-Scott, Curtis, Ziman, Fasnacht, E. F. Simpson, e um desconhecido, velho

---

[75]De Robert Browning (1840).
[76]"Nous n'irons plus au bois" é encontrado em *The Voice of Cecil Harwood* [A voz de Cecil Harwood], ed. Owen Barfield (1979).

1922

e terrível chato chamado dr. Counsell. Allen leu um artigo sobre Joseph Conrad: muito bom, embora agressivamente viril. Muito boa discussão depois, mas fiquei espantado com a estupidez de Allen em um argumento teórico contra Carritt e eu.

Ouvi de Carritt que um dos examinadores havia dito a ele: "Um de seus homens parece pensar que Platão está sempre errado". Carritt pensou em várias pessoas. Finalmente o outro disse "Não: — Lewis. Parece, de qualquer modo, um sujeito capaz..." — o q. eu suponho ser uma boa notícia...

Quinta, 22 de junho: Fui para Oxford e deixei um anúncio no escritório do *Oxford Times* para trabalhar em tutoria nas Fér., ao ridículo custo de 7/6d por três comparecimentos.[77]

Fiquei convencido hoje que o Canto II de "Dymer", como foi escrito até o momento, não funcionará. Tendo agora deixado o mito e sendo forçado a usar ficção, encontro novas dificuldades surgindo e duvido se "Tan" e seus revolucionários são realmente apropriados.

Depois do jantar, eu li o primeiro volume do meu diário em voz alta para D e nós dois demos uma risada ou duas por causa dele. D incomodada com dor de garganta e glândula inchada: o Doc chama isso de neurite.

Sexta, 23 de junho: Carta de Arthur pela manhã sugerindo que ele poderia aparecer no dia 28 e que nós gostaríamos de vê-lo.

Um dia sombrio e ventoso. Eu fui para a cidade de manhã: primeiro para Blackwell onde eu vendi por 25/- meus *History of Persia* [História da Pérsia], a *History of Seventeenth Century France* [História da França do século XVII], *Logic* [Lógica], de Joseph, dois volumes de Sellar e um volume de Eurípedes da Loeb. Parece-me que quase perdi o amor possessivo por livros e daqui em diante

---

[77] O anúncio apareceu no *The Oxford Times* de 23 de junho, de 30 de junho e de 7 de julho e diz: "Graduando, Acadêmico Clássico, Primeira classe em Moderações de Honra, premiado por Universidade dará INSTRUÇÃO, Filosofia, Clássicos, para Alunos ou Graduandos em Oxford, agosto, setembro. As mais altas referências — Escreva, D.3, 183, 'Times' Office, Oxford."

ficarei contente com alguns poucos, contanto que eu esteja ao alcance de uma biblioteca.

Eu então fui a Wadham e fiquei quase alarmado ao encontrar um aviso na porta de Baker dizendo que ele havia sido transferido para a Casa de Repouso de Acland. Eu andei até a casa em Banbury Rd. e o vi. Ele teve um colapso e veio na quinta, com uma temperatura de 40. O último dia de seu Curso no College foi um pesadelo para ele. Percebi que ele me fez as mesmas perguntas várias vezes, esquecendo o que foi dito: ainda assim ele foi capaz de imitar o dr. Counsell vivamente, que o está atendendo e que naquele momento entrou...

Eu então recebi uma carta de Dodds no College, convocando-me para uma entrevista em Reading às 11h de amanhã — que vai alterar minha rota para Bradfield...

D sugeriu que Baker saísse e ficasse aqui, se ele estivesse preparado para ser transferido, já que estão roubando dele £7-7-0[78] por semana na Acland: eu consequentemente voltei para a cidade depois do almoço para fazer essa proposta. Eu fui admitido com dificuldade. Baker estava agora muito pior, tendo subido para 39 novamente. Ele acha que poderá se mudar no domingo...

Sábado, 24 de junho: Tomei o café da manhã antes das 8 e pedalei até a estação para embarcar no 9h10 para Reading: eu li a *Antígona* durante a viagem. Chegando em Reading, encontrei o caminho para o University College e deixei minha bicicleta no Lodge. Eu vi muitos universitários de ambos os sexos andando por ali: um belo grupo. Depois, fiquei enrolando até as 11 horas, quando fui levado ao gabinete do diretor.

Childs, de Burgh, e Dodds estavam presentes.[79] Tudo muito bom para mim, mas Childs descartou muito firmemente minha ideia de morar em outro lugar que não em Reading. Disseram-me que a

---

[78]Sete libras, sete xelins e zero pence. [N. T.]
[79]William Macbride Childs (1869–1939) foi diretor do University College, Reading (1903–1926), e vice-chanceler da Universidade de Reading (1926–1929). William George de Burgh (1866–1943) foi professor de Filosofia na Universidade de Reading (1907–1934).

1922

maioria de meus pupilos seria meninas. Eu tinha visto tanta beleza nos corredores que um nascido sob uma estrela menos temperada teria querido entrar em seus deveres imediatamente. Pareciam ter ansiedade em me encontrar a meio caminho (os *dons*,[80] não as meninas) e disseram que "nenhum verso" e a história romana confinada ao terceiro período não importariam.

Dodds então me levou a seu gabinete e conversamos por um tempo. Eu entendo que ele não é mais amigo de Butler. Ele disse que Carritt havia me examinado em 1916, quando recebi minha bolsa de estudos, e tinha ficado "espantado com minha ampla leitura". Dodds faz filosofia em Reading (embora erudição pura seja sua linha natural) e é forte em Plotino. Sua equipe inclui Ure, o historiador, e Holts, o compositor. Ele então me mostrou ao redor do College, que é agradável e despretensiosa, e me deixou na Sala Comunal Sênior, à espera do almoço, voltando à 1h.

No almoço, ele me apresentou à srta. Powell, que é uma das *dons*. Ela fumava uma coisa como um *lorgnette*.[81] Ela discutiu a nudez dos porcos. O desprezo que sua afetação e seu cinismo artístico sitwelliano barato provocou em mim é mais bem descrito dizendo que ela é o tipo de mulher em cuja presença alguém acha que vale a pena tentar e fazer epigramas. Graças a Deus, passei por isso uma vez e saí dessa.

Eu deixei o College às 2 e pedalei para Bradfield [para ver *Antígona*, de Sófocles, apresentada em grego no Bradfield College]: estava chovendo e ventando. Encontrei Watling e Jenkin do lado de fora do teatro. Ele é perfeitamente grego — degraus de pedra simples para sentar e incenso queimando no altar de Dioniso na orquestra. Infelizmente o tempo estava perfeitamente inglês.

Não foi bem realizada: a maioria dos atores era inaudível e, à medida que a chuva aumentava (batendo nas árvores), ela os afogava

---
[80]*Don* é um título usado na Grã-Bretanha para professores e pesquisadores, principalmente em Colleges de Oxford, Cambridge e o Trinity. [N. E.]
[81]Francês: binóculo de teatro, com cabo longo e sem alças. [N. T.]

completamente. Os Carritts estavam lá, sua filha de Cambridge sentada ao meu lado. Watling e Jenkin deixaram-me para encontrar mais abrigo e, quando seus lugares foram ocupados por pessoas que falavam, também me mudei e descobri que não conseguia ver nada do palco. A plateia era espetacular o suficiente: fileiras de pessoas infelizes ouvindo palavras inaudíveis em uma língua desconhecida e sentadas encurvadas em degraus de pedra sob uma chuva constante. Se ao menos P[apai] pud. ter sido levado a este show!

Então percebi que Jenkin estava na última fileira, onde o anfiteatro se fundia com a encosta da colina — um íngreme banco de hera pendurado sobre o trabalho na rocha. Aproximei-me para me juntar a ele. —"Ah, pense em uma xícara de chá quente fumegante", disse ele. Trocamos um olhar sugestivo: depois, eu mostrei o caminho e, num instante, tínhamos nos arrastado para os arbustos, terminamos o caminho de quatro no banco de hera e descemos numa viela além. Nunca me esquecerei de J. sacudindo a água o seu chapéu e repetindo várias e várias vezes: "Ah, isso *foi* uma tragédia!" Em seguida, nos refugiamos em uma marquise e tomamos chá...

Cheguei em casa: D e eu tínhamos para o jantar os sanduíches que ela preparara para meu almoço e discutimos o trabalho em Reading. Morar em Reading significa morar lá sozinho enquanto elas moram em Oxford ou mudar a escola de Maureen por um ano. A primeira alternativa não me interessa, a segunda traria mil coisas a lastimar. Além disso, do ponto de vista comercial, é indesejável perder contato com os *dons* daqui...

Domingo, 25 de junho: Levantei-me tarde. Depois do café da manhã, exatamente às dez, saí e fui até Beckley. Uma manhã bonita e ventosa com céu azul e cores magníficas. Passei por Bee Cottage, onde encontrei o irmão de Harwood e Barfield no meio de um jogo, combinei que Barfield e Harwood fossem tomar chá na terça, e continuei minha caminhada...

Após o almoço, enquanto D estava treinando com Maureen, escrevi sete estrofes de um novo Canto III para "Dymer" em meu próprio quarto. Acho que voltei ao caminho certo novamente...

Jenkin chegou e todos nós tomamos chá. D e eu nos divertimos ao notar novamente como, na conversa dele, todos os caminhos levam à Cornualha. Uma boa conversa a seguir sobre livros. Mostrei-lhe o poema do poeta americano Robinson no *Mercury* e ele concordou comigo em elogiá-lo.

Baker chegou de táxi, com sua tia, em um roupão azul brilhante e foi colocado na cama no quarto dos fundos. Sua tia saiu quase imediatamente. Jenkin ficou até as 7 horas. Depois do jantar, conversei com Baker. Ele me diz que Beckett ajustou a *Antígona* ontem e achou esplêndida.[82]...

Segunda, 26 de junho: ... Hoje tivemos nosso primeiro prato de ervilhas verdes este ano — sempre um momento para ser valorizado. Após o almoço, continuei "Dymer" com considerável satisfação, levando-o à segunda visão da "matriarca". Baker se levantou e desceu as escadas para tomar chá...

Depois do jantar, enquanto eu estava ensinando latim a Maureen, D parece ter tido uma longa conversa no andar de cima com Baker sobre vários assuntos, incluindo a possibilidade de eu me casar. Eu sentei com ele por algum tempo depois. Ele comentou que Harwood estava interpretando Watts Dunton no Barfield's Swinburne. Nós conversamos sobre H. G. Wells.

Uma carta de Arthur hoje: curiosamente ele está vindo para Waldencote para ficar com a sra. Taunton, uma pintora. D me lembrou de que Pasley a tinha visto e teve uma visão muito diferente da profissão dela — e Arthur está pagando "apenas 4/- por noite"!

Terça, 27 de junho: Mais um dia abafado e chuviscante. A maior parte da manhã trabalhei em "Dymer", Canto III, com relativo sucesso. Após o almoço, saí para passear pela St. Clement's e pela antiga London Rd. Um dia muito desagradável.

Harwood apareceu por volta das 4 horas e Baker desceu pouco depois. Nós discutimos Doughty. Harwood achava que seu comportamento não era mais difícil do que o de Milton se você não

---

[82]Veja Eric Beckett no Apêndice biográfico.

tivesse vindo dos Clássicos e se pudesse ter tanto poder de sobrevivência quanto o outro. Ele apoiava a opinião de Barfield de que não havia diferença essencial entre a Christina e a arte: Baker e eu nos opusemos a isso. Harwood aceitou minha sugestão de que a imaginação era "fantasia desinteressada"...

D repetiu para mim alguns detalhes divertidos de sua conversa com a sra. Raymond... Nós então falamos de Baker: concordamos bastante sobre certa falta de bondade nele, e com a fácil aquiescência sobre a cerca que o intelecto tende a fazer entre um homem e o "povo genuíno", e que essa é uma falha grande e perigosa...

Quarta, 28 de junho: ... Um telegrama veio de Arthur dizendo que ele chegaria no 5h55. Escrevi um pouco mais de "Dymer" e fui encontrá-lo em meio a uma garoa constante.

Ele apareceu com muitas peças de bagagem e com muita indecisão, mas acabou vindo de táxi para cá. D persuadiu-o a ficar conosco, depois de um longo e cataclísmico argumento q. divertiu Baker imensamente. Baker e Arthur pareciam ter gostado um do outro. Arthur está tremendamente melhorado: quase todo o absurdo se foi e ele falou de forma interessante.

A ceia com a srta. Wiblin foi um pandemônio: todos com boa disposição, mas Maureen abafando a voz de todos eles aos gritos. Depois a srta. W. tocou — deliciosamente: D e eu ficamos especialmente impressionados com a *Catedral*, de Debussy. A srta. Wiblin descobriu que havia dois poetas presentes e pediu a alguém que escrevesse palavras para o exercício dela, que deve ser da maneira de Stravinsky: Baker conhecia Stravinsky e disse imediatamente que nenhum de nós poderia fazê-lo. Whitman ou um salmo foi a sugestão. Ficou combinado que a srta. Wiblin — que está terrivelmente sobrecarregada — viria para que eu lhe ensinasse latim nas noites de sexta. Nós todos fomos bem tarde para a cama depois de uma noite agradável. Arthur ocupou minha cama de campanha em meu quarto.

Quinta, 29 de junho: Uma manhã esplendorosa. Arthur tinha sido perturbado por meu ronco durante a noite e se levantou para tapar os ouvidos com borracha! Isso foi como nos velhos tempos.

1922

Quando eu trouxe para Baker sua água de barbear, eu lhe mostrei "Misfire", que ele não havia visto antes: ele estava interessado em eu ter tomado essa linha, mas não aprovou. Eu então me sentei para terminar e copiar a limpo o Canto III de "Dymer". Baker e Arthur passaram a maior parte da manhã na sala de estar conversando sobre psicanálise. Pouco antes do almoço, Arthur e eu caminhamos até Magdalen para pegar um táxi e demoramos a voltar. Um tempo muito divertido no almoço...

Às cinco para as três nos despedimos de Baker. Ele teve que ir para ver Lilian Bayliss a respeito de seu contrato no Old Vic, embora ele não esteja realmente apto para se mudar. Durante os últimos dois dias ele foi mais humano, menos do "aristocrata espiritual" que eu conhecia e, desse modo, eu realmente acredito que sua estadia lhe fez bem.

Arthur e eu caminhamos até Waldencote pela Mesopotâmia e pela viela verde: era uma tarde fria e chuvosa — curiosamente cansativa. Em Waldencote, vimos a sra. Dawes, a zeladora. Ela também odeia Hall. A casa tem certo atrativo — está bem mobiliada —, mas é escura e inconveniente.

Nós então voltamos para casa para o chá. D com um aspecto bastante ruim e deprimida pelo vento estridente que tem um efeito ruim sobre ela, como em algumas outras pessoas. Arthur leu *Turn of the Screw* [A volta do parafuso], de James, enquanto eu terminava meu canto. À noite, D, Arthur e eu começamos um bridge de três mãos quando Mary chegou e fez uma quarta. Tivemos uma boa noite com isso, o suficiente para deixar D e eu com sono. Arthur se muda para o quarto dos fundos hoje à noite. Dorothy veio à noite com um presente de flores para D, a primeira coisa que comprara com a gorjeta de Baker.

Sexta, 30 de junho: Foi outro dia ventoso e cansativo. Depois do café da manhã Arthur e eu fomos de ônibus para Oxford. Passei primeiro pelo escritório do *Times*, onde encontrei uma resposta para meu anúncio, aparentemente de uma pessoa muito iletrada...

Nós fomos para o College. Arthur foi procurar Bryson de Oriel enquanto eu via Farquharson.[83] Ele deixou bem claro que não tinha agora nenhum trabalho de tutoria na manga para mim e se apressou a falar sobre matemática nos filósofos gregos. Mostrei-lhe minha resposta ao anúncio e ele me aconselhou a perguntar a Poynton o que eu deveria cobrar. Eu então mostrei a Arthur a biblioteca, a capela e o memorial de Shelley.

Na Chundry's vimos um curioso livro de desenhos de *un nomme* Austin Osmond, excedente, afetado, grotesco e asqueroso, à maneira de Beardsley.

Voltamos para casa muito cansados, depois de comprar morangos em Cowley Road. Quando o almoço estava pronto, uma mulher chamada Malcomson de Islip, para quem Arthur escrevera, apareceu. Arthur, em vez de dizer que ele estava dividindo um quartinho comigo, ou simplesmente que ele estava em Oxford, tinha voluntariamente falado alguma coisa sobre "amigos". Tudo parecia tão sem cabimento que eu perdi a paciência de verdade. Fui obrigado a entrar na sala de visitas por alguns minutos e falar com ela. Ela é uma mulher de cabelos grisalhos com uma voz estridente: em sua conversa tudo é "matar" e "um sem-fim de brincadeiras". Ela ficou um tempo enorme. Eu acho que ela queria ser convidada para almoçar, mas é claro que seria melhor que D e ela não se encontrassem. Foi combinado que Arthur deveria passar domingo e a noite de domingo em Islip.

Após o almoço, arrumei minhas coisas para a noite e fui de bicicleta para Oxford: sem ver Poynton no College, fui até Beckley cruzando o vento e a chuva. Fui calorosamente recebido por Barfield e Harwood. M. L. Jacks (irmão de Stopford, falecido deão de Wadham, reitor eleito de Mill Hill) e sua alegre esposa vieram para o chá.[84]

---

[83]John Norman Bryson (1896–1976) também era da Irlanda do Norte. Foi professor em Balliol, Merton e Oriel Colleges (1923–1940) e membro e tutor de Literatura Inglesa em Balliol (1940–1963).
[84]Maurice Leonard Jacks (1894–1964) foi membro e deão do Wadham College (1919–1922), reitor da Mill Hill School (1922–1937) e diretor do departamento de Educação da Universidade de Oxford (1938–1957).

1922

Ele era um dos estranhos com quem eu viajei de Pangbourne no último sábado: um homem agradável, ri muito. Ele me diz que Stopford está agora em atividade.

Após a partida deles, conversamos sobre fantasia e imaginação: Barfield parece não ser capaz de permitir qualquer diferença essencial entre os sonhos de Christina e o material da arte. No final, tivemos de chegar à conclusão de que não há nada em comum entre os diferentes modos de trabalhar das pessoas e, como diz Kipling, "cada um deles está certo".

No jantar, bebi vinho de prímula pela primeira vez na vida. É um vinho de verdade, de cor verde, agridoce, tão quente quanto um bom xerez, mas pesado em seus resultados e um pouco áspero na garganta — não é uma bebida ruim, no entanto.

Depois do jantar, saímos para uma caminhada em direção ao bosque à beira de Otmoor. O gato preto e branco deles, Pierrot, nos acompanhou como um cão por todo o caminho. Barfield dançou em volta dele em um campo — com sublime falta de autoconsciência e maravilhoso vigor — para nossa diversão e de três cavalos. Havia um vento gelado, mas estava bastante quente no bosque. Vaguear aqui, à medida que escurecia, observar o gato posicionado atrás de coelhos imaginários e ouvir o vento nas árvores — em tal companhia — tinha um estranho efeito de la Mare-ano. No caminho de volta, iniciamos um poema burlesco em *terza rima*, compondo uma linha a cada vez: continuamos depois, com papel, à luz de velas. Foi um disparate muito bom. Nós o intitulamos "A história de Button Moulder" e fomos para a cama.

Julho

Sábado, 1º de julho: Acordei cedo com a garganta seca e dolorida. Pensando ter ouvido os outros se mexendo na sala ao lado, levantei-me. Da minha pequena janela (com moldura de palha), olhei para Brill Hill. Descendo as escadas, não encontrei nada e caminhei até o *pub* para comprar um maço de cigarros. Eu tive de esperar muito tempo pelos outros e lia um *Study of Metre* [Estudo sobre métrica] — eu acho que de um homem chamado Ormond.[85] Um livro mal escrito. Nós tomamos café da manhã por volta das 9h30. Depois eles leram o novo Canto de "Dymer" (III), enquanto eu lia a terceira parte da "Tower", de Barfield. Seu herói chegou à França agora, e ele descreve o acordar em quartéis. Eu considerei isso muito bom. Na parte II, eu estava bastante reconciliado com o trecho sobre os fios telefônicos em uma segunda leitura.

Barfield e Harwood aprovaram o novo canto, mas consideraram obscura a posição das coisas e nem sempre podiam entender exatamente o que estava acontecendo. Esse é um tipo de ofensa imperdoável nesse tipo de poema. Eles prometeram tentar e vir aqui antes de irem na semana que vem.

Saí às 12h15 e fui de bicicleta para casa em meio a furacões de vento, sentindo-me bastante mal. No almoço, lembrei-me de que a srta. Wiblin estava chegando, então fui à cidade procurar os papéis do "Higher Certificate", mas não cons. encontrar nenhum... Arthur havia encontrado o Doc ontem à noite e (é claro) o usara como padre confessor.

Depois do chá, fui para o College e mais uma vez não vi Poynton: fui para casa em torrentes de chuva sob um guarda-chuva emprestado por Frank. D fazendo geleia de morango — um cheiro de frutas exalava pela casa. A srta. W. veio para o jantar e depois eu traduzi Excertos Latinos com ela na sala de estar. Eu acho que minha primeira "tutoria" foi bem. Ela queria pagar, mas D e eu não permitiríamos isso.

Domingo, 2 de julho: Minha dor de garganta estava muito melhor esta manhã, mas meu resfriado continuou muito severo durante todo o dia. Li o *Irrational Knot* [Grupo irracional], de Bernard Shaw, que comprei em junho de 1917 e nunca tinha lido. Arthur, a quem eu o tinha emprestado quando ficou em casa, trouxe-o de volta. Um livro grosseiro, bobo, mas bastante interessante.

---

[85] De Thomas Stewart Omond (1903).

1922

A mulher Malcomson, em um carro da Ford, procurou por Arthur logo após o café da manhã e ele foi para o Islip... À noite, D e eu discutimos nossos planos. Foi difícil decidir sim ou não sobre o emprego em Reading, e D estava tão ansiosa para não me influenciar que eu não cons. ter certeza de quais eram os desejos dela — eu estou igualmente no escuro quanto ao que meus reais desejos são, à parte do estado de espírito do momento...

Segunda, 3 de julho: Meu resfriado estava tão severo pela manhã que "me permiti ser persuadido" por D a ficar na cama — ou seja, eu aceitei o conselho dela como uma confirmação de meus próprios desejos secretos. Terminei o *Irrational Knot* e li *The New Psychology and the Teacher* [A nova psicologia e o professor], de Miller, um bom pequeno livro, de fato todo sobre psicanálise, e concernente à educação no primeiro e no último capítulos. Por volta das 12h30 me levantei, me barbeei e me vesti.

Arthur acaba de reaparecer e fomos almoçar. Ele estava muito satisfeito com sua visita a Islip, da qual parece ter gostado: ele foi levado para ver Robert Graves. Ele saiu para ver a sra. Taunton à tarde. Depois do chá, o tempo melhorou e caminhei pra cima e para baixo na Warneford Rd. à luz do sol.

Uma carta de Dodds chegou para dizer que o emprego em Reading foi dado a alguém com um nome como Mabbot de Exeter.[86] Nossa discussão do problema deve ter quase coincidido com a decisão deles, o que removeu o problema. No geral é um alívio ter a difícil alternativa fora de nossa mente.

Depois do jantar, tivemos uma noite tumultuada sobre as tentativas de Maureen, de Arthur e minhas de fazer uma incursão na Geometria. Mais tarde, eu li *Turn of the Screw*, de James, em voz alta para D e Arthur, no exemplar dele. Todos gostamos imensamente,

---

[86]John David Mabbott (1898–1988) foi catedrático-assistente de Clássicos na Universidade de Reading em 1922, após o que se tornou membro do St. John's College, em Oxford (1924–1963), e depois presidente do St. John's College (1963–1969).

embora D o tenha chamado de "absurdo". O estilo certamente é maravilhosamente antinatural, mas funciona.

Terça, 4 de julho: Sonhei que estava em nosso quarto em Little Lea e Warnie estava na cama, quando minha mãe (ou alguém que eu chamei de minha mãe) entrou e anunciou com malicioso triunfo o arranjo que ela fizera de casamento ou para W., ou para "minha irmã". Eu estava com raiva e disse "Deus amaldiçoe você". P, pouco depois, veio e me disse que eu seria "processado por escândalo", mas eu ri dele e disse "bobagem".

Depois do café da manhã, Arthur e eu fomos à cidade: passei pelo College, enquanto ele ia para Blackwells, na esperança de ver Poynton, mas descobri que ele estava fora de Oxford. Eu então fui para a Associação e olhei em volta por um tempo. Começou a chover forte: quando ficou um pouco melhor, fui a Blackwells e me juntei a Arthur.

Voltando à Associação, peguei para ele *Fundamentos da psicologia analítica*, de Jung, e *Instinct and the Subconscious* [O instinto e o subconsciente], de Rivers, a pedido dele, mas é claro que ele não os lê. Na Corn, ele viu o grupo de Malcomson e correu atrás deles: ele está muito ansioso para eu compartilhar esse entendimento. Chegamos em casa por volta de uma hora.

D tinha recebido uma carta de "pensão completa" de Baker, descrevendo sua entrevista com Lilian Bayliss. Ela, aparentemente, é uma mulher "espiritual" que considera sua carreira como administradora de atrizes [do "Old Vic"] à luz de uma missão designada pelo divino: ela teve uma conversa comovente com Baker. Mas também é, ele diz, "uma muito, muito boa mulher de negócios" e "nem sempre distingue claramente entre o temporal e o espiritual".

Após o almoço, Arthur se retirou para seu quarto com dr. Miller, Jung, Rivers e "Dymer" para ler. Mais tarde, ele foi tomar chá com os Gonners. D e eu conversamos bastante à tarde. Depois do jantar, eu continuei lendo *The Turn of the Screw*. Ficamos todos muito animados, mas com opiniões diferentes sobre o que havia acontecido. Isso levou a uma discussão geral entre Arthur e eu sobre "obscuridade" na arte. Eu não conseguia entender seu argumento, nem cons. ele explicá-lo...

Quarta, 5 de julho: Arthur demorou a levantar-se e hesitou por um longo tempo sobre sair de manhã ou não. Por fim, ele decidiu e saímos para passear juntos. Eu o levei até Shotover. Discutimos Irlanda, lar e pais. Ele acha o pensamento de ir para casa cada vez mais intolerável e teme, acima de tudo, conversas de negócios com o velho. O mesmo velho tem tentado convencê-lo a fazer um testamento e parece contar muitas mentiras.

Primeiro nos sentamos na encosta mais próxima do primeiro vale: Arthur estava em êxtase sobre a planície em direção às Sinodin Hills e aos Chilterns. Então fomos para o portão à esquerda que dá para Forest Hill, onde nós surpreendemos a habitual congregação de coelhos. Em seguida fomos à vista do meu bosque favorito, acima de Horsepath Lane, e voltamos para casa pelo caminho que atravessava os campos, junto à orla da floresta, até Cowley Barracks. Foi uma bela manhã com um ar suave, um pouco ventoso, céu cinza e um pouco quente ao mesmo tempo, quando o sol tentava romper. Arthur apreciava muito a região rural e era como nos velhos tempos: ele estava coletando ideias para a pintura de competição sob o título de "O piquenique".

Após o almoço, ele foi para a cidade. Eu li um pouco de *Instinct and the Unconscious*, de River, e conversei com D, que está bem-disposta. Agora começou a chover e continuou pelo resto do dia. Arthur voltou para o chá, não tendo encontrado mais respostas para mim no escritório do *Times*.

Nós então nos acomodamos para desenhar quadros para a venda na escola. Ficou muito escuro. Móveis foram movidos para lugares errados. A sala de jantar não acomoda confortavelmente quatro pessoas. Muito chato. Arthur cometeu um horrível fracasso na forma de um desenho de quadrinhos no estilo de Heath Robinson: eu fiz uma bagunça parecida de uma coisa simbólica em tinta indiana.

Às oito horas a srta. Wiblin chegou e jantamos. Ela deu uma aula a Maureen e eu examinei sua Prosa Latina. D e eu demoramos muito para ir dormir. Conversamos sobre o terrível momento que tínhamos tido anteriormente: eu disse novamente que os Askins não eram nem um pouco perdoáveis.

Quinta, 6 de julho: Um dia cinzento e úmido. Eu levei Arthur para uma caminhada, indo até Carfax de ônibus: daí, descendo a St. Aldate's e pela St. Lake, por cima do sistema hidráulico. A umidade do ar começou a aumentar como chuva. Além de Hinksey, a lama no caminho do campo era quase continental. Arthur estava muito cansado desde o início e logo começou a hesitar, embora resistindo por algum tempo as minhas sugestões de que deveríamos voltar. Perto da fazenda a chuva ficou tão forte que batemos em retirada. Muito cansativo, mas o vento tremendo, entre tantos campos de milho e árvores, tornou-o bonito.

Coloquei Arthur em um ônibus em Carfax, fiz algumas compras e passei pelo College. Aqui encontrei um recado dizendo que os candidatos para a Magdalen Fellowship poderiam enviar uma dissertação em adição ao fazer o exame. Eu estava tão absorto nessas notícias que não consigo me lembrar se andei ou se vim de ônibus para casa. Após o almoço, Arthur retirou-se para "deitar-se" de acordo com sua prática habitual: D estava trabalhando duro para a venda: comecei uma "dissertação" sobre a hegemonia do valor moral...

Depois do jantar, todos nós nos acomodamos para trabalhar para a venda. Eu fiz um desenho em nanquim do qual Arthur aprovou partes. D se matou de trabalhar em alguma obra ordinária para a mesma venda, e não fomos para a cama até quase 2 horas.

Sexta, 7 de julho: Mais um dia frio e úmido. Fui trabalhar em uma prosa para a srta. Wiblin depois do café da manhã: como levantamos muito tarde, isso me tomou até a hora do almoço. Pouco antes de nos sentarmos, Barfield apareceu para perguntar se ele e Harwood poderiam vir para o chá. Eu, é claro, concordei de bom grado — então percebi que eu deveria estar na cidade e na Venda antes da chegada deles.

Engoli com pressa um pouco de almoço e peguei o ônibus para Oxford: deixei Livy no College e peguei um volume de Cícero para a srta. Wiblin. Então, fui de ônibus para Headington onde Arthur iria me encontrar. Ele chegou muito tarde, uma figura ridícula em minha bicicleta, com os joelhos subindo até seu queixo a cada pedalada. Entramos na venda — um show muito monótono, embora algumas das pinturas das garotas fossem interessantes...

Barfield e Harwood apareceram, ambos cansados de empacotar e angustiados em deixar Bee Cottage, onde uma senhora s.-africana está agora instalada. *Sic transit gloria.* D e Barfield se deram esplendidamente bem, e ele permaneceu com ela enquanto Harwood vinha para a sala de visitas e examinava a versão que eu fizera para a srta. Wiblin. Voltando aos demais, fomos unidos por Arthur, que começou a desenhar Barfield, e caiu em uma conversa longa e estranhamente sincera sobre a felicidade. Nosso pessimismo era notório.

Choveu forte. D descobriu agora que Harwood estava dormindo na Casa, e que Barfield procurava um quarto para passar a noite. Ele aceitou o convite dela para ficar conosco, e eu coloquei a cama de campanha no meu quarto. Às 8 horas, a srta. Wiblin chegou e nos sentamos sete pessoas para o jantar: todos de bom humor agora e com muita disposição para piadas. Pouco depois os outros jogaram bridge, enquanto eu me retirava com a srta. W. para a sala de visitas. Nós conversamos cerca de uma hora e meia e paramos porque ela estava cansadíssima: essa garota comum e, portanto, discreta tem toda a coragem do mundo e trabalha por, pelo menos, oito horas por dia ensinando, enquanto estuda para os exames também. Depois da aula, tomamos chá, e ela e Arthur tocaram para nós. Barfield foi para a cama por volta das 12h30 e eu por volta da 1h30. Harwood teve de sair mais cedo.

Sábado, 8 de julho: Todos nós levantamos bem tarde. Harwood apareceu durante o café da manhã para falar com Barfield por um minuto e depois se aventurou através do vento e da chuva além de Dorchester. Tivemos uma boa conversa à mesa do café da manhã, mas não consigo me lembrar do que se tratava.

Uma carta de Pasley se oferecendo para vir para cá por £2-10-0 por semana enquanto estivermos na casa da sra. Raymond que ela está nos emprestando para agosto. Eu não notei muito sua linguagem na época e respondi imediatamente oferecendo-a por £2. Depois, D chamou minha atenção para um tom curioso na carta de Pasley, que sugeria que eles viriam apenas como uma gentileza para nós e com má vontade. Decidimos escrever outra carta amanhã nos explicando.

Arthur saiu para desenhar em Shotover e Barfield nos deixou por volta das 11h30. Eu não saí, meu resfriado está muito forte. Almoçamos sozinhos, deixando coisas frias para Arthur, que esteve fora até quase 16h. À tarde li o *De Finibus*, de Cícero — uma obra não muito inspirada. Ceia por volta das 8 horas, quando Harwood chegou. Uma variedade de assuntos foi levantada. Harwood fez uma declaração sobre *blancs manges* que D e eu achamos muito divertida. Depois, ele, Arthur e Maureen tocaram. Mais cedo na cama, graças a Deus.

Domingo, 9 de julho: Comecei a trabalhar depois do café da manhã para escrever uma carta a Pasley explicando que tínhamos de chamar a atenção apenas para a possível coincidência de sua conveniência e da nossa, não para lhe pedir um favor. D vetou meu primeiro rascunho como ofensivo e provavelmente a causa de uma briga — refletia, embora de forma não deliberada, o tom da carta de Pasley, da qual gosto menos quanto mais a leio. Um amigo morto deve ser lamentado: de um amigo casado deve-se guardar-se, ambos estando igualmente perdidos. Eu então escrevi novamente em um estilo mais genial e deixamos a segunda versão ir.

Fiz a leitura do livro IV do *Paraíso perdido* pela manhã, com muito prazer. Parou de chover por volta do meio-dia e eu subi a Shotover, para onde Arthur tinha ido mais cedo, mas não consegui encontrá-lo e voltei para almoçar à 1h. Maureen estava muito mal, com dores reumáticas. Estava tão frio que acendemos a lareira na sala de visitas e nos sentamos. Uma tarde calma, D com aspecto ruim. Arthur voltou para o almoço tardio, pouco antes da hora do chá, e logo se retirou para seu quarto. Eu testei minha capacidade em um epílogo lírico para "Dymer", mas sem sucesso.

1922

Assim que estávamos sentados para jantar, veio Jenkin, que fica até quarta, para seu exame oral na universidade. Ficamos felizes em vê-lo. Ele foi de bicicleta à Forest de Dean com Watling e foi de lá para a Cornualha. Nós discutimos *The Turn of the Screw*: ele concorda comigo que o garoto é "salvo" na última cena. Nós conversamos sobre *Emma*: ele gostava dela, mas partes dela o faziam "se retorcer". Nós então o ouvimos sobre mineração. Ele disse que há 50 anos quando as minas começavam a ser profundas, mas antes que os elevadores fossem introduzidos, os homens, depois de oito horas de trabalho, costumavam subir extensões desprotegidas de escadas no poço, até quatro vezes a altura de St. Paul, muitas vezes pendurados nos braços quando o ângulo de subida era deste lado da perpendicular. Ele saiu, levando "Dymer" emprestado, às 10h30.

Arthur disse que apreciava mais a conversa de Jenkin do que dos outros porque ela era sobre coisas que se poderia entender. D e eu ficamos surpresos, pois Barfield e Cia. não falavam de nenhum negócio literário, apenas de conversas gerais sobre assuntos de interesse de todos os homens e mulheres. Arthur é um bebê incorrigível, apesar de tudo.

D e eu sentamos tarde. Ela disse que era estranho que eu gostasse mais de Baker do que das pessoas de Bee Cottage: concluímos que devia ser porque Baker gostava mais de *mim* do que eles, também ele é meu igual, enquanto Barfield se eleva acima de todos nós. D gostava dele e de Harwood excessivamente...

Segunda, 10 de julho: ... Após o almoço (Arthur estava fora pintando como de costume), Jenkin veio e nós pedalamos juntos até Shotover, indo até um portão na trilha para cavaleiros para Horsepath, onde nos sentamos. Foi uma tarde quente, milagrosamente tranquila — sons abafados pela umidade, moscas zumbindo, e uma sugestão de possível trovão no ar. A paisagem a leste de Wheatley para os Chilterns era muito linda sob o sol. Conversamos ao acaso e de maneira mais agradável sobre a "estabilidade" da zona rural inglesa, da filosofia, da prosa do século 17.

A caminho de casa, Jenkin observou que havia mais humanidade real na atmosfera do século 18 do que nos românticos "humanitários" que vieram depois de Rousseau, pois esses começaram a considerar... o homem da rua, o burguês como um estrangeiro a ser chocado e ridicularizado ou desconsiderado... Essa opinião fez meu coração se acalmar com respeito a Jenkin, embora eu tenha salientado que o homem na rua era muito mais forte do que nós e tão disposto a ferir que não se podia tolerar muito a compaixão de alguém.

Arthur estava aqui quando voltamos, cansado de seu trabalho matinal. Jenkin partiu logo depois do chá. Eu li o livro de River com grande interesse, embora não entendesse quase nada dos detalhes técnicos. Fiquei impressionado com a ideia de que o "subconsciente" poderia, em algum momento, ser uma "consciência alternativa" tal como temos na personalidade dual e que essa consciência alternativa poderia ser normal nos animais anfíbios...

Terça, 11 de julho: Era uma manhã perfeita, cinza-perolada, fresca e orvalhada, com uma promessa de muito calor por vir, e o mais estranho toque de outono no ar, fora de época, mas agradável...

Arthur e eu saímos às 11h30 e prosseguimos — depois de alguma hesitação — para a primeira ravina em Shotover, onde ele se acomodou para pintar. Foi tudo deleitoso. Eu tinha Shelley comigo e li algumas das melhores partes do Ato IV de *Prometheus*. Mais tarde, andei em volta de todo o anfiteatro da primeira ravina, penetrando em muitos espaços aonde eu não fora antes. Arthur havia trazido sanduíches, mas eu o deixei às 12h30 e voltei para casa a fim de almoçar...

Arthur chegou em casa por volta das 6h30 em estado de exaustão, tendo trabalhado em Shotover o dia todo e não tinha chá. Esse é um bom avanço em qualquer coisa com que ele pod. ter sonhado dois anos atrás. Ele tinha feito uma paisagem a óleo, que todos nós admiramos, ainda que sem conhecimento técnico, sem dúvida.

Depois do jantar li *Metamorphoses*, de Ovídio, no jardim. A srta. Wiblin passou e deixou uma prosa latina — com estilo melhor do que a última, mas chocantes erros clamorosos de gramática, pobre menina. Uma carta de Pasley deixando claro que está tudo OK sobre sua vinda para cá...

Quarta, 12 de julho: Foi um dia quente. D trabalhando duro em uma anágua para Lady Gonner. Eu trabalhei em minha dissertação no jardim até de repente ser informado que eram 4h35 e que nós devemos estar em Meadowlands às 5.

Saí a pé enquanto Arthur seguia em minha bicicleta: por fim, cheguei a tempo. A sra. Hinckley, Veronica, Arthur e eu tomamos chá nos arbustos além da colina dela — um tempo bastante agradável. Veronica vai ensinar francês na escola de Maureen no próximo semestre. A sra. H. nos deu um relato maravilhoso de sua prima de 78 anos. Essa formidável idosa chegou antes do almoço, tendo pedalado de Londres, dormindo à noite em High Wycombe. Ela então (depois do almoço) pedalou para ver um amigo em Woodstock Rd., voltou, tomou chá, caminhou por toda a região selvagem da sra. Hinckley, e pedalou trinta quilômetros na manhã seguinte. Ela lhes disse que havia desfrutado dos últimos vinte anos de sua vida mais do que de qualquer outro período anterior...

A srta. Wiblin veio e tivemos cerca de meia hora de aula antes do jantar, para o qual Jenkin atendeu. Uma refeição alegre, melhorada pelo ensopado de cogumelos. Depois terminei a aula da srta. Wiblin, voltamos e todos tivemos chá e bolos na sala de jantar. Jenkin contou a D sobre seu pai que morreu repentinamente enquanto viajava com ele, de modo que ele teve a péssima tarefa de contar à mãe. Ele falou muito amargamente sobre a inutilidade de seus amigos quando se casam. Ele me convidou para vir e ficar com ele em St. Ive, mas é claro que as tarifas ferroviárias tornam isso impossível...

Quinta, 13 de julho: ... Trabalhei durante a manhã inteira em minha dissertação com grande prazer e novamente depois do almoço, até que a srta. Wiblin veio por causa de Maureen.

Naquele momento, uma figura corpulenta apareceu e Cranny entrou no corredor. D imediatamente perguntou se ele estava doente — e de fato ele parecia encolhido e mudado. Ele disse que estava preocupado e entrou comigo e com D na sala de jantar.

Sua história saiu por etapas. Ele estava totalmente mudado. Disse que seu esforço para trocar com uma paróquia de Londres havia falhado e sua esposa estava "muito chateada". Além disso, eles haviam convidado uma garota para distrair seu filho de uma garota indesejável, mas o chamariz tinha funcionado bem demais e o filho estava distraído ao ponto de ficar noivo da garota providenciada pela família.

Cranny disse que ele vivia entre pessoas loucas, e ele achava que estava ficando louco também. Não pode ser o noivado de seu filho, pois ele está acostumado a ter problemas com o filho: mais provavelmente sua esposa o incomodava à exaustão. Ele repetia que queria uma mudança. D disse "uma mudança de sua família" e ele não a contradisse. Falou que seu tempo tinha acabado: não tinha nada pelo que viver. Era incapaz de falar em seu velho estilo — logo se cansou de seus próprios problemas, incapaz de mudar para outros tópicos. Eu nunca vi um homem tão profundamente no abismo: ainda assim, pobre-diabo, ele não esqueceu seu invariável presentinho de cigarros para D.

A srta. Featherstone, que veio para o chá, achou que havia um toque de loucura nele. Depois da refeição, ela e D se reuniram no quarto de D: Arthur, Cranny e eu permanecemos na sala de jantar e conversamos um pouco sobre espiritismo, mas tudo era constrangido e infeliz. Ele partiu por volta das 6.

Arthur e eu caminhamos para Headington, viramos à direita ao longo da Barracks Rd., daí pela Green Lane até a Horsepath Rd. e para casa pelos campos de golfe. Nós alegremente comparamos um passeio noturno sob essas condições a um que nos trouxe de volta a nossos respectivos pais...

Sexta, 14 de julho: Uma manhã chuvosa. Sentei na sala de estar e escrevi algumas estrofes para o Canto IV de "Dymer". Arthur foi até os Gonners, levando o violino de Maureen com ele.

Clareou mais tarde e eu fui para o College e vi Farquharson. Ele me deu algumas prosas latinas e bons conselhos, recomendando os "Livros de Aula" sobre Excertos Latinos de Rivington

1922

para a srta. Wiblin. Eu então fui por um curto período para a Associação e depois voltei para casa. Arthur em [casa], Maureen fora, para o almoço.

Depois Arthur e eu fomos para Shotover... Levei-o a passar pela cerca, pelos degraus à esquerda, para mostrar-lhe a paisagem de "maçã silvestre". Em seguida, seguimos para o cume de samambaias acima de Horsepath. Ele trouxera sanduíches e leite. Eu o deixei para pintar e voltei para o chá — sol muito forte agora e uma praga de moscas.

Encontrei D e Dorothy fazendo geleia e juntei-me a elas em colher groselhas vermelhas — um trabalho brutal — até o chá às cinco. Colhi um pouco mais posteriormente e li *Psychoanalysis* [Psicanálise], de Hingley: ele parece pertencer a uma escola diferente de River: é um livro mais bem escrito.

Sábado, 15 de julho: Uma linda manhã. Depois do café da manhã, eu tolamente confiei na atenção de Arthur ao horário, que estava sentado de maneira particular ao piano quando descobri que tínhamos apenas 20 min. para chegar aos Parks. Nós nos apressamos para a cidade e encontramos Veronica — Sylvia Stevenson, a quem eu felizmente pareço destinado a não encontrar, havia ido à cidade. Nós caminhamos para L. M. H.[87] e lá tomamos uma canoa. Veronica e eu remamos enquanto Arthur se acomodava nas almofadas.

Primeiro descemos até Parson's Pleasure, depois voltamos a percorrer um longo caminho entre margens agradáveis e sob um lindo céu — azul profundo e imóvel, marcado com veios brancos pelos quais se mostravam frota após frota de nuvens fofas, algumas muito grandes. Desembarcamos por alguns minutos em um campo onde cavalos estavam puxando as máquinas de rastelo sobre o novo feno ceifado. Nós nos sentamos no feno: havia carrapatos nele: Arthur tentou desenhar Veronica.

Embarcando novamente, continuamos rio acima até o Cherwell Hotel: fiquei impressionado com os deleitosos pequenos jardins

---

[87] Lady Margaret Hall.

formais que desciam até a água. Aqui nós bebemos cerveja de gengibre com canudinho — infelizmente Arthur considerou engraçado fazer um barulho borbulhante e Veronica fez o mesmo, acho que por pura diabrura, adivinhando meu arrepio. Ela fez uma boa observação — que uma carreira educacional é uma escola de hipocrisia na qual você gasta sua vida ensinando a outros observâncias que você mesmo rejeitou.

Na viagem de volta, cedemos ao pedido de Arthur para remar, mas ele sempre desistia depois de três remadas até ser instigado à atividade novamente. Seus movimentos violentos e impulsivos estavam perto de nos fazer virar e uma vez me assustaram de verdade. O rio estava perfeitamente vazio e poderíamos ter ido parar em um continente perdido.

No caminho de volta nós olhamos para L. M. H. (que dos jardins é muito alegre). Eu me diverti com a pequena S. C. J., cerimoniosa com seu irremediável jeito de recepção na corte.

Cheguei em casa por volta das 2: encontrei a produção da geleia ainda em andamento e D parecendo muito cansada — pela qual eu pod. de bom grado ter destruído com fogo todas as árvores frutíferas da Inglaterra...

Arthur nos contou hoje como ele e todos os seus irmãos e irmãs foram batizados em trajes de banho por imersão na banheira de Bernagh quando ele tinha cerca de 12 anos — na presença de uma reunião de fiéis.[88] Eu começo a ver que o pai dele não é de todo temperamentalmente [*sic*] devoto — vai ao cinema quando está longe de casa —, é religioso a partir somente de um senso de dever — é frio e taciturno por sua própria natureza...

Domingo, 16 de julho: ... Encontrei a srta. Wiblin aqui e nos acomodamos para trabalhar. Primeiro nós vimos gramática: eu não pareço brilhar ensinando isso mesmo quando eu sei, mas acho que ela é razoavelmente sensata. Depois fomos para Excertos pelo resto da manhã: ela ficou para o almoço. D bem pior esses dias, mas acho

---

[88] A família Greeves fazia parte dos Irmãos de Plymouth.

1922

que as primeiras horas fazem alguma diferença. Depois, nós descobrimos que a srta. W. tinha que ir a algum lugar para tomar chá saindo daqui e poderia muito bem ficar. Ela pediu permissão para trabalhar e eu dei a ela mais latim até as 16h.

Fiquei um pouco cansado depois da minha sessão da manhã e da tarde — mas depois da estupidez, da malícia e da incrível habilidade de esquecer de Maureen, é um alívio trabalhar com qualquer pessoa que progrida. Arthur foi tomar chá nos Gonners. Mais tarde, Maureen e eu fomos de ônibus para o New College, onde nos encontramos com Arthur e fomos para a capela. Gostei imensamente da música, especialmente dos salmos e do *Magnificat*, de Stanford: fiquei imaginando por que nunca me preocupara em ir antes — a última vez em que estive lá foi com Cherry Robbins em 1917...

Segunda, 17 de julho: ... Após o almoço, Arthur e eu partimos com cestas de comida e isopo [*sic*]. Encontramos Veronica em L. M. H., que nos recebeu com a alegre notícia de que ela estava trazendo "outras duas fêmeas". Como havíamos preparado chá para apenas quatro, achei isso muito legal. As duas parasitas acabaram sendo a srta. Wigg (que está se recuperando de paratifo e de qualquer forma parece uma nulidade) e a srta. Hugon — uma francesa de face cinzenta, ombros largos e fala lenta, segundo o estilo da srta. Powell de Reading, mais educada, afetada, vaidosa, impertinente e insuportável. No entanto, ela me impressionaria de pronto. Ela disse que Masefield "levou-se muito a sério", sendo essa uma forma de palavras aplicadas indistintamente a todos por tolos do tipo dela.[89]

Arthur nos levou até o rio mais ou menos bem. Tomamos chá sob as árvores em frente ao Cherwell Hotel durante um banho. Deixamos a mulher Hugon no local de desembarque de L. M. H. às cinco horas: depois, seguimos para um local adequado ao lado de

---

[89]Marianne Cecile Gabrielle Hugon (1881-1952) era estudante de graduação no Somerville College e, em 1923, tornou-se tutora em Francês na Sociedade de Estudantes Residentes de Oxford (St. Anne's College). Ela foi a autora de *Social France in the XVII Century* (1911) [França social no século XVII].

Parks e atracamos. Arthur começou a pintar Veronica, com pródiga crítica burlesca e encorajamento de nossa parte.

Tudo muito feliz até as 7 horas, quando chegamos em casa. Voltando, ficamos surpresos ao encontrar Baker que estava lá desde as 2 horas. Ele teve seu exame oral esta manhã e jura que ele está reprovado. Também nos deu um relato adicional de Lilian Bayliss: sentaram-se com os joelhos se tocando e concordaram em compartilhar suas alegrias e tristezas enquanto ela se referia a ele como "querido garoto". Depois de ela conversar por alguns minutos, ele sentiu a obrigatoriedade de fazer barulho na garganta: passados quinze minutos, ele deixou as luvas de lado e tirou o lenço, ajeitando as calças em expectativa momentânea de que talvez tivesse de se ajoelhar com ela em oração. Ele está aqui por quinze dias para ensaiar e atuar num melodrama de Bernice de Bergerac na House.[90]...

Terça, 18 de julho: Esqueci de chamar Arthur esta manhã e, indo posteriormente a seu quarto, tive o privilégio de ver o pélete de borracha indiana *in situ*, em seu ouvido deste lado. D e eu, com alguma dificuldade, o persuadimos a adiar sua partida até amanhã.

D muito melhor hoje. Pouco depois do café da manhã, Baker chegou: nós três nos sentamos na sala de visitas, onde ele leu algumas das passagens mais absurdas do melodrama. Mais tarde nos juntamos ao Doc, que esteve em Londres. Ele passou a maior parte do tempo no Instituto Coué e teve tratamento *ça passe* em seu braço reumático. Ele disse que isso fez cessar a dor: mas quando perguntamos por quanto tempo, ele teve de admitir "por cerca de vinte minutos".[91] Isso naturalmente levou a uma conversa sobre assuntos afins e em poucos minutos o Doc estava expondo sua filosofia do

---

[90] *Glorious England* [Gloriosa Inglaterra], de Bernice de Bergerac (1922), foi representada nos jardins do priorado da Christ Church, em 31 de julho.
[91] Émile Coué (1857–1926), um químico francês, desenvolveu um sistema de psicoterapia pelo qual afirmou que a autossugestão poderia ser usada para curar doenças. Sua fórmula, que esteve muito em moda, era: "Todos os dias, sob todos os pontos de vista, estou cada vez melhor".

1922

Primeiro e sua objetificação. Minha sugestão de que pessoas de sua classe realmente ignoravam a antítese de mente e corpo provou ser uma excelente lebre a q. nós seguimos a manhã toda. Eu achei o Doc confuso — mas fiquei encantado com sua descrição do solipsismo como "aquela velha piada". De qualquer maneira foi muito bom falar. Nós caminhamos um pouco antes do almoço.

Às 2h30 a srta. Wiblin chegou. Eu entendi que ela daria uma aula a Maureen, mas parecia que ela em lugar disso deveria ter uma comigo: assim, fizemos nossa prosa latina até quase as cinco horas, tendo o chá sido trazido para nós.

Agora estava uma noite gloriosa. Fui até Iffley, onde encontrei Arthur com o Doc: Mary também estava lá, tendo vindo de Londres em um trem posterior. Todos caminhamos até a igreja de Iffley e admiramos a torre e os arcos normandos: enquanto estávamos no interior, o pároco — Clarendon, possivelmente uma conexão com Ewart — entrou e disse que um culto estava prestes a começar: em consequência, todos saímos descaradamente e sentamos acima do açude na ponte Lincoln. O Doc nos deu uma descrição vívida de sua navegação de 2.500 quilômetros no Amazonas. Falando do projeto de explorar a região central do Brasil, Arthur disse: "Esse é o tipo de coisa que eu gostaria de fazer!!".

Então voltamos para casa. A fabricação de geleia continuava e eu ajudei D a pegar groselhas na cozinha. Mesmo quando isso foi concluído, tivemos uma longa espera para o jantar, pois o ensopado de cogumelos não estava bem cozido. Percebendo o estado miserável de Arthur, não pude deixar de comentar a gula que tanto abatia meu pai se uma refeição atrasasse. Ao que ele respondeu: "Ah, mas algumas pessoas realmente ficam doentes se não fazem as refeições nos horários regulares. Mãe faz. *Eu sou igual!*" Então nós demos a ele pão e manteiga, e ele se animou de alguma forma.

A referência à mãe dele me lembra da resposta dele que eu esqueci de anotar no outro dia. Depois que D tinha saído da mesa do café da manhã e enquanto ele ainda estava se alimentando, eu me aventurei a dizer algo sobre os ruídos de chupar, ranger e mastigar que ele fazia ao comer, com os quais D e eu somos torturados. "Eu sei. Desculpe. É de família. Mãe faz isso também!"...

Quarta, 19 de julho: De pé cedo e uma bela manhã. Arthur continuou com o empacotamento e eu escrevi uma passagem tempestuosa para o início de "Dymer" IV. Ele partiu com muitos e acho que se arrepende: acompanhei-o em seu táxi até a estação.

Voltei e descobri que a fabricação de geleias se instalara com uma severidade incomum. Depois de ajudar um pouco mais, comecei a temer que Baker pud. chegar antes de almoçarmos, e comemos uma refeição fria sozinhos. O resultado foi que ele só chegou às duas e meia.

Nós caminhamos até Shotover. Conversa não muito séria. Ele falou de uma mulher americana que ele conheceu recentemente, cuja paixão dominante por vinte anos tinha sido a astrologia. Ela havia interpretado o horóscopo dele: apesar de ignorante das circunstâncias dele, ela dissera que ensinar não era seu verdadeiro trabalho, implorou-lhe que subisse ao palco e profetizou um sucesso inicial. Ele não teria fama escrevendo. Nunca teria muita felicidade doméstica: e se ele se casasse ou tivesse um caso antes dos trinta, isso causaria um grande problema. Sua saúde sempre seria ruim. Nós voltamos para cá para o chá. D e eu, depois do encanto de Barfield, ficamos impressionados com a desafortunada brusquidão de suas maneiras.

Não muito depois do chá — Baker foi embora — o Doc e Mary chegaram. Eu troquei algumas palavras a sós com ele: ele admitiu que tem sofrido com o que chamo de "mania de confissão" de Arthur...

Sábado, 22 de julho: Achamos que nunca mais vai parar de chover. Durante toda a manhã, trabalhei em minha dissertação. Eu estava indisposto e parecia estar escrevendo coisas sem sentido. Depois li *A canção de Rolando*. O Doc esteve aqui de manhã. Após o almoço veio Baker: deve estar realmente entediado em seu trabalho se nos considerar, em nosso estado atual, divertidos. Já é tempo de estarmos em Headington. Depois do chá, Maureen e eu fizemos

1922

com que ele jogasse "boys names", o que fez com muito gosto — está certamente melhorando. A srta. Wiblin veio à noite para o latim...
Domingo, 23 de julho: Outro dia chuvoso. Depois do café da manhã tardio, sentei-me na sala de visitas e li mais da metade de *Henrique VI*, Parte I, a princípio com grande prazer, mas depois me cansei do vasto campo de ação, da monotonia do verso e da contínua intrusão de interesses meramente "públicos" no jogo real.

Entrementes, conversando, passeando e lendo o *Sunday Times*, eu fui almoçar. D muito mal, com reumatismo e indigestão — ambos resultados do clima. Após o almoço, li *Appearance and Reality* [Aparência e realidade], de Bradley — o capítulo sobre Realidade. É muito difícil: ele parece fazer exatamente aquilo contra o que protesta, a saber, passar da necessária consistência do Absoluto para o *pensamento* de sua harmonia, para o *sentimento*, usando a palavra "desarmônico" em um sentido ambíguo. Mas provavelmente eu não o entendo...

Às seis horas veio a srta. Wiblin, e eu trabalhei latim com ela até o jantar. Depois que ela se foi, D e eu conversamos. A questão é se Maureen deve deixar a escola e dedicar todo seu tempo à música ou não: certamente não há educação, musical ou não, a ser obtida em Headington...

Segunda, 24 de julho: ... Por volta das 2h30, Baker chegou. Ele esteve em Tetsworth ontem com os Kennedys, que o levaram para ver Vaughan Williams. Como se estivesse sido combinado, ele estava trabalhando em sua nova sinfonia quando eles chegaram, e estava muito disposto a falar de música. Ele é o maior homem que Baker já viu — chestertoniano tanto na figura como nos hábitos. Come biscoitos o tempo todo enquanto compõe. Disse que, depois de ter escrito o primeiro compasso na página de uma partitura completa, o resto era todo trabalho pesado mecânico e que em todas as artes havia 10% de "fazer" de verdade para 90% de trabalho preparatório. Ele tem uma linda esposa que tem um texugo de estimação — Baker o viu brincando com o cachorro e os gatinhos e o texugo lambeu-lhe a mão...

Terça, 25 de julho: ... Allchin veio ver D de manhã e toda a questão da escolarização de Maureen foi discutida; o resultado geral é que ela deve escolher entre música e escola. O Doc, Baker e eu nos sentamos como um júri no sofá enquanto D resumia: por alguma estranha aberração, a conversa levou apenas dois minutos para degenerar em um diálogo realmente absurdo entre Baker e o Doc sobre os méritos educacionais da Sagrada Escritura, no qual nem entraram na linha de argumentação do outro por um momento...

A srta. Wiblin veio como de costume depois do chá. Seu exame começa amanhã e não há dúvida de que ela tem conhecimento suficiente para um possível êxito, mas com excesso de trabalho e aborrecimentos, ela entrou em um estado em que tudo pode acontecer.

... o problema da escola foi, sem dúvida, deixado inteiramente para Maureen: e ela definitivamente decidiu ir, embora sem dúvida com arrependimentos.

Quarta, 26 de julho: Tempo bom. Dei uma olhada em meus livros e papéis e fiz algumas anotações para o exame oral. Tendo esperado até as 11 horas, fiz um pouco mais de jardinagem e fui para a Associação, onde não consegui encontrar nada de muito útil. O que eu encontrei foi o volume VI de *Psicologia do sexo*, de Havelock Ellis, que é curioso. A parte mais interessante foi a citação expecialmente [*sic*] de livros hindus e persas. A propósito da ignorância das garotas, ele cita um caso surpreendente de uma garota americana que era homossexual e que se casou duas vezes (disfarçada) com outras mulheres, e nenhuma delas percebeu que não era um homem. Memorando para procurar Oneida, onde o comunismo de Platão parece ter sido praticado com algum sucesso.

Voltei para o almoço. D muito melhor, mas ocupada. Baker chegou pouco depois do almoço e eu o convenci a me acompanhar ao show na Headington School. Foi um negócio terrível. O primeiro item foi uma peça em latim sobre H. Coccles, incluindo uma batalha no palco em que todos, incluindo os artistas, caíram na gargalhada. Quem pode ter sido o idiota que permitiu que fizessem isso? Em seguida veio uma espécie de peça sobre fadas, misticismo

1922

barato do começo ao fim, uma mistura não digerida de Shelley, Maeterlinck, Walt Whitman, Trine, Barrie e Algernon Blackwood. Isso foi muito desagradável para mim. Por fim, tivemos a cena do assassinato de *Macbeth*...

Antes do jantar — que foi muito tarde por causa do trabalho de D — eu fixei com pregos o papel descascando em várias partes da casa. À tarde escrevi a P, cuja carta chegou esta manhã com um envelope contendo £30.

Quinta, 27 de julho: Trabalhei um pouco depois do café da manhã, mas com incrível relutância. Uma linda manhã, e eu aqui, com meus sete demônios em mim. Baker chegou por volta das 10h30. Ele está agora completamente deprimido com respeito a *Glorious Englandi*, do qual nos mostrou um anúncio absurdo na tentativa mais ignorante de inglês medieval, com "ye" por "the"[92] e outras bobagens. Ele também está preocupado com a garota que interpreta a filha dele e que precisa se "agarrar apaixonadamente" ao cadáver dele: ela é tão tímida que tem medo de se aproximar do rosto dele — a conclusão é que ela se agarra à cintura dele com um resultado embaraçoso.

Nós caminhamos para Headington pelo cemitério e sentamos em um muro de pedra. O sol estava intensamente forte. Conversamos sobre o casamento em grupo como um remédio para a monogamia. Eu insisti que era melhor que prostituição e mil vezes melhor do que um *affaire de coeur*, mas ele não concordava muito com isso.

Ele disse com muita exatidão acerca da sra. Hinckley que somente chamava a atenção nela a sua sinceridade: ela dizia coisas que deveriam fazer você se contorcer, mas de uma maneira que pareciam certas. Eles conversaram sobre a escola e, diante do violento sobressalto de Baker, ela respondeu "Você não acha que a sra. Moore é um tanto preconceituosa?": ao que absurdamente Baker respondeu "Sim, ela é. Mas qual é a origem do preconceito?" Receio que minha opinião sobre a sra. Hinckley afunde sem parar...

---

[92]"*Ye*", "vos, vós" (inglês arcaico). "*The*", "o(s), a(s)". [N. T.]

Todo meu caminho diante de mim

Sexta, 28 de julho: O céu, para fazer justiça, atendeu a minha oração. Em boa hora em gravata branca e "*sub fusc*"[93] e em direção ao meu exame oral. Todos nos apresentamos (não conhecia nenhum dos outros) às 9h30. Myers, parecendo o mais pirático, chamou nossos nomes e leu os horários em que iríamos, mas não em ordem alfabética.[94] Dois outros e eu fomos orientados a ficar e fui imediatamente chamado, sendo assim a primeira vítima do dia.

Meu executante foi Joseph.[95] Ele foi muito civilizado e fez todos os esforços para ser agradável. Ele perguntou o que eu quis dizer com a contradição da pleonexia, porque eu apliquei a palavra "repugnante" a minha citação de Pater, como eu ir. distinguir o direito de um professor do direito de um estado de punir e se eu pod. sugerir qualquer forma de tornar "pobre velho Platão" menos ridículo do que ele aparentava em meu registro de "a mentira na Alma". Mostrei um pouco de esquecimento do texto ao responder isso, mas não acho que tenha sido sério. O show inteiro levou cerca de 5 minutos. Por causa da frase "pobre velho Platão", imagino que Joseph deve ter sido o informante de Carritt (v. 21 de junho)...

Sábado, 29 de julho: ... Baker reapareceu depois do almoço e eu me sentei com ele no jardim. Nós falamos de reencarnação. Ele agora pensa que a maioria de suas "experiências de reencarnação" e visões juvenis eram fantasiosas, com três exceções que ele ainda considera como objetivas. Ele achava que sua faculdade de ver a aura era apenas uma alucinação que acompanhava (por meio do blefe) uma verdadeira intuição de caráter. Eu observei que seus esboços de caráter tendiam à caricatura, que ele tinha a faculdade de extrair o pior das pessoas. Ele admitiu que tinha uma tendência a exagerar. Entramos e tomamos chá. A conversa se voltou para a política internacional, e

---

[93]Do latim *sub fuscus*, "marrom escuro", é parte da vestimenta acadêmica especial usada em Oxford nos dias de exame.
[94]John Linton Myers (1869–1954), do New College, foi professor de História Antiga em Wykeham (1910–1939) e examinador na Final Classical School (1920–1923).
[95]Horace William Brindley Joseph (1867–1943) foi o tutor filosófico sênior do New College (1895–1932).

1922

isso significou uma discussão bastante perigosa entre D e Baker — dogmatismos de ambos os lados e nenhuma esperança de um fim.

... D está longe de estar bem, já sobrecarregada, e uma mudança pairando sobre nós, pareceu-lhe um momento adequado para fazer geleia de groselha. Maureen e eu escolhemos todas as maduras. Depois disso, sentei-me nos degraus com D e li o livro de Hamilton. Estava quente demais. Ceia muito tarde.

Domingo, 30 de julho: Levantei um pouco tarde e encontrei D já vestida, já tendo tomado café da manhã e no trabalho. Depois de tomar café da manhã, fui para a sala de visitas e comecei a reescrever o Canto IV de "Dymer", com o qual estou encontrando grandes dificuldades.

Logo chegou Baker em um estado de grande indignação por ter uma apresentação extra marcada para amanhã à noite. Eu caminhei com ele para Shotover — uma manhã muito agradável. Nós nos sentamos em uns degraus acima da descida para Quarry, falando sobre o provável simbolismo de Maureen em um sonho dele, sobre "*anima*" em geral e mais tarde sobre "Dymer".

Voltamos à casa para almoçar aqui. Baker e Maureen tocaram duetos depois. Ele ficou até cerca de quinze para as quatro e devo confessar que fiquei feliz quando ele se foi. Há amigos, muito poucos, cujas visitas, se repetidas diariamente, não se tornam insípidas em uma semana. É bem diferente se até os mesmos amigos estão hospedando-se na casa: ali uma espécie de *modus vivendi* se estabelece: eles são digeridos e assimilados...

D estava muito melhor hoje, embora ainda longe de estar bem. Ao discutir Baker e o tédio, decidimos que o grande problema era a falta de "conversa" dele. Humor do melhor tipo, palhaçadas barulhentas ele tem: discussão séria ele tem: mas mera conversa você não consegue tirar dele.

Ficamos todos surpresos de não ouvir notícias de Mlle Cahen e começamos a imaginar se ela se assustou.

Segunda, 31 de julho: ... Às 2h30, a srta. Wiblin chegou: Maureen e eu decidimos sair de bicicleta apesar do tempo, se nós fôssemos de ônibus, a srta. W. deixaria sua bicicleta aqui: se ela a deixasse, ela viria pegá-la depois: se ela fizesse isso, ficaria até a meia-noite. Felizmente, clareou e estava um glorioso céu azul e branco quando nós três chegamos à Christ Church. Esperamos nos degraus do saguão até que Baker apareceu, vestido mas não maquiado, e nos conduziu pela porta do dr. Locke até os jardins do Priorado, onde o espetáculo estava para acontecer. Uma longa espera valeu a pena pelos assentos gratuitos que assim obtivemos, e também agradável pela extrema beleza do jardim. Baker tinha me avisado que *Glorious England* era ruim: ele não exagerara. O diálogo era contemptível, a fábula infantil e tudo continuamente interrompido por intermináveis danças ruins, mal dançadas à música imprestável. O vento forte muitas vezes levou para longe as vozes dos atores: na verdade, isso e a *Antígona* me convenceram de que peças teatrais ao ar livre neste país são um erro. Alguns dos artistas eram profissionais, mas eram todos ruins. Baker estava em uma esfera diferente. Sua parte foi o melodrama mais cruel. (Ah! O hooomem deve morreeeer etc.!) Mas foi surpreendente o quão bem ele a desempenhou. A parte do vilão sarraceno tinha certa adequação grotesca.

Assim que saímos nos apressamos para o College, onde nossas bicicletas foram deixadas. Eu então encontrei as listas de História e retornei, conforme combinado, para contar a Baker seu destino... Como ele esperava ser reprovado, ficou encantado ao saber que havia obtido um Terceiro. Fui apresentado a Mlle de Bergerac — ela parecia uma autora adequada para uma bobagem como *Glorious England*...

> Lewis e a sra. Moore tiveram a oportunidade de viver de graça em Hillsboro, 14 Holyoake Road, Headington, durante o período de 1º de agosto a 4 de setembro. A propriedade era do sr. Raymond, que planejava ficar fora por parte desse período. Eles sublocaram 28 Warneford Road para o sr. e a sra. Rodney Pasley durante parte de agosto, e Lewis e a sra. Moore economizaram ainda mais recebendo uma hóspede pagante — Mlle Andrée Cahen, de Paris.

Agosto

Terça, 1º de agosto: ... Acordei cedo e fui para o empacotamento. Arduamente nisso toda a manhã e a tarde, todos ocupados, mas mostrando boa disposição. Uma carta de [Mlle] Cahen na segunda entrega: ela deve chegar na quinta e nós a reconheceremos por sua "roupa marrom e chapéu marrom com fita colorida em volta dele"...

Estávamos em grande confusão por não saber quando os Pasleys iriam aparecer até que um telegrama chegasse confirmando a chegada deles às 6... Eu fui comprar algumas coisas em Cowley Rd. Ao voltar, encontrei Pasley e sua esposa já aqui e conversando com D na cozinha enquanto tiravam seu gatinho de uma cesta. Pasley estava rechonchudo e com boa aparência. D e eu observamos depois quão velha a menina parecia, embora ela seja realmente a mais nova dele. Eu acho que ela é do tipo bondosa.

Começou a chover assim que nosso táxi chegou. Maureen e eu fomos de bicicleta enquanto D e a bagagem encheram completamente o carro. Tibbie em sua cesta foi esquecida e isso atrasou D, que acabou chegando junto conosco aqui. Uma noite movimentada se anunciando. Um bem-merecido jantar às 8h30, depois do qual a srta. Wiblin e eu lavamos tudo — Dorothy, que está dormindo enquanto estamos aqui, com dor de cabeça e esgotada. Todos nós estamos muito cansados, mas acho que D não é a pior. Estou muito favoravelmente impressionado com a casa e com o belo pequeno jardim: mas o gás é ruim e não há bons livros.

Quarta, 2 de agosto: Eu fui acordado às 2h por ruídos e, levantando, encontrei a cama de D e ela mesma encharcadas, pois parece que eu — pela primeira vez na minha vida — não atarraxei a garrafa de água quente dela com segurança. Eu só espero que não haja resultados ruins. Mais tarde eu sonhei que eu tinha um 2º.

Imediatamente após o café da manhã, fui de ônibus até o College e procurei Farquharson. Aparentemente eu não estou muito atrasado para obter meu BA no sábado. Ele me segurou por muito tempo, falando sobre a edição dos vários escritos de Cooke Wilson que ele está publicando. Ele também discutiu os exames e continuou dizendo que todos conheciam minhas habilidades e não mudariam suas opiniões se eu conseguisse um Segundo. Vinda de um *don*, essa conversa tem seu lado desconfortável — espero que não haja por trás dela nada mais do que seu desejo geral de lisonja.

Eu então voltei e tomei minha parte de esclarecer as coisas. A srta. Wiblin veio e ajudou. Esta casa está cheia de ornamentos desnecessários nas salas de estar: além deles, na cozinha etc., encontramos um estado de sujeira indescritível: garrafas de champanhe barato na adega. Lixo pela sala de estar, sujeira pela cozinha, luxo de segunda categoria pela mesa — um epítome de uma "casa inglesa respeitável".

Após o almoço, veio um bilhete da sra. Stevenson nos pedindo para entreter seu garoto francês pela tarde, enquanto todo o pessoal dela estava saindo. Isso é impertinência: se ela está aceitando dinheiro por ele, por que ela não pode agir de forma justa? Resposta: porque ela é espiritualista, idealista, entusiasta, nova pensador-ista, não do barro comum.

O garoto era bem agradável. Fui com ele para assistir a srta. W. ("Mancha",[96] como a batizamos), Mary, Maureen e Helen Rowell jogando tênis na quadra da escola. Ele sabe muito pouco inglês.

Todos de volta para o chá aqui. Posteriormente os outros voltaram ao tênis enquanto D e eu tivemos um pouco de paz — exaustos a essa altura. Ceia por volta de 8h15. Temos muito medo de que Dorothy esteja adoecendo, pois ela está com uma dor de cabeça forte e se desmancha em lágrimas ao entender mal uma observação inocente minha. O céu nos ajude se ela estiver.

Estávamos nos preparando para ir dormir quando três figuras e uma mala apareceram na porta do saguão. Nós seguramos a respiração. Vinham a ser os Pasleys e Mlle Cahen, que chegara um dia antes do que a esperávamos e vieram para Warneford Rd. Ela não tinha comido nada desde a 1h, então pusemos tudo o que tínhamos

---

[96] Em inglês, *Smudge*: mancha, marca de sujeira, borrão. [N. T.]

1922

à disposição para alimentá-la. Quando lançamos nossa rede, não pensamos que pegaríamos um peixe tão estranho. Ela é uma judia, muito marcante na aparência, falando o melhor inglês que já ouvi de um estrangeiro. Ela vai "traduzir para os tribunais de justiça" assim que se formar. Uma de suas irmãs é Doutora, a outra, engenheira. Ela *pode* ter 18 anos em consequência do que ela diz: tem a autoconfiança de 50 anos. D e eu concordamos que devemos nos arrepender de encher nossa imaginação de coisas contra essa jovem mulher. No conjunto, uma pessoa formidável e estimulante, embora de uma índole não muito amável...

Quinta, 3 de agosto: Em boa hora e uma bela manhã. A pedido dela, fui com Andrée para a cidade e mostrei-lhe a paisagem. Eu gostei dela mais do que na noite anterior. Nós falamos de várias coisas, em grande parte de livros. Ela me disse — como eu sempre suspeitei — que os franceses não conseguiam tirar música do verso latino. Nós voltamos para um almoço meio atrasado.

Os Pasleys chegaram pouco depois. Eu tive uma boa conversa com Johnnie. Foi cansativo gritar, mas ela parecia bem — um rosto envelhecido e cheio de linhas, embora ela pareça ser mais nova que Pasley.

Depois do chá, corri para a cidade e encontrei Warnie no Roebuck; jantei com ele no Buols com uma garrafa de Heidsieck. Por certo ele engordou bastante. Ele estava com excelente disposição. Eu discuti a proposta de sua vinda para cá: ele não parecia inclinado a aceitá-la. Eu deixei meu diário para ler a fim de colocá-lo em harmonia com a vida.

Sexta, 4 de agosto: Fui de ônibus para a cidade com Andrée e a deixei em Carfax. Eu então encontrei W e passeamos pelos Cursos para ver se meus resultados já estavam fixados à noite. Deu-me um choque encontrá-los já publicados. Eu recebi um Primeiro: Wyllie um Segundo: todo mundo do College um Terceiro. A coisa toda foi repentina demais para ser tão agradável quanto parecia no papel. Telegrafei imediatamente para P e fui almoçar com W em Buols.

Durante a refeição, achei que tinha combinado que ele viesse conhecer a família no chá; mas de repente, enquanto estava sentado no jardim da Associação, ele mudou de ideia e recusou-se pertinazmente a ir ao chá ou a pensar em estar conosco. Por isso, voltei para o chá sozinho. Os Pasleys estavam aqui e Mancha. Um jogo divertido de croquet ocorreu depois que eu voltei para junto de W e jantei. Ele agora estava totalmente mudado. Apresentou a ideia de vir para ficar por si só e prometeu sair amanhã. Tarde em casa e direto para a cama.

Sábado, 5 de agosto: Fui para o College depois do café da manhã e falei com Poynton sobre questões de dinheiro. Encontrei para minha surpresa e deleite que, depois de pagar todas as taxas, eu tinha um saldo a meu favor —mas não vou vê-lo até setembro...

Eu então fui de ônibus para Headington, mudei rapidamente para uma gravata branca e um terno surrado e voltei para almoçar com W em Buols. Às 2 horas juntei-me aos outros na entrada da Univ. para receber os diplomas sob a guarda de Farquharson. Uma cerimônia longa e muito ridícula nos fez BAs — como Watling disse, não nos sentimos diferentes além de estarmos "quentes e incomodados".

Eu encontrei W novamente no Roebuck e vim para cá. Todos presentes para o chá e se deram bem. Maureen formulou suas primeiras impressões de W. epigramaticamente dizendo "ele parece ser um bom nadador". De volta à cidade para o jantar.

Domingo, 6 de agosto: Nós tínhamos organizado para ir ao rio hoje, mas choveu. W saiu com a bagagem. Ponte à tarde. Uma noite chuvosa.

Terça, 8 de agosto: Devido à precipitação de eventos e tendo emprestado meu diário para W., um registro regular tornou-se praticamente impossível. Ontem foi especialmente notável pelo comportamento de Mancha, cuja condição é uma causa de desconforto para D e para mim. É estranho que tal coisa tenha acontecido comigo — de todas as pessoas a menos desejosa, a menos capaz de lidar com tal situação. Mas espero que seja principalmente nervos. Eu também tomei chá com os Stevensons.

Hoje, apesar de uma manhã que começou com chuva, W e eu começamos a realizar um projeto há muito entesourado de

1922

visitar Watford.[97] Começamos de ônibus e estava tudo bem antes de chegarmos à estação. Pegamos o 11h30 para Bletchley...
 Ao chegar a Bletchley, descobrimos que o 1h30, com o qual esperávamos ir, não estava funcionando. Nós tivemos um almoço excelente na estação e pegamos o 2h40, chegando bem tarde a Watford. Com sensações curiosas, opressivas, mas por contraste deliciosas, fomos até Wynyard. é [*sic*] agora chamado de Northfield e é uma escola para meninas. Uma mulher ridícula nos mostrou tudo — apontando melhorias e nos dizendo que a casa parecia "mais bonita na frente"!!
 Memórias vingativas e os sonhos de Christina de ódio foram trazidos à minha mente. Nós dois observamos o quão absolutamente certo o garoto da escola está em sua inveja de "adultos". Foi um dia quente. As mesmas velhas e tortuosas estradas, a mesma velha e poeirenta cidade. Nós tomamos chá no jardim de um hotel perto da estação e pegamos o 6h09 de volta.
 Fizemos baldeação em Bletchley, onde tivemos um sanduíche, um uísque e refrigerantes. Uma viagem de volta agradável à luz do sol ao entardecer pela região rural de que eu gosto por causa de nossa alegre estada em Crendon ano passado. Nós jantamos em Buols. Aqui tive uma conversa interessante com W, mas não sei o quanto ele pesou suas palavras. Disse que supostamente ele pod. crescer algum dia. Então, casa de ônibus sob o glorioso luar.
 Os outros nos encontraram no terminal onde estavam vendo Mancha partir — que, diz D, esteve muito melhor hoje. Cartas de felicitações de Ainley-Walkers, Carritt, Lionel Lord, Stevenson e Benecke. Carritt diz que eu obtive A = para todos os trabalhos de filosofia, Aβ para história antiga, β = para as outras histórias, e β = para clássicos, o que é um choque. Ele também lembra o dito de Stock de que "eu não sou um filósofo de verdade, mas muito

---

[97]Sua intenção era visitar a Wynyard School, que ambos haviam igualmente frequentado e odiado. A história é contada no capítulo II, "Campo de concentração", de *Surpreendido pela alegria*, de Lewis.

brilhante". Como consolo por tudo isso, Stevenson me diz que eu sou um dos poucos primeiros que não tiveram um exame oral sério.

Quarta, 9 de agosto: ... Estávamos um pouco atrasados para o almoço em que Mancha estava presente. Depois eu pretendia trabalhar um pouco, mas fui seduzido para jogar pingue-pongue com W, no que nós continuamos muito vigorosamente até a hora do chá. Depois vieram os Pasleys e Helen Munro. Pasley me deu uma descrição muito pobre das palestras para professores que ele está frequentando. Eles falam com eles como bebês e isso deve dar aos estrangeiros uma estranha impressão de Oxford.

A chuva, q. tinha sido forte a tarde toda, agora tinha clareado e, enquanto eu lavava, os outros jogavam croquet. Consegui ler um pouco de Bradley, sozinho na sala de visitas com D, e depois toquei para mim mesmo. Durante o jogo, diverti-me com Helen e Maureen por sub-repticiamente prenderem quase todos prendedores de roupa à cauda do casaco de W...

Quinta, 10 de agosto: ... Por volta das 2h, Mancha, Andrée, W e eu partimos com cestas de chá etc. e seguimos para a Magdalen Bridge. Apesar do conselho de Mancha, insisti em pegar uma canoa, o que foi uma grande tolice minha. Para nós quatro era muito apertada, e o estado do rio depois das chuvas recentes o fez bastante perigoso. Nos cilindros[98] a fase de desembarque estava completamente submersa e em muitos lugares a corrente desafiou minha pouca habilidade em pilotar. Eu remei sozinho o tempo todo, com ocasional ajuda de emergência de Mancha. W na proa, fixado firmemente em um pequeno espaço com as pernas afastadas e um botão da braguilha aberto, vestido com um terno de P, era uma visão bastante engraçada. Foi uma linda tarde. Desembarcamos em um prado na margem esquerda logo acima de Parks e tomamos chá no

---

[98] Um dique separa a parte superior de Cherwell da parte inferior: perto dele há uma rampa de concreto inclinada, equipada com cilindros de aço, pelos quais dispositivos de fundo chato e canoas podem ser desembarcados e transportados até o rio superior. (WHL)

1922

feno. Abundância de troças. De volta à Magdalen Bridge por volta de sete, onde o homem disse que estava muito feliz em nos rever! As moças foram para casa: W e eu para o College olhar o correio, dali para beber no pátio de Mitre. Aqui ele me pediu definitivamente para dizer se eu estaria em casa em setembro e eu disse que provavelmente não. Isso resultou em uma completa cessação da conversa. Pouco antes de tomar nosso ônibus, eu encontrei Beckett e aceitei almoçar com ele amanhã. Em casa para o jantar e Mancha tocou para nós. D com aspecto bastante ruim. Estou um pouco enjoado de nossa vida atual e especialmente do trabalho que isso dá para ela e também da total falta de privacidade. Oh por um dia sozinho.

Sexta–segunda, 11–14 de agosto: Estes dias mal pude cuidar de meu diário. Depois que fomos para a cama na quinta, W continuou a ficar de mau humor e logo anunciou sua intenção de voltar para casa na próxima segunda. Desejando manter as coisas em uma base amigável, fiz algumas perguntas convencionais sobre "por que", às quais ele respondeu imediatamente: "Oh, qualquer coisa me entedia em casa". Agora estou convencido de que isso era mero temperamento e não um sério ressentimento com alguém que habitualmente vive (comigo) em uma atmosfera completamente de aluno. Na ocasião, embora eu apenas respondesse "é verdade", isso me entregou ao círculo habitual de insensato e raivoso anti-Christinas.

Pela manhã, a discussão foi renovada. Ele continuou a ficar de mau humor e eu fiquei tão enojado com esse tipo infantil de compulsão que fiquei tentado a rejeitar todo pensamento de ir para casa. Seu argumento de que eu tinha que ir mais cedo ou mais tarde e que era uma pena não adquirir mérito por estar lá quando sua presença tornava isso mais fácil parecia ter algum peso. Além disso, eu estava tendo remorsos por conta de P.

Eu falei sobre isso com D e caminhei para a cidade com W, através da Mesopotâmia, depois do café da manhã, quando lhe disse que eu faria como ele desejava. Eu também disse que ele devia ter bastante clareza de que eu não cedi por causa de seu ataque de mau gênio e que aquele jeito de agir não funcionaria novamente. Ele fingiu não entender...

Eu almocei com Beckett em All Souls. Ele me aconselhou a tentar uma bolsa lá. Nós nos alimentamos na cantina com um homem chamado Lawrence (anteriormente de Jesus)[99] e um mais velho cujo nome eu não captei. Ambos eram muito interessantes e agradáveis. Bebemos cerveja engarrafada no século 19: ela é vermelha, tem gosto e cheiro de caramelo e é muito forte...

No domingo jogamos muito croquet. Eu diverti Andrée com minha tentativa de traduzir a abertura de *Eneida* II em alexandrinos franceses. À noite, tentamos ir ao Cowley Fathers para ouvir o cantochão,[100] mas em vez disso fomos parar na Igreja Católica, onde estávamos realmente entediados e onde o sacerdote (possivelmente o Padre Burdett SJ, cujo nome aparecia na porta do confessionário) era o homenzinho mais desagradável que eu já vi. No entanto, fiquei contente no geral, pois nunca havia estado em uma Missa antes, e um pouco do canto foi bom.

Na segunda, fomos ao rio — Mancha, Andrée, Maureen, W e eu em um bote. Um bom dia no geral, apesar de Maureen ser um pouco chata. Sem dúvida é bom que W seja provocado por ela, mas é muito ruim para ela aprender esse tipo de bufonaria licenciada. Bastante diversão no jardim depois do jantar. W trouxe da Associação um livro sobre a *Social France in the XVII Century* [França social no século 17], de Cécile Hugon, que parece ser a mulher que conheci no dia 17 de julho.

Todos esses dias, D tem estado com boa disposição sempre que tenho um momento com ela, e tudo corre bem. Mancha está muito melhor. Andrée com ótima disposição, W parece se dar bem...

---

[99]Thomas Edward Lawrence (1888–1935) — Lawrence da Arábia. Ele obteve um BA do Jesus College em 1910 e foi feito membro do All Souls College em 1919.
[100]Um nome coloquial para os sacerdotes de João, o evangelista, uma ordem monástica anglicana fundada na paróquia de Cowley, Oxford. Eles se mudaram para Londres, mas, depois que se tornou cristão, era onde Lewis ia para se confessar.

1922

Terça, 15 de agosto: Um belo dia. W foi para a cidade de manhã e eu me sentei para trabalhar em minha dissertação, continuando até a hora do almoço e fazendo um bom trabalho...

Durante a tarde, fui ao quarto de D para achar uma caixa de fósforos e encontrei-a por acaso sentada com Maisie Hawes, que estava em lágrimas. D me contou toda a história depois e é exatamente o que alguém poderia esperar daquela bruxa feia da sra. Hawes. Maisie sempre fora maltratada — história habitual de Cinderela —, fazia todo o trabalho — xingada e golpeada no rosto —, tirada da escola — proibida de dançar no que ela tem talento real e foi-lhe dito que deveria fazer enfermagem, que ela detesta. No ano passado, disseram que ela não era filha deles, mas a filha ilegítima de sua irmã. De modo característico, eles disseram às outras crianças também. Desde então, as coisas pioraram. Mesmo as crianças atiram as botas nela, ela é constantemente atingida e não lhe é permitido ter um único centavo. O que ela mais teme é o retorno no próximo mês do Comandante Hawes, aquele galante oficial: quando ele está em casa, ela está literalmente aprisionada na casa.

A coisa é tão ruim que outras pessoas notaram isso e ocasionalmente repreenderam as crianças por seu comportamento com Maisie. Nessas ocasiões, os queridinhos vão até a mãe e dizem que Maisie está "arranjando encrenca": então ela fica com o inferno da velha e da violência física. Ela também disse que tanto a sra. H. como o Comandante "despejaram sobre ela" em público. Uma história doentia.

D e eu torturamos o cérebro para pensar em qualquer coisa que pudéssemos fazer. Infelizmente, isso não parece ser ruim o suficiente para uma interferência policial efetiva e qualquer coisa menos do que isso só piora a situação. Como os Hawes não conhecem ninguém, não há possibilidade de influenciá-los pela opinião pública, e a desditosa Maisie fez-nos jurar por sigilo...

Quarta, 16 de agosto: De manhã, acompanhei W à cidade para devolver alguns livros à Associação, atravessando pela Mesopotâmia. Passamos uma manhã agradável, encontrando inesperadamente um número incomum de curiosidades célebres nas vitrines da livraria e terminando com cerveja no pátio da Mitre.

Casa para um almoço muito tardio. Enquanto ainda estávamos à mesa, os Pasleys apareceram e nos atrasaram por algum tempo antes que todos partissem para o tênis. W e eu, é claro, permanecemos e jogamos pingue-pongue até a hora do chá... Daí para o *pub* sem nome em Old Headington para beber cerveja no cômodo dos fundos.

Ao retornar, encontramos os outros atendendo Mancha, que havia desmaiado durante o tênis. Ela provou ser uma paciente muito intratável e insistiu em subir as escadas: D acha que não fora um desmaio real, mas histeria e eu receio que a explicação analítica seja suficientemente óbvia.

No jantar, D contou a história de Frank e nossa escaramuça com o médico de Ludgershall em 1918, o que divertiu W enormemente. Saí com ele depois do jantar para comprar rum e D fez com Mancha uma gemada. Agora era necessário que alguém a levasse para casa, e W se ofereceu de maneira muito decente a me fazer companhia. Nós consequentemente pegamos o ônibus para Summertown, uma viagem bastante agradável através do crepúsculo. Nós tivemos de correr para pegar o ônibus de volta depois de ver Mancha em sua casa e assim evitar uma rota terrível para casa...

Eu esqueci de dizer que Maisie estava aqui para tomar chá, escapou sob pretexto de ir para outro lugar. Com rosto singelo, ela tem uma figura admirável: parece honesta, alegre, inteligente e tem um toque tão pequeno de sotaque comum que é de se perguntar como aquela caverna de bruxas de uma casa não a afetou mais. Todos nós gostávamos dela: ela jogou tênis com os outros depois do chá. Assim que eu tiver uma conversa com ela, vou escrever para Barfield sobre qualquer oportunidade na dança, já que ela foi treinada por uma mulher famosa cujo nome não me vem à memória.

Quinta, 17 de agosto: ... Assim que terminou nosso almoço tardio, peguei o ônibus, tendo sido convidado para o chá com os Carritts. Uma linda tarde. Fui de ônibus para Carfax e daí para

1922

Abingdon Turn, chegando a Heath Barrows às 4h15. O tênis estava em andamento. Fui apresentado a Basil Murray do New College, que parece um sujeito inteligente. Carritt prometeu avaliar minha dissertação se eu mandasse para ele. Murray provocou-o com questões sobre lógica simbólica e as relações de matemática e filosofia. Carritt francamente não tinha opinião da suposta conexão entre elas. Ele mencionou uma palestra que ouvira em que a questão era que, como você não tinha uma vara de medição realmente precisa, portanto as coisas iguais à mesma coisa não eram iguais umas às outras, o que era infantil. Depois do chá, o tênis recomeçou; assim eu parti, fazendo de W minha desculpa, e caminhei para Carfax através de S. Hinksey com grande prazer.

Cheguei em casa para encontrar os outros recém-chegados da ponte com a sra. Stevenson. Andrée, Maureen, W e eu jogamos croquet até o jantar: depois Andrée e eu tivemos uma péssima sorte no bridge contra D e W. Bem cedo para a cama. D com boa disposição — minha própria neuralgia quase desapareceu.

Sexta, 18 de agosto: W e eu fomos de ônibus para Oxford depois de um café da manhã tardio, e ele foi cortar o cabelo. Após nossa cerveja habitual bebida no Mitre, fomos para All Souls. Beckett não estava em seus cômodos — ou melhor, nos de Sir John Simon, que ele usa —, mas, por pura sorte, encontramos um porteiro que nos levou à Biblioteca Codrington. Nós dois ficamos muito impressionados com o lugar, onde nunca estivemos antes. Beckett foi tirado de uma das salas menores. Eu o apresentei a W e ele prometeu sair para almoçar.

Após uma bebida no Roebuck, nós dois voltamos para casa e Beckett chegou pouco depois. Todos pareciam favoravelmente impressionados por ele. Eu descobri, para minha surpresa, que ele tem vinte e seis anos de idade. Durante o almoço conversamos sobre o *status* legal de homens e mulheres: Beckett disse que na verdade havia mais injustiças a favor da mulher do que do homem. Acho que aquele menino alegre que conheci no dia 12 de agosto era Zulueta, o professor de Direito Romano e filho do ex-embaixador espanhol.[101] D comentou depois que uma amizade próxima entre Baker e Beckett não era o que se poderia esperar.

Depois do almoço, trabalhei em minha dissertação e comecei a recopiá-la. Acho que o segundo rascunho será muito diferente do primeiro e não tenho certeza se sequer passei pela pior parte do trabalho.

Ambos os Pasleys estiveram aqui para o chá. Eles, Mancha e eu (depois W se juntou a nós) jogamos pingue-pongue e eu fui massacrado por todos. Depois do jantar, D, Andrée, W e eu jogamos bridge — no que eu fui igualmente mal-sucedido. Mancha voltou para casa em sua bicicleta por volta das 10, mas retornou em poucos minutos, muito abalada quando ela foi seguida por um grosseiro em Headington. W e eu, de acordo, saímos (agora estava chovendo) e caminhamos com ela para o White Horse...

Esqueci de mencionar nossa discussão durante o jantar em que D e W sustentavam que a educação era uma causa de infelicidade e que os trabalhadores do início do século 19, com todas as suas misérias, eram mais felizes do que os dos dias atuais. Claro que tomei a opinião contrária.

Sábado, 19 de agosto: Uma bela manhã. Indo para a cidade com W através da Mesopotâmia, como se tornou habitual, depois do café da manhã. Encontrei um extraordinário cachimbo barato por 2,6d, que adquiri — parece ser uma boa aquisição.

Quando estávamos voltando de ônibus, nós passamos a conversar sobre nosso pai. W disse que, apesar das velhas brigas, despotismos e absurdos de nossa infância, P poderia ter feito dele um amigo nos últimos cinco anos se tivesse tido alguma vontade séria de fazê-lo e não tivesse escarnecido consistentemente de sua profissão. Eu achava que o mesmo era verdade quanto a mim: muito recentemente ainda era possível por um pequeno esforço da parte de P remover as

---

[101]Francis de Zulueta (1878–1958), um advogado acadêmico, foi *reader* [nas universidades britânicas, uma posição abaixo da ocupada por um professor] em Lei Romana de All Souls (1912–1917) e professor régio de Direito Civil (1919–1948).

1922

barreiras, mas esse esforço não havia sido feito e o afastamento — moral, intelectual e de hábito — é permanentemente estabelecido...
Jantar tardio: todos de bom humor. Depois Maisie dançou para nós. Em uma sala tão pequena não se pode obter uma imagem de todo o corpo e, claro, o esforço é muito visível. Ela parecia boa para mim, mas eu não sei nada de dança.

Agora era uma bela noite escura e eu sugeri esconde-esconde no jardim: parecia que isso se desenvolveria numa boa diversão, mas Mancha tinha de ir e ela estava em tal estado de nervos que eu a acompanhei até o topo de Headington Hill. Ela não estava nada bem — neurose de guerra, eu chamo isso. Seu pai morreu terrivelmente em dívida e como os outros eram muito jovens, ela teve de fazer tudo durante seis anos. Receio que algo vai explodir se a tensão continuar por muito mais tempo.

Eu voltei para saber que W tinha visto Maisie em casa e ele havia retornado com indignação semicômica depois de ter tropeçado em todas as valas de Highfield no escuro...

Domingo, 20 de agosto: Passei a manhã trabalhando em minha dissertação e fiz algum progresso. Pouco antes do almoço, fui a pé com W. para nosso *pub* habitual, onde nos sentamos em um cômodo não usual — o mesmo onde me sentei com Pasley discutindo casamento há dois anos — e bebemos sidra. W disse que não tinha o sabor da sidra de Worcester, e acho que ele estava certo. Após o almoço, joguei croquet com ele — absolutamente ruim meu jogo, não acertei em nada.

Eu então mudei de roupa e pedalei para Warneford Rd. A sra. P me disse que Pasley tinha acabado de sair e eu o alcancei (a pé) deste lado do College. Em seguida, fomos juntos para encontrar o Larápio. Encontramos a esposa dele no jardim e logo nos juntamos a ele. Nós conversamos sobre os romances de Hutchinson. O Larápio disse que o estilo sugere um esforço para superar Carlyle em crueldade.

A empregada então apareceu vindo da casa, tentando se manter à frente de um casal de visitantes: a mulher, porém, ultrapassando-a, chegou uma cabeça antes a tempo de se anunciar. "Sou a dra. Meade e este é meu marido." Eles eram americanos. Pasley diz que o homem tinha abotoaduras de ouro no punho direito e de prata no esquerdo, mas eu mesmo não percebi. Ele abriu a conversa dizendo "Nossa cidade é do outro lado de Connecticut" e descreveu-a por algum tempo. Ele então perguntou ao Larápio "Você pode me dizer quais são as funções de um Mestre de um College nesta Universidade?". O Larápio respondeu: "Hm-hm — bastante difícil de explicar — hm-hm — cuida da administração e da-hã — administração das finanças — embora eu tenha certeza de que o Tesoureiro cuide disso-hm". Ele também disse ao Larápio que muitos dos MS[102] na Bodleian[103] eram insubstituíveis! O dr. Meade perguntou a Pasley e a mim "O que vocês dois jovens estão fazendo aqui nessa época do ano?".

Quando saímos, o Larápio carinhosamente me levou pelo braço até a porta e me perguntou sobre meus planos. Ele disse que eles ficariam muito felizes em me rever se eu quisesse permanecer por mais um ano. Pasley me acompanhou pela Iffley Rd. falando sobre suas chances de uma bolsa em All Souls.

Encontramo-nos com Andrée, Mancha e W fora de Cowley St. John: Pasley partiu e o resto de nós entrou. Um programa bastante interessante: o cantochão parecia-me mais curioso do que bonito, mas em algumas partes tinha um ligeiro encanto.

Daqui eu fui para a Warneford Rd. para jantar com os Pasleys. Apesar de todas as predisposições a seu favor, não consegui gostar de "Johnnie". Ela parece vazia, simples e um pouco comum demais: mas é verdade que achei minha noite menos desagradável do que temia.

Pasley parece ainda feliz e isso é ótimo. Ele falou sobre história — também sobre imortalidade — atitude negativamente esperançosa

---

[102]Em inglês, *Master of Science* [Mestre em Ciência]. [N. T.]
[103]A principal biblioteca da Universidade de Oxford; designativo dela ou a ela relacionado. [N. T.]

habitual que você não pôde *des*considerar. Ele me contou a ideia de uma peça que esperava escrever, voltada para o progresso da tolerância que chegava a tal ponto que, como todas as opiniões "tinham muito a dizer", nenhuma opinião isolada poderia ser sustentada. Eu disse que ele mesmo era o exemplo extremo: pois sua peça pregaria a tolerância à intolerância...

Segunda, 21 de agosto: Apesar de todos os meus esforços entramos de novo pela madrugada e, ao constatar o sonolento ar de Headington por sua própria conta, viemos como sempre para o café da manhã em uma espécie de coma...

Andrée, W e eu fomos à cidade depois do café da manhã, só para encontrar a biblioteca já fechada e sem condições para o retorno dos livros... Fomos então para a capela do [University College], onde mostrei as janelas holandesas e mantive uma multidão afastada enquanto W. tirava uma foto. Nós então fomos a Merton e vimos a biblioteca e a capela onde eu nunca estivera antes: depois à House para ver as pinturas. Fomos ao pátio da Mitre onde W. e eu bebíamos cerveja enquanto Andrée punha de lado um coquetel como se fizesse isso desde que nasceu.

... Jantar em um momento bastante bom após o qual Andrée e W foram aos Stevensons para jogar bridge. Deixados sozinhos, ficamos a falar de W. D disse que ele era amável e "só falhava em ser de fato amável até demais", mas não se podia dizer de que modo. Eu disse provavelmente porque você sentiu que ele não precisa de você. Ela admirava sua maneira lenta, extravagante de falar, que era atraente e que se poderia pegar inconscientemente imitando... Mais tarde, à noite, tive uma conversa com D, memorável tanto por seu desenrolar excessivamente tortuoso como por seu conteúdo, que certamente foi de abrir os olhos.

Terça, 22 de agosto: Quando acordei senti que os eventos da noite anterior tinham acontecido em um sonho. Mancha estava aqui na hora do café da manhã: ficamos todos aliviados ao saber que ela recebeu um convite para passar alguns dias em Brill. Eu insistentemente aconselhei-a a aceitá-lo...

Após o almoço, trabalhei em minha dissertação até a hora do chá, tendo primeiro lavado o que quer que fosse do almoço que Dorothy e Ivy haviam deixado e preparado o máximo de coisas do chá que eu pude.

Depois do chá, Maureen, W e eu fomos de ônibus até a estação para encontrar Daisy Perrott — mulher simplória — e procurar o bolo que deveria estar a caminho vindo de Little Lea. Depois da chegada de Daisy, W e eu nos demoramos, procuramos o bolo em ambas as estações, e finalmente chegamos ao Mitre. W me perguntou sobre Daisy: eu contive o desejo de derramar os frascos de minha antipatia e descrevi-a apenas como uma inútil. "A Inútil", ela se tornou de acordo em nossas conversas.[104]

Casa e jantar, depois do qual Maisie dançou para nós. Essa pobre garota ganha opiniões de ouro por todos os lados. Amanhã fala-se de ela ter sido levada para Londres pela cadela que ela chama de mãe, não sei com que propósito do diabo de forçá-la a ser enfermeira ou pior, contra sua vontade. Talvez não possamos revê-la.

Mancha se comportou de maneira muito estranha. W e eu jogamos bridge contra Andrée e D. O rosto inexpressivo de Daisy ameaçava o jogo e D teve de manter uma conversa intermitente com ela q. levou a um erro, e elas perderam a *rubber*.[105] Eu tive alguns minutos a sós com D. Ela acha que eu fui para o outro extremo hoje e fui quase grosseiro com Mancha. Ela está sem dúvida certa, mas eu mal sei se estou sendo racional ou se estou louco e sinceramente desejo Mancha fora da casa, embora esteja certo de que ainda sinto muitíssimo por ela.

Quarta, 23 de agosto: ... Depois do chá, porque Andrée parecia inquieta, sugeri uma caminhada. Ela e Mancha me acompanharam pelo caminho do campo através do que costumava ser "A Terra Vermelha". Principalmente uma conversa estranha sobre Paramnésia (Andrée, que introduziu o assunto, chama de *"fausse reminiscence"* [*sic*]), lobisomens, danação e decapitação.

---

[104]Daisy Perrott era a madrinha de Maureen.
[105]Série de três partidas no jogo de bridge. [N. T.]

1922

Eu tinha acabado de subir para meu quarto, depois do nosso retorno, quando Mancha bateu à porta. Ela tinha vindo pedir desculpas por sair para dar uma volta: ela pensava que todos íamos vir e não teria vindo se soubesse que era Andrée e eu — nós poderíamos ter tido uma caminhada muito melhor sem ela — etc., etc. Burrinha! No calor do momento, eu disse "Irra! — é muito mais fácil manter uma conversa entre três pessoas do que entre duas": percebi depois que resposta admirável e engenhosa que eu dera...

Quinta, 24 de agosto: Uma manhã tolerável. Daisy e Andrée decidiram ir para a cidade e W e eu fomos também, mas de forma independente...

Ao chegar em casa, encontramos Mancha começando um almoço cedo para estar pronto para sua partida para Brill. Foi nesse momento que uma aventura aconteceu: D — a única testemunha — descreveu seu primeiro movimento cambaleante. Ela viu uma figura na porta que ela tomou por um menino de recados excepcionalmente feio. Assim que ela ia perguntar o que ele queria, Andrée apareceu no topo da escada, parou por um minuto, depois correu para a frente gritando "A-A-Aah! Gerges. *C'est tu!*".

Era o primo dela — Georges Sée —, e D convidou-o para almoçar... Um gringo com a aparência mais repulsiva em que eu jamais havia posto os olhos. Ele e Andrée nos deixaram imediatamente depois do almoço e Maisie apareceu. A trama começava agora a se desdobrar. Andrée parecia ter falado com D sobre "quartos" e depois, por meio de mudança imperceptível, sobre "um quarto" para o... menino, e gradualmente se tornou aparente que ela estava propondo alimentar sua raridade em nossa mesa. Sobre pagamento, claro que não havia nenhuma sugestão. Eu mal posso descrever o estado de horror em que isso jogou todos os membros da casa: mas como a coisa tinha sido assumida por Andrée e não solicitada, como o monstro tinha se esgueirado para o meio de nós com admirável frieza — não tínhamos noção de como proceder...

Então D e W se uniram a nós e outro febril conselho de guerra aconteceu. D era por segurar isso até segunda, quando o retorno da sra. Raymond poderia ser uma desculpa natural para ejetá-lo. O resto de nós concordou em insistir em ações prévias e enérgicas, mas ninguém conseguia decidir sobre um plano viável...

Nós agora concluímos que D devia falar claramente com Andrée quando ela voltasse. W e eu então fomos ao nosso *pub* para beber abundantes uísques. W teve uma dor de cabeça. Nós voltamos e continuamos nosso croquet até que Maureen saiu correndo para me dizer que Andrée havia chegado.

Entrando, eu a encontrei com D na cozinha. D perguntou se ela havia encontrado quartos para seu primo. Andrée disse que ouvira falar de algo na Windmill Rd. "Mas eles podem cuidar dele por lá?" "Cuidar dele? O que você quer dizer?" "Quero dizer eles podem alimentá-lo?" "Aah! Mas você não pode fazer isso?" D explicou o mais educadamente possível que isso estava fora de questão. Andrée cedeu de imediato. Seu rosto estava de uma cor estranha e um tanto esquisito. Para ser franco, ela não me pareceu como alguém que havia cometido um erro embaraçoso por acidente. Eu pensei que ela sabia — e que *nós* sabíamos que ela sabia — que ela havia tentado uma imposição monstruosa e falhou...

Pasley havia devolvido "Dymer" com algumas críticas interessantes. Ele gosta mais do Canto II: desaprova o "C.C. S." como "modernismo indesculpável": objeta "a intrusão da alegoria" no III (o que *é* a alegoria?) e conclui "Vá em frente e prospere, mas use a faca com vontade". Na cama por volta das 12.

Sexta, 25 de agosto: ... W e eu fomos para a cidade a fim de fazer os preparativos para a viagem de amanhã, fizemos uma visita de despedida à Mitre e voltamos para casa. Andrée retornou logo depois sem o sr. Sée, o que nos livrou de qualquer temor que a conversa matinal dela tivesse causado. Maisie Hawes chegou depois do almoço. Ela e eu jogamos croquet contra W e Andrée, liderando a primeira metade do jogo: então meu objetivo foi despedaçado e fomos espancados. D e Maureen saíram depois do chá...

Ambos os Pasleys vieram jantar. Ele me mostrou um desenho que ele havia feito para representar a aventura de ontem. O desenho

1922

pode não ser acadêmico, mas é uma lembrança divertida. Depois do jantar, tivemos uma grande diversão jogando "French and English" no gramado: o varal foi usado para dividir os campos. D me diz que podemos ser ouvidos em todo o Headington. W e eu não havíamos feito um exercício tão violento desde que Deus-sabe-quando.

Sábado, 26 de agosto: ... W e eu fizemos a maior parte de nossa tarefa de embalar antes do café da manhã. Nós fomos atrasados por alguns minutos para tirar uma foto de Maureen e então partimos, carregando o baú de folha de flandres dele entre nós. A visita dele aqui foi um grande prazer para mim — um grande avanço também para conectar minha vida real com tudo o que é mais agradável em minha vida irlandesa. Felizmente todos gostaram dele, e acho que ele gostou deles. Descobrimos que estávamos saindo muito em cima para meu 10h50 então eu tive de ir rapidamente para a estação de ônibus e deixá-lo para lidar com sua caixa sozinho.

Cheguei no momento em que o trem estava pronto para sair e fui colocado em um comp. de 1ª Classe sozinho no qual viajei para Londres com grande conforto. Baker me encontrou em Paddington e me levou (via metrô até Baker St.) para almoçar em Karraways onde, ele disse, "Os milhões de Baker são feitos". Aqui encontramos outra de suas tias: a que conheci em Aclands tem conjuntivite. Baker estava pálido e não muito bem, mas fiquei encantado em vê-lo.

Daí fomos ao Haymarket para ver *The Dover Road* [A estrada Dover], de A. A. Milne. Embora ela se deteriore no terceiro ato, essa é uma das coisas mais divertidas que já vi. Henry Ainley (como Latimer) não era muito bom, exceto em seus breves discursos autoritários. Nos longos, ele adotou um estranho paroquial monótono que (Baker dizia) devia ser "para um propósito", mas era muito ruim. John Deverill (como "Nicholas") me agradou muito.

De volta a Karraway's para o chá e daí para 9 Staverton Rd. Aqui encontramos a terceira Tia de Baker, a mais interessante das três, embora todas sejam mulheres amáveis e sensatas. Depois do jantar, elas cantaram velhos hinos ingleses de Natal — um novo tipo de música para mim e muito diferente do que normalmente é chamado de um hino de Natal. Na época, eu pensei em dar a todos os grandes compositores um orçamento como esse. Um dia muito agradável. Cedo para a cama depois de uma conversa com Baker em seu quarto.

Domingo, 27 de agosto: Eu andei com Baker pela manhã através de avenidas suburbanas e parques, por fim passando por ruas imundas. Quando eu comentei "Londres é muito parecida com Belfast", ele respondeu "Claro que é". Enquanto íamos, contei a ele sobre Maisie Hawes. Eu disse que algo deve ser feito rapidamente já que o Comandante estava vindo na próxima semana e então parecia que eles tentariam empurrá-la para um lar de idosos. Por outro lado, tudo dependia da posição legal. Se os "pais" dela realmente tivessem o poder de trazê-la de volta, não seria bom encontrar um emprego para ela...

De volta para o almoço. Depois disso, ele e eu ficamos sozinhos com sua tia sensata e a questão de Maisie foi levantada novamente. Ela tinha certeza de que aos 19 anos uma garota não poderia ser forçada a viver com seus pais se ela pudesse se sustentar. Eu então me retirei para meu próprio quarto para escrever as coisas atrasadas do diário.

Depois do chá, eles cantaram canções natalinas de novo, para meu grande deleite: à noite, ele nos deu o que ele chamou de uma "orgia" em seu gramofone. Eu ouvi a Sonata de Kreutzer pela primeira vez: também a cena da morte de *Boris Godunov,* de Mussorgsky, cantada por Chaliapin. Estou começando a ter uma impressão sólida desta casa. A tia que vimos em Oxford é uma mulher insuportável. É ela quem geralmente cuida da de Karraway: durante a doença dela isso é feito pela Tia nº 2 — uma criatura simples, sensata, mas sem graça. Ambas são religiosas. A terceira é muito diferente: mais comum no rosto e na voz do que suas irmãs, ela tem humor e humanidade. Ela dirige um clube para garotas jovens no palco e trabalha no conselho médico de um distrito. Só ela aprova a ida de Baker para o palco.

Baker — o poderoso Baker — é como um cordeiro em sua própria casa e suporta a importunação de sua Tia mais velha com uma paciência que eu não posso admirar muito. Ele até mesmo vai à igreja com ela, embora ele tenha agora passado bastante da fase religiosa. No entanto, ele me diz que tinha um altar em seu quarto há dois anos!

Eu rindo lembrei-lhe da parte que ele tinha desempenhado em nossas discussões de 1919 e de sua profecia de que minha chaminé se transformaria em um pináculo...

Segunda, 28 de agosto: Um dia abafado e trovejante. Logo após o café da manhã, fui com Baker ao Old Vic, onde ele começa seu trabalho hoje. Quando saímos de Waterloo, lembrei-me pela primeira vez de que eu tinha ouvido *Carmen* (muito ruim) no Old Vic anos antes de minha ida para Bookham. Ele estava um tanto aturdido: conforme ele dizia: "Em qualquer profissão o primeiro dia é o inferno". Vi-o desaparecer pela porta e caminhei de volta sobre a Waterloo Bridge...

Tomei a determinação desesperada de entrar na National Gallery, onde por fim cheguei à conclusão de que não gosto de pinturas. Eu não poderia fazer nada dos Ticianos. As únicas coisas (além de retratos) com as quais eu me importava muito eram *Marte e Vênus* com sátiros, de Botticelli, e a "Infidelidade", de Veronese (?), da qual eu gostei do *design*, embora eu confesse que as figuras reais sempre me parecem maçantes. No entanto, os quartos italianos não são em nada tão chatos quanto os ingleses.

Da Trafalgar Square, fui de metrô até Waterloo e esperei por Baker na porta do teatro do Old Vic. Ele saiu às quatro e meia depois de eu ter passado meia hora admirando Waterloo Rd. e ter fechado a cara por causa de um carpinteiro de palco muito ignóbil. Nós fomos para Karraways e ele falou sobre seu dia. Ele parece ter sido bem tratado, considerando todas as coisas. Ele deve interpretar Westmorland em *Henrique IV* e ser um portador de cesta em *As alegres comadres*. Eles passaram por todo o *Henrique IV* hoje — muitas e muitas vezes algumas partes — em uma pequena sala com uma janela fechada. Nós então fomos a Paddington, onde eu peguei o 6h05.

Eu gostei muito da minha estada com essas pessoas, exceto, é claro, a tia mais velha. Depois de uma viagem muito agradável, cheguei a

Hillsboro por volta das 8h30. D não estava bem após um dia muito difícil, interrompido por muitos visitantes, incluindo Cranny, que realmente parece estar saindo do juízo. Bem cedo para a cama.

Terça, 29 de agosto: Sonhei que Andrée fez uma série de tentativas para me esfaquear. Eu me comportei como o herói pedante de uma história de aventura, cada vez afastando gentilmente a adaga e apelando para a natureza bondosa dela [Andrée]. Finalmente, fiz-lhe uma longa e paternal palestra e beijei-lhe a mão: ela desistiu em desespero e partiu — presumivelmente para um convento!

De manhã trabalhei em minha dissertação. Maisie veio antes do almoço e nós tivemos uma confabulação sobre ela. Ela recebeu outra oferta de emprego e a Cadela não permitirá que ela vá a Londres para uma entrevista. E o Comandante está retornando no sábado. Decidimos que devemos esclarecer as questões legais. Após o almoço, eu portanto fui de ônibus para a cidade e marquei um encontro para as 3 horas de amanhã com Walsh, o advogado. Voltei e ajudei D com a geleia de ameixa que ela tem de fazer para a sra. Raymond. Andrée e Maisie foram ao teatro à noite.

O sr. Raymond apareceu... Deus, eu nunca havia percebido que ele era tão chato! Um pequeno homem garboso com um bigode grisalho, sua conversa consiste em uma chuva constante de informações absolutamente triviais sobre tudo o que ele fez na última semana. Se você começar qualquer outro assunto, ele apenas espera até que você tenha concluído e então recomeça. Ele ocupa meu quarto e eu estou dormindo na sra. Wards.

Quarta, 30 de agosto: Desde a chegada do padre Raymond, nossa vida segue as linhas de Leeborough: esperamos com alegria até o fim do café da manhã e tememos a aproximação da noite. Esta manhã ele debateu a proposta de que D deveria engarrafar as ameixas dele para ele. É claro que não poderíamos recusar diretamente, pois temos uma obrigação com ele pela casa e, para isso, quanto à maioria das "gentilezas", ele aparentemente propõe obter seu retorno de uma forma ou de outra. Felizmente era um dia chuvoso, então a colheita e a fabricação de geleia foram impossibilitadas.

1922

De qualquer modo, era um dia de cozinhar e um dia comum, assim D estava bem ocupada e eu passei muito da manhã ajudando. A irmã de Dorothy, Ivy, está agora conosco — uma garota muito agradável. Após o almoço, Maisie apareceu e foi para a cidade com D. Tentei continuar minha dissertação, tendo terminado meu ataque ao hedonismo e chegado a Kant. Eu não estava satisfeito com meu antigo argumento, mas não pude continuar sem um texto, por isso, eu pendi, distraído o suficiente, a virar as páginas do *A Man's Man* [Um verdadeiro homem], de Ian Hay. Tecnicamente ele sabe encadear um romance, mas suas ideias e ideais são de quarta categoria de Kipling, e água e seus desejos grosseiros cumpridos só servem para as Christinas de uma garota de escola. A única característica que se salva é o humor...

Assim que consegui encontrar D sozinha, ouvi o resultado da sua visita ao advogado. A entrevista foi bastante engraçada no começo, porque ele tomou D como mãe de Maisie, e quando ela perguntou qual poder um pai ou um guardião tinha sobre uma filha de 19 anos, respondeu severamente: "Absolutamente nenhum, Madame, absolutamente nenhum!". Isso era eminentemente satisfatório. Walsh foi muito gentil e prometeu conselhos gratuitos a Maisie se ela voltasse a precisar. Ele aconselhou-a a fazer uma intimação contra o Comandante ou sua esposa se eles a atacassem novamente. Ele disse que eles não tinham poder algum, exceto de deixá-la desorientada.

Nós estávamos todos jubilantes. Eu escrevi imediatamente para Baker perguntando se sua tia pod. encontrar Maisie na cidade e levá-la para sua entrevista em breve: também uma "carta de pensão e hospedagem" para a outra tia...

Mancha... ficou em um terrível estado de nervos antes de ir para a cama: tive de subir as escadas e mostrar a ela que realmente não havia nada em nenhum dos armários e também matar duas aranhas... Maureen está dormindo no quarto de Lady Gonner e Mancha está no quarto de D.

Quinta, 31 de agosto: Harris, o encanador, chegou antes do café da manhã para ver o cano de esgoto na pia da copa, que estava bloqueado. Ele o arrumou muito prontamente por 2/- e esperávamos manter um discreto silêncio sobre o caso: mas, durante o café da manhã, o velho Raymond acabou por notar, dizendo "Vi Harris indo embora, sra. Moore. Algo errado?". Então nós dissemos a ele e ele respondeu "Hmh", como é seu hábito... Após o almoço, todos nós escolhemos ameixas e Andrée (que está se tornando altamente domesticada) gentilmente se ofereceu para amassá-las para D enquanto eu voltei para minha dissertação.

Percebi que eu estava totalmente imprestável e não conseguia pensar em novos argumentos: então uma banda infernal do Exército da Salvação se estabeleceu na Windmill Rd. e começou a cantar hinos pontuados com sermões de cinco minutos. A religião provou ser mais que um complemento para a filosofia e eu tive que desistir... e então fui ajudar D com a geleia.

O velho Raymond retornou e saiu para mexer com suas novas samambaias no jardim. Nós nos dedicamos com vontade à geleia. De vez em quando ele saía da chuva e se incomodava com a geleia e falava sobre ela: nunca uma palavra de agradecimento ou qualquer referência ao problema que estávamos tendo. É claro que ele está certo: ele emprestou a casa e nós temos que fazer sua geleia. Uma vez ele observou agradavelmente "Você parece muito ocupado"...

Setembro

Sexta, 1º de setembro: Sentei-me na sala de jantar toda a manhã e trabalhei em minha dissertação, tentando provar que nenhum prazer poderia ser considerado ruim, considerado em si mesmo. Achei necessário descer à patologia e quiçá questionar se fiz isso de maneira sábia...

A pobre D estava fazendo geleia de novo, mas acho que isso agora acabou: pode ser como chumbo derretido na boca e como dragõezinhos no estômago deles! Ela me diz que o velho Raymond está com muito boa disposição com respeito a isso. Como a maioria dos chatos egoístas, ele é apenas uma criança, afinal de contas, facilmente agradada e facilmente descartada.

Depois do jantar, levei Maureen aos Gonners. No caminho, encontramos Mancha, que estava em casa, e eu tive que voltar com ela. Ela me disse que tinha passado no exame, mas me fez prometer que não contaria aos outros até amanhã, já que "ela não aguentaria nenhum comentário hoje à noite".

Ela perguntou se havia algo que pudesse fazer em troca de minha orientação. Eu disse que diria a ela se houvesse algo, e rindo sugeri que poderia lhe pedir para matar alguém. Ela respondeu gravemente "Eu faria se você me dissesse". Então ela observou quão "totalmente miserável ela estava hoje". No todo, um *tête-à-tête* infernalmente desconfortável.

Então, claro, quando voltamos havia uma aranha na sala de visitas e ela [Mancha] correu para o jardim. Depois de muito chamar, Andrée e eu a encontramos deitada no gramado sob a macieira: como de costume, não um desmaio real...

Sábado, 2 de setembro: ... Passei a manhã em meu trabalho na sala de jantar, escrevendo sobre o conceito de deserto com grande interesse e prazer.

O sr. R estava no almoço: Maisie também apareceu quando estávamos terminando. Estamos todos felizes em saber que A Cadela tem um doloroso ataque de lombalgia. Ela estava reclamando na cama e Maisie disse "Pelo amor de Deus encare as coisas com otimismo". A pequena mulher rosnou para ela "Aii — aa — se eu pudesse me levantar, desceria a vara em ti". "Não, você não faria", disse Maisie. "Você não ousaria. Se você tentar isso de novo, vou pedir uma intimação contra você." A Cadela simplesmente ficou de boca aberta e não disse nada.

Recebi uma carta de Baker, que dei a Maisie para ler. A tia dele descobriu sobre Iris de Villiers, da New Bond St., com quem Maisie ia fazer uma entrevista. Ela parece ser uma fraude: seu plano é ver a candidata dançar, dizer que ela precisa de um pouco mais de treinamento e se oferecer para dá-lo por um preço nominal, até um

compromisso final. A coisa toda é apenas uma trapaça para conseguir alunos...
Domingo, 3 de setembro: ... O Comandante voltou ontem. A Cadela disse [a Maisie] que ela poderia sair hoje como se fosse a última vez que ela iria sair para qualquer lugar. Ela também fez uma variedade de reclamações sobre ela para o Comandante, na maior parte falsas. O Comandante disse que Maisie não trabalha, e portanto ele não a iniciaria em uma carreira de dançarina: ambos se acomodaram para escrever longas cartas — presumivelmente fazendo alguns arranjos sobre ela.

Durante a tarde, o irmão de Mancha saiu: ele é um jovem muito quieto de quem eu penso gostar bastante. Nós jogamos croquet, Andrée e eu contra Maisie e o sr. Wiblin.

Depois do chá, saí para entregar uma mensagem ou outra — eu esqueci que: quando voltei pela Western Road, passei por uma das crianças de Hawes deixando "Hillsboro" em uma bicicleta. "Isso significa problemas", pensei. Eu a ignorei, mais pela preocupação do que por qualquer outra coisa. Assim que voltei, descobri que a criança havia sido enviada com uma mensagem peremptória para o retorno de Maisie. Maisie a tinha enviado de volta pedindo alguns momentos de prazo já que estava no meio de um jogo, e a criança voltara com a mensagem: "Maisie deve voltar para casa imediatamente". Ela agora estava se preparando para obedecer: ela ficou bastante nervosa de imediato, e todos sentiram que a coisa haveria de explodir.

A pedido dela, acompanhei-a a sua casa, depois que D e eu a aconselhamos a fugir para nós se as coisas se tornassem insuportáveis. Ela me levou até os fundos de sua casa, onde encontramos toda a família "unida em um sínodo maligno". Eu disse que tínhamos prometido a todos os nossos convidados que Maisie pod. dançar para eles e eu esperava muito que fosse possível para ela ficar para jantar. Em seguida, uma figura, que estava sentada de costas para mim, deu meia-volta e disse que poderíamos prometer o que nós quiséssemos, mas "Ela não pode, ela NÃO PO-DE: e é por isso que

1922

eu mandei chamá-la, porque eu não admito que ela saia e deixe o lugar como um chiqueiro, assim, e ela pode entender isso". (Tudo isso parecia ser dito com forte sotaque de Belfast, embora eu suponha que deve ser na verdade escocês.)

A Cadela neste momento mostrou o desejo de manter a ficção de amizade e interrompeu "Meu querido, este é o sr. Lewis". A figura — uma figura azul muito gorda com uma cara vermelha — então virou-se completamente e estendeu uma mão direita à qual faltavam dois ou três dedos. Eu a peguei — parecia melhor assim. Ele então verteu outro tanto do mesmo tipo com muita injúria sobre Maisie. Finalmente eu disse "Adeus", olhando na direção dela, e saí.

Cheguei em casa em uma espécie de estado bêbado de agitação e jantei: o velho Raymond estava felizmente fora. Depois ajudei a lavar tudo e então li dois contos de Tolstoi, *Onde existe amor, Deus aí está* e *O afilhado*: o último é o melhor, mas nenhum dos dois me impressionou muito.

O velho Raymond entrou e começou a falar sobre o Peru. Então, por volta das 11h30, houve uma batidinha na porta: eu fui até ela, e lá estava Maisie dizendo "Eu vim". Ela se esgueirara depois que todos os diabos foram para a cama e carregara todas as roupas com ela.

Assim que Raymond foi para a cama, D, Andrée, Mancha e eu nos encontramos em conclave na sala de visitas. Assim que saí, a Cadela e o marido começaram uma briga com Maisie. O pretexto era a desordem do quarto dela... A Cadela forneceu um *obbligato* a esta algazarra jogando facas e garfos. O Comandante ia atingi-la, mas ela o intimidou pela mera menção de uma intimação. Eles disseram que ele a levaria de volta a Belfast quando ele fosse lá e faria dela uma enfermeira. Como retaliação, o Comandante disse a ela para "arrumar" todo o piso térreo da casa antes de ir para a cama. Os outros (incluindo as crianças) retiraram-se para tomar champanhe no quarto dos pais, e depois para a cama. Maisie também foi para a cama (com as roupas que estava vestindo): depois se levantou novamente e veio até nós.

Nós pensamos agora em nossos planos — discutindo bastante em círculos: Andrée mostrou uma percepção muito clara. Nosso principal objetivo era evitar a possibilidade de uma visita do Comandante no dia seguinte, já que não poderíamos ter uma cena na casa do sr. R enquanto o sr. W estivesse lá. Decidiu-se que Maisie dormiria a noite na sra. Wards e iria a Londres de manhã para ver a srta. de Villiers: não que duvidássemos do conselho de Baker sobre aquela senhora, mas para que pudéssemos declarar honestamente que ela não estava em Oxford. Ela então escreveu um bilhete ao Comandante explicando que ela havia partido e ido para Londres, acrescentando que outras comunicações deveriam ser endereçadas a Walsh, o advogado.

Foi combinado que eu deveria levar esse bilhete. Maisie então foi para a sra. W para dormir no quarto que eu estava usando: enrolei o cachecol de D em volta de mim (meu paletó está na sra. W) e parti com meu bilhete: obviamente tinha que ser entregue de uma vez (se o truque deveria funcionar) e entregue sem acordar ninguém. Eu me senti como se estivesse em uma verdadeira patrulha. Uma manhã fria e nublada com o luar difuso.

No final da estrada de Hawes, encontrei uma bicicleta: desci até os Hawes: deparei-me com as luzes ainda acesas na casa em frente. Fui até a porta do corredor com muita cautela e consegui passar o bilhete pela caixa de correio sem fazer muito barulho. Feito isso, desci para a Warneford Rd. e entrei: grande parte da casa vazia com todas as janelas fechadas e um cheiro de desuso. Eu vasculhei umas 14 garrafas de cerveja deixadas pelos Pasleys, mas não encontrei sequer uma gota. A cama ainda estava arrumada em meu próprio quarto e eu me retirei à 1h35 para dormir vestindo minha camisa e ser acordado pela criança chorando ao lado.

Segunda, 4 de setembro: ... Como todos nós estávamos na expectativa a todo momento de uma visita do Comandante, não podíamos impedir que uma atmosfera bastante tempestuosa e desconfortável invadisse a mente do grupo. Maisie fora para a cidade no primeiro trem com cartas para se apresentar à tia de Baker. Nós

1922

tomamos o café da manhã. Assim que o velho Raymond saiu de casa, Andrée, seguindo uma ideia agradável que teve, pedalou até a casa dos Hawes: durante sua ausência eu me barbeei no quarto de D. Andrée então voltou e nos contou sua aventura.

Ela tinha visto a Cadela: disse que veio para dizer adeus: o Comandante estava lá? Não — em Oxford. Bem, pod. sra. Hawes dizer adeus a ele por ela? e ela poderia ver Maisie? "Maisie saiu", disse a Cadela: "Não sei bem para onde. Ela não está por aí com você, está?" "Não", disse Andrée, "não a vi hoje".

Assim que ouvi essa história, fui de ônibus até a cidade e liguei para Walsh, o advogado, depois de ter ficado por algum tempo para ter certeza de que eu não encontraria o Comandante na sala de espera. Walsh provou ser o mais alegre velho cavalheiro que já conheci: ele tem um grande nariz, um rosto com dentes grandes como um coelho e olhos muito brilhantes. Sobre sua lareira, um aviso chama sua atenção: — "Quando em dúvida, diga a verdade".

Expliquei quem eu era e contei a ele a situação. Ele disse que D não havia me mencionado e que eu, simplesmente por causa do sexo, fazia diferença. Ele ficou horrorizado ao saber que Maisie havia dormido no que era o meu quarto e perguntou se eu queria que eles fossem levados ao tribunal da cidade por sequestro. Esta foi uma ideia completamente nova para mim e bastante alarmante. No entanto, ele em seguida decidiu que uma garota de 19 anos não poderia ser sequestrada de qualquer maneira, "embora elas mudem a idade com tanta frequência hoje em dia que você logo poderá sequestrar uma mulher de oitenta".

Falei de nossos esforços para evitar uma cena entre o Comandante e o sr. R. "Você certamente não quer dizer", disse ele, "que este Comandante vai atacar um velho cavalheiro inocente que está arrancando dentes-de-leão em frente a uma porta de entrada!" Ele nos aconselhou a não mentir, a nos recusar a ver o Comandante e a não responder a perguntas. Parece não haver nenhum incômodo legal. Eu lhe mostrei a carta alarmista de Beckett e ele simplesmente a devolveu com um sorriso e um encolher de ombros.

Tanto por um Primeiro em jurisprudência! Eu me separei dele com muito bom humor.

Voltei e soube que nenhuma visita tinha ocorrido... Um telegrama veio da Maisie, "Retorno Paddington 7": não conseguíamos encontrar tal trem no guia.

Então tocaram a campainha. Eu atendi, me preparando para outro encontro com o Comandante e, em vez disso, encontrei uma freira, que disse: "Sou a irmã Hilary — uma amiga de Maisie Hawes. Posso ver a sra. Moore?" Consultei D apressadamente sobre este desdobramento e decidimos que nenhuma informação deveria ser dada, qualquer que fosse a aparência da Freira. Então D foi vê-la na sala de jantar. Depois de uma longa espera, D saiu da sala de jantar e me contou sua história. A irmã H é uma amiga que Maisie mencionou como confiável. Ela veio a D a partir dos Hawes. Os últimos não estão muito preocupados com o desaparecimento de Maisie e acham que ela ainda está em Headington, provavelmente conosco.

A Irmã está naturalmente preocupada com ela. Ela notou "coisas" quando Maisie era criança e se perguntava sobre o tratamento que ela recebia: ela disse que era um caso de "mal-entendido" entre ela e seus pais. Ela disse que o Comandante havia admitido que perdera a paciência na noite passada e disse coisas que ele não queria dizer — tanto para Maisie como para mim.[106] Ele disse que eles estavam propondo levar Maisie a Londres na quarta e conseguir-lhe um emprego na dança: que a história de enfermagem e a história de Belfast eram apenas ameaças. Ele também reclamara que Maisie não trabalhava na casa. D respondeu por alguns fatos sobre a vida real de Maisie naquela casa: e a Freira certamente abriu os olhos. Ela concordou que a história do Comandante sobre "ter arranjado para resolver sobre a dança de Maisie na quarta" era provavelmente uma mentira — e uma mentira muito inteligente

---

[106] Uma desculpa semelhante por seu comportamento com respeito a mim foi dada pela Cadela quando Andrée ligou de manhã. (C. S.L.)

1922

também, se planejada para nos fazer acreditar que estivemos em uma jornada inútil.

A Freira então perguntou diretamente a D se ela sabia alguma coisa sobre Maisie. D recusou-se a dizer: mas prometeu dizer-lhe *se Maisie escreveu para ela*, e disse que sabia que Maisie tinha amigos em Londres que cuidariam dela. A Freira não faz pressão sobre nenhuma de suas perguntas. Ela disse que contaria aos demônios apenas que D disse que não estava nem um pouco surpresa com a fuga de Maisie. Elas se separaram em condições excelentes, embora a entrevista tenha sido difícil, cada uma naturalmente considerando a outra com suspeita.

Pelo G. Fer. nós agora percebemos que um dos trens a que Maisie *poderia* se referir como "o 7" estava para chegar a qualquer momento e alguém deveria descer e deixar Maisie em Warneford Rd., onde ela iria dormir hoje à noite. Corremos para a quadra de tênis e enviamos Mancha para fazer isso... Mancha apareceu no final da refeição — Maisie não havia chegado.

Como ela insistiu — Deus sabe por quê — que seu irmão não deveria saber do assunto — naturalmente me foi necessário descer a tempo para o próximo trem: o que foi imprudente. Então D teve de ir e tirar clandestinamente a chave de Warneford Rd. do bolso de Mancha — Mancha estando ainda no jantar e na lista de deveres, ouvindo o velho Raymond. Assim que isso foi feito com sucesso, peguei uma cesta de comida para o jantar e o café da manhã de Maisie e corri para a Warneford Rd. Entrei e acendi o gás para que pudesse ser visto através do basculante. Maisie logo apareceu, tendo tido um excelente dia com a tia de Baker, e, atento ao conselho de Walsh, deixei-a imediatamente e subi.

No final de Gipsy Lane, encontrei Mancha indo dormir com Maisie na Warneford Rd. Vi as costas dela até onde a lâmpada mostrava — a última coisa na terra de Deus que eu queria fazer.

Finalmente em casa, com os pés doloridos e cansado: positivamente tonto com um dos piores resfriados que já tive — agora se desenvolvendo em tosse...

Terça, 5 de setembro: Rose está mais cansada do que eu desde que deixamos os Jeffreys — a quem Deus rejeita![107] Nós começamos a trabalhar o mais depressa possível e arduamente... o dia todo, empacotando contra o tempo. Todos nós mantivemos um estado de espírito maravilhoso, considerando tudo.

Andrée partiu pelo 10h50, o sr. Sée chamando-a e carregando-lhe a mala. Ela é de um caráter notável. Nessa última semana, ela se mostrou em seu melhor, dando uma mão em tudo e nos ajudando... Talvez tenha havido uma mudança real nela — D tem uma grande capacidade de conseguir o melhor das pessoas...

Chegamos a Warneford Rd. por volta das cinco. D e Maisie fizeram a maior parte do trabalho no andar de cima enquanto eu trabalhava com muita pressa no de baixo, instalando-me. Ivy nos assustou ao ter um ataque cardíaco feio. Ela não nos disse que estava sujeita a eles, mas aparentemente está — e se assim for, não é de admirar que a pressão assustadora que estamos tendo o tenha provocado. Fomos duas vezes ao *pub* para conseguir conhaque.

No meio de toda essa confusão, Mancha passou de cômodo em cômodo dizendo que achava melhor ir para casa hoje à noite. Mil vezes me senti tentado a responder "Bem, então VÁ!", mas é claro que ela sempre cedia à pressão de D. De fato, ela tem sido muito boa e não se poupou em ajudar: mas devo confessar que acho sua presença um peso extra intolerável à tensão desses dias...

Descobri que D, com um lapso momentâneo do senso comum, talvez com orgulho de estar viva depois de um dia desses, estava fazendo Mancha tocar. Então nós tivemos que sentar e ouvir e eu senti que não me importava se o teto caísse. Quando aquilo acabou houve um atraso interminável em ir para a cama e, claro, como a última gota para um dia perfeito, eu fui deixado sozinho com Mancha. Para a cama, por fim, e eu tive alguns momentos

---

[107]Dos muitos lugares em que Lewis e os Moore viviam desde 1919, o mais horrível foi um apartamento sobre um açougue em 58 Windmill Road. A sra. John Jeffrey era açougueira e senhoria.

1922

a sós com D, que aguenta maravilhosamente esse mau tempo. O resfriado parece bem pior.

Quarta, 6 de setembro: Ainda me sinto muito doente. Pelo correio da manhã, Ivy recebeu uma carta de seu noivo dizendo que ele chegaria a Carfax de carro às 9h30 e ela deveria encontrá-lo. Ela, é claro, deveria ir, mas D achou isso muito perigoso, já que ela tinha tido outra grave crise nessa manhã mesmo. Ivy provou ser obstinada e a única saída era eu correr para a cidade e tentar evitar que ela fosse àquele encontro.

Ivy, a propósito, é bastante admirável: a filha de um pastor, ela mesma uma enfermeira treinada e ainda satisfeita em fazer trabalho doméstico para nós para dar um feriado a Dorothy...

À tarde, sentei-me em meu quarto e escrevi coisas atrasadas no diário. Muito cansado e cheio de sensação de frio. D ainda está ocupada se instalando e Maisie atua de modo muito prestativo.

Quinta, 7 de setembro: Uma noite ruim e febril — toda cheia de sonhos confusos e nenhum bem veio do meu sono... À tarde tentei trabalhar, mas me senti muito confuso e terminei por deitar em minha cama. Uma carta de Walsh dizendo que o Comandante havia ido a ele e pedido o endereço de Maisie, que ele respondeu com sinceridade que não sabia. Ele agora tem uma carta dela. Cedo para a cama.

Sexta, 8 de setembro: Fiquei na cama até a hora do chá. Atraído para a *Odisseia* e começando no Liv. V li até o meio do Liv. VIII com muito prazer. Resfriado ainda muito forte.

Sábado–sábado, 9–23 de setembro: Entre minha anotação de sexta e minha partida para a Irlanda, o único evento importante foi uma conversa entre D, Ivy e eu. A origem disso foi algum problema entre o pessoal de Ivy e ela mesma...

Na segunda (11) viajei para Belfast, por Liverpool. Na manhã de quinta, a primeira coisa que vi foi a cidade em sua esqualidez familiar sob chuva forte...

Meu Pai fez uma considerável oposição a meu retorno no prazo de dez dias, mas mostrei uma atitude firme e, após essa preliminar desagradável, ele esteve realmente, com algumas exceções, em sua melhor disposição durante minha estada.

W estava com boa aparência, e ele e eu fizemos muito motociclismo. Além de passeios curtos pelas colinas até Holywood — o objetivo geralmente sendo uma bebida no "Central Hotel" — ele me levou para Island Magee, para Newcastle e para Browns Bay, onde almoçamos com Kelsie e Gundred no chalé de K.[108] O país é muito bonito e, se eu pudesse deportar os Ulstermen e encher suas terras com uma população de minha própria escolha, eu não conseguiria pedir melhor lugar para viver. Por isso é um erro pensar que Ulster é habitado por lealistas:[109] as montanhas além de Newcastle e as "terras do interior" de Antrim são todas Verdes.

Nessa ocasião eu li *A saga dos Forsyte*, de Galsworthy: um dos melhores romances que eu já li e impiedosamente verdadeiro. Falei disso com a sra. Greeves, ela própria uma Forsyte, esposa de um Forsyte, mãe e filha de Forsytes: ela lera e aparentemente gostara, mas sem a menor compreensão do propósito do autor.[110] Ela não conseguia entender o que eu queria dizer ao afirmar que os Forsytes eram pessoas terríveis e pensaram "foi uma grande pena de Soames". A sinistra figura de Soames é a grande criação do livro — e Irene, uma das poucas heroínas cuja beleza é convincente, embora nunca seja descrita.

Também li a maior parte de *Irish Fairy Tales* [Contos de fadas irlandeses], de James Stephens: seu curioso humor e profundidade, é claro, despontam em alguns lugares — mas o autor de *The Crock of Gold* [O pote de ouro] é simplesmente desperdiçado nos contos de outras pessoas. Além desses dois, não li nada.

W havia preparado o gramado para croquet, depois de uns dez anos sem usá-lo. Durante esse tempo, os aros se perderam ou

---

[108] Veja Isabella Kelso Ewart e Mary Gundred Ewart sob família Ewart no Apêndice biográfico.
[109] Conservadores fiéis à monarquia britânica.
[110] A sra. Mary Gribbon Greeves (1861–1949), originalmente do Brooklyn, Nova York, era mãe de Arthur Greeves.

1922

foram roubados, e ele ergueu pares de gravetos para usar em seu lugar — que para mim tinham uma aparência muito curiosa logo que cheguei. Jogamos um tanto e, quando terminamos mesmo, eu fui incrivelmente ruim. Também persuadimos nosso pai a jogar, o que ele fez da maneira mais engraçada que se possa imaginar, às vezes em relação à coisa toda com uma tolerância cavalheiresca e, em outras, tornando-se intensamente sério. Depois de algum tempo, ele desenvolveu competências de maneira alguma contemptíveis.

Croquet e chuva nos fizeram perceber que nós tínhamos feito muito pouco do passeio depois do jantar, que é *de rigeur* lá no verão. Tive a curiosa sensação de que meu pai "desistiu de mim": sinto que ele deixou de fazer perguntas sobre mim, considera-me um enigma sem esperança. A tensão de conversar com ele, a desesperança de tentar fazê-lo entender uma posição são, é claro, uma notícia antiga: mas dessa vez senti — muito pateticamente — que o esforço acabara para o bem dele. Posso realmente dizer que sinto muito por ter contribuído tão pouco para a felicidade dele: se ele a merece ou não é outro assunto. Quase o único prazer que ele pode obter de mim é o que pode vir de sucessos acadêmicos ou literários em minha carreira.

À noite, W e eu costumávamos jogar xadrez com resultados variados, mas acho que ele geralmente vencia. Arthur estava em casa quando cheguei, pretendendo navegar para a Inglaterra no dia seguinte. Isso, no entanto, foi impedido por um calafrio que o levou para a cama e, depois disso, ele adiou sua partida dia após dia, de modo que não pude deixar que D soubesse muitos dias à frente: consequentemente, ela só conseguiu me mandar uma carta durante minha estada. Eu via Arthur com frequência. Se foi sua saúde ou a minha absorção em outras coisas, eu não sei, mas não encontramos praticamente nada para dizer um ao outro. Eu trabalhei em minha dissertação quase todos os dias e a terminei.

Na quinta, dia 21, W e eu saímos e cruzamos para a Inglaterra por Heysham. Essa rota era nova para nós dois. Se você puder encarar a partida tão cedo — trem 5h45 que fazia conexão com o navio de passageiros de Heysham —, tem todas as vantagens. Os barcos são mais confortáveis que os de Liverpool ou de Fleetwood e — o que é único — eles te dão um bom café. Nós viajamos de primeira classe todo o caminho e tivemos uma viagem muito confortável: um vagão de café da manhã engatou em Leeds no qual nós tivemos uma refeição excelente e, depois, uma bebida matutina. Nós tínhamos um compart. só para nós. Eu estava lendo *Modern Utopia* [Utopia moderna], de H. G. Wells — um livro pobre, nebuloso e afetado.

Ao chegar a St. Pancras, fomos imediatamente para Karraway, onde Baker, de acordo com uma carta para mim, havia deixado ingressos para o St. Martin. Eu as peguei e falei com as tias dele — elas me dizem que ele conseguiu o papel de Page nas *Alegres comadres* — e então me juntei a W. Depois de almoçar no Euston Hotel, fomos para o teatro — uma das mais belas pequenas casas em que estive e muito discretamente decorada. Nós vimos *Loyalties* [Lealdades], de Galsworthy, *Shall We Join the Ladies?* [Devemos nos unir às senhoras?], de Barrie. Esta última foi bastante mal interpretada, mas uma concepção divertida. *Loyalties* era tão bem-feita quanto o que eu poderia imaginar: cada parte era uma pequena obra-prima em si mesma e ainda subordinada. Uma peça excelente, no entanto, em minha opinião, erra ao concentrar o interesse do último ato em Dancy e, assim, levar a um final bastante óbvio, enquanto a questão real — a questão sugerida no título — fica eclipsada. Mas talvez eu não tenha entendido muito bem.

Do St. Martin, voltamos para tomar um uísque em Euston, e daí para Paddington, onde [Warnie] me viu. Ele está sob ordens de Colchester — não é o melhor lugar do mundo, mas é bom o suficiente, desde que não o enviem para essa infernal guerra turca.

Eu viajei para Oxford confortavelmente, quase dormindo, e cheguei em casa às 9. D com bom aspecto. Maisie ainda aqui, mas em contato com um bom trabalho em Cardiff.

Sábado, 23 de setembro: Depois do café da manhã, fui à cidade e entreguei minha dissertação à datilógrafa, que prometeu que estaria pronta na quinta. Eu então fui para o College e recebi de Frank o

1922

aviso sobre a bolsa de estudos no Magdalen. Descobri para meu horror que a dissertação e os depoimentos seriam entregues na segunda e não no dia 30, como eu supusera.

Eu por essa razão fui ao Magdalen e falei ao porteiro, que me disse que era melhor eu ver o Presidente. De acordo com isso, passei em sua residência — em frente ao grande portão — e fui admitido a uma antessala apainelada de azul, que compartilhei por 20 minutos com uma secretária que não me pediu para sentar.

Sir Herbert Warren mostrou-se um homem corpulento, com uma barba grisalha curta, lábios grossos e uma maneira afável. Ele tem a reputação de ser um grande esnobe, mas é supostamente um bom defensor de todos os que têm uma reivindicação universitária para ele.[111] Ele disse que eu certamente poderia enviar minha dissertação em MS se eu quisesse. Eu então fui para a Associação e escrevi para o Mestre, para Carritt e para Stevenson pedindo depoimentos. Descobri no College que o Larápio não estava ali, então dificilmente vou ter sua resposta até segunda...

Domingo, 24 de setembro: Estava uma manhã gloriosa e decidimos que Moppie (Maisie Hawes), Maureen e eu deveríamos sair. Eu lavei as coisas depois do café da manhã e pus o almoço enquanto Moppie "fazia" os quartos: , mas tínhamos levantado tão tarde que só fomos para a estrada às 12...

Após o almoço, ajudei D a escrever uma carta para a futura empregadora de Moppie, srta. Quinlan, de Cardiff. Ela havia enviado uma forma de acordo envolvendo a assinatura do pai e tivemos de explicar por que isso era impossível.

Mais tarde, iniciei Maureen em um ensaio de inglês e tentei dar a ela algumas ideias sobre estrutura. Devo ensinar-lhe latim e inglês para o "School Certificate" e a tarefa — especialmente o inglês — me assusta. Depois do jantar, Mancha chegou, parecendo muito melhor por seu feriado. Sentou-se com D a sós depois que os outros se dispersaram e conversaram por algum tempo...

---

[111]Veja Sir Thomas Herbert Warren no Apêndice biográfico.

Segunda, 25 de setembro: ... Fui de ônibus para Oxford e procurei a datilógrafas [*sic*]: ela ainda não tinha terminado minha dissertação e me pediu para voltar às quinze para as seis. Passei o intervalo na Associação lendo *Browning*, de Chesterton. Às quinze para as seis, o texto datilografado estava de fato terminado, mas não reunido, então eu tive que levar o MS depois de tudo.

Eu passei pela Univ., onde amáveis testemunhos de Carritt e Stevenson foram deixados para mim e, armado com estes, procedi para o Magdalen. Ali encontrei Ewing de volta de Genebra e concorrendo: mais tarde Dodds apareceu (de Reading), também concorrendo. Há cerca de onze candidatos — um rumor falara de 60 —, um dos quais é Cidadão Honorário da Câmara. Nossas entrevistas com Warren foram muito rápidas e preenchemos formulários.

Casa por cerca de 7h30 para encontrar Mancha aqui. Esta noite eu estava muito cansado e não consigo pensar na razão: D diz que possivelmente eu sinto falta das bebidas das quais adquiri o hábito com W. Estou terminando em pequenas porções o conhaque que foi comprado por Ivy.

Terça, 26 de setembro: Eu fui acordado esta manhã por Moppie colocando a cabeça na porta e gritando "Estou indo para Cardiff". Isso acabou por significar que havia uma resposta da srta. Quinlan dizendo que ela iria levá-la sem a forma de contrato. Ela deve ir na quinta e elas "vão discutir as condições quando ela chegar". Será agradável estarmos novamente sozinhos, mas sentiremos falta da presença incomum de Moppie. Ela é terrível, infantilmente ingênua e retém muitas vulgaridades obstinadas de sua educação: mas não há uma centelha de maldade nela. Na verdade, ela é como um cão grande e inteligente em redor da casa. Espero que, pelo menos neste caso, a bondade de D não tenha sido desperdiçada.

Depois do café da manhã, fui a pé para o Magdalen e, das 10h às 13h, fizemos um ensaio em inglês sobre "O uso e o abuso da sátira". Eu deveria sentir muito por ter minha produção sobrevivido como um espécime de meu trabalho — mas acho que havia substância suficiente nela para atrair a atenção...

1922

Às 3 eu voltei para o Magdalen: encontrei D no ônibus. Das 3 às 6 traduzimos "excertos literários": Hesíodo, Dionísio de Halicarnasso e Ausônio. Eu achei Hesíodo bastante difícil. O chá foi trazido para nós no *hall* às 4h30 — uma inovação admirável nos métodos de exame...
Para a cama por volta das 11. Eu estava muito menos cansado e comecei a me desgrudar de Little Lea.[112]

Quarta, 27 de setembro: ... Depois do café da manhã fui para o Magdalen às 10 horas e fiz um trabalho de Filosofia. Acho que fiz um bom trabalho sobre a importância do Tempo para a ética e sobre a generalização: mas minha resposta à pergunta de Kant foi irregular e tolamente escrevi uma encheção de linguiça sobre o Pragmatismo.

Caminhei para casa a fim de almoçar... De volta ao Magdalen às 3 para escrever uma Prosa Latina. Esta tarde um candidato corajoso abriu o precedente de acender um cigarro e todos nós o seguimos. Eu me sentei sob o retrato de Lorde Selbourne e me pergunto o que ele pensa disso.

Casa de ônibus para encontrar D muito ocupada consertando roupas para Moppie e ensinando-a como embalar. Eu sentei e escrevi "M. Blake" em fitas com tinta indelével, agora que Moppie decidiu usar Moira Blake (minha invenção) como nome profissional... Escrevi algumas notas para Maureen como introdução à *Eneida* — alguns detalhes pitorescos sobre a vida de Virgílio e uma explicação do que é um *épico*. Tarde para a cama, às quinze para uma.

Quinta, 28 de setembro: Em Magdalen, como de costume, depois do café da manhã — uma clara, outonal manhã. Nós fizemos um artigo sobre História Antiga e Filosofia Política com os quais eu fiquei razoavelmente satisfeito. Eu respondi longamente a uma questão sobre se os gregos reconheciam a diferença entre o Oriente e o Ocidente: também uma sobre a mistura de obrigação e violência na soberania.

---

[112] Lar onde C. S. Lewis passou a infância. [N. T.]

Voltei para casa um pouco tarde e vi que os outros já haviam almoçado e Moppie estava prestes a partir. Ela saiu com firmeza, mas D me disse que ela havia chorado ao dizer adeus para ela antes de eu voltar.

Eu almocei apressadamente para poder lavar tudo antes de eu sair e estava começando a fazê-lo quando D me pediu para tirar alguns velhos rolos de tapete que a srta. Featherstone queria e pelos quais ela poderia ligar qualquer dia... Eu finalmente os descobri com alguma dificuldade no armário embaixo da escada, apressadamente terminei de lavar tudo e voltei de ônibus para o Magdalen.

Aqui nós traduzimos Excertos Filosóficos — um fragmento de Platão, um de Aristóteles e um de Tertuliano. Eu consegui fazer muito pouco com esse último e tive de deixá-lo inacabado...

Eu voltei para casa de ônibus e encontrei D cansada e com um aspecto bastante ruim. Assim que escrevi meu diário sobre o dia anterior, jantei. Sem desrespeito a Moppie, é um prazer estarmos novamente sozinhos, quase pela primeira vez neste verão, que parece, quando olho para trás, estar perdido, cheio de vaidade e aflição de espírito. Nós terminamos e lavamos tudo por volta de oito e meia.

À noite, a pedido de D, li para ela meu diário de junho desde o início deste volume. Nós fomos cedo para a cama.

Sexta, 29 de setembro: Caminhei para o Magdalen depois do café da manhã. Encontrando alguns de meus rivais no claustro, descobri que era prosa grega esta manhã e decidi que não me faria bem entrar e estragar papel. Portanto, fui para a Associação.

Decidi agora agir como se não tivesse conseguido a bolsa de estudo e feito o melhor que pude para a English School, compondo Milton, a quem tomarei por meu assunto especial. Depois de examinar alguns papéis antigos — que pareciam bem fáceis —, eu peguei *Milton*, de Mark Pattison, e o segundo volume da edição de Masson, que parece possivelmente desatualizado, mas contém uma tabela cronológica das primeiras obras...

De tarde voltei a traduzir os Excertos Franceses. O primeiro foi uma crítica de Rostand à "Fille de Roland" [A filha de Roland], de

1922

Borrier. Esta é a primeira prosa de Rostand que vi e me impressionou muito favoravelmente. A segunda foi uma passagem em Alexandrinos de Victor Hugo sobre a infância de Palestrina (quem era Palestrina?), bastante influenciada pelo *Prelúdio* e muito boa. Ambas continham várias palavras que eu não conhecia, mas fiz poucas suposições e, do ponto de vista puramente literário, fiquei bastante satisfeito com minha tradução do Rostand.

Eu saí logo depois do chá e voltei de ônibus para casa. Ceia cedo. Antes do almoço, terminei uma análise da *Eneida* até o ponto em que começamos, para Maureen.

Eu agora me dediquei ao "Dymer" e trabalhei arduamente. Comecei a sentir, como Rasselas, que "é impossível ser poeta": não tanto uma insatisfação com meus próprios poderes em particular quanto uma convicção em geral de que a boa poesia está além do alcance de qualquer esforço humano. Eu sei que isso *foi* escrito, mas isso não altera o sentimento de forma alguma. Às vezes imagino que a língua inglesa tenha completado seu ciclo.

Depois que Maureen foi dormir, li para D meu diário de julho. Ela estava menos cansada hoje à noite...

Sábado, 30 de setembro: Esqueci de gravar em seu lugar um sonho singularmente lindo que tive ontem de manhã. Eu parecia estar lendo um conto de fadas irlandês, mas passei gradualmente da posição de leitor para a de ator. Eu e outro — que inicialmente era chamado de Warnie, mas que se tornou uma não entidade — estávamos visitando um irmão e uma irmã: a casa deles parecia-se um pouco com Leeborough, mas eu entendi que era uma casa de fadas e que nossos anfitriões eram pessoas de Danaan. Eu estava flutuando para a frente e para trás no ar pelo meio dos galhos de uma árvore com folhas muito emplumadas que eu continuava rasgando e jogando na garota deitada de costas na grama alta. Ela era muito bonita e vestida de azul, eu acho — ou possivelmente amarelo. A coisa toda era extraordinariamente luminosa e arejada e um deleite de lembrar.

Esta manhã, como havia apenas versos gregos e latinos em que trabalhar, não fui para o Magdalen. Depois do café da manhã, lavei tudo e fui para a sala de jantar. Eu então fui para meu quarto e comecei a trabalhar novamente no Canto VI de "Dymer". Eu segui esplendidamente — o primeiro bom trabalho que fiz desde há muito tempo...

Depois do jantar, trabalhei em "Dymer", levando-o até o fim da tempestade. Eu estava tão arrebatado com o que considerava meu sucesso que me tornei insolente e disse a mim mesmo que isso era a voz de um deus.

Depois que Maureen subiu, continuei lendo meu diário para D até a data atual. Então li um pouco de Pattison e tarde para a cama.

Eu esqueci de mencionar um episódio absurdo durante o almoço. Maureen tinha começado a dizer que não se importava com qual das duas doces alternativas ela tinha: e D, que está sempre preocupada com essas indecisões, começou a pedir-lhe que decidisse em voz um tanto cansada. Isso se desenvolveu em uma daquelas pequenas discussões sobre nada que um homem sábio aceita como da natureza das coisas. Eu, no entanto, estando em um estado de espírito sublime, e despreparado para as situações perigosas, permiti que uma irritação silenciosa aumentasse e procurei alívio ao espetar violentamente um pedaço de massa. Como resultado, eu me cobri de um bom banho de pudim e suco: meu gesto melodramático foi assim merecidamente exposto e todos riram a bandeiras despregadas.

Outubro

Domingo, 1º de outubro: ... Depois de me lavar, fui me sentar perto de uma janela aberta e trabalhar em "Dymer". O que eu escrevi não era tão bom quanto o de ontem, mas eu achava que isso resultava da diferença de assunto e, como deve haver altos e baixos em um poema narrativo, eu não estava insatisfeito... D esteve bastante ocupada o dia todo com costura, mas com ótima aparência...

Segunda, 2 de outubro: ... Eu... dei uma olhada em um livro sobre Mozart e li a história da *Flauta mágica*, que achei muito sugestiva. A oposição entre Sarastro e a Rainha e o encontro na menina

1922

produzem um bom mito — como já foi usado por Lowes Dickinson, mas ele deixou a maioria de suas oportunidades intocadas.[113] Eu pensei com curiosidade em como isso poderia ser usado para um grande poema algum dia. Acredito que um poema moderno sobre Ultimato não deve ser, como o *Paraíso perdido*, sobre o bem e o mal, mas deve exibir o que Hegel chama de dialética: e um poema sobre Sarastro dá a oportunidade para isso...

Mancha veio para o almoço e depois, até as quatro horas, eu trabalhei Excertos com ela. A srta. Featherstone veio, mas não ficou para o chá. Ivy, apesar de não ter-lhe sido pedido, ficará até amanhã — um arranjo que D e eu — famintos por paz e tranquilidade depois de todos esses meses — não queríamos muito...

Quando os outros foram para a cama, tivemos uma longa conversa, D e eu, sobre Moppie. Carta de Baker em q. ele me perguntou "pelos motivos mais agradáveis e na mais estrita confiança" pelo relato de Moppie mesma sobre o dia dela em Londres, junto com o fato de ela ter gastado muito dinheiro, sugeriu que ela nos tenha contado pelo menos uma mentira silenciosa...

Terça, 3 de outubro: Trabalhei a manhã toda na sala de estar com Milton tomando notas sobre os poemas mais antigos e escrevendo citações para lembrar...

D estava com uma aparência muito ruim à tarde. Durante a minha ausência, ela tinha sido a involuntária terceira em uma briga entre Ivy (que foi hoje) e Dorothy, que voltou esta manhã. Os detalhes dificilmente valerão o registro, mas parece ter sido um negócio bobo. Depois do chá, passei repetidamente por Virgílio, que Maureen deve preparar para o amanhã: depois, sozinho, escrevi um vocabulário contendo quase todas as palavras dele e algumas notas explicativas. Isso me tomou até a hora do jantar...

Quarta, 4 de outubro: Para meu quarto imediatamente depois do café da manhã e continuei minhas anotações sobre Milton.

---

[113]Goldsworthy Lowes Dickinson, *The Magic Flute: A Fantasia* [A flauta mágica: uma fantasia] (1920).

Chegando até *Il Penseroso* [O pensativo], eu peguei a *Anatomy of Melancholy* [Anatomia da melancolia][114] da sala de jantar para olhar o poema prefacial. Fui capturado por Burton e perdi algum tempo lendo sua passagem sobre os estudiosos: mas finalmente me recuperei e terminei *L'Allegro* [O alegre] e *Il Penseroso* — muito impressionado com as discussões absurdas em Masson, tentando localizar todo o cenário. Os críticos são incorrigíveis. Após o almoço, eu fui até a Associação para pegar um livro que me daria um pano de fundo histórico da época.

Dei uma olhada na *History of the Great Rebellion* [História da grande rebelião], de Clarendon[115] — uma obra muito atraente que espero algum dia encontrar tempo para ler. Eu peguei o 3º volume da *Short History* [Breve história], de Green,[116] e o vol. II do *Gallipoli Diary* [Diário Gallipoli], de Hamilton, na esperança de ser (finalmente) capaz de terminar de lê-lo para D. Eu então voltei para casa.

Uma tarde chuvosa. Depois do chá, li um bom tanto de Green, em cuja profundidade e em cujo estilo eu, por alguma razão, de forma alguma sou levado a pensar. Mais tarde, li para D até a hora do jantar. Mancha chegou para o jantar e depois trabalhei com ela no *Agricola*, de Tácito, que ela está lendo para Passar em Mods.[117] Foi muito produtivo. Depois que ela foi embora, li para D novamente. Bem tarde para a cama. Todas as noites esta semana desfrutei de um maravilhoso luar em meu quarto.

Quinta, 5 de outubro: ... Visitei Walsh em St. Aldate e mostrei-lhe o novo acordo que a srta. Quinlan nos enviou, no qual D, em vez do Comandante, aparece como fiador de £50 pagáveis no

---

[114] De Robert Burton (1621).
[115] Edward Hyde Clarendon, *The True Historical Narrative of the Rebellion and Civil Wars in England* [A verdadeira narrativa histórica da rebelião e das guerras civis na Inglaterra] (1702–4).
[116] John Richard Green, *Short History of the English People* [Breve história do povo inglês] (1874).
[117] Mods: forma abreviada, usada na Universidade de Oxford, para Honour Moderations, o primeiro exame público, no qual os candidatos são colocados em uma de três classes de graduação com honras. [N. T.]

1922

caso de Moppie quebrar o contrato. Expliquei que ela não poderia levantar £50 e ele respondeu — como tinha antes respondido a D — que isso era mais um motivo para assinar. Disse que o documento era apenas para nos impressionar e que a cláusula em q. Moppie é proibida de lecionar em Cardiff dentro de três anos após o término do contrato dela é ilegal de acordo com as decisões mais recentes...

Encontrei D e Dorothy ocupadas em arrumar o quarto dos fundos. Um H. P. [hóspede pagante] é esperado amanhã. Lady Gonner nos pediu para ficar com essa mulher por alguns dias, e não poderíamos recusar. Agora achamos que os alguns dias são duas ou três semanas. Eu não preciso anotar meus sentimentos ao ter nossa longa protelada privacidade tirada de nós antes que tivéssemos tempo para prová-la — vou me lembrar delas muito bem.

Eu fiz um bom trabalho em meu próprio quarto antes do almoço. À tarde, sentei-me com D na sala de jantar e continuei Milton, terminando *Comus* e *Lycidas*. *Comus*, acho que nunca havia apreciado tanto...

Sexta, 6 de outubro: ... Eu... trabalhei muito bem e fiquei no meio do Livro II do *Paraíso perdido*. Eu acho bastante difícil identificar possíveis trechos, já que quase nenhuma linha levanta dificuldades conscientes. Gostei imensamente da leitura dele — eu perdi algumas das emoções antigas, mas há outras novas...

Às seis horas veio a sra. Hankin, nossa H. P. compulsória. Ela é mais bem descrita ao registrar que, quando D e eu viemos à noite para perguntar um ao outro o que pensávamos sobre ela, descobrimos que nenhum de nós havia pensado nada.

Fui para meu quarto até a hora do jantar e li parte de *Doctrine and Discipline of Divorce* [Doutrina e disciplina do divórcio] e todo o *Tractate on Education* [Tratado sobre educação], ambos interessantes. A pobre D teve uma boa dose de coisas extras a escolher para o jantar — e eu, claro, um pouco de coisas extras para lavar depois — pois Mancha e a sra. Hankin estavam aqui. Esta foi nossa primeira noite de inverno e acendemos a lareira na sala de estar. A sra. Hankin foi cedo para a cama — uma prática muito louvável que nós sinceramente esperamos que ela continue. Eu li as cartas de Keat à noite.

Todo esse dia é ofuscado pelas notícias nos jornais da tarde. Nossas negociações com os turcos foram interrompidas e não posso, sinceramente, ver como uma guerra pode ser evitada. A srta. Featherstone ouviu de algum peruca grande que uma guerra como essa pod. envolver enfrentar todo o Islã e que o recrutamento seria aplicado de imediato — não que isso importe muito, pois suponho que alguém precisaria ir de qualquer maneira. Tarde para a cama, com dor de cabeça.

Domingo, 8 de outubro:... Depois do chá, fui a pé até o College e reencontrei Carlyle. A cidade parecia tão bonita à luz invernal que decidi descer a Holywell, onde por sorte vi uma luz nas janelas da casa dos Carlyle. Eu toquei a campainha e a filha dele veio até a porta — a família havia retornado inesperadamente sem empregadas domésticas. Eu fiquei com Carlyle por cerca de três quartos de hora.[118] Ele disse que estava feliz em saber que eu havia lidado com o exame de Magdalen confortavelmente. Eu falei que achava que tinha me saído muito mal, mas me disse que, de acordo com seu conhecimento, os *dons* de Magdalen estavam "favoravelmente impressionados".

Em seguida, discutimos minha ideia de lecionar inglês se não obtivesse a bolsa. Ele disse que eu deveria dar ensino privado para o Anglo-Saxão... Ele disse que não sabia quem seria meu tutor regular, mas que a maioria deles era composta de "bons homens literários que você conhece, mas um pouco tolos"...

Falando mais genericamente, ele disse que, com o devido respeito a outros poetas, Wordsworth *era* o Movimento Romântico, e as grandes odes eram as de Wordsworth. Ele achava que ninguém em seu século valia a pena ser lido exceto Malory. Ele também chamou minha atenção para a influência continental de Goldsmith, Sterne e os outros sentimentalistas. Saí e andei depois de um tempo muito agradável e útil...

---

[118] Veja Alexander James Carlyle no Apêndice biográfico.

1922

A sra. H. já se mostrava a essa altura uma faladora muito do tipo do velho Raymond. Ela passou todo o tempo do jantar nos contando sobre uma mulher que fundou uma igreja em Zanzibar com seis pence meio-penny e oração. Ela é uma idosa pequena, doce, honesta, empertigada — muito como a viúva de um oficial — muito patriota — muito sem emoção — conservadora — altamente correta — um padrão regular de uma "boa" idosa. Um aborrecimento maior que nunca conheci: paixões e simpatias que imagino que ela nunca conheceu. Pior de tudo, ela desistiu de seu hábito de ir para a cama imediatamente depois do jantar.

Segunda, 9 de outubro: Outra manhã fria. Fui para meu quarto e terminei de copiar o Canto IV de "Dymer". Eu li a coisa toda e me senti bastante satisfeito com o movimento geral da história, as falhas estando, graças a Deus, principalmente em questões de detalhe. Algumas delas pareciam muito concisas.

Às 10h30 Mancha veio e eu fui com ela para a sala de estar para trabalhar o *Agricola* até pouco antes do almoço. Ela parece fazer progressos. D nos trouxe chá e biscoitos no meio da manhã...

Também dei mais uma olhada no livro sobre Mozart, no qual li que Goethe escrevera uma continuação da história da *Flauta mágica*. É realmente extraordinário o quanto esse assunto tem estado em minha mente nos últimos dias.

Caminhei para casa e encontrei D envolvida com uma mulher a lhe pedir que faça uma blusa de tricô com dois tons dos mais hediondos de seda vermelha. Na sala de visitas, encontrei o Doc e Mary, que voltaram ontem. O Doc parecia muito alegre. Quando a cliente de D se foi, nós entramos na sala de jantar e tomamos chá. O Doc nos contou algumas histórias divertidas da covardia de Cranny. Uma vez eles estavam caminhando juntos e encontraram um cão com um latido alto: ao que Cranny enfiou sua bengala nas mãos do Doc, dizendo: "Você acha que pode segurá-lo, Johnnie?" e, em seguida, pernas para que te quero...

Então seguiu-se a habitual conversa confusa, mas entusiasmada, sobre psicanálise, sugestão e assim por diante. Eu fiz uma ou duas retiradas temporárias para meu quarto, onde comecei uma epístola poética para Harwood em um estilo superaugustano. Os Askins só chegaram tarde: muita conversa sobre Rob e Grace King, seus flertes juntos e seu egoísmo conjunto com Edie. Maureen diz que Grace era detestável em Bristol.[119]...

Terça, 10 de outubro: ... Eu me acomodei para Milton. Li os Livros II e III do P.P. e passei pelas anotações de Masson sobre eles, encontrando muitos pontos novos. D deu-me um pouco de chá durante a manhã — muito grato e reconfortante neste amargo período de frio.

Após o almoço fui dar uma volta. Já era uma linda tarde, fresca, mas absolutamente calma: a coloração cresce melhor a cada dia. Subi a Shotover e segui até o outro extremo: depois pela trilha para cavaleiros a fim de encontrar a estrada principal além da ferrovia, então casa pela Horsepath e, ao longo da estrada, entrei na alameda arborizada antes de Cowley e terminei pelos campos de golfe. Se meus olhos estavam excepcionalmente abertos, eu não sei, mas o país estava cheio de bons bocados...

Eu... fui até a sala de estar para trabalhar o Livro IV de *Paraíso perdido*. Chegando à primeira entrada de Adão e Eva, fiquei impressionado com a necessidade absoluta em poemas de maior tamanho, de ter um assunto já familiar e muito simples, de modo que possa haver espaço para uma fina obviedade. Isso destruiu meu sonho recente de um poema de Sarastro.

D permaneceu com a sra. H no outro quarto por um longo tempo. Quando eu finalmente ouvi a outra subir, entrei para consolar com D. Ela, no entanto, não estava entediada. A sra. Hankin (como todos os outros) tinha feito D a confidente de seus problemas e a simpatia de D havia conquistado o tédio. Aparentemente, a sra. H é muito pobre e realmente digna de pena: como ela, eu não posso...

---

[119] Veja Robert "Rob" Askins no Apêndice biográfico. Edith "Edie" Askins (1873–1936) era irmã da sra. Moore e morava em Bristol, perto de "Rob", irmão delas.

1922

Mais tarde, sentei-me com D: falamos dos problemas da sra. H e da terrível pobreza entre as pessoas que conhecemos.

Quarta, 11 de outubro: A temperatura nesta manhã foi de quase 6°. Ao meu trabalho depois do café da manhã e terminei o Livro V de P.P. com muito deleite. Por volta das 11h30 comecei a trabalhar Virgílio com Maureen. Ela estava mais pronta para pensar e mais inteligente do que as vezes anteriores em que a encontrei — embora ela insista em chamar Eneias de "Ananias". Nós continuamos até a hora do almoço...

Eu terminei minha epístola para Harwood e li parte do Livro VI de P.P. Eu devo estar perdendo alguns dos meus antigos poderes de aceitar as premissas de um autor com lealdade, pois isso gerou várias risadas minhas...

Quinta, 12 de outubro: Imediatamente após o café da manhã, comecei Virgílio com Maureen e continuei até as 10h30, quando a srta. Brayne veio para dar a ela uma aula de violino. Então me retirei para meu próprio quarto, onde vesti o roupão e assim continuei confortável o suficiente, embora estivesse, pela primeira parte da manhã, intensamente frio. Terminei o Livro VI e comecei o Livro VII: então, depois de uma xícara de chá, não me sentindo muito miltônico, voltei-me para Chaucer. Eu li todo *O livro da duquesa*, sendo cuidadoso com todas as palavras que eu não conhecia. Gostei muito — não apenas o prólogo e o cenário de sonhos, mas até mesmo o discurso que é um exemplo daquela coisa muito rara — um panegírico sobre uma mulher que realmente transmite alguma sensação de beleza e frescor.

Durante o almoço, D inesperadamente encontrou no *Times* e leu que a bolsa de Magdalen fora dada a Price, de New College.[120] Eu acho que isso afetou muito pouco minha disposição.

Então caminhei para a cidade. Na Associação eu encontrei Carlyle. Ele sentia muito por minhas notícias, mas falou encorajadoramente sobre a English School. Fui então para o College

---

[120] Veja Henry Habberley Price no Apêndice biográfico.

para me apresentar, de acordo com as instruções de Farquharson. O semestre começou hoje e havia uma grande agitação de táxis no portão, bagagem e grande quantidade de pessoas.

No vestíbulo, encontrei Poynton. Ele ouvira falar de minhas notícias e aparecera imediatamente para mostrar o seu desapontamento: ele disse que eu me saíra bem e que Warren se expressara "imensamente impressionado", mas que "dificilmente seria meu exame". Eu expliquei que estaria "em atividade" neste semestre: ele disse que supunha que minha bolsa de estudos havia cessado. Eu disse que isso havia sido discutido no final do último semestre e que o Mestre tinha esperado que ela fosse estendida...

Sexta, 13 de outubro: ... Pouco antes das 13h, vi Farquharson. Ele me disse para ir a Wilson de Exeter para ensinar em inglês.[121] Ele então me deu uma palestra paternal sobre uma carreira acadêmica que não era (ele disse) uma de lazer, como popularmente se supunha. Sua própria figura, no entanto, diminuiu a força do argumento. Ele me aconselhou, como fez antes, a ir à Alemanha por algum tempo e aprender a língua. Ele profetizou que em breve ali haveria uma escola de literatura europeia moderna e que os homens de Greats linguisticamente qualificados seriam os primeiros a receber os novos empregos criados dessa maneira. Isso era atraente, mas é claro que as circunstâncias tornam a migração impossível para mim...

Casa para o almoço: depois corri de volta e fui para Exeter. Wilson não estava lá, mas eu o encontrei em sua casa, em Manor Place. Ele é um homem gordo e jovem: seu rosto me impressionou bem. Ele me diz que vou ter meu trabalho cortado para administrar o trabalho no tempo.[122]

Tendo arrumado o trabalho e as palestras, corri para casa, onde encontrei Jenkin. Eu saí com ele antes do chá. Ele está ficando para escrever para seu B.Lit.

---

[121] Veja Frank Percy Wilson no Apêndice biográfico.
[122] Ele estava se referindo ao fato de Lewis ter planejado estudar inglês em nove meses.

1922

Depois do chá, fui ver Carlyle... Ele ficou encantado ao saber que eu tinha ido a Wilson. Ele me deu uma carta de apresentação para a srta. Wardale e eu corri para Wellington Square para encontrá-la: mas parece que ela tinha deixado aquela casa... No geral, um dia não muito agradável: tarde para a cama, com pés muito doloridos. Um quilômetro de caminhada no calçamento é mais do que uma caminhada de cinco quilômetros no campo.

Sábado, 14 de outubro: Tomei apressadamente o café da manhã e fui o mais rápido que pude de ônibus até a casa de St. Hugh para perguntar pelo endereço da srta. Wardale. Eu a encontrei em uma casa em Margaret Road. Ela é uma mulher idosa e pálida, tornada monstruosa por um lábio inferior solto o suficiente para expor uma gengiva irregular. Eu vou a ela às terças às 12.[123]

Tendo estabelecido isso, voltei, pegando um volume de Chaucer da biblioteca do College. Em casa, fui para meu quarto, onde li até o almoço, terminando o primeiro e dois terços do segundo livro de *Troilo*. Eu apreciei muito.

Após o almoço, fui de bicicleta até Merton St., como combinado, e liguei para Jenkin. Partimos por Parks Road, depois por Wolvercote e Port Meadow. Nós fomos pelo caminho de sirga, entre árvores douradas, cruzando muitas pontes, para a aldeia de Wytham. Aqui, desafiando o aviso "estritamente privado", entramos com a respiração suspensa logo abaixo da casa de um guarda-caça, onde minha bicicleta fez um grande barulho. Nós não encontramos ninguém. O bosque estava glorioso. Ele contém todos os tipos: em lugares, há clareiras abertas de carvalhos verdes troncudos e samambaias marrons; em outros lugares, os matagais mais intensos. Entramos em campo aberto no topo da colina — pastagens com muitos pequenos vales murados (parcialmente) com algum tipo de rocha branca. Abaixo havia uma enorme paisagem, atrás de nós a borda do bosque, principalmente bétulas prateadas. Era ao mesmo tempo tão solitário, tão selvagem, tão luxurioso, que nós dois

---

[123] Veja Edith Elizabeth Wardale no Apêndice biográfico.

pensamos no caramanchão da felicidade de Acrasia. Para acrescentar a essa sugestão, Jenkin viu a não muita distância um casal muito gracioso *em flagrante*.

Descemos do outro lado da colina, emergindo na estrada, em Swinford Bridge. Nós viramos à direita e seguimos ao longo da margem do rio sob o lado do bosque. Em Godstow, tomamos uma xícara de chá na Trout Inn e voltamos à cidade. Jenkin observou que a beleza natural sempre o afetava como o pano de fundo sugerido de uma felicidade que não existia: a cena estava definida, mas não se podia apreciar o cenário por perguntar por que a peça nunca começara.

Na Gadney, comprei o *Anglo Saxon Reader* [Leitor anglo-saxão], de Sweet. Cheguei em casa às 6h30 e lamentei que D, já que eu esperava voltar para o chá, estivesse preocupada comigo. Depois do jantar, comecei em um trecho no *Reader* para o qual a srta. Wardale havia me orientado — o relato de Alfredo de "Ohthere, o velho capitão do mar". Tarde para a cama.

Domingo, 15 de outubro: ... Trabalhei a manhã toda na sala de jantar com meu trecho no *Reader*, de Sweet, e fiz algum progresso. É muito curioso que ler as palavras do rei Alfredo dê mais sensação de antiguidade do que ler as de Sófocles. Além disso, estar realizando assim um sonho de aprender anglo-saxão que data dos dias de Bookham.

Às 12h45, mudei de roupa e fui de bicicleta para a Chadlington Rd., para almoçar com os Stevensons. Além da família, havia uma mulher bonita e um homem muito alto cujos nomes eu não pude gravar. Todos nós rimos da escultura de Stevenson. Nada de muito interesse foi dito, mas eu gosto muito de Stevenson e de sua esposa. Eles são completamente inacadêmicos.

Casa por volta de 3h30 e trabalhei com anglo-saxão até o chá: depois prossegui com *Troilo*. Mancha veio às 6h30, e eu trabalhei latim com ela até as 8h, quando jantamos. Depois disso e de lavar as coisas, mais *Troilo* até quase o fim do Livro III. É uma coisa incrivelmente boa. Quão absolutamente anti-chauceriano Wm. Morris era em tudo, exceto as exterioridades.

1922

Fui estar com D na sala da frente assim que a sra. Hankin foi para a cama. D está ficando muito insatisfeita com Dorothy e também com o hábito de Ivy de vir quase diariamente e se convidar para as refeições na cozinha...

Segunda, 16 de outubro: Fui de bicicleta para o Curso, após o café da manhã, para uma palestra às 10 horas: parando primeiro para comprar uma beca de bacharelando ao preço extorsivo de 32/6d. De acordo com uma prática usual dos Cursos do College, fomos autorizados a nos reunir na sala onde a palestra foi anunciada e, de repente, disseram que seria na North School: nosso êxodo sem dúvida cumpriu a condição escriturística de fazer o último primeiro e o primeiro, último. Eu tive muito tempo para sentir a atmosfera da English School, que é muito diferente da dos Greats. Mulheres, indianos e americanos predominam e — eu não posso dizer como — sente-se um certo amadorismo na conversa e no olhar das pessoas.

A palestra foi de Wyld sobre a história da língua.[124] Ele falou por uma hora e não nos disse nada que eu não tivesse conhecido esses cinco anos: observando que a linguagem consistia de sons, não letras, que seu crescimento não dependia de mudanças conscientes por indivíduos, que dois e dois fazem quatro, e outras verdades profundas desse tipo...

Após o almoço, fui novamente de bicicleta ao Curso para procurar a biblioteca da English School. Eu a encontrei no topo de muitos andares [sic], habitada por um velho cavalheiro estranho que parece considerá-la como sua propriedade privada, falando sobre "eu" e nunca "nós". Saí da comparação de W. M. Rossetti de *Troilo* e *Il Filostrato* [O Filostrato] e voltei para casa...

Voltei para *Troilo* e quase terminei o Livro V. É simplesmente incrível. Exceto *Macbeth* e uma ou duas das velhas baladas, não sei se alguma poesia me afetou mais. Infelizmente, sempre que eu olho

---

[124]Veja Henry Cecil Kennedy Wyld no Apêndice biográfico. A série de palestras que Lewis estava assistindo se chamava "Esboços da história do inglês" e era dada todas às segundas e terças-feiras no período Michaelmas.

para uma estrofe particularmente boa em Rossetti, na esperança de que seja de Chaucer, é sempre um puro Boccaccio...

Terça, 17 de outubro: Fui de bicicleta para a cidade depois do café da manhã e fui para a segunda palestra de Wyld. Hoje ele foi claro e interessante, embora ainda nos contasse o que todo mundo já deveria saber: a simples atribuição de nomes a velhas concepções é, no entanto, útil...

Em seguida, pedalei até 12 Margaret Road, até a srta. Wardale, e tive uma aula de uma hora. Ela me deu uma espécie de esquema de gramática: eu vou ler os *Riddles* [Enigmas] para a próxima vez. Ela falou em educação clássica e disse que, para nós, ingleses, que não temos gramática própria, foi uma necessária introdução ao estudo da linguagem. Eu achei isso perfeitamente verdade...

Do almoço até a hora do chá, trabalhei em um ensaio sobre *Troilo*. Meu estilo de prosa é realmente abominável e, entre poesia e trabalho, suponho que nunca aprenderei a melhorá-lo.

Outra tarde muito quente. D com excelente aparência. Depois do chá, fui até o pátio da igreja de Iffley e voltei. Agora estava uma agradável noite gelada. A aldeia estava linda, especialmente a igreja com as árvores todas douradas. Enquanto caminhava, minha cabeça começou a ficar cheia de ideias para o Canto VI de "Dymer". Esqueci de mencionar que escrevi um fragmento para o V ontem à noite, mas sem muito sucesso...

Quarta, 18 de outubro: Depois do café da manhã, sentei-me na sala de jantar, trabalhando Virgílio com Maureen: fui de bicicleta para o Curso, para uma aula sobre Chaucer às 12 horas, dada por Simpson, que veio a ser o velho que encontrei na biblioteca da English School. Muito boa palestra.[125]

Eu encontrei uma carta de meu pai esperando por mim no College. Ele tinha visto o resultado do show de Magdalen e escreve

---

[125]Percy Simpson (1865–1962) foi bibliotecário da English School (1914–1934), membro do Oriel College (1921–1936) e editor de Ben Jonson. Suas palestras deste período Michaelmas de 1922 foram sobre "Chaucer".

muito gentilmente. Então voltei para casa (contra um vento forte, amargo, embora estivesse muito claro), almocei e me retirei para meu próprio quarto. Comecei a ter uma dor de cabeça e a me sentir muito cansado: perdi o controle do meu pensamento e por fim desisti. Assim deixei meus livros e caminhei até o pé de Shotover, daí pelo caminho do campo até Cowley Barracks e para casa pelos campos de golfe.

Eu estava começando a trabalhar quando Jenkin chegou e fui até ele na sala de visitas. Conversamos sobre *Troilo* e isso nos levou à questão da cavalaria. Eu pensava que o mero ideal, embora não realizado, tivesse sido um grande avanço. Ele pensava que a coisa toda tinha sido muito inútil. Os vários pontos que eu atribuí como bons resultados do padrão cavaleiresco ele atribuiu ao cristianismo. Depois disso, o cristianismo tornou-se o assunto principal. Tentei salientar que o cavaleiro medieval seguia seu código de classe e seu código da igreja lado a lado, em compartimentos estanques.

Jenkin disse que o exemplo típico do ideal cristão em ação era Paulo, embora admitindo que provavelmente não teria gostado dele na vida real. Eu disse que se tem muito pouco ensinamento definido nos Evangelhos: os escritores aparentemente viram algo esmagador, mas foram incapazes de reproduzi-lo. Ele concordou, mas acrescentou que isso era assim com tudo que vale a pena ter...

Quinta, 19 de outubro: ... Fiquei muito tempo em minha última xícara de chá no café da manhã e tive de ir de ônibus até a cidade, chegando assim atrasado ao Curso, para a palestra das 10 horas. Essa foi feita por Onions sobre textos em I[nglês] M[edieval].[126] Ele é um bom professor, mas infelizmente gagueja: embora eu tenha notado que ao citar versos (o que ele faz bem) ele se livrou da gagueira.

Disso vim para casa e comecei a ler o *Hous of Fame* [Cas de fama] [*sic*], uma obra que não me interessa muito. Continuei depois do almoço até que Dorothy repentinamente anunciou que Cranny e sua filha estavam na sala de visitas.

---

[126] Veja Charles Talbut Onions no Apêndice biográfico.

Entrei, apertei a mão dele e fui apresentado a ela. Vi uma garota com mais de um metro e oitenta de altura, larga de ombros como Tolley, com um rosto grande, emburrado e uma voz áspera, vulgar. Ela parecia encher a sala toda quando se levantou. "Ela poderia pegar Aquiles pelo cabelo." Ela se recusou a falar e nunca sorriu. D logo se juntou a mim. A conversa foi bastante difícil.

Com a garota, foi mais ou menos assim: "Você teve um pônei, não teve, srta. Macran?" "Não, infelizmente." "Temos tido um verão muito ruim." "Eu tenho jogado muito tênis, graças a Deus." "Maureen achou sua escola em Wantage muito agradável." "Eu, não." D comentou que tínhamos uma H. P. que era bastante formal: a garota disse "Traz ela pra mim. Eu vou desformalizar ela". O pai dela disse que o clérigo com quem ele estava tentando trocar parecia ter dito muitas mentiras: sobre o que a garota disse "Exatamente como um pároco". Eu disse que o sr. Goodacre era um homem sem opinião: ela gritou "Como eu!". Depois de cada observação, que ela deixou escapar como se algum demônio a estivesse obrigando a quebrar um voto de silêncio, seu rosto recaía de imediato em sua expressão fixa de implacável ferocidade e descontentamento. Quando eu saí para fazer o chá, D a colocou no piano: ela improvisou acompanhamento para alguma porcaria e depois cantou uma canção insinuante em soprano lírico — sua voz ao falar tem o timbre de uma carregadoradecarvão [*sic*].

No chá, Mancha e Maureen apareceram vindo do concerto desta tarde, no qual ouviram a nova sinfonia de Vaughan Williams.

Logo depois delas veio Jenkin. Ele me convenceu a entrar em seu quarto por alguns minutos. Ele me mostrou um ou dois poemas de Donne, dos quais gostei: ele também leu algumas baladas escritas recentemente pelos mineiros da Cornualha para mim: duas delas eram mesmo genuínas. Eu perguntei se ele já escrevera versos agora. Ele me assustou por responder "Não, você me impediu de fazer isso". Eu perguntei o que ele queria dizer. Ele disse que eu tinha dito a ele, depois de ver alguns de seus trabalhos, que ele precisava de um longo curso de disciplina técnica. Ele achava isso verdade,

1922

mas decidiu que, como não gastaria todas as suas energias nisso, poderia muito bem desistir...

Sexta, 20 de outubro: Nos Cursos para uma palestra às onze, sobre a poesia em I[nglês] A[ntigo], pela srta. Wardale.[127] Tivemos o costumeiro trabalho dos Cursos de sermos transferidos duas vezes antes de finalmente nos instalarmos na North School... A srta. W, com seu casquete e vestido, parece uma figura muito ímpar: uma boa palestra, mas sua voz não é forte o suficiente e o esforço para ouvir é cansativo. Ela fez uma distinção entre o pessimismo da literatura em I. A. e a alegria comparativa da islandesa.

De lá, fui de bicicleta em meio a vento e chuva até Wilson na 9 Manor Rd. Eu acho que vou gostar dele. Ele me agradou muito rapidamente quando mencionei Fairfax em meu ensaio, perguntando "O que ele escreveu?". Isso mostra o tipo de pessoas com quem ele tem de lidar, e eu realmente acho que ele ficou surpreso ao descobrir que eu tinha lido Fairfax. Nós concordamos sobre a maioria dos pontos. Ele citou de Legouis a opinião de que o Pandaurus de Chaucer era indistinto e meramente uma transição entre o de Boccaccio e o de Shakespeare. Que absurdo! Ele me emprestou *Mediaeval Essays* [Ensaios medievais], de Ker.

Eu vim para casa. A sra. Hankin partiu para Londres imediatamente depois do almoço: isso foi um evento delicioso, estragado apenas pela perspectiva de seu rápido retorno. Fui para meu próprio quarto, e depois de lidar com o prólogo de *Legend of Good Women* [A lenda das boas mulheres] (agradável, mas irremediavelmente medieval), comecei *Os contos de Canterbury* com grande alegria. Continuei até a hora do jantar, no qual [tempo] cheguei à terceira parte do Conto do Cavaleiro.

Pobre D está em muito mau estado estes dias. Ela assumiu muito trabalho na linha de costura e está preocupada com isso: ela também se incomoda com a preguiça e a inutilidade de Dorothy...

---

[127]"Introdução literária à poesia do leitor anglo-saxão", cujas palestras foram dadas todas as sextas-feiras durante esse período.

Sábado, 21 de outubro: Levantei tarde e comecei Virgílio com Maureen depois do café da manhã, indo até as onze horas. Então eu voltei ao I. A. de *Riddles*: não progredi muito rapidamente, mas resolvi um problema que estava me segurando. Sweet é certamente um autor exasperador...

D estava muito mais alegre do que esteve por algum tempo e, por uma hora ou mais, estivemos muito felizes. Depois do chá, fui para a sala de visitas e continuei os *Tales*. Depois o jantar: o trabalho de D, que tem todas as minhas maldições, tem-na preocupado novamente nessa hora, ou talvez fosse depressão. Limpeza de coisas deliciosamente pequenas, graças à ausência da sra. Hankin e outros visitantes. Depois cheguei até o final do Tale, de Reeve, que é bem ruim: mas excelente o de Miller.

Domingo, 22 de outubro: Levantei tarde e uma manhã bem fria. Saí logo após o café da manhã levando *Os dois cavalheiros de Verona* na mão. Eu o terminei durante minha caminhada: ele tem algumas linhas que são bonitas de um modo vago, e Launce com seu cachorro é bom, mas no geral a coisa é ruim. Eu andei até Shotover e para casa pelo caminho do bosque e pelas obras de Morris. Havia uma bela exibição de cores na colina, nunca as vi melhor. Eu me lembro particularmente de uma árvore, maçã dourada colorida com arbustos vermelhos por baixo.

Casa para almoçar à uma e meia. Depois, enquanto D trabalhava, sentei-me na sala de jantar e continuei com Chaucer, lendo *O conto do magistrado* — bela obra. D estava com boa aparência e estávamos todos muito felizes no chá.

Depois eu me retirei para a sala de estar e fui para os *Riddles*. Eu aprendi muito, mas achei-os muito difíceis para mim no momento. Eu por fim os deixei e aprendi a passagem sobre Cynewulf e Cyneheard da *Chronicle*, com a qual eu poderia bem lidar. Em seguida, jantar e lavar, após o que comecei a passagem de Aelfred sobre o estado do aprendizado na Inglaterra.

Por fim, D e eu nos acomodamos perto da lareira na sala de estar. Ela me leu no *Sunday Times* a parte da semana da *Biography*, da

1922

sra. Asquith.[128] Esta semana foi sobre a controvérsia da aparência, envolta em muita alusão e retórica, mas sem uma defesa clara que pudéssemos perceber. Conversamos sobre a sra. Hankin e sua aparente indiferença ao retorno do filho da Espanha. Para a cama, muito alegre, à meia-noite.

Segunda, 23 de outubro: Caminhei para a cidade depois do café da manhã para o Curso: houve uma confusão maior do que nunca sobre as salas, Wyld sendo anunciado "incapaz de subir escadas". Finalmente fomos levados para uma sala que não nos comportava, a maior parte da plateia do lado de fora e gradualmente se afastando. Wyld teve uma torção no tornozelo e fez sua palestra sentado: ela foi bem interessante. Ele citou uma passagem de *Prometeu desacorrentado* e disse que não sabia de onde ela vinha.

Voltei para casa e fiz um pouco mais de I. A. antes do almoço. Depois, sentei-me na sala de visitas e trabalhei em Chaucer. Minha mente ficou um pouco perturbada ao pensar que um poema poderia ser escrito sobre a angústia do inferno: e vi que a maioria das ideias que me ocorreram em relação a Sarastro entrariam nisso...

Terça, 24 de outubro: ... Depois do café da manhã para os Cursos a fim de ouvir Wyld, que conseguiu subir as escadas hoje. Depois de sua palestra, fui para o College, daí para a Associação e para Taphouses entregar uma mensagem para Maureen. Eu então fui de bicicleta até a Margarets Road e tive minha tutoria com a srta. Wardale. Eu acho que essa idosa senhora não terá muito uso: ela está muito interessada em fonologia e teoria da linguagem, assuntos deliciosos sem dúvida, mas a vida é curta...

Quarta, 25 de outubro: ... Fui à cidade a pé e devolvi dois livros para a Associação: retirei... um volume de Burns para me preparar para os Martlets hoje à noite...

Eu... fui à S. C. J., onde encontrei Fasnacht, Salveson, Jenkin, Robson-Scott, Davie e outros.[129] Tivemos algumas conversas

---

[128]Era o Vol. II de *The Autobiography of Margot Asquith* [A autobiografia de Margot Asquith] (1922).
[129]Keith Maitland Davie se matriculou em 1919 e obteve seu BA em 1922.

divertidas e depois partimos para a reunião dos Martlets nos cômodos de um dos McCissack.[130] Estes acabaram sendo os cômodos que eu tive quando cheguei em 1917. Aqui pela primeira vez fui levado para casa bêbado: aqui escrevi alguns dos poemas de *Spirits in Bondage*. D tinha estado nesta sala. Foi tudo muito rememorativo.

Curtis, que agora é secretário, chegou atrasado e leu as minutas entre suspiros: por alguma razão todos nós, incluindo o secretário, desatamos a rir, e cada palavra das atas ficou cheia de um significado ridículo. Foi um bom exemplo da mente do grupo no trabalho. Carlyle chegou depois que o teste havia começado.

Era sobre Burns, por um escocês chamado Dawson, um rapaz de quem eu gostava muito e com quem tentaria manter contato.[131] Ele, Salveson e eu tivemos algumas conversas durante o intervalo: ele e eu argumentando que as boas emoções eram mais intensas do que as ruins e que um amorista[132] poderia escrever canções toleráveis, mas foi preciso um homem de um romance para escrever a *Divina comédia*. Salveson não entendeu o argumento e continuou convencido até o fim de que estávamos defendendo emoção boa *qua* boa: ao passo que estávamos apenas reivindicando que elas passaram a ser as mais interessantes. A discussão após o intervalo foi muito boa.

Carlyle estava com ótima aparência. Curtis foi um tanto absurdo. Com o tchau, com seu nariz grande, dentes proeminentes, cabelos lisos e óculos de casco de tartaruga, ele é exatamente como o herói de *Tons of Money* [Toneladas de dinheiro] em sua cena paroquial. Carlyle disse: "O longo poema era uma vontade da insignificância". Eu me pergunto se isso é um aviso.

Eu caminhei para casa parte do caminho com Jenkin e Robson-Scott: mais tarde com um homem chamado Mort.

---

[130] Audley McKisack matriculou-se em 1921 e obteve seu BA em História Moderna em 1924.
[131] John Hill Mackintosh Dawson matriculou-se em 1921 e obteve um Primeiro em Clássicos em 1925.
[132] A palavra não aparece em muitos dicionários em inglês e/ou em português, mas tem um significado bem preciso: aquele que se preocupa com amor ou com histórias de amor. [N. T.]

Nós seguimos muito rapidamente ao longo da Cowley Road. Eu não consegui convencê-lo a falar. Por fim eu disse "Você é o único homem em Oxford que anda a um passo razoável". Ele respondeu "Eu ia dizer a mesma coisa."[133]...

Quinta, 26 de outubro: Acordei muito cansado e com dor de cabeça, tomando aspirina antes do café da manhã. Caminhamos para o Curso e ouvimos uma palestra de Onions.[134] Quando voltei, percebi que tinha de terminar os *Os contos de Canterbury* e escrever um ensaio sobre eles até amanhã: assim, para meu quarto e continuei lendo *O conto do estudante* (história brutal) em um ritmo que é um insulto para o autor.

Quando eu desci para o almoço, D me lembrou que Mancha estava vindo para o almoço e para a aula: isso pareceu tirar a última esperança e foi tão inesperado (eu tinha esquecido dela) que eu fiquei apreensivo e a amaldiçoei em voz alta de um modo indesculpável. Logo depois ela chegou e nós almoçamos. Trabalhei latim com ela até as quatro horas e depois retomei minhas tarefas.

Com intervalos para chá, jantar e lavar, continuei até as 12 horas, hora em que terminei para minha relativa satisfação. Então, para a cama com membros doloridos — o resultado paradoxal do trabalho cerebral que eu geralmente encontro...

Sexta, 27 de outubro: ... Depois do café da manhã, li Virgílio com Maureen até a hora de ir à palestra da srta. Wardale no Curso. Depois disso eu pedalei, um passeio muito úmido, para Wilson. Eu combinei de ir até ele às 4h45 às sextas-feiras no futuro em vez de às 12, já que eu estava sempre necessariamente atrasado. Ele me convidou para o chá às quatro da próxima sexta-feira. Eu li para ele meu ensaio e nós discutimos. Ele muito sensatamente se recusou a ter qualquer teoria sobre Melibeus e *O conto do monge*: podem-se imaginar várias coisas...

---

[133] Arthur Basil Sutcliff Mort matriculou-se em 1919, cursou História Moderna e obteve um BA em 1923.
[134] "Textos em inglês medieval".

Carta... de Carritt. Um dos examinadores de Magdalen disse que eu era "provavelmente o homem mais hábil em": mas que minha deficiência é timidez e muita cautela em me deixar ir. Ele também me pede para ir e vê-lo...

Sábado, 28 de outubro: Cada dia fica mais frio. No primeiro correio, D recebeu uma carta da sra. Hankin dizendo que o filho dela não viria a Oxford e que ela mesma estava em Londres para procurar um emprego: ela poderia ou não poderia voltar para nós, e se nos importaríamos se ela não o fizesse. Se nos importaríamos!...

Domingo, 29 de outubro: ... Imediatamente após o café da manhã, peguei minha bicicleta e parti para Forest Hill. Foi um dos dias mais frios que tivemos, e um forte vento em meu rosto todo o caminho. Como resultado, embora possa não ter sido muito congelante, eu estava ensopado de calor quando cheguei.

Ela [tia Lily] está em um chalé que uma vez fui avaliar para nós há muito tempo. Das janelas você olha através dos campos até a cordilheira de Shotover — ela não sabia da conexão disso com Shelley e ficou feliz em saber disso. Existe uma cozinha/sala de estar muito agradável.

Ela está aqui há cerca de três dias e tratou friamente um livreiro em Oxford, escreveu para o jornal local, teve uma séria discussão com a esposa do vigário e começou uma briga com seu senhorio.

A aventura da esposa do vigário foi boa. Aquela senhora, encontrando-a no ônibus de Forest Hill, perguntou quem ela era e prometeu visitá-la. Tia Lily disse que poderia visitá-la se quisesse, mas ela não iria à igreja. Sendo perguntada o porquê, ela disse que tinha jurado nunca entrar em nenhuma igreja até que o clero, como um todo, saísse em defesa da Lei de Proteção do Cão. "Oh!", disse a esposa do sacerdote com espanto horrorizado, "Então você se opõe à vivissecção?". "Eu me oponho a todas as infâmias", respondeu tia L.

Não obstante, o vigário e a esposa vieram a ela bem humildes no final da jornada e disseram "Mesmo se você não vier à igreja, você

1922

virá a nossa rodada de uíste?"[135] Ela diz que todos os párocos parecem cães repreendidos quando você os desafia sobre esse assunto.

Recusei um convite para almoçar, mas fiquei até a uma hora. Ela falou o tempo todo, com sua habitual, interminável fluência, sobre vários assuntos. Sua conversa é como uma gaveta antiga, repleta de lixo e coisas valiosas, mas todas juntas em grande desordem. Ela ainda está envolvida com seu ensaio, que, começando há três anos como um tratado sobre o então estado de sufrágio feminino, ainda está inacabado e agora abraça uma filosofia completa sobre o significado do heroísmo e do instinto materno, a natureza da matéria, o primal Um, o valor do cristianismo e o propósito da existência. Esse propósito, por falar nisso, é o retorno das diferenças ao Um por meio do heroísmo e da dor. Assim, ela combina boa dose de Schopenhauer com boa dose de teosofia: além de estar em dívida com Bergson e Plotino.

Ela me disse que o ectoplasma foi feito com bolhas de sabão, que as mulheres não tinham equilíbrio e eram médicas cruéis, que o que eu precisava para minha poesia era um embebimento em ideias e terminologia científicas, que muitas prostitutas eram extraordinariamente purificadas e como Cristo, que Platão foi um bolchevique, que Bateson (?) em Oxford foi um dos piores vivissectores do mundo,[136] que a importância de Cristo poderia não se encontrar no que ele disse, que os pequineses não eram cães, mas leões anões criados a partir de espécimes menores e cada vez menores pelos chineses através de inumeráveis eras, que a matéria era apenas a parada do movimento e que o erro cardinal de todas as religiões feitas por homens era a suposição de que Deus existia para nós ou que se importava conosco.

Deixei "Dymer" com ela e saí, com certa dificuldade, à uma hora. Eu imagino que uma manhã com Coleridge devia ter sido algo assim...

---

[135] Jogo de cartas disputado em duas duplas. É considerado o ancestral do bridge.
[136] Ela provavelmente estava se referindo a William Bateson (1861–1926), que havia sido professor de biologia em Cambridge.

Segunda, 30 de outubro: Depois do café da manhã, caminhei até o Curso e ouvi a palestra de Wyld. Caminhei para casa e me acomodei para o anglo-saxão. Maureen voltou de uma aula não muito bem-sucedida com o sr. Allchin. Após o almoço, fui para a sala de visitas. Consegui terminar o desprezível *Riddles* finalmente — aquele sobre o sol e a lua tem uma espécie de encanto de rima infantil sobre o qual o poeta, tenho certeza, nunca suspeitou. Continuei com a tradução de Aelfred da *Cura Pastoralis* [Pastoral]...

No jantar, conversamos sobre óperas e Maureen me fez algumas perguntas sobre o *Anel* de uma forma que parece que sua imaginação estava finalmente se tornando realidade... Depois de terminar o trabalho, sentei-me com D perto da lareira na sala de visitas. Ela estava com dor de cabeça e estava muito preocupada com a lentidão e a demora de Maureen e a consequente incapacidade de administrar o trabalho dela...

Terça, 31 de outubro: Para a palestra de Wyld após o café da manhã. Eu encontrei uma carta formal no College enviada por Larápio informando-me que o Mestre e os Membros decidiram continuar minha bolsa de estudos. Eu respondi imediatamente no S. C. J. Então... eu pedalei para a srta. Wardale. Ela me surpreendeu prometendo me dar para a próxima semana um artigo sobre todas as fonéticas e leis de mutação de q. ela tem falado e q. eu não tenho escutado!...

Eu peguei as *European Tables* [Tabelas europeias], de Hassal, cheguei em casa e comecei, com a ajuda disso e de Saintsbury, a criar uma tabela da literatura inglesa desde 1500. Trabalhei duro nisso pelo resto do dia...

Novembro

Quarta, 1º de novembro: ... Estava uma manhã úmida, ventosa. Eu decidi não comparecer à palestra de Simpson e passei a manhã trabalhando duro em minha tabela. Após o almoço, fui à biblioteca da English School e li o livro mais elementar de Wyld (esqueci o título) de modo a preparar-me para o exame da srta. Wardale[137]... Então caminhei para a Associação e peguei um volume de Gower, contendo o *Vox Clamantis* [Voz que clama]... o poema latino é lamentável, lixo até onde pude ver. Depois do jantar comecei meu ensaio, e levei minha tabela até o final do século 18 antes de ir para a cama.

Quinta, 2 de novembro: ... Eu... fui para a biblioteca do Curso. Aqui eu fiquei perplexo por boas duas horas com fonética, o som que para na garganta, sons semivocálicos, capturas glotais e sabe-Deus-o-quê aberto. Coisas muito boas a seu modo, mas, por que fisiologia deveria fazer parte da English School eu realmente não sei.

De lá, fui às quatro horas para a Associação e retirei um volume de Gower. Voltei caminhando. D e eu estávamos sentados para tomar chá quando o Doc apareceu... Depois do chá, fui para a sala de visitas e continuei meu ensaio: o Doc não ficou muito tempo. D está ocupada com a blusa de tricô para a srta. Brody e de novo tem um pouco de dor de cabeça: estamos receosos de que possam ser seus olhos. Depois do jantar e de lavar, terminei meu ensaio.

Sexta, 3 de novembro: ... Após o almoço, fui à biblioteca novamente e fiquei preocupado com minha fonética, tentando dominar as leis da imutação. Enquanto eu estava lá, um jovem corpulento entrou e começou a falar com Simpson, que estava colando placas de livros na minha mesa — a regra do silêncio aparentemente não prevalece nesta biblioteca. Ele perguntou a Simpson se [Walter] Raleigh não estava preparando um livro sobre Chaucer antes de sua morte. Simpson disse "Não, ele se esquivou disso, e estava muito certo. Ele teria sido pego na erudição. Agora ele uma vez *me* sugeriu que poderíamos colaborar em um livro sobre Chaucer. Eu teria feito a erudição e ele teria feito a apreciação".

Deus do céu! Polônio e Ariel, Wagner e Eufórion estariam bem unidos a isso! Simpson sussurrou a meu lado até que ele quase me deixou louco e eu saí e comprei carne bovina prensada.

---

[137] *A Short History of English* [Uma breve história do inglês] (1914).

Eu então caminhei para Manor Place e tomei chá com Wilson. Talvez ele tivesse um resfriado ou estivesse dormindo perto da lareira: por alguma razão, eu o achei um pouco grosseiro. Contei-lhe do meu choque ao descobrir que a srta. Wardale esperava que eu soubesse algo da fonética dela. Ele disse que exatamente a mesma coisa aconteceu com ele, mas acrescentou que "Betsy Wardale tinha uma mente refinada".

Ele estava almoçando com Gordon,[138] que falava sobre a diferença entre uma plateia de Oxford e uma escocesa numa palestra: aqui nós sentamos parecendo como se estivéssemos entediados, quer estejamos ou não. Lá, eles batem os pés quando estão descontentes e aplaudem em voz alta cada bom ponto. Nós concordamos que a escocesa era a melhor clientela. Isso certamente faria a Simpson, Joachim e Joseph muito bem.

Depois, li para ele meu ensaio sobre Gower: ele aprovou, eu penso, no geral, mas acho que eu deveria ter lido mais. Eu gosto desse homem, embora ele esteja um pouco sonolento...

Sábado, 4 de novembro: ... Eu... peguei minha bicicleta e comecei por Forest Hill — uma viagem deleitosa, embora eu tenha visto muitos outonos com cores melhores. Eu encontrei tia Lily descendo a colina para pegar leite e pão, em cuja tarefa eu me juntei a ela depois de deixar minha bicicleta.

Quando voltamos para o chalé, ela me deu algumas páginas de seu ensaio para ler. Eu realmente tive uma grande surpresa. Não está na minha linha e espero que não seja verdade, mas devo dizer que achei ótima literatura. Pareceu-me — com todas as falhas óbvias que algumas pessoas vão encontrar nele — ter justamente "*aquilo*" nele. Eu realmente acredito que ele vai durar: não pelo assunto, mas pelo entusiasmo.

Você pode ver, de qualquer forma, que ela é uma verdadeira e convencida profetisa sem nem um pingo de charlatanismo. Sua absoluta incapacidade de absorver qualquer coisa que não possa ser

---

[138] Veja George Stuart Gordon no Apêndice biográfico.

1922

usada como combustível para seu próprio fogo particular é também uma falha característica do profeta.
Conversamos sobre vários assuntos. Falando de uma esposa que havia deixado um marido mau, ela disse: "O consolo dela é que ela impediu que uma má hereditariedade se perpetuasse: seu esforço e sua educação fizeram bons os filhos, de modo que aquele homem em particular acabou — biologicamente".

Ela disse que o papel de Hamlet nunca poderia ser interpretado adequadamente no palco porque Hamlet tinha de ser gordo: o problema particular dele — incapacidade de sentir as emoções que o intelecto claramente reconhece como corretas — era a *dementia praecox* [demência precoce] que acompanha a obesidade. Ela me surpreendeu por gostar de *A megera domada*: ela disse que Petruchio era o único dos heróis de Shakespeare com quem ela mesma teria se casado. Ela também declarou que Richardson era, ao lado de Shakespeare, o maior conhecedor de personagens e talvez igual a Shakespeare. Ela também colocou Jane Austen bem alto nessa linha. Ela disse que o capítulo de Bergson sobre "Rein" era o pior do livro e nele ele recaiu no intelectualismo: eu o achei o mais intuitivo e maravilhoso de todos.

Ela desaprovou fortemente "Dymer", que eu tinha deixado com ela na semana passada. Ela o chamou de brutal. Ela disse: "Para onde toda a sua antiga simplicidade e retidão de linguagem foram?" Ela disse que eu parecia estar deliberadamente sendo relaxado e errado em minhas palavras e "certamente como Bill Patterson".[139] Ela também disse que eu "*não* devo descrever". Quando ela chegou a uma descrição de um bosque em um poema — seja em Keats ou em mim!! —, ela desistiu. Ela não se importava com um homem escrevendo um poema apenas sobre um bosque: mas ter um bosque derrubado em seu caminho quando você estiver lendo sobre um homem — !

---

[139]William Hugh Patterson (1835–1918) foi um ferrageiro em Belfast e amigo da família Lewis. Uma curiosidade liberal e o amor ao trocadilho fizeram com que ele assumisse *hobbies* intelectuais e, em 1920, publicou um livro de poemas.

Ela disse que eu precisava era daquele tipo de ginga que você ganha em *Don Juan*: fiquei surpreso ao descobrir que ela conhecia *Don Juan*. Disse que era a única coisa de Byron que ela poderia ler. Ridicularizou a visão de que ele fosse imoral. O que ela gostava particularmente era a ginga para a frente. Disse que eu não consegui captar isso: ou, cedendo, que eu tinha apenas um vestígio disso aqui e ali. Eu perguntei se ela não gostava do próprio Dymer: disse não, isso era eu: Dymer era apenas um animal jovem solto.

Ela disse que, ao ler Bacon, muitas vezes tinha sido atingida por ecos de Shakespeare: e, quando a teoria baconiana apareceu pela primeira vez, ela a havia apreendido muito bem. Mais tarde notou que as partes baconianas de Shakespeare geralmente vinham nos discursos de Polônio e de personagens semelhantes: de modo que Shakespeare não estava em dívida com os escritos de Bacon, mas com o homem Bacon, tanto quanto estava em dívida com o original de Dogberry.

Saí — ou comecei a sair — por volta das 3h30. Ela gentilmente insistiu em que eu levasse uma garrafa de creme e um volume de Emerson. Este último, ela pretendeu me dar um dia em Holywood: mas eu disse no decorrer de nossa conversa "Droga, Emerson!", e assim ela se absteve até agora...

Segunda, 6 de novembro: De manhã para a palestra de Wyld. Fiquei muito impressionado com o abuso dele do privilégio do monólogo. Ele falou de certa palavra "Alguns de vocês jovens super-finos podem pronunciá-la — se vocês condescenderem mencionar uma coisa tão vulgar. Eu não me importo se vocês o fazem. Eu pronuncio isso". Esta é a única ocasião em que já notei uma tensão intimidadora semelhante: e todas as mulheres riram obsequiosamente...

Chegando em casa, encontrei Jenkin aqui. Ele passou para me convidar para uma caminhada, mas isso era sem dúvida impossível. Falei do pessoal da English School. Eu disse que esperava encontrá-los mais liberais e "humanos" do que o pessoal de Greats: mas, em vez disso, eles pareciam pedantes e bastante mal-educados. Ele concordou com meu sentimento sobre Wyld. Este, ele disse, fora

1922

ouvido dizer que gostava de assustar pessoas nos exames orais: e em alguma universidade menor onde ele havia estado, candidatas do sexo feminino geralmente o deixavam em dilúvios de lágrimas. Ele era de fato um valentão comum: e, embora professasse uma atitude puramente científica em relação às pronúncias rivais, ele era de fato morbidamente consciente da classe. Um esnobe, que gostava de se imaginar um cavalheiro de província da velha escola e se vangloriava por dizer "wescitt"[140]...

Terça, 7 de novembro: Meu resfriado ainda está muito forte. Decidi ignorar a palestra do Patife Wyld e trabalhei muito para traduzir o *Wanderer* [Viajante] até as 11h30, quando fui de bicicleta até a casa da srta. Wardale. Ela parecia muito satisfeita com o que eu tinha feito, e tivemos uma hora útil.

Ao chegar em casa, soube por D que a sra. Stevenson queria que eu ensinasse latim a Sydney. Minha recusa foi, em princípio, imediata: mas depois descobri que isso poderia ser permutado pela tutoria da sra. Stevenson a respeito de Maureen e assim economizar dinheiro. Somos pobres demais para desperdiçar, e eu combinei de ensiná-la aos domingos.

Após o almoço, fui de bicicleta até os aposentos de Jenkin... Começamos pela Botley Road e passamos por Ferry Hinksey... Quando chegamos à Tessália, colocamos nossas bicicletas na samambaia e entramos no bosque. Nós fomos além do que eu jamais tinha ido, através de três serranias. Ficamos tão satisfeitos quanto duas crianças se deleitando com a beleza, o sigilo e a emoção da invasão. O deleite indisfarçado de Jenkin nos prazeres mais elementares de uma vagueada sempre me arrebata: ninguém realmente ficaria surpreso se de repente dissesse: "Vamos fingir ser peles vermelhas". Eu tenho a verdadeira alegria neste bosque. Nós passamos muito tempo lá e voltamos tarde para os aposentos dele, onde tomamos chá. Ele me leu uma nova peça dele que eu gostei: ele me fez

---

[140]Essa seria uma maneira culta e afetada de pronunciar Wessex, o nome da região em que ele provavelmente morava. [N. T.]

ler em voz alta "Foster", que eu tinha emprestado a ele e que gostou muito mesmo...

Quinta, 9 de novembro: ... Eu trabalhei duro durante toda a manhã terminando *Piers Plowman* [Pedro, o Lavrador]:[141] eu o li todo no texto P, exceto as últimas passagens sobre o Anticristo. Contém alguns fragmentos que, tudo dito e feito, têm mais da coisa real do que o pobre velho Chaucer jamais poderia ter conseguido — e muito pouco da gargalhada medieval de Cato e Boécio. Nos poucos minutos antes do almoço comecei meu ensaio.

Mancha veio almoçar e depois eu pratiquei latim com ela até a hora do chá. Depois do chá continuei meu ensaio, e também depois do jantar. D bastante deprimida e sofrendo de dor de cabeça. Extraordinariamente cansada esta noite.

Sexta, 10 de novembro: Eu tive uma noite do cão. Eu estava duas vezes doente e passei o resto do tempo entre dormir e acordar em uma espécie de confusão febril de dor de cabeça e sonhos sobre *Piers Plowman* — o tipo de sonho que parece durar anos e anos e é tão cansativo que você fica feliz com um pesadelo por causa da mudança. Algumas chuvas muito fortes conforme clareava...

Vim para casa e mudei-me (em preparação para o concerto)... para o qual eu deveria ir com Maureen. Eu li por alguns minutos quando D viu um anúncio de uma casa para alugar no *Oxford Times*. De imediato peguei o ônibus para Ship St., para o agente da casa de Galpin, mas a encontrei fechada. Casa de novo e jantar: depois disso, Maureen e eu partimos.

Embora não estivesse muito melhor, eu não queria muito vir e, portanto, estava mais feliz por perceber que eu poderia apreciá-lo. A melhor coisa foi a Sonata de Beethoven — como a risada de um Titã, mas com toda melancolia logo abaixo. Eu percebi que não é bom

---

[141] *Visio Willelmi de Petro Ploughman* [A visão de Guilherme de Pedro Lavrador] (escrito c. 1370–1390) é um poema narrativo alegórico escrito por William Langland (c. 1332–c. 1386), uma das maiores obras da literatura inglesa da Idade Média. Contém as primeiras alusões conhecidas à tradição literária das histórias de Robin Hood. [N. T.]

1922

para mim ouvir Chopin imediatamente após Beethoven — parece tanto uma luxuosa autopiedade. Casa em bom tempo e para a cama.

Sábado, 11 de novembro: Na cidade para Galpin, imediatamente depois do café da manhã, para descobrir que havia quarenta candidatos e a casa já fora alugada. Então casa e trabalhei na Gramática I. A. tanto quanto pude aguentar. Me voltei para o *Wanderer*. Por uns poucos minutos antes do almoço, eu caminhei pelo círculo das estradas levando *O retorno* comigo. Eu entendo muito pouco do diálogo deste livro: vale a leitura por uma sentença "Somos todos como crianças jogando *knuckle-bones*[142] na área de serviço de um gigante".[143] Após o almoço, tendo ficado retido no *Wanderer*, comecei *Beowulf*. Trabalhei mais arduamente do que bem até a hora do chá: uma tarde úmida e muito escura.

D estava melhor que ontem, mas deprimida durante o dia. Na hora do chá, o Doc apareceu. Ele parecia com boa disposição e estava muito satisfeito com a última palestra do dr. Brown. Eu pretendia sair, mas fiquei conversando depois do chá. Discutimos Tennyson: o Doc estava entusiasmado com *Ulysses*: também nos unimos à diversão inocente de fazer alarde de nossos elogios comuns a nossas partes favoritas de Keats e Shelley... Por volta das 6h30, ele saiu e eu caminhei com ele, falando de tudo de dentro e de fora da terra em tais vozes que os transeuntes podiam ter-nos tomado por políticos. Nós fomos além de seus alojamentos, até o final da vila de Iffley, para ver a igreja e as árvores à luz das estrelas. Eu não sei como, mas nós passamos a falar de morte — do lado material — e de todos os outros horrores pairando sobre alguém. O Doc disse que, se você parasse para pensar, não poderia suportar esse mundo por uma hora. Eu o deixei e fui para casa.

Luzes e estrondos de Oxford, onde eles estavam celebrando a noite do Armistício...

---

[142]Jogo de crianças em que são usados os ossos metacárpico e metatársico de carneiros. [N. T.]
[143]Walter de la Mare, *O retorno* (1910), cap. XVI.

Domingo, 12 de novembro: ... Depois de um almoço cedo, Maureen e eu pedalamos até o Sheldonian para ouvir o Coro de Bach. Ficamos sentados em um peitoril da janela logo abaixo do teto pintado. Houve uma grande aglomeração de pessoas. Notei Curtis, Fasnacht, Emmett, Robson-Scott, Mort e Cyril Bailey:[144] o último estava no Coro, ficou vermelho-maçã e balançou a cabeça sobre o *Dies Irae* [Ira de Deus] de uma maneira a aquecer o coração dos ouvintes — um bom garoto velho. Das janelas em frente, olhei para o telhado do Clarendon Building e outras cumeeiras além, com um céu invernal, de modo que era uma boa maneira de ouvir música.

O item principal foi a Missa de Réquiem, de Verdi, uma obra muito agradável, embora não tão boa quanto o compositor queria que fosse. A contralto era boa. Também tivemos a Marcha Fúnebre, de Elgar, *Jerusalém*, de Parry, e a cena de "Para todos os santos", de Vaughan Williams. Da marcha eu gostei: as outras duas foram estragadas pela prática ruim e sentimental de fazer a plateia participar. A melodia de V. Williams parecia tão monótona quanto qualquer hino comum. Maureen gostou bastante da Missa.

Nós fomos de bicicleta para casa e tomamos chá, depois do qual eu terminei meu I. A. para a srta. Wardale. À noite, iniciei uma nova cópia passada a limpo de "Foster" e fiz algumas correções que me agradaram grandemente. Então li a prestação da sra. Asquith para D. Depois disso, entramos em uma conversa sombria sobre a morte, o acaso e o perigo permanente...

Segunda, 13 de novembro: ... No café da manhã, D teve uma resposta à resposta *dela* a um anúncio de uma casa que ela vira no *Oxford Times*. Decidimos que não havia tempo a perder, e parti de bicicleta. Dirigido pelo G. P. O.,[145] desci para St. Aldate e além do rio, virando antes da ponte da ferrovia à minha esquerda para um

---

[144]O reverendo Cyril William Emmet (1875–1923) foi capelão e membro do University College (1920–1923).
[145]General Post Office (Agência Geral de Correios), estabelecida na Inglaterra em 1660 e abolida em 1969, detinha o monopólio de todos os meios de comunicação. [N. T.]

1922

beco muito sórdido. Eu segui por ali, pensando que tinha chegado a um lugar pobre: mas depois de vários chalés, cheguei a várias pontes de madeira e, entre campos e salgueiros, até a casa ao lado da represa. A miséria estava completamente fora de vista: na parte de trás da casa, havia um complicado arranjo de poças, catracas, cascatas e pontes penduradas em árvores podadas: e, em frente disso, campos nivelados com dois montes de feno à vista. Perto do parapeito do jardim, estava um homem com uma bicicleta que se revelou um inquilino rival. A nós dois havia sido dito nas cartas que o "sr. Tombs" estaria lá para nos mostrar a casa antes das 10 ou depois das quatro. Nenhum sr. Tombs, porém, apareceu: meu rival me disse que o sr. T. morava no nº 7 e assim se foi.

O sol estava indo bem agora, e o lugar inteiro parecia encantado. Eu tive alguma dificuldade em subir no parapeito. Tendo conseguido, examinei tudo o melhor que pude sem uma chave. É um chalé estranho com grandes janelas em arco de data posterior colocadas nele. Os cômodos principais ficavam costas com costas e janelas em lados opostos da casa: os cômodos eram baixos, mas grandes e muito alegres. Parecia, no entanto, ter instalações sanitárias externas e, claro, sem gás ou quarto de banho.[146] O grande jardim era cercado por uma cerca e uma vala e habitado por galinhas. O som da represa se sobrepunha a tudo. Eu fui para o nº 7, mas nenhum sr. Tombs estava lá...

Pedalei para casa através de Iffley e relatei a D [o que vi]. Senti vontade de não fazer nada além de expor a beleza do lugar, mas mostrei todos os inconvenientes práticos. Eu prometi tentar novamente às 4 e depois fui para meu trabalho.

Após o almoço, fui à biblioteca inglesa, devolvi dois livros e li *Schoolmaster* [Professor], de Ascham, também referindo-me a uma cola sobre *Beowulf* para algumas passagens difíceis. Saí da biblioteca e caminhei pela Folly Bridge e pelo caminho de acesso até a Weir House...

---

[146]*Bathroom*: lugar exclusivo para banho; os aparelhos sanitários ficavam no toilete, as instalações sanitárias externas mencionadas pelo autor. [N. T.]

Chegando em casa, encontrei outro homem saindo por cima dos parapeitos. Eu cruzei as pontes e bati no nº 7. Nenhuma resposta. Esperei por muito tempo, observando muitos patos na trilha, dois coelhos coçando um ao outro em uma gaiola e um belo pôr do sol vermelho sobre Bagley Woods. Eu tentei falar com meu novo rival, mas ele não quis. Logo o sr. Tombs — apropriadamente um homem muito sombrio[147] — apareceu. O rival de imediato envolveu-o em uma conversa sussurrada. Quando por fim ele estava livre, pedi para ver a casa. "Está tudo resolvido", retrucou Tombs e eu caminhei para casa por Iffley com essa notícia.

D e eu fomos muito espertos agora e decidimos por excelentes razões que o lugar nunca teria acontecido...

Terça, 14 de novembro: Muitos graus de geada esta manhã e uma névoa espessa, que, como D leu no jornal, está em toda a Inglaterra e na Europa. Saí depois do café da manhã para a palestra do Patife: Southfield Road, com suas teias de aranha congeladas, estava muito alegre. Eu já estava na hora do ônibus quando Maureen se juntou a mim a caminho do dr. Allchin.

Eu estava atrasado para os Cursos, mas isso não importava, já que o Patife estava atrasado. Ele lecionou por cerca de meia hora, dedicando a maior parte de seu tempo a um ataque a Bridges e a vangloriar-se de sua vitória na discussão sobre um sem-nome que palestrara em algum lugar sobre a pronúncia do inglês. "Eu o tive no oco da minha mão", disse o Patife. Para lhe fazer justiça, se seu próprio relato era justo, seu adversário parecia estar absolutamente errado, e até mesmo tolo...

Eu fui de ônibus para a srta. Wardale, onde eu tive uma hora interessante. Ela me conta que a teoria de uma origem asiática para os arianos foi abandonada e o berço deles agora colocado na costa do Báltico...

Quarta, 15 de novembro: O nevoeiro ainda estava aqui de manhã, mas não tão cerrado. D recebeu uma carta de Moppie no primeiro

---

[147] *Tombs* significa "túmulos, sepulturas, tumbas". [N. T.]

1922

correio. Nessa carta, ela nos contou que, de Swansea, havia escrito para a Cadela sobre uma saia que queria, que a Cadela lhe havia enviado. Desde então, a Cadela lhe tem escrito várias cartas perguntando onde está etc., às quais Moppie não respondeu: e agora ela tem uma perguntando sobre a bicicleta. Moppie terminou nos exortando a não entrar em contato com ela "por medo de sua terrível língua".

Esta carta nos preocupou. Ficamos surpresos por Moppie ter tão pouca prudência e tão pouco orgulho ao escrever qualquer pedido à mulher: também achamos injusto que ela o fizesse sem nos dizer, ainda mais que aparentemente isso havia acontecido há muito tempo e nós nunca teríamos ouvido sobre isso se não fosse pelo problema com respeito à bicicleta.

Também havia sido combinado que Moppie deveria enviar a D qualquer dinheiro que ela pud. dispor de semana a semana em pagamento do considerável montante que tivemos de pagar por sua fuga etc. Nada havia sido enviado, nem Moppie jamais mencionou o assunto. D, que odeia a mentira dentre todas as outras coisas, ficou muito perturbada: e, de fato, nunca confiou em Moppie desde o caso de Baker. Claro que é natural que a menina pos. ser enganadora depois de tal criação, mas a coisa é uma preocupação...

Sexta, 17 de novembro: Depois do café da manhã, trabalhei em *Beowulf* na sala de jantar até as 11h30, quando caminhei para o Curso, para ouvir uma palestra de Gordon, o sucessor de Raleigh...

Gordon esteve muito bem e lamento ter perdido suas palestras anteriores.[148]

Eu fui para casa e almocei, ao que Mancha apareceu. Ela disse que não poderia ir a *Sansão e Dalila* e foi combinado que eu deveria levar Maureen.

Quase imediatamente após a refeição, Cranny apareceu. Eu persuadi D a ficar sozinha na sala de jantar enquanto eu fui à sala de estar e mantive a conversa, o que achei muito tedioso. Cranny, a propósito de um menino que fora educado para a igreja e se achava

---

[148] As palestras, segundas e sextas, eram sobre Shakespeare.

longe demais para crer, disse que seus próprios pais tinham como certo que ele dev. ser um pároco: ele tinha chegado ao estágio de ler Renan antes de ser confirmado, mas ele não sabia o que mais fazer — e lá está ele...

Eu... fui de ônibus com Maureen ao teatro. Era a companhia de Carl Rosa, mas em seu pior, sem nenhum dos melhores cantores e — pior de tudo — uma orquestra miserável: soava como dois violinos de segunda mão e um apito de um centavo. Eles eram todos frouxos, especialmente o maestro, e nem mesmo tiraram o melhor de seus míseros recursos. Sob essas condições, tivemos uma apresentação ruim: mas acho que a ópera era um lixo, sem falar da tradução. Não há melodia simples como Sullivan, nem desenvolvimento musical puro como Beethoven, nem (claro) paixão e imagens como Wagner. Essa apenas segue adiante, sentimental, bombástica, "operística" no pior sentido da palavra. Fiquei muito desapontado, pois sempre achei que St. Saëns fosse um homem bom a partir do pouco que eu conhecia. A audiência em nossa vizinhança imediata se comportou abominavelmente.

Cheguei em casa com dor de cabeça e encontrei D ainda num estado muito ruim. Ela conversou com Cranny depois que eu saí. Ele estava em profunda depressão: "A vida é uma tragédia. Eu não tive grandes problemas como você, mas toda a minha vida tem sido uma decepção. E agora meu filho é — um policial!". Ele dissera, pobre homem, que esperava que seu filho fosse como eu — um pedido modesto. Depois veio o comentário tragicômico: "Violet (veja 19 de outubro), claro, se irrita com todo mundo!"

Bem tarde para a cama. Hoje foi o aniversário de Paddy: D me lembrou de que neste dia, há cinco anos, eu naveguei de Southampton. (Sonhei na noite anterior que estava com meu pai e ele reclamava de minhas cartas. Sua queixa aparece, na minha lembrança ao acordar, como se ele dissesse "elas são apenas uma palavra após outra", mas eu entendi bem o suficiente no sonho.)

Domingo, 19 de novembro: Saí para uma caminhada depois do café da manhã, levando *The Cenci* [Os Cencis] comigo. Eu subi Shotover — uma manhã nublada e agradável... Eu estava lendo

1922

The Cenci com diligência e acho que realmente se vê mais do país com um livro do que sem: pois você sempre é forçado a olhar de vez em quando, e a cena em que tropeça sem saber vem sobre você como um sonho. Passei por toda a parte mais densa deste vale com grande prazer. A neblina aumentou: as cores do outono, embora não tão esplêndidas como há alguns anos, eram muito agradáveis e havia um bom aroma...

Segunda, 20 de novembro: Depois do café da manhã, fui para o Curso, para a palestra do Patife. Ele se distinguiu nesta manhã fazendo o que eu nunca vi nem ouvi falar de um palestrante fazendo. De repente, se virou para um homem sentado na primeira fila e exclamou: "Você entende isso? Você poderia dar uma explicação sobre isso?" O homem naturalmente não deu resposta. "Humpft!", grunhiu o Patife: "Você não estava ouvindo, estava? Eu o aconselharia a ouvir se fosse você". É realmente ridículo o quanto este incidente me deixou com raiva pelo resto do dia... Às 12 voltei para o Curso, para ouvir Gordon sobre a linguagem de Shakespeare — uma palestra excelente.

Andei para casa e almocei e passei a tarde no meu Inglês Antigo. No chá, veio Jenkin, que trabalhou com Maureen. Eu tive de ir para a cidade novamente para devolver dois livros na Associação e caminhei nos dois sentidos. Depois eu andei um pouco do caminho de volta com Jenkin. Eu contei a ele sobre a ação do Patife nesta manhã. Ele disse que esse tipo de coisa era bem comum. Uma vez se deparou com uma garota na fileira da frente que estava virando as páginas de seu caderno e berrou "Você ainda não encontrou o lugar? Eu não vou dar uma palestra nesse jeito de Escola Dominical". Começo a entender por que a Greats School era chamada *Literae Humaniores*.

Depois do jantar, terminei meu ensaio para a srta. Wardale. Estou me reconciliando com essa coisa fonética que me dá novas luzes o tempo todo — e a *Gramática* dela é muito boa: um grande avanço com respeito a Sweet. D parecia muito melhor esta noite: falamos sobre Moppie de maneira mais alegre do que antes. Comecei *Love's Labour Lost* [O trabalho perdido do amor] pouco antes de ir para a cama.

Terça, 21 de novembro: Terminei o primeiro ato do *Love's Labour Lost* com meu chá matinal. É deliciosamente musical. Maureen sofreu de dores perto do coração ontem, e como elas ainda estavam lá esta manhã, D decidiu que ela deveria ver o Doc. D disse que estaria bem preparada para ir com ela: e como eu queria fazer muito de meu tutorial com a srta. Wardale, acreditei muito tolamente que isso seria verdade. As duas, portanto, partiram e trabalhei em *Beowulf* até as 11h30, quando fui de bicicleta para St. Margaret's Road. Eu tive uma hora boa e interessante e voltei para casa.

Aqui encontrei o Doc e recebi as más notícias de que D, que tinha andado em vez de ir de ônibus pela Planície, havia tido um colapso na estrada e quase desmaiara — por sorte encontrando o Doc naquele exato momento. Ele a levou para uma casa próxima, onde lhe foi dado uísque e descansou, e logo depois ele a trouxe de volta. Eu me culpei muito por tê-la deixado ir, e ela por ter andado. A coisa toda foi uma surpresa repugnante e me assustou...

Após o almoço, andei de bicicleta até os aposentos de Jenkin: também o encontrei em estado ruim, tendo ficado deprimido e preocupado com uma conversa mantida na noite anterior com uma pessoa religiosa. Nós discutimos aonde devíamos ir. Como era um dia sombrio e enevoado, sugeri que procurássemos "mananciais e bosques sem caminhos" ou qualquer lugar melancólico que sublinhasse a disposição do dia para a grandeza. Ele votou por Binsey e lá fomos nós. Ele me levou pelo caminho de sirga entre árvores podadas que vão para a Trout Inn: em seguida, sobre pontes e uma terra de uso de uma comunidade, ao longo de uma pista lamacenta e em uma avenida de árvores com portões.

Por fim, chegamos a uma igreja triste ao lado de um bosque. Esta é a igreja de St. Fritheswide.[149] O caminho da porta tem um arco normando tão baixo que quase o toquei com a cabeça e, por dentro,

---

[149] Lewis errou o nome. Ele estava na pequena Igreja de St. Margaret, Binsey (construída em cerca de 730), confirmada como pertencente ao priorado de St. Frideswide, em 1122, e que hoje é mantida em pluralidade com a St. Frideswide Church, Osney.

1922

a igreja estava muito escura. Riscamos fósforos para tentar ler os nomes nas placas de bronze. Ao sair, investigamos o poço que surgiu em resposta às orações de St. Frithswide. A água tem poderes miraculosos e costumava ser vendida por um guinéu o quarto.[150] Aqui Jenkin encontrou um lápis folheado em prata. Nós então arrastamos os pés pelo meio de muitas folhas mortas entre as sepulturas para onde o cemitério da igreja é dividido da floresta por um riacho quase negro.

Uma árvore derrubada, meio podre, fez uma ponte que nos permitiu atravessar em segurança. Era um bosque agradável, mas sombrio: e muito escuro. Ao entrar em um matagal, nós tivemos de recuar por causa do cheiro de algo morto e tivemos uma pequena dificuldade em achar nossa pista original entre os lugares pantanosos.

Eu disse que ultimamente tenho sofrido de *timor mortis conturbat me*:[151] Jenkin estava no mesmo estado — a sensação sufocante. Ele também disse que seu grande problema era saber qual é o ideal real. Era o de esmagar os desejos físicos completamente — ser pagão ou puritano? Ele acrescentou, no entanto, que tinha medo de conhecer o ideal real com certeza — este poderia ser assustador demais. Eu estava muito interessado nisso. Nós cruzamos de volta pelo cemitério e voltamos para casa.

Ele disse que essa pessoa religiosa o inquietara colocando um peso exagerado em coisas que Jenkin considerava triviais — como dançar na Maçônica e beijar lindas serviçais francesas. Jenkin não tinha a menor dúvida realmente, ele disse, mas essa conversa ficou em sua mente. Ele confessou um sentimento de que possivelmente coisas triviais poderiam estar impedindo você de conseguir alguma outra coisa da vida, o que, talvez, pessoas como a amiga dele tinham.

---

[150] Guinéu: antiga moeda de ouro britânica que valia cerca de £1,05. Quarto: medida de capacidade no Reino Unido equivalente a 1,14 litro (¼ de galão). [N. T.]
[151] "O medo da morte está me perturbando", o refrão do poema de William Dunbar (c. 1459–c. 1530) "Lament for the Makaris" [Lamento pelos *makaris*]. [*Makar* é uma palavra escocesa antiga para poeta ou bardo da corte.]

Tomamos chá no aposento de Jenkin, consumindo muito pão e manteiga. Ele perguntou se alguém deveria pensar sobre a Morte ou deixá-la fora da mente: já que nunca poderíamos descobrir o que ela significa. Eu disse que alguém quereria continuar pensando nisso até chegar a um ponto de vista do qual não importava se você fosse imortal ou não. Alguém queria encontrar um valor q. estivesse bem pleno em um momento e independente do tempo. Nós concordamos que deve haver tal coisa porque, de fato, os seres humanos a haviam encontrado. Comentei que obviamente era disso que Cristo estava falando: mas ele ou seus evangelistas tinham falhado completamente em explicar o que isso era ou como você a consegue. Jenkin disse que não achava que houvesse qualquer questão de "conseguir": isso tinha de vir "de fora"...

Quinta, 23 de novembro: ... Após o almoço, saí para dar uma volta pela Shotover, pensando em fazer uma máscara ou peça de Psique e Cáspio. Fui até o final da serrania e depois pelo caminho até a parte da charneca com vista para a trilha Horsepath. Estava um dia muito cinzento com uma pequena abertura no céu. Eu desci pelo lado da cerca a minha direita, diretamente para baixo, onde eu nunca estivera antes, e entrei em uma parte densa do bosque. Além da cerca havia um vale estreito e profundo — assim como os irlandeses —, com árvores muito grandes e tudo de um rico castanho. Eu tive uma amostra muito boa do sentimento correto. Houve uma grande revoada de pássaros. Alguns faisões voaram e me deram um susto. Eu fui o mais longe que pude, depois a minha esquerda e subi de novo...

Eu não sei se eu estava em um estado de espírito particularmente receptivo ou se era o dia, mas esta tarde, as árvores, o céu, tudo teve um efeito extraordinário em mim.

Fiquei impressionado com a ideia de que o sentimento de alguns tagarelas fica na solidão e o q. eles chamariam de "o algo maravilhoso" pode ser exatamente o mesmo que eu tive, apenas eu gosto e eles, não.

Encontrei D ocupada no trabalho para Lady Gonner com o Varmint ajoelhado. Assim que cheguei nos Robertsons para fumar um pouco de tabaco, tomamos chá, depois do qual li *Henrique IV*,

1922

Parte I, até a hora do jantar. Eu acho que essa é uma das melhores coisas que eu já li — especialmente Hotspur[152]...
Sexta, 24 de novembro: Outra manhã muito fria. Depois do café da manhã, trabalhei na sala de jantar em minhas anotações para Wilson até as 11h30, quando fui ao Curso para ouvir a palestra de Gordon. Lá encontrei Robson-Scott, que me perguntou se eu iria a Cambridge com os Martlets na próxima semana, o que, é claro, eu recusei. Ele me perguntou se sete seriam demais para enviar, ao que respondi com um estrondoso sim. Jenkin veio e sentou-se ao nosso lado. Eu perguntei a R-S o que deveria ser feito a respeito de Wyld: ele não estava muito interessado e passou a dizer que as palestras de Gordon eram "muito loquazes", o que eu achei tolo. Provavelmente ele disse isso por esperteza. Só então Gordon entrou e deu uma palestra muito atraente. Depois Jenkin caminhou comigo até o final da ponte. Nós conversamos sobre Hotspur.

Eu então vim para casa e almocei sozinho com D. Depois terminei minhas anotações e li *Henrique IV* até a hora de um chá antecipado, depois do qual fui de ônibus até Carfax... e caminhei até Manor Place. Ali eu estava apenas me preparando para ler minhas anotações quando me dei conta de que tinha trazido o caderno de anotações errado — um caderno velho cheio de ensaios filosóficos e trechos de poemas. Felizmente, lembrei-me do que tinha escrito muito bem e assim tive uma hora proveitosa. Minha opinião sobre Wilson melhora: mas ele precisa ser cutucado, dorme demais e senta perto do fogo...
Sábado, 25 de novembro: ... Cheguei ao chalé da tia Lily, por volta de 2h38. Ela ainda estava preparando o almoço e pediu que eu fizesse uma segunda refeição, que eu recusei, e falei com ela enquanto ela comia. Destruímos sua carta misteriosa. Meu primeiro complexo aparentemente é o terreno comum ou o complexo de paredes de jardim que, segundo ela, se mostra no Canto IV de "Dymer".

---

[152]Apelido do personagem Henrique Percy, filho do Conde de Northumberland, que tinha o mesmo nome. [N. T.]

Meu "outro complexo" é o próprio mito "Dymer". Ela me contou que eu tinha tido aos seis ou sete anos um "cachorrinho" que machucou a pata e com quem me sentei a noite toda: e que meu pai mandou o cachorro embora "por causa do sr. Patterson". Ela deve estar se referindo a Nero, que *teve* a pata machucada. Mas ele era um *collie*, não um "cachorrinho". Eu nunca fiquei acordado a noite toda com ele; ele foi enviado porque perseguia ovelhas, não me lembro de me sentir um assassino por causa disso — embora, enquanto escrevo estas palavras, me lembro de muito mais emoção do que pensava: possivelmente é paramnésia.

A grosseria de "Dymer" dependia aparentemente da palavra "prostituída" no primeiro Canto. Ela levou isso muito a sério: desculpou-me por não ter mãe ou irmãs e porque os homens de Oxford eram notoriamente grosseiros — mais grosseiros que os de Cambridge. Lembrei a ela que foram os alunos de graduação de Cambridge que derrubaram os portões das colégios femininos e zombaram delas. Ela respondeu sem hesitar: "Os jovens estão muito certos em se defender".

Ela então me contou uma história muito desagradável de dois estudantes de medicina aqui em Oxford que ela viu arrastando um cachorro para os laboratórios. Eles estavam rindo juntos enquanto falavam do velho que o vendeu fazendo-os prometer dar-lhe uma boa casa e ser gentil com ele. Depois disso, eu não mais defenderei Oxford novamente e nunca mais o farei.

De "Dymer" ela teve uma opinião mais favorável do que antes, especialmente do primeiro Canto. Ela disse que o Teseu de Shakespeare era o cavalheiro mais perfeito de todas as literaturas, e *Do jeito que você gosta*, a melhor comédia. Ela concordou comigo que Keats teria sido maior do que todos eles, talvez até mesmo que Shakespeare, se tivesse vivido, pois tinha um meio de comunicação perfeito, mas morrera antes de encontrar muito a dizer por meio dele. Ela elogiou bastante Tirrell (membro conservador do condado) por sua honestidade. Ela também me contou como Asquith havia desmoronado completamente sob a campanha das Sufragistas de 1913 — e havia chorado diante de duas mulheres em Edimburgo (armadas com sombrinhas) até que elas tiveram de segurá-lo. Ela conhecia uma dessas mulheres intimamente...

Domingo, 26 de novembro: Uma geada forte, um vento frio. Nos levantamos um pouco atrasados e depois do café eu saí, levando Ben Jonson comigo, e comecei o *Alchemist* [Alquimista]. Avancei bastante, o suficiente para apreciar o fino vigor da primeira cena — como Corneille, embora tão distinto, ele tenha algo sobre-humano em seus personagens — embora meros velhacos da comédia —, quando ficou muito ventoso para ler.

Atravessei o rio em Iffley Lock, onde estão construindo uma bonita ponte nova, como a entrada coberta onde o caixão espera o padre em um cemitério. Do outro lado era encantador: um céu como aço com um sol amarelo muito pálido para o qual você podia olhar tão facilmente quanto à lua, e o rio todo agitado pelo vento. Havia uma boa quantidade de gelo entre as ervas daninhas. Andei até a represa pouco antes do bloqueio de Sandford: fiquei na ponte e observei a água por um longo tempo, até a ponte parecer se mover para trás.

Voltei para casa e conversei até o almoço. D estava com um aspecto muito bom. Depois li *Henrique V*. Comecei odiando-o porque é sobre um mui inexcusável senhor de guerra, mas fui bastante convertido antes de terminar...

Segunda, 27 de novembro: Trabalhei na gramática anglo-saxônica e *The Battle of Maldon* [A batalha de Maldon] até a hora do almoço e depois do almoço, até as 3 horas. *The Battle of M.* é excelente, e estou feliz por ter encontrado o original de uma passagem que conheço há anos...

Ao aparecer na hora da ceia, descobri que a sra. Taylor havia passado aqui. D tinha se perguntado a razão, e dando tempo ao tempo, num instante o segredo veio à luz por um miserável descuido. A sra. Taylor espera conseguir a casa do tio Bunny (Kempshead de Magdalen).[153]

---

[153]Chaloner Thomas Taplin Kemshead (1854–1929) foi palestrante de francês e alemão no Magdalen College (1905–1923).

Todo meu caminho diante de mim

A casa está para ser desocupada, e a sra. T. viu isso. D tinha achado a ideia uma tremenda bobagem, dizendo-lhe que tínhamos visto isso há quase um ano: quando o velho nos disse que queria vender, e se ele *tinha* deixado, já tinha quarenta interessados.

"Oh, *vocês* estão procurando por uma casa?", perguntou a sra. Taylor, que sabe bem que estamos procurando desde 1919, e muitas vezes conversou conosco sobre o assunto nos dias em que a víamos mais. Ela está agora muito surpresa ao ouvir de nosso desejo por uma casa... e depois de sugerir que podíamos ir a Iffley e comentar, a propósito de Deus sabe o quê, que as irmãs dela não poderiam ficar sem um servo "pois nunca haviam sido educadas para esse tipo de coisa", ela partiu. É uma indignidade ficar zangado com a sra. Taylor, embora Deus saiba que ela mentiu: mentiu como uma alcoviteira.

O que realmente me preocupou foi o tio Bunny. Ele era um homem de nossa própria classe sem nenhuma base no mundo para ter rancor contra nós: e comecei a ter uma sensação sinistra de que há algo realmente estranho em nós que nos torna permanentemente desafortunados nesses assuntos. O Tio Bunny, a propósito, é o mistério de Headington. Alguns dizem que ele vive em um *amour* incestuoso com sua sobrinha "Peter" Grimbly e tem pena de sua esposa: outros, que sua esposa é louca e tem pena do pobre velho. A história no entanto parece vir de Wendy e duvido que haja alguma evidência. D disse que ela estava bastante convencida de que ela nunca mais pod. morar em uma casa própria.

Durante todo o jantar, sentamos em julgamento sobre Headington e seu povo (a quem Deus rejeita) e talvez sentimos o melhor por isso. D teve uma dor de cabeça bem forte. Ela ficou revoltada ao saber que Mary propôs arrastar o infeliz do Doc para Londres na semana que vem, a fim de comprar para ela um casaco de peles, uma vez que ele usa o que seus amigos deixam de lado e nem mesmo compra um jornal para si mesmo...

Mais tarde, D e eu começamos a falar de todas as pessoas que haviam falhado conosco tão misteriosamente quanto aquelas que haviam se tornado inimigas. Quando passamos pela lista não pude deixar de exclamar que, com poucas exceções, eu detestava o sexo feminino...

Quarta, 29 de novembro: Recebi uma resposta sobre uma casa em Woodstock Road e decidimos vê-la imediatamente. D disse que ela estava bem o suficiente para ir. Nós três partimos depois do café da manhã e pegamos o ônibus para Carfax, daí para 204 Woodstock Road. Era um agradável dia gelado com um céu azul: D estava naturalmente feliz por estar aqui fora de novo, e estávamos todos de bom humor.

A casa ficava do lado direito da estrada e do outro lado havia campos abertos que davam para Wytham Woods — uma vista agradável, não estragada em minha mente por duas chaminés altas e um lençol de água. A casa, com exceção da pequenez do jardim, era tudo o que se poderia desejar, mas é claro que dificilmente ousaríamos ter esperanças de obtê-la: e como o aluguel é de £100, considero-o uma experiência muito perigosa.

Nós tínhamos acabado de inspecionar a casa, que — nos foi mostrada por uma empregada, a senhora estava fora — e estávamos esperando por um ônibus, quando uma mulher que tinha nos visto saiu e falou com D. Ocorre que era a dona, e D voltou com ela para a casa, enquanto Maureen e eu caminhávamos de um lado para o outro.

Ao passarmos por uma casa com grandes janelas de arco, por acaso olhei para cima: e, na janela, vi uma velha senhora que pensei ter reconhecido como prima Mary.[154] Eu não podia ter certeza e não arriscaria uma segunda olhada. Voltei sozinho para outro lado da estrada e fiquei fora de vista até D sair de novo. Este pequeno episódio foi o suficiente para estragar o céu azul para mim, e eu fui uma companhia bastante ruim (eu temo) pelo resto da manhã.

---

[154] A "prima Mary" de Lewis era prima de sua mãe, Lady Ewart (1849–1929), que morava em Belfast. Embora pareça muito improvável que Lady Ewart estivesse em Oxford, Lewis estava preocupado que sua família descobrisse que ele dividia uma casa com a sra. Moore.

D tinha sido bem recebida pela proprietária (sra. Waters, eu acho) e nos foi prometida a primeira oportunidade se a casa fosse alugada: mas é claro que eles estão pensando em vendê-la...

Era meu aniversário, e eu tenho agora vinte e quatro anos: se foi isso, ou a face na janela esta manhã, eu não sei, mas eu estava deprimido e lembro este como um dia bastante desagradável. Por outro lado, foi um grande conforto que D não estava pior por ter saído, e eu realmente acho que melhor. Tivemos um episódio horrível esta noite (Tibbie estava doente na sala de estar depois de empanturrar-se com um peixe roubado q. Dorothy estupidamente havia deixado ao alcance dela). Tarde para a cama.[155]

Quinta, 30 de novembro: A pobre D teve uma noite terrível, primeiro sendo mantida acordada pela dor de dente e depois acordada novamente por um pesadelo incomumente ruim. Todos nos levantamos bem tarde. Passei a manhã iniciando meu ensaio sobre Bacon e fiz um progresso muito satisfatório...

Mostrei a Jenkin o fim do Canto II de "Dymer", que ele nunca vira desde que coloquei o que Barfield costumava chamar de "PAIXÃO". Ele declarou "simplesmente esplêndido". Eu então voltei com ele para seus aposentos: ouvindo uma diatribe contra as mulheres. Ele disse que nenhuma mulher com menos de quarenta anos era confiável. Nós ficamos muito felizes mais tarde...

Dezembro

Sexta, 1º de dezembro: Eu... terminei meu trabalho: daí para a palestra de Gordon no Curso, onde encontrei Jenkin. A palestra foi excelente, embora a melhor parte tenha sido uma longa citação de Lessing sobre a questão da verdade histórica no drama. Ele também nos disse que esta seria sua última palestra no semestre e se referiu humoristicamente à prática usual de palestrantes que fingem ficar

---

[155] Neste dia de 1917 vim a estar pela primeira vez na linha de frente em Monch le Preux (C. S. L.).

muito irritados se alguma coisa impedia sua palestra. Eu gosto de tudo com respeito a esse homem...

Eu fui até Wilson e li para ele meu ensaio sobre Bacon. Ele pareceu satisfeito com isso, e tivemos uma boa discussão: depois sobre Spenser, em quem ele não encontrou nenhum prenúncio de Milton, embora depois ele tenha admitido alguns de meus exemplos e até mesmo sugeriu outros de sua autoria...

Maureen nos deu um relato surpreendente do almoço com os Raymonds hoje. O sr. R estava bebendo xerez e sua esposa pediu um pouco. "Este xerez está quase terminando", respondeu ele, "por que não tomar um vinho do Porto?". "Isso é como você", retrucou a esposa de Raymond, "você está sempre conseguindo vinho para si mesmo e nunca deixa nada para mais ninguém". Essa briga continuou durante toda a refeição, enquanto por uma espécie de contraponto doméstico, as crianças mantiveram-se separadas entre si...

Sábado, 2 de dezembro: No primeiro correio veio uma carta de Harwood, redigida nos termos mais gentis que se possa imaginar — embora dizer que ele e Barfield consideravam minha epístola falsa uma de minhas melhores coisas era certamente um elogio débil. Ele incluiu dois novos poemas de sua autoria, "The soldier's coat" [O casaco do soldado] e um poema sobre uma sala vazia, e um Horácio de bolso.[156] Esses dois me pareceram extraordinariamente originais. Ele conseguiu um território próprio um tanto esquisito e assombroso. Fiquei mais satisfeito com eles do que com qualquer coisa que meus amigos (inclusive eu) tenhamos escrito em muito tempo...

Ivy passou por aqui, e num instante D veio me contar a chocante história de como Ivy havia mencionado a morte do noivo — sanduichada entre um relato de alguns teatros privados e uma descrição da política do hospital —, aparentemente sem sentimento. Ele morreu anteontem. Ivy ficou ainda mais para baixo: ela disse que era má

---

[156]"The Soldier's Coat" e "The Empty Room" são encontrados em *The Voice of Cecil Harwood: A Miscellany* [A Voz de Cecil Harwood: uma miscelânea], ed. Owen Barfield (1979).

sorte, "Eu nunca nem mesmo pensei em nenhum outro homem: eu nunca flertei com ninguém". Ela parecia achar que merecia o elogio de uma heroína porque fora visitá-lo às 4h30 da manhã quando ele estava doente: estou muito surpreso e desapontado com Ivy: eu acreditei nela. Dorothy parece ter se sentido como D.

Após o almoço, fui de bicicleta até Forest Hill em alta velocidade. Tia Lily não recebera minha carta dizendo que eu não viria almoçar; então me obriguei a tomar uma sopa... Ela propôs uma teoria de que o gênio resultava de um processo oposto do que produzia gêmeos idênticos — da coalescência de dois óvulos: e observou que isso era apoiado pelo fato de que o gênio raramente se reproduzia — já tendo trocado diferenças em sua própria pessoa...

Nós terminamos discutindo sua filosofia. Eu disse que ela [a tia] nos incitou a cooperar com a Vida: perguntei se, lembrando-se do que a Vida poderia realmente estar objetivando, havia alguma razão para ajudar? O jogo valeu a pena? Ela disse que havia a escolha. Não era de sua conta escolher qualquer outra pessoa. Mostrei-lhe as duas peças de Harwood, que ela pronunciou com convicção serem verdadeira poesia...

Domingo, 3 de dezembro: ... Após o almoço, Maureen e eu fomos de bicicleta para o Sheldonian, onde mais uma vez pegamos os bancos embutidos sob a janela na galeria superior. Tivemos uma ementa muito complicada e, infelizmente, não conseguimos obter programas. Sir Hugh [Allen] regeu: a orquestra era bem menor do que antes. Eles apresentaram "Sleeper Awake" [Despertai, dorminhoco], de Bach, a qual não dei muita bola, "Dominus Illuminatio" [Iluminação divina], de Besley, de que eu gostava, e "Fantasia on Christmas Carols" [Fantasia sobre canções natalinas], de Vaughan Williams. Essa foi interessante, especialmente o artifício dele de fazer o coral *cantar com os lábios fechados* em partes que produzem um efeito muito bom.

O melhor de tudo, eles trouxeram alguns fragmentos do *Messias*, nos quais obtive prazer inesperado — já que uma vez isso esteve bastante ultrapassado para mim no gramofone e, em minha mania

1922

de Wagner, eu desprezei Handel. A tarde encerrou-se com alguns cânticos, aos quais o público se juntou lugubremente. No geral, eu apreciei menos esse espetáculo do que os demais — e o que eu realmente lembro foi a excelente vista da janela em que nos sentamos — uma espécie de cena de palco com Hertford Bridge como o pano de fundo, Clarendon Building e Old Schools como as laterais...

Segunda, 4 de dezembro: Soube para meu alívio que D tivera uma noite inesperadamente boa no que dizia respeito ao rosto, embora ela estivesse e continuasse o dia todo muito mal com indigestão. Passei a manhã fazendo um trabalho para a srta. Wardale...

Jenkin chegou tarde para o chá. Ele reclamou da má alimentação no College. Ele disse que o comitê de cozinha sempre foi composto de pessoas saudáveis que jantavam todas as noites da vida. Anos atrás, havia sido sugerido que eles poderiam ocasionalmente ter batatas assadas. Desde então, eles as tinham tido cozidas por dois anos sem nenhuma mudança! Ele então se retirou para trabalhar com Maureen. Depois eu andei com ele colina acima até o portão do Asylum. Ele me disse que estava indo para a Itália nestas fér.: oh, a sorte que os homens têm!

Eu então voltei, jantei e lavei tudo. Depois disso, escrevi para meu pai e então continuei com a *Judith*, que, apesar de ser bombástica, é realmente admirável — especialmente a marcha dos hebreus. D esteve muito mal e deprimida à noite, e ficamos com medo de que o dente começasse [a doer] de novo. Felizmente não, e nós estávamos na cama bastante cedo...

Terça, 5 de dezembro: ... Esqueci-me de dizer que ontem encontrei Fasnacht na cidade, quando ele mais uma vez me chamou para o chá: tive de recusar, e como ele parecia bastante irritado, eu o chamei para vir aqui esta tarde... Eu penso pouco em Fasnacht: ele respira Oxford. Não fiquei surpreso ao descobrir que ele admirava Earp e Rowland Childe: eu disse bem claramente que eu não.[157]

---

[157] Os poemas de Thomas Wade Earp (1892–1958) e de Wilfred Rowland Childe (1890–1952) eram bem conhecidos em Oxford, e ambos autores contribuíram para os vários volumes de *Oxford Poetry* [Poesia Oxford].

Todo meu caminho diante de mim

Ele disse a propósito da eugenia, que ele estenderia o princípio de Pasley (i.e. "a mesma desgraça que agora se atribui a um filho ilegítimo pod. se atribuir a um filho muito mais") a todas as crianças, por motivos retirados de Schopenhauer e Von. Hartmann. Fasnacht é portanto um pessimista.

Discutimos o ideal de extinção para o planeta: ele admitiu que o planeta é sem esperança, já que você não poderia destruir toda a vida antes de você mesmo escapulir, e mesmo se você o fizesse, a natureza ainda poderia ter algo na manga. Ele então passou a expor o que ele chamou de Niilismo Idealista — a teoria [de] que nada existe... Eu tentei dar uma resposta séria à teoria de Fasnacht e isso levou a uma discussão sobre o Nada. Eu usei a mesma linha de pensamento como em meu ensaio para provar que não havia alternativas para o todo real.

Ele é um pensador muito cuidadoso, e eu raramente tenho a satisfação de dirigir-me a um adversário firme de forma tão consistente de posição em posição até que ele reconhecesse que "não poderia haver nada *puro*". Ele se refugiou no que chamou de um nada *impuro* ou imperfeito: eu me opus a essa concepção, mas ele me venceu ao apelar para a matemática.

Fasnacht foi mais uma vez prova de quão pouco poderes puramente intelectuais servem para formar um grande homem. Eu penso que ele não tenha *vivido* uma única de suas teorias: ele as havia trabalhado com seu cérebro, mas não com seu sangue. Acho que o surpreendi notando que era um convidado notável, pois me fizera falar mais absurdos solenes do que eu fizera durante dois anos.

Quando se foi, eu andei com ele até o canto da estrada. Eu disse que acreditava nas coisas que havia dito, mas ele estava brincando com opostos. Ele admitiu que só poderia fixar sua opinião cometendo suicídio. Ele então me deixou. Esqueci de mencionar que ele se referia a tudo de que gostava — incluindo o Niilismo Idealista — como "muito doce". Asco! Ele também professou considerar meu ponto de vista sobre uma Realidade sem margens intolerável, sofrendo as consequências sobre a *pressão*: eu disse que amava isso[158]...

Quarta, 6 de dezembro: Eu fui... para o College [para a reunião da Martlets Society]... Ali eu encontrei Jenkin, que me levou para os aposentos de King onde a reunião seria realizada. Presentes estavam King, Dawson, Curtis, Robson-Scott, Currie, Fasnacht, Ziman, Simpson, alguns calouros cujos nomes ainda não guardei, um novo *don* chamado Keir e Carritt.[159]

Carlyle estava falando sobre a relação da história com a literatura. É uma bela sala escura com painéis. A palestra de Carlyle era mais da natureza de uma polêmica contra a escola inglesa. Ele era muito convincente, bem-humorado e cheio de conhecimento, como de costume: mas levou o caso longe demais...

A discussão depois foi muito animada. Ziman, Simpson e eu demos início, argumentando de várias maneiras que Carlyle tinha ido longe demais, mas nós realmente não conseguimos nada até que Carritt chegasse com a única coisa boa da noite. Ele disse que a história, como tal, era bastante irrelevante para a literatura: mas você tinha de conhecer a linguagem de um escritor, e isso tinha implicações. Por exemplo, "vinho" para aquele escritor significava um luxo ocasional para os ricos ou a bebida diária das pessoas? Café da manhã significava uma xícara de chá às oito ou um assado de carne às onze? Carlyle nunca respondeu de fato a isso: na verdade, conforme a discussão avançava, ele se tornava muito sofisticado, embora extremamente divertido...

Quinta, 7 de dezembro: ... Às 6h30 fui ao Curso, onde Wilson me dissera para ir à reunião preparatória da classe de discussão de Gordon. Gordon viu doze de nós na sala dos professores ingleses.

---

[158] George Eugène Fasnacht (1898–1956) obteve um Primeiro em História Moderna e recebeu seu BA em 1922. Depois de deixar Oxford, ele foi tutor em História e Economia Social na Universidade de Sheffield (1925–1928), chefe do departamento de História da Universidade de Leicester (1928–1937) e, em 1937, ele retornou a Oxford como palestrante de História no Nuffield College.

[159] Veja David Lindsay Keir no Apêndice biográfico.

Robson-Scott estava lá: como também estava um homem perfeitamente enorme que eu tenho notado com frequência — eu o vi primeiro na Corn Exchange, no Ballet. Ele tem um rosto muito marcante e é, eu acho, um homem a quem tem-se de enfrentar: mas tem um olhar diabolicamente arrogante e duvido que seja um esteta. Seu nome é Daroll ou Darlow.[160] Eu tinha resolvido que, se fosse pedido para ler um artigo, eu deveria propor ou Spenser, ou alegoria, mas alguém disse que ele esperava ouvir sobre esses mesmos dois assuntos.[161]

Todos, exceto Robson-Scott, foram designados para um artigo. Eu propus alegoria, mas fui desaprovado por Darlow (de maneira bastante agressiva, pensei) antes que Gordon tivesse tempo de responder. Ele disse que estava com medo de que "isso terminaria na igreja bizantina". Gordon disse que achava que os símbolos deveriam ser privados. Eu não tinha a menor noção do que eles queriam dizer: mas fixei-me em Spenser. Fiquei muito satisfeito por encontrar um indiano na turma que ensinou sobre Tagore…

Terça, 12 de dezembro: Esta manhã decidi que o trabalho de ver os tesoureiros de John, Hertford e Merton a respeito de casas deve ser finalmente resolvido. Eu estava muito nervoso em lidar com esses grandes homens e parti depois do café da manhã tão alegremente como se estivesse indo a um dentista. Estava uma manhã cinzenta suave. Eu caminhei primeiro para St. John, onde o escriturário da Estates Bursar foi capaz de me dizer que eles não tinham nada. De lá fui para Merton — lindo lugar —, onde um escriturário novamente me viu. Ele disse que eles não tinham nada, e se eles tivessem, iria para pessoas ligadas ao College. Ele não tinha objeção, no entanto, a escrever o nome de D em um pedaço de papel: parecia um tamanho conveniente para ser jogado fora. Foi a mesma história em Hertford…

D ainda estava enrijecida por causa da lombalgia, e este ainda foi um dos piores dias para a dor de dente dela, embora felizmente

---

[160] Há uma nota sobre T. S. Darlow em 26 de janeiro de 1923.
[161] O sentido disso é obscuro. Talvez devêssemos ler "esperava ser ouvido" (W. H. L.).

1922

a dor seja sempre curada ao entrar em uma sala fria... Antes de ir para a cama, conversei com D sobre meios e modos: não estamos falidos, mas [ao contrário] muito perto de nos sentirmos confortáveis. Eu também li em voz alta uma boa parte do último volume do meu diário.

Quarta, 13 de dezembro: ... Eu saí levando Lyly no bolso. Caminhei primeiro até a aldeia de Cowley, depois passei pelo quartel até Horsepath, subindo a trilha para cavaleiros e voltando para casa por Shotover. A depressão repugnante que todos nós temos vivido nestes últimos dias agora foi completamente retirada e eu tive uma tarde muito agradável. Durante as partes mais maçantes da minha caminhada, li a maior parte de *Endymion*,[162] com o qual eu estava agradavelmente surpreso. Tem uma atmosfera sobre ele, eu não sei o quê, que parece tornar o estilo absurdo bastante corajoso...

Enquanto D e eu estávamos tomando chá, chegou uma carta de Warnie. Ela trouxe a boa notícia de que ele está tendo uma semana de folga e que eu vou encontrá-lo em Euston, no dia 23. Ele oferece, de forma muito decente, para bancar a diferença entre o preço da passagem via Londres e o preço da passagem via Birkenhead...

Quinta, 14 de dezembro: ... Nós três fomos para a House ver a cerimônia.[163] Não sei por que eu a achei muito desconfortável — deu-me uma sensação sufocante e nervosa. O bispo em sua preleção falava como um homem, embora é claro ele não pudesse deixar de trazer a declaração absurda de que este dia seria único entre todos os dias escolares delas, do qual se lembrariam mais vividamente. De qualquer modo, finalmente acabou, e alguém tocou uma boa fuga no órgão.

Imediatamente após o culto, encontramos Mary e o Doc, o qual concordou comigo que a coisa era uma farsa bonita. Eu disse que me senti como se tivesse sido forçado a ir e ver um porco morto.

---

[162]John Lyly, Endimion (1591).
[163]Eles foram até a Christ Church Cathedral para ver Maureen e outras garotas da Headington School receberem a confirmação [cerimônia anglicana similar à crisma católica, em que as pessoas batizadas confirmam sua fé e são admitidas à eucaristia].

Há alguns bons vitrais nesta catedral. D convidou os outros para o chá em casa e eles todos voltaram de táxi, incluindo Mancha, a quem encontramos em Tom Tower. Eu fui a pé para casa.

Depois do chá, eu conversei bastante com o Doc, principalmente sobre filosofia. Ele me explicou (do ponto de vista do cientista) a diferença entre epifenomenalismo e paralelismo, a qual eu não tinha bem clara antes. Discutimos sobre a fonte das coisas: eu disse que a "consciência" dele era muito qualificada, que deveria haver um evidente "é" além dela. Nós nos viramos para a psicologia, e mencionei meu problema de me tornar "autoconsciente na solidão". Após a premissa de que eu não devo ficar alarmado, ele disse que era uma forma leve de dissociação e certamente deveria ser evitada...

Sexta, 15 de dezembro: ... Depois do café da manhã, fui de ônibus até a Associação, onde terminei e anotei *The Broken Heart* [O coração partido] e li quase tudo de Beaumont e *Philaster*, de Fletcher, uma peça romântica muito alegre — a única elisabetana que eu já encontrei que evita linguagem oca e empolada e tem uma sensação de restrição. B & F certamente poderiam ter ensinado a Shakespeare uma lição nesse aspecto...

Eu terminei *Philaster* e, depois de fazer uma anotação sobre ela, comecei *The Maid's Tragedy* [A tragédia da donzela]. Esta foi uma revelação absoluta para mim. É uma grande pena que as peças de Shakespeare, tanto as boas como as ruins, tenham sido transformadas em tal instituição que um homem poderia jamais abrir Beaumont e Fletcher se por acaso não estudasse na English School...

Sábado, 16 de dezembro: Um dia frio e úmido. Passei a manhã trabalhando Virgílio com Maureen. Ela estava extraordinariamente estúpida e parecia não estar fazendo nenhum esforço — o que suponho seja sempre culpa do professor de alguma forma, embora eu não consiga enxergar onde falho.

Às 12 horas, parti para Forest Hill... Tia Lily combinava culinária e filosofia, e não almoçamos antes das 3h30 — costeletas e um excelente pudim de ameixa q. ela havia comprado no Buols. Ela me pareceu muito entediante hoje: embora eu goste de entusiasmar

1922

alguém desesperadamente cansado de um círculo fixo de ideias. Ela paga por sua profundidade com limitação. Hoje foi todo sobre aqueles velhos assuntos: Shakespeare (elogiado não como um grande poeta, mas como uma espécie de monstruosidade da intuição), o inevitável Emerson, o *élan vital*, a "troca de diferenças", o heroísmo e o mergulho progressivo.

Houve o relato de um episódio inexplicável. Ela havia sido atrapalhada por carrinhos de bebê em Carfax que se comprimiam e pedira a uma mulher no caminho para que tirasse o carrinho dela da calçada. A mulher respondeu que tinha o direito de estar ali. Tia Lily respondeu que ela *não* tinha o direito de trazer essas crianças ao mundo para que outras pessoas cuidassem e menos ainda de bloquear a calçada. A mulher disse que estava fazendo compras. Tia Lily disse que era ruim para a criança ser levada para fazer compras e a única coisa boa era que isso havia acabado com algumas delas.

Eu perguntei a ela por que diabos ela disse tal coisa. "Eu estava com raiva", respondeu. Eu respondi, citando Platão, que a raiva era um agravamento, não uma desculpa. Ela acrescentou que tinha muitos panfletos publicados pelo CBC (Controle de Natalidade Construtivo): e ela ia colocar um em cada carrinho de bebê na próxima vez que fosse para Oxford, o q. seria de fato uma boa piada: mas não acho que ela tenha visto dessa maneira.

O almoço demorou bastante e o chá após o almoço mais demorado ainda, de modo que quando me dei conta já passava das cinco. Então eu a deixei e caminhei para casa. Estava quase completamente escuro, com o vento nas árvores e uma fraca luz cinzenta sobre Shotover Hill: era como mergulhar em um banho frio depois de todo o palavrório desta tarde. O que eu não suporto nela é que ela sabe de tudo: o Espírito Santo discute todos os seus planos com ela, e ela estava no comitê que organizou a criação...

Cheguei em casa pouco antes das sete e encontrei o Doc, Mary e Pirralho aqui; D parecia preocupada porque ela esperava que eu chegasse mais cedo. É para o Doc nos vacinar a todos amanhã.

Maureen entrou com a notícia de que o sr. Raymond — que está saindo por causa de um emprego em Watford — está propondo alugar sua casa (Hillsboro), a menos que ele receba uma boa oferta de compra, e estava surpreso por não termos feito uma oferta. Devo ir vê-lo a respeito disso de manhã: suponho que seja uma perda de tempo completa como todo o resto...

Domingo, 17 de dezembro: Eu sonhei à noite que o Doc estava "vacinando" Baker. Entrei em uma sala e encontrei o paciente deitado nu em um tapetinho diante da lareira: o médico usava um instrumento como uma chave de parafuso — que não aparafusava, mas brotava junto com a pressão de um gatilho. A operação em minha mente foi entendida como vacinação, embora ao mesmo tempo castração. Fugi da sala e acordei.

Estava uma manhã milagrosamente brilhante. Depois do café da manhã, fui a pé até Hillsboro, onde encontrei o padre Raymond envolvido com "cuidados caninos". Parei junto ao canil e o escutei por alguns minutos, até que a sra. Raymond apareceu e nos retiramos para a sala de visitas. Então eu tratei do assunto da casa. A resposta foi uma série de incertezas. O sr. Raymond não sabe quando ele vai sair nem onde será seu novo trabalho. Se seu novo lugar oferecer uma boa casa, eles se mudarão para lá, caso contrário, manterão Hillsboro e ele morará em quartos. Ou novamente eles podem deixá-la mobiliada — e assim por diante. O único fato que eu pude obter era que ele iria vender por £1.200 e alugar por £75 e que ele preferiria vender a alugar. Depois de uma rápida conversa sobre política, eu saí.

Tendo chegado em casa de novo e dado o meu relatório, eu escrevi um pouco até ser parado pela preparação de Maureen no cômodo ao lado. Após o almoço, o Doc chegou e todos nos preparamos para a execução — Maureen fazendo uma constante mudança teatral do cômico para o trágico. O médico usou uma lixa de unhas esterilizada e a área de serviço para o grande espetáculo: [a vacinação] foi feita em todos nós, inclusive em Dorothy. Maureen aparentemente tem a pele mais grossa e o Doc demorou muito tempo para raspá-la, o que ela suportou com admirável estoicismo. Quando chegou minha vez, achei menos doloroso do que parecia...

Segunda, 18 de dezembro: Muito cansado de novo esta manhã. Eu sonhei à noite que meu pai havia tomado uma das papelarias na parte inferior da Divinity Road e Baker havia tomado a outra. O sonho girou principalmente sobre meus esforços para evitar ser visto por meu pai, quando entrei na loja de Baker para uma conversa no balcão.

Depois do café da manhã, fui para a Associação e comecei *Bussy D'Ambois*, de Chapman: o qual achei sem pé nem cabeça, em parte porque é uma bobajada muito execrável; em parte porque eu estava me sentindo muito mal. No final desisti e voltei para casa com um livro de Middleton e uma dor de cabeça. D e Maureen tinham ido para a cidade separadas e ainda estavam fora. Após o almoço, li o *Changeling*[164] na sala de estar[165] — ao lado de *Bussy D'Ambois*, a pior peça elisabetana de todas, mas há uma boa cena. Fico imaginando se algum elisabetano, exceto Shakespeare, jamais pensou em escrever exceto sobre adultério. Depois comecei a *Women Beware Women* [Mulheres tomam cuidado com mulheres] que é muito bom e fez amplas alterações.[166] De vez em quando, na verdade, há uma linha em que a tônica não corresponde ao restante.

No chá, D me disse que a família de Dorothy está furiosa com ela por ter sido vacinada. Depois do chá eu ia sair, quando D se lembrou de que Mancha estava vindo para uma aula. Eu continuei lendo até ela chegar e então trabalhei Tácito com ela até as 8 horas, quando jantamos. D muito bem hoje.

Quinta, 21 de dezembro: ... Eu então fui para a Associação e escrevi para Baker e para meu pai. Feito isso, fui às livrarias para escolher um presente para o último, e depois de alguma dificuldade,

---

[164] O termo pode se referir a uma criança que foi substituída por outra logo ao nascer ou que supostamente foi colocada em lugar de outra por fadas, ou ainda, em inglês britânico antigo, a um idiota ou a uma pessoa volúvel e mutável. [N. T.]
[165] Thomas Middleton e William Rowley, The Changeling (1653).
[166] De Thomas Middleton (1657).

fixei-me em *What the Judge Thought* [O que o juiz pensava][167] — um livro bastante ruim para um presente uma vez que custa um guinéu e parece valer doze xelins. Mas é o tipo de coisa que acho que ele possa ler. Meu braço me preocupou muito mais esta manhã.

Então voltei para casa: depois do almoço, fui para a sala de visitas e comecei a tabela para o século dezenove. D trabalhava muito duro na sala de jantar embrulhando pacotes para todos os seus pobres pensionistas: tomamos chá às 5h45, sozinhos, Maureen tinha ido jogar bridge progressivo nos Taylors. Nós dois estávamos com uma disposição tão boa quanto se poderia esperar, com essa infeliz visita irlandesa pairando sobre nós. À noite veio Mancha: todos muito alegres no jantar. Depois eu trabalhei latim com ela. Só fui para a cama perto da uma.

Sexta, 22 de dezembro: Meu braço já está completamente tomado e bem dolorido — embora Maureen ache que não seja nada demais. Depois do café da manhã (que foi muito tarde), continuei com minha tabela por algum tempo: depois, ao descobrir que Saintsbury deixara de dar entrevistas à medida que o dia de hoje se aproximava, fui de ônibus para a Associação e fiz algumas pesquisas sobre a multidão oitentista.

O Doc estava aqui para o almoço... Ele nos deu um relato das roupas horríveis que seu pai o fizera vestir quando menino: ele tinha tido uma mania de "flanela governamental" e vestia todos os seus filhos com grossas camisas cinzas daquele material espinhento. D disse que o pai deles tinha sido um homem realmente muito bom e nunca era desagradável, exceto em casa. O Doc concordou.

Pedi a ele que contasse relatos de viajantes: ele descreveu uma viagem marítima nas regiões gélidas — de icebergs, um após o outro como tendas em um acampamento, estendendo-se até onde você podia ver, e um tremendo sol. Ele disse que um dos melhores lugares que já viu foi o estreito de Magalhães, onde realmente tinha-se a sensação do fim do mundo.

---

[167]De Edward Abbott Parry (1922).

1922

Nós conversamos sobre o naufrágio do *Titanic*. Ele disse que, quando o capitão viu o iceberg à frente, deveria ter continuado em frente: nesse caso, teria esmagado seus arcos, mas, conforme o impacto diminuísse, teria avançado contra a primeira divisória à prova d'água e o resto do navio teria ficado seguro. Como ocorreu, ele virou seu leme totalmente para o sul em um esforço desesperado para contornar o iceberg, e assim todo o seu lado foi arrancado...

D e eu estávamos sozinhos para o chá: depois desci a pé para Cowley Road e comprei uma lâmina de barbear. Sentamos bem tarde da noite, conversando sobre esse último ano e os maus momentos que tínhamos tido — especialmente seu início, a visita amaldiçoada dos Askins e os pacientes esforços deles para arruinar minha formação e, o que era mais importante, a saúde de D.

Sábado, 23 de dezembro: Levantei bem cedo, depois de fazer as malas na noite anterior e sair de casa imediatamente depois do café da manhã. Eu peguei o 10h05 — uma linda manhã ensolarada. Fui recebido em Paddington por Baker, que parecia bem e alegre. Por alguma razão descobrimos que tínhamos muito pouco a dizer um ao outro, embora não por falta de vontade de cada lado.

Ele me disse que Barfield estava noivo para se casar com uma srta. Dewey,[168] que tinha pelo menos trinta e sete. Nós dois concordamos que as possibilidades de sucesso em um casamento tão desigual dependiam inteiramente dos indivíduos e que poderia terminar muito bem. Ele disse que a lástima era que não haveria filhos, e Barfield fora obviamente feito para ser pai. Não vi razão para uma mulher com menos de quarenta anos não pod. ter um filho.

Ele me levou para o apartamento que divide com Beckett, um lugar muito pequeno em um grande bloco de outros semelhantes, que são habitados principalmente pelas amantes de grandes homens. Baker está se dando muito bem no Old Vic e recebeu mensagens animadoras de "à frente". Ele agora está fazendo o chanceler de Herodes em sua peça da Natividade.

---

[168]Srta. Douie.

Eu tentei obter suas opiniões sobre Moppie. Ele disse que sua tia tinha visto de pronto que a veracidade não era uma das virtudes de Moppie e temia que pudéssemos ser enganados sobre a questão principal. Ele não podia explicar como ela gastara tanto dinheiro em Londres, já que ele pagara tudo.

Às 12h30 saímos e almoçamos no Good Intent: depois fomos para Charing Cross, onde ele teve que me deixar, assim que terminou uma reunião muito decepcionante... Escrevi então um cartão para D, peguei meu bilhete e passeei pela Endsleigh Square, onde eu estive no Hospital, em 1918.

Pouco antes das 4, voltei ao Central Hall de Euston e lá fui recebido por W, quando imediatamente fomos tomar chá na sala de bebidas. Ele deu um relato mais favorável de Colchester, que, ele disse, era uma cidade muito antiga em um país de Arthur Rackham. Nós pegamos o 5h30 para Liverpool: entre jantar, bebidas e conversa, a viagem passou muito rápido: conseguimos assentos no vagão-restaurante durante todo o trajeto. Nós tínhamos duas cabines individuais no barco, com uma porta de comunicação. Fiquei muito preocupado o dia todo com a dor na axila. Uma noite difícil, mas nós dois dormimos bem.

Domingo, 24 de dezembro: Saímos de Leeborough no cinza da manhã, não com a melhor das disposições. Meu pai ainda não chegara. Quando ele finalmente apareceu, estava com uma aparência ruim e bastante trêmulo — por algum motivo. Ele aprovou meu novo terno. Então se seguiu o café da manhã e a conversa artificial habitual. Nós vetamos ir à igreja e saímos para uma caminhada às doze horas.

Meu pai escolheu sua rota preferida "ao longo da margem do rio": isto é, cruzando a estrada de ferro em Sydenham, andamos no parque negro e sem folhas que fica entre as favelas e os estaleiros, separado deste por um canal sujo no qual eles estão trabalhando na construção de uma ilha de lixo. O caminho era tão estreito que os outros dois seguiram em frente e eu fui deixado, não a meus próprios pensamentos, pois na Irlanda não tenho nenhum, mas para a posse inabalável de minha própria letargia.

1922

Nós voltamos e tomamos um xerez: W e eu frequentemente comentamos sobre o efeito extraordinário deste xerez. Ontem à noite eu bebi quatro uísques sem nenhum resultado indevido: hoje, no estudo, meu único copo de xerez levou a uma sombra monótona e desanimadora de intoxicação. Tivemos um jantar pesado do meio-dia às 2h45. O resto do dia foi gasto inteiramente no estudo: nossas três cadeiras em fila, todas as janelas fechadas. Eu me lembro pouco disso. Eu li certa quantidade da 1ª Série de *Outspoken Essays* [Ensaios sinceros], de Inge. Falei com W por algum tempo depois que fomos para a cama.

Segunda, 25 de dezembro: Fomos acordados cedo por meu pai para irmos ao Serviço de Comunhão.[169] Era uma manhã escura com um temporal soprando e uma chuva muito fria. Nós saímos atabalhoadamente e ficamos deprimidos. Conforme descíamos para a igreja, começamos a discutir a hora do nascer do sol; meu pai dizendo de maneira absurda que já devia ter surgido ou então não haveria luz.

Na igreja estava intensamente frio. W tentou manter o casaco sobre si. Meu pai protestou e disse: "Bem, pelo menos você não vai continuar com ele quando for à Mesa". W perguntou por que não e foi dito que isso era "muito desrespeitoso". Eu não pude deixar de me perguntar por quê. Mas W tirou-o para evitar problema. Lembrei-me então que D provavelmente estava saindo esta manhã para a primeira comunhão de Maureen, e isso de alguma forma enfatizava a monotonia desse mais DESconfortável sacramento. Nós vimos Gundrede, Kelsie e Lily.[170] W também diz que viu nosso primo Joey.[171]...

---

[169]Os Lewis eram comungantes da St. Mark's Church, Dundela. O avô materno de Jack e de Warnie, o reverendo Thomas Hamilton, fora o pároco de lá. [No Livro de oração comum, utilizado na Igreja Anglicana na Inglaterra e no Brasil, o culto é também chamado de serviço ou de ofício; comunhão é o nome dado à eucaristia.]
[170]Veja Família Ewart no Apêndice biográfico.
[171]Joseph "Joey" Lewis (1898–1969) era filho do irmão de Albert, Joseph. Sua família morava perto de Little Lea.

Nós voltamos e tomamos café da manhã. Outro dia transcorrendo exatamente como ontem. Meu pai nos divertiu dizendo em tom quase de alarme: "Olá, parou de chover. Devemos sair", e depois acrescentando com alívio indisfarçado "Ah, não. Ainda está chovendo: não precisamos". Jantar de Natal, uma cerimônia um tanto deplorável, às quinze para as quatro.

Depois disso, tudo ficou esclarecido: meu pai disse que estava cansado demais para sair, sem ter dormido na noite anterior, mas encorajou W e eu a fazê-lo — o que fizemos com grande entusiasmo e partimos para chegar a Holywood pela estrada principal e tomar uma bebida. Foi um prazer estar ao ar livre depois de tantas horas de confinamento em um quarto.

O destino, no entanto, negou nossa bebida: pois fomos recebidos do lado de fora de Holywood pelo carro de Hamilton e, claro, tivemos de viajar de volta com eles.[172] Tio Gussie dirigiu de volta ao longo da estreita estrada sinuosa de uma maneira imprudente e ameaçadora que alarmou W e eu. Nós logo chegamos a Leeborough e ouvimos o tio Gussie zombando de meu pai em sua costumeira maneira rude, mas eficaz, dizendo-lhe que ele deveria obter aconselhamento jurídico em algum ponto. Os Hamiltons não ficaram muito tempo.

Depois eu li *Empedocles on Etna* [Empédocles no Etna] q. eu li há muito tempo e não entendi. Eu agora reconheci o primeiro discurso lírico de Empédocles para Pausânias como uma expressão muito completa do que quase começo a chamar de minha própria filosofia.[173] À noite, W tocou o gramofone. Deitei cedo, morto

---

[172] Augustus Warren Hamilton, "tio Gussie", (1866–1945), um amigo de longa data de Albert, era irmão da mãe de Jack e de Warnie. Depois de deixar a escola, ele foi para o mar, mas voltou para Belfast e fundou a firma Hamilton & McMaster, caldeireiros e engenheiros navais. Em 1897, ele se casou com uma canadense, Anne Sargent Harley Hamilton (1866–1930).

[173] Lewis provavelmente tinha em mente essas linhas do poema de Matthew Arnold: "Os Deuses divertem-se demais/ Ao ver o homem duvidar e temer,/ Aquele que não sabe no que acreditar/ Já que não vê nada claro,/ não ousa identificar nada como falso onde não encontra nada certo".

de tanta falação e com a falta de ventilação. Descobri que minha mente estava entrando no estado que esse lugar sempre produz: voltei seis anos atrás para ser fraco, sensual e sem ambição. Dor de cabeça novamente.

Terça, 26 de dezembro: O mesmo tipo de manhã no estudo. W está lendo *Roman Society* [Sociedade romana], de Dill, e começou a discuti-lo comigo. Nós nos perguntamos se o pagamento das legiões era feito em ouro de Roma ou se eles possivelmente tinham algum sistema de crédito. Nesse momento, meu pai de repente interrompeu, observando com desprezo: "Não, era pago em espécie". Nem mesmo um "Eu penso" ou um "Provavelmente": e ele nunca, até onde sei, leu uma palavra sobre o Império Romano!

Nós fomos convidados por telefone para almoçar em Glenmachan e, enquanto estávamos trocando de roupa, Kelsie ligou e nós caminhamos com ela. Gundred estava caçando: encontramos Bob[174] e prima Mary. Esta última, apesar de meu verdadeiro respeito por ela, me deixou indignado ao apoiar a proibição do governo de Ulster quanto à Missa da Meia-Noite e por descrever a carta muito moderada do cardeal Logue como um incitamento à rebelião.[175] Mas não se pode discutir com senhoras idosas e eu disse "Sim, sim e não, não".

Kelsie me entediava até a morte: e fez uma observação terrivelmente reveladora. Ela disse que era uma pena que o pessoal da Rolls Royce tivesse começado a fabricar carros pequenos: pois, nos velhos tempos, "ter um Rolls Royce significava que você era Alguém, mas agora alguém perguntaria, de que tipo?". Depois disso, saímos.

Uma tarde um pouco cinzenta. Descemos para Tillysburn e fomos para a cidade de trem: na estação tomamos bebidas e mandei

---

[174]Ver Sir Robert Heard Ewart em Família Ewart, no Apêndice biográfico.
[175]Cardeal Michael Logue (1840–1924) foi o arcebispo católico romano de Armagh e primaz de toda a Irlanda. A seguinte declaração apareceu no Times de 27 de dezembro de 1922 (p. 10): "Sem missa da meia-noite: o Cardeal Logue anunciou no domingo de manhã que decidira abolir a missa da meia-noite que havia sido organizada. As autoridades se recusaram a relaxar os regulamentos do toque de recolher para permitir que as congregações participassem".

um cartão-postal para D. Um dos pontos positivos de um feriado como este é a sensação de fuga e prazer de um estudante q. W. e eu sentimos em nossos passeios pouco prosaicos. Depois voltamos de trem para Sydenham e chegamos a Leeborough para encontrar nosso pai: depois do chá — em q. agora tivemos apenas bolo de ameixa — comecei *Judas, o obscuro*[176] e li isso a maior parte da noite: tendo lido e odiado *Present Discontent* [Presente descontentamento], de Burke, pela manhã. *Judas* é esplêndido. Eu ouvi hoje ou ontem que Arthur está em Surrey — uma notícia que, por mais de uma razão, não aumentou minha satisfação. Cedo para a cama.

Quarta, 27 de dezembro: Levantei tarde novamente. Passamos a maior parte da manhã no quartinho dos fundos fazendo um "programa" de discos de gramofone para a noite. Eu sentei no escritório e li *Judas*. Meu pai deu pequenos passeios pelo jardim, remexeu-se e leu um pouco antes do almoço. W e eu jogamos croquet depois do almoço (que meu pai pediu para "2h30 em ponto"). W e eu fomos para a cidade. Volta bem tarde e gramofone à noite.

Quinta, 28 de dezembro: Meu pai voltou para a cidade hoje. Ele entrou em nosso quarto para dizer bom dia completamente vestido, e nós só levantamos depois que ele saiu de casa. Depois do café da manhã, nos dirigimos de pronto para o quartinho dos fundos, onde ainda não tivemos chance de estar. É a única parte da casa onde temos algum senso de posse ou de estar à vontade. Passei uma manhã ocupada e laboriosa escrevendo meu diário a partir do momento em que saí de casa. Durante a manhã, Janie McNeill telefonou e nos convidou para almoçar.

W sugeriu uma caminhada e à tarde partimos. Subimos as colinas pelo caminho costumeiro e seguimos até a curva antes de Craigagantlet. Daí para baixo pelo sistema de abastecimento de água em Holywood. Foi muito agradável: havia neve branca na estrada e um céu frio, cinza, com manchas amarelas se aprofundando em lilás perto do horizonte. O país com suas árvores nuas,

---

[176] De Thomas Hardy (1896).

1922

chalés dilapidados e vislumbres dos Mournes era muito belo: mas triste. No hotel em Holywood, bebemos e ficamos sentados por um longo tempo perto de um bom fogo na sala de fumantes, conversando agradavelmente sobre assuntos neutros.

Em seguida, pegamos o trem e, saindo de Sydenham, chegamos a Leeborough na mesma hora que meu pai, que encontramos no portão. Ele estava deprimido e inquieto. Falou da possível invasão de Ulster pelos sulistas em uma covarde tensão que nos incomodou.

Quando nos sentamos para jantar, foram trazidas notícias de que uma senhora estava do lado de fora com uma mensagem para mim. Saindo, encontrei a sra. Greeves, que me recebeu com surpreendente afeição, pressionando minha mão entre as suas. Ela então me entregou uma carta de D. Disse que eu não deveria me preocupar e não protestar, e eu passaria por lá e a veria. Eu estava um pouco preocupada em tê-la minha confidente, pois nunca a julgara muito discreta, mas fiquei muito satisfeito e grato em geral. Seu marido (o notório Pássaro do cardo) está hospitalizado em Londres por anemia e ela está sozinha com John.[177] Quando voltei para a mesa, fiquei surpreso ao descobrir que nenhuma inquirição urgente foi feita.

Depois terminei *Judas* que certamente é uma grande tragédia. Eu dei uma olhada nos poemas posteriores de Yeats: eles são muito obscuros. Em *Two Kings* [Dois reis], ele me interessou usando uma história que eu mesmo queria escrever. Eu então peguei *Veil* [Véu], de De la Mare: insensatamente, pois já estava solitário e deprimido e eles me causaram uma impressão muito vívida. W e eu fomos tarde para a cama. Na carta de D, li que o dente começara a incomodar outra vez. Quase nenhuma dor de cabeça hoje à noite.

Sexta, 29 de dezembro: Depois do café da manhã, fomos para o quartinho dos fundos, onde escrevi para D, dando conta da visita da

---

[177]Joseph Malcomson Greeves (1858–1925), o "Pássaro do cardo", era o pai de Arthur. Ele foi diretor da J. & T. M. Greeves Ltd, Flax Spinners. John Greeves (1892–1969), um dos irmãos de Arthur, morava com os pais do outro lado da rua em relação aos Lewis, na casa chamada "Bernagh".

sra. Greeves e orientando que as cartas deveriam ser enviadas para Bernagh, mas não com muita frequência. Eu então escrevi meu diário: e nós nos levantamos tão tarde que isso, junto com algumas leituras de um antigo MS da caixa de músicas ("The Sailor") e algumas conversas sobre nossa cerveja matinal, nos tomaram até as 12h30, quando chegou a hora de nos trocarmos para ir almoçar no McNeills.

Aqui nós tivemos a conversação animada e ultrajante habitual e um café *muito* bom depois do almoço. Janie nos contou uma história escandalosa sobre Bob [Ewart]: a mãe dele estava considerando a compra de um carro novo, mas disse que ela estava tão velha que dificilmente valeria a pena. Bob respondeu "meu bem, um Ford dura cerca de quatro anos", e sugeriu que eles deveriam usar o conselho do médico para comprá-lo. W e eu não acreditamos na história. Tivemos um tanto mais de zombaria e escândalo e alguma conversa levemente literária.

Janie nos contou que prima Mary acha que eu estou "muito melhorado" — seja lá o que isso signifique: talvez seja a maneira dela de dizer (o que todo mundo disse) que eu engordei. Janie puxou minha perna e disse que eu estava "parecendo assustadoramente *adequado*"... Enquanto W e eu voltávamos, rimos de Janie por fingir ter lido Rabelais. W disse que era uma pena que ela fosse tão orgulhosa de sua pouca dose de literatura e de emancipação.

No caminho de volta, encontramos a sra. Calwell e sua irmã, a gorda srta. Robertson, a quem eu não conhecia. Elas nos atrasaram por um longo tempo, mas nos contaram uma boa notícia, que a srta. Harper agora está morando com Hanie Hewson e seu marido perto do Curragh e cuidando dos filhos: então podemos esperar que a velha pobre coisa esteja em uma atmosfera de conforto e satisfação.[178]

Tendo voltado a Leeborough, nos trocamos e tomamos um pouco de chá: depois disso nós caminhamos até Tillysburn e lá tomamos o trem para Holywood. Quando saímos da estação de Holywood, na "frente" havia uma leve névoa cinza azulada com algumas luzes

---

[178]Srta. Annie Harper foi governanta de Warnie e Jack de 1889 a 1908.

1922

aqui e ali e um rasgo nas nuvens para o mar. Estava começando a chover. W comentou sobre a insensibilidade de quase todos à beleza: "Quantos perceberiam *isso*?", ele perguntou. Eu disse que ninguém (quase) olhava para o céu.

Nós fomos então para nosso hotel habitual onde encontramos o quarto de fumante habitado por um homem muito velho e dois belos cachorros. Nós tomamos nossa bebida. Ele falou de imortalidade: disse que tudo de que precisava era que este mundo melhorasse. Eu argumentei que, aconteça o que acontecer, *aquela* parte de você não poderia ser imortal. Ele reclamou que a realidade nunca emergiu para nossos sonhos. Eu propus minha condenação dos sonhos, e ele me entendeu melhor do que a maioria — pois nunca fui capaz de explicar isso decentemente, exceto para Baker e para ele, só porque ele próprio pensara isso. Eu não acho que W concordou comigo em tudo. Então voltamos de trem, saindo de Sydenham.

Depois do jantar, comecei a ler o diário do avô de Hamilton sobre sua viagem a Calcutá, em 1852.[179] Meu recente interesse por eugenia e algumas vagas insatisfações da Lei Mendeliana etc., me fizeram sentir um novo interesse pela comunidade de sangue. Era estranho sentir que eu realmente estivera lá no antigo East Indiaman.[180] Um livro interessante, este diário, apesar da terrível imagem do meu avô como um garoto evangélico pomposo e vaidoso.

Depois de ter lido por algum tempo, John Greeves entrou sem quase nada dizer: meu pai, por sua vez, tornou-se muito interessante e agradável e tivemos uma boa conversa. Eu senti que poderia continuar com ele de maneira esplêndida se fosse sempre como fora naquela noite. Isso me mostrou que é uma mudança nele, e não o mero processo de meu amadurecimento, que torna as coisas cada

---

[179]Esse diário do reverendo Thomas Robert Hamilton (1826–1905) está reproduzido nos inéditos *Lewis Papers: Memoirs of the Lewis Family* [Documentos dos Lewis: Memórias da família Lewis], vol. 1.
[180]*Indiaman* era o nome genérico dado a grandes navios mercantes que faziam comércio entre a Inglaterra e a Índia. Aqui, ao que parece, faz parte de um nome próprio, possivelmente daquele navio em que Hamilton estivera. [N. T.]

vez mais difíceis — pois parece que me lembro dele uma vez sendo normalmente como ele estava sendo, em caráter excepcional, nesta noite. Muito cedo para a cama, muito menos deprimido do que na última noite.

Sábado, 30 de dezembro: Uma bela manhã: depois do café para o quartinho dos fundos. Ontem Mollie Boyd havia ligado para o telefone e nos convidou para jogar bridge em alguma noite dessas por vir. W tinha respondido que ele estava indo para a Inglaterra hoje à noite e que eu estava indo no dia 7. No começo fiquei encantado com essa fuga, mas logo percebi que eles quase certamente me veriam aqui depois do dia 7. Após alguma hesitação, escrevi esta manhã uma carta a Molly Boyd explicando que W havia cometido um engano: acrescentando, no entanto, que eles não deviam mudar suas tabelas novamente por causa disso e depreciando minhas habilidades como jogador de bridge. Em seguida, eu escrevi no meu diário e estava me preparando para escrever uma carta para D quando W me pressionou para sair. Como era tarde e o último dia dele, eu escrevi um cartão para D e fui.

Nós caminhamos para Tillysburn pela estrada de High Holywood e a "vereda arenosa", dali de trem para Holywood. Ali nos sentamos um bom tempo na sala de fumantes: eu esqueci o que falamos. Voltamos de trem para Sydenham e chegamos a Leeborough para encontrar meu pai, que ainda estava lá. Durante a tarde, continuei com o diário de meu avô.

Pelo correio da tarde, chegou-me uma carta endereçada à mão por Arthur e contendo uma de D. Arthur tinha incluído um pequeno bilhete seu — tão ridiculamente pequeno em comparação com o todo que não pude lê-lo na presença [...], e tive de abandonar o estudo abruptamente. Arthur escreve que as pessoas com quem ele estava hospedado em Sussex adoeceram e agora ele está de volta no 4 Cleveland Terrace, Hyde Park, Londres, W.2. Obviamente, não consegui ler a carta de D e, por algum motivo absurdo, senti a convicção de que ela pod. conter más notícias: isso me deixou muito ansioso a noite toda.

1922

Pouco antes do jantar, ocorreu um episódio desagradável. W estava reclamando das despesas de uma pequena confusão que eles tiveram em Colchester e meu pai começou, como sempre, a zombar do exército e dos problemas do exército. W, que é morbidamente sensível em relação a isso, foi levado a responder: "Tudo está muito bem para você, vivendo no estúdio e gastando £1400 por ano com você mesmo".

Embora justo, foi realmente mais rude depois de W ter bebido seu uísque por uma semana e em especial desde que meu pai disse a ele ontem que não precisava pagar as £20 emprestadas a ele por ocasião do fracasso de McGrigors.[181] Meu pai recebeu isso muito bem, considerando todas as coisas.

Depois de um excelente jantar frio (a única refeição que eu gosto nesta casa), meu pai e eu fomos ao barco de Liverpool para ver W partir e voltamos no mesmo táxi. Eu me senti completamente infeliz. Meu pai comentou que "deixava-o doente" pensar em um homem da capacidade de W desperdiçando seu tempo no exército.

Depois que ele foi para a cama, abri a carta de D e encontrei para meu grande alívio uma carta muito alegre, caseira e reconfortante q. me alegrou muitíssimo. Mais um exemplo da vaidade das premonições. Então eu li Boswell até bem tarde e, depois que eu estava na cama, um pouco de *Jason*, de Morris, q. é um velho amigo. Meu olho foi capturado por seu poema "In Prison" [Em prisão] no mesmo volume, que expressava exatamente meus sentimentos no presente. Eu demorei muito para dormir.

Domingo, 31 de dezembro: Levantei tarde, como de costume. Um dia desesperadamente longo. Depois do café da manhã, fomos à igreja que, nessas ocasiões, é um refúgio para mim: pois em todos os outros momentos, tranco-me sozinho com meu pai, eu estou *qui vive* para que uma coisa ou outra apareça, e chego ao fim do dia bastante desmoralizado, como se eu estivesse andando em um

---

[181] O fracasso do Banco McGrigor no início daquele ano.

precipício ou houvesse experimentado o lado errado de uma metralhadora. Lily voltou conosco da igreja.

Decidi que esta seria uma boa oportunidade para enfrentar Meredith e de acordo com isso comecei *Beauchamp's Career* [A carreira de Beauchamp], no qual fiz progressos consideráveis antes do anoitecer. Eu tive pouco prazer com ele: é obviamente escrito para uma pessoa de mente mais rápida, sutil e madura do que eu — talvez para uma pessoa de melhor educação técnica também.

"Jantar" às 2h30. Eu também li *A rainha das fadas* na minha grande edição de Dent, começando no Livro VI. Depois disso, anunciei que iria sair: meu pai, embora eu saiba que não queria, me acompanhou. Nós encontramos os McNeills na estrada e eu fui convidado para almoçar novamente na terça. Eu não queria ir, mas não tinha desculpa pronta e assim aceitei.

Então caminhamos quase até Holywood ao longo da estrada alta e voltamos pelo mesmo caminho. Estava gelado, com uma espessa neblina branca e uma lua sobre as colinas e um som contínuo da buzina de barcos vindo do Lough. Se eu estivesse sozinho, teria sido puro êxtase: do jeito que foi, foi um alívio do confinamento durante todo o dia no estúdio.

Depois que ele foi para a cama, fiquei sentado durante muito tempo lendo Spenser, até quase ser levado para longe de Leeborough. Acho que hoje estou inclinado para fantasia, mas dificilmente para a imaginação real. Depois de ir para a cama, ouvi as buzinas e as sirenes nas docas soando e os sinos badalando para o ano velho. Tive dificuldade em dormir, sentindo-me desconfortável em meus pensamentos e me sentindo isolado: também sentia a ameaça de dor de dente, mas, quando me deitei de costas para manter minha bochecha fresca, ela foi embora. Uma noite gelada e à luz da lua, e deixei minhas cortinas abertas.

1923

Lewis permaneceu com seu pai em Belfast até o dia 12 de janeiro, quando cruzou para a Inglaterra em um barco transcanal, chegando a Oxford em 13 de janeiro. Por ter decidido estudar Inglês em um ano acadêmico em vez dos três habituais, tinha apenas dois semestres para se aprontar para os exames finais em junho. Ele estava preparado para tirar o máximo proveito disso, com o bem-vindo acréscimo da classe de discussão do professor George Gordon, quando o dr. John Askins veio para "Hillsboro" e enlouqueceu. Assim começou um período muito miserável para Lewis e a sra. Moore. Eles estavam tão pobres que continuaram a receber os hóspedes pagantes, e Lewis começou a corrigir os ensaios de Certificado Escolar. Em meados do verão, a possibilidade de uma bolsa de pesquisador universitário ainda o iludia, e seu pai se ofereceu para estender-lhe a mesada para que ele pudesse começar uma graduação de pesquisa enquanto esperava que algo acontecesse.

Janeiro

Segunda, 1º de janeiro: Acordei cedo e comecei a pensar se o dia de Ano Novo era um feriado comercial em Belfast: no entanto, meu pai entrou completamente vestido e saiu antes de eu descer. Uma manhã muito gelada. Tomei o café da manhã sozinho, lendo *Beauchamp's Career*, e depois fui até o quartinho dos fundos. Ali escrevi meu diário e também escrevi uma carta para D. Ligaram para mim, primeiro Molly Boyd, que me fez prometer ir ao bridge progressivo na sexta seguinte e então, alguns minutos depois, a sra. Greeves. Ela me pediu para sair para uma caminhada com ela e almoçar em Bernagh a seguir. Não gostei muito da perspectiva, mas senti que era absolutamente necessário ir por causa do conceito comum de decência e arrumar-me assim que terminasse minha redação.

Caminhamos para Knocknagoney pela High Holywood Rd., então descemos e voltamos pela estrada baixa. A sra. Greeves aborreceu-me muito ao lamentar os tempos difíceis q. tinham vindo ao negócio de linho desde a guerra. Eu não estava em condições de dizer a ela (como desejava) que apenas a vergonha deveria impedi-la de agradecer pelo sucesso com que sua família fugira da guerra. Quando esse assunto acabou, nos demos muito bem. Ela é muito simples (até certo ponto) e humilde. Discutimos a possibilidade de Arthur voltar para casa e prometi escrever e insistir com ele, chamando-lhe a atenção para os preços reduzidos de passagem que ela esquecera de mencionar em sua carta.

Ela se referiu abertamente a "essa senhora a quem Arthur chama de Minto" e perguntou como ela estava: me disse que não traria nenhuma carta, mas eu deveria vir a Bernagh por causa deles — o que me aliviou, pois fiquei muito nervoso por ela fazer algo tolo. Ela também subiu 100% na minha opinião por falar sensivelmente sobre as enormes famílias entre as classes mais baixas.

Em resposta ao pretexto delas de que "Deus nunca envia uma boca, mas ele envia os meios para enchê-la", ela disse categoricamente que "Deus não é tão tolo". Eu mal conseguia acreditar em

1923

meus ouvidos: claro que ela ia tentar aliviar depois e "Esperava que isso não fosse irreverente", mas ainda assim — as palavras devem permanecer como crédito para ela. Nós nos encontramos com Gundrede e conversamos com ela por alguns minutos antes de irmos para Bernagh.

Após o almoço, a sra. Greeves me perguntou com uma ingenuidade deliciosa o que era filosofia: Arthur lhe dissera que eu fazia filosofia. Declinei de responder, da maneira mais gentil que pude. Ela disse que gostaria de poder falar como meu pai e eu — uma ambição verdadeiramente terrível! Tentei esclarecê-la e fazê-la acreditar em quão diferentes os palestrantes realmente bons (Yeats, por exemplo) são. Então eu fui embora e escrevi uma pequena carta a Arthur: argumentando sobre as passagens reduzidas, a solidão de sua mãe, a ausência de seu pai, minha presença...

Depois de ter postado a carta, li o diário W. African de W por alguns minutos até o chá estar pronto: depois do chá, desci até Strandtown para comprar alguns cigarros. Voltando, eu me acomodei para *Anglo-Saxon Reader* [Leitor anglo-saxão], de Sweet, e continuei com um intervalo para o jantar, até que meu pai foi para a cama às 10h30.

Meu pai trouxe para casa, nesta noite, os dois volumes de Donne q. eu pedira como presente de Natal. Acho que amarei Donne: certamente o único velho poeta que entende o amor no sentido moderno? Depois que meu pai foi para a cama, li mais dois cantos de *A rainha das fadas* e estava na cama às 11h30. Eu percebi que nas noites em que penso em D sempre há alguma ansiedade misturada com isso — q. não aumenta os prazeres de Little Lea. Uma noite muito chuvosa: fui dormir mais cedo do que o habitual.

Terça, 2 de janeiro: Levantei bem tarde e depois do café da manhã para o quartinho dos fundos, onde eu escrevi para D e fiz meu diário. Janie me ligou para me lembrar de que eu estava almoçando com ela hoje e me pedir para sair para passear com ela e Gundrede: o que eu me recusei a fazer, sob o pretexto de trabalho. Quando terminei de escrever e tomei minha cerveja matinal, não parecia valer a pena começar. Vasculhei os livros e as coisas no quartinho dos fundos sem objetivo por meia hora e então troquei-me e fui para os McNeills.

Uma tia-avó muito idosa de Janie estava lá quando eu cheguei, mas logo partiu. Mãe e filha falaram para mim sobre a atmosfera de Glenmachan, q. elas disseram que foi a causa de Bob, e sobre a atmosfera irlandesa em geral. Elas pareciam sentir isso como eu sinto: embora duvide que elas tenham ficado longe o tempo suficiente para vê-lo objetivamente. O resto da conversa foi principalmente sobre livros.

Eu mencionei que estava indo para os Boyds e desejei que eu pudesse ter um pouco de prática primeiro. Janie sugeriu que deveríamos ir a Schomberg e fazer Lily e Gordon jogarem conosco à tarde. Ela então lembrou que Lily estaria fora: e muito decentemente me pediu para vir depois do jantar amanhã e ela encontraria outros dois.

Saí logo após o almoço, voltei e comecei anglo-saxão. Depois do chá, saí para um dos melhores passeios que já tive. Quando saí de casa, a lua cheia estava apenas se erguendo atrás das colinas, a "cabana do pastor" e as árvores vizinhas destacadas em preto contra ela. O resto do céu estava quase inteiramente coberto de nuvens cinzentas escuras e apenas uma brecha, a oeste. Um vento terrível soprava, no entanto, e isso logo começou a rasgar grandes aberturas na nuvem, deixando à vista frios pedaços de céu e enviando as nuvens para se amontoarem em formas estranhas e hostis.

Quando subi a colina, o vento se tornou tão tremendo que achei que poderia derrubar uma árvore. Minha sorte especial foi que vi dois nasceres da lua: o horizonte subindo assim, conforme eu me aproximava das colinas, que a lua ficou fora de vista novamente por um tempo. Caminhei até a Sandy Loaning pela estrada principal, então virei à direita, subindo novamente na esquina da Glenmachan Glen, descendo pelo lado do Robber's Glen, de novo e de volta.

Então comecei o anglo-saxão mais uma vez e continuei até o jantar e depois do jantar até as 10 horas. Meu pai estava lendo os

1923

ensaios de Inge: ele disse "Se você estivesse morando em casa, acredito que eu deveria começar a ler seriamente de novo: a coisa é contagiante". Depois que ele estava na cama, li *Beauchamp's Career* por um tempo. Demorei muito mesmo para dormir.

Quarta, 3 de janeiro: Depois de escrever para D e atualizar meu diário, saí para dar uma volta. Uma manhã razoavelmente calma. Subi as colinas até o terceiro vale estreito e profundo e depois virei para a esquerda, com a intenção de voltar pela Shepherd's Hut: mas encontrei a trilha, que eu tinha usado esses dez anos, bloqueada por uma cerca e tive de voltar pelo caminho que fizera. Pretendia ir a Bernagh na jornada de volta, mas encontrei a sra. Greeves no final da colina. Ela não tinha carta para mim, como de fato eu esperava. Ela não tinha ouvido falar de Arthur. Combinou que eu deveria ir com ela na próxima segunda ou terça ver um tal sr. Osborne, que esteve em todas as Universidades do mundo.

Eu então voltei e almocei costeletas, repolho e purê de batatas, tudo morno. Eu fui incapaz de abrir a garrafa de cerveja q. meu pai havia deixado de fora para mim. Esta refeição sem graça foi alentada por uma bem-vinda carta de Harwood, contendo um poema que não me parece um sucesso. Harwood está muito deprimido e está conseguindo um emprego na North Euston Railway. Após o almoço, eu fiz gramática anglo-saxônica. Depois do chá, li um pouco mais de *Beauchamp's Career* e comecei *White Divel* [Diabo branco], de Webster, mas não avancei muito. Muito sem ânimo e estúpido esta tarde.

Depois do jantar, eu me troquei e caminhei para os McNeills: outra noite linda de vento e luar. Janie explicou-me que Gladys Leslie havia furado com ela e que teríamos de jogar em três parceiros. A terceira era uma srta. Ethel Rogers — uma garota escocesa de nariz redondo. Nós nos demos muito bem. Mais tarde, Florrie Greeves (que não havia sido convidada) chegou indo para casa vindo de um concerto e se tornou a quarta. A garota Rogers e eu vencemos. Janie e Florrie brigaram o tempo todo, Janie ruidosa e escandalosamente, Florrie de maneira resignada e rabugenta. Ela tem a reputação de ser muito inteligente (Janie diz que ela é uma doutora em filosofia), mas é intensamente vulgar e afetada em sua voz e maneiras.

Enquanto eu caminhava para casa, senti de maneira muito forte a diferença entre voltar de uma noite para Little Lea e para a minha verdadeira casa. Meu pai foi para a cama assim que cheguei. Sentei-me e tentei escrever um novo poema sobre meu antigo tema "Sozinho em casa". Logo percebi que estava criando muito bem em mim mesmo a atmosfera assustadora q. eu estava tentando criar no poema e desisti. Então li as cartas de Meredith, para me livrar dessa atmosfera, e fui para a cama.

Quinta, 4 de janeiro: Depois do café da manhã, tentei continuar meu poema sem muito sucesso. Então escrevi para D e atualizei meu diário: então desci para o estúdio e trabalhei na gramática anglo-saxônica até pouco antes da hora do almoço, quando fui até Bernagh para ver se alguma coisa chegara. A sra. Greeves estava fora: mas como ela ordenara que me fossem dadas cartas e nada me *foi* dado, eu supus que nada tivesse chegado.

Após o almoço, comecei a trabalhar novamente e continuei até a hora do chá. Enquanto tomava chá, eu li *Golden Bough* [Ramo dourado], de Frazer, na nova edição abreviada. Depois saí, caminhei até Sloan's Seat e voltei pelo mesmo caminho. Uma noite nublada e sem lua: quando eu voltava as luzes no vale e especialmente nas docas eram muito agradáveis.

Meu pai acabara de entrar quando voltei. Depois do jantar, fiz a parte sobre Caedmon em *Reader*, de Sweet, que me manteve ocupado até as dez horas, quando meu pai foi para a cama. Então li um pouco mais de Frazer e fui para a cama, bastante satisfeito por ter tido um razoável dia de trabalho. Uma noite de chuva torrencial: eu estava cheio de augúrios sombrios sobre o futuro — e nervoso durante o dia.

Sexta, 5 de janeiro: Escrevi minha carta e o diário como sempre depois do café da manhã no quartinho dos fundos. Depois desci para o estúdio e trabalhei no anglo-saxão até a hora do almoço. Imediatamente depois do almoço fui até Bernagh. A sra. Greeves

1923

estava fora, mas o criado entregou-me uma carta, que eu cheguei em casa e devorei [sic] avidamente, tendo primeiro postado a minha. A pobre D tem tido um tempo terrível com o dente. Então fiz a barba, que deixara de fazer esta manhã, tomei chá e fui até Strandtown comprar alguns cigarros.

Eu me troquei antes do jantar e saí às 7h30 em um estranho táxi alongado que (não pude deixar de pensar) parecia exatamente com um carro funerário. Fui um dos primeiros a chegar aos Boyds, que têm uma casa muito bonita. "Os Boyds" consistiam, nesta ocasião, da sra. B. e duas filhas, Molly e Dot, nenhuma delas bonita, mas ambas muito agradáveis. O sr. Boyd estava na Inglaterra a trabalho e os deveres de anfitrião eram realizados pelo coronel Yatman do Somersets, um velho muito animado. Exceto pelos Heyns, eu não conhecia uma alma: os homens eram em sua maioria oficiais do Somersets.

Eu apreciei muito minha noite por causa da mera sensação de estar entre povo inglês comum corriqueiro e em uma atmosfera leve. Durante o respeitável jantar, confraternizei com Maurice Heyn e me senti estranhamente tentado a perguntar-lhe se conhecia meu amigo, comandante Hawes. Decidi, no entanto, que seria arriscado. Saí por volta das onze, depois de uma noite muito aprazível: acho que eu me comportei com honra do começo ao fim no Bridge, ou pelo menos não fiz nada ultrajante.

Meu pai foi para a cama assim que eu entrei. Ele anunciou que não iria à cidade amanhã. Sentei-me por um pouco e depois fui para a cama, sentindo-me não muito contente.

Sábado, 6 de janeiro: Meu pai me chamou muito tarde — e apenas quando se preparava para ir ao quarto de banho — e eu demorei para me vestir o máximo que pude, para encurtar o longo dia. Quando desci, o serviçal me disse que a sra. Greeves já estava tentando me chamar ao telefone. Como achei que ela pudesse ter algo privado para dizer, e como nosso telefone fica no corredor, de modo que uma conversa pode ser ouvida por toda a casa, fui até Bernagh assim que tínhamos tido o café da manhã. Descobri que ela queria apenas combinar que eu fosse com ela na quarta ver um homem chamado Osborne.

Enquanto eu estava sentado com ela, Lily apareceu com dois cachorros. Ela havia sido convidada para a festa dos Boyds, mas Gordon (que odeia sair sozinho) a assustou por recusar-se a descrever de modo simples os bons jogadores de bridge que ela encontraria. Eu exagerei os deleites da festa, e os arrependimentos infantis dela foram bastante engraçados. Eu a achei muito bonita hoje e muito mais agradável do que normalmente é. Estava uma esplêndida manhã ensolarada. Caminhei com a sra. Greeves e Lily metade da Glenfarlough Road e então muito relutante e obedientemente voltei, pois embora elas não fossem realmente amigas, eu poderia estar à vontade com elas em algum nível, e a manhã foi alegre.

Voltando, encontrei meu pai debatendo se deveríamos sair ou não. Ajudei a decidir por ele e partimos para a nossa caminhada habitual pelo parque do cortiço. Mesmo aqui a manhã não deixava de transparecer algo revigorante. Conversamos sobre um monte de absurdos solenes que eu esqueci. Um novo retorno, xerez e anglo-saxão até 14h30, almoço[1] de carne de carneiro cozido — um prato que detesto. Continuei anglo-saxão pelo resto do dia.

Depois do chá, meu pai começou a me perguntar se eu queria sair de novo. Eu estava pronto para fazer qualquer coisa para escapar do estudo. Ele afirmou categoricamente que não queria ir, mas mesmo assim insistiu em me acompanhar, acrescentando "A não ser que me proíbam" no patético tom jocoso que tanto odeio. Nós nos arrastamos de novo — como prisioneiro e guarda algemados juntos.

Por uma divertida coincidência, encontramos os McNeills exatamente como ocorreu na semana passada. Janie disse que estava entediada. A sra. McNeill estava apenas começando a explicar a meu pai "o que havia de errado com Janie" quando Janie muito corretamente a calou. Acho que entendi bastante bem Janie — mentalmente ela

---

[1] No original *dinner*, que significa "jantar". Mas às vezes, na Grã-Bretanha, o termo também é utilizado para se referia à refeição feita no meio do dia. [N. T.]

1923

só pode ver além de Strandtown, e é claro também que deve haver desespero sexual. "Senhor, mande-lhes verão algum dia."

Nós voltamos e jantamos. Depois, estando no *qui vive* como de costume, ouvi o serviçal indo até a porta da frente. Por grande sorte, consegui chegar antes a tempo e encontrar John, que me deu uma carta. Sabendo que estaria perdido se ele simplesmente fosse embora e me deixasse explicar para meu pai quem tinha vindo, por que viera e por que não entrou, eu o persuadi em desespero a entrar e a ter uma prosa. Ele ficou por um longo tempo e tivemos muita conversa boba.

Depois que meu pai foi dormir, li e queimei a carta. Fiquei muito feliz em recebê-la e, graças a Deus, o dente parece estar melhor. A aventura da noite, no entanto, me deixou em um desconforto terrível. Eu sentia agora que, não importando quão tarde da noite fosse, eu nunca poderia estar seguro. Tornei-me vergonhosamente ingrato com a coitada da sra. Greeves e me amaldiçoei por confiar em uma pessoa tão tola. Refleti que talvez houvesse uma carta de D amanhã e imaginei como poderia avisar a sra. Greeves para não enviar as coisas. Fui para a cama bastante tarde e fiquei acordado por muito tempo.

Domingo, 7 de janeiro: Acordei muito cansado, com dor de cabeça e sensação de pânico. Passei o tempo todo assim até irmos à igreja para aguardar John ou a sra. G, na esperança de que, como último recurso, eu pudesse encontrá-los na avenida. Ninguém, no entanto, apareceu. Enquanto eu estava na igreja, meu terror era que um dos tolos deixasse algo para mim em Little Lea enquanto eu estava fora. Barton pregou um sermão excelente.[2]

Voltei e fiquei aliviado por não encontrar nada. Então aproveitei a oportunidade e disse que iria até Bernagh para ver se a sra. Greeves recebera notícias de Arthur. Meu pai não fez nenhum comentário além de dizer que nesse caso é melhor que eu não tomasse meu copo de xerez de costume por temor de que a sra. Greeves sentisse o cheiro.

---

[2]O reverendo Arthur William Barton (1881–1962) foi pároco de St. Marks, Dundela (1914–1925). Os três Lewis gostavam dele, e ele era um visitante frequente e bem-vindo em Little Lea.

Todo meu caminho diante de mim

Mesmo em meu intenso desejo de sair e colocar as coisas em segurança, tive tempo de sentir o terrível ambiente social que isso revelava: ainda pior porque meu pai estava provavelmente certo. Fui até lá e vi a sra. G, impressionando-a bastante com as condições peculiares da vida em Little Lea e dizendo-lhe para nunca enviar nada para lá. Ela me leu uma carta de Arthur, que não está voltando para casa. Eu já sabia disso, pois ele escrevera para D. Eu voltei de Bernagh muito aliviado, mas me sentindo um pouco exausto: não há nada que eu odeie mais do que a ansiedade aliada ao conhecimento de que devo continuar a falar e nunca por um momento parecer estar ansioso.

Durante a tarde eu li uma boa parte de *The Faithful Shepherdess* [A pastora fiel] com muito prazer.[3] Eu também terminei *Beauchamp's Career* — um ótimo livro, embora haja muita coisa que eu não entendo. Everard Romfrey, Cecilia, Rosamund Culling e o próprio Nevil são personagens dos quais espero me lembrar por muito tempo. Depois do chá, saí para uma caminhada e pela primeira vez meu pai não veio comigo. À noite, comecei a *Autobiography* [Autobiografia], de Trollope. Então, finalmente, deitar esperando que eu não tenha outro fim de semana em Little Lea por muitos dias.

Segunda, 8 de janeiro: Como o fim de semana envolveu dois *dies non*, eu tive esta manhã para atualizar meu diário desde quinta. Depois de fazer isso e escrever para D, chegou a hora de ir até o correio e passar por Bernagh antes do almoço. Não havia carta para mim. Após o almoço, eu voltei para o quartinho dos fundos e trabalhei muito bem em Sweet até a hora do chá. Depois do chá, saí para dar uma volta na parte de trás de Glenmachan: estava uma noite clara e bonita. Então voltei, falei com meu pai por alguns minutos e troquei-me. Ele me disse que o velho Graham tinha morrido, pelo que lamentei muito.

Então caminhei até Schomberg.[4] Na esquina, uma senhora passou por mim, a quem eu pensava ser a sra. Greeves: eu estava,

---

[3] De John Fletcher (1610).
[4] A casa de Gordon e Lily Ewart.

1923

no entanto, quase passando por ela, já que estava bastante escuro e eu não tinha certeza. A sra. Greeves reconheceu-me e deu-me uma carta. Em Schomberg, havia apenas uma outra convidada, a srta. Wharton, que atualmente é uma aluna em um alojamento de universidade (seja ela qual for) em Birmingham. Ela tem sido enfermeira-chefe em várias escolas na Inglaterra, incluindo uma que funcionava com base no princípio da não obrigatoriedade. Se uma garota não queria entrar na classe pela manhã, ela simplesmente não ia. A srta. W disse que isso funcionava muito bem.

Ela é bastante bonita: quando fui deixado sozinho com Gordon depois do jantar, ele fez questão de me dizer que ela era muito mais velha do que parecia, quarenta e três, na verdade. Eu me perguntei por quê. Depois, ela nos contou muitas histórias divertidas — uma especialmente boa sobre seus esforços mal-sucedidos para se livrar de um pacote de sanduíches que alguém tinha empurrado para a viagem dela.

A Lily me aborreceu com seu relato *blasé* de suas viagens à Itália e a outros lugares: ela odeia todas, ao que parece, porque os trens às vezes estão lotados, as viagens às vezes são cansativas, e a Itália estava cheia de italianos horríveis. Ela preferia muito mais Donaghadee — porque lá poderia ter um descanso. Até onde sei, ela nunca teve um dia de trabalho na vida. Eu saí às 10h30.

Depois que meu pai foi para a cama, li a carta de D: a mais infeliz, que entre a dor de dente e a perda final da casa em Woodstock Rd. Antes de ir para a cama, terminei a *Autobiography*, de Trollope. Ele é um homem satisfeito consigo mesmo, autossuficiente, bastante inconsciente de seu estilo de gênio, irremediavelmente ruim em críticas ao próprio trabalho, orgulhoso do tom moral de seus livros e ainda mais orgulhoso de sua pontualidade, diligência e habilidade para prosperar. Perdoável por uma certa honestidade afável. Tarde para a cama.

Terça, 9 de janeiro: Recebi uma ligação de Janie depois do café da manhã e aceitei outro convite para almoçar. Fui então até o quartinho dos fundos, despachei minha escrita e trabalhei na palestra de

Wulfstan para os ingleses até a hora do almoço, quando me troquei e caminhei para os McNeills. Estava um dia muito frio e quente e havia nevado durante a manhã.

Hoje, acho que pela primeira vez na história, tive uma conversa verdadeira e séria com Janie: ela falou sobre seu desejo de fugir de Strandtown e a impossibilidade de fazê-lo, já que ela não podia deixar nem transferir a mãe. Ela desistira de sua ideia de ir para Oxford ou Cambridge anos atrás depois da morte do pai. Ela falou sobre a vulgaridade abominável do conjunto em que vive Ruth Hamilton.[5] Havia uma história terrível de Ruth e suas amigas trancando um garoto bêbado no quarto da cabana de Kelsie enquanto Kelsie estava fora: essas são as piadas da juventude afortunada e rica de Holywood!

Ela também me contou algumas histórias engraçadas sobre Warnie e Mona Peacocke quando ambos estavam com Kelsie na cabana.[6] Mona costumava fugir com W todos os dias para o continente para beber coquetéis e W costumava "fazer" o cabelo dela todas as noites. A evidência para essas aventuras é a própria Mona. Achei a sra. McNeill particularmente agradável hoje e astuta.

Por volta das três horas, levantei-me para sair, esperando receber uma carta vinda de Bernagh e depois me dirigir ao trabalho. Janie, no entanto, ofereceu-se para vir comigo, recusou-se a ir tomar chá e, em vez disso, fez-me dar uma caminhada com ela. No caminho de volta, ela entrou em Little Lea para pegar um livro emprestado. Eu insensatamente lhe dei um cigarro e então, embora eu tivesse dito a ela que queria ir ver a sra. Greeves antes de meu pai aparecer, ela ficou sentada por um tempo interminável. Ela descobriu que eu estaria navegando na sexta e expressou seus arrependimentos com uma veemência com a qual eu não me importava muito.

---

[5]Ruth Hamilton (1900–?), agora sra. Desmond Parker, é filha do sr. e da sra. Augustus Hamilton.
[6]Kelsie tinha uma cabana no que é chamado de Island Magee, uma península com quase 13 quilômetros de comprimento que se junta a Co. Antrim na entrada de Belfast Lough. Mona Peacocke era filha do reverendo Gerald Peacocke, pároco de St. Marks (1900–1914).

1923

Quando ela finalmente se levantou para ir, eu a acompanhei, e encontramos meu pai na avenida. Eu me separei dela no portão e corri para Bernagh, para descobrir que a sra. Greeves tinha acabado de sair. Ela tinha desistido da prática de deixar cartas para os serviçais entregarem para mim, o que eu considero muito sábio, embora nesse caso fosse irritante.

Meu pai estava muito inquieto e deprimido esta noite. Ele leu no jornal uma proposta de novas reduções no exército e perguntou "Que diabos o colega Warren faria se fosse expulso". Eu disse que era improvável, já que W era um capitão razoavelmente antigo, esteve fora do começo da guerra e parecia estar agora em uma posição de alguma importância. Meu pai observou com uma espécie de satisfação desesperada "Ah bem, ele teria de ir para as Colônias", acrescentando que "a coisa tinha sido ridícula desde o começo".

Mais tarde, ele inesperadamente abriu a questão do meu subsídio. Ele me perguntou se era suficiente. Como eu já havia dito em minhas cartas, senti que tinha de responder que "conseguiria", o que de fato é verdade. Para minha observação de que qualquer um gostaria naturalmente de um pouco mais se fosse possível, ele observou que era um homem pobre, mas que poderia levantar um pouco mais se fosse "necessário". Eu não poderia dizer que era.

A coisa toda aconteceu de repente e não seguiu o caminho que eu esperava: de modo que eu realmente falei primeiro e refleti depois. Meus únicos arrependimentos eram por causa de D: mas refleti que o arranjo estava quase terminado agora e que dificilmente poderia dizer que um aumento era necessário: embora eu receie que D dificilmente adotaria essa opinião.

Trabalhei duro até as 11h30 e depois para a cama, sentindo-me longe de estar contente. Uma noite muito tempestuosa e magnífica. Esqueci de dizer que tive uma longa discussão com Janie hoje, defendendo-me contra a acusação de desumanidade que ela apresentou contra mim. Por desumanidade, não se referia à indelicadeza, mas penso, uma espécie de desinteresse, um centro intocado: a atitude de Puck "Que idiotas esses mortais são", q. ela citou.

Ela atribuiu a mesma qualidade a si mesma e parecia considerá-la uma coisa de que se orgulhar. Eu não fiquei lisonjeado.

Quarta, 10 de janeiro: Imediatamente depois do café da manhã, fui até Bernagh e me desculpei de almoçar lá por causa do trabalho: também recebi uma carta — escrita ontem — de D, preocupada principalmente com a última delinquência de Dorothy. Depois de respondê-la e escrever meu diário, comecei a estudar anglo-saxão e continuei até a hora do almoço. Após o almoço, passei algum tempo lendo *Human Machine* [Máquina humana], de Arnold Bennett, até a hora de trocar de roupa e encontrar a sra. Greeves, que estava me levando para ver o dr. Osborne, um *don* de alguma universidade australiana.

Ela me deu uma segunda carta, que eu tive tempo de ler antes de começarmos: D parecia um pouco melhor. No caminho até Knock, eu poderia acreditar que a sra. Greeves estava parodiando a si mesma. Passou cerca de vinte minutos me dizendo que havia enviado duas novas escovas de cabelo para Arthur, por que e como. Ela teve um problema interminável ao apontar para mim a casa da sra. Purden à distância: eu nunca ouvira falar da sra. Purden, cuja celebridade parece basear-se no fato de que ela foi recentemente morta por um caminhão motorizado. A sra. Greeves esquecera o nome da casa da sra. Gilmore na qual iríamos encontrar o grande homem, mas finalmente a encontramos.

Aqui eu estava mergulhado em um charco estagnado de tamanha vulgaridade que eu raramente havia encontrado. Na Inglaterra não sou esnobe: posso falar com quem deixa de pronunciar o h inicial e gostar deles: a vulgaridade de Belfast eu ainda não dominei. Em uma sala abafada, pequena e com janelas fechadas e uma lareira como uma fornalha, encontramos a sra. Gilmore e sua filha feia e o dr. Osborne, este último um homem de boa aparência. Apesar de uma maneira bastante semelhante a palestras (não suporta seu aprendizado tão facilmente quanto nossos próprios *dons*), ele parecia um bom sujeito. Nós tínhamos no momento por companhia uma mulher muito pequena e muito feia que ficou tão chateada com a execução da sra. Thompson, que passou uma noite muito ruim.[7] Ficamos lá muito tempo e eu o achei muito aborrecido.

Na viagem de volta, a sra. Greeves (alma decente) estava inclinada a ficar desapontada por minha causa porque o grande homem não havia falado sobre as universidades do mundo. Eu lhe assegurei na linguagem mais convincente de que era capaz que me divertira imensamente e estava muito interessado em ouvir sobre os coelhos na Austrália, a supremacia da poesia americana, os efeitos venenosos do tabaco e a verdadeira história de Buffalo Bill.

Depois de vê-la em Bernagh, voltei para cá, encontrando meu pai já em casa, troquei-me e jantei. Eu trabalhei bastante depois e terminei a seção de *Beowulf* em Sweet. Antes de ir para a cama, li um ou dois capítulos em *Adventure of Living* [Aventura de viver], de Strachey, que parece um livro curioso e deleitável. Fiquei muito animado com o relato dele sobre o que ele (de Berlioz) chama de *isolamento*. Encontrei grande dificuldade em decidir se é como o meu "senso de ser-idade das coisas" ou minha "Alegria", mas concluí que era realmente diferente. Veio uma boa carta de Arthur hoje, mas contendo nada de novo. Deitei e dormi bem.

Quinta, 11 de janeiro: Depois de escrever carta e diário, eu me voltei para o anglo-saxão e li até a hora do almoço, uma boa parte da *Fall of the Angels* [Queda dos anjos], o qual é de fato muito bom: no sentimento de Satanás sobre seus próprios poderes de criação (se foi isso que o autor quis dizer), chega-se a um ponto que até Milton perdeu.

Percebendo logo antes do almoço que o correio tinha chegado, fui até Bernagh, mas fiquei surpreso e bem preocupado em não encontrar nada para mim. Após o almoço saí para o correio, e, voltando fui para o quartinho dos fundos onde eu pretendia continuar o anglo-saxão.

Quando cheguei ao quarto, no entanto, eu fui de repente inundado com a convicção de que agora finalmente seria capaz de

---

[7]Edith Thompson e seu amante assassinaram o marido da sra. Thompson em Ilford, Essex, em outubro de 1922. Eles foram executados em 9 de janeiro de 1923.

escrever um pouco mais de "Dymer". Sentei-me imediatamente e trabalhei por um bom período, garantindo oito estrofes com as quais fiquei bem satisfeito.

Depois disso, enquanto tomava meu chá, li *Phantastes*, de Macdonald, que já li muitas vezes e que realmente acredito que preenche para mim o lugar de um livro devocional. Isso me deixou mais animado e me encantou.

Então saí e fui até Holywood: desci pela cidade até a estrada baixa e peguei estrada alta pela alameda que contorna o quartel. Por ter saído um pouco antes das cinco e voltado às 6h15, consegui durante essa caminhada comparativamente curta ver uma grande variedade de luzes e cores. Estava uma noite clara e tranquila: quando voltei havia estrelas muito brilhantes. Eu estava incomumente bem feliz.

Meu pai já estava aqui quando voltei. À noite, terminei a *Fall of the Angels* e li alguns dos *Gnomic Verses* [Versos gnômicos], que parecem muito lixo. Então, depois de terminar *Phantastes*, deitei às onze e meia.

Sexta, 12 de janeiro: Imediatamente depois do café da manhã fui até Bernagh e descobri de novo que não havia carta. A sra. Greeves me disse que estava saindo para a cidade às 2 horas e, se alguma coisa chegasse no segundo correio, ela então me daria. Então voltei e fui até o quartinho dos fundos, onde escrevi em meu diário e escrevi para D — um cartão-postal.

Depois disso fui para a cidade, peguei um novo chapéu Homberg na Laird's, ou melhor a loja que era a Laird's, e voltei, saindo do bonde em Mopsi Todd's. Lá peguei uma esponja e um pouco de sabão de barba e caminhei até Leeborough. Assim que terminei o almoço saí e andei pelo caminho frontal até ver a sra. Greeves passar. Ela me deu uma carta e eu disse adeus a ela, agradecendo-lhe calorosamente por seus serviços.

Não fiquei muito satisfeito ao ler nesta carta que D estava dando uma festa para Maureen nesta noite — mas eu suponho que seja necessário. Fiz todos os preparativos para o empacotamento e depois escrevi mais três estrofes de "Dymer", as quais pareceram bastante satisfatórias. A inspiração, no entanto, logo secou-se, esvaiu, e eu desci para o estúdio e li *Candida*, de Bernard Shaw (uma bobagenzinha divertida), até o chá e terminei. Depois do chá, fui dar uma volta perto da árvore cercada de sebe: uma noite fria e enevoada.

Voltando, subi as escadas e mal comecei a arrumar as malas quando a cozinheira, "A bruxa de Endor", como meu pai a chama, veio até a minha porta e anunciou de maneira ofegante que ela havia me feito um bolo, não era muito grande e eu poderia acomodá-lo em minha mala.[8] Como eu não tenho tido nada além de bolo por três semanas na hora do chá, essa gentileza foi um pouco desconcertante. Eu lhe agradeci profusamente: mas quando ela fez um bolo de mais de dois quilos de peso, que quase enchia minha mala por completo, tive de pedir a ela que o enviasse por correio.

Então desci para cumprimentar meu pai, que acabara de entrar, e voltei para terminar de arrumar as malas. Por alguma razão tive um horror a essa última parte final de minha longa penitência e, receio, prolonguei o empacotamento o máximo que pude. Depois do jantar, troquei de roupa.

O táxi chegou às 8h15 e meu pai me acompanhou até a cidade. Até o momento de deixar Little Lea, eu ainda estava sentindo que não estava até o momento fora do bosque e quase esperando que alguma coisa aparecesse.

Uma vez sozinho e no barco, senti uma grande sensação de alívio e segurança, temperada pela simpatia por meu pai. Eu tinha *Lame Dog's Diary* [Diário do cachorro coxo], da sra. McNaughton, comigo, que tem algum atrativo: mas temo que seja um livro bobo. Depois de lê-lo na sala de fumantes até as dez horas e beber uma garrafa de cerveja, eu me retirei para minha cabine, onde eu estava muito confortável e acima de tudo, finalmente, tranquilo em minha mente. Dormi excelentemente.

---

[8] "A bruxa de Endor" (Mary Cullen) combinou o trabalho de cozinheira e de governanta em Little Lea, de 1917 até que os irmãos saíram da casa, em 1930.

Sábado, 13 de janeiro: Fui chamado pelo meu camareiro às 7h30, barbeei-me e me vesti enquanto o barco se movia da plataforma de desembarque para a doca. Depois de um ótimo café da manhã a bordo, que eu comi com um apetite extraordinário, atravessei de balsa e cheguei à estação Woodside pouco depois das nove horas. Era uma típica manhã de Liverpool, cinza e enevoada, mas com certa animação no rio.

Eu desci no 9h35, um excelente trem direto com um vagão-restaurante, chegando a Oxford às 2h18. Eu viajei com um homem interessante, um funcionário público de algum tipo. Ele não era um homem de instrução, mas viajou muito na Alemanha e na Itália. Ele contrastava a civilidade e o refinamento da vida continental — a música, os jardins, os administradores de hotéis etc. — com nossa barbárie inglesa. Durante a manhã terminei o *Lame Dog's Diary*. Uma boa parte do país fora inundada, com gelo aqui e ali. Eu almocei às 12h30.

Cheguei em casa por volta [de 3] e fiquei feliz em saber que D, embora cansada, estava muito melhor — o dente não doía nessa ocasião. Depois que tomei um banho e troquei de roupa, nós passamos a maior parte do dia conversando. D descreveu para mim o caso curioso com os Askins. O Doc tinha sido, de acordo com Mary, "muito magoado" por algum motejo de Maureen. Se isso é verdade mostra apenas quão mal o pobre homem deve estar. A festa da noite passada parece ter sido um grande sucesso. Maureen saiu logo depois da minha chegada.

Fiquei tão contente por voltar para casa que mesmo a notícia de que todos devemos apoiar Maureen amanhã de manhã em sua primeira experiência do desconfortável sacramento não me desanimou. Depois do jantar, foi um prazer escrever meu diário — descrevendo um dia de Leeborough enquanto estava sentado aqui. D, bastante extravagante, me presenteou com uma escrivaninha, o que será um grande conforto. Nós estávamos na cama às 11h30.

Domingo, 14 de janeiro: Todos nós levantamos às 7h30 e, depois de chá e biscoitos, fomos até Headington em nossas bicicletas.

1923

Quanto à jornada exterior, parecia uma manhã amena. O sr. Clarke e um pároco que chegou posteriormente, oficiaram.⁹ Na jornada de volta, descobrimos que havia ficado muito mais frio. Depois do café da manhã, passei a maior parte da manhã colocando meus pertences em minha nova escrivaninha e destruindo muitos livros antigos de MS. D estava ligeiramente incomodada pelo dente no presente, mas por outro lado estava com excelente aparência. Após o almoço eu fiz um novo começo para o Canto V de "Dymer". O que entre minhas estrofes escritas em Leeborough e as seleções daquelas escritas antes de eu ir para a Irlanda e algumas novas hoje, eu tenho agora uma abertura contínua de dezesseis estrofes com as quais eu estou bastante satisfeito.

Depois do chá, li minha dissertação preparatória de Magdalen para enviar uma cópia a meu pai e conversei com D: depois, por volta das seis, caminhei até Headington, desci a Green Lane e para casa pela velha London Rd., onde havia uma bela exibição de estrelas através das árvores nuas.

Jantamos às 7h30 e depois eu ajudei D na composição de uma carta para Moppie, que escrevera para D dizendo que ela havia economizado 30/- uma semana e dado à srta. Quinlan para guardar: e propondo, tanto quanto pudéssemos coletar, gastar isso em outras lições para as quais ela iria três vezes por semana a Londres morando aqui nos seis meses em que ela está desempregada. Entendia-se que ela tentaria encontrar trabalho temporário para esse período: ou, no pior dos casos, que a poupança iria ajudar no suprimento comum enquanto ela estivesse conosco. Achamos sua carta bastante afrontosa: ela parece não ter nenhum escrúpulo em ser um peso morto e não podemos confiar inteiramente no que ela nos diz.

No final, nós fizemos uma carta que colocava os fatos diante dela, espero sem sermos indelicados. Explicamos que ela havia fugido para uma família pobre e que não podíamos bancar os arranjos sugeridos

---

⁹Agora que era confirmada, Maureen estava recebendo a Santa Comunhão pela primeira vez.

por ela. O negócio é uma preocupação para nós e D perdeu bastante confiança em Moppie: eu ainda tento esperar o melhor.

Depois de postar esta carta, voltei tardiamente para lavar as coisas e então sentei-me na sala de visitas onde D e eu conversávamos sobre muitas coisas — morte, segundos casamentos e se sentiríamos horror ao fantasma de um amigo. Na cama por volta das doze horas.

Segunda, 15 de janeiro: ... Após o almoço, revisei minhas anotações sobre as peças elisabetanas, das quais percebi me lembrar muito bem. Eu as terminei depois do chá e comecei *Rosalynde*, de Lodge, que é quase completamente inútil. Eu continuei com ele até a hora do jantar e depois continuei por uma ou duas páginas com a minha cópia passada a limpo de "Forster", fazendo algumas correções.

Mais tarde tive uma longa e interessante conversa com D na qual ela respondeu a várias questões com propriedade para minha iluminação. Para cama cerca de 12. Eu esqueci de dizer que eu encontrei o Doc quando eu estava retornando por Iffley. Conversamos um pouco, mas nada de interessante.

Terça, 16 de janeiro: Após o almoço trabalhei um pouco com gramática anglo-saxônica e mais tarde comecei a escrever meu artigo sobre Spenser para a aula de discussão de Gordon. Pouco antes do chá, o Doc apareceu e me juntei a ele e a D na sala de jantar. D e eu observamos depois que ele estava muito pior: também o ouvíamos xingando a si mesmo de uma maneira muito estranha no quarto de banho, o que é um mau sinal em homens como ele. Ele parece menos interessado na vida do que costumava estar e dificilmente consegue falar fora da filosofia teosófica.

Depois do chá, ele e eu tivemos nosso tipo habitual de conversa. Eu disse a ele o que Fasnacht havia dito — que assim como, por meio da perspectiva, você pode representar um objeto tridimensional em duas dimensões, assim você é capaz de fazer em três um modelo de um objeto de quatro dimensões. Ele concordou com minha objeção de que não se teria como reconhecer isso quando fosse feito...

Quinta, 18 de janeiro: ... Depois do café da manhã, trabalhei a manhã toda no meu artigo sobre Spenser. D tinha uma carta de

1923

Moppie em que ela diz que foi aconselhada pela srta. Quinlan a ter mais aulas durante o verão, aparentemente pretende fazê-lo e acredita que pode bancar com suas economias. Estava um dia lindo e brilhante, e tentei persuadir D a dar uma volta: como estivera ocupada a manhã toda, sabiamente se recusou...

Eu... apressei-me para tomar chá, com a intenção de ir para a cidade depois e dar uma olhada no College — hoje é o início do semestre. Durante o chá, no entanto, um cartão veio de Wilson dizendo-me para visitá-lo às 9h45 amanhã e decidi que eu faria uma viagem. Depois do chá, eu continuei com Donne e li o *Second Anniversary* [Segundo aniversário], que é "um novo planeta": nunca imaginei ou esperei nada parecido: também o *Soul's Progress* [Progresso da alma], que é mais rico e não se ajusta às regras da poesia.

Assim que estávamos começando a jantar, Mancha chegou inesperadamente, parecendo muito mais magra do que quando a vi pela última vez, mas com boa disposição e muito melhorada na aparência. Ela tem feito um bom progresso com seu exercício. Maureen tem um instrumento curioso, um cilindro de papelão que gira com uma manivela e, quando colocado para girar, executa um arpejo: parece um cruzamento entre um violino e uma concertina. Nós tínhamos combinado tentar isso com Mancha, e durante o jantar eu o pus para rodar do lado de fora da porta da sala de jantar. Para nossa surpresa, a primeira variedade da música, que teve um modo estranho de avolumar-se do nada, reduziu Mancha a um terror abjeto. E mesmo depois ela se recusou a olhar para aquilo ou que fosse trazido para perto dela, dizendo que era um artefato do diabo. Ela tem um semestre ruim diante de si, trabalhando para Smalls. Depois do jantar tivemos bastante conversa e futilidades na sala de visitas. Ela saiu cerca de dez.

Sexta, 19 de janeiro: ... Eu... fui até Manor Road: no caminho, encontrei Robson-Scott e um desconhecido que também estava indo para Wilson. Havia outros com ele, e nós três nos sentamos em sua sala de jantar no andar de baixo para esperar. Quando subi, ele ditou um artigo de *collections* para mim e aconselhou-me a ver a srta. Wardale imediatamente.

Assim que o deixei fui para Margaret Rd. e a alcancei pouco antes de ela sair. Ela também prometeu me enviar um documento (que chegou esta tarde), disse, em resposta às minhas perguntas, que eu lhe devia cinco libras e esperava que eu tivesse tido férias agradáveis. Eu disse que havia e esperava que ela tivesse tido o mesmo: em seguida, ela baixou o lábio inferior, afastou o olhar, parecendo que eu a tinha insultado, "rosada e dolorida como qualquer ninfa violada" e não disse nada.

Peguei minhas luvas e segui para a Associação, onde li *Reason in Art* [Razão na arte], de Santayana, por uma hora: muito pugnaz, estimulante e quase verdadeiro. Então voltei para casa e li um pouco de Homero — *Ilíada* 16 — antes do almoço. D e eu estávamos sozinhos, Maureen estava almoçando em Headington...

Sábado, 20 de janeiro: Passei a primeira parte da manhã fazendo o trabalho de tradução de I. A. com moderado sucesso: e então, até a hora do almoço, consultei a gramática de I. A... Depois do chá comecei meu trabalho de gramática de I. A. Percebi logo que a abri que continha uma série de perguntas inesperadas e quase pensei em deixá-la de lado e ler um pouco mais. Eu decidi, no entanto, que isso seria injusto e continuei a fazer um trabalho espantosamente ruim. Quando terminei, coloquei-o em um envelope, incluindo £5 como oferta de paz, e postei.

À noite, Mancha veio jantar, trazendo sua irmã: ela tinha ameaçado fazer isso porque condenamos a irmã por ir a Londres nas Fér. e obrigar Mancha a cuidar de sua mãe: e, em geral, por seu egoísmo em relação a Mancha. Mancha pensou que ela iria curar isso ao mostrar quão bondosa sua irmã realmente era. Ela se revelou ser muito comum, com os modos de uma empregada de idade, tão autoconfiante quanto Mancha é tímida.

Fiquei sozinho com ela por alguns minutos antes do jantar. Ela disse que sempre fazia seus alunos prometerem nunca tocar o piano durante os feriados. Falou que as crianças deveriam ser enviadas

1923

para o internato o mais cedo possível — digamos, aos dois anos de idade: porque nenhuma mãe teria "a simpatia e a sabedoria" que a professora de escola ideal teria.

Durante o jantar, ela explicou que havia trocado carne por verduras, e então verduras por frutas: ela esperava abandonar leite e ovos em breve e por fim viver completamente sem comida: ela admitiu que dificilmente esperaria isso nessa vida. Falou (sob interrogatório) que a comida animal era indecente. Perguntada por que um porco era mais indecente que uma maçã — o porco sendo uma matéria mais altamente organizada — ela disse que você deveria comer o reino inferior em vez do mais alto. Perguntada por que de novo, ela disse algo que eu não me lembro. A legitimidade de comer carne de porco, concluí, dependia da idade da alma da pessoa: uma alma jovem poderia comê-la, mas não uma avançada. Durante esse diálogo, ela executou muitos gestos curiosos com os braços acima da cabeça. Depois do jantar, eu trabalhei Tácito com Mancha. D e eu achamos a irmã de N uma perfeita idiota...

Segunda, 22 de janeiro: ... Às doze horas novamente, fui para os Cursos e ouvi Gordon fazer uma palestra excelente à guisa de introdução à tragédia de Shakespeare.[10] Depois, quando eu estava pegando minha bicicleta no College, encontrei Stevenson, que me disse que Wyllie ainda não tem emprego permanente — uma notícia ansiosa para mim. Esqueci de dizer que recebi um cartão de Jenkin ontem, de algum lugar ao sul de Nápoles: ele não voltará até fevereiro, assim agora não tenho mesmo nenhum amigo na Universidade...

Depois de uma pequena oposição de D, eu consegui que me fosse permitido lavar tudo: depois disso vim para a sala de visitas e mal tinha me sentado à escrivaninha quando vi Cranny abrindo o portão. Muito contra a minha vontade, eu o levei para a sala. Ele estava com ótima aparência, muito melhor desde sua última visita.

---

[10]Começando em 22 de janeiro, Gordon deu uma série de oito palestras, segundas e sextas, sobre as tragédias de Shakespeare.

D apareceu nesse momento, e nós o ouvimos até a hora do chá... No chá, falamos de música. Ele disse que os americanos usaram uma arma para o acompanhamento da passagem do "Maravilhoso conquistador" no *Messias*, de Handel. Eu disse que era uma passagem barata: falou que era a melhor em toda a música. Ele perguntou se Cristo, à parte da questão de sua divindade, era um grande professor ou um fanático? Ele também duvidava que a ética cristã fosse praticável.

Depois do chá, escapei para a sala de estar e ataquei meu ensaio sobre a influência de Donne na lírica do século 17. Decidi que um ensaio (para amanhã) estava fora de questão e, em lugar disso, fiz anotações.

No jantar surgiu o assunto da personalidade — eu disse que deixava a pessoa um pouco tonta pensar que ela mesma poderia não ter sido. Maureen disse "Sim — eu estava desejando outro dia que você tivesse se casado com outra pessoa (com D) e então pensei, Oh isso não faria qualquer diferença para mim, eu poderia não estar lá". Isso mostra que ela pensa mais do que eu esperava.

Depois do jantar trabalhei em minhas anotações e li um pouco de I. A. Pobre D, muito ruim e deprimida hoje...

Terça, 23 de janeiro: Um dia agitado. Fui de bicicleta para a cidade depois do café da manhã e trabalhei na Associação em minhas anotações sobre as Metafísicas: li a passagem de Johnson na vida de Cowley e descobri que eu estava fora da trilha. Trabalhei arduamente para voltar ao caminho e fui para Wilson às 12, onde eu tive uma hora proveitosa.

Depois, casa. D insistiu em lavar a louça depois do almoço. Durante o resto do dia, eu trabalhei o inglês medieval, lendo o reinado de Stephen a partir da *Chronicle*[11] e uma passagem de *Havelock*, que é alguma coisa grandiosa. Então comecei um trabalho sobre a passagem da *Chronicle* para a srta. Wardale e continuei muito ocupado até as 11 horas.

---

[11] *The Anglo-Saxon Chronicle*.

1923

Quinta, 25 de janeiro: ... Fui para o College de bicicleta, onde recebi um bilhete de Carritt me convidando para jantar em Hall algum dia na próxima semana. Eu respondi imediatamente, aceitando para terça... Eu fui para os Cursos às 10h para ouvir Onions sobre inglês medieval. Aqui encontrei Robson-Scott, que me disse que haveria uma reunião dos Martlets na quarta seguinte, embora ainda não houvesse cartões impressos. Onions deu uma agradável palestra: a melhor parte sendo as citações, que ele faz inimitavelmente. Uma vez, ele repetiu quase todo um poema com muito prazer e depois observou "Não era isso que eu queria dizer". Um homem segundo o meu coração.

Sexta, 26 de janeiro: ... Após o almoço e de lavar tudo troquei-me e fui para os Cursos a fim de "participar" da primeira reunião da Classe de Discussão de Gordon.[12] Foi realizada em um cenáculo, na Mesa Alta, à direita do hall de entrada: uma sala vazia, com excesso de aquecimento, com uma mesa redonda. Eu cheguei lá cedo e observei-a gradualmente encher com uma multidão que certamente não estava lá quando o espetáculo foi organizado e os papéis distribuídos. Robson-Scott estava lá, mas com um amigo, e eu não falei com ele. Darlow (veja 7 dez. 1922), que estava para ler, veio e sentou-se perto de mim e conversou com outro homem, embora olhando para mim de vez em quando com o que parecia uma insolência vítrea, mas pode ter sido não intencional. Gordon chegou um pouco tarde.

O artigo de Darlow sobre o século 18 era realmente muito bom: acima de tudo, foi falado a partir de anotações e não lido, pelo que

---

[12] Essa mui popular classe de discussão fora inaugurada anteriormente por Sir Walter Raleigh e continuada por George Gordon. Cada professor universitário tinha permissão para enviar um ou dois de seus alunos para a classe, e, para que ela fosse pequena o suficiente a fim de permitir uma discussão, havia uma para homens e outra para mulheres. Começando no semestre de 1923 de Hilary, as atas da classe masculina foram escritas em versos chaucerianos e as de 1923–1924 ainda existem. As reminiscências de Lewis da classe de discussão são encontradas em *The Life of George S. Gordon 1881–1942* [A vida de George S. Gordon, 1881–1942], de M. C. G.[ordon] (1945), p. 77.

eu o admirava. Ao mesmo tempo — tal era meu desgosto — fiquei envergonhado de me ver satisfeito por ele ter um sotaque vulgar, dizendo "teimpo" em vez de "tempo". Seu trabalho foi quase inteiramente histórico. A discussão que se seguiu foi desapontadora, pois éramos um amontoado muito grande para conversas informais e tendíamos a dividir-nos em grupos.

Gordon era mais sensato que brilhante. Algumas das melhores coisas foram ditas por um escocês (eu acho), um homem de meia idade cujo nome não ouvi. Tive um ou dois intercâmbios com Darlow — contrariando sua opinião de que Hume mostrou o extremo da confiança na razão e sua estranha visão de que Johnson chutando uma pedra para refutar Berkeley fazia o mesmo.[13] Ele se mostrou bastante cortês e até mesmo agradável em argumentação. Às vezes eu achava ele um pouco estúpido.[14]

Cheguei em casa na hora do chá e li Donne e Ralegh até pouco antes do jantar, quando ouvi uma batida na porta e saindo encontrei Barfield. O prazer inesperado me deu um dos melhores momentos que tive desde quando deixei a Irlanda e cheguei em casa. Tinha vindo, disse ele, para dar uma aula de dança e partiria no dia seguinte. Tivemos nossa conversa como uma briga de cachorros: sobre Baker, sobre Harwood, sobre nossas notícias mútuas, sobre a *Beacon* [Boia luminosa], que agora está praticamente morta. Ele está trabalhando com Pearsall Smith, que é genuinamente *trivius* e um materialista absoluto.[15] Ele (Smith) e De la Mare são amigos

---

[13]O filósofo idealista George Berkley defendia o imaterialismo, argumentando que os objetos do mundo são apenas ideias e só existem à medida em que são percebidos. Quando perguntara ao pensador Samuel Johnson sua opinião sobre esta teoria, ele teria respondido chutando uma pedra.

[14]Este pitoresco graduando era Thomas Sherrock Darlow. Ele nasceu em 5 de dezembro de 1901 e era filho do reverendo Thomas Herbert Darlow, que publicou várias obras teológicas. Ele foi educado na Gresham's School, em Holt, e matriculado no Magdalen College, em 1920, onde estudou Ciências Naturais antes de mudar para Inglês, em 1922.

[15]Logan Pearsall Smith (1865–1946) ensinou na English Faculty, em Oxford. Seus muitos livros incluem três volumes de Trivia (1918, 1921, 1933).

1923

constantes e filólogos imaginativos de um tipo que eles batizaram "*milvers*"[16] — em parte porque é uma boa palavra, em parte porque ela "resolve a carência há muito sentida" de algo que rime com *silver* [prata]. Barfield espera em breve encontrar De la Mare.

Ele vê Squire com bastante frequência. Diz que Squire é um homem que promete mais do que pode realizar, não por causa da lisonja, mas porque ele realmente acredita que sua própria influência é maior do que é. Perguntei se ele conhecia Darlow. Conhece e pensa que ele era provavelmente um homossexual e tinha apenas dezoito anos: em caso afirmativo, ele é certamente brilhante e pode se tornar um bom companheiro ainda.

Barfield me mostrou — ou escreveu para mim de memória — seu novo poema "Lama Sabacthani" começando "É impossível ficar acordado". Eu o considerei perfeito e achei que era um dos melhores poemas contemporâneos que já vi, talvez o melhor. Seu ritmo é notável.

Mostrei-lhe minha "Requiem Mass" [Missa de réquiem] e "What? Has the night" [O quê? Tem a noite] etc. Ele aprovou muito da parte de "um espírito" na Missa e gostou razoavelmente da letra: prosseguiu, no entanto, para uma revisão muito séria e honesta de meu trabalho em geral. Disse que sempre o surpreendia o fato de minhas produções serem tão boas quanto eram, pois eu parecia trabalhar simplesmente com inspiração e não lapidava. Assim escrevi muita boa poesia, mas nunca um poema perfeito. Falou que a porcentagem "inspirada" estava aumentando o tempo todo e que poderia me salvar no final: o fato de eu tantas vezes chegar lá por uma linha ou uma estrofe era, ele pensava, "promissor".

Eu achei que sua percepção era quase estranha e concordei com cada palavra, desejando que eu pudesse "lapidar" de maneira

---

[16] Neologismo criado por Smith, significa uma pessoa com quem se compartilha um forte interesse em determinado tópico, especialmente o de palavras e jogos de palavras. Nas palavras do próprio Smith, é "um companheiro fanático cujos pensamentos gritam em um doce êxtase de execração com os nossos!" É uma variação de *silver* (prata). [N. T.]

mais perseverante e que tivesse tempo para tal. Isso levou a uma longa conversa sobre poesia e terminou com ele lendo para mim de *The Veil*.

D entrou e pressionou-o para passar a noite, mas ele tinha combinado de dormir em Wadham e tivemos de nos contentar com sua promessa de vir para o café da manhã. Caminhei de volta para Wadham com ele ao luar. Ele disse que, quando alguém aceita o universo do materialista, prossegue até certo ponto e de repente exclama "Por que *meus* fatos são os únicos fatos que não contam?": então veio a repulsa, e você teve uma visão mais espiritual até que ela também produziu sua própria reação e lançou você de volta ao materialismo: e assim de um lado para o outro todos os dias de sua vida...

Sábado, 27 de janeiro: D me acordou hoje de manhã com a notícia "São oito e meia e Dorothy não apareceu e Barfield vem tomar o café da manhã às nove e meia". Todas as mãos no convés imediatamente: D naturalmente muito zangada, mas logo restaurada ao contentamento e não me permitiria ficar resmungando. Colocamos tudo em ordem na hora certa, e eu estava pronto para receber Barfield quando ele chegou e o alimentei com bananas até o café da manhã estar pronto.

Depois do café da manhã — durante o qual ele falou muito sobre música com Maureen —, ele pediu para mostrar-lhe "Dymer". Seu veredicto sobre o quarto canto foi o mais entusiasmado: chamou de "ótimo", q. é muito vindo dele, e apontou como eu tinha feito coisas aqui que não tinha conseguido fazer nas letras.

Ele nos disse que estaria se casando em abril. Caminhei até Wadham com ele, onde ele arrumou sua mala, e então nós demos uma volta pelos jardins — lindos são o ano todo. Ele disse que seu primeiro ano em Oxford foi extraordinariamente feliz. Conversamos sobre Yeats, a quem ele considera arruinado artisticamente pelo amor-próprio, embora seus poemas posteriores fossem bem melhores. Por fim, eu o vi partir na estação e voltei para casa...

Terça, 30 de janeiro: ... Cheguei à Sala Comunal Sênior assim que os *dons* se preparavam para sair para jantar. Havia um bom

1923

número de presentes — um pianista americano chamado Antony, Carlyle, Stevenson, Keir, um homem desconhecido, Allen, Emmet e Carritt. Farquharson, que ocupou a cadeira durante a noite, chegou atrasado e disse que havia sido detido por uma senhora que queria que ele explicasse o *dictum* de Aristóteles sobre a poesia ser mais filosófica que história. Carlyle falou sobre realismo para Antony durante o jantar, mas, de onde eu estava sentado, não pude ouvir toda a conversa. Acho que ele estava sendo paradoxal e talvez zombando gentilmente de seu convidado.

Quando nos retiramos para a Sala Comunal, Antony logo partiu para a casa de Carlyle e seus anfitriões começaram a falar sobre ele. Farquharson lhe dissera que Carritt era um eminente filósofo, e o q. ele dissera era empolgante para um estrangeiro que não sabia que tínhamos dúzias em Oxford: e se gabou de ter acrescentado o toque final sussurrando "asceta" no ouvido do pobre homem ao apresentá-lo a Carritt. Allen (de quem eu acho, mas não por essa razão, que não gosto) observou que as pessoas ficavam sempre bastante chocadas com um filósofo que não fosse barbudo.

Carritt, Emmet e eu conversamos sobre a teoria expressionista da arte. Argumentei que duas pessoas poderiam ser igualmente expressivas, mas na prática preferia-se quem tinha o melhor conteúdo. Emmett concordou comigo. Allen foi questionado se as emoções eram impróprias para a arte e muitas piadas q. eu não entendi circularam entre ele e Carritt.

A festa terminou muito em breve, e levantei-me para ir embora. Carritt me seguiu e me pediu para ir ao seu quarto. Conversamos principalmente sobre livros. Ele me explicou sua misteriosa conversa com Allen. Quase um ano atrás havia acontecido uma discussão sobre o mesmo assunto e Allen disse, como exemplo, que as emoções de um homem indo para o [...] não poderiam ser matéria para a arte: Carritt aceitou o desafio e escreveu um poema sobre esse assunto. Ele disse que o poema não era muito bom, mas achou que isso havia provado seu argumento.

Ele passou a falar sobre Matthew Arnold e ficou surpreso ao descobrir que eu compartilhava seu gosto sobre a poesia de Arnold. Nós nos tornamos quase íntimos com isso, pois ele é o mais reservado dos homens. Disse que sempre sentiu ao lê-la que "este era um homem com quem eu gostaria de estar": por minha objeção, ele respondeu que desejava realmente ter dito "esse é o tipo de poesia que eu gostaria de ter escrito". Agora eu tenho pensado muitas vezes que Carritt deve ao mesmo tempo ter desejado e tentado escrever poesia. Conversamos também sobre Pearsall Smith e por que não havia escultura inglesa...

Quarta, 31 de janeiro: ... Depois de almoçar cedo, fui de ônibus para o College e fui para os Martlets, nos aposentos de Dawson. Presentes estavam Terry, Ziman, Curtis, Robson-Scott, MacCissack [McKisack], Rink e outros.[17] MacCissack leu um artigo sobre Galsworthy, que eu achei particularmente pobre. Assim que acabou, aproximei-me dele e disse que acreditava que ele vinha de Belfast e lhe disse que eu também. Ele falou que nunca iria lá se pudesse evitar e concordou (acho que ele disse "além disso" antes de eu ter dito) com minha opinião de que ela estava cheio de Forsytes. Seguiu-se uma discussão bastante boa.

Na pressão da conversa, descobri uma nova ideia minha que acho verdadeira: o que chamamos de "filosofia" desses romancistas modernos é um hábito que eles têm de vincular seus personagens ao que supõem ser grandes movimentos do *Zeitgeist*[18] — como, por exemplo, a revolta da juventude nos romances de Walpole. Mas isso é realmente um artifício literário: paralelo ao cenário de tragédias do Rei e da Rainha ou do sobrenatural — um meio de evitar o puramente privado e individual, de q. nós realmente não gostamos. Surpreende-me que ele todos, com um único acordo, tenham condenado as peças de Galsworthy...

---

[17]Philip John Terry cursou Direito e obteve seu BA do University College em 1923.
[18]"Espírito do tempo". Termo alemão que se refere ao conjunto de características que compõem uma determinada época.

1923

Fevereiro

Quinta, 1º de fevereiro: Levantei-me um pouco tarde e tive de correr para entrar na palestra de Onions.[19] Depois de ouvi-la e comprar uma margarina, pedalei para casa de novo no vento e com pouco de chuva. Maureen estava tendo uma aula de violino quando cheguei, então subi as escadas e trabalhei na prosa de Milton, num estado singular de falta de inspiração...

Após o almoço — nós estamos fazendo todas as refeições na cozinha nesses dias —, eu continuei com meu trabalho até as 3h30, quando caminhei para a cidade a fim de tomar chá com Fasnacht. Eu o encontrei na alameda da Associação conversando com Robson-Scott e ele me levou para a Cadena. Com certeza, uma tarde maçante. Conversamos um pouco sobre filosofia e um pouco sobre livros. A coisa mais interessante que ele me contou foi que o Larápio está se aposentando definitivamente em abril: também como Rink tinha deixado a capela indo ao Larápio e dizendo que ele havia deixado de acreditar em um Deus pessoal. O Larápio disse: "Eu espero que se discutirmos completamente o assunto eu possa mostrar a você que sua opinião não está bem fundamentada, mas talvez seja melhor não entrarmos nisso".

Sexta, 2 de fevereiro: ... Estávamos em uma reunião [classe de discussão de George Gordon] muito menor: a multidão na semana passada tinha supostamente aparecido mesmo não sendo convidada porque tinha visto a classe na lista de palestras e assumido que estava aberta a todos.

Esta tarde, um sujeito de boa aparência chamado Coghill de Exeter leu um excelente artigo sobre "Realismo" — como definido no próprio sentido especial dele — "de *Gorboduc* a *Lear*".[20] Ele parece um homem sensato, entusiasmado, sem tolices e um cavalheiro, muito mais atraente que a maioria.

---

[19]Sobre "Textos em inglês medieval".
[20]Veja Nevill Coghill no Apêndice biográfico.

A discussão que se seguiu foi melhor que a da semana passada. A definição de realismo de Coghill foi atacada: ele reivindicou a imunidade de definições de Hobbes e eu o apoiei: mas Lloyd-Jones e eu opusemos sua opinião de que o realismo, no sentido que ele havia dado, não seria encontrado em Corneille.[21] O sr. Singh, o indiano, fez muitas observações que me pareceram tolas.[22] Gordon disse, a propósito de outra coisa, que se lembrava dos coros em Ésquilo principalmente pela dificuldade deles: para essa observação, a explicação mais caridosa é que ele estava tentando provocar uma risada fácil.

Oh por uma sessão com força total em Bee Cottage ou Wadham, e como poderíamos ter detonado todos esses vermes cegos e chegado a alguma coisa! O melhor homem da classe é o escocês (Strick, acho eu) de Wadham.[23] Darlow não estava lá hoje, o q. foi uma pena quando o secretário o fez de tolo nas atas...

Domingo, 4 de fevereiro: ... Eu... saí de bicicleta para tomar chá com a srta. Wardale. O sol estava agora descendo muito friamente e a cidade parecia esplêndida. Eu encontrei a srta. W sozinha. Depois de conversarmos por alguns minutos, fiquei agradavelmente surpreso com a chegada de Coghill. Ele foi seguido em pouco tempo por uma garota cujo nome eu não entendi: ela me pareceu muito agradável, mas era muito tímida e morta para contribuir muito com a conversa. A srta. W, além de algumas observações sensatas sobre Wagner, estava satisfeita em recostar-se em uma espécie de atitude maternal com as mãos nos joelhos.

Coghill ocupou a maior parte da conversa, exceto quando contraditado por mim. Ele disse que Mozart permaneceu como um menino de seis toda a vida. Eu disse que nada poderia ser mais apreciável: ele respondeu (e muito bem) que poderia imaginar muitas coisas mais apreciáveis. Discordou totalmente de meu amor por Langland e por Morris: a garota concordou com os dois.

---

[21] Harry Vincent Lloyd-Jones, do Jesus College, que obteve um BA em 1923.
[22] Fateh Singh, do St. John's College, que obteve seu BA em 1923.
[23] Era Richard Boase Kelynack Strick, do Wadham College, que obteve seu BA em 1923.

1923

Ele disse que Blake era realmente inspirado: eu estava começando a dizer "Em certo sentido..." quando ele disse "No mesmo sentido que Joana d'Arc". Eu falei: "Eu concordo. Exatamente no mesmo sentido. — Mas podemos querer dizer coisas diferentes". Ele: "Se você for um materialista". Pedi desculpas pelo aparecimento de objeções, mas disse que "materialista" era muito ambíguo. Ele deu uma descrição de um balé a qual ele prolongou por muito tempo.

Quando me levantei para ir, ele veio comigo e caminhamos juntos até Carfax. Estava muito enevoado. Descobri que ele servira em Salônica: que era irlandês e veio de perto de Cork. Tinha tido a terrível experiência de ser pego por uma turba irlandesa, ameaçado de linchamento, solto, chamado de volta, mantido em pé sob a mira de revólveres e finalmente libertado. Falou que isso era muito mais aterrorizante do que qualquer experiência de guerra. A propósito de minha condenação a Ulster, ele me perguntou se eu era católico, o que me fez suspeitar de que ele mesmo poderia ser.

Ele disse (assim como Barfield) que sentiu como seu dever de ser um "objetor de consciência" [contra o serviço militar] se houvesse outra guerra, mas admitiu que não tinha coragem. Eu disse sim — a menos que houvesse algo realmente digno pelo qual lutar. Ele disse que a única coisa pela qual lutaria era a Monarquia, acrescentando "não me refiro à família Windsor". Eu disse que não me importava dois centavos com a monarquia — a única questão real era a civilização contra a barbárie. Ele concordou, mas pensava como Hobbes que civilização e monarquia andavam juntas. Ele se voltou abruptamente para o dever de ser um objetor de consciência: a todo custo devemos nos livrar da sede de sangue e ter mais cristianismo.

Ele lera Stoddart e aceitou suas opiniões. Ele concordou comigo que Darlow era um idiota egrégio. Antes de me despedir, convidei-o para o chá: ele disse que ia justamente me convidar e por fim combinamos que eu iria até ele na sexta. Então pedalei para casa. Eu achava Coghill um homem bom, completamente livre de nossas petulâncias habituais de Oxford e do medo de ser rude: muito inferior a Barfield e Beckett no intelecto e ainda um pouco subdesenvolvido...

Segunda, 5 de fevereiro: ... Pedalei para a cidade depois do café da manhã e pontualmente compareci à palestra do Patife às 10 horas.[24] Todos os truques antigos habituais — incluindo o discurso contra pessoas que não conheciam a história da língua. Quanto tempo ele viveu e não conseguiu mais do que isso?

Depois disso, vi Robson-Scott e perguntei se ele poderia conseguir com que alguém lesse para os Martlets em vez de mim. Ele disse que não podia em tão pouco tempo. Sinto que meu artigo sobre Spenser era bastante inadequado: além disso, eu havia lido uma vez sobre Morris e uma vez sobre Poesia narrativa (ou duas vezes, porque li novamente em Cambridge: a primeira leitura aqui foi na noite em que Farquharson trouxe M. Goblet que cantou canções épicas bretãs para nós): e ler novamente sobre Spenser seria finalmente me rotular como tendo apenas um sabor.

Eu pedalei para casa e encontrei Mary na cozinha. Depois que trabalhei por algum tempo, o Doc apareceu e conversamos um pouco. Começando com a dissociação, ele passou a falar das profundezas terríveis em que uma pessoa algumas vezes se via de repente sob o poder da própria mente. Concordei com ele que a maioria de nós poderia encontrar uma maldade satânica absoluta em algum lugar, o desejo pelo mal não porque fosse agradável, mas porque era mal.

Ele expiou a liberdade dos iogues, mas confessou que a ioga era muito difícil para ele. Eu li o poema de Barfield para ele: ele disse que poderia ter sido escrito sob a influência de uma droga, o q. é ridículo. Ele estava muito mais alegre hoje, mas parecendo arrasado, seus olhos afundados...

Após o almoço saí. Eu tinha decidido tentar corrigir algumas notas em *Prometeu desacorrentado* para os Martlets: eu levei o livro comigo. O grande ponto que me chamou a atenção foi o modo como Shelley expõe a ideia bastante comum de um mundo governado por um demônio supremo e redimido pelo amor: então ele se depara com a realidade, acha a coisa toda muito maior, e assim

---

[24]Sobre "Dialetos do inglês medieval", toda segunda e terça, às 10 horas.

1923

o inescrutável Demorgorgon [*sic*] (o ISTO-É) se torna o personagem real: e a redenção é afetada por uma inspiração inexplicável: ou seja, Panthea não sabe qual era seu sonho. Em outras palavras, Shelley joga tudo sobre as forças inexperientes de uma situação lógica que brota do *élan vital* — nem ele nem nós descobrimos o que realmente acontece. É muito mais profundo do que ele queria que fosse...

Sexta, 9 de fevereiro: ... No segundo correio, recebi o meu "Waking" [Despertar] do *The Challenge*, com o habitual aviso impresso de rejeição... Vou tentar *The Spectator* [O espectador]...

Logo depois do almoço, saí a pé e fui para a cidade... Eu me dirigi para os Cursos... Os outros gradualmente chegaram e começamos nosso encontro [da classe de discussão]. As atas, em verso, eram realmente muito inteligentes.

Então li meu artigo sobre Spenser. Graças a Deus minha tosse se comportou decentemente. Gordon ficou satisfeito com a passagem sobre *yávos* [brilho interior] e me fez lê-la novamente.[25]

A discussão foi inteiramente dominada por Darlow, que falava um grande absurdo. Ele descreveu Spenser como "chegando no fim de um período": por isso, ele não tinha nada forte e positivo: nem Catulo, que também chegara ao final de um período. Eu acho que estava apostando na chance de ninguém ter lido Catulo — o que ele mesmo obviamente não fez. Claro que ele foi contraditado de pronto por todos. Perguntamos a ele sobre a paixão e a amizade em Catulo. Ele assumiu a posição desesperada de que a paixão e a amizade eram coisas negativas: então, de repente, me perguntou se alguém poderia se permitir negligenciar a alegoria

---

[25] As atas deste encontro foram escritas em verso de Chaucer [cujas características não foram mantidas na tradução] por Nevill Coghill, e a maioria delas pode ser encontrada no prefácio de *Selected Literary Essays* [Ensaios literários selecionados] (1969), de Lewis. Nevill Coghill deu esta descrição de Lewis: "Sir Lewis estava em outro lugar; um bom filósofo/ Ele tinha um papel nobre para oferecer./ Bem, ele consegue falar na língua grega;/ E, no entanto, seu semblante era evidentemente jovem".

em Spenser. Lembrei-lhe que a proibição de discutir alegoria viera dele mesmo.[26]

Ele respondeu a isso prosseguindo, depois de um breve esboço de Arisoto, para dizer que a grande beleza em Spenser era que, apesar da alegoria, podia-se estar bastante interessado em seus personagens: sempre se podia continuar trabalhando com o pouco que era dado. Muitos de nós opusemos objeções a essa visão absurda de Spenser. Eu esqueci como, mas logo se tornou um longo discurso de crítica de Darlow sobre a necessidade de encarar os fatos, a loquacidade dos vitorianos e a "seriedade moral" de nossa própria geração.

A figura de Darlow com óculos corníferos, gravata estética e lírio branco na botoeira da lapela, parecendo oitentista no último grau e se colocando como representante de uma geração séria era demais, e todos nós gritamos.[27] Ele continuou, no entanto. Eu me virei e sussurrei para Strick: "Você não pode acabar com esse incômodo?" Ele saiu de repente de seu estado absorto e sussurrou em meu ouvido com uma virulência surpreendente: "Sim! Eu vou". Sua própria contribuição, no entanto, foi bastante fútil e só forneceu alguns momentos *obligato* ao trombone constante de Darlow. Todas as tentativas de responder-lhe ou interrompê-lo falharam.

Finalmente consegui obter uma pausa em que fiz com que todos concordassem que sua maneira de ler Spenser era uma peculiaridade própria, não uma manifestação das tendências morais de nossa geração. Então tive um pouco de debate inteligente com ele e realmente consegui calá-lo por um tempo. Isso não foi realmente

---

[26] Atas de Nevill Coghill: *Dom Darlow* respondeu: "O que é alegoria?/ O que se acusa como um sonho na história de Dom Spenser/ Por que usa ele tal artifício das mulheres/ Tudo sem vigor, efeminado e agradável/ Como Dom Catalo o faz em toda a sua obra?"/ "Eu não terminaria na Igreja-matriz Bizantina"/ Diz Lewis: "E Catulo, eu ouso dizer/ nada tem a ver com Spenser, para ser franco".

[27] Atas de Nevill Coghill: "Dom Darlow estava lá, de um coração elevado/ Quando ele a falar firmemente começou/ Havia ao meio-dia um conde auditor que sobre ele vencera./ Muito grande ele era, de muitos músculos e ossos/ Completamente contra ele falou em alto e nobre tom/ Sobre a história: ele tinha uma gravata púrpura/ E na botoeira da lapela um botão de margarida".

1923

uma façanha dialética, pois ele estava falando absurdos que iriam passar em um instante. Meu único mérito foi por dizer "Espere um pouco!" em voz alta e conseguir com que ele ouvisse minha resposta. Não ouvi nenhuma observação esclarecedora de ninguém durante toda a tarde.

Saí com Coghill e Martley, os quais me cumprimentaram por meu trabalho.[28] No chá em seus aposentos, além de nós três, estavam o irmão mais novo de Coghill (um subalterno, seu convidado) e um tolo chamado Cuthbert.[29] Nós conversamos sobre espiritismo, sonhos e futurismo: muito bobo, mas eu deveria ter gostado de Coghill se o tivesse deixado sozinho.

Então, para casa a pé e o jantar. Trabalhei depois. Ao ir para a cama, fui atacado por uma série de pensamentos sombrios sobre o insucesso profissional e literário — o que Barfield chama de "um daqueles momentos em que alguém tem medo de não vir a ser um grande homem, afinal de contas".

Sábado, 10 de fevereiro: ... Após o almoço, tive de voltar para a cidade para devolver os livros à Biblioteca Inglesa. Enquanto eu estava lá procurando em vão por mais informações sobre *Prometeu*, Strick entrou e começou a falar comigo. Começamos, é claro, por algumas críticas a Darlow. Strick não pensa muito em Gordon ou em nenhum dos *dons* ingleses, exceto Simpson. Ele disse que Raleigh estava muito cansado da English School antes de morrer: "Era a vida que lhe interessava". Isso concorda com o que Jenkin costuma dizer.

Ele falou comigo por um longo tempo. Eu só posso descrever como ele era dizendo que, sem retornar a qualquer assunto com muita frequência ou fazer qualquer coisa para sugerir uma ideia fixa, me deu a impressão de um homem com uma ideia fixa...

Domingo, 11 de fevereiro: ... Uma bela manhã primaveril grandiosamente ensolarada. Eu passei por Exeter e descobri que Coghill

---

[28] Averell Robert Martley, do Hertford College, que obteve seu BA em 1923.
[29] Sir Jocelyn Ambrose Cramer Coghill, primeiro-tenente, Fronteira do Sul de Gales (1922–1925).

e seu irmão estavam lá — o irmão soldado ainda de roupão. Coghill, entretanto, estava pronto e nós saímos imediatamente. Fomos pela Lake Street e S. Hinksey até a Tessália e descemos por Ferry Hinksey. Conversamos bastante sobre muitos assuntos. Ele aparentemente tem sido muito amigo do grupo de Earp, Childe, Crowe e Harris. Eu disse que tinha sido bastante aceito por eles em 1919, mas não totalmente aceito. Ele os defendeu, mas concordou com a maioria das minhas críticas...

Descobri para meu alívio que ele ainda tem uma mente aberta em questões fundamentais: falou desdenhosamente da felicidade barata obtida por pessoas que se fecham em um sistema de crença. Quando em dúvida, ele ainda fica satisfeito com a atitude prometeica: se Deus não visa o que chamamos de bem, tanto pior para Deus. Ele está bastante confiante nas sanções do próprio impulso e diz que você deve levá-lo ao final. Ele parece muito ignorante sobre literatura e considera a música como arte maior, porque ela pode fazer duas coisas ao mesmo tempo. Ele está bastante certo aí. Ele concordou comigo que as mulheres eram chatas até os quarenta anos.

Entramos no *pub* em Ferry Hinksey, onde um cliente idoso nos informou em cochichos que era antes da hora. Quando a cerveja foi trazida, conversamos bastante com esse velho camarada — sobre as perspectivas para a corrida de barcos, seus primeiros dias como pugilista e outros temas agradáveis. Nos separamos no Turl.

Casa e almoço. Depois veio Sidney, e eu tive uma hora e meia com ela. Acho impossível levá-la a fazer uma preparação séria para mim. Depois do chá, tendo primeiro escrito para meu pai, comecei a trabalhar em meu "Réquiem". Trabalhei tão seriamente como já fiz em um poema, tentando resistir a todos os meus clichês, atalhos e outros pecados originais...

Segunda, 12 de fevereiro: Uma névoa espessa nesta manhã. Dorothy voltou hoje depois de sua longa ausência. D deu a ela um grande relato sobre todas as coisas que vieram à tona enquanto ela mesma estava fazendo o trabalho e disse-lhe que ela deveria fazer as

1923

coisas de nosso modo ou partir imediatamente. Dorothy parece ter aceitado muito bem.

Depois do café da manhã, eu caminhei até o Curso e ouvi a palestra do Patife. Wynn veio e sentou-se a meu lado:[30] de acordo com meu costume invariável com novos conhecidos, dei-lhe uma lista completa de todas as perversidades do Patife, e ele pareceu devidamente impressionado. Ele diz que acha que não teremos leis sólidas etc. este ano e parece pensar que a srta. Wardale está se aprofundando muito nisso comigo.

Caminhei para casa novamente. Após o almoço, caminhei até Iffley e peguei de volta meu Wordsworth dos aposentos do Doc: então atravessei o rio — há uma boa corrente de água na represa nova — com a intenção de descer por Sandford, mas estava um lodaçal tão grande nos prados que eu voltei. Então caminhei pelo caminho do campo em frente à igreja, lendo a abertura do último livro da *Excursion* [Excursão]. Tentei o experimento de tratá-lo como filosofia real, tomando-o como prosa e tentando seguir o pensamento conscientemente. O resultado foi bastante desonroso para mim ou para Wordsworth, não tenho certeza para quem. O que o "princípio ativo" em todas as coisas tem a ver com a passagem (uma boa passagem) sobre a velhice?...

Voltando para casa novamente, sentei-me para trabalhar um pouco mais em meu "Réquiem" quando Cranny chegou. Ele parecia com muito melhor aparência, embora sua troca de ideias ainda fosse hesitante... Cranny estava mais engraçado do que o normal hoje. Ele falava tanto ao chá que, a princípio, não conseguimos convencê-lo de modo algum a se ajudar: afinal, sob pressão, ele estendeu a mão distraidamente e pegou a metade inteira de um bolo.

Hoje, pela primeira vez, descobri algo em que Cranny realmente acredita: isto é, a ordem moral do mundo como manifestada na história. Ele dá vários exemplos. Disse que a queda de todos os impérios

---

[30]George William Nevill Wynn, do Worcester College, que também estava na classe de discussão.

baseados na força foi o fato central. Os profetas hebreus obviamente não prediziam fatos históricos particulares, mas eles eram proféticos no sentido de verem essa ordem moral. Esta é a abordagem mais próxima de uma religião que eu já ouvi dele e fiquei impressionado na ocasião: embora eu decidisse depois que seria melhor acreditar em perdões do que ver ordem moral na mudança de Roma para a Idade Média.

Depois do chá, ele saiu e eu trabalhei no Canto V de "Dymer", não sem um pouco de sucesso: me sentindo tão confiante hoje quanto eu estava deprimido ontem, o q. mostra quanto vale o humor.

D tem uma tosse cansativa hoje à noite e tem tido uma dor nas costas (da qual ela não disse nada) nos últimos dias — sem dúvida o resultado do trabalho excessivo. Ela cunhou uma excelente frase esta noite, dizendo de Dalkey, onde casas de todos os tipos estão misturadas, que parecia que elas tinham caído do céu. Imediatamente chamei isso de literatura e anunciei minha intenção de roubá-lo...

Terça, 13 de fevereiro: Trabalhei em *Beowulf*, revisando, a maior parte da manhã e depois fui de bicicleta até Manor Place, onde li meu ensaio sobre Milton para Wilson. Uma hora muito interessante embora eu não saiba se aprendi algo novo...

Depois comecei Dryden. Comecei-o com grande boa vontade e consegui derivar um fraco apreço pelas estrofes de Cromwell: mas o *Astraea Redux* me pareceu uma serragem indescritível que entra em minha opinião habitual sobre os agostinianos...

D esteve muito mal o dia todo hoje: descobri finalmente que suas juntas dos dedos a estavam incomodando e também pressentimentos sobre o quão ruim elas poderiam se tornar. Se ao menos pudéssemos nos mudar para um solo mais seco! Comecei esta noite a ler em voz alta *Tess dos d'Urbervilles*.

Quarta, 14 de fevereiro: ... Após o almoço, fui andando para os Cursos e trabalhei a tarde toda complementando meu artigo sobre Spenser com uma breve resenha de Wyatt, Surrey e Sackville. Chegando em casa para o chá, fui recebido com a notícia animadora de que Jenkin estivera aqui e viria para os Martlets hoje à noite. Do chá à hora do jantar, trabalhei em [...] e completei meu trabalho.

1923

Então, depois do jantar, fui de ônibus para o College. Entrando na S. C. J. encontrei Jenkin sentado com Terry, Robson-Scott e Fasnacht. Sentei-me no chão e conversamos até a hora de nos dirigirmos aos aposentos de Anderson nos prédios de Durham — novos aposentos, onde eu nunca estive antes. Eles são divididos em dois por um arco e são bastante bonitos. Presentes estavam Anderson,[31] R-Scott, Curtis, Terry, Jenkin, McKissack, Rink e Keir. Arranjos foram feitos sobre o jantar na semana que vem quando os Martlets de Cambridge viriam.

Meu trabalho foi muito gentilmente recebido. Na discussão, a concepção de γάνος [festa de casamento] levantou muita conversa de um tipo um pouco sem objetivo — havia γάνος em *Lear*? Havia em *Tamburlaine* etc.? Eu tinha, em meu trabalho, aplicado a opinião de Murray sobre Píndaro a Spenser, i.e., ele não conseguiu ser um grande poeta porque ele era apenas um poeta. Isso levou a um argumento cujo esqueleto foi algo assim.

RINK: "Você diz que uma obra de arte não pode ser a melhor em espécie se for apenas arte?"
EU: "Certamente."
RINK: "Mas não pode ela ser julgada e não deve ser julgada apenas como arte?"
EU: "Bem tomar a arte como expressão deve ser a expressão de algo: e não se pode abstrair o 'algo' da expressão."
RINK: Afirmou a posição de Croce.
EU: "Você não pode julgá-la simplesmente como expressão, na prática. Uma letra que expressou perfeitamente o prazer de rabiscar não p. ser realmente julgada igual a *Lear*."
RINK: "Mas ela seria, *quâ*[32] arte."
EU: "Mas não *quâ* coisa".
RINK: "Talvez não: mas ela poderia ser criticada apenas como arte sem referência a sua natureza posterior como coisa, e é isso que Croce quer dizer."

---

[31]John Edward Anderson, do University College, obteve seu BA em 1925.
[32]Latim: "na capacidade de; por virtude de ser". [N. T.]

EU: "Sugiro que o objeto de uma obra de arte não seja criticado, mas experimentado e apreciado. E aquilo que atrai o homem todo deve ser maior do que aquilo que atrai parte do homem."

RINK: "Eu não penso assim, desde que a emoção do artista seja perfeitamente expressa."

EU: "Tudo bem, se você considerar o artista sozinho. Mas você esquece que a arte é uma coisa social."

ROBSON-SCOTT e RINK (juntos): "Oh não, certamente não, você não pode dizer isso."

EU: "Por que não? Não é o objetivo do artista comunicar sua emoção?"

RINK: "Oh! Então você faz arte, não expressão, mas comunicação?"

EU: "Sim. Me desculpe por eu ter dito expressão antes. Quero dizer comunicação."

RINK: "Mas não é desinteressada? O artista, enquanto está no trabalho, pensa em uma audiência ou em qualquer coisa que não seja expressão perfeita?"

EU: "Nenhum artista jamais tomou esse ponto de vista. Por que estão todos os artistas tão ansiosos para serem compreendidos? Por que eles se incomodam em alterar seus primeiros rascunhos?"

RINK: "Para expressar mais perfeitamente."

TERRY: "Meros apontamentos podem ser os mais expressivos de todos — para o artista."

EU: "O artista continua alterando frases que são meramente expressivas para si mesmo e caçando aquelas pelas quais reproduzirá a emoção certa na plateia."

JENKIN: "Sim, eu concordo com isso."

KEIR: "O primeiro rascunho de Keats para *Nightingale* foi encontrado espalhado por todo o jardim: então ele não tinha ideia de comunicação."

JENKIN: "Isso foi mero acidente — descuido."

RINK: "Mas como pode a essência da arte depender de ser comunicativa? Se um ateniense tivesse escrito música wagneriana ela não teria comunicado nada a seus contemporâneos, mas teria sido arte."

EU: "Eu não quero dizer que 'vem a comunicar' na verdade: mas que é 'como ser comunicativo', embora sem dúvida menos acidentes — p. ex. um MS se perdendo — possam impedir que ela realmente desperte a emoção certa."

FASNACHT: "Potencialmente comunicativa?"

EU: "Sim, suponho que sim."

TERRY: "Mas quase tudo poderia ser assim. Um mero sinal seria comunicativo para uma pessoa que tivesse as mesmas associações que o artista."

RINK: "Não, a comunicação não serve: terá de ser expressão."

EU: "A que você se refere com expressão, se você não se refere ao que é potencialmente comunicativo?"

RINK: "Eu me refiro àquilo que incorpora a forma da experiência do artista."

EU: "Forma no sentido platônico?"

RINK: "Não exatamente — eu penso em forma como a de um centavo."

EU: "Isso leva à forma platônica. Aquilo que corresponde à forma redonda da moeda de um centavo, numa palavra sobre doer, é dor. Você não quer dizer que a expressão do doer em particular é o conceito de dor?"

RINK: "Há uma diferença. Há muitos centavos, mas cada emoção é única."

EU: "Bem, você pode falar sobre forma e conteúdo em uma coisa única?"

RINK: "Por que não?"

EU: "Bem, pegue o *todo*. Sua forma está dentro ou fora, e o que acontece em ambos os casos?"

FASNACHT: "Nem um nem outro, é difuso."

EU: "Você pode distinguir neste caso do particular?"

FASNACHT: "A dificuldade não vem da singularidade do Todo, mas de sua Totalidade."

RINK: "Em todo caso, eu retomo a Forma naquele sentido. Eu realmente acho que me refiro à forma que você impõe à experiência. Assim a percepção é a formação da sensação."

EU: "Mas você impõe isso? Não é dado?"
RINK: "Oh não — por exemplo eu imponho forma a essa lâmpada. Se ela estivesse no limite da visão não haveria nenhuma."
FASNACHT: "Mas isso não é uma operação mental, é o virar sua cabeça."
EU: "Sim, a forma depende de seu corpo: mas para você, como a Mente, é parte do dado."

(Isso levou a uma longa discussão sobre "sensações quando não atendidas" — elas eram sensações? — e prosseguiu para uma discussão sobre o Ego. Ele existe quando não preenchido por um objeto? Rink achou que é assim potencialmente. Eu demonstrei meu argumento favorito sobre o potencial de ser sempre residente no mais inferior real, muito para a diversão de Fasnacht. Rink disse que o real em que a subjetividade potencial residia era o espírito desconhecido em sua essência. Então retornamos aos nossos bifes de cordeiro.)

RINK (tendo abandonado a palavra Forma por não ter esperança): "A obra de arte é a emoção cristalizada — a emoção tornada permanente."
FASNACHT: "Tornada permanente na mente de quem?"
RINK: "Eu quero dizer potencialmente permanente."
EU: "Isso não significa: capaz de criar a experiência original?"
RINK: "Bem, sim."
EU: "Então a questão é que eu penso que arte é comunicação, você a faz autocomunicação."
RINK: "A obra de arte é capaz de recriar a experiência original, mas é um acidente dela."
EU: "Bem, qual é a sua essência?"
RINK: "Eu acho que não consigo colocar isso em palavras. O que eu objeto é fazer com que sua essência dependa do futuro e de seu sucesso contingente na reprodução da experiência. Quero fazer retrospectivamente o que isso faz no futuro."

1923

Todos concordamos que tínhamos certa suspeita do que ele queria dizer. Disse que isso certamente não era aquilo a que eu me referia com arte: na verdade, isso defendia a arte como [...]. Rink andou parte do caminho de volta comigo e me convidou para almoçar amanhã...

Quinta, 15 de fevereiro: ... De novo hoje — isso está acontecendo com demasiada frequência agora — sou assombrado pelo medo do futuro, por saber se algum dia vou conseguir um emprego e se algum dia serei capaz de escrever boa poesia.

Este semestre da primavera parece sempre um tanto desagradável: no ano passado, foram Mary e o Pirralho, a quem Malebolge pode ser hospitaleiro, no ano anterior àquele foram os Jeffries.

Sexta, 16 de fevereiro: D ficou na cama hoje, muito ruim mesmo com seu resfriado violento e neuralgia. Depois do café da manhã, fiz outra tentativa de tirar algo de Wyld: mas, depois de me desesperar, terminei o *Guia para anacoretas* e continuei com *Sir Gawain*...

Então fui ao Curso para a classe de discussão. Eu estava há algum tempo sozinho com Payne que parece um sujeito agradável.[33] Os outros chegaram gradualmente e Macdonald leu um artigo curto e muito ruim sobre os que fazem adaptações de Shakespeare em uma monstruosa voz estridente com um sotaque escocês.[34] A discussão que se seguiu foi muito pobre, mas melhor do que o habitual. Darlow estava bastante silencioso.[35] A única coisa realmente divertida foram os minutos de Coghill em versos chaucerianos, os quais, excluindo alguns lapsos, eram bons...

---

[33]Frederick Lewis Payne, do Queen's College, obteve seu BA em 1923.
[34]Robert Macdonald, do Lincoln College, que obteve seu BA em 1925.
[35]Essa foi a última coisa que Lewis registrou sobre T. S. Darlow. Isso pode ter acontecido porque ele deixou a classe de discussão. De qualquer forma, ele deixou Oxford pouco depois disso, sem um diploma, e se estabeleceu em Londres. Algum tempo depois, ele começou a trabalhar para o *Daily Herald* e, no início da Segunda Guerra Mundial, tornou-se um correspondente de guerra bem-sucedido do *Daily Herald* na França. Ele foi enviado em uma missão à sede da RAF na França, ficou doente e morreu pouco depois, em 10 de novembro de 1939.

Quarta, 21 de fevereiro: ... Eu segui para a 14 Longwall Street para almoçar com o Rink. Ele providenciou um almoço muito agradável de salada, queijo, compota, tangerinas, tâmaras, nozes e café...
Pouco antes das três, saímos para uma caminhada. Foi só depois disso que começamos a progredir. Comecei um novo ataque ao expressionismo com base no fato de que não (pela definição de Rink) cobria os fenômenos do fracasso. Ele definiu expressão como as consequências puramente desinteressadas e inteligentes da experiência. Eu disse que isso descrevia um poema ruim tanto quanto um bom. Ele não conseguiu defender por meio de um exame de "inteligente" [*sic*], mas por fim me interrompeu inserindo "completa" em sua definição. Tendo assim chegado a um impasse temporário, invertemos as posições e ele atacou minha teoria. Apesar de muitos pontos bem contestados, eu fui engolido no final pela simples questão de comunicar a quantos [...]. Ele tinha distintamente as honras hoje [...].
Chegando, eu encontrei os dois Raymonds aqui. Ele está se mudando em breve e alugará sua casa por três anos se não puder vendê-la. Como D disse depois, isso significa que ele cobrará um aluguel caro, terá a casa reparada pelo inquilino e se retirará para o lado de lá com tudo para seu benefício. Depois do chá, fiquei com ele na sala de jantar e aguentei um tédio maravilhoso.
Eu fiquei mais aborrecido ao ouvir o Doc entrar. Por fim, o padre Raymond se foi. O Doc tinha acabado de sair quando nós dois saímos da sala de jantar. Eu encontrei D em grande angústia sobre ele e, por sugestão dela, corri atrás dele para ver se eu poderia ter uma conversa. Eu só o alcancei no final da Magdalen Road. Ele estava andando muito rigidamente, mas isso não é incomum. Estava bastante abstraído: falou sobre a imortalidade. Em Iffley Turn, deixei-o e voltei para casa de ônibus.
D disse que ele parecia estar em grande preocupação e pronto para colapsar: nos poucos minutos que ela teve sozinha com ele na porta, ele disse que estava indo para Bristol para ver um especialista. D está preocupada que fosse câncer. Tentei entender que os médicos geralmente imaginam coisas em seu próprio caso: mas,

1923

na verdade, o pobre e velho Doc é o último homem a fazer isso. D clamou contra o velho inimigo — o destino e tudo mais. Como dissemos, ele é o homem mais inofensivo, o mais gentil, o mais desprendido imaginável...

Sexta, 23 de fevereiro: ... Mary e o Doc vieram antes do almoço. D me disse que o Doc estava muito mal e deveria ficar aqui. Após o almoço, ele começou a delirar. Aquietou-se mais tarde e explicou que ele era assombrado por pensamentos blasfemos e obscenos horríveis. Conversou baixo por muito tempo, a sós comigo. Teve mais dois ataques sérios antes do chá — muito violentos. O terceiro foi o pior. Pensa (enquanto no acesso) que está indo para o inferno. O dr. Hichens veio à noite. Depois de sua visita, Doc disse a Mary e a D que ele estava condenado — loucura e morte. Isso tinha ligação com DST em seus dias de College. D disse que ele estava muito lúcido, mas exagerava arrependimento e miséria, algo incrível...

Rob veio. Inverteu totalmente a opinião anterior: dizia que a coisa toda era neurastenia e conversa para impressionar. Tentou animar o Doc, que parecia a princípio ouvi-lo. Quando começamos a tentar levá-lo para a cama em um colchão na sala de visitas, houve outro acesso terrível — rolando no chão e gritando que estava condenado para todo o sempre. Gritos e caretas inesquecíveis. Os acessos começaram a ficar mais frequentes e piores. Percebi quão exatamente ele reproduz o que Fausto diz em Marlowe. Passamos a maior parte do tempo mantendo-o quieto — trabalho muito árduo... Enquanto estávamos lutando com o Doc, Rob acenou para mim e murmurou "louco", assim eu soube que ele havia desistido da teoria neurastênica.

O dr. Hichens veio. Ele cloroformizou o Doc. Eu tive de segurar as pernas dele — molhadas de suor, ele é tão forte quanto um cavalo. Ele estava envelhecendo rapidamente: e continuava nos implorando para não encurtar seus últimos momentos e mandá-lo para o Inferno mais cedo do que deveria. Quando finalmente cedeu, o dr. Hichens disse "Agora é o momento de decidir o que fazer com ele". Como D e eu dissemos depois, esse foi o pior momento de todos: parecia tão traiçoeiro.

Todo meu caminho diante de mim

Eles concordaram que não havia nada quanto a isso a não ser o asilo de manhã: ou melhor, Rob fingiu concordar, mas era apenas uma tática, como descobrimos depois. Eles injetaram algum narcótico forte, não morfina, eu esqueci qual, e o dr. Hichens foi embora, prometendo voltar às 8h30. O Doc agora estava bem quieto, mas logo começou a murmurar. Eu fiquei com ele sozinho por um longo tempo.

Sábado, 24 de fevereiro: O Doc continuou bastante calmo sob o efeito da droga, mas tagarelando. Depois que ficou claro, Rob o observou e eu saí e dei algumas voltas na frente da casa. Estava chovendo. Maureen sem dúvida ficara acordada a noite toda devido ao barulho horrível e muito estridente.[36] Mary tinha dormido bastante. Perecebi que a pior coisa que tive de enfrentar foi uma espécie de simpatia horrível com os gritos e as irritações do Doc — um sentimento amaldiçoado de que eu mesmo poderia facilmente fazer aquilo.

Dorothy veio. Eu estava cuidando do Doc novamente por algum tempo. Tomei um pouco de chá e comi um pãozinho com manteiga: mas subi as escadas e fiquei enjoado assim que os engoli. O Doc parecia ter melhorado e continuou dizendo coisas irrelevantes: esteve sob a ameaça de vários outros ataques, mas eles não vieram. Mary e eu tivemos de segurar bastante as mãos dele. Às vezes ele falava com bastante sensatez por vários minutos: expressava gratidão a nós de uma maneira que partiria o coração de qualquer um. Conseguimos que ele tomasse um pouco de leite morno com grande dificuldade.

Hichens, apesar de sua promessa, só veio às 11h30. O Doc pareceu muito feliz em vê-lo. Depois Rob e Hichens se retiraram para consultar enquanto eu ficava para ver o doutor. Na consulta entre eles (D me disse) Hichens teve uma opinião muito mais animada. Rob contou a ele quantos dos sintomas do Doc eram normais no caso dele. Eles concluíram que poderia possivelmente ser mera

---

[36] Depois disso, Maureen foi enviada para ficar com Lady Gonner pelo resto do tempo em que seu tio esteve em "Hillsboro".

1923

histeria, em parte constitucional, em parte advinda da guerra: principalmente porque o pobre homem pensava que sua sífilis havia despertado e ia enlouquecê-lo.

Durante o dia houve muitos sinais encorajadores. Embora muitas vezes sob ameaça de ataques, o próprio Doc os reconheceu como uma doença nervosa e não falou sobre o Inferno. Por volta da uma hora, Rob me mandou para a cidade para contratar um ex-policial para esta noite em caso de emergências, já que da próxima vez, em vez da ideia do Inferno, o Doc poderia decidir matar alguém. Eu fiz isso e voltei depois do almoço.

Como as coisas pareciam bastante silenciosas, eu subi e deitei em minha cama. Percebi que agora estava ficando extremamente nervoso: nunca tendo visto loucura antes, estava com medo de todos os pensamentos estranhos que vinham a minha cabeça. Fiquei pensando que ouvira o Doc começar a delirar novamente, mas era apenas imaginação.

Desci para o chá. D — parecendo maravilhosamente renovada e alegre — me disse que não havia nada a fazer e, depois de um chá (não m., ainda me sentindo mal do estômago), voltei para a cama. Não consegui ficar ali e desci logo para fazer nada com D por companhia. Ela estava incrivelmente bem. Tudo de fato muito mais alegre esta noite, mas de alguma forma eu achei muito mais difícil de suportar.

O Doc veio para jantar e foi persuadido a comer um pouco. Logo, porém, os desagradáveis sinais preliminares chegaram e nós tivemos de levá-lo para a sala de visitas (Rob e eu). O pobre camarada recuperara sua vontade e estava fazendo um esforço. Ele nos implorou para ajudá-lo: aceitou nossas "sugestões" de que ele estava bem e estava agora dominando a coisa. Meu "perfeitamente seguro" acabou sendo uma palavra de ordem mais eficiente. Rob falou com ele de maneira severa quando ele ficou irrequieto, e eu falei com ele suavemente quando ele ficou com medo. Conseguimos manter o acesso sob controle. Pouco antes de levá-lo para a cama, ele recomeçou um ataque, mas afirmou-se, usando a frase que eu sugerira no dia anterior, sobre ser homem e não ter medo de bichos-papões. Conseguimos que ele tomasse sua tisana para dormir um pouco antes. Ele segurou minha mão por um longo tempo, depois que estava na cama.

Os outros encerraram a conversa mole e foram embora, Rob para a cama e D para o quarto ao lado. O Doc, de maneira muito patética, me agradeceu por ficar com ele: ele começou a ficar um pouco extravagante, me chamando de anjo etc., mas logo se controlou e disse "Sim, eu sei que é tudo bobagem sentimental". Finalmente, para minha alegria, eu o ouvi ir dormir — não um sono tagarelante induzido por drogas, mas um ronco constante. De início, ele acordava um pouco assustado sempre que o relógio batia: mas depois de uma ou duas palavras comigo, em que ele invariavelmente me agradecia e pedia desculpas por me manter acordado, ele se virava para o lado e adormecia. Uma vez ele se levantou bruscamente, e começaram as velhas contorções: mas, depois de eu ter falado com ele, ele se deitou.

Eu me senti muito melhor do que à tarde — bastante renovado e não de todo nervoso. Sentei-me e fumei diante do fogo na lareira até as 4 horas. Isso pod. ser bastante seguro se eu tivesse dormido: mas sempre que eu começava a cochilar, surgiam rostos horríveis e não ousava arriscar um pesadelo, então eu tive de ficar acordado. Às 4h, fui e chamei Rob para dar-me folga. Ela e eu havíamos acabado de subir as escadas quando o Doc — onde Rob estava, eu não tenho certeza — acordou e foi até o lavatório por conta própria. Ele parecia absolutamente ele mesmo quando saiu. Rob e eu o levamos de volta para a cama e ele disse que precisava ver... Fui para a cama um pouco antes das cinco e dormi profundamente.

Domingo, 25 de fevereiro: Acordei por volta das onze horas ou mais tarde. Descobri que o Doc havia dormido bem depois que eu o deixei. Eu fiz a barba pela primeira vez desde que o problema começou, lavei-me e tomei um farto café da manhã. Ouvi dizer que Jenkin estava na vizinhança para me ver e me pediu para ir a ele. Rob disse que seria seguro eu sair e D me encorajou a ir, prometendo que ele descansaria naquela tarde. Olhei para ver o Doc, que

1923

estava bem normal, embora naturalmente esgotado, e me desculpei por ter sido "um tolo".

Com alívio inexprimível, saí desta casa de pesadelo e caminhei para a Merton Street. Jenkin estava terminando o almoço. Em seguida, subimos no segundo andar de um ônibus para o terminal da Banbury Road, depois cruzamos e retornamos pelo ônibus da Woodstock Road. Era uma linda tarde primaveril e todas as amendoeiras estavam floridas. Depois de nosso passeio, tomei chá com Jenkin e caminhei para casa.

Comecei a ficar um pouco nervoso quando me aproximei da casa. Tudo, no entanto, estava certo. O Doc foi levado para cima esta noite, ele e Mary ocupando meu quarto. Nós discutimos planos para o futuro. Rob prometeu ver amanhã de manhã cedo sobre providenciar para o Doc ser embarcado e levado para um Hospital de Pensionistas por causa da neurastenia de guerra. Ficamos com a perspectiva desconfortável do Doc e de Mary aqui, e Rob indo indefinidamente, caso isso falhe.

Mary, durante todo esse tempo, se comportou com seus implacavelmente habituais egoísmo, grosseria, ingratidão e glutonaria obstinada. Ela dormiu e chorou no andar de cima enquanto nós salvávamos seu marido de um asilo: ela evocou o Inferno contra nós no sábado de manhã para tomar um banho quente: estivesse chovendo, estivesse seco, suas xícaras de cacau tinham de estar prontas quando ela quisesse. Naquela noite, ela chamou D ao andar de cima para lhe levar biscoitos quando estava na cama. Para ser breve, devemos suportá-la pelo bem dele: mas não há nenhuma prostituta barata de uma cidade com guarnição e nenhuma velha cigana resvaladia que não seria uma convidada mais bem-vinda. Ela definitivamente não é uma mulher — é um estômago com uma voz para pedir comida sem um por favor.

Eu dormi no sofá da sala de jantar: deitei-me com muito desconforto, de modo que acordei me sentindo todo dolorido.

Segunda, 26 de fevereiro: O Doc e Mary — graças a Deus — dormiram até muito tarde. Eu tentei em vão trabalhar. Rob foi até

Todo meu caminho diante de mim

a cidade para tomar as providências para que o Doc fosse internado como preparativo para sua admissão em um Hospital de Pensionistas. Ele retornou com a boa notícia de que as pessoas que ele havia visto estavam prontas para dar andamento ao assunto e esperavam que isso fosse facilmente administrado. Mas foi só depois que eu e D concluímos que, no melhor dos casos, haveria uma demora de dez dias — boas notícias para nós. Rob então subiu as escadas e contou ao Doc o que ele tinha feito. Este último parecia aprovar e estar pronto para ir para o hospital. Rob então partiu — homem de sorte! O Doc desceu para almoçar — bastante normal e parecendo muito melhor do que antes do ataque.

De tarde, veio Jenkin de bicicleta: D achou seguro eu sair. Eu andei com ele para Horsepath e de volta por Shotover. Eu acho que nada de importância foi dito.

Voltando, tomei chá e depois fui dar uma caminhada pela Cowley Road com Mary e o Doc. O último estava de fato maravilhosamente melhor: cantarolou melodias: fez algumas tentativas de conversa: disse que ele nunca esqueceria o que eu lhe tinha feito etc. Depois que voltamos, eu tive de sair para o correio e levei-o comigo. Ele disse que sentiu um dos ataques histéricos se aproximando novamente, mas isso não se concretizou. Mais tarde, no jantar, ele começou a mesma coisa e de novo na hora de dormir. Mais tarde ainda, depois que fui para a cama, ouvi-o recomeçar e tive de ir até ele. D aguenta de maneira maravilhosa. Eu mesmo ainda preocupado com a sensação de doença.

Terça, 27 de fevereiro: D me disse que o Doc estava muito melhor esta manhã do que já estivera. Ele ficou na cama até a hora do almoço. Às 12 horas, fui até Wilson e expliquei a ele que não tinha feito nenhum trabalho e por quê. Ele foi muito simpático. Concordou comigo sobre a absurda lentidão de fazer as coisas por meio do Ministério das Pensões e citou exemplos de sua própria experiência. Passamos a hora falando sobre as críticas elisabetanas, sobre as quais eu normalmente deveria ter feito meu ensaio hoje.

Então fui de bicicleta para casa. Estava subindo as escadas para trocar de roupa quando Mary disse "Johnnie diz que tem a hórrida sensação de novo e você pode detê-la". Fui para a sala de visitas e fiz isso. À tarde, tentei trabalhar em *The Owl and the Nightingale* [A coruja e o rouxinol]: mas estava muito cansado e abalado para fazer qualquer progresso. Na hora do jantar, tivemos o costumeiro espetáculo do ataque que ameaçava... e em poucos segundos [o Doc] já havia desenvolvido um muito bom começo de acesso. Conseguimos evitá-lo e lhe demos Horlick com um pó de dormir nele. Ele e Mary logo estavam roncando.

D disse que precisava ter alguns minutos de paz para ler os jornais para si mesma, mas insistiu para que eu fosse para a cama. Eu o fiz — fiquei acordado por uma hora ou mais, completamente nervoso e infeliz. Levantei-me e encontrei D recém-indo para a cama e já em seu quarto. Perguntei-lhe se havia sobrado algum leite. Eu lamentei, pois ela desceu novamente para encontrar algum para mim. Tomei uma xícara de leite quente e me retirei para a cama, ainda para deitar acordado. Uma noite muito ventosa. Continuei pensando ter ouvido o Doc e, por fim, eu realmente o ouvi. Eu decidi seguir o conselho de D de deixá-lo sozinho. Eu ouvi Mary se levantar e ela entrou em meu quarto. Eu fingi estar dormindo. Ela se retirou novamente. Eu devo ter realmente adormecido logo depois disso, porque não ouvi mais nada.

Quarta, 28 de fevereiro: Acordei decidindo que a cama no quarto de Maureen (onde eu estava) era uma coisa muito pior do que a minha. O Doc infelizmente acordou cedo. Eu fui à srta. Wardale e expliquei por que não eu fizera nada. Ela me ensinou por toda uma hora e eu achei muito difícil esperar pacientemente pelo final.

Cheguei em casa depois de deixar um bilhete chamando Jenkin para sair esta tarde. Durante a manhã, D teve uma conversa muito direta com o Doc, dizendo-lhe que ela sabia e nós sabíamos que ele estava perfeitamente bem e que a histeria continuada era mero egoísmo e tolice. Ele permaneceu quieto durante a manhã. Tivemos outra cena durante o almoço, mas conseguimos mantê-lo sob controle.

Depois esperei por um longo tempo por Jenkin e, por fim, fui para a Merton St., mas ele estava fora. Então me virei e comecei a jornada até Cowley, mas fui obrigado a voltar na chuva. Chegando em casa, encontrei tudo bem, exceto pelo fato de ter havido um vazamento de fuligem na sala de estar. Quando isso foi resolvido, saí a pé: caminhei até Headington e ao longo da estrada particular com um sol lindo. Eu me esforcei para me separar da atmosfera em que agora vivemos pelo que parece uma eternidade — com um pouco de resultado positivo, mas não muito.

Voltei e encontrei Mary sentada sozinha perto do fogo da sala de estar. Eu passei apressadamente para a sala de jantar, onde encontrei D empenhada em lutar contra outro dos acessos do Doutor. Como eu ouvi depois, ele havia começado o truque da maldição novamente e havia confessado novos pecados. Ele diz que o que realmente está em sua mente é que uma vez traiu uma garota na Filadélfia: ela escreveu desesperada dizendo-lhe que uma criança estava vindo e ele nunca respondeu. É claro que não se pode acreditar no que diz: mas, se isso é verdade, então o inferno em que o patife está agora passando lhe serve muitíssimo bem,[37] mas parece um pouco difícil que tenhamos que compartilhar dela.

Antes de começarmos o chá, Jenkin entrou: ele e eu ficamos com o Doc por algum tempo e tudo correu bem. O chá foi uma refeição nervosa para todos. Depois Jenkin e eu caminhamos com o Doc até Claytons, onde consegui mais alguns dos pós: Jenkin voltou comigo e então foi embora. Durante a caminhada, o Doc ficou absolutamente silencioso. Ele permaneceu bem até o jantar e deu uma pequena resposta a meus esforços em conversar. Perto do final do jantar, ele começou de novo. Depois de muito desgaste, nós o pegamos de novo. Eu o levei para cima, ajudei-o com... e o levei para o banho. Quando ele saiu, eu lhe trouxe Horlicks com um pó nele,

---

[37] Mais tarde: estou convencido de que toda a história, como a da sífilis e do complexo de inferno, era igualmente ilusória. (C. S. L.) (Esta nota, julgada a partir de evidências internas, parece ter sido feita alguns anos após o texto sobre o qual ela comenta. [W. H. L.])

o q., embora agora perfeitamente *compos mentis*,[38] ele se recusou a beber. Mary então foi para a cama.

D e eu então nos sentamos no salão até as 11h30 e depois fomos para a cama. Eu dormi de imediato. Logo no meio de um sonho complicado e interessante que eu esqueci — fui acordado por Mary. Entrei no quarto do Doc. A pobre D estava com ele e já fazia algum tempo: como ela disse depois, só me chamou porque temia que ele ficasse absolutamente fora de controle de novo. Ele estava mais perto do colapso total desta vez desde a partida de Rob. Contorções horríveis e gritos sempre prestes a começar. Com um enorme custo de vontade e músculo, nós o mantivemos no controle. Eles conseguiram dar-lhe a droga antes de eu ser chamado, e ele lutou contra seus efeitos perversamente por uma hora inteira. Então, finalmente, ele foi dormir e voltamos para a cama, agitados e tremendo de frio — *forsan et haec*.[39]

Março

Quinta, 1º de março: ... Levantei-me e tomei o café da manhã sozinho com D em feliz quietude. Nossos dois convidados encantadores permaneciam dormindo profundamente. D então me despachou para a cidade para comprar carne prensada e torta de carne de porco.

Ao voltar para casa, encontrei o Doc, que tinha agora acordado, estava muito bem esta manhã. Eu dei uma olhada para vê-lo. O pobre-diabo parecia naturalmente cansado, mas estava calmo e tranquilo e se desculpou pela noite passada. Havia também um telegrama de Rob (para quem D e Mary haviam escrito ontem) para dizer que ele estava chegando às 11h35. Este foi um grande alívio. Eu resolvi, se a súplica humana puder alcançar isso, fazê-lo

---

[38]Latim: "de posse da mente, com o domínio das faculdades mentais; lúcido". [N. T.]
[39]"*Forsan et haec olin meminisse invabit*" (Talvez até mesmo essas coisas seja uma delícia um dia lembrar). Virgílio, *Eneida*, I, 203.

ficar: pois afinal, como até Mary admite, o Doc, é o maldito irmão *dele* e não meu...

Jenkin veio e eu lhe disse que não poderia sair com ele. Enquanto D e eu conversávamos com ele no portão, Rob apareceu. O Doc teve outro ataque logo depois de sua chegada: Rob — que almoçara na cidade — aguentou as consequências enquanto D, Mary e eu escapávamos para comer alguma coisa na cozinha. Rob depois foi entrevistar os pensionistas em St. Aldates. Ele voltou com a notícia de que o Doc poderia ir antes a um dr. Goode na próxima terça. Se necessário, Goode (que mora em Littlemore) poderia vir aqui, mas seria necessário exercer alguma pressão para arranjar isso. Nesse ínterim, Mary e o Doc saíram para uma caminhada: voltaram na hora do chá, e o Doc novamente a ponto de começar "Os Horrores".

Depois do chá, fui até os Gonners buscar outro colchão. Rob me acompanhou a maior parte do caminho. Ele acabara de dar uma olhada em Maureen. Sugeriu que ela estava trabalhando demais. Expliquei a necessidade da situação: para ser totalmente qualificada para uma carreira musical, ela teria que passar no Oxford Senior. Ele disse: "Eles estão apostando em um cavalo sadio? A srta. Whitty disse que ela tem muito pouco talento, certamente nada acima da média". Fiquei muito surpreso ao ouvir isso: Rob achava que a srta. W já havia falado tudo isso para D. Ele expandiu as desvantagens de uma carreira musical e as delícias do ensino da ciência doméstica. Eu perguntei a ele se D deveria ouvir isso, mas ele não qu. se comprometer.

Ele me deixou na esquina da Gipsy Lane e eu pedi emprestado o colchão. Depois de uma rápida conversa com Lady Gonner, eu voltei com ele. Amarrei-o em um rolo e, trazendo a ponta solta da alça por cima do ombro e curvando-me num ângulo de 45 graus, pude carregá-lo para casa nas costas. Foi uma das cargas mais pesadas que já tive. No nosso portão, encontrei Rob saindo para os Gonner com Maureen.

Durante sua ausência, o Doc teve outro ataque. Eu consegui controlá-lo. Para o jantar, veio Mancha, e depois eu fiz anglo-grego com ela. Até que ponto foi produtivo eu não sei dizer, porque eu estava

1923

com muito sono e nervoso, e o barulho das cenas no andar de cima era pior do que se eu estivesse nelas.

Depois que ela foi embora, D, Rob e eu nos encontramos na sala de visitas. Rob estava debatendo se deveria se comunicar com Goode ou não e tentar fazer com que ele se apressasse. Durante essa conversa, ele observou que ele pod. estar nos deixando novamente amanhã. Eu coloquei diante dele tão fortemente quanto possível a posição terrível em que ele estava nos deixando. Ele se recusou absolutamente a ficar e depois foi para a cama. D e eu sentamos por um tempinho — a pobre D está naturalmente começando a ficar muito cansada. Eu dormi no sofá da sala de jantar, Rob ficou com minha cama.

Sexta, 2 de março: No café da manhã, D, Rob e eu tivemos um conselho de guerra. Depois de muito discutir, concluímos que seria melhor não incomodar Goode. Qualquer sugestão de urgência, qualquer coisa na natureza de um SOS, pod. só despertar as suspeitas de Goode. É claro que o fato da sífilis certamente surgiria de qualquer maneira: nossa única esperança era que Goode decidisse "Esse homem tem sífilis e, portanto, está sujeito à insanidade: mas seu problema atual é a neurastenia induzida por se preocupar com essa possibilidade e pela guerra". É claro que se eles decidissem que o problema atual era sifilítico não apenas deixariam de aceitá-lo, mas também cortariam sua pensão. E isso era mais provável de acontecer se percebessem que estávamos entrando em pânico para tirá-lo da casa. Rob anunciou que ele havia mudado de ideia e pod. ficar para ver como a coisa ia se passar. Acho que nunca fiquei tão grato por qualquer palavra...

O almoço foi muito tarde e logo depois fui de ônibus para a cidade para a classe de discussão. Gordon estava doente, mas sete de nós continuaram sozinhos. Minhas atas foram bem recebidas.[40]

---

[40] As atas de Lewis derivam-se das leituras que Coghill fez das dele, e começam com a escolha que Gordon fez de outro orador: "Mas quando Coghill tinha de contar seu conto/ Nosso professor começou a falar em privado sobre olhar/ E riu e disse 'Libertado é o macho!/ Vamos ver agora quem vai contar outro conto;/ E chamou sir Burns como tu és capaz,/ diz rapidamente se és matéria útil'".

Burns[41] leu um artigo excelente sobre Escolas de Poesia: ele citou dos "Imagistas" um ou dois poemas de que gostei imensamente — embora eu estivesse preparado para não gostar deles em teoria. A discussão foi bastante alegre — e infinitamente confortável —, um vislumbre do mundo exterior limpo e sensato novamente...

Depois, D e eu saímos para fazer algumas compras — mesmo em Cowley Rd., foi um prazer estarmos juntos e fora por alguns minutos. Voltando — uma grande lua —, encontramos Rob andando lá fora: ele disse "Johnnie está muito feliz, confessando seus pecados a Mary". Rob nos contou que a garota a quem o Doc havia "traído" era uma prostituta comum. Graças ao Senhor! Todos nós comentamos o quanto o pobre homem lamentaria suas muitas confissões se ele se recuperar. No jantar, o Doc estava quase dormindo e Rob o levou para a cama logo depois.

Logo cheguei com uma garrafa de água quente e fiquei para ajudar a conter um ataque. Muito perto do limite desta vez e ele disse "Estou no Inferno" pela primeira vez desde sexta à noite...

Sábado, 3 de março: Acordei depois de uma noite muito boa, embora muito dolorido para ficar deitado no sofá da sala de jantar por mais tempo. Depois do chá subi as escadas e deitei na cama que D acabara de desocupar, onde adormeci novamente. Tomei o café da manhã sozinho na sala de jantar e depois peguei mensagens em Cowley Road: uma manhã fresca e gloriosa de céu azul e nuvens grandes. O Doc e Mary dormiram até tarde: ele teve uma noite razoavelmente boa, mas ela foi forçada a lhe dar a segunda droga.

Rob escreveu uma carta para Goode pedindo-lhe para entrevistar o Doc aqui em vez de reunir uma equipe na cidade, e eu pedalei com isso para Littlemore. Maureen esteve aqui toda a manhã vindo dos Gonners, com quem ela está hospedada desde o início dos problemas. Eu a encontrei e Rob brincando de pegar na estrada quando voltei, o que foi muito reconfortante.

---

[41]Era Gilbert Talbot Burns, Christ Church, que obteve seu BA em 1924.

1923

O Doc teve um ataque ruim no almoço. Mesmo entre os ataques, agora ele nunca se recupera: uma expressão assustadora de miséria e letargia se instalou em seu rosto, ele responde se perguntado, apenas em monossílabos e num sussurro. Nada pode arrancar a sombra de um sorriso dele. Em relação à dor, eu acho que supera qualquer coisa que já vi na minha vida...

D muito cansada hoje e teve de cozinhar um pedaço de carne, além de todo o resto. Nós fomos para a cama por volta das 12h30, eu para o sofá da sala de jantar, onde de pronto dormi profundamente. Por volta das três, fui despertado pelos ruídos lá em cima: subi e encontrei D (que não dormira nada) tentando acalmar o Doc. O mesmo negócio sem esperança, e, por fim, nós o seguramos...

A visão desses ataques quase mudou minha profunda convicção enraizada de que nenhuma dor mental pode ser igual a uma dor física dilacerante. Deitei novamente e notei que eram 5h30. Logo dormi de novo.

Domingo, 4 de março: Levantei por volta de 9h45. Como ninguém ousa banhar-se no quarto de banho nessas manhãs por medo de acordar o Doc, e a área de serviço está sempre em uso, raramente tenho a chance de um banho matinal. Logo depois que me barbeei no quarto de Rob, Jenkin apareceu. Saí com ele: fomos para Garsington, depois para a esquerda e para casa pelo moinho de vento e de Horsepath. Jenkin e eu raramente dizemos algo importante em nossos passeios hoje em dia, mas é como água fresca estar aqui fora com ele...

Após o almoço, examinei uma prosa latina atrozmente ruim de Sidney Stevenson: depois, Rob e eu saímos para os campos de golfe com o Doc. Ele teve um forte ataque logo depois de termos chegado ali: então se recompôs e fez algumas tentativas terrivelmente patéticas de entrar na conversa. No geral, ele estava muito mal esta tarde e (o que foi talvez a coisa mais terrível de todas) nos perguntou o que íamos fazer com ele. Quando chegamos em casa, encontramos na porta D, que disse a Rob que ele era aguardado na sala de visitas.

Todo meu caminho diante de mim

Eu soube imediatamente que o dr. Goode tinha vindo. (Goode, ao que parece, estava aqui há meia hora e D estava à beira do colapso, tendo sido deixada para ter uma ousada e torturante conversa com ele.) Logo após os três médicos terem se reunido, D, que escutava no corredor, anunciou que eles tinham começado o assunto temido da sífilis. Mary parecia sentir menos o suspense: Maureen, embora sem dúvida não entendesse o assunto real, tremia toda. D quase no limite, mas aguentando firme. Eu não aguentei mais a sala de jantar, saí e fumei cigarros no andar de cima durante a hora e meia mais ventosa que passei exceto sob fogo. Estava frio demais.

D subiu de vez em quando com notícias do que ela pd. ouvir: a perspectiva melhorava gradualmente. Ouviu Goode dizer "Você não tem nenhum dos sintomas da P. G. I.".[42] Então ouviu-se ele conversando sobre neurastenia, particularmente sobre a ideia do Inferno, q. resulta aparentemente de ser assustado pelo pai na juventude. A primeira questão temida foi assim resolvida — Goode não achava que o pobre e velho Doc estava enlouquecendo. Das próximas perguntas — se ele seria internado no hospital e em quanto tempo —, nós pd. apenas ouvir os mais torturantes murmúrios.

Recebi agora um rápido jantar para que eu pudesse ir aos Gonners com Maureen. Antes de eu partir, Goode foi embora e Rob o seguiu até a estrada. O Doc, que tinha sido ouvido durante a entrevista falando em voz forte e ordinária, estava agora novamente em colapso. Estava, no entanto, mais como ele mesmo e, pobre amigo, muito penitente pelos problemas que tínhamos tido. Ele disse que Goode estava levando-o para o hospital, mas "não será por alguns dias, e como posso continuar ficando aqui?". Antes de Maureen sair, ela o beijou e ele sorriu naturalmente pela primeira vez durante muitos dias. Quando voltei de levar Maureen para Red Gables, os outros estavam jantando e eu fui me sentar com o Doc, que estava na cama. Ele disse que estava "com medo de estragar meus planos", ou seja, meu trabalho: eu o tranquilizei neste ponto...

---

[42]Paralisia geral do insano.

1923

Todos os outros cedo na cama. Enquanto eu pegava os frascos[43] para D, ouvi o Doc fazendo barulho como se estivesse passando mal. Sem demora saiu Mary e disse que ia dar a ele sua segunda dose de droga. D e eu estávamos muito em dúvida sobre a sabedoria disso e, depois de alguma hesitação, acordei Rob para perguntar, e ele disse sonolentamente: "Dê a ele". Entrei no quarto deles. O Doc não mostrava sinais de histeria, mas estava reclamando de flatulência, q. o mantinha acordado. Mary continuou a grunhir para que ele tomasse seu medicamento. Ele ficou naturalmente zangado de um modo que era bastante reconfortante de ver e gritou: "Não vou tomar isso, Maimie". E Mary também ficou zangada, e eu levantei o dedo e recitei "Os pássaros em seus pequenos ninhos concordam", o que não divertiu a ninguém — exceto a mim...

Segunda, 5 de março: Rob entrou na sala de jantar enquanto eu tomava meu chá matinal e pediu a Dorothy para trazer-lhe o café da manhã imediatamente já que ele precisava ligar para Goode das nove às dez. Mais tarde subi e deitei na cama de D, tendo ela olhado para a sala de jantar para me dizer que ele estava vazio. Ela veio a mim agora com a notícia de que Rob estava voltando para Bristol hoje: o que naturalmente nos agradou muito pouco...

Quando subi para me barbear no quarto de Rob, ele foi atrás e fez algumas observações hesitantes sobre isso ser um negócio desagradável para mim. Na verdade ele queria, além do prazer de sua própria fuga, o prazer de me dizer que estava certo em nos deixar, que tinha sido muito bom ficar tanto tempo e, é claro, que não poderíamos esperar mais etc. Ele não fez isso. Ele saiu de casa por volta das dez.

Comecei a trabalhar na prosa latina de Sidney: as exigências pós-prandiais da natureza tornaram-se tão urgentes, no entanto, que tive de ir de ônibus para a faculdade — nosso lavatório estava agora inacessível pela manhã por medo de acordar o Doc. No College, tomei um bom banho nos quartos de banho. Voltei de ônibus e

---

[43]Garrafas de barro com água quente.

terminei meu trabalho. D e eu estávamos indo almoçar, quando ouvimos os Askins se mexendo lá em cima. O Doc tão deprimido e letárgico como sempre hoje...

Terça, 6 de março: Levantei-me bem tarde, fui para a cidade e banhei-me na Associação: dali para Wilson, para dizer-lhe de novo que não fizera nada. Ele entendeu perfeitamente a posição, sem dúvida, mas disse que toda essa perda de tempo era muito séria para mim.

Então voltei para casa e trabalhei em *Sir Gawain*. Os outros se levantaram para o almoço: Mary disse que ele tinha tido uma noite tolerável sem nenhuma droga. Este foi (no início) um dos melhores dias que ele tinha tido. Parecia perfeitamente normal e fez algum esforço para participar da conversa...

Depois do chá, comecei a trabalhar no meu artigo para a srta. Wardale. O Doc logo começou a ficar inquieto e um ataque foi evitado. Mary o levou para a cama depois do jantar, e D teve de subir e sentar com ele enquanto eu trabalhava. Eu tinha acabado de terminar meu trabalho quando Mancha apareceu — com hora marcada, é claro, mas tínhamos todos nos esquecido dela. Eu fiz o anglo-grego com ela até as doze e trinta, com uma longa interrupção para acalmar o Doc.

Depois que ela foi embora, D e eu sentamos por um pouco: quando subi para pegar os frascos, ouvi o Doc fazendo barulho como se estivesse passando mal. Sabíamos que era o prelúdio para problemas e não achamos que valesse a pena ir para a cama. Logo Mary desceu e pegou leite quente, mas sem pó, contrariando o conselho que D e eu lhe demos ao virmos que o pó seria necessário hoje à noite. Por volta da uma e meia nos aventuramos a subir. Eu tinha acabado de ir para a cama quando ouvi o Doc começar: esperei alguns minutos, então, vendo que a coisa estava piorando, subi. Consegui acalmá-lo e Mary conseguiu que ele tomasse a droga. Antes de voltar para a cama, olhei para o quarto de D e vi que ela dormia, pelo q. fiquei muito feliz, embora isso seja uma triste prova de como ela está exausta.

Quarta, 7 de março: Fui chamado por D às 9h30 com a horrível notícia de que não havia uma carta do pessoal de Pensões: tínhamos tolamente esperado que o fim desse inferno fosse anunciado hoje. Dorothy estava muito mal esta manhã: ela tinha (D disse) desejado levantar-se da cama a noite toda, mas, com a exagerada gentileza de sua classe, teve medo de fazê-lo. Fui ver a srta. Wardale e tive minha hora. Depois fiz algumas compras e voltei para casa. Novos problemas estavam acontecendo: Dorothy estava sofrendo de dores agudas e uma dose de sais de D não tinha tido resultado. Antes do almoço, eu tive de subir e conversar com o Doc enquanto ele se vestia. Espero simpatizar com o pobre infeliz, mas, por Deus, nunca mais quero que ele esteja a menos de vinte quilômetros de mim — nunca.

No almoço, D discutiu a condição de Dorothy. Com loucura imperdoável, todos nós pedimos a opinião do Doc. D explicou que ela já havia dado seus sais e cáscara. O Doc aconselhou ainda uma dose forte de sais de Epsom. Após o almoço, eu fui de bicicleta para Claytons para consegui-los e, quando voltei, foram administrados sob a supervisão do Doc. Poucos minutos depois, ele começou a anunciar: "Ah, eu tinha esquecido que ela também tomou cáscara. Oh querida, oh querida, eu matei ela! A garota vai morrer! Dê já um emético para ela!"

Depois do primeiro choque, vi que provavelmente se tratava de outro de seus pânicos histéricos: mas, sem dúvida, havia a possibilidade de que fosse verdade. D, inclinada para essa última opinião, estava naturalmente quase fora de si. Mary foi despachada para o dr. Hichens. A desafortunada Dorothy foi obrigada a engolir uma xícara de mostarda e água. Eu tive de levar o Doc para a sala de estar e mantê-lo quieto. Foi um trabalho duro e, quando Mary retornou, passei uma terrível meia hora tentando duramente esperar pelo melhor. A pobre D desabou pela primeira vez quando Mary trouxe de volta a abençoada notícia de que estava tudo bem e o Doc estava falando de seu jeito habitual...

D e eu nos sentimos muito amargurados contra Rob por escapulir da casa e nos deixar na linha de frente: não podemos acreditar que isso fosse realmente inevitável. Mary e D escreveram-lhe um relatório da situação hoje à noite. D e eu sentamos até cerca de 12h15...

Algum tempo depois, fomos para a cama. Após mais ou menos uma hora de sono, fui despertado pelo barulho habitual: entrei e encontrei D já ali. Ele estava muito mal desta vez... Nós fomos para a cama novamente por volta das quatro. Por volta de uma hora depois, fomos arrastados de novo. Mary disse que a droga aparentemente não teve efeito. Depois de outra luta medonha... conseguimos que ele tomasse uma segunda dose. Na cama de novo por volta das seis. A luz entrava por minha janela e muitos pássaros cantavam — coisas sensatas, limpas e confortáveis.

Quinta, 8 de março:... Não havia nada vindo de Rob — eu esperava, como um tolo, que as cartas da noite anterior tivessem conseguido trazer Rob. D ficou bastante magoada quando eu o descrevi como um patife: mas realmente acho difícil ter qualquer outra opinião sobre seu comportamento... Dorothy estava sem dúvida muito mal depois da dieta de sais, mostarda e cáscara de ontem. D tinha feito a maior parte do trabalho pela manhã (até onde Dorothy a t. deixado, pois ela está muito ansiosa para poupar D, a quem eu acho que está realmente apegada) e eu agora lavava tudo.

Depois disso, trabalhei a passagem de *Bruce* em Sisam — coisas boas e honestas. Mary foi até Iffley para pegar algumas roupas. Ela voltou por volta das quatro e meia e foi até o quarto deles de onde, um momento depois, um dos melhores gritos do paciente foi ouvido. Eu subi e consegui controlá-lo novamente. Assim que desceu, ele começou a estratégia da paralisia, até que Mary o levou para passear...

O Doc teve um ataque depois do chá, seguido por vários outros (eu acho). D escreveu uma carta para Rob q. era praticamente um S.O.S. Muita dificuldade com o Paciente tanto no jantar como depois. Ele e Mary tinham banhos quentes (eu pedi aos céus que D e eu alguma vez tivéssemos a oportunidade de um esses dias) e depois lhe demos sua droga. Assim que ele me viu levando-a para o quarto, começou, ou tentou começar, "os horrores", mas eu consegui

1923

acalmá-lo e Mary lhe deu a coisa por colheradas... Embora esperando ser chamados de novo a qualquer momento, D e eu agora fomos para a cama, por volta das 2 horas, eu acho, e dormi uma noite inteira na verdade.

Sexta, 9 de março: Nenhuma notícia das Pensões esta manhã, nada de Rob a manhã toda em resposta ao S.O.S. de D da noite passada. Fui obrigado a ir para o College depois do café da manhã. Ao voltar para casa, descobri que a srta. Featherstone fora ver D e prometera, em sua capacidade de enfermeira, vir e ajudar com o paciente hoje.

D tinha sido animada sem tamanho pela visita da srta. Featherstone e insistiu em que eu fosse para a classe [de discussão] esta tarde, o que eu fiz, depois de um almoço mais cedo. Ela foi realizada esta tarde na casa de Gordon em Chadlington Rd. Singh leu-nos um artigo sobre Tagore: de fato muito corajoso e louvável, mas assustadoramente engraçado, cheio da mais impossível retórica de Babu,[44] não por culpa dele, mas apenas porque algumas coisas não funcionam em inglês.

Saí antes do chá e voltei para Carfax com Burns, que estava inclinado a ser amigável em seu jeito frio e me pediu para tomar chá com ele, o que, sem dúvida, eu recusei. Vim para casa. A srta. Featherstone e o Paciente estavam na sala de jantar. D me disse que ela tinha sido simplesmente esplêndida com ele: mas fora difícil colocar tudo em ordem, e exceto por ela, esse teria sido o dia mais difícil de todos. Havia um telegrama de Rob perguntando: "Nós poderíamos esperar até amanhã?". Eu gostaria de saber que alternativa temos. Entrei e falei com a srta. F — muito satisfeito por ver aquele velho rosto esquisito, familiar, comum e sensato de novo...

Sábado, 10 de março: Acordei depois de uma noite tranquila para descobrir que finalmente chegara uma comunicação do pessoal

---

[44]Hindu: "pai". Título ou forma de tratamento mais ou menos equivalente a senhor. Também usado para, de modo desdenhoso, referir-se a um hindu com rudimentos de educação inglesa ou a um empregado indiano que conhece um pouco de inglês. [N. T.]

das Pensões. Era uma obra-prima. O caso havia sido colocado para eles como urgente na segunda: agora eles pediam para saber quando o dr. Askins estaria pronto para ir para o hospital em Henley. Como se esperava que Rob chegasse hoje, e não sabemos quando ele estaria saindo de Bristol, era inútil telegrafar pedindo o conselho dele. Toda a manhã esperamos um telegrama de Rob, mas nenhum veio. Eu consegui fazer um pouco de trabalho para Mancha...

Logo tive de entrar para atender o Paciente. Ele estava muito mal em seus horrores hoje, atirando-se no chão e com dificuldade em não gritar. Eu estive sozinho no comando por algum tempo. Ele ficou um pouco melhor antes do chá: mas, no chá, o esforço para fazê-lo comer qualquer coisa teve o resultado usual em gritos e contorções...

Ele finalmente se deitou no sofá, e eu sentei na mesa e conversei com ele: todas as velhas e cansativas garantias de que ele estava bem, de que aquilo não passava de nervosismo, que estava ficando melhor, que não existia esse lugar, o Inferno, que não estava morrendo, que não estava ficando louco... que não estava paralisado, que poderia dominar a si mesmo. É uma espécie de ladainha do diabo que ele deve estar tão cansado de ouvir como eu estou de dizer...

Domingo, 11 de março: Levantei-me tarde e muito dolorido do sofá, ao qual parece que não estou mais acostumado — como rapidamente aconteceu com camas muito mais duras, na França, digo. Depois do café da manhã, caminhei para o College e lá tomei um banho quente — um prazer delicioso nesses dias... Depois fui para a Associação e trabalhei remendando uma espécie de ensaio para Wilson sobre as críticas elisabetanas — um assunto que sempre vou odiar por sua relação com este tempo.

Tomei chá na Associação e fui à Capela para ouvir o sermão de despedida do Larápio, que estava bastante moderado, e não o "soluçar sem fim" que Jenkin havia antecipado. Ele foi seguido, bastante comicamente, por: "Agora agradeçamos todos a nosso Deus".

Cheguei em casa, jantei, trabalhei para Mancha e assim fui para a cama no sofá. O Doc teve vários acessos (na verdade, embora mais leves, eles se tornaram quase contínuos), mas Rob os acompanhou.

1923

Rob é muito impaciente com ele e ameaçador em lugar de autoritário, q. só agita mais o pobre coitado.

Segunda, 12 de março: Na cidade às 10 horas para a minha hora com Wilson. Voltei para ouvir que Rob tinha ajustado tudo por meio de um telefonema para o pessoal de Pensões e o Doc deveria ir para Henley esta tarde. Um dos momentos mais deliciosos que já tive nesse longo tempo: eu poderia ter me ajoelhado para agradecer a qualquer divindade que quisesse reivindicar o crédito por essa libertação. Dei uma volta festejando com o sentimento de final de semestre até a hora do almoço.

O Doc estava muito violento na hora do almoço e, quando o táxi (q. Rob havia solicitado) chegou, fiquei com medo de nunca conseguirmos fazer com que o Doc entrasse nele. Durante toda a refeição, ele gritava, chutava e cuspia bocados de comida: agora começava sua "paralisia" de uma forma muito aguda e caía no chão. Ele deu "um último adeus" a Mary. Foi tudo muito cheio de dor. Eu esperava que fosse principalmente um instinto histérico pelo melodrama, mas temo que houvesse certa quantidade de dor real também.

Rob e eu finalmente o colocamos a bordo e nós três fomos para Henley. A região da última metade da viagem era muito bonita, mas era um dia frio. Quando chegamos ao hospital, Rob entrou sozinho, deixando o Doc e eu no táxi. Ele ficou fora por um longo tempo. Eu estava em agonia para que não houvesse algum problema no último momento. O pobre Doc descreveu seus sintomas para mim mais uma vez e quase começou a gritar. Rob finalmente apareceu com um homem muito gordo e eles levaram o paciente para dentro.

Graças a Deus! Rob estava voltando para Bristol direto de Henley, então eu fui para casa sozinho. Encontrei D terrivelmente cansada, e não é de admirar. Trabalhei depois do chá e saí pouco antes do jantar para tomar um grande uísque com soda. Mary vai amanhã. Eu ouvi que ela está me comprando um presente: achei que não estava no poder dela me irritar mais, porém essa é a gota d'água. Entretanto, que a intenção seja creditada a ela por sua retidão — pois, por Deus, ela precisa disso, aquela loba magricela de Washington.

Terça, 13 de março: Acordei uma ou duas vezes durante a noite e tive a prazerosa experiência de imaginar que ouvi o Doc e então perceber que tudo terminara: então virar-me luxuriosamente para dormir, com o som da chuva forte.

Mary, é claro, tomava o café da manhã na cama: D e eu tomamos o nosso sozinhos no andar de baixo. Foi prazeroso poder fazer barulho. Trabalhei em I. M. na sala toda a manhã até Mancha chegar, às 12, e eu fiz Anglo-Grego com ela. Embora terrivelmente sobrecarregada, ela parecia com excelente disposição no almoço... Sidney chegou às três com uma prosa muito melhor. Eu trabalhei com ela até depois das cinco...

Depois do chá, Jenkin apareceu em sua bicicleta e eu saí de bom grado com ele. Andamos em volta de Elsfield. Eu falava bobagens o tempo todo e ele comentou sobre a alegria demasiada que eu emanava. Eu disse que o que havíamos passado quase valeu a pena pelo alívio que sinto agora: ao q. ele respondeu que se poderia obter alívio dos pequenos problemas que se imagina serem ruins na época. Estávamos extraordinariamente alegres. Eu disse que gostaria de ir de trem até Londres e jantar lá. Expiamos esse tema por algum tempo — nossa idade mental, naquela ocasião, era de cerca de doze.

Uma noite fria e cinzenta. Casa e uma enorme ceia sozinho com D em prazerosa privacidade, paz e alegria. Terminei meu trabalho para srta. Wardale depois.

Quarta, 14 de março: Acordei bem tarde depois de uma excelente noite e li algumas páginas do ensaio de Hazlitt sobre "Empreendendo uma viagem" durante meu chá com um prazer extraordinário.

Depois do café da manhã, fui de bicicleta para Margaret Rd. e tive minha última tutoria com a srta. W. Uma manhã fria. Casa de novo, e fui presenteado com um colete de lã deixado para mim por Mary: realmente muito bom da parte dela e devo dizer com toda a franqueza que, embora americana e pobre, ela não é má. Mas não posso deixar de lembrar alguns outros fatos...

Depois de almoçar peixe, fui a Merton St. de bicicleta, onde encontrei Jenkin lendo *Return* [Retorno], de De la Mare. Ele disse

1923

que o livro produziu exatamente a atmosfera da gripe. Eu considerei isso uma crítica sensata. Ele tinha ouvido De la Mare ler um artigo sobre "Atmosfera" anteontem ao Plantagenet Club, em Oriel, que foi muito bom. Eles tinham tido uma boa noite por outro lado, pois Jenkin havia se retirado depois para ouvir histórias de fantasmas em um grupo seleto, do qual a luz principal era um oficial do exército com cerca de cinquenta anos que recentemente se tornara graduando, que aprendera um tipo muito primitivo de magia dos negros na Jamaica. Esse homem também se entrega ao hábito oriental de obter êxtases pela contemplação do próprio umbigo.

Seguindo minha alegre inclinação de humor, propus que fôssemos ao cinema como Jenkin havia sugerido ontem. No entanto, a ida foi vetada, e saímos em vez disso: Jenkin comentou maliciosamente "Você estará muito frio sem casaco", enquanto ele vestia o dele e levantava a gola. Passamos por Kennington, pela estrada de Bagley Woods e assim até a bonita vila de Sunningwell, que ele descobriu recentemente...

Nos separamos em Iffley Road e eu cheguei em casa. A sra. Hume-Rothery e Betty estavam com D quando eu entrei, mas logo saíram. Antes do jantar li *The Battle of the Books* [A batalha dos livros] — muito bom a seu modo, mas não muito do meu estilo.[45] Maureen volta hoje à noite: três de nós (e não mais) no jantar, de modo que estamos agora realmente de volta ao normal outra vez...

Sexta, 16 de março: D recebeu uma longa carta de Mary com nada de novo sobre o Doc, exceto a opinião dada por Rob de que ele seria mantido no hospital por um longo tempo e devemos esperar pelo melhor. Ele foi, a propósito, para Richmond no final, não para Henley.

Maureen estava com uma temperatura de quase 38,5 nesta manhã e foi mantida na cama: presumivelmente gripe, que ela pode ter pego de Lady Gonner...

---

[45] De Jonathan Swift (1704).

Após o almoço, fui de ônibus até a cidade e para Merton, onde Gordon estava ensinando em uma reunião conjunta das classes de discussão, masculina e feminina. Ela foi realizada na Sala Comunal Sênior — um lugar confortável, mas sem a dignidade da nossa...

Gordon falou sobre a escrita de artigos literários. Ele nos cumprimentou por aqueles que foram escritos, como todos esperavam que fizesse, e depois atacou várias heresias críticas, introduzindo-as artisticamente como "coisas que ele ficou feliz em ver que não tínhamos feito". Estava particularmente desanimado com a escola sentimental, esotérica, representada por Mackail. O que foi mais interessante: ele afirmou que o capítulo de Couch sobre jargão foi em grande parte tomado sem reconhecimento de Chapman e dele próprio.

O melhor de tudo foi sua discussão sobre o grande público de pessoas semieducadas que "nunca saberiam" a quem os críticos e os "poetas subornados" estavam sempre falando.[46] Essas pessoas queriam que lhes falassem sobre beleza, sensibilidade etc.: na verdade, sobre todo aquele lado da literatura que os homens de letras davam como certo e nunca mencionavam. Fiquei encantado com isso. Depois houve alguma discussão sobre o método de conduzir as aulas, e Coghill (apoiado por vários outros inclusive eu) sugeriu que elas dev. ser mais formais...

Sábado, 17 de março: D recebeu uma carta da sra. Stevenson anunciando que Sidney havia se queixado de estar doente e que talvez não viesse hoje de manhã — notícias que recebi com grande equanimidade. A mesma carta continha um monte de conforto de Jó em relação ao Doc: ela disse que o ego dele estava agora eclipsado, mas devemos esperar que logo se comporte de modo a chamar a atenção. Mesmo que isso não ocorra nesta vida, devemos olhar para o tempo feliz quando ele teria um corpo etéreo. Em seguida, seguiu-se uma longa rapsódia sobre os deleites do espiritismo.

---

[46]933. Desde então ele se tornou um dos principais fornecedores deste público. (C. S. L.)

1923

Isso foi um tanto infeliz já que o espiritismo, junto com a ioga e a psicanálise mal digerida, parece ter apressado e acentuado o colapso do Doc. Na primeira sexta, ele disse a si mesmo que Baker lhe confidenciara há muito tempo que era um tolo por ter alguma coisa a ver com aquilo. De qualquer forma, estou espantado com qualquer coisa mística, anormal e histérica há muito tempo por vir.

Maureen ainda está na cama hoje, mas a temperatura dela é apenas pouco mais de 37. Depois do café da manhã, terminei *Gulliver*. Não me dá os horrores que os críticos dizem que dá — eu reputo que seja por prometer demais. Sabemos que as coisas não são tão ruins assim. Pouco antes do almoço, experimentei minha perícia em um poema com linhas de quatorze sílabas — a ideia de um Gulliver como poema ter se desenvolvido dessa maneira. Elas não foram um grande sucesso. Se você as tornar regulares, elas atordoarão você: se não, as variações possíveis são tão ricas que seria necessário pegar um homem melhor do que eu para tirar ordem do caos.

Após o almoço, fui de ônibus para a cidade (uma das mais belas tardes) e para a Associação, onde li a maior parte do primeiro livro da *Ilíada*, de Chapman. Eu não tinha ideia de quão esplêndido era — embora isso não me ajudou muito no meu problema de métrica...

Sábado, 18 de março: ... Após o almoço, sentei-me para trabalhar em "Dymer". Eu tinha acabado de começar com grandes esperanças quando fui chamado ao andar de cima para fixar as cortinas dos quartos de D: que, tendo sido fixadas com buchas, caíam em uma avalanche uma vez por semana.

Enquanto eu fazia isso, Dorothy anunciou que Sidney tinha vindo para uma aula. Sinceramente desejando-a em Hong Kong, desci e fiz latim com ela por duas horas. Enquanto estávamos trabalhando, Sheila Gonner passou para ver Maureen. Depois do chá, ouvi que ela trouxera notícias de que eu não precisaria usar o colchão dos Gonners naquela noite: com o que fiquei muito feliz, pois temia que o dia todo se perdesse...

Segunda, 19 de março: Maureen ainda está na cama... Depois do jantar, eu tive de trabalhar muito para terminar meu ensaio. Antes de ir para a cama, D e eu tivemos uma conversa sobre minha posição — sem saber se eu deveria ficar em Oxford, se conseguiríamos a casa dos Walters ou se íamos pod. ficar com a dos Raymonds. Como a última precisa urgentemente de reparos, e como Raymond propõe deixar todos os reparos para nós durante três anos e então regressar à casa, que quase devemos reconstruir, considerei isso como uma armadilha. Concordamos que eu deveria ir para a cidade amanhã para tentar obter informações sobre a casa em Woodstock Rd., de Brooks; e também ver Carlyle e Stevenson sobre minhas perspectivas. D está com dor de cabeça de novo — por remendar meias com luz ruim em seu quarto, onde ela está agora sentada com Maureen a tarde toda e à noite...

Quarta, 21 de março: Um aguaceiro esta manhã. Eu esqueci de dizer que um exemplar de *Insurrections* [Insurreições], de James Stephens, chegou para mim ontem, enviado por Rob, que tem dois e me prometeu um. Eles são muito estranhos e, em certo sentido, não são poemas de modo algum, mas alguns deles têm um bom sabor próprio, embora excêntrico: na verdade, são principalmente pessimismo fácil do tipo que eu fiz em *Spirits in Bondage*, só que realmente penso que fiz melhor!

Durante esta manhã, continuei com o *Prelude* [Prelúdio]. O declínio após o quarto livro é terrível...

Na Associação, encontrei Robson-Scott. Ele está por aqui até sábado e se mudou para o College, que ele diz que está quase tão cheio quanto no tempo do semestre, com os alunos da escola agitados no Vestibular, no Responsions[47] e nas bolsas de estudo. Falou que o rumor era de que o novo Larápio certamente não seria um dos camaradas, já que todos se odiavam demais: nem seria Carlyle, que era muito impopular e, por essa razão, não tinha sido reeleito para sua própria comunidade. De repente concebi uma aversão violenta por todos esses velhos e horripilantes charlatães — Allen com seu riso de escárnio, Carlyle uma mera fossa de fatos, o Farq. com seu

---

[47] Primeiro dos três exames para bacharel na Universidade de Oxford. [N. T.]

1923

rosto bastante cruel, lisonjeando a todos nós e um pouco louco, o sentimental Larápio e todo o resto: exceto Carritt e Steve, que eu ainda acho que são bons companheiros, com seus diferentes jeitos...
 Cheguei em casa muito cansado e deprimido: D me fez tomar um chá. Disse a ela (o que estava na minha cabeça a tarde toda) que não me sentia muito feliz com o plano de ficar aqui como um tutor mais ou menos independente. Não quero ser mais um na fila de anúncios na Associação — soa como o prelúdio de ser um mero preparador para exames por toda a vida. Se não fosse por Maureen, acho que eu deveria me preparar para uma universidade menor, se possível. Tivemos uma conversa bastante desanimadora sobre nossas várias dúvidas e dificuldades...
 Quinta, 22 de março: Depois do café da manhã, eu caminhei para a cidade. Fui ao aposento de Carritt e devolvi seu Aristóteles. Então saí e vi Stevenson, que encontrei sentado em seus aposentos perto de um fogo quente, muito mal, com a garganta ruim e incapaz de falar muito. Perguntei-lhe quais eram as possibilidades de eu sobreviver como tutor *freelance* até que algo aparecesse. Falou que praticamente não havia esse tipo de trabalho na minha área. Os alunos agora eram tão bem cuidados nos Colleges que a coisa estava acabando...
 Ele disse que achava que com certeza eu conseguiria uma bolsa em breve e comentou que Bourdillon estava renunciando à dele, que era bem possível que eu a conseguisse.[48] Enquanto isso, me aconselhou a conseguir um emprego em uma universidade menor: isso não me tiraria da disputa por uma bolsa e, se eu fosse eleito em setembro depois de ter-me estabelecido em outro lugar, ainda poderia aceitá-la e adiar minha residência ou colocá-la em um valor módico nos fins de semana etc., como ele havia feito durante uma conferência em Edimburgo. Achava provável que o College, após a renúncia de Bourdillon, decidisse ter um *don* inglês agora que a

---

[48]Robert Benedict Bourdillon (1889–1971) foi membro e preletor em Química, no University College (1913–1923).

English School estava ficando tão popular. Eu observei que poderia muito facilmente não conseguir um Primeiro em inglês: ele achava que não importaria diante do meu histórico anterior.

Eu o deixei e fui ao Comitê de Nomeações, agora na Broad St., e perguntei sobre o trabalho de Nottingham... Então voltei para casa... e discuti a situação com D. Nós dois estávamos muito deprimidos. Se alguém pud. ter certeza de que voltarei para uma bolsa de estudos depois de um ou dois semestres em alguma universidade menor, poderíamos ficar com a casa de Woodstock Rd. — mas e se não? Daí novamente, se todos nós nos mudássemos para algum lugar sinistro e tivéssemos que voltar depois de um curto período de tempo, teríamos perdido a chance de uma casa aqui, interrompido o trabalho de Maureen e tido muitas despesas para nada. Era com certeza uma situação extremamente difícil.

Disso nós passamos para a perene dificuldade de dinheiro, a qual seria muito mais aguda se tivéssemos de nos separar por algum tempo. Quando comecei a trabalhar depois do almoço, eu estava completamente incomodado e no começo achei difícil me concentrar...

D e eu tivemos outra conversa muito desagradável. Ela estava preocupada que poderia ser seu dever ficar em Oxford para a música de Maureen, não importando para onde eu fosse: eu não sabia como responder a isso...

Domingo, 25 de março: Um dia muito agradável — muito ameno —, céu azul com nuvens em movimento e um suave vento sul... Após o almoço, saí novamente. Voltei para Prattle Wood por Marston e Water Eaton... Hoje eu explorei o bosque de maneira muito mais plena, e ele é esplêndido. Se eu não tivesse sido incomodado com a dor de cabeça de curta duração que ocorre tantas vezes quando estou fora, deveria estar no sétimo céu. Como tudo se deu, eu o apreciei muito. Eu colhi e trouxe para casa o maior número de prímulas que pude, mas elas são muito poucas...

Eu soube para minha alegria que D estivera nos campos de golfe com Maureen e estava com ótima disposição. Depois do chá, escrevi para meu pai. Como era impossível dizer a ele o que realmente aconteceu durante o problema de Askins, tinha de explicar meu silêncio por meio de uma mentira. Falei que tinha tido gripe — o que considero justificável, porque eu havia passado por algo muito pior...

Segunda, 26 de março: Outro dia lindo. De manhã, li Sweet e terminei três atos de *Otelo*. Após o almoço, eu fui de bicicleta para a Associação, onde li todo o artigo de Santayana sobre Lucrécio... No meu estado de espírito atual, ainda lembrando do Doc, a sanidade quase agressiva de Santayana é muito atraente, mas suspeito que seja apenas mais um *cul de sac*...[49]

À noite houve um anúncio em *The Times* convidando para inscrições em uma bolsa de estudos de pesquisa em Exeter. Bate na madeira, mas essa parece um pouco menos enganadoramente enganadora que as outras.

Terça, 27 de março: Trabalhei em I. A. pela manhã. Após o almoço, fui para Stile Rd., em Headington, onde tia Lily está morando agora e a vi... Ela está satisfeita com uma recente "descoberta" que a levou mais longe, diz ela, do que Bergson e Plotino jamais foram. A descoberta é que o tempo consiste em sacrifício: a contínua aniquilação de A para criar B, o contínuo "espaço de criação". Mas a essência do mundo é também sacrifício: *ergo*, tempo é a própria essência do mundo. Ela parecia usar Deus, Tempo e Ser como sinônimos...

Quando eu estava saindo, ela falou muito com firmeza sobre o bruto Carr na Univ., que havia sido multado por colocar cães contra gatos e observá-los atacando a dentadas. Disse que, se não fosse por seu relacionamento comigo, ela o teria procurado e espancado, acrescentando "uma vez eu quebrei o pulso de um homem com um chicote de cavalo". Sobre o tema dos pôneis das minas de carvão, mencionei os dias em que as crianças pequenas engatinhavam puxando carrinhos nas minas. Ela falou que preferia muito mais: não tinha simpatia pelas crianças, porque todas cresciam e iriam crescer

---

[49]Francês: "beco, rua sem saída". [N. T.]

para se tornar elas mesmas brutas. Perguntei se não se importava com a crueldade a seres humanos. Disse que isso não a afetava como a crueldade aos animais: os humanos eram menos desamparados e também tão desprezíveis que mereciam menos simpatia. Eu fiquei muito revoltado com sua abominável confissão...

Mancha esteve aqui para tomar chá e nos disse que a casa de Walter havia sido vendida. Isso, junto com a coisa enganadora da noite passada, nos inclinou de novo para a casa dos Raymonds. Pedalei imediatamente para a cidade e perguntei a todos os agentes se ainda era fácil sublocar casas em Headington. Todas as respostas foram favoráveis e, depois de voltar para casa, subi e disse à sra. Raymond que fic. com ela por fim. Trabalhei depois do jantar e tudo feliz.

Quinta, 29 de março: ... Tomei chá na Associação. Eu também encontrei Carlyle... Eu mencionei a Bolsa de Exeter. Ele pareceu se lembrar dela como algo que tinha temporariamente escapado de sua atenção e falou que estava muito feliz em saber que eu estava indo para lá. Ele acha que eu sou o cara certo e começou a me dar algumas dicas.

Disse que particularmente o que eles desejavam em um candidato para uma Bolsa de Pesquisa era um programa definido. Falei a linha que eu queria seguir em Ética: ele pareceu aprovar... Enquanto isso, prometeu ver Marett, de Exeter, e conseguir o que pudesse com ele.[50]...

Agora me dirigi à estação sob forte chuva e encontrei W[arnie]: — que trouxera uma mala Leeborough. Nós a deixamos na Associação, fomos e tomamos cerveja no Mitre... Saímos de táxi. Depois do jantar, W e eu fofocamos por um tempo, mas ele estava com tanto sono que foi logo para a cama. Eu também fui, relutantemente deixando D lá embaixo, e o Senhor sabe quando ela foi para a cama.

Sexta, 30 de março: ... Após o almoço, comecei *Life of Keats* [Vida de Keats], de Sidney Colvin, e W também leu um livro.

---

[50]Robert Ranulph Marett (1866–1943) foi tutor em Filosofia, no Exeter College (1891–1928), após o que se tornou reitor do College.

1923

D estava sentada sozinha na sala de jantar sem fogo. Isso me preocupou e eu entrei para protestar com ela. Por infelicidade, pedi a ela que "não se fizesse miserável" e ela entendeu mal as palavras de um modo que é compreendido fácil, mas impossível de explicar no papel. Chegamos muito perto de uma briga como nunca havia ocorrido, o que, junto com o fato de que ela estava muito cansada, me deixou muito amargurado.

Além disso, por nenhuma razão determinável, decerto por nenhuma falha dele, eu percebi a companhia de W, que eu tinha esperado com algum prazer, totalmente insuportável desta vez. Seu cinismo contente, sua rejeição de tudo caloroso, generoso e ideal, acima de tudo sua constante e autoconsciente assunção dessa atitude de Gryll[51] como se fosse algo a ser mantido a todo momento, a qualquer custo — bem, por algum motivo, eu não conseguia aguentá-lo.

Sábado, 31 de março: Nesta manhã, W e eu caminhamos para a cidade. Ele esperava por uma perambulada pelas livrarias, mas é claro que estavam todas fechadas. Eu peguei *Typhoon* [Tufão] (Conrad) e *Kanga Creek* [Riacho Kanga], de Havelock Ellis, na Associação para ele. Ele me levou para tomar um drinque no Roebuck que eles alteraram completamente desde os velhos tempos quando costumávamos frequentá-lo.

Sentado ali e bebendo, às custas dele, como de costume, fiquei bastante preocupado com a mudança de meus sentimentos em relação a ele, enquanto me lembrava de tantos momentos alegres no mesmo lugar. Talvez seja apenas o recente transtorno que atravessei e venha a passar...

Abril

Domingo, 1º de abril: ... W me levou ao Mitre e me nutriu com cerveja — pela qual, por estar agora um dia muito quente, eu

---

[51]Com respeito a Gryll, o porco em *A rainha das fadas* (II, xii, 86), que ficou infeliz por ter sido transformado em homem.

fiquei grato. É de fato uma boa característica nele suportar nossa vida doméstica e é sempre "generoso" no sentido mais estrito da palavra: mas eu tenho me sentido miseravelmente esgotado, cansado e deprimido desta vez e não posso deixar de sentir que eu não quero vê-lo de novo tão cedo.

Nós fomos de ônibus para casa, para almoçar. Depois nos sentamos no jardim e escrevi três estrofes do Canto VI de "Dymer" — que faz um ano hoje.

Foi uma tarde deliciosa. D e Maureen foram tomar chá com os Raymonds. Mais tarde, W e eu tomamos o nosso a sós no jardim. Depois perguntei-lhe se ele tinha algum dinheiro disponível e se poderia nos emprestar um tanto para a mudança. Para meu espanto, ouvi que (além da renda) ele tinha ou tinha tido apenas £60 investidas. As £500 que havia poupado na guerra tinham ido no primeiro ano de paz, quando tinha gasto £1200: e tinha pago dívidas desde então... Disse que estava com medo de que as £60 se perdessem e tudo o que pudesse oferecer fosse um quinto em resposta a um S.O.S. de vez em quando. Assim concluiu-se uma das mais desagradáveis das muitas cenas desagradáveis a que fui forçado pela pobreza.

Mais tarde saímos para passear nos campos de golfe. Voltando, encontramos D e Maureen já em casa, com a inesperada notícia de que há três compradores para a casa dos Raymonds, que o padre Raymond havia baixado o preço e estava provavelmente fechando o negócio. Fiquei muito desapontado e percebi que D fic. muito mais ainda — embora, é claro que, do ponto de vista monetário, é um alívio momentâneo...

Segunda, 2 de abril: W partiu no 10h50 para assistir a uma partida de futebol em Aldershot entre o A. S. C. e algum regimento escocês. Eu fui de ônibus com ele e o vi partir. Antes de sair, me disse para lhe escrever em alguns dias e dizer-lhe se a casa dos Raymonds estava definitivamente "fora": se não, ele começaria a tentar materializar suas ilusórias £60...

Cheguei em casa e sentei-me no quarto dos fundos com D, lendo *Keats*, de Colvin, até a hora do almoço. Devo admitir que a sensação de voltar a ser nós mesmos foi muito agradável. Depois o sol saiu e nós dois nos sentamos no caminho da alameda. Eu terminei Colvin e li *Isabella*, *St. Agnes* e as *Odes*. Estou um pouco assustado com Keats, pois poderia retomar o domínio completo sobre mim com muito pouco esforço...

Quarta, 4 de abril: Outro dia quente. No primeiro correio veio uma carta de Harwood com uma proposta de Epithalamion para Barfield anexa e perguntando minha opinião sobre isso em retorno. Achei bem tolerável o fato de estar muito abaixo do melhor dele e respondi dizendo-lhe isso.[52]

Havia também um cartão da tia Lily trocando nosso compromisso para hoje... Fui a Headington e vi tia Lily e expliquei que não poderia ir hoje. Combinamos mudar para amanhã e ela me segurou por um tempo considerável. Falou sobre mutação. Em seu jeito típico de Hamilton, acha que tem o segredo dela — assim como o tio Gussie acha que previu Einstein. Ela diz que Bateson nunca a descobrirá por vivissecção.[53] Até onde eu a entendi, pensa que uma espécie entra em estado inferior por falta de diferenças, e então muda produzindo variações cuja ampla diversidade dá bons cruzamentos para a reprodução saudável: isso é mais bem estudado no milho...

Quinta, 5 de abril: Um dia muito mais frio. Trabalhei em I. A. durante toda a manhã e consegui me concentrar, mas sem interesse... D tinha passado a manhã a ferver marmelada, estava muito cansada e tinha dor de cabeça...

Eu fui para Stile Rd. e jantei com tia Lily. Conversamos sobre muitos assuntos — esqueci-me da maioria deles — estou cansado de sua desumanidade.

---

[52]Owen Barfield e Cecil Harwood eram membros da Sociedade de Dança Folclórica Inglesa e, por meio dessa sociedade, se tornaram parte de uma companhia de música e dança organizada pelas Irmãs Radford para visitar as aldeias de Devon e Cornwall. Enquanto estava com essa companhia em St. Anthony, em Roseland, Cornwall, no verão de 1920, Owen Barfield conheceu a esposa, Matilda "Maud" Douie (1885–1982), uma dançarina profissional que havia trabalhado com Gordon Craig. Eles se casaram em 11 de abril de 1923.
[53]O biólogo William Bateson (1861–1926).

Cheguei em casa depois das dez e encontrei D nas profundezas do desespero, tendo tido uma particularmente tentadora decepção sobre a casa. Se tivéssemos ido ontem poderíamos tê-la conseguido — e pelo aluguel incrivelmente baixo de £45 por ano. Teria sido muito bom de todos os modos, e poderíamos economizar £60 por ano. Para acrescentar a nossos problemas, Dorothy tinha chegado com a notícia de que a srta. Featherstone havia falado com a mãe dela expressando uma esperança de que a deixássemos ter a casa por três meses no verão. Para a cama tarde, depois de lamentar nossa sorte.

Sexta–quarta, 6–11 de abril:[54] Na sexta, trabalhei preparando uma descrição de meu trabalho ético para mostrar a Carritt. No sábado de manhã, chegou pelo segundo correio uma carta de Rob anunciando a morte do Doc, no dia anterior, por insuficiência cardíaca. Eu esqueci a maior parte desse dia. Rob disse que o funeral seria em Richmond na terça, mas soubemos depois que seria em Clevedon, na quarta. Rob disse que ele estava inconsciente no final…

Terça foi um dia muito frio: eu tive dor de ouvido. Tive muita dificuldade em reunir coisas pretas: peguei emprestado um casaco preto do sr. Taylor e tive de arranjar um novo chapéu coco com Walters. D e Maureen foram às seis e eu as vi. Tive uma noite bem ruim aqui: li *Beppo* e *Vision of Judgment* [Visão de julgamento], de Byron (ambos bons).

Como eu deveria sair por volta das 9h30 da manhã, pedi a Dorothy para me chamar às 7h15, o que se mostrou muito cedo. Eu tinha terminado o café da manhã antes das oito e tive de encher o tempo caminhando até a estação…

Chegando na estação de Bristol, encontrei Cranny, que estava vindo para o funeral. Sua filha estava com ele… Sentei-me com eles até que D, Edie, Maureen e Grace apareceram com grinaldas e outras coisas horríveis — é uma ideia comum, sem dúvida, mas por que os lírios deveriam ser estragados para sempre por essas relações?

---

[54]Durante esse período, Lewis e a sra. Moore descobriram que era possível alugar a casa do sr. Raymond, "Hillsboro", afinal de contas.

1923

Com elas veio um homem muito distinto de chapéu alto e sobrecapa clerical, de bigode branco: o irmão de D, Willie, de Cavan, onde ele administra uma paróquia.[55] É um herói a seu próprio modo, e seu nome estava duas vezes na lista de mortos dos irregulares. Nós mesmos e as flores ocupávamos tanto espaço que tínhamos de nos dividir ao entrar no trem. Eu estava com Willie e Cranny, que falavam de coisas clericais. Estava meio garoando, meio chovendo. Parece que demoramos muito para chegarmos a Clevedon...

Tivemos outra longa espera na igreja — ela fica em uma colina e Arthur Hallam está enterrado lá. Por fim, o carro funerário chegou e, pouco depois, os outros. Cranny e Willie leram o serviço. Enquanto esperávamos, Cranny tinha conversado comigo sobre imortalidade — nenhum de nós muito otimista. Rob comentou que "uma vala nos fundos de Ypres é melhor que isso" — acho que ele estava certo. Mary se comportou muito corajosamente. Quando acabou, Rob e Willie ficaram, os outros voltaram para o terreno plano de táxi: Cranny e eu encontramos o caminho de volta para a estação e tomamos chá em uma pequena loja de bolo ao lado dela...

Aqui seguiu-se um período de preguiça, depressão, irritação e ansiedade constante sobre o futuro durante o qual abandonei meu diário junto com a maioria das outras coisas. D estava muito cansada e deprimida e teve vários episódios de doença. Tive uma conversa interessante com Carritt, que preferiu, para meu esquema ético, minha outra ideia de uma crítica metafísica da psicologia moderna. Depois de vários dias de muito trabalho árduo, criei um esquema a partir disso, o qual submeti a J. A. Smith.[56] Ele ainda não me respondeu — o que aumenta a atmosfera inquietante em que me envolvi.

As preparações para nos mudarmos para Hillsboro já estavam acontecendo. A proposta dos transportadores de móveis, sob pressão de Rob, chegou a £28 e Willie emprestou £30 a D. Nós somos,

---

[55] Veja William James Askins no Apêndice biográfico.
[56] Veja John Alexander Smith no Apêndice biográfico.

portanto, capazes de fazer sem o empréstimo de W, para o qual, com grande generosidade, ele levantou, ou se preparou para levantar, uma hipoteca sobre seu seguro de vida. Papéis de parede foram selecionados — na outra noite, eu mostrei 2.000 padrões estranhos para D em um livro enorme.

Eu tenho trabalhado em I. A. e também li *Ricardo III*, *A décima segunda noite*, *Timão de Atenas* e *A fênix e o pombo*. No início deste período, terminei minha cópia passada a limpo de "Foster", para minha satisfação. Desde então, a poesia tem estado abaixo do horizonte.

Tenho acumulado atraso de correspondência de maneira vergonhosa — q. é uma atitude tola e deixa um fundo permanente de pequenas preocupações na mente. Maureen e eu estamos tomando *phospherine*.[57] Todo esse tempo, a temperatura tem estado mais fria do que durante o inverno, a poeira e o vento alternando com geadas nebulosas. O desabrochar da primavera nas árvores desapareceu.

Tudo depende agora de eu obter a bolsa de pesquisador de Exeter.

Lewis não registrou nada no diário entre os dias 12 e 19 de abril.

Sexta, 20 de abril: Um dia muito frio. Eu terminei *Beowulf* e trabalhei em *A batalha de Maldon* a manhã toda...

Eu pretendia ir à cidade: mas percebi que deveria ir após o chá de qualquer maneira e, como agora estava um pouco ensolarado, e fingindo ser como a primavera de novo, caminhei até Iffley. Minha esperança, portanto, de me livrar de parte desse humor estúpido idiota foi decepcionada e eu não apreciei muito minha caminhada...

Voltei e encontrei a pobre D ocupada cerzindo — também com aparência muito ruim. Maureen parece animada — mas acho que o humor risonho em que ela está também é outro tipo de colapso:

---

[57] *Fishers Phosperine* é um tônico multivitamínico tradicional inglês que funciona também como repelente de mosquitos. [N. T.]

pois eu entro nele de vez em quando e é realmente muito diferente do otimismo...

Fui para Hillsboro: o jardim com a grama crescida e o abandono geral era bastante atraente. Eu encontrei Tolley — um *protégé* dos peixeiros que está fazendo os papéis — e o enchi com inúmeras perguntas de D. Então caminhei para casa, passando pelo quartel e pelos campos de golfe. Tive uma aventura wordsworthiana — me foi pedido um centavo em uma voz de lamento por duas crianças ciganas que estavam brincando alegremente no minuto anterior. Em casa de novo, depois do jantar, terminei *A batalha de Maldon* (algo muito bom) e comecei *The Fall of the Angels* [A queda dos anjos].

De noite, por acaso, contei a D que eu havia abandonado meu diário *pro tem*. Ela se opôs a isso e me incentivou a recomeçar.

Sábado, 21 de abril: Outra manhã fria. Depois do café da manhã, D, Maureen e eu fomos a Oxford, levando conosco o livro de amostras de Baker, trazido da loja. Fomos primeiro a Elliston e a loja de Cavell e encomendamos papel para o saguão, depois para a de Baker e encomendamos papel para o quarto de banho. Então fomos ao escritório de gás em St. Aldate para ver como alugar um fogão. Aqui eles não tinham nada além de fogões novos e elaborados com fornos muito pequenos, que só podiam ser adquiridos no sistema de compra em prestações. Aparentemente estão tentando matar de forma gradual a prática estabelecida de alugar fogões. D abordou o homem com seu vigor habitual e ele admitiu, por fim, que tinham alguns modelos mais antigos para alugar, o que poderia ser visto nas obras em Speedwell St.

Fomos para lá e atravessamos favelas terríveis em nuvens de poeira levantadas por carros. Chegamos primeiro a um pátio cheio do cheiro mais horroroso; depois esperamos interminavelmente diante de uma janelinha, até que D pegou o touro pelos chifres e abriu uma porta marcada como privada. Então finalmente fomos notados e levados a um lugar de galpões, vapor, canos vazando, cheiros e ferro-velho, onde Maureen e eu nos sentamos em um banco enquanto D negociava com a disposição dos atendentes...

Domingo, 22 de abril: ... Imediatamente após o café da manhã, Maureen e eu partimos para Hillsboro a fim de pintar... Tolley estava pintando o quarto de banho quando eu cheguei e ele deixou isso pra mim... A pequena quantidade, a má qualidade do trabalho e a maneira curiosa como ele o fez — lambuzar primeiro um quarto e agora outro nos preocupou muito: seu comportamento é tão esquisito que mal sabemos se o chamaremos de desonesto ou estúpido. D decidiu que ela deveria aparecer à tarde e investigar. Após o almoço, voltei imediatamente ao quarto de banho de Hillsboro e continuei minha pintura, onde Maureen logo se juntou a mim e depois D, que havia chegado de ônibus.

Depois de olhar para o estado da casa, D se sentiu muito sem esperança e fomos para Windsor Terrace, onde Tolley surgiu sorrindo e piscando depois de sua sesta na tarde de domingo. D lhe disse que, no ritmo atual, ele nunca conseguiria terminar o lugar a tempo. Ele falou que estava conseguindo um homem amanhã que terminaria o teto em dois dias...

Terça, 24 de abril: Uma gloriosa manhã de primavera — muito brilhante, mas fria —, com um céu azul de vidro. Caminhei até Hillsboro depois do café da manhã e imediatamente comecei a pintar. Eles dizem que tudo vai precisar duas camadas. Trabalhei firme até 1h15, hora em que terminei rodapé, porta, parapeito da janela e a parte da lareira da sala de estar. Tolley apareceu por volta do meio-dia, colocou uma escada pela janela do porão e então desapareceu. Cheguei em casa para almoçar e soube que Dorothy acabara de esvaziar o armário nos fundos da escada que D chama de "parte de trás do além"...

Mancha, que estivera fazendo duetos com Maureen pela manhã, estava aqui para o almoço. Ela descobriu que, embora tenha falhado em Mods., ela passou em anglo-grego. Após o almoço, fui de bicicleta até Hillsboro e comecei a trabalhar na sala de visitas...

Quarta, 25 de abril: De manhã chegou uma carta para D de Moppie. Ela está tendo aulas em Londres e aparentemente não está fazendo nenhum esforço para conseguir um emprego de verão. Sem

1923

dúvida ela pretende gastar todo o seu dinheiro e nos sufocar como um peso morto até setembro. Eu recebi um cartão de Jenkin confirmando o recebimento de minhas justificativas nos termos mais gentis possíveis — um contraste com o silêncio melancólico dos Bakers. Estava uma manhã úmida, mas a vegetação tinha aparência e cheiro deliciosos na chuva.

Após o café da manhã, fui até Hillsboro. Eu pintei a porta do saguão e a maior parte de meu próprio quarto... Antes de partir, perguntei de novo a Tolley o que ele propunha a fazer sobre os buracos no teto do quarto de D e do de Andrée. Me garantiu que eles seriam feitos com "argamassa e adamantina" — com essa frase realmente esquileana, eu parti...

Sexta, 27 de abril: Primeiro, sonhei que estava sentado ao crepúsculo na Magdalen Bridge e lá encontrei Jenkin: então, subi uma colina com um grupo de pessoas. No topo da colina, havia uma janela — nenhuma casa, uma janela sozinha, e nos caixilhos da janela, uma ovelha e um lobo foram pegos juntos, e o lobo estava comendo a ovelha. O lobo, então, desapareceu de meu sonho e um de meus amigos começou a cortar a ovelha, que gritava como um ser humano, mas não sangrava. Depois disso, começamos a comê-la...

Esta manhã trabalhei em I. A. Após o almoço, por volta das três horas, nós três fomos para a cidade. Eu tive de carregar o espremedor de roupa, uma calandra em miniatura que nunca usamos e que estamos tentando vender para os Eaglestons ou dar como parte da troca por um cortador de grama. Era uma carga muito pesada, e eu tive de carregá-la embaixo do braço com a longa manivela se projetando para trás, mais ou menos como uma gaita de foles — para o enorme prazer de Maureen. Nos livramos da monstruosidade nos Eaglestons e fomos para o escritório de gás, onde encomendamos o fogão...

Deixei os outros e fui para o College, onde descobri que Sadler havia se tornado Mestre naquele dia.[58] Eu encontrei Ewing no

---

[58]Sir Michael Sadler (1861–1943) foi um pioneiro educacional e patrono das artes. Foi Mestre do University College (1923–1934).

vestíbulo — emergindo de sua toca para a bolsa de pesquisador de Exeter sem dúvida.[59] Depois fui para Manor Place, onde encontrei Wilson e Robson-Scott terminando o chá. Robson estivera em Stratford para assistir ao espetáculo festivo de *Medida por medida* e *Sonho de uma noite de verão*, do qual ele falava muito bem. Discutimos o desempenho de Birmingham, de *Cymbeline* em roupas modernas. Wilson achou uma mera aberração. Decidimos que as *Alegres comadres* teriam funcionado melhor e tido uma divertida discussão sobre o traje adequado de Falstaff — nós pusemos em ordem um *blazer* muito antigo e mais quatro no final. Depois que Robson se retirou, Wilson ditou um artigo de *collections* para mim e organizou uma hora tutorial...

Lewis não registrou nada no diário durante o período de 29 de abril a 21 de maio.

Maio

Terça, 22 de maio: Depois de minha última anotação aqui seguiu-se um período tão ocupado e, em geral, tão infeliz que não tive tempo nem coração para continuar meu diário, nem poesia, nem esforço agradável de qualquer espécie.

Nossa mudança para "Hillsboro" foi realizada de acordo com o planejado: mas nosso amigo Tolley (a quem tivemos de dispensar) havia deixado tanta coisa por ser feita e tanto a desfazer que tivemos de adiar a chegada da mobília por uma quinzena. O intervalo de "acampamento" — ajudado por um período de tempo agradável — não foi tão desconfortável quanto eu esperava, e nos sentávamos tão raramente que a escassez de mobília, emprestada da

---

[59] Alfred Cecil Ewing (1899–1973) obteve um Primeiro em Greats, de Oxford, em 1920, e um doutorado em Filosofia em 1923. Ele foi *don* de Ciências morais na Universidade de Cambridge (1931–1954) e *reader* de Filosofia em Cambridge (1954–1966).

1923

srta. Featherstone, mal era notada. O jardim foi uma grande alegria e houve alguns momentos agradáveis quando vimos os nossos papéis de parede escolhidos sendo aplicados e a atmosfera de Raymond gradualmente derrotada.

Nós naturalmente esperávamos de maneira mais e mais intensa, todos os dias, que obteríamos a bolsa de Exeter. Carritt me disse logo antes de eu enviar meus documentos que Joseph, do New College, disse que era uma eleição inútil — eles tinham um candidato próprio escolhido para ela. Essa decepção me lançou em uma fúria infantil contra os velhos e acredito que realmente entendi como os satiristas da rainha Anne costumavam se sentir. Eu já superei isso...

Até agora, eu não fui pego pela tia Lily. Warnie esteve aqui para o fim de semana de Pentecostes e partiu ontem: desta vez, eu apreciei sua visita por completo, embora ela tenha me perturbado com inveja aguda da vida confortável, livre de preocupações e prazerosa pela qual ele resolveu o problema da existência: *vobis parta quies*.[60] Acho que tenho a maldição de algo da sorte e do temperamento de meu pai e estarei em uma inquietação pelo tempo em que ainda estiver acima do solo.

No último domingo, jantei na Mesa Alta, em Magdalen. Eu recebi uma carta encantadora de Harwood. Ele, Beckett e Baker estão indo para um passeio a pé nas colinas de Sussex — o que me parece como um boato do céu escutado desse lado do grande abismo.

O tempo tem estado muito frio e úmido durante todo o período. Hoje trabalhei a manhã toda em um artigo para a srta. Wardale e em I. A.... Cheguei em casa pensando na possibilidade de um Ariosto moderno: no começo, eu pensava em aventuras em terras distantes, mas logo percebi que Londres é realmente o equivalente moderno da floresta dos romances. Eu achava que uma história de aventuras impossíveis e complexas em Londres, no espírito do velho

---

[60]Virgílio, *Eneida* III, 495. "Você [Andrômaco e Helena, sobreviventes do saque de Troia] venceram seu teste [diferente de mim, Eneias, que tenho de velejar para a Itália]".

romance, tão moderna quanto *Don Juan* mas não tão satírica, poderia ser muito boa. À noite, eu li *The Testament of Cresseid* [O testamento de Cresseid][61] e parte de *The Flower and the Leaf* [A flor e a folha][62] com muito prazer.

D está naturalmente bastante cansada e preocupada nesses dias.

Quarta, 23 de maio: Fui de bicicleta para a srta. W às 11h45 e tive minha tutoria habitual... Então vim para casa, tendo retirado três volumes de *Lives* [*of the Poets*] [Vida (dos poetas)] da Biblioteca Inglesa. Mudei de roupa e sentei-me na sala de estar para ler a vida de Savage e esperar por Ewing, a quem chamei para tomar chá.

Ele esteve comigo na Univ. em 1917, quando era conhecido como o Coelho e era, temo eu, alvo de zombaria de todo mundo. Ele tem um Primeiro em Mods. e Greats, é um estudioso de John Locke, um semissênior de Magdalen e doutor em Filosofia. Ele está se candidatando para a bolsa de Exeter. É um homem muito pequeno, em geral vestido em um estilo elegante e antiquado com uma gola rígida e uma corrente de relógio e uma ação estranha, rápida e brusca, parecida com a de um Robô, que resulta, acho eu, de alguma fraqueza nervosa e o salvou da guerra. Ele tem um rosto rosado e suave, dentes proeminentes e um bigodinho e fala em um falsete estridente. É um não fumante. Ninguém jamais conseguiu, até onde sei, estabelecer um contato pessoal com ele: é o exemplo permanente do intelecto no sentido mais restrito e diligente, mas sem sabedoria, imaginação ou humor. Talvez eu o esteja julgando mal. Conversamos principalmente sobre filosofia. Ele disse que conheceu Pilly, de Exeter, que deveria ser o candidato favorito para a bolsa...

Quinta, 24 de maio: Passei a manhã trabalhando em *Lives*, de Johnson, e em Hurd, na sala de visitas, da qual começo a gostar muito. Após o almoço, fui de bicicleta até a cidade, peguei a vida do Papa, de Warton, da Biblioteca Inglesa e fui para a Associação, onde trabalhei em Addison. Eu tomei chá lá.

---

[61] De Robert Henryson (1593).
[62] Anteriormente atribuído a Chaucer.

1923

Chegando em casa, encontrei Jenkin e me permiti ser persuadido a acompanhá-lo a Shotover de bicicleta. Pouco antes do almoço, eu tinha pensado em uma nova estrofe (aabccbcb) que me agradou muito: o que me fez falar com ele sobre a ideia de Ariosto. Ele desaprovou, dizendo que o único romance que alguém esperaria ou toleraria em tal poema seria sexual e, de qualquer maneira, por que não fazê-lo em prosa.

Uma conversa muito engraçada se seguiu. Descansamos em um portão na trilha da Horsepath voltado para o leste. Era uma tarde ensolarada, os Chilterns muito azuis e transparentes à distância. Jenkin disse que sempre percebeu, mais do que sentiu, esse tipo de cenário ser bonito. Ele insinuou o perigo em que estava agora de se tornar um estudioso, um mero zaranza: eu considero o perigo bastante real, em especial por ele ser um celta e, portanto, escolhido pela natureza para não fazer nada. Como agora era tarde demais para ele jantar em Hall, pedi a Jenkin que jantasse conosco. É muito estranho que um homem tão bem-educado em todos os sentidos coma tão ruidosamente...

Sexta, 25 de maio: ... Trabalhei de maneira muito ativa, toda a manhã, em meu ensaio para Wilson, *curarum oblitus*.[63] Após o almoço, fui de bicicleta até ele, pois havia mudado meu horário até as 2h30. Tivemos uma hora excelente, mais conversa literária do que tutorial. Fiz com que ele me desse uma lista correta dos documentos que estou realmente requerendo nos Cursos do College, com a qual apressei-me a ir ao escritório de Assistente de Registros...

Após jantar cedo, fui de ônibus para a Classe de D... Em Exeter, quando cheguei aos aposentos de Coghill, encontrei Martley sozinho e perguntei-lhe "o que havia acontecido no rio" — para parecer normal e interessado.[64] No entanto, depois de alguma resposta, ele me perguntou o que havia acontecido com a Univ. no

---

[63] "Esquecendo minhas ansiedades".
[64] Averell Robert Martley, do Hertford College, que obteve seu BA em 1923, foi secretário da Classe de Discussão.

dia anterior — o que não me agradou completamente. O próprio Coghill deixara um bilhete para Gordon e não estava lá. Lloyd Jones, um idiota que falou no debate de Farnell, leu de forma muito horrível um artigo péssimo sobre Swift. A discussão depois foi bem interessante. Minha observação de que a literatura, que simplesmente dava vazão às paixões, literatura nascida de conação, não de imaginação, e tendendo à satisfação vicária em vez de à verdade, deveria ser toda tratada como pornografia, qualquer que fosse a paixão com que eu lidei, levantando forte oposição de Bateson[65] e Robson-Scott. Martley, apoiado por Gordon, manteve o equilíbrio e disse que deve haver um pouco de ambos na maior parte da literatura. Eu vi mais tarde que eles estavam certos. Martley me disse que Bateson era o editor da *Oxford Poetry* este ano e, por um momento, pensei em enviar algo: mas logo decidi que era um desejo pueril...

Quando estávamos saindo, Gordon me chamou para si na rua. Disse que tinha ouvido que eu estava me candidatando para a bolsa de Exeter e poderia me dar uma recomendação ou me ajudar de alguma forma. Eu lhe agradeci profusamente e expliquei que já tinha as únicas que me permitiam.

Ele disse que jantara em Magdalen ultimamente, onde conversaram sobre mim e "me tinham em grande consideração. Price havia sido eleito porque ele era um pouco mais maduro, e mesmo assim eles tinham ficado com muitas dúvidas". Eu lhe agradeci de novo e disse com uma risadinha boba "Tenho minhas duas referências oficiais e suponho que referências informais dificilmente são justas" — um comentário odioso, conforme percebi um momento depois...

Segunda, 28 de maio: Uma noite bem melhor, embora eu estivesse acordado por causa de minha tosse há algum tempo quando estava apenas começando a clarear — com o resultado de que, quando dormi, dormi demais, acordei com dor de cabeça e me

---

[65] Fredrick Wilse Bateson (1901–1978) foi aluno de graduação no Trinity College, em Oxford, e membro de Literatura Inglesa no Corpus Christi College, em Oxford (1946–1969). Ele foi fundador e editor de *Essays in Criticism* [Ensaios sobre crítica].

sentindo um pouco tonto. No jantar de ontem à noite, senti minha débil glândula na garganta começar a inchar: mas, graças ao Senhor, ela não estava pior hoje, embora tivesse ficado enorme quando eu tossi durante a noite... D me agarrou, tomou meu pulso e minha temperatura. A última estava boa, mas o pulso estava "muito rápido", e eu concordei em ficar perto do fogo, pois era um dia muito frio de vento e chuva.

Decidi desistir do trabalho e ter um dia de folga na esperança de que me livraria de minha longa letargia. Eu li *Metamorfoses*, de Ovídio, a maior parte do dia, desde o começo e chegando à história de Pyramus, no Livro IV.

Eu não usei dicionário, mas, com a ajuda das notas latinas muito completas e pitorescas de cinco alemães em minha edição, eu quase nunca fiquei confuso... O estilo é um pouco afetado, mas o que realmente importa é o poder narrativo genuíno e o cenário — o último, *quã* cenário, dificilmente pode ser superado em qualquer poeta antigo. Os discursos não são tão retóricos, no mau sentido, como fui levado a acreditar: na verdade, dão tanto senso de realidade e paixão como é necessário para esse tipo de poema de férias — muito melhor do que a maioria dos discursos em *A rainha das fadas*...

Terça, 29 de maio: ... Quando estávamos jantando, Jenkin entrou e, depois, ele e eu sentamos na sala de estar. Ele começou mostrando-me um artigo dele que havia sido rejeitado pelo *Daily Mail*: uma descrição de uma noite em uma mina, boa demais para seu mercado e não altamente apaixonada o suficiente.

A partir daí, passamos para uma discussão sobre a peça de horror com a qual estamos pensando quase seriamente em agir em colaboração. É para trabalhar na ideia de um cientista que descobre um meio de manter o cérebro e os nervos motores vivos em um cadáver por meio de injeções. A vítima é mantida em armazém gelado, mas, de vez em quando, dá uma volta pela casa usando uma máscara: o cientista diz às pessoas que é um pobre sujeito cujo rosto foi seriamente esmagado na guerra. Está sempre sentado em cima de fogos, reclamando de estar com frio e sempre sendo perseguido pelo cientista por razões óbvias.

O herói e a heroína encontram o cadáver em uma sala de depósito em seu caixão cheio de gelo: mas haverá um longo caminho até o momento em que percebem que o cadáver no andar de cima e a figura que viram vagando pela casa são um só e o mesmo. Sem dúvida a heroína foi concebida como a próxima vítima do cientista: a peça gira em torno da fuga dela.

Jenkin vira no Bodleian, nesta manhã, o homem que usaremos para nosso modelo do cientista. Ele tinha uma barba vermelha brilhante, mefistofélica na forma, mas chegando até a cintura, lábios muito grossos e uma perna mais curta que a outra. Ficamos meio tentados pela ideia de uma peça muito melhor e mais clara sobre Helena como Thaïs redimida por Simão Mago, mas percebemos que teria de ser literatura de verdade e voltamos à nossa coisa sensacional.

Discutimos tudo isso, apropriadamente, até as onze, em uma sala escura, ao lado de um fogo moribundo. Mais tarde, chegamos a um estado de espírito diferente, falando da futilidade da maioria das coisas: o crescimento de semideuses sem a coragem de enfrentar os verdadeiros deuses...

Quinta, 31 de maio: Após o café da manhã, comecei a trabalhar em meu ensaio sobre Cowper e Crabbe, mas logo percebi que não poderia ir muito além sem mais combustível. Fui de bicicleta para a cidade num vento frio e peguei dois volumes das sátiras morais de Crabbe e Cowper, da Associação.

Antes de sair da cidade, passei (de acordo com meu costume invariável) no vestíbulo de Exeter para ver se o resultado da eleição havia sido anunciado. Embora eu não tenha motivos para qualquer esperança, tenho apego infantil suficiente para a centésima oportunidade de fazer essa visita diária, a longo prazo, muito nervosa...

Junho

Sexta, 1º de junho: ... Rink... me perguntou se eu gostaria de um lugar gratuito para a Dança Folclórica amanhã. Eu respondi que realmente não entendia desse tipo de coisa: poderia dizer gostar de

1923

dançar apenas como uma menina que faz piquenique em uma ruína poderia dizer gostar de arquitetura.

...Voltando para o College, ouvi com interesse o que suponho ser meu apelido. Várias pessoas da Univ. que eu não conheço passaram por mim. Um deles, notando meu *blazer*, deve ter perguntado a outro quem eu era, porque o ouvi responder "Heavy Lewis".

Às 4h30 fui a Wilson, onde tivemos uma hora muito interessante. Me esqueci como nos afastamos de Crabbe e Cowper, mas terminamos concordando que Wordsworth e Shakespeare tinham este ponto curioso em comum — que, em suas grandes passagens, nenhum deles tinha um estilo que se pudesse chamar de próprio.

Fui de bicicleta para casa, jantei e fui de ônibus para Exeter. Um pequeno encontro [da Classe de Discussão] — Gordon, Strick, Martley, Coghill, Wynn, Bateson e Payne.

Strick nos leu seu artigo sobre Tragédia. Embora eu não me recorde de nenhuma opinião anterior sobre os absurdos em Strict, fiquei espantado com a excelência de seu artigo. Ele tratava mais sobre a vida do que sobre letras. Ele definiu Tragédia como a irreparável e perguntou se era real, rejeitando as visões de Bradley e Bosanquet. Também perguntou se a indignação contra o Demiurgo era essencial à tragédia ou um acidente nela. A essência parecia-lhe ser a frustração de um ato de fé: todo herói trágico era uma pessoa que se doava de maneira prodigiosa, que escolhia (essa escolha era sempre livre) confiar nas dinastias e obter o mal ou nada em troca. Houve uma boa discussão sobre os pontos que ele deliberadamente deixou em aberto. Mais tarde passamos a conversar de Masefield e depois sobre reminiscências de guerra entre Gordon, Strick, Coghill e eu.

Coghill, então, forneceu um porto para celebrar nosso último encontro e bebemos à saúde de Gordon. Por um lado, bebi com grande sinceridade, pois ele é um homem honesto, sábio e gentil, mais como um homem e menos como um *don* que eu tenha conhecido. Minha opinião sobre ele foi bastante humilde no começo e tem subido constantemente desde então...

Sábado, 2 de junho: Eu decidi tirar hoje e amanhã de folga, em preparação para uma semana severa de revisão. Após o café da manhã, saí para uma caminhada — algo que não faço há muito tempo. Eu tinha pensado que era um dia comum, mas descobri que, embora fresco, cinzento e cheio de umidade, era um frescor "vivo" com uma espécie de calor por baixo — de fato, era verão afinal de contas...

Coghill só chegou por volta das cinco — estava fazendo trabalhos para algum prêmio do College, o que está realizando em seu ritmo. Nós dois elogiamos o artigo de Strick, mas Coghill disse que a palestra de Strick ontem foi tão boba quanto em qualquer outro dia — na verdade, "ele escrev [sic] como um anjo e falou como *poor Poll*".[66]

Conversamos sobre coeducação, da qual ele é um adversário muito violento: então, da educação de meninos nos estágios iniciais. Lembrei-lhe que, olhando para trás, na própria vida, eram encontradas tantas coisas exercendo influência ou deixando de influenciar, de forma que ninguém poderia antecipar ou acreditar, que a pessoa era reduzida ao desespero: não se podia calcular nada.

Isso levou à discussão da psicanálise — também não desencorajava a pessoa de "influenciar" os jovens garotos? Ele era um pouco simplório a respeito de psicanálise, realmente adotando a posição de que ela não poderia ser verdade, pois "quão desagradável, se realmente for". Ele riu de si mesmo quando isso foi apontado e tomou a posição muito mais firme de que a simpatia e o senso comum levariam você a atravessar a maior parte das dificuldades se fosse talhado para ser professor.

Ele é um admirador de Meredith e acha *Modern Love* [Amor moderno] um grande poema. Afirmou que nunca tinha lido.

---

[66] *Poor Poll* é um poema de Robert Seymour Bridges (1844–1930), no qual ele faz experimentos com o que é chamado de silábicos neo-miltônicos, incluindo versos com alusões clássicas e frases em diversos idiomas. Coghill provavelmente queira dizer que Strick apenas reuniu um monte de afirmações sem coesão ou muito sentido. [N. T.]

1923

Também escreve poesia — de um tipo sutil e social, eu deduzi, principalmente sonetos. Comparamos anotações sobre métodos de trabalho. Ele vai tentar uma peça mais longa nas próximas fér. e propõe mostrá-la a Wilson. Concordei que as críticas de Wilson seriam valiosas, mas admiti que eu não tinha cara de fazê-lo.

Eu disse que minha própria linha era principalmente narrativa: ele afirmou que não se importava com a narrativa e então fez exceções em favor de *Paraíso perdido*, *The Earthly Paradise* [O paraíso terrestre], *Don Juan*, *Troilo e Créssida*, *The Ancient Mariner* [O antigo marinheiro].

Descobri que ele é sobrinho do "Somerville" em Somerville & Ross. Ele estava em Haileybury. Saiu às 7h30 após um (para mim) período muito interessante.

Eu gosto e admiro esse homem até onde consigo analisá-lo: mas o engraçado é que, ao registrar essa conversa, tive de controlar uma tendência a deturpá-lo. O que nunca aconteceu comigo desde que comecei um diário e não sei a explicação...

Domingo, 3 de junho: Enfim, um dia de verão de verdade e muito quente. Joguei uma partida de croquet com Maureen pela manhã e ela ganhou. Depois li Ovídio no jardim até a hora do almoço. Após o almoço, iniciei as *New Arabian Nights* [Novas noites árabes], lendo o "Suicide Club" [Clube do suicídio] e o "Rajah's Diamond" [O diamante do rajá]. Eu os achei muito bons em seu estilo: em especial, a parte humorística da história do diamante. Depois do chá, joguei outra partida de croquet com Maureen e a venci.

Então fui ver tia Lily, vergonhosamente pegando minha bicicleta para que eu parecesse vir de longe.[67] Ela está muito satisfeita com um novo livro que descobriu — *Space and Individuality* [Espaço e individualidade], de um ministro escocês chamado Allan. Diz que ele é mais grandioso que Bergson. Sem dúvida fiquei cético quanto a isso, mas parece de fato interessante...

---

[67]Sua tia Lily morava em Stile Road, paralela a Holyoake Road e, portanto, a uma distância muito pequena.

Segunda, 4 de junho: Trabalho árduo de revisão durante todo o dia, exceto entre almoço e chá, quando caminhei até a cidade.

Terça, 5 de junho: O mesmo. Trabalhei na Associação à tarde. A sala de estar foi (na minha opinião) estragada e vitorianizada hoje por cortinas de renda.

Quinta, 7 de junho: O mesmo. Na cidade à tarde, onde encontrei Robson-Scott e ficamos quase meia hora na Mesa Alta comparando notas e qualquer um pod. ter rido ao nos ver em confrontação com estranhas porções de conhecimento: não por malícia, mas por adquirir uma espécie de coragem holandesa.

Sábado, 9 de junho: Na cidade pela manhã e visitando Coghill para detectar as ilusões de nossos tempos. Encontrei-o em conversa particular com Strick fazendo I. A. Strick parece saber muito pouco, mas falou bem. Para minha observação de que não havia evidência de Chaucer ter lido Langland, ele retorquiu "Não há evidências de que você tenha lido Chaucer", q. foi boa.

Memorizei toda a tarde. D fazendo jardinagem. Vento forte ainda soprando.

Após o jantar, li *Antônio e Cleópatra* — a peça mais inteligível do mundo — clara como um teorema — e adorável.

Quarta, 13 de junho: Jantei na Sala Comunal Sênior com Carritt, Stevenson e os homens de Greats deste ano, que pareciam bastante chatos. Carritt e Steve muito alegres e agradáveis... Stevenson tinha uma boa história de Wilson sobre um aluno americano que lhe trouxera um trabalho sobre Falstaff começando "Não tenho utilidade para Falstaff. Ele não é um homem branco e a maneira como ele fala com a sra. Quickly me enfurece. Nenhum cavalheiro faria isso".

Eu saí muito cedo. Tomei vinho branco em vez de tinto no jantar pela primeira vez e gostei muito, mas esqueci seu nome.

> *Foi durante 14 a 19 de junho que Lewis fez os exames na Final Honour School of English. Os candidatos eram obrigados a demonstrar conhecimento competente do idioma inglês em todos os períodos, incluindo inglês antigo e medieval, e de literatura inglesa.*

1923

Quinta, 14 de junho: Comecei os Cursos hoje. Inglês antigo pela manhã. A tradução e as perguntas literárias foram tranquilas, mas eu não consegui nada sério na gramática apesar de toda a minha dolorosa memorização e fiz o pior artigo que já fiz desde que cheguei.

Eu vi Payne, Martley e Coghill depois e eles estavam todos igualmente desanimados. Almocei no College língua e carne com salada.

À tarde tivemos história da língua que foi ainda pior: e mesmo quando eu peguei uma pergunta sobre Milton q. eu sabia, minha memória me abandonou e não consegui fazer nada. Percebi como os Cursos devem ser para os infelizes alunos relapsos e me senti como *Lear* — "Eu não pensei nisso o suficiente".

Fui de bicicleta para casa e cortei a grama à noite.

Sexta, 15 de junho: Inglês medieval na manhã. Para minha grande surpresa, foi um exame bastante bom, com exceção de uma questão de linguagem compulsória, e acho que me saí muito bem. De tarde tivemos Chaucer e de novo fiquei muito satisfeito. Fui muito mal nos fragmentos, mas todos com quem falei pareciam ter feito ainda pior. Fui de bicicleta para casa e cuidei do jardim à noite.

Sábado, 16 de junho: Sem exames pela manhã. Passei a maior parte do tempo aparando e cortando diretamente a borda do gramado.

Após o almoço, fui de bicicleta para os Cursos e fiz um exame sobre a época de Shakespeare, que achei muito perverso e injustamente apresentado. A questão de Spenser foi limitada ao pedir que você o comparasse com qualquer outro poeta não dramático do período. Eu tomei os não dramáticos Shakespeare e Marlowe, embora duvide que eles permitirão isso: embora eu pense que eles terão de me dar algum crédito pelas toneladas de citação spenseriana e de apreciação que arrojei sobre eles. Eu dei uma boa resposta sobre Bacon e também sobre *Daniel*, de Sydney.

Depois eu encontrei Coghill, que me convidou e a Strick para o chá... Todos nós condenamos o que Coghill chamou de esse exame manchado de sangue. Coghill nos leu a versão de *Decameron* do *Reeve's Tale* [Conto de Reeve], que é muito boa. Strick está muito desanimado e silencioso e se declarou culpado quando eu zombei dele como uma vítima do desacorçoamento.

Domingo, 17 de junho: Passei a maior parte do dia lendo *Waverley*, do qual eu sempre gostei porque o li pela primeira vez em Old Cleve, naquele glorioso mês que compensa todos os anos difíceis que tivemos desde então — quase desde os tempos de Bookham.[68]

Segunda, 18 de junho: Exame sobre Shakespeare e Milton pela manhã. Fui mal, como esperava ir, em Shakespeare. As perguntas sobre Milton foram feitas com malícia cruel, e me vinguei ao respondê-las, penso eu, realmente muito bem — essa é a única questão sobre a qual até a engenhosidade de Simpson não pode me vencer.

À tarde tivemos um exame sobre o Século Dezessete. Como a Era de Shakespeare, ele estava bem restrito — Bunyan junto com Shadwell para que o conhecimento que houvesse sobre Bunyan não tivesse crédito. É uma peça com toda a escola: nem para Mods nem para Greats eu encontrei patifes para palestras e exames maliciosos como encontrei neste. Espero mais do que nunca por um Primeiro, mesmo que apenas para derrotar os velhos.

Depois tomei chá com Jenkin em Merton St. Ele me mostrou o diário do dr. Dee, que era um notável astrólogo e ocultista. Era muito engraçado, embora muito natural, que o seu diário consistisse quase inteiramente nos mais monó tonos [*sic*] e ordinários eventos.

Terça, 19 de junho: Exame sobre o Século Dezoito pela manhã, o primeiro realmente católico e abrangente que tivemos — embora tenha deixado Johnson de lado: não me decepcionou, mas mal apurou o conhecimento mesmo assim.

No almoço, um homenzinho moreno, cujo nome eu não sei, mas que conheci no jantar de Greats, estava a minha frente. Conversou comigo sobre coisas comuns até o final da refeição e então perguntou "O que é essa bolsa de pesquisador em Exeter que acaba de ser concedida?" "Oh, foi?", disse eu. Então ouvi que o sr. Studdert

---

[68] Após seu exame para *Honor Mods*, Lewis teve um período de folga em Old Cleve com a sra. Moore e Maureen durante março–abril de 1920.

1923

Clarke de Balliol a tinha conseguido. Me desagradou muito o modo como meu informante puxou o assunto: afinal de contas, talvez tenha sido apenas sua maneira de "divulgar" a notícia e estou começando a sofrer de um complexo de conspiração.

Depois que eu saí do saguão e estava no vestíbulo, lá vem Ewing correndo rapidinho como um cachorrinho sob a sombra de seu grande chapéu de feltro, balançando a corrente do relógio: mostra os dentes, riso nervoso, parece que vai trotar de novo e de repente deixa escapar um alto falsete "Eu suponho que nós teremos de nos dar os pêsames um ao outro agora".

No caminho de volta para o Curso, encontrei Coghill, que me disse que Strict sofrera um colapso nervoso. À tarde um exame fácil sobre o século dezenove, a que eu respondi muito mal porque era fácil e tentava você a cometimentos impossíveis...

Quarta, 20 de junho: ... Desci de bicicleta de Cowley Road até o endereço de Strick no 390, que é uma das novas casas brancas do conselho, além de Magdalen Rd. Eu o encontrei na cama. Não tem permissão para ler, gagueja muito, está pálido e completamente drenado de todo bem-estar. Felizmente o problema parece ter ido para o estômago e não produziu "horrores". Obviamente não estava apto para falar, e eu logo saí.

Voltei para casa e li *Country Wife* [Esposa do interior], de Wycherley, antes do almoço. A própria Esposa do interior é muito engraçada: mas devo admitir que a brutalidade sulfurosa de todos os personagens é o máximo que posso suportar. Algo inteligente.

Após o almoço, fui para Stanton St. John e tentei encontrar o caminho para o bosque onde uma vez fui com Baker. Os campos estavam muito bonitos com a erva amarela. Não consegui encontrar o bosque. Eu estava deprimido: cheio de preocupações e perto do reino de Desacorçoamento — ou Dulcarnon.[69] Entrei em uma igreja na aldeia e de um modo bem esquisito tentei extrair *Sortes*

---

[69] "Eu estou, até que Deus me envie um pensamento melhor,/ Em dulcarnon, bem onde meu entendimento tem fim." (Chaucer, *Troilo e Créssida*, III, 881.)

Virgilianae de um *Livro de oração*.⁷⁰ A resposta bem retribuiu-me por minha tolice, pois a primeira coisa que vi foi uma injunção para ministrar os sacramentos no sentido etc. etc. Saí: examinei com interesse a tumba de Mary Annie Lewis, quem quer que ela fosse, e fui para casa.

Encontrei D e Dorothy engraxando calçados no quarto de D. Mal as havia deixado quando ouvi um estrondo terrível e corri de volta, completamente assustado e quase acreditando que o guarda-roupa caíra sobre D. Descobri que ela mesma havia caído e machucado o cotovelo: ficou muito abalada. Todas as tentativas de fazê-la parar de engraxar e dormir sobre os louros da glória foram tratadas da maneira habitual. Após o chá, ela continuou e disse que eu não podia ajudar: por fim, ela desceu sem fôlego e exausta.

Isso me colocou em tal raiva contra a pobreza, o medo e toda a rede infernal em que parecia estar que saí, ceifei o gramado e amaldiçoei todos os deuses por meia hora. Depois disso (e foi o mais baixo a que já cheguei), eu tive de ajudar a enrolar linóleos e, quando fomos para o jantar pouco antes das dez, eu estava cansado e são novamente.

Decidi a qualquer custo de trabalho começar meu diário com rigor de novo, o q. havia sido abandonado durante os Cursos, pois acho que a repetição do dia a dia ajuda a pessoa a ver o movimento maior e a prestar menos atenção a cada maldito dia em si...

Quinta, 21 de junho: Após o café da manhã, escrevi as coisas atrasadas do diário desde o dia 9. Quando terminei foi que subi e coloquei linóleos em um dos muitos cantos do quarto de D, que ainda estavam vazios. Isso me tomou até o almoço.

Imediatamente após o almoço, fui até Stile Road e vi tia Lily. Ela não vai para Stratford afinal de contas, mas alugou uma casa sem mobília para além de Gt. Milton por £25 por ano: a coisa curiosa é

---

⁷⁰ "*Sortes Virgilianae*" [Sorte virgiliana] é a tentativa de prever o futuro abrindo um volume de Virgílio ao acaso e lendo a primeira passagem em que se puser os olhos. [*Livro de oração comum* é o livro de liturgia oficial da Igreja Anglicana.]

1923

que seu senhorio a entregará em três meses se a amada dele concordar em se casar com ele, mas propôs tantas vezes antes que acha que tia Lily terá todas as chances de ficar.

Eu comentei, em resposta a alguma pergunta, como eu estava pressionado pelo tempo encurtado em q. eu tinha tomado este Curso. Ela disse "Por que você o fez?" e que não era justo nem para meu pai nem para mim, que não tinha nada a ver com o dinheiro dele e só queria me manter lá. Eu falei que, pelo contrário, ele queria se aposentar: ela disse que W e eu tínhamos sido supridos e meu pai esteve em condições de se aposentar há muito tempo antes da morte de minha mãe, mas ela (minha mãe) o tinha persuadido a continuar seu trabalho no tribunal policial e fazer mais. Quem sabe? Então me contou algumas histórias engraçadas sobre a família Suffern...

Após o chá, cruzei a velha Headington, desci a rua do cemitério e entrei na Elsfield Rd., perto da ponte, e atravessei a estrada: depois até Elsfield e casa através dos campos, com grande prazer. Quando saí na Western Rd., mais uma vez estava começando a chover e quase corri para tia Lily, que estava olhando para a vitrine da loja na esquina. Passei direto e confiei na sorte de que ela não olharia em volta ou não me reconheceria pelas costas. "Dei uma grande volta" pela Windmill Rd., voltei novamente e desta vez consegui chegar em casa...

Sexta, 22 de junho: De manhã eu li *Venice Preserved* [Veneza preservada],[71] que contém mais sentimentalismo repugnante, linguagem rasa e verso ruim do que eu poderia ter imaginado possível.

Mais tarde, quebrei e comecei a descolorir as passagens expostas do chão no saguão, que foi um trabalho tão quente quanto árduo. Após o almoço, terminei o salão, fiz o mesmo na sala de visitas e ajudei D com algumas mudanças de mobília na sala de jantar. Sheila Gonner e Helen Munro estiveram aqui para o chá, e depois eu fiz um quarto no croquet com elas. Foi um dia quente com um vento agradável.

---

[71] Thomas Otway, *Venice Preserv'd* (1682).

Às seis saí para conhecer um novo caminho no campo de que eu tinha ouvido falar... O que me levou até a colina ao lado de uma sebe muito bela com rosas silvestres. Isso, no frescor da noite, junto com alguma curiosa ilusão de estar na encosta de uma colina muito maior do que realmente estava e o vento na sebe, me dava intenso prazer com um monte de reminiscências vagas...

Sábado, 23 de junho: Finalmente um glorioso dia de verão. Após o café da manhã, fui de bicicleta para a Margaret Rd. e vi a srta. Wardale, que revisou meus trabalhos de linguagem. Ela os achou "inesperados" e vinha fazendo queixas para Craigie.[72] A pergunta dele, "Dê as formas definidas do adjetivo" era ininteligível para ela. Disse que eu deveria me sair bem com minha tradução e pensou que eu provavelmente deveria fazer exame oral sobre meus artigos literários, enquanto me aconselhava a melhorar a gramática como precaução...

Às quinze para as cinco, Jenkin chegou para o chá, trazendo a mãe, como fora combinado. Ela é uma alma velha muito alegre e logo estava caindo em acessos de "gargalhada inextinguível". Após o chá, sentamos no jardim e tentei ensinar croquet a Jenkin. O tempo passou e, depois de uma discussão muito complicada, concordaram em ficar para o jantar — quero dizer que havia alguma dificuldade que os induziu a permanecer, pois caso contrário eles prov. não teriam ficado, mas do que se tratava tudo eu não consegui captar. A ceia foi uma refeição barulhenta, relembrando as visitas de Arthur...

Segunda, 25 de junho: Depois de escrever no meu diário, dei uma olhada no canto IV de "Dymer" e tive algumas ideias para um final melhor. Como eu havia prometido pintar hoje de manhã, tive de deixá-lo. Tomou-me até a hora do almoço pintar as duas portas do saguão e algumas coisas no quarto de banho.

---

[72]William Alexander Craigie (1867–1957), lexicógrafo e filólogo, foi professor de anglo-saxão (1916–1925) de Rawlinson e Bosworth e um dos que aplicou o exame que Lewis acabara de fazer. Os outros examinadores foram Percy Simpson, H. F. B. Brett-Smith e A. Mawer.

1923

Após o almoço, saí de bicicleta para a nova morada de tia Lily, em Lower Farm, Thame Road. Era um daqueles casos de "céu majestoso nas alturas, mas feio por baixo" quando comecei e havia se desenvolvido em uma névoa escocesa antes de eu chegar. O novo chalé dela está em uma região melancólica e plana, mas, sendo absolutamente cercada por prado, é bastante atraente. A estrada de ferro está à vista, e tia Lily concorda comigo sobre o romance de um trem em um lugar solitário.

Ela me deu morangos e creme. Conversamos principalmente sobre Archibald Allan, e ela me mostrou a carta que ele lhe havia escrito — uma carta muito parecida com o livro, exceto que era muito mais dogmática e parecia ser obra de um tolo ou de um gênio confiante.

Fui de bicicleta para casa em meio a torrentes de chuva. Mais tarde joguei croquet com Maureen. Ela teve uma vantagem enorme, mas desperdiçou a maior parte e quase ganhei no final. Após o jantar, escrevi duas novas estrofes para "Dymer" — acho que elas servirão. D com boa disposição.

Terça, 26 de junho: Esta manhã fui de bicicleta até a cidade e visitei Wilson, que encontrei recém-retornado de um longo final de semana. Discutimos os exames. Aparentemente a pergunta de Spenser sobre a Era de Shakespeare foi marcada como obrigatória por um erro de impressão e os examinadores ficaram com o rabo entre as pernas a respeito dela. Ele concordou que aquela era uma pergunta de má qualidade. Ele prometeu tentar me conseguir um exame para a Oxford Local, mas me avisou que provavelmente já era tarde demais. Ele vem para o chá na quinta...

Quarta, 27 de junho: Fui para meu quarto após o café da manhã e recopiei todo o Canto V com as alterações e adições. Espero que tenha sido bastante melhorado: de qualquer modo, foi um deleite ter uma manhã toda de trabalho aprazível com poesia depois de tanto tempo...

Saí após o almoço. Estava agora muito quente depois de uma manhã nublada, e as moscas incomodavam. Caminhei quase até

Forest Hill pelo caminho do campo, então entrei na estrada e deixei-a novamente nos degraus a minha direita, após a curva para Forest Hill. Daqui o caminho conduzia através de um campo onde os ceifeiros estavam trabalhando e havia um cheiro excelente: então acima, ao lado de um bosque, através de um campo onde coelhos, a maioria deles meros filhotes, me deixavam chegar bem perto. Dentre os mais crescidos, me diverti ao perceber como alguns sempre se sentavam e me encaravam por um bom minuto depois que o grupo galopava para o matagal...

Cheguei em casa após uma caminhada muito agradável, mas decepcionantemente cansado e com uma dor de cabeça — q. eu pensei ser uma fraca recompensa para minhas recentes reduções drásticas no tabagismo...

Quinta, 28 de junho: Para meu quarto após o café da manhã, onde comecei uma abertura para um novo Canto apresentando o personagem semikirkiano que tem estado em minha cabeça ultimamente.[73] Algumas estrofes de diálogo coloquial escreveram a si mesmas com extraordinária facilidade e, para a ocasião, eu estava satisfeito com elas...

Wilson chegou pouco antes das cinco, e eu e ele tomamos chá no jardim. Conversamos sobre feridas, pensões, imposto de renda e Farquharson: Wilson concordou com a opinião comum da insinceridade deste último, mas duvidava que fosse bastante sensato. Perguntei se ele se importava com Doughty. Havia lido apenas *The Cliffs* [Os penhascos] e tinha uma opinião ruim dele. De *Childe Harold*, ele disse que apreciou muito como uma espécie de guia de versos após revisitar algumas das cenas. Ele é um grande admirador de Bridges. Me perguntou se eu escrevia poesia, e eu disse que sim. Eu me perguntava se isso era uma abertura feita para mim na mediação de Coghill, mas eu tinha dificuldade de me sentir justificado em aceitar dessa maneira...

---

[73] "Kirkiano" significa como seu velho amigo e tutor William T. Kirkpatrick (1848–1921). Ele é descrito no Capítulo IX de *Surpreendido pela alegria*.

1923

Sexta, 29 de junho: Um dia glorioso e o melhor que já tivemos. Após o café da manhã, sentei-me no jardim e tentei continuar com "Dymer": logo fiquei descontente com o diálogo coloquial e julguei a figura kirkiana tanto acima de mim como desnecessária — preciso tomar cuidado com muita filosofia...

Perambulei ao longo da Cowley Road e continuei para além de Garsington para um passeio por Cuddesdon. À beira da estrada, encontrei um homem iletrado que tinha uma barba branca e um rosto escarlate. Ele gritou para mim "É um dia quente, senhor!" e explodiu em gargalhadas. Respondi que sim, mas queríamos chuva. Ele falou "Façamos isso, senhor!" e saiu dando enormes risadas de novo. É bom alguém cuidar dele...

Sábado, 30 de junho: Sonhei que várias pessoas na English School, das quais Martley era o mais conspícuo, incluindo a mim, tinham se saído muito mal no exame e foram presas em uma espécie de quartel como punição. O sonho foi principalmente ocupado por minhas aventuras em uma cidade estranha da qual consegui ir embora por algumas horas.

Após o café da manhã, tirei todos os móveis da sala de jantar e lixei o verniz do chão, preparando-o para a coloração... Assim que eu estava terminando o quarto de D, fui tomado por um grande susto causado por um barulho no jardim e vi que D tinha tido uma queda feia no jardim: ela tropeçara em alguns feixes de estacas de ervilha. Felizmente ela não machucou o tornozelo. Ficou muito abalada, e eu implorei para que parasse com a jardinagem — inutilmente, sem dúvida. Então voltei e terminei minha coloração. Depois disso, eu tinha o jardim para regar. Jantar cerca de 10h45. Eu estava muito cansado e com uma dor de cabeça forte.

Hoje chegou uma carta muito decente de meu pai discutindo o futuro e oferecendo para me manter aqui por mais alguns anos, se eu achasse aconselhável.

O "inchaço" de homens que se graduavam e procuravam emprego no pós-guerra era o pior possível, e Lewis já não conseguira obter uma bolsa de pesquisador em filosofia em duas faculdades. *Agora estava enfrentando a perspectiva de que, mesmo com um Primeiro duplo em Clássicos e um possível Primeiro em inglês, poderia levar algum tempo até que uma bolsa de pesquisa ficasse vaga. Devido a isso, seu tutor, F. P. Wilson, sugeriu que ele trabalhasse para obter uma pós-graduação. Albert ofereceu-se para estender o subsídio a seu filho por mais algum tempo, e Jack escreveu para ele em 1º de julho explicando sua posição:*

> "O número de outros pleiteantes famintos com qualificações iguais às minhas, embora não muito grande, é o suficiente para criar um 'campo' bem preenchido para cada evento: e o número de vagas depende, como em outras esferas, de todos os tipos de acidente.
>
> O que acontece é que aqui há uma chance bastante saudável que, no geral, seria aumentada mais residência por alguns anos, em que eu poderia ter tempo para me tornar mais conhecido e ter alguma graduação de pesquisa como B. Litt. ou Doc. Phil. e que seria, talvez, indefinida ou permanentemente perdida se eu saísse agora. Por outro lado, mesmo à parte do ponto de vista financeiro, percebo muito bem os perigos de ficar esperando por muito tempo pelo que pode não vir no final. Falando, no momento, puramente por mim mesmo, eu estaria inclinado a colocar três anos como um termo adequado para esperar antes de bater em retirada," Letters of C. S. Lewis [Cartas de C. S. Lewis] (Edição revisada), p. 185.

Julho

Terça, 3 de julho: Acordei muito cansado esta manhã e com um pouco de dor de cabeça: um dia frio e cinzento. Sem nenhum trabalho para mim após o café da manhã, então sentei-me no jardim esperando superar meu cansaço. É claro que essa foi a pior coisa que pude fazer e tentei escrever "Dymer" e ler Wordsworth igualmente

1923

em vão. No entanto, consegui ler a próxima história em *Rubezahl*. Eu acho o alemão, particularmente em contos de fadas, uma linguagem saturada de romance — cheira bem...

Li um pouco mais de Ovídio à noite e agora estou no meio da música de Orfeu. Sinto que os poderes de Ovídio são muito maiores do que mostra: ao menos se tivesse resistido, se mantido afastado da sujeira e da retórica e aderido à pura criação de fábulas na qual ele é insuperável: ele é um desperdício literário.

Quarta, 4 de julho: Passei a maior parte da manhã com D vendo o tapete da escada. Estávamos preocupados principalmente com o problema matemático de fazer um canto reto em uma tira reta de carpete. No final, D conseguiu com a ajuda de um modelo em papel dobrado — muito astuciosamente, eu pensei. Mais tarde, dei os primeiros revestimentos às piores partes da escada.

Após o almoço, fui de bicicleta para a cidade pela Divinity Road e pela Cowley Road para trocar um cheque no Robertson's. Ao passar pela Warneford Road, pensei na rapidez com que aquelas partes haviam mudado... Imaginei que nunca estiveram tão desagradáveis para se viver quanto agora — pois, de fato, pareciam muito sujas hoje.

(Isso me fez pensar em todos os nossos diferentes lares, e a maioria deles repulsiva, desde 1919. Eles foram (1) o da srta. Featherstone em 28 Warneford Rd., quando eu cheguei e estava morando no College. Foi durante o inverno muito frio, quando a srta. Drew vinha para ensinar Maureen.

(2) O da sra. Adam, Invermore, uma casinha muito alegre, mas muito pequena e sem quarto de banho. Fizemos muita jardinagem lá naquele verão. Lá Rob veio para ficar conosco num péssimo estado de nervos, pensando em suicídio, e costumava manter D conversando quase toda a noite. Arthur também veio e adoeceu, e essa foi a primeira vez em que ele e D se encontraram. Ali escrevi e destruí mais de setecentas linhas de um poema sobre Medeia.

(3) O da sra. Morris em [76] Windmill Road, onde tínhamos dois quartos e eu dormia em um sofá. Os Morris tinha estado na

Índia — ele era maquinista. Ela estava louca, eu acho, e nos deu um relato do centauro (não o chamava de centauro, é claro) "com o rosto mais bonito que vocês já viram", que vinha mendigar em volta de seu bangalô na Índia.

(4) Quartos (chamados de *flat*) na sra. Jeffrey, em [58] Windmill Road, onde fomos intimidados, caluniados, abusados e tão assombrados por aquela açougueira com seu rosto engraçado de pedra colorida que depois D e eu sonhamos com ela por meses. Ali Cranny veio nos ver pela primeira vez e li *The Prelude* [O prelúdio] pela primeira vez. Pouco antes de sair, obtive o Mods.

(5) Então veio um mês em Old Cleeve em um chalé coberto de flores, onde eu andei todos os dias nos grandes charcos, e essas foram as mais felizes quatro semanas de minha vida. Lá eu escrevi a versão em versos brancos de "Nimue".

(6) Courtfield Cottage, onde tínhamos quartos com aquela prostituta imunda, a sra. Marshall, e sua filha pegou difteria.[74]

(7) Lindon Cottage, do outro lado de Headington, onde fomos muito felizes por um tempo.

(8) Old Cleeve ande [*sic*] tivemos quartos com os Hobbs. Foi um verão frio, e D teve um tempo muito ruim lá enquanto eu estava "cumprindo pena" na Irlanda.

(9) O da srta. Featherstone de novo, onde nós permanecemos até o começo deste diário.)...

Quinta, 5 de julho: Um glorioso dia de verão. De manhã li *Rubezahl* no jardim. Uma srta. Bone, uma possível H. P., escrevera dizendo que chegaria e veria D nesta noite, assim, nossa tarde foi gasta limpando o quarto amarelo e colocando-o em ordem — pendurando quadros e cortinas, arejando cobertores e coisas do tipo. Tivemos o chá tarde, depois de eu ter tomado um banho frio e trocado de roupa.

Mais tarde Jenkin apareceu. Ele está por aqui desde o sábado, mas reclamou que não teve tempo de vir a Headington. Nossa

---

[74] "Courtfield Cottage" ficava em 131 Osler Road, Headington.

conversa não foi muito empolgante. Disse que as autoridades daqui não amavam nada mais do que manter os jovens promissores para graduações de pesquisa por toda a vida deles, se possível, com promessas vagas de trabalho no futuro, pois assegurava um suprimento de teses que mantinha uma aparência de atividade no mundo exterior...

Depois D e eu começamos a colocar fotos sobre a mesa de Paddy...

Sábado, 7 de julho: Outro dia extraordinário: o melhor de tudo tinha sido um pouco de chuva muito cedo pela manhã, quando eu estive acordado durante alguns minutos e havia um frescor delicioso e frio que lembra aquele de uma passagem apropriada em *The Ancient Mariner* [O marinheiro antigo]...

Eu fui de ônibus... para a Estação, onde encontrei Harwood. Ele está trabalhando em um emprego temporário ligado à Exposição do Império Britânico e diz que está se tornando o completo homem de negócios. Estava com excelente aparência. Nossa conversa divagante simples e nossa satisfação perfeita com ela foi um contraste glorioso com o desapontamento de meus recentes encontros com Baker. Caminhamos ao Parson's Pleasure para tomar banho. Foi a primeira vez que estive lá neste ano. Eles tinham terminado de ceifar os prados além da água: tudo estava fresco, verde e adorável, além de qualquer coisa. Tomamos um banho maravilhoso e então deitamos na grama, falando de uma centena de coisas até ficarmos quentes e termos de tomar banho de novo.

Após muito tempo, saímos e voltamos para a Associação, onde ele tinha deixado a mala, e daí fomos de ônibus para Headington. D e Maureen, é claro, chegaram em casa antes de nós, e todos nós tomamos chá no gramado.

Depois, Harwood e eu nos deitamos embaixo das árvores e conversamos. Ele me falou sobre seu novo filósofo, Rudolf Steiner, que "fez o fardo rolar de suas costas". Steiner parece ser uma espécie de panpsiquista, com uma veia de deliberada superstição, e fiquei muito desapontado ao ouvir que tanto Harwood como Barfield ficaram impressionados com ele. O conforto que recebiam dele (fora a balinha de puro açúcar da imortalidade prometida, que é realmente a isca com a qual ele pegou Harwood) parecia algo que eu poderia seguir muito melhor sem ele.

Argumentei que as "forças espirituais" que Steiner encontrou em toda parte eram ou pessoas mitologicamente *descaradas*, ou então ninguém-sabe-o-quê. Harwood disse que era um absurdo e que ele entendia perfeitamente o que queria dizer com uma força espiritual. Eu também protestei que o animismo Pagão era uma falha antropomórfica de imaginação e que deveríamos preferir um conhecimento da verdadeira vida não humana que está nas árvores etc. Ele me acusou de uma maneira materialista de pensar quando eu disse que a similaridade de todas as línguas provavelmente dependia da semelhança de todas as gargantas.

A melhor coisa sobre Steiner parece ser o Goetheanum, que ele construiu nos Alpes: Harwood descreveu para mim o uso que ele faz das qualidades de concreto que todos os outros trataram como imitação de pedra, até que Steiner percebeu sua plasticidade e o fez fluir. Infelizmente o edifício (que deve ter sido maravilhoso) foi queimado pelos Católicos...

Domingo, 8 de julho: ... Após o almoço, deitei no gramado lendo Boswell enquanto Harwood e Maureen tocavam duetos para sua grande satisfação. Pouco antes do chá, eu tinha entrado em casa quando vi alguém na porta do saguão e, abrindo-a, encontrei Stead. Falei com ele na sala de visitas por alguns minutos, então o levei para fora, o apresentei a Harwood e desapareci para tomar chá. Ele falava filosofia para Harwood e eu fazia interrupções impertinentes sempre que saía para colocar uma xícara ou um bolo na mesa. Logo D veio e tomamos chá.

Stead, recém-chegado de Veneza e de Roma, deu como seu veredicto que "a Itália foi uma agradável surpresa para ele. Ele sempre imaginou os italianos como um povo degenerado, mas descobriu que eram realmente bem adiantados e atualizados". Também eram mais patrióticos do que os ingleses, pois estavam sempre agitando bandeiras e enlouqueciam com o nome da Itália enquanto "ele

1923

nunca percebeu que os ingleses demonstrassem grande entusiasmo pela menção da Inglaterra". Eles e sua paisagem eram, disse ele, resistentes e vigorosos enquanto sempre se sente a suavidade da Inglaterra. Stead é americano e não foi à guerra. Também falamos de Fascismo. Estávamos todos inclinados a ser favoráveis a ele, exceto Harwood, que disse que aquilo era apenas uma versão mais bem-sucedida da Ku Klux Klan e que Mussolini tinha o rosto de um vilão. Perguntado se acreditava em atrocidades Fascistas, Stead disse que cometeram atrocidades apenas quando foram *merecidas*.

Então Harwood e eu fomos de ônibus para Long Wall e seguimos para outro delicioso banho no Parson's Pleasure: dali para a Catedral, ouvir o recital do órgão. O órgão é algo de que não posso aprender a gostar.

Após o jantar, jogamos croquet — todos os quatro. Mais tarde, Harwood leu "Dymer" atualizado e cobriu-me com elogios suficientes para satisfazer o mais vil dos homens.

Segunda, 9 de julho: Harwood saiu imediatamente após o café da manhã: acho que todos nós apreciamos sua visita. De manhã, sentei-me no jardim e tentei melhorar pontos indefinidos para meu exame oral — mas foi um dia gloriosamente quente, eu estava com muito sono e o resultado líquido foi muito pequeno. Após o almoço, continuei o experimento. De manhã, fiquei ocioso porque estava meio adormecido; à tarde, eu estava igualmente ocioso pela razão oposta, porque meu cérebro estava repleto de projetos novos e fascinantes para o próximo canto de "Dymer"...

Após o chá, fui até a Associação, onde li quase toda a *Journey to Cytherea* [Viagem a Citérea], de Turner, uma produção muito de segunda categoria na linha erótico-metafísica, embora algumas das imitações de Yeats fossem agradáveis e ocasionalmente houvesse um pensamento brilhante — mas dei-me as *Lays of Ancient Rome* [Baladas da antiga Roma] como opção.[75] Depois retirei o excelente

---

[75] De Thomas Babington Macaulay (1842).

Six Essays on Johnson [Seis ensaios sobre Johnson], de Raleigh, e os li no jardim da Associação...

Terça, 10 de julho: Levantei de manhã cedo e vesti-me de roupa acadêmica e gravata branca. Cheguei para os Cursos às 9h30 e encontrei Martley e Lloyd Jones, que também tinham exame oral hoje: Mancha, que estava por aqui hoje também, não tinha sido vista. Às 9h30, entramos na sala do exame e, depois que os nomes foram chamados, seis de nós foram instruídos a ficar, dos quais eu era um.

Então sentei-me no calor terrível, em minha beca com pele de coelho, numa cadeira dura, incapaz de fumar, falar, ler ou escrever, até as 11h50. Eu tive muito tempo livre para avaliar meus examinadores. Brett-Smith parecia um homem agradável:[76] assim, em sua cirúrgica maneira severa, era Craigie, o escocês.

A maioria das provas orais era longa e desanimadora. A minha mesma — aplicada por Brett-Smith — durou cerca de dois minutos. Foi-me perguntado qual era minha autoridade, se alguma, para a palavra "pouquíssimo". Eu lhe dei — a correspondência Coleridge — Poole em *Thomas Poole and His Friends* [Thomas Poole e seus amigos].[77] Foi-me então perguntado se eu não tinha sido muito severo com Dryden e, depois de termos discutido por um tempo, Simpson disse que eles não precisavam mais me incomodar.

Eu saí muito encorajado e deleitado por escapar do pessoal de idioma — um dos quais, não um *don*, era uma criatura repugnante bocejando de maneira insolente para suas vítimas e esfregando os pequenos olhos inchados. Ele tinha o rosto de um açougueiro de porco e os modos de um garoto de aldeia em uma tarde de domingo quando ficava entediado, mas ainda não havia chegado ao estágio de briga.

---

[76]Herbert Francis Brett-Smith (1884–1951) obteve seu BA do Corpus Christi College em 1907 e foi preletor de Literatura Inglesa em várias faculdades de Oxford. Ele foi *reader* de Goldsmith em Inglês e editor de Thomas Love Peacock.
[77]De M. E. Sandford (1888).

1923

Do Curso eu fui para a Associação e retirei *The Egoist* [O egoísta]:[78] dali para casa e li muito dele no jardim antes do almoço. Ele vale vinte de *Beauchamp's Career* e acho que vou gostar dele imensamente...

Quarta, 11 de julho: Mais quente do que nunca. D estava em muito mau estado hoje. Ela e eu passamos a maior parte da manhã trabalhando para colocar cortinas — um trabalho muito complicado. Logo após o almoço, terminei o que penso ser o último quadro para o quarto dela.

Então fui de ônibus para a estação, onde encontrei Arthur. Nós pegamos, ou melhor, ele pegou um táxi, parando para fazer algumas compras minhas no Eaglestone's. Fiquei encantado em vê-lo: renovamos nossas coisas de jovens e rimos juntos como duas meninas de escola. Chegamos aqui e ambos tomamos banho frio — estou evitando banhos uma vez que 4d[79] por dia comprometeriam qualquer economia efetuada por minhas grandes reduções em fumar. Depois, todos nós tomamos chá na sala de visitas — o jardim estava muito quente para ali sentarmos.

Arthur e eu ficamos sozinhos por um longo tempo e ele me contou suas várias aventuras desde a última vez que nos encontramos, em particular por volta do último Natal. Foi uma história deprimente e, em muitos aspectos, não é fácil simpatizar com ela, mas, suponho, "*Homo sum* etc."[80] Jantamos ao ar livre e, depois de regar, Arthur, Maureen e eu jogamos uma ruidosa partida de croquet.

Quinta, 12 de julho: Arthur disse que estava abatido e pediu conhaque pela manhã. Hoje foi o dia mais quente de doze anos. Banhei-me nesta noite com Arthur após o chá e encontrei-me com Wilson no caminho de volta. Ele disse que foi informado de que Coghill e eu éramos os melhores homens nos Cursos este ano. Cedíssimo para a cama.

---

[78] De George Meredith (1879).
[79] Quatro pence. [N. T.]
[80] "*Homo sum: humani nihil a me alienum puto*" (Eu sou um ser humano: não tenho nada a ver com humanos irrelevantes para mim). Terence, *Heauton Timorumenos*, linha 79.

No dia 16 de julho, os prêmios dos examinadores para a English School foram publicados — os dois únicos Primeiros foram para Lewis e Nevill Coghill.

Algum tempo depois, ao compilar os Lewis Papers, *Warren Lewis disse o seguinte sobre o feito de seu irmão:* "*Quando refletimos sobre as circunstâncias da vida de Clive durante a época em que ele estava estudando nesta Escola — a brevidade do período a sua disposição, sua saúde precária, a ansiedade constante inseparável de sustentar uma família com o subsídio a um estudante de graduação, seus medos pelo futuro, o incessante trabalho doméstico, o horroroso episódio da doença fatal do dr. John Askins e a mudança para Hillsboro — ficamos surpresos com a extensão de uma conquista que deve muito facilmente ser classificada como a mais brilhante de sua carreira acadêmica*" *(vol. VIII, p. 140).*

Sexta–quarta, 13–25 de julho: Arthur esteve conosco por uma quinzena. Ele está muito mudado... Alguém colocou em sua mente o ideal de "ser ele mesmo" e "seguir a natureza". Eu tentei em uma ocasião indicar-lhe a ambiguidade desse tipo de máxima: mas ele parece atribuir a ela um significado muito claro — a saber, que todo o dever do homem é nadar com a maré e obedecer aos próprios desejos... Ele extraiu da psicanálise a doutrina de que a repressão é ruim e não pode ser levado a ver que a repressão no sentido técnico é algo bem diferente do autocontrole. Tentei apresentar-lhe a distinção de Baker entre homens-vontade e homens-desejo, mas não se interessou por ela.

Eu argumentei que a imortalidade — em que ele acredita — provavelmente não incidiria sobre todos, já que "o dom é contrário à natureza do universo". Por outro lado, ele está confiante de que todos nós devemos ser imortais em qualquer caso: ele me deu a impressão de acreditar no Céu, mas não no Inferno, nem em quaisquer condições ligadas ao Céu. Sobre moral, pensava que todo o nosso dever consistia em sermos gentis com os outros. Eu apontei

1923

que um homem que era "natural" não poderia ser gentil, exceto por acidente.

Logo o apresentei ao Parson's Pleasure e, depois disso, ele passou boa parte do seu tempo banhando-se e fazendo esboços. Mostrou uma facilidade notável para captar novos conhecidos. Um dia, quando estávamos deitados na grama, Thring da Univ., a quem eu havia esquecido, veio e falou comigo. Eu tive de perguntar o nome dele antes de apresentá-lo a Arthur. Quando ele nos deixou, vi que Arthur tinha algo em mente. Isso saiu gradualmente. "Eu digo, Jack, esse homem tinha uma raquete de tênis. Pena que nós não temos... Ah, bem, eu posso encontrá-lo amanhã. Poderia falar com ele sobre tênis e ele poderia me fazer um convite." Esperei ardentemente que ele não encontrasse Thring de novo, pois eu mal conhecia o homem e não queria que ele fosse exposto a esse tipo de esmoleiro descarado...

Seu velho e constante pecado de ganância foi revelado várias vezes em nossa mesa. Como outras famílias pobres, geralmente comemos margarina com geleia — exceto Dorothy, é claro, que "NÃO PODE" comer margarina. Arthur logo deixou sua posição clara, estendendo-se até a manteiga e comentando que a preferia muito.

Outro bom exemplo de "natureza" ocorreu nos primeiros dois dias de sua visita quando tivemos clima tropical. D, sendo a mais livre e tranquila das mortais, não fez objeção a Arthur vestir pijama até a hora do almoço. Foi permitido a Arthur dar um passo além da liberdade para a familiaridade abominável ao tirar os chinelos na sala de jantar e colocar os pés descalços sobre a mesa. Seus pés são muito longos e ele perspira livremente. Depois disso, eu não repito a proeza do pijama.

Foi durante a primeira semana de sua estada que descobri que eu tinha obtido um Primeiro em Inglês. Pouco depois, fui tomar chá com Wilson. Ele me perguntou se eu tinha alguma obra em mente. Eu disse a princípio "Não — a menos que você se refira a poema épico", mas depois passei por vários esquemas que estavam mais ou menos em meu pensamento. Ele considerou boa minha ideia de um estudo da Epopeia Romântica desde o começo até Spenser, com uma olhadela em Ovídio: mas muito extensa para uma graduação de pesquisa. Para isso, ele gostou mais de minha ideia de um estudo do elemento alemão no movimento romântico — embora dependa, é claro, da velocidade com que posso aprender alemão.

Todo esse tempo D tem estado muito sobrecarregada, preocupada e infeliz. Dorothy parece ter se mostrado muito má desde que nos mudamos para cá. A pobre D reclama que ela tem que manter um cachorro e latir para si mesma: de fato, Dorothy tem sido o assunto exclusivo da conversa quando estamos sozinhos. Eu não culpo D de modo algum, mas é claro que isso torna tudo uma infelicidade. D também pintou muito mais: e eu, embora muito raramente me fosse permitido ajudar, passei um dia lixando as escadas.

Continuei algum trabalho em "Dymer", mas, ao encontrar meu antigo poema sobre "Sigrid", comecei a transformá-lo em uma nova versão em dísticos com grande e totalmente inesperado sucesso. Na manhã seguinte, Arthur e eu caminhamos para Shotover... Ele falou sobre o *Anel* e disse que, com toda a enorme atração que tinha, o *Anel* deixou você descontente e cansado — não satisfeito e afinado como por Beethoven. Concordamos que isso acontecia porque o *Anel* era pura natureza, o alógico, sem o controle humano e racional de Beethoven. Tenho quase certeza de que é o que ele estava tentando dizer, embora é claro ele tenha expressado de modo bem diferente. A única boa conversa que tive com Arthur foi essa e algumas discussões sobre sua descrição sobre o verão. Mas ele estava obviamente muito descontente com o primeiro dia de sua visita até o último e muitas vezes (sem querer) muito rude e censurável — miseravelmente mudado desde o ano passado.

No sábado passado, após o banho, atravessei o parque — a primeira vez, eu acho, desde 1917 — e aconteceu de encontrar Poynton na Parks Road. Ele teve uma longa conversa comigo: é muito mais honesto do que os outros *dons*. Me disse que havia muita dúvida sobre como a vaga na Univ. seria preenchida... Prometeu tentar me dar algumas tutorias entre as mulheres e parecia confiante em consegui-lo.

1923

Quando o deixei e subi, fiquei agradavelmente surpreso ao encontrar Harwood aqui — ele, D, Arthur e Maureen estavam todos no gramado. Harwood estivera em Long Crendon vendo os Barfields: mas B tinha sido chamado inesperadamente para a cidade e Harwood havia pedalado para cá. Arthur e ele estiveram sozinhos por algum tempo enquanto eu preparava o jantar e eles não se davam muito bem.

Depois Harwood e eu caminhamos de um lado para o outro do gramado e conversamos — ou melhor, ele falou mais. Ele disse que tinha recentemente encontrado a mulher mais linda que já vira na vida.

Falou "Eu fui convidado por algumas pessoas que eu mal conhecia para vir e cantar canções alegres e disseram para 'vir exatamente como eu estava'. Quando cheguei lá, encontrei todos os outros bem arrumados. Eram muito melhores do que eu na música e eu me fiz um pouco de bobo. Foi ali que a senhora foi tão simpática. Tinha cerca de quarenta anos — muito bonita e com uma graciosidade extraordinária — você sabe como às vezes elas são nessa idade. Cerca de uma semana depois, fui convidado inesperadamente para ir a algum lugar onde eu poderia vê-la. Você sabe, eu recusei, embora meus desejos fossem bem opostos no minuto anterior em que eu falei. Você entende isso?".

EU: "Suponho que algo subconsciente levou você pela mão...?"
HARW.: "Não, não. É quando algo que você ansiava intensamente, mas considerava impossível é de repente colocado em suas mãos — você não pode acreditar."
EU: "Falando puramente por mim mesmo, não consigo nem mesmo imaginar um caso em que essa linguagem não seria hiperbólica — para mim, note."
HARW.: "Você é como Dymer — sempre sabe o que quer e vai atrás disso?"
EU: "Não, eu não sou como Dymer."
HARW.: "Admito que minha história é bastante medieval. Eu não suponho que alguém que não tenha tido essa experiência possa sequer começar a entender a *Divina Comédia*."

Isso foi dito sem o menor elemento de desprezo, embora pareça um, assim relatado. Todo o episódio foi uma revelação para mim. Harwood permaneceu até a tarde de segunda e era um verdadeiro raio de sol — perpetuamente alegre, interessante e sociável. D gosta imensamente dele, e ele e Maureen são grandes amigos.

Segunda e terça, 30 e 31 de julho: No final desta semana, eu estive trabalhando o dia todo corrigindo ensaios de inglês — cerca de 150 — para o *Higher Certificate*.[81] Como eu nunca tinha feito o trabalho antes, consegui obter meu padrão apenas por passar por todo o lote e dividindo-os em três classes, e então passando por cada classe e classificando-os em uma ordem final. O trabalho foi sem dúvida interessante, de certa maneira, mas muito cansativo quando feito contra o tempo. Havia muito poucos ensaios realmente bons e asneiras muito ridículas, com ignorância e vulgaridade além do que eu poderia esperar: fiquei particularmente mal impressionado com o quase iletrado Upper VIº de Lancing.

Na segunda, 30, eu ainda estava envolvido com isso e D tinha de ir à cidade para encontrar Maurice Delanges, de Valenciennes, que estava vindo até nós como hóspede pagante. Cerca de meia hora depois de ter chegado, Dorothy veio a meu quarto, onde eu estava trabalhando, e me disse que o cavalheiro francês havia chegado — sozinho. Eu desci e encontrei um jovem de pele escura e despenteado, com calção folgado preso um pouco abaixo dos joelhos e jaqueta Norfolk. Ele falava um inglês bastante inteligível — embora

---

[81] *School Certificates* já não existem, mas eram uma espécie de "Schools" em miniatura, introduzidas pelo Conselho de Educação, em 1905. A todos os rapazes ou moças que haviam completado dezesseis anos e que não haviam saído da escola aos catorze anos, era permitido fazer esses exames. As universidades de Oxford e de Cambridge tinham uma grande influência nos certificados. Para obter um, era necessário passar em um mínimo de cinco matérias, das quais inglês, matemática e latim eram obrigatórias. Ao completar o certificado para a satisfação do Conselho Examinador das Schools de Oxford e Cambridge, alguém poderia, se quisesse ingressar em Oxford ou Cambridge, obter o Certificado de Ensino Superior ou o Responsions — o "vestibular" administrado pelas duas universidades. Lewis estava ganhando algum dinheiro selecionando Ensaios Ingleses do *Higher School Certificate*.

1923

nada tão bom quanto Andrée. Explicou que tinha vindo por um trem anterior.

Eu sentei com ele por alguns minutos na sala de jantar e conversamos com satisfatório sucesso. Sabendo do trabalho com o qual eu estava envolvido, ele me pediu para não deixá-lo me interromper e, depois de mostrar-lhe seu quarto, deixei-o para desfazer a mala e voltei a meu trabalho bastante satisfeito com o que tinha visto dele. Naquela tarde, andei com ele até a cidade — conversamos principalmente sobre assuntos educacionais.

No dia seguinte, eu ainda estava em meus exames, e ele e Maureen saíram para caçar lontras com os Rowell. Eles voltaram muito cansados após um dia entediante, e a pobre Maureen teve um período muito desconfortável enquanto Maurice mostrava seu tédio de forma muito clara. Foi naquela noite que começamos a nos perguntar se poderíamos suportar por cinco semanas os barulhos incríveis que ele fazia com a comida — mastigando com a boca aberta, estalando os lábios e chupando como um porco —, mas ainda tentamos considerar isso como a diferença de modos estrangeiros e esperávamos que tudo ficasse bem.

Agosto

Quarta-segunda, 1-6 de agosto: Este foi um período perdido e triste. Terminei meu trabalho de ex.: também terminei *Middlemarch* (de longe o melhor dos livros de G. Eliot) e comecei *French Revolution* [Revolução francesa], de Carlyle. Esses três itens, e somente eles, podem ser registrados na coluna do crédito. Por outro lado, há um bom negócio.

Em primeiro lugar Dorothy, depois de estar mal-humorada e ociosa há meses, deu notícias. Como ou quando esse estado de coisas começou, é impossível dizer. Ela esteve fora todas as noites e muitas vezes até quase onze: foi tratada como uma de nós e eu não acho que isso seja nossa culpa. D foi generosa com ela e toda a sua família. No entanto, Dorothy tem estado visivelmente descontente há muito tempo e se queixou que D "nunca mais foi a mesma com ela desde que Ivy esteve aqui" — qualquer que seja o significado disso. Agora ela se vingou (não sei pelo quê) deixando-nos neste momento de estresse quando estamos sobrecarregados com Maurice. Ela deve ir na sexta próxima — e agora pode ser incluída com a Inútil, Frank e Moppie na lista de pessoas que nunca perdoaram a gentileza de D.

Maurice, que se comportou de maneira tolerável nos primeiros dias, agora se acomodou e mostrou suas verdadeiras cores... Sua maneira animal de se alimentar já era ruim o suficiente, mas seu hábito de se espichar na frente de qualquer um para pegar tudo sobre a mesa era pior. Então suas intimidades começaram. Começou a puxar o cabelo de Maureen, cutucá-la nas costelas e a zombar dela durante as refeições. Colocamos um ponto final nisso sentando-os em diferentes extremidades da mesa: mas ele continua a ser muito ofensivo com ela quando saem para o tênis.

Então houve a noite do pôr do sol quando todos nós saímos para o gramado a fim de ver um mui belo efeito de nuvem carmesim. O pequeno canalha logo veio silenciosamente atrás de nós e, me vendo olhando para o céu, cutucou-me no estômago. Fingi pensar que ele estava me cutucando por causa dos fósforos e entreguei-os a ele com um olhar que dizia tão claramente quanto palavras que eu adoraria dar um tapa na cara dele. Enquanto eu continuava a olhar para o céu, ele perguntou "Você nunca viu isso antes?". Essa pergunta realmente me arrasou: pois quase acredito que foi feita de boa-fé.

No dia seguinte, levei-o de manhã a uma banca de apostas da irmã de Mancha de St. Clement. Eu apostei com pleno sucesso. Ele me disse que as inglesas eram muito diferentes das francesas. Eu não disse nada.

CANALHA: "Aquelas garotas na caça à lontra ontem, elas pulam sobre os riachos, levantam as saias tão — tão para cima. Agora, na França, elas prefeririam ficar onde estavam a mostrar tanto as pernas."

EU: "Uma possível explicação é que, na França, os jovens teriam olhado as pernas delas com mais atenção."

1923

CANALHA (depois de um sorriso que me causou ânsia de vômito): "Ahh... Elas não são garotas na Inglaterra, elas são garotos. Na França, nessa idade, eles sempre pensam em amor."

Nós apostamos em...
Na sexta, Warnie chegou no 5h58. Fui encontrá-lo e nos dirigimos como de costume ao pátio da Mitre para uma bebida e uma conversa. Estivemos lá algum tempo: a cerveja estava boa, nós dois estávamos com bom humor e era uma noite fria — toda a cena foi um alívio delicioso para tudo o que se fez a fim de agradar o Canalha. Fomos de ônibus para Headington e tivemos tempo de voltar antes que Maureen voltasse do tênis com o Canalha.

Acho que foi essa noite que o último começou a chutar o escabelo de D por debaixo da mesa — também empurrando sua cadeira contra a de Mancha, que se sentou ao lado dele, e fazendo as mais estranhas caretas para ela. Se ele está tentando conduzir um tipo muito primitivo de flerte ou se ele é louco, eu não sei. No geral, ele estava um pouco mais quieto esta noite.

No sábado de manhã, W e eu escapamos para uma caça a livros e um drinque em Oxford, sob a condição de encontrar o Canalha na esquina de Longwall às 11h45 e tomar banho com ele. Chegamos alguns minutos atrasados ao ponto de encontro e pedimos desculpas ao Canalha, perguntando, como de costume, se ele estava esperando há muito tempo. Respondeu enfaticamente que estava, acrescentando como um adendo que os ingleses estavam sempre atrasados. Fomos para o Parson's Pleasure. Maurice, é claro, usava um traje de banho e, a propósito da nudez dos demais, comentou com W que "na França nenhum homem poderia se despir desse jeito". Sem dúvida é apenas uma diferença de costumes e ninguém poderia culpá-lo por isso. A água estava bastante fria. O Canalha reclamava que era muito superficial e que havia tocado o fundo quando mergulhou.

No caminho para casa, ele nos contou sobre seus dias de escola em Paris: eles costumavam beber champanhe e jogar pôquer a noite toda: quando fumava da forma como haviam mandado, do outro lado da sala, tornava-se invisível da rua. Essas escolas estão todas funcionando e sendo inspecionadas pelo Estado...

Lewis não escreveu no diário de 7 de agosto a 7 de setembro.

Setembro

Sábado, 8 de setembro: Na noite passada, D censurou-me por ter deixado tantas semanas passarem sem meu diário, especialmente porque o registro da insolência e da vulgaridade de Maurice algum dia daria uma boa leitura. Ele ainda está conosco e vai embora, graças a Deus, na próxima segunda.

A maior parte deste tempo sofremos uma escravidão intolerável. Ele remava todas as manhãs desde que tivéssemos o barco, e todas as manhãs eu tinha de ir e dirigir para ele: às vezes eu tinha algum prazer com sol e o vento na água, mas tudo era espoliado por seu rosto medonho diante de mim. Sinceramente acredito que não sou levado pelo meu ódio e desprezo quando digo que esse é um dos mais incorrigíveis rostos de brutamontes e odiosos que já vi...

Contudo, às vezes, sinto que posso aguentar sua grosseria e imundície se tão somente ele não fosse, além disso, um tolo. Embora goste de posar como um homem do mundo, ele tem o intelecto de uma criança. Quando, em uma ou duas ocasiões terríveis, eu caminhei com ele, me falou a marca e as qualidades de cada carro que passou — uma coisa que nunca tive de suportar desde que saí de Cherbourg.

Ele está sempre me contando histórias inúteis sobre si mesmo, pensadas para mostrar quanto dinheiro seu pai tem ou que jovem rapaz elegante, enérgico e despreocupado ele mesmo é. Assunto ele não tem nenhum, no sentido correto da palavra.

A piada é que eu quase acredito que ele pensa que gosto dele. Eu o importuno com ironia e insulto veladamente, mas é tão tolo que eu desperdiço meus esforços. Ultimamente ele começou a jogar croquet. Quando ainda estava aprendendo, e eu sem dúvida ainda

1923

podia vencê-lo, descobri que não podia com conforto me permitir avançar muito, pois ele começava a ficar mal-humorado: e uma ou duas vezes, ele realmente pareceu que começaria a chorar.

Agora ele pode me vencer duas vezes em três: mas ainda pede séria, não pateticamente, por simpatia sempre que perde um lance e atribui todos os seus fracassos ao desnível do chão ou ao fato de que as bolas não são esferas. Outro dia, eu fui instigado a apontar que se seus lances ruins eram acidentes resultantes da imperfeição das bolas, então, por uma paridade de raciocínio, seus bons lances deviam ser acidentes semelhantes. Isso, porém, era muito sutil para o pequeno Can. E eu diria que ele foi muito honesto em seu fracasso em me seguir...

No início deste período, um cartão-postal da Besta[82] chegou a D pedindo o nome da escola de Maureen, que ele queria para uma devolução de imposto de renda. Isso havia sido enviado de Bristol, mas, no dia seguinte, outro chegou direto para Hillsboro. Era naturalmente preocupante. D e eu tivemos uma conversa sobre os vários problemas que nos perseguiram: perdas quanto ao passado, temores quanto ao futuro e, quanto ao presente, todas as humilhações, as dificuldades e a perda de tempo que vêm da pobreza.

A pobre D sente agudamente (o que está sempre em minha mente) como os anos criativos estão passando por mim sem uma chance de chegar meu trabalho real, então eu lamentei ter mencionado isso para ela. Eu disse a ela para não levar muito a sério o que poderia ser, afinal, apenas as desculpas que dou para mim mesmo. O que é muito mais sério é o excesso de trabalho e a preocupação contínuos a que ela está exposta. Todos, amigos e inimigos, parecem conspirar contra ela. Foi um período difícil.

Comecei de novo a pensar nos prazeres da morte, como costumava fazer: não melodramaticamente, como no suicídio, mas com o anseio pelo estado de um velho e bem-sucedido homem de gênio, sentado com toda a sua obra atrás de si, esperando para partir.

---

[82] O sr. Moore.

Sem dúvida era um absurdo, como D com sua sanidade habitual me disse: tínhamos tão pouca vida e muito da outra coisa de qualquer maneira. Até agora, graças a Deus (e bato na madeira), o cartão da Besta não foi seguido por um resultado maléfico.

Também tivemos muita sorte em conseguir outra garota para substituir Dorothy: uma garota enorme de quinze anos, chamada Ada, que nunca fala, mas sempre com aquele sorriso largo, trabalha muito bem e de forma inteligente.

Desde que paramos de pegar o barco, tive muitas boas manhãs para mim: e, como que para refutar meus medos, tive uma explosão de boa disposição que me levou a passar por dois cantos muito difíceis de "Dymer" — o sexto e o sétimo. Já escrevi cerca de vinte estrofes (boas, espero) para o oitavo e agora estou parado por dificuldades estruturais — como desenvolver minha "peripécia": tenho medo de que o impulso tenha terminado...

Domingo, 9 de setembro: ... Minha cabeça estava muito cheia da minha velha ideia de um poema com minha própria versão da história de Cupido e Psiquê em que a irmã de Psiquê não ficaria com ciúmes, mas incapaz de enxergar nada além de charcos quando Psiquê lhe mostrasse o Palácio. Eu tentei duas vezes antes, uma vez em dístico e uma vez em forma de balada.[83]

Segunda, 10 de setembro: Uma manhã muito bonita com um orvalho espesso e um céu cinzento com o sol rompendo-o — poderia, às oito horas, ter sido confundido com cinco em uma manhã de verão. Tomamos o café da manhã um pouco mais cedo para deixar o Canalha pegar o charabã para Londres. Ele se separou de D muito civilizadamente. Eu levei uma de suas malas até o ponto de ônibus, despedi-me dele de modo breve, e desci para os campos além da casa da sra. Seymour para procurar cogumelos...

---

[83] Os leitores vislumbrarão aqui o embrião do romance de *Até que tenhamos rostos* (1956), de Lewis. A única coisa que sobrevive dessas tentativas iniciais de escrever a história é um fragmento de 78 dísticos. Eles estão nos *Lewis Papers*, vol. VIII, pp. 163-64.

1923

Foi maravilhoso estarmos sozinhos e nos sentirmos livres. O cômodo de reserva foi completamente concluído nesta manhã e foi deixado com portas e janelas abertas desde então, mas ainda tem uma atmosfera — moral e material — pairando sobre ele. Após o chá, li mais duas histórias em Crabbe com muito prazer e comecei o segundo volume de *Richard Feverel*.

Por volta das seis horas, D e eu descemos para os campos à procura de cogumelos. No caminho, passamos por várias crianças que voltavam com cestas carregadas e naturalmente não encontramos cogumelos. Já estava anoitecendo quando chegamos em casa e Ada estava nervosa. Comentei o quanto isso parecia comum entre as pessoas da classe serviçal. D de imediato deu a explicação óbvia e verdadeira, embora eu nunca houvesse pensado nela antes: a saber, que, na vida cotidiana deles, em pequenas casas com famílias numerosas, eles nunca estão sozinhos de dia ou de noite...

Quarta, 12 de setembro: Eu tive um sonho muito horrível. Por certa justiça poética, ele girava em torno da ideia que Jenkin e eu usaríamos em nossa peça mais chocante: a saber, aquela de um cientista descobrindo como manter a consciência e alguns nervos motores vivos em um cadáver, ao mesmo tempo impedindo a decomposição, de modo que você realmente tinha um homem morto imortal. Sonhei que a horrível coisa nos foi enviada — em um caixão, sem dúvida — para dela cuidar.

D e Maureen entraram no sonho, e ele era perfeitamente comum e tão vívido quanto a vida. Por fim, a coisa escapou e eu suponho que me atacava tomada de fúria. Ela me perseguiu em um elevador no Metrô em Londres. Com certeza fugi, mas o ascensorista a tinha visto e estava terrivelmente assustado e, quando vi como ele estava se comportando, eu disse a mim mesmo: "Vai haver um acidente neste elevador". Naquele exato momento, eu notei a janela ao lado da cama e me vi acordado.

Eu tive um momento de intenso alívio, mas me vi irremediavelmente agitado e nervoso como uma criança. Percebi que não tinha fósforos. Tateei por aqueles que estavam no alto da escada, acendi minha vela, desci e voltei com um cachimbo e um livro. Minha cabeça estava muito ruim. Logo recuperei a sanidade e dormi, embora com vários intervalos antes do amanhecer. Pensei a princípio que era um bom exemplo da falsidade da regra dada por L. P. Jacks de que os autores nunca sonham com as próprias invenções: mas, pensando bem, não tenho certeza se a ideia da peça não se originou em outro sonho que tive alguns anos atrás — a menos que a coisa toda venha de Edgar Allan Poe...

Quinta, 13 de setembro: Graças a Deus eu tive um sono sem sonhos a noite toda... Decidi dar uma caminhada na esperança de que essa fosse a melhor cura para minha recente debilidade. Passei pela Mesopotâmia e depois para Marston, onde tomei um pouco de cerveja e peguei um maço de cigarros — uma extravagância da qual não tenho sido culpado todos esses dias...

Chegando em casa, encontrei D pendurando a roupa lavada — para meu aborrecimento, como eu esperava (essas esperanças é que são a praga), ela faria muito pouco agora que o Canalha se foi... Descobri que D estava fazendo geleia e ela ainda não havia sentado, mas, quando saí, ela me prometeu que terminaria em um minuto ou dois. Mesmo os mais gentis frutos da terra se tornam mais um inimigo nesse negócio desesperado de tentar salvar D do excesso de trabalho.

Após o chá, continuei com o Tasso de Fairfax.[84] Como uma história, bate todos os outros poemas desse tipo. Ele consegue, de alguma forma, combinar a importante e séria unidade de um verdadeiro épico com o intrincadíssimo charme de um romance. Nunca está se perdendo nas aventuras episódicas e nunca é permitido esquecer o fio central. Todo o seu mundo heroico é imaginado de modo firme — não um mero caleidoscópio, como Spenser... Estou deleitado com tudo. É muito interessante ver como Tasso veio antes de Milton com administração épica da mitologia cristã...

---

[84] Um dos livros que Lewis escolheu como prêmio da faculdade foi *Jerusalem Delivered* [Jerusalém liberta], de Tasso.

1923

D e eu saímos para nosso pequeno passeio habitual antes do jantar. Depois eu li um pouco mais de Repington em voz alta. Nenhuma dor de cabeça esta noite, embora eu a tivesse mais cedo neste dia. Eu estava um pouco ameaçado com o mau humor nesta noite, mas acho que agora tenho a situação sob controle.

Sexta, 14 de setembro: Uma manhã muito chuvosa. O sr. Allchin veio ver D pouco depois das dez e mais tarde fui chamado para o conclave. Ele me perguntou se eu concordava com D que seria uma coisa boa para Maureen deixar a Oxford Local se pudesse fazê-lo sem danificar sua carreira musical. Eu perguntei se, além da possibilidade de ela ganhar a vida com música, era boa o suficiente para encontrar um recurso intelectual suficiente — se, em suma, após desistir de uma educação geral, ela poderia descobrir-se uma música de quinta categoria sem interesse na vida. Ele achava que ela poderia ser "de primeira linha" como professora — o que suponho que ele considerasse uma resposta por implicação a minha pergunta: se ela poderia ser uma pianista, era sempre impossível prever.

No que diz respeito à questão de ganhar a vida, a dificuldade era que um registro era agora exigido para todos os professores de música. É claro que não se pode dizer quanto tempo isso duraria: mas ele temia que a tendência aumentasse em vez de diminuir. Neste ano ainda há outros caminhos para o registro além da Oxford Local — como um Curso para Professores oferecido a adultos. Ele prometeu perguntar a Sir Hugh Allen se havia alguma dessas alternativas oferecidas para o futuro.[85] Nós todos concordamos que Maureen deveria abandonar a Oxford Local se houvesse algum escape.

Depois disso, a conversa derivou para assuntos mais gerais — principalmente a prática moderna de ensinar "apreciação musical"

---

[85] Sir Hugh Allen (1869–1946) foi o diretor do Royal College of Music (1918–1937), diretor de música do University College, em Reading (1908–1918). Em Oxford, onde foi professor de música (1918–46), obteve a criação da faculdade de música em 1944.

àqueles que não fazem música. Eu perguntei se ele achava uma coisa boa. Disse que dependia inteiramente do indivíduo — e mencionou Peppin, de Rugby (antes de Clifton), como um professor bem-sucedido desse tipo. Eu disse que sempre se tem medo de que a "apreciação do ensino" acabe no sentimentalismo. Ele concordou que era um perigo, foi o que ele disse, mas eu tive a impressão de que ele realmente não concordava ou então não estava interessado e queria mudar de assunto... Eu sinto que o sr. Allchin está inclinado a falar de modo superior com alguém e, ao mesmo tempo, ser um pouco subserviente em expressões de opinião: ao mesmo tempo (o que é engraçado), eu gosto dele...

Segunda, 17 de setembro: Grande empolgação hoje com a chegada do filhote que será chamado Pat. Ele está totalmente pronto para ser amigável com os gatos, que mantêm uma neutralidade armada.

De manhã, comecei a reler *L'Évolution Créatrice* [A evolução criativa], de Bergson, de maneira mais profunda do que eu havia feito antes. Passei a maior parte da tarde fazendo jardinagem. Antes do jantar todos nós demos uma volta por Old Headington e Barton End. Nesta noite, acendemos o fogo e sentamos na sala de visitas pela primeira vez. D com uma aparência bastante ruim. Minha vindoura jornada para a Irlanda lançou sua sombra familiar sobre nós dois.

Lewis não registrou nada no diário entre 19 de setembro e 10 de outubro. Em 22 de setembro, ele chegou a "Little Lea" para uma visita ao pai e permaneceu em Belfast até 10 de outubro. Em seu próprio diário, o sr. Lewis registrou em 11 de outubro: "Enquanto Jack esteve em casa, repeti minha promessa de prover para ele em Oxford, se possível, por um período máximo de três anos a partir deste verão. Mais uma vez indiquei a ele a dificuldade de conseguir alguma coisa para se fazer aos 28 se ele acabasse por deixar Oxford".

Outubro

Quinta, 11 de outubro: Eu cruzei a noite passada vindo da Irlanda depois de quase três semanas em Little Lea. Em dois aspectos, minhas férias obrigatórias foram uma grande melhoria em relação à maior parte das que eu tinha tido, pois me dei muito bem com meu pai e mantive a usual inércia mental à distância por trabalhar firmemente em meu italiano.

Antes de partir, tive tempo de terminar a *Gerusalemme*, de Tasso, lendo o vigésimo canto em meu último dia, na edição que comprei em Charing Cross em 1917. No geral, fiquei satisfeito com Tasso. Como poeta narrativo, ele se mantém no alto, sendo *Jerusalém* um romance histórico muito bom. Ele falha em alcançar a sublimidade ou mesmo a grandeza, mas existe um agradável espírito nobre e simples. Ele acredita em cavalheirismo com uma fé de menino que eu não encontro em Spenser. Seu terceiro grande mérito é que sabe alguma coisa sobre luta: seus combates individuais são como a coisa real, não como o que encontro em Spenser e Malory. Ele ama um bom espadachim científico.

Este é o lado bom de minha história na Irlanda: em vingança, eu nunca estive realmente bem, sofrendo de dores de cabeça e indigestão. Na solidão daquela casa, tornei-me hipocondríaco e, durante algum tempo, imaginei que estava com apendicite ou algo pior. Isso me preocupou bastante, não apenas principalmente pela coisa em si, mas porque eu não via como conseguiria voltar para cá a tempo. Eu tive uma ou duas terríveis noites de pânico.

Fiz muitas longas caminhadas na esperança de que me fizessem dormir. Eu estive duas vezes em Cave Hill, onde eu pretendo ir muitas vezes no futuro. A visão abaixo do abismo entre Napoleon's Head e o corpo principal dos despenhadeiros é quase a melhor que já vi. Fiz outro passeio deleitoso sobre as colinas de Castlereigh, onde eu tive a alegria real — a única vez em muitos anos que eu tive isso na Irlanda.

Nesta manhã, fui chamado às 7h. Eu estava sozinho em uma cabine no convés do barco. Havia estado tão encrespado que, embora eu nunca estivesse enjoado, fui acordado pelo balanço e fiquei acordado a maior parte da noite. Eu tomei café da manhã a bordo e cruzei pela balsa para pegar o 9h35 de Woodside, um trem excelente que me trouxe sem baldeação para Oxford às 2h18. Almocei no trem. Viajei a maior parte do caminho com um garoto muito agradável que estava chegando ao Queen's, tendo deixado Shrewsbury no último semestre.

Ao descer em Oxford, encontrei-me em um frio ar invernal e, enquanto ia de ônibus para Headington, senti os horrores mais ou menos da última semana partindo como um sonho. Em casa encontrei Maureen com a perna em talas, tinha quebrado uma cartilagem no hóquei. D e ela dormiram muito pouco na noite passada. A pobre velha Tibbie [a gata], depois de uma longa doença, teve de ser cloroformizada. Sentiremos falta dela. A srta. Pearce veio para o chá. Depois D e eu saímos para passear com Pat: então, após um jantar cedo, fomos de ônibus até a cidade para falar com Allchin sobre desistir das lições de Maureen. Ele estava fora. Agora a noite estava muito amena e nós dois tivemos um deleite infantil em nosso pequeno passeio. No caminho de volta, encontramos Jenkin, a quem fiquei feliz em ver. Então casa, cheios de felicidade, e cedo para a cama, ambos muito cansados e sonolentos.

Sexta, 12 de outubro: ... D e eu fomos para a cidade antes do almoço... ela foi para Allchin e eu para o College. Lá encontrei Curtis e Allen, o *don* de quem ouvi que Salveson havia sido eleito para uma bolsa no New College. Logo que saí do Vestíbulo, encontrei o "doutor" Ewing, que está em atividade para esse semestre. Mesmo a chuva torrencial não o induziu a se apressar além de mim e eu estava andando rápido, seguido tão rapidamente por ele, quando vi Carritt. Este parou para falar conosco e, quando o grupo assim formado se desintegrou, dali subi para a Mesa Alta esperando ter deixado Ewing para trás. Ele me seguiu, no entanto, me importunando para dar uma volta com ele. Quando eu finalmente escapei, fui até Parkers e pedi Boiardo em dois volumes...

1923

Eu fui à cidade de novo e visitei Poynton na Tesouraria... Ele me levou para seus aposentos além da ponte e me disse que estava escrevendo para duas mulheres para ver se elas pod. me conseguir algum aluno. Perguntei-lhe se o "partido que fedia" estava ganhando o dia sobre a Bolsa. Ele disse que nada mais havia sido feito. Falou que não estava sem esperanças com respeito a mim e, se eles decidissem eleger um membro de seu próprio grupo, prefeririam ninguém a mim. Por outro lado, poderiam descobrir que tinham de eleger por meio de exame para uma bolsa não docente. Ele disse que eu tinha muitos amigos na faculdade. No geral, suas observações foram bastante encorajadoras...

Sábado, 13 de outubro: Nesta manhã chegou uma mensagem de Stevenson oferecendo-se para mencionar-me ao novo Mestre na esperança de que este último pudesse me dar algum trabalho jornalístico por enquanto. Após o café da manhã, fui para o College e devolvi alguns livros para a biblioteca. Eu fui aos aposentos de Stevenson, mas ele estava fora.

Depois fui até Manor Place para ver Wilson e esperei no térreo por tanto tempo que tive tempo de ler vários capítulos de uma tradução de *Cândido*, com a qual fiquei bastante desapontado.

Wilson me acolheu muito gentilmente. Devolvi-lhe *The Eldest Son* [O filho mais velho], de Archibald Marshall, q. ele tinha me emprestado com fortes recomendações. Expliquei que tinha pensado que era muito ruim e nós dois rimos sobre o impasse. Ele pensou em minha ideia de "Tradução do século VIII" como assunto muito promissor para um B. Litt. Depois de uma rápida conversa, saí, fiz algumas compras, procurei novamente por Stevenson e de ônibus para casa.

Almoçamos pão e queijo como sempre faremos agora no sábado. A pobre D ainda preocupada com a indigestão, embora menos do que ontem. Jenkin chegou, e eu e ele fomos dar uma volta até o bosque deste lado de Stowe Woods. Tomando como exemplo o céu de outono, entramos em uma conversa na dificuldade de descrever tudo, salvo os mais flagrantes e óbvios efeitos do céu. Também falamos de "simplicidade" na paisagem, que ele mal aprecia.

Casa para o chá e depois D saiu sozinha: não antes de um acidente na cozinha — o varal de roupa caiu na panela de sopa. Jenkin me ajudou a limpar o fogão enquanto D esfregava o chão. D voltou um pouco tarde depois que Jenkin se foi, tendo tido uma desagradável queda no escuro. Estava coberta de lama e um pouco machucada, mas parece que não houve nenhum dano. Disse (e eu concordei com ela) que Jenkin tinha sido bastante chato hoje.

Esta noite nos sentamos na sala de jantar. Continuei lendo *The Ring and the Book* [O anel e o livro] q. eu comecei na Irlanda — agora estou no monólogo de Pompília. O poema inteiro está estranhamente acima de outra obra de Browning e contém, tenho certeza, alguns dos mais grandiosos poemas que eu já li. O Prólogo e "Caponsacchi" são os melhores livros até agora...

Domingo, 14 de outubro: ... Antes do almoço, comecei a dourar uma moldura antiga para uma reprodução do retrato de um jovem de Leyden, que cortamos da *Rainha*. Da mesma fonte, já recortamos e emolduramos um "Cavalheiro", de Vandyke, e um "Cabeça de um poeta", de Palma Vecchio.

Após o almoço, continuei o trabalho por mais ou menos meia hora e depois ajudei D a dar um banho em Pat — minha primeira experiência com banho de cachorro, muito memorável. A srta. Baker veio para o chá, e Maureen desceu pela primeira vez e se deitou no sofá da sala de estar. Depois do chá, quando tirei as coisas (Ada tinha saído), voltei a meu emolduramento de retrato e terminei o trabalho...

Terça, 16 de outubro: Uma mensagem de Stevenson nesta manhã dizendo que o Mestre me veria às 9h30. Eu tomei um ônibus após um café da manhã muito apressado. Descobri que o novo Mestre, Sadler, está morando nos velhos aposentos do pobre Emmet, na Torre Radcliffe. Allen estava com ele quando cheguei e fui levado para a sala de jantar, onde esperei por alguns instantes. Quando voltei, ele me cumprimentou muito gentilmente, parabenizando-me por minha carreira passada e acrescentando "Faremos tudo o que pudermos por você". É um homem pequeno, barbeado,

1923

de cabeça branca, de aparência honesta, eu acho, e muito afável em suas maneiras: também muito direto e econômico em seu discurso. Fiquei muito bem impressionado com ele.

Ele me perguntou se eu queria o jornalismo como carreira. Eu disse que não: [ele] disse que achava que eu era sábio: mas fazer resenhas etc. era uma coisa boa, pois colocava o sujeito em contato com muitas pessoas importantes. Falou que, na minha idade, "ele tinha tirado grande proveito disso": me perguntou qual papel eu preferiria: isso não me confundiu e eu disse que estava desejando mais do que querendo não fazer planos. Ele me deu *Wordsworth*, de Garrod (que eu queria ler há algum tempo) e pediu que eu fizesse uma resenha dele como teste. Então conversaria comigo e veria qual papel eu estava mais próximo de sentir o "gosto".

Após deixá-lo, fui ver Stevenson e agradecer-lhe por conseguir a coisa. Tivemos cerca de dez minutos de conversa. Ele exclamou "Não me importo de dizer que será um escândalo se este College ou algum outro não lhe der uma bolsa em breve". Comparamos notas sobre o exame para o *Higher Oxford [Certificate]*. Ele acabou dizendo que agora ia dar uma palestra de *Pass* Mods. e não tinha pensado uma palavra sobre ela ainda. Tive vontade de acrescentar, pelas minhas lembranças de seu estilo, "eu realmente acredito nisso."...

Na sala de visitas comecei o livro de Garrod e o li durante a maior parte da tarde e da noite. Parece muito bom...

Quarta, 17 de outubro: Um pouco mais quente hoje. Após o café da manhã, fui para meu próprio quarto e comecei a trabalhar em um primeiro rascunho do livro de Garrod. Continuei o mesmo depois do almoço e às quatro horas tinha produzido o que acho que teria de fazer... Eu peguei Heródoto e li uma boa parte do primeiro livro com muito prazer. Acho que as palavras em inglês que escrevi na margem em 1920 (quando li Heródoto pela primeira vez) ainda são aquelas que eu não sei!...

Quinta, 18 de outubro: Após o café da manhã, eu examinei minha resenha novamente, escrevi meu diário e logo fui para a cidade, onde fui ver o Mestre. Ele leu a resenha, a pronunciou "muito certeira" e realmente adequada a qualquer um dos artigos que havia mencionado. Me aconselhou a ver Gordon sobre o *Times Literary Suplement* [Suplemento literário do *Times*]: enquanto isso, eu deveria datilografar minha resenha e ele a enviaria, com uma carta pessoal, a cinco editores. Concordou com minha opinião principal sobre Garrod. Me perguntou sobre minha formação anterior e, quando eu lhe falei de Kirk, exclamou "Ah, então você é o aluno particular de Lockian! Isso é muito interessante". Me aconselhou a ler *On Education* [Sobre educação], de Locke (eu já havia feito isso em Grendon, em 1921) e *Émile*, de Rousseau, à luz de minha própria experiência. Eu o deixei, peguei Locke da biblioteca do College, fiz algumas compras e voltei para casa depois de deixar a resenha para ser datilografada em Cornmarket...

Sexta, 19 de outubro: Pouco depois do café da manhã, fui para a cidade e acusei o escritório de datilógrafos por não ter enviado meu MS para a Univ. como foi prometido, mas eles insistiram que o fizeram. Fui para o College e ali descobri para meu alívio que, afinal de contas, acontecera ontem e o Mestre já o levara para seus próprios aposentos...

Tomei um chá cedo e peguei o 4h30 para Paddington, e Harwood convidou-me para o final de semana. A região em torno dos Chilterns onde é mais arborizado estava muito ao longe com cores outonais e muito agradável. Chegando em Paddington, eu vim de Metrô até Victoria e lá esperei em meio a um aguaceiro de chuva, até que, em desespero por um ônibus, peguei um táxi e cheguei a 2 Lupus St., Pimlico, S.W.1.

Foi muito bom ver Harwood de novo. O apartamento que ele divide com Beckett é muito bonito e mobiliado, embora de maneira esparsa, com muito bom gosto e conforto. Harwood estava cozinhando batatas quando eu cheguei e me disse que haveria uma convidada para o jantar — a srta. Olivier, uma de suas amigas de dança típica cujo pai havia sido Governador da Jamaica.

1923

Quando chegou, a senhora provou ser muito agradável. Por volta de 40, devo imaginar, boa aparência, e bem hábil no falar.[86] Após o jantar (que foi comido na cozinha branca), tomamos café no estúdio e lemos *Comus* juntos — cada um lendo uma parte. A srta. Olivier (Harwood dirige-se a ela como Ariel) lê bem: o próprio Harwood não tão bem. Eles fizeram de mim Comus. Quando concluímos, tomamos chá e conversamos — principalmente sobre Steiner, ambos sendo discípulos.

Ele e eu a acompanhamos à sua casa: nossa rota foi principalmente ao longo do Embankment. A chuva havia parado: do outro lado do rio, vimos as copas das árvores do Battersea Park. Ficamos muito alegres. Na viagem de volta, contei a Harwood o quanto eu gostara de sua amiga: ele disse "Eu estou muito apaixonado por ela". Voltamos às 12h45 e logo para a cama. A cama de Beckett na qual eu dormi era muito luxuosa, mas fiquei acordado por algum tempo.

Sábado, 20 de outubro: Fui chamado por Harwood e tomamos o café da manhã às 8h45. Uma bela manhã e, como estamos acima das casas ao redor, dava a impressão de estarmos no topo de uma montanha — eu nunca antes percebi a beleza das paisagens de sótão. Após o café da manhã, Harwood saiu para "ganhar o pão".

Fui de ônibus para a extremidade do Hyde Park, o atravessei e o Kensington Gardens até o estúdio de Arthur no 119 Westbourne Terrace. Arthur estaria ausente no final de semana. Tendo andado e voltado de ônibus, comecei a ler o conto de fadas de Barfield, *The Silver Trumpet* [A trombeta de prata], no qual, com prodigalidade, ele extrai as ideias mais sugestivas, as mais belas imagens e a estirpe

---

[86]Daphne Olivier (1889–1950) era uma das quatro filhas de Sydney Haldane Olivier (Lord Olivier), que foi governador da Jamaica (1907–1913). Era membro do Newhnam College, em Cambridge, onde estudava línguas medievais e modernas, obtendo seu BA em 1913. Durante o verão de 1923, Cecil Harwood e Owen Barfield participaram de uma conferência antroposófica na qual Rudolf Steiner falou, e foi lá que eles se conheceram a srta. Olivier, uma antroposofista convicta. Cecil Harwood casou-se com Daphne Olivier em 14 de agosto de 1925, tendo ambos desempenhado um papel importante na criação da primeira escola Rudolf Steiner na Inglaterra, em Streatham.

de novas palavras inventadas em uma sucessão maravilhosa. Nada desse tipo pode ser mais bem imaginado.[87]

Harwood retornou e, após o almoço e um cigarro, fomos dar uma volta. Ele me levou ao longo do aterro para Westminster, nosso principal objetivo era o grupo de Rodin dos Burgueses de Calais. As figuras individuais são muito fortes, mas concordamos que não é grande coisa como grupo. Fomos obrigados a atravessar as Casas do Parlamento para chegar ao Westminster Hall — como Harwood disse, "tivemos bolo de açúcar enfiado em nossa garganta antes de podermos comer nosso honesto pão e manteiga". O Hall era muito parecido com a minha lembrança dele e tão "tranquilo, bonito, repentino" como se poderia esperar.

Caminhamos e nos debruçamos sobre a Westminster Bridge por um longo tempo, olhando para o County Hall — por um novo arquiteto em quase um novo estilo. Cruzamos e investigamos mais perto. É o mais belo edifício moderno que já vi e, como disse, quase realiza um sonho babilônico. Também nos unimos a um grupo que estava sendo guiado através dele: o interior é muito bom — especialmente o pátio. Na frente do rio, há um monstro de um novo tipo — todos os braços me deram uma ideia para o filho de Dymer.

Tomamos chá e voltamos para o apartamento. Após um jantar cedo, partimos para esperar na fila dos lugares ruins por *Hassan*: mas descobrimos que não havia possibilidade de entrar e fomos, em vez disso, para *At Mrs Bean's* [Na casa do sr. Bean], de Munro, que lhe havia sido recomendada por Barfield. Acabou por se revelar a pior peça que já vimos e ficamos surpresos com Barfield. Tomamos cerveja depois do primeiro ato. Harwood disse "Nós a tentamos sóbrios e tentamos bêbados, mas não adianta". Eu disse "como os persas em Heródoto". Caminhamos para casa, provavelmente obtendo tanto

---

[87] *The Silver Trumpet*, de Owen Barfield, foi publicado por Faber and Gwyer (agora Faber and Faber), de Londres, em 1925. Foi reimpresso por Wm. B. Eerdmans Publishing Co., de Grand Rapids, Michigan, em 1968, e pela Bookmakers Guild, de Longmont, Colorado, em 1986.

1923

prazer de condená-la como teríamos com a lembrança de uma boa peça. Então um copo de uísque, uma conversa e para a cama.

Domingo, 21 de outubro: Comecei a ler *Erewhon*, de Butler, na cama hoje de manhã. Após o café da manhã, q. foi m. tarde, partimos para uma caminhada. Tomamos o Metropolitano para Richmond, em cujas ruas ficamos presos pela chuva por dez minutos. Quão maravilhosas são todas as expedições com pessoas que não se importam com a chuva! Então entramos no Richmond Park. Eu estava completamente despreparado. Não havia quase ninguém para ser visto. Em poucos minutos, estávamos em uma região absolutamente deserta, com encostas suaves cheias de samambaias, piscinas tranquilas e todo tipo de bosque e matas sob um esplêndido céu cinzento de outono. Fizemos uma caminhada tão boa como sempre, descendo por volta das 2 horas para Kingston, no Tâmisa. Aqui fomos surpreendidos pela chuva forte e descobrimos que todos os hotéis fechados foram reduzidos a um almoço muito apressado de dez pence cada em "uma casa de alimentação barata" — uma frase que nunca entendi antes.

Após o almoço, caminhamos para o Hampton Court Park. A princípio, era menos bonito do que o outro: aos poucos chegamos ao final de uma longa lâmina de água com enormes árvores na cor de outono de cada lado e as "costas" de Wren de Hampton Court apenas visíveis no final. No mesmo instante, o sol irrompeu: a grama (*muito* nivelada) e as folhas mortas sobre ela, as árvores, os cisnes e um pequeno veado que não fugiu, assumiram cores gloriosas. Estávamos sozinhos: o silêncio era intenso. Foi tudo como um daqueles sonhos luminosos que raramente sonhei. Subimos todo o comprimento da água até os belos portões de ferro antigos — ainda não havia uma alma ao redor nem nos jardins do Palácio. Essa passagem será uma ótima lembrança para mim

> *O diário se interrompe aqui, a última frase não foi completada. Lewis incluiu a seguinte "Nota", mas não retomou o diário até 1º de janeiro de 1924.*

NOTA

Meu último diário, depois de adejar por algum tempo com uma asa quebrada, chegou ao fim em 21 de outubro de 1923, quando eu estava com Harwood em seu apartamento, em Pimlico. Naquela noite de domingo, ele leu e condenou em termos não mensurados os dois novos cantos de "Dymer" (VI e VII) que eu havia trazido para mostrar-lhe. Após a discussão, concordei bastante com ele e decidi eliminá-los: a despeito do trabalho que eu havia colocado neles, senti surpreendentemente pouco desapontamento ao desistir deles. Suponho que, na expulsão de qualquer coisa ruim do sistema mental, haja sempre prazer.

Algum tempo após minha visita a Harwood, pedalei para Long Crendon para passar uma noite no chalé de Barfield, encontrando assim a esposa e a sogra pela primeira vez. Sua esposa é comum e indiferente na conduta — o que eu considero um bom sinal em um casamento tão desigual em idade. Ela é muito quieta, um pouco tímida, eu acho: "caseira" tanto no bom como no mau sentido da palavra. Eu gosto dela, e acho que poderia gostar mais dela, quanto mais a visse. A sogra dele, sra. Dewey [Douie], é uma "personagem": uma velha senhora escocesa muito cáustica.

Barfield melhorou, se em alguma coisa, pelo casamento. Eu desfrutei grandemente de minha rápida estadia. Conversamos muito sobre Steiner, o Esquema Douglas, e as mudanças pelas quais passamos mesmo no curto espaço de tempo em que nos conhecíamos.

Ele fez uma excelente observação. "Não estou entediado", disse ele. "Eu ainda tenho sempre uma lista de espera de coisas para fazer, mesmo que seja apenas caminhar até o fundo do jardim para ver como um botão está brotando." Ele me acompanhou até Stanton St. John no caminho de volta. Enquanto eu estava com ele, vi vários de seus novos poemas, alguns dos quais são muito bons. Ele aprovou o V de "Dymer" e tolerou minha nova versão do VI.

Eu vi pouco o Jenkin neste semestre. D começou a ficar muito mal nessa época e iniciou um curso de remédios para indigestão a conselho do dr. McCay. Este último esteve muitas vezes aqui

1923

medicando o tornozelo misteriosamente machucado de Maureen: logo se mostrou um tolo, prometendo a ela que tudo ficaria bem na semana seguinte e mudando suas promessas com frequência. Harwood veio para um final de semana muito alegre, durante o qual jogamos *Boys' Names*, andamos, conversamos e rimos, mantendo-nos completamente livres de compras. D e Maureen gostam muito dele, e de fato, em muitos aspectos, ele é uma companhia ideal. Foi durante essa estada que ele encontrou Jenkin novamente e eles se tornaram amigos — Jenkin foi bastante repelido por seus modos quando se encontraram antes.

Mais tarde, Barfield veio para ficar por uma noite. Ele e eu conversamos até as três horas: uma das conversas mais satisfatórias que já tive. Embora o assunto de seu casamento nunca tenha sido mencionado, muito foi entendido e cada um de nós viu que o outro se sentia da mesma maneira sobre as mulheres, a vida doméstica e a falta de importância de todas as coisas que são anunciadas na literatura comum. Ele concordou que, como eu disse, "mulheres ou homens são loucos": falou que podíamos absolutamente ver o ponto de vista da mulher às vezes — como se nunca tivéssemos tido qualquer outro — e foi uma espécie de alívio.

Ele perdeu completamente o materialismo e "o céu noturno não é mais horrível". Li para ele em meu diário a descrição da conversa que tive com ele nos jardins de Wadham quando ainda estava pessimista e nós a apreciamos. Embora concordasse com vários bergsonianismos meus (especialmente que "a materialidade é a inteligibilidade"), ele não leu Bergson. Ficou surpreso por eu compartilhar a maior parte de seus pontos de vista sobre a natureza do pensamento.

Foi pouco antes disso que li *Hassan*, de Flecker. Causou uma grande impressão em mim e acredito que seja realmente uma grande obra. Carritt (a quem encontrei nos Martills pouco tempo depois) acha que sua insistência com a dor física coloca-a tanto como literatura superficial quanto coloca a pornografia em outra: que ela funciona no sistema nervoso, e não na imaginação. Acho difícil de responder: mas estou quase certo de que ele está errado. Na mesma reunião dos Martlets, Sadler leu um excelente artigo sobre Day, o autor de *Sandford and Merton* [Sandford e Merton].

Logo depois disso, tive de partir — em uma data extraordinariamente antecipada a fim de me conformar com o tempo de partida de W.[88] A infelicidade usual de ir embora foi aumentada pelo estado de saúde de D: e para coroar tudo, Maureen teve de ser enviada para Bristol durante minha ausência para ter o pé adequadamente visto por Rob. Pobre D, que foi deixada sozinha, teve um tempo terrível, e admite agora que às vezes temia que fosse uma úlcera gástrica. Graças aos céus, ela parece melhor agora. Minhas três semanas na Irlanda, embora melhoradas pela presença de W, foram como sempre muito longas. Eu tive uma boa dose de dor de dente.

Na viagem de volta, W e eu paramos por uma noite na cidade. Pela primeira vez desde que éramos crianças, visitamos o Zoo com grande prazer: mas as jaulas são muito pequenas, o que é cruel — especialmente para animais como raposas, lobos, dingos e chacais. Também fomos assistir uma comédia musical chamada *Katherine*, q. era muito ruim. Tínhamos ido para *Hassan*, mas depois de lê-la, W decidiu que seria muito angustiante para seus sentimentos.

Enquanto eu estive na Irlanda, li *Anna Kariênina*, de Tolstói, *Daffodil Fields* [Campos Daffodil], de Masefield, *Deirdre*, o novo livro de J. Stephen, e *Roderick Hudson*, de Henry James.

---

[88]Warnie ainda estava aquartelado em Colchester. Ele e Jack chegaram juntos a Little Lea no dia 9 de dezembro e ficaram com o pai até 28 de dezembro de 1923.

1924

Jack Lewis *estava estudando as obras de Henry More (1614–1687), o platônico de Cambridge, com o intuito de escrever sobre ele para um doutorado em Filosofia. Apesar de Lewis não ser cristão, ele havia escolhido Henry More por causa de seu próprio interesse por ética. Sua crença na importância da moral e da ética era muito forte e, em março, ele leu um artigo para a Sociedade Filosófica chamado "The Promethean Fallacy in Ethics" [A falácia prometeica na ética]. A bolsa de estudos do University College tinha acabado, mas seu pai prometeu mantê-lo em Oxford enquanto procurava outra bolsa. Ele não conseguiu obter nenhuma das que solicitou no St. John's College e no Trinity College e continuou tentando pagar as contas com a correção de ensaios para o School Certificate. Na primavera, o University College ofereceu a Jack a chance de assumir os tutoriais e palestras de E. F. Carritt enquanto passava um ano na Universidade de Michigan. Para isso, foi-lhe oferecido um salário de £200 por ano e, em outubro, iniciou tutoriais e uma série de palestras intituladas "The Good: Its Position Among the Values" [O bem: sua posição* entre os valores]. Jack visitou Warnie na base do exército em Colchester, em julho, e eles viajaram juntos para Belfast, na motocicleta de Warnie, para passar o Natal com o pai.

Janeiro

Terça, 1º de janeiro: ... Após o café da manhã, comprei um novo livro MS na Hewitt's e me preparei para ler os trabalhos filosóficos de Henry More e fazer um resumo deles. Passei a manhã no prefácio geral e também escrevi em meu livro o detalhe da página de título...

Quarta, 2 de janeiro: Eu trabalhei a manhã toda no *Antidote to Atheism* [Antídoto ao ateísmo],[1] lendo e resumindo os dois primeiros livros, que são muito curiosos... Depois do chá, continuei com o terceiro livro do *Antidote*.

Pouco antes do jantar, saí para pagar nosso Imposto de Renda e as taxas da casa (o primeiro é felizmente deduzido do aluguel de Raymond) ao "publicano" local, o velho Mattock, que mora em um pequeno chalé em frente a "Britânia" — um corpo velho alegre e respeitoso...

Sexta, 4 de janeiro: ... Após o café da manhã, sentei-me para trabalhar, terminei *Enthusiasmus* e comecei a correspondência latina de More com Descartes... Fiz vários trabalhos e fui para a Associação, onde vi *Cambridge Platonists* [Platônicos de Cambridge], de Campagnac, e decidi que ele pod. não ter utilidade para mim. Trouxe *English Philosophers* [Filósofos ingleses], de Seth, e voltei para casa de ônibus. Era uma noite típica em Oxford com geada e neblina. Depois do chá, continuei com as cartas cartesianas. A confusão da pobre velha mente de More torna-se muito impressionante quando você o vê muito de perto com um pensador real como Descartes. Após o jantar, continuei trabalhando. Minha garganta estava tão dolorida que eu não li para D...

---

[1] *An Antidote Against Atheism* (1652; 1655).

1924

Sábado, 5 de janeiro: Nos levantamos um pouco atrasados e, quase imediatamente após o café da manhã, partimos os três para a cidade, onde Maureen deveria arrancar um dente. Estava mais frio do que nunca — geada e vento sem sol. Um presente de três galinholas chegou hoje vindo de Willie, que deixei no vendedor de aves para serem depenadas e atadas antes de irmos para a cidade.

Eu... fui para a Associação. Aqui eu li a abertura de *A. B. C. of Atoms* [ABC dos átomos], de Bertrand Russell, e após descobrir que a noção de átomos que tenho da leitura geral é suficientemente correta, decidi que não havia necessidade de continuar e retomei seus *Philosophical Essays* [Ensaios filosóficos].

Em seu "Worship of a Free Man" [Adoração de um homem livre], encontrei uma declaração muito clara e nobre do que eu próprio acreditava há alguns anos. Mas ele não enfrenta a dificuldade real — que nossos ideais são, no fim de tudo, um produto natural, fatos com relação a todos os outros fatos e não podem sobreviver à condenação do fato como um todo. A atitude prometeica só seria sustentável se fôssemos realmente membros de algum outro todo fora do todo real: o q. não somos. Eu achei muito interessante seu ensaio sobre ética. Eu saí levando *Winds of Doctrine* [Ventos de doutrina], de Santayana...

Domingo, 6 de janeiro: ... Após escrever em meu diário, tive um calafrio por não conseguir encontrar o primeiro volume de "Dymer", mas logo o encontrei. Embora eu discorde de todas as conclusões definitivas de Santayana, a atmosfera de sanidade e frescor que permeia seu livro me influenciou na direção do descontentamento com todo o plano de "Dymer": ele parece "cheio de som e fúria, significando nada". Passei a manhã reescrevendo a abertura da "Wild Hunt" [Caça selvagem] e, penso eu, melhorando-o bastante...

Eu... ajudei a preparar-nos para os Thurstons — graças a cuja impertinência a pobre D estivera ocupada fazendo bolos a manhã toda. Eles chegaram logo. A sra. Thurston, vista no todo, revela-se muito feia. Os filhos são delicados demais para comer bolos e optaram por fazer ovos cozidos. Depois do chá, Maureen e eu brincamos de *animal grab*[2] com eles: a garotinha escalou o sofá, ficou em pé na cadeira, tentou quebrar o metrônomo e enfiou meu cachimbo favorito na boca... Tivemos galinhola para o jantar, uma ceia apropriada para os deuses. Depois trabalhei um pouco mais em "Wild Hunt" e, em seguida, li para D. A pobre Maureen ficou muito doente depois de ter extraído o dente e estava com uma temperatura de mais de 38. D estava com medo de ter infeccionado.

Terça, 8 de janeiro: Nesta manhã decidi ver o que eu poderia fazer sobre redigir uma tese para St. John's, D tendo-me apontado uma possível bolsa lá. Dei uma olhada em minha antiga "Hegemony of Moral Values" [Hegemonia de valores morais] pensando que eu poderia usar uma versão melhorada dela: de qualquer modo, será útil como uma alternativa se eu não conseguir concluir mais nada a tempo. No geral, porém, decidi tentar escrever uma resposta para "Worship of a Free Man" [Adoração de um homem livre], de Bertrand Russell, na verdade uma versão em prosa de "Foster"...

Após o almoço, caminhei para a cidade, peguei meu texto datilografado e, na Associação, escrevi para Squire dizendo-lhe que tinha um poema de 480 linhas e perguntava se, caso gostasse dele em outros aspectos, sua extensão o excluiria do *Mercury*.

Então peguei Romanes Lecture, de Huxley,[3] *Philosophical Essays*, de Russell, e *Realm of Ends* [Reino de fins], de Ward. Eu vim para casa e tomei chá. Li a palestra de Huxley, que é uma obra muito nobre e tonificante. Depois fui ao livro de Ward. Eu o peguei porque eu tolamente interpretei de maneira errada o título como "Reality of Ends" [Realidade dos fins] e, portanto, supus que teria relação com meu problema. Eu o achei um tipo de livro bobo e agradável.... Após o jantar, me sentei com papel diante de mim e comecei a seguir o argumento para onde ele me levaria, evitando as conclusões que eu desejava alcançar de forma consciente. Isso me

---

[2]Jogo de cartas registrado em 1893. Cada carta trazia um animal cuja "voz" o jogador deveria imitar. [N. T.]
[3]Thomas Henry Huxley, "Ethics and Evolution" [Ética e evolução] (1893).

1924

levou quase a antimônios [*sic*] impossíveis: mas eu produzi muitas coisas interessantes.
Então li para D um pouco e fomos para a cama. Quando levei Pat para fora (como sempre faço antes de ir para a cama), descobri que estava nevando e o chão, coberto de neve.
Quarta, 9 de janeiro: A neve empilhou-se muito fundo em todas as janelas nesta manhã e tinha coberto a poltrona em meu quarto perto da janela. Era uma neve excepcionalmente seca — firme e pulverulenta como areia.
Passei a manhã trabalhando em meu novo artigo que pretendo chamar de "The Promethean Fallacy in Ethics" [A falácia prometeica na ética] e escrevi o primeiro rascunho de uma seção que ficará perto do final, na qual rejeito o tipo de solução oferecida em *Theism and Humanism* [Teísmo e humanismo], de Balfour...
Mudei de roupa e caminhei por Headington Quarry até os Hinckleys... Jogamos vários jogos muito simples e foi muito divertido.
Eu saí às 6h45, cheguei em casa e encontrei o velho Taylor aqui, que ficou para jantar. Embora tenha sido uma interrupção para os negócios de todos, ficamos muito felizes em tê-lo. Descobri que ele era um leitor de Trollope e conversamos bastante sobre isso. Após o jantar, ele e Maureen se divertiram com seus violinos. Minha garganta estava muito ruim de novo nesta noite. Na cama por volta de uma hora.
Quinta, 10 de janeiro: ... Eu... fui à Associação e peguei o segundo volume de *Types [of Ethical Theory]* [Tipos (da teoria ética)], de Martineau, e *Moral Values and the Idea of God* [Valores morais e a ideia de Deus], de Sorley: e assim para casa... Após o almoço, eu me acomodei e trabalhei todo o resto do dia até as 10h30, com intervalos, é claro, para as refeições, me esforçando para conter minha rapidez infernal e escrever as frases em vez de deixá-las escreverem a si mesmas.
A pobre D estava com uma dor de cabeça, uma sensação de mal-estar a maior parte do dia e estava muito mal. Assim que parei de trabalhar às dez e meia, tive uma dor de cabeça muito forte que, no entanto, logo ficou mais amena. Eu li para D até a hora de dormir...

Sábado, 12 de janeiro: ... Na Associação, devolvi Sorley e Martineau e tirei *Theism and Humanism* e *Theism and Thought* [Teísmo e pensamento], de Balfour. Choveu e ventou furiosamente o dia todo. Após o almoço, trabalhei duro e satisfatoriamente até o jantar, às 8 horas. À noite eu li *Theism and Thought*.

Por volta das 10 horas, Maureen percebeu uma erupção cutânea e uma temperatura que D declarou ser catapora. Meu primeiro pensamento foi que salvaria D de todo o trabalho extra relacionado com o grupo: mas temo que só lhe trará mais problemas em longo prazo. É uma má sorte infernal para Maureen, além de todos os seus outros problemas, e vai frustrar suas chances de entrar na equipe neste semestre. Ela foi colocada na cama, e eu peguei carvão do porão, levei-o para cima e acendi o fogo em seu quarto. Muito tarde para a cama, muito cansado.

Domingo–quarta, 13–16 de janeiro: Três dias desagradáveis. Eu dividi meu tempo entre fazer o serviço de empregada doméstica para D (Ada foi mandada embora para não pegar a catapora) e terminar meu ensaio da melhor forma que pude. Estava sofrendo com uma terrível dor de garganta, com dor de cabeça e dor de ouvido, e estive muito cansado da manhã à noite.

Quinta–domingo, 17–20 de janeiro: Muito do mesmo, exceto que, Deus seja louvado, eu me livrei dos meus vários distúrbios. Decidi que qualquer esforço para continuar meu trabalho regular no momento poderia levar só à exasperação e, para que o tempo não fosse totalmente desperdiçado, continuei o *Fedro* a partir do ponto em que o deixei de lado há alguns anos.

No entanto, Pat logo pôs um fim a esse projeto ao puxar o volume de Platão da mesa um dia, quando o deixei sozinho por cinco minutos, e devorar a maior parte dele. Depois comecei a ter ideias e agora estou reescrevendo o Canto III de "Dymer" e relendo *The Life and Death of Jason* [A vida e a morte de Jasão].[4]

---

[4] De William Morris (1867).

1924

Segunda, 21 de janeiro: Chuva torrencial. Após tomar o café da manhã, lavar a louça e limpar os legumes, corrigi o texto datilografado de minha "Promethean Fallacy in Ethics" e fui de ônibus para a cidade. Lá eu peguei os depoimentos de Carritt e Wilson datilografados e, juntando-os com uma inscrição e o ensaio, peguei o pacote inteiro e o deixei no St. John's.

Em casa por volta das duas horas, comi um almoço frio, lavei a louça, "arrumei" a cozinha e a área de serviço e trabalhei em "Dymer" até o chá, que tomamos na cozinha às cinco e depois (com alguns minutos em *Jason*) até a hora do jantar.

Maureen estava com a garganta incomodando de novo nesta noite. D muito melhor nesses dias: ela atribui isso ao "alvoroço extra com respeito a [...]" e às conversas sobre se livrar de Ada, em quem muitos pecados hediondos foram descobertos durante a última semana.

Terça, 22 de janeiro: Levantei mais cedo do que o normal, embora ainda tarde: café da manhã, lavar a louça, limpar os legumes, e isso foi concluído às onze. Eu trabalhei em meu novo Canto III e, terminando-o, fui para a Hewitt's atrás de um livro de MS e comecei a copiá-lo. Almoço por volta de 1h30: louça lavada, cozinha limpa, área de serviço esfregada e voltei para meu belo exemplar...

Quinta, 24 de janeiro: Após terminar minhas tarefas matinais, comecei meu trabalho em More de novo, sentindo que eu não poderia ficar ocioso para sempre. Depois de ter trabalhado por alguns minutos, tive oportunidade de deixar a sala de estar por um momento: mais tarde, Lady Gonner apareceu e D teve de ir e falar com ela, assim desligando-me de meus livros. Lady G., embora encantadora de certa forma, é uma daquelas mulheres ociosas e falantes que imaginam que o tempo é tão livre para todos os outros quanto para si mesma. D e eu ficamos ambos irritados por termos sido afastados de nossas várias atividades por vinte minutos. Assim que ela se foi e eu estava razoavelmente começando de novo, a sra. Wilbraham chegou. Depois subi e trabalhei em meu próprio quarto.

Um dia muito frio. Trabalhei de novo à tarde e li a tradução feita por Carr de *Energie Spirituell* [Energia espiritual], de Bergson, à noite, a qual não achei interessante. Bergson sempre parece quase incoerente em inglês.

Sexta, 25 de janeiro: Uma manhã fria e brilhante. Caminhei com Pat até Stowe Woods e passeei ali por algum tempo: estava muito primaveril, embora ainda não haja prímulas — há *uma* no jardim. D encontrou no *The Times* ontem que Coghill obteve uma Bolsa em Exeter. Trabalhei a tarde toda...

Sábado, 26 de janeiro: Um belo dia. D teve de ir à cidade de manhã e eu trabalhei em Henry More. Após o almoço, que foi bem tarde, eu estava prestes a começar minhas tarefas quando a campainha me trouxe até a porta e lá encontrei Ewing. Graças aos céus, o abençoado nome catapora o impediu de entrar. Ele queria que eu lesse um artigo para o grupo filosófico de pós-graduação na próxima "quienta", como ele pronuncia, o que eu concordei em fazer. Enquanto ele estava falando comigo, Jenkin chegou de bicicleta... Eu tive de deixar a louça para D lavar e sair a fim de dar uma volta com Jenkin.

Subimos a Shotover pelo caminho da Quarry, onde ele nunca havia estado antes, falando de arquitetura, pais e filhos, sua saída de Oxford, Havelock Ellis sobre sonhos e outras coisas. Um maravilhoso pôr do sol lúrido no caminho de volta...

Segunda, 28 de janeiro *ad fin*: Após dois dias em que minhas atividades pareciam inexplicavelmente trabalhosas e eu estava sempre com frio, D descobriu na quarta à tarde que eu estava com uma temperatura de quase 39. Acabou sendo essa miserável catapora, e eu passei a semana seguinte no quarto amarelo. Perto do final, eu fiz caminhadas no jardim. Se você atravessar o gramado dezessete vezes, terá andado uma milha. Como não conseguia me barbear por medo de cortar as manchas no rosto, desenvolvi uma barba considerável e — provisoriamente — mantive o bigode.

Durante minha doença e meu confinamento solitário, li os três primeiros volumes de Gibbon com grande prazer. Também li a revista *Vanity Fair* pela primeira vez e, em grande parte, removeu minha velha cegueira para o mérito de Thackery, embora eu ainda

1924

deteste sua horrível "esperteza" e piscadelas ao leitor. Ele é quase totalmente negativo. Ele encontra torpeza em todas as coisas, mas não nos mostra qualquer "luz pela qual ele tenha visto aquela escuridão": daí seu pessimismo, baseado não em qualquer visão original do ideal, mas simplesmente na moralidade pronta como ele a encontrou em sua classe e idade, ser de uma ordem muito baixa. Admiro sua arte, mas não tenho afeição por ele.

Eu também li *Don Juan* inteiro. Os Cantos do naufrágio, da ilha e de Constantinopla não merecem ser lidos duas vezes — o resto não merece ser lido uma vez: um indefensável nadar com a maré — um mero livrar-se de tudo o que veio à cabeça comum de Byron. As violências a metro logo deixam de ser divertidas.

Eu reli o primeiro livro de *A rainha das fadas*, exceto a luta com o dragão, e gostei mais do que nunca. Acho que nunca vi antes quanta beleza real existe nas partes religiosas. Eu li *Fool Errant* [Tolo errante], de Maurice Hewlett — excessivamente sexualizado, como quase toda a obra dele, mas bastante *distinto*: também *Lady Rose's Daughter* [Filha de Lady Rose], da sra. Humphrey Ward, que é "tão bom quanto o primeiro romance que você vai pegar".

Eu reescrevi "Dymer" VI — ou melhor, escrevi um canto inteiramente novo com o qual estou satisfeito. "Foster" foi enviado para Squire e recusado. Appleton, do *Beacon*, me escreveu dizendo que havia encontrado "Joy" novamente e perguntando se eu ainda queria que aparecesse. Um editor desconhecido chamado Stockwell escreveu dizendo que "um amigo em comum" lhe disse que em breve teria poemas suficientes para um livro e me disse que ficaria satisfeito em vê-los.

D manteve-se maravilhosamente bem.

Até agora, a bolsa de estudos de Lewis no University College pagara as taxas da faculdade e o deixara com £11 por semestre. Para compensar o que era necessário, o sr. Lewis lhe dera £67 por semestre, além de pagar despesas ocasionais. Teria sido suficiente para um universitário vivendo no College, mas não

> para um chefe de família com dois dependentes. Agora que a bolsa terminou, Lewis escreveu para o pai em 4 de fevereiro pedindo ajuda:
>
>> Você sabe que minha bolsa de estudos está no fim. Ela era nominalmente uma bolsa de £80 por ano. O que eu realmente consegui foi cerca de £11 por semestre. Às vezes, foi um pouco mais ou um pouco menos, mas, em geral, a média era de £33 por ano. Eu tinha esperanças de poder compensar isso de outras maneiras — alunos e coisas assim —, mas não se concretizou e temo ter de pedir ajuda. (Letters of C. S. Lewis, p. 191).

Lewis não registrou nada no diário de 1 a 19 de fevereiro.

Fevereiro

Quarta, 20 de fevereiro: Eu caminhei até a cidade após o café da manhã e procurei Farquharson. Havia um aluno com ele, e ele próprio estava sentado junto ao fogo parecendo muito sonolento. Eu disse a ele que iria à procura de um D. Lit. Ele me perguntou se "eu já estava pronto". Respondi, com alguma surpresa, que não — eu entendi que era preciso enviar uma inscrição antes, não depois que o trabalho estivesse terminado. Ele disse que sim, que devo fazer um esquema mostrando as autoridades e os MSS que eu estava usando etc. — na verdade, tudo que só poderei saber quando o trabalho estiver terminado.

Eu lhe agradeci e fui para a Associação, onde comecei a ler *Daedalus* [Dédalo], de Haldane — um livrinho diabólico, sem sangue, embora manchado de sangue.[5] Ele deve ser lido e digerido — ou vomitado.

---

[5] J. B. S. Haldane, *Daedalus or Science and the Future* [Dédalo ou Ciência e o futuro] (1924).

1924

Encontramos Robson-Scott e nos retiramos para o cenáculo a fim de conversar. Ele me disse que tinha tido o mesmo problema com o Farq. e que não importava. Ele tinha uma péssima opinião sobre *Hamlet* da O. U. D. S.[6] Isso levou a uma discussão sobre o valor total da apresentação como um teste de peças, em q. eu esqueci onde estávamos e de repente me peguei dando uma palestra em uma voz que pod. ser ouvida em toda a biblioteca. Nós dois caímos na risada. Eu vou tomar chá com ele na próxima terça. Me disse que, certa vez, ao lhe perguntarem seu nome de repente, em estranha companhia, ele realmente foi incapaz de responder por um momento terrível.

Eu recebi de volta o texto datilografado de uma nova versão de "Joy" para Appleton e fui de ônibus para casa depois de algumas compras para D. Lavei a louça do almoço e li *Sheaf of Papers* [Feixe de papéis], de Oliver Elton. A srta. Featherstone veio tomar chá. À noite enviei "Joy" para o *Beacon*, escrevi para Stockwell explicando que eu estava sob contrato com Heinemann e para Harwood recusando um convite para Londres, que não podemos bancar no momento. Mais tarde, comecei a ler *The Crock of Gold* para D, mas não acho que ela o tenha apreciado muito.[7]

Quinta, 21 de fevereiro: ... Imediatamente após o café da manhã, levei Biddy Anne para Gillard para ser examinada de maneira minuciosa. Biddy Anne é um gato amarelo que recentemente nos adotou. Eu caminhei pela Campina, passei pela Faculdade e fui para a Union, voltando para casa de ônibus.

Então atualizei meu diário desde a minha doença. Após o almoço, o tempo mudou. Uma suavidade surpreendente veio pelo ar e era como a primavera, embora houvesse pesadas nuvens negras a leste. Depois que D e eu passeamos pelo jardim para desfrutá-lo, eu entrei e li meu diário dessa época no ano passado. Está estupidamente escrito — recupero os horrores pela memória, e não pelas palavras.

---

[6]*Hamlet* apresentado pela Oxford University Dramatic Society [Sociedade Dramática da Universidade de Oxford].
[7]De James Stephens (1912).

Uma carta da tia Lily chegou pelo correio da tarde em resposta a uma que eu lhe tinha escrito recentemente protestando contra sua afirmação de que as últimas palavras de Pompília em *The Ring and the Book* eram as últimas palavras da esposa dele. Eu li a carta dela e comecei a responder...

Sexta, 22 de fevereiro: Tive um sonho incomumente desagradável ligado a meu pai durante a noite — um sonho que ficou.

Após o café da manhã, eu peguei todos os globos de gás[8] para D limpar. Passei a manhã trabalhando na *Defence of the Cabbala* [Defesa da cabala], de Henry More, um trabalho fantástico e tedioso. Após o almoço, eu esmigalhei um presunto, varri a cozinha e a área de serviço, e então saí para dar uma volta com Pat...

Sábado, 23 de fevereiro: Uma noite cheia de sonhos. Levantei e fui à cidade a fim de pegar uma anilha para uma das garrafas de água quente e outras coisas.

Estávamos todos muito pouco satisfeitos com a perspectiva da chegada dos Pasleys hoje para um final de semana. Eles se convidaram, e eu recomendei veementemente que D não os aceitasse, pois nos deram muito espaço para escapar, mas ela insistiu. Lavei a louça após o almoço, enquanto D preparava o quarto deles: tudo estava em um pandemônio.

Eles chegaram na hora do chá. A sra. P parece ter se livrado de muitas de suas afetações. A surdez não está pior. Eu gostei mais dela desta vez. Depois do chá, que tomamos na cozinha, conversamos na sala de visitas. Eu acho que ele ainda gosta de sua vida de casado, mas está sobrecarregado e tem pouco interesse em seu trabalho.[9] Eles têm poucos amigos e, embora possam se deslocar em uma grande região, raramente caminham por mais de meia hora. Ele está um pouco mais gordo e um pouco mais pálido. Ele aprendeu a dormir depois do jantar e se tornou sensível às correntes de ar. Me deu um relato interessante do diário que seu bisavô Almirante Pasley

---

[8]Um globo de vidro ou de porcelana usado sobre uma lâmpada a gás. [N. T.]
[9]Rodney Pasley foi mestre-assistente na Alleyn's School, Dulwich (1921–1925).

manteve enquanto servia na guerra contra a América. Eu gostaria que ele o publicasse.[10]

Após o jantar, D insistiu em lavar a louça — como de fato ela insistiu em fazer tudo durante todo o fim de semana, de modo que ela e eles quase nunca se encontraram. Jogamos *Boys' Names* à noite — muito boa diversão. D e eu, é claro, fomos tarde para a cama — D muito cansada e aborrecida.

Domingo, 24 de fevereiro: Os Pasleys levam um tempo prodigioso para se vestir. Após o café da manhã, eles e eu fomos dar uma volta até Shotover, levando Pat. Eu a teria de bom grado estendido, pois Maureen queria a sala de visitas para nela praticar, mas Pasley não é muito andarilho, embora sua esposa seja. Ele é bastante insensível à natureza — acho que sempre foi.

Casa pouco depois de doze e li os jornais. Em seguida, agitação e correria na cozinha, no almoço e mais lavação de louça para D, apesar de tudo o que eu pudesse dizer ou fazer, enquanto a sra. P lia e Pasley se esforçava muito para não dormir com o fogo na sala de estar. Após o chá, D veio e sentou-se na sala de visitas pela única vez durante a visita deles — exceto por um pouco à noite. Eles nos mostraram várias fotos tiradas em uma viagem deleitosa que tiveram neste verão em algum país sem pássaros de lagos e dunas de areia perto de Bordeaux e Arcachon...

Também nos mostraram outras tiradas em Valentia na última Páscoa e nos contaram sobre a visita deles a uma tourada, de que gostaram. Declarei a imoralidade desse negócio cruel e covarde. Pasley apresentou a habitual resposta irrelevante de que alguns esportes ingleses eram igualmente maus e então realmente defenderam como *justificativa* o fato de terem gostado. Eu disse "Que deboche!" e apontei que não fazia diferença.

Pasley me declarou um filósofo *a priori* que tornava as instituições humanas subservientes às minhas noções internas de certo e

---

[10]Foi publicado como *Private Sea Journals, 1778–1782, Kept by Admiral Sir Thomas Pasley* [Diários marítimos privados, 1778–1782, mantidos pelo almirante Sir Thomas Pasley], ed. R. M. S. Pasley (1931).

errado: mas sem dúvida, que só foi necessário um argumento familiar para mostrar a ele que fazia a mesma coisa. Fui forçado a admitir que o prazer que tínhamos em ação era uma justificativa no sentido de que, sendo as outras coisas iguais, menor a tentação quanto maior o crime. É uma sorte que eu não tenha escutado (o que me foi contado depois) a sra. P falando a D sobre os espanhóis enfiando seus dardos no touro para despertá-lo — "mas não o fere". Se eu o tivesse, poderia ter dito coisas lamentáveis. Foi tudo nojento.

Após o jantar implorei a D para me deixar lavar a louça, mas ela perguntou de maneira selvagem: "Você quer que eu morra?" e explicou que ela havia ficado congelada na sala de visitas quando a sra. P bloqueou todo o fogo. Então voltei para a sala de visitas...

Pasley... reclamou de viver em um estado de tensão: sempre sente que deve estar "seguindo em frente". Caso senta-se para ler, deve se apressar para chegar a outra coisa: se sai, deve voltar correndo. A sra. P disse a ele "Você não está tão mal quanto estava há um ano", e ele concordou. Ele sabe que este é um dos caminhos para um colapso nervoso. Eu nem sabia o que dizer para ele. É difícil ver onde pode se encontrar salvação para um homem que nunca amou a natureza, não ama mais a arte e para quem a religião está fora de questão...

Segunda, 25 de fevereiro: D foi mais afetada por este fim de semana do que eu já tinha visto por causa de todos os cansaços de Mary, e disse que ela estava ficando muito velha para se alvoroçar em se escravizar para dois jovenzinhos que pensavam muito em si mesmos... Pasley explicou-me longamente que, quando voltasse para jantar no All Souls, não poderia ficar conosco, pois teria pouco tempo para se vestir, entrar e sair. Os Pasleys me deixaram na Campina para pegar o ônibus para casa e eu caminhei...

Um pouco de neve úmida estava caindo. Então veio a nata do dia: sentar junto ao nosso próprio fogo, conversar e ler, ter nosso próprio jantar preparado e rapidamente consumido — tudo calmo e deleitoso depois do esforço desses dois dias...

Terça, 26 de fevereiro: Uma manhã brilhante que logo escureceu e desandou em uma pesada queda de neve. Trabalhei toda a

1924

manhã em More, terminando seu "Appendix to the Defence of the Philosophic Cabbala" [Apêndice à defesa da cabala filosófica] (uma obra tediosa) e começando a *Defence of the Moral Cabbala* [Defesa da cabala moral]. Almoçamos na cozinha. Depois escrevi uma carta breve para tia Lily e caminhei para os Cursos do College, onde visitei a Biblioteca Inglesa e encontrei *Life of Henry More* [Vida de Henry More], de Ward. Eu o li lá por algum tempo e, então, retirando-o, fui para Robson-Scott na St. John's St.

Eu o encontrei sozinho. Conversamos sobre W. de la Mare, o único grande georgiano. Ele concordou comigo que a opinião comum sobre de la Mare como o poeta de fadas e fantasia deixa de fora um aspecto e o mais importante. Eu lamentei ter descoberto que Robson havia convidado Bateson (que eu costumava encontrar na Classe de Discussão) e Ziman, os quais logo se juntaram a nós. Uma conversa pobre. Bateson nos disse que Gadney, o vendedor de livros, enlouquecera — fato que ele e Ziman pareciam considerar puramente como uma piada. Também condenamos Saintsbury. Descobri que More — o palhaço que eu vi bocejando no rosto dos candidatos em meu exame oral de inglês — é amigo de Wyld: de modo que a "*saeva rusticitas*" deste último é aparentemente o emblema de uma escola. Robson tem dois alunos que ele conseguiu graças a Carlyle.

Eu saí cedo e fui para casa. Após o jantar, comecei a tentar escolher uma estrutura cronológica de Ward, mas é quase impossível. Por fim, D e eu conversamos sobre o ano ruim que se foi e todos os anos ruins que o antecederam: mas nos consolamos de alguma forma e acabamos bem alegremente...

Quarta, 27 de fevereiro: Uma carta de meu pai esta manhã, respondendo a última que lhe enviei, na qual eu havia assinalado que minha bolsa de estudos havia cessado e que eu poderia precisar de um pequeno suplemento para continuar. Essa questão tinha sido levantada antes. Ele respondeu com uma carta longa e agradável finalizando com uma crítica: oferecendo o que era necessário, mas dizendo que eu tive £30 de despesas extras no ano passado (que não posso explicar totalmente) e observando que eu sempre posso colocar dinheiro no bolso ao gastar mais tempo em casa. Lá vem o atrito — isso não pode ser respondido: ainda assim seguir a sugestão dele seria nervosismo, solidão e estagnação mental.[11]

Eu terminei *Philosophical Work* [Obra filosófica], de More, nesta manhã e fiz uma tabela de cronologia de *Life*, de Ward, e minha antiga tabela feita para a English School. Após o almoço, fui primeiro à Associação, onde retirei vários fatos do *Dictionary of National Biography* [Dicionário de biografia nacional] sob o nome More e depois fui a Wilson pedir emprestado seu *Theological Works*... À noite comecei *The Mythology of Godliness* [A mitologia da piedade][12]...

Quinta, 28 de fevereiro: Trabalhei a manhã toda. Enquanto ventava com "cimitarra afiada" e se preparava para nevar, resolvi escapar do combinado provisório com tia Lily: saí com Pat, caminhei por Barton End e desci a trilha: depois por campos a caminho de Elsfield, subindo pela borda do campo grande e passando o matagal de onde o riacho sai. O céu estava muito escuro à minha frente, mas eu tinha um pouco de luz do sol pelas costas, que produzia uma estranha luz brônzea e fria sobre os campos nus. A massa grossa de jucos etc. na borda desse matagal produzia grandes estalos. Enquanto eu o contornava, a neve chegou, muito leve e lenta, mas passando quase horizontalmente. Quando me virei, vi Oxford à luz do sol. Cheguei em casa passando pela sra. Seymour e por Old Headington. Trabalhei pelo resto do dia no *Mystery of Godliness*.

Sexta, 29 de fevereiro: Trabalhei no *Mystery of Godliness* pela manhã. Fiz tudo que D deixou para mim (a saber, polir o fogão,

---

[11]A carta de 24 de fevereiro do sr. Lewis ao filho não foi preservada, mas, em seu diário, naquele dia, ele registrou: "Escrevi uma longa carta a Jacks em resposta àquele em que ele me pede uma quantia maior: 'O que eu pod. gostar é ter uma soma anual fixa para o restante da sua estada em Oxford para que eu pud. saber onde estou e o que devo providenciar. Se em vez de depositar £67 por semestre em sua conta eu depositasse £85 por semestre para cobrir tudo, seria suficiente? *Você deve ser bastante franco comigo* etc. etc." (*Lewis Papers*, vol. VIII, p. 186).
[12]Henry More, *An Explanation of the Grand Mystery of Godliness* [Uma explicação do grande mistério da piedade] (1660).

1924

varrer a cozinha e a área de serviço) após o almoço e depois fui para Napier House buscar Helen Rowell, que vai passar a metade de seu final de semana conosco. Ela é uma criança agradável e muito pouco problemática, mas, para o bem de D, eu gostaria que não tivesse chegado tão logo depois dos Pasleys.

Pouco depois do chá, que foi bem tarde, subi para me vestir, em preparação para jantar com Carritt... Estavam no jantar Farquharson, Carritt, um americano dr. Blake, o companheiro júnior (Bowen, eu acho) e um antigo membro cujo nome eu não captei. Antes de entrarmos, Farquharson se aproximou com alguma solenidade e perguntou se eu gostaria de inserir meu nome em uma lista de pessoas que serviriam na próxima guerra. Eu respondi imediatamente "Isso depende, senhor, contra quem e sobre o que ela é".

No jantar, Carritt colocou na minha mão o anúncio da vaga na Trinity — uma bolsa oficial para Filosofia no valor de £500 por ano. Depois do jantar na Sala Comunal, Farquharson tornou-se de fato muito divertido, contando-nos histórias de sua infância.

Como Carritt disse, quando ele e eu estávamos indo para as observações críticas de Allen em Holywell para a Sociedade Filosófica, "a conversa de F tem um sabor peculiar sobre isso. É muito boa — muitas vezes melhor do que foi hoje à noite — e, no entanto, está sempre a um centímetro de ser mera tolice". Eu sugeri que o rosto tinha muito a ver com isso. E tem: o grande nariz e a testa parecidos com pássaros, as sobrancelhas e as rugas arqueadas "*quasi enitentis*" como Vespasiano.[13] Com Allen, encontrei Ewing, Rink, Curtis, Ziman, Fasnacht, King e outros.

Ziman leu um artigo ruim sobre "Some Heresies" [Algumas heresias]. No entanto, a discussão foi muito boa. Ziman dissera que o prazer sempre era adjetival para a satisfação do desejo — o desejo como o instinto refletido. Nós o desafiamos com respeito aos cheiros de flor de Platão a partir de *Filebo*. Ele voltou atrás ao desejo

---

[13]Da memória de Suetônio, *Life of Emperor Vespasian* [Vida do imperador Vespasiano], xx: "*vulta veluti nitentis*" (com uma expressão como se de alguém puxando com força).

inconsciente ou potencial. Isso levou ao meu movimento habitual de repotencialidade [sic]. Então Carritt quis saber o que de fato era o instinto. Isso levou Rink a nos contar sobre a vespa em Bergson, e Fasnacht causou grande divertimento ao esperar até que toda a história terminasse para dizer: "Sinto muito, mas todos esses fatos foram contraditos". Carritt disse que não era justo em uma sociedade filosófica. Nós a mantivemos até cerca de 11h15. Caminhei de volta para o College com um homem agradável cujo nome eu não sei.

Tendo pego de volta meus sapatos da faculdade, caminhei para casa, olhando para os detalhes da bolsa da Trinity enquanto eu passava pelas lâmpadas. Por alguma razão, a possibilidade de obtê-la e tudo o que se seguiria se eu conseguisse veio à minha mente com uma vivacidade incomum. Eu vi que envolveria viver lá, o que uma ruptura de nossa vida atual significaria e também como o dinheiro extra tiraria cargas terríveis de todos nós. Eu vi que significaria um trabalho bastante completo, que eu poderia ficar submerso e a poesia esmagada.

Com profunda convicção, de repente tive uma imagem de mim mesmo, Deus sabe quando ou onde, no futuro, relembrando esses anos desde a guerra como a mais feliz ou a única parte realmente valiosa de minha vida, a despeito de todas as suas decepções e os seus medos. No entanto, o anseio por uma renda que pod. nos libertar da ansiedade era mais forte que todos os sentimentos. Eu estava em um estado estranho de empolgação — e todo sobre a mera chance em cem de consegui-la.

Uma noite escura com algumas estrelas, gelada, com um vento que esfola os ossos. Antes de ir para a cama, D e eu conversamos um pouco sobre o trabalho da Trinity. Ela novamente pediu-me para tentar uma Bolsa da All Souls e pensei que o D.Fil. era mera perda de tempo. Se ao menos eu conseguisse uma Bolsa da All Souls, ela certamente economizaria muito.[14]

---

[14]A All Souls College foi fundada por Henrique VI em 1438. É única na medida em que consiste de um diretor e membros (originalmente 40), e não graduandos. Lewis estava pensando nas vantagens de poder desfrutar de uma vida acadêmica sem ter de ensinar.

Março

Sábado, 1º de março: Passei a maior parte da manhã na cozinha cortando nabos e descascando cebolas para D e depois fui caminhar por uma hora pelos campos. Após o almoço e os trabalhos, tirei Eurípides de sua estante pela primeira vez em muitos dias, com a ideia de ler uma peça grega a cada fim de semana (quando não estou escrevendo) para atualizar meu grego. Eu comecei as *Heráclidas*. Voltando à tragédia grega depois de uma ausência tão longa, fiquei muito impressionado com sua rigidez e estranheza e também achei os refrões estranhamente prosaicos. O esforço para representar uma briga entre Iolaus e o Arauto é intoleravelmente lânguido. Após o primeiro choque, no entanto, eu a apreciei.

Sua nobre questão de praticidade é de fato a grande coisa. Macária, a menos que eu leia mais sobre ela do que o poeta quis dizer, é uma personagem realmente muito bem concebida. Ela vê de imediato a posição *real* que todos os outros encobriram e até mesmo que seu partido será ridículo se ninguém tomar a iniciativa: sabe que alguém tem de fazer a oferta e a faz com muito pouco espalhafato. Não há nenhuma tentativa de sentimentalizá-la: há uma espécie de impaciência fria na maioria de seus discursos — como provavelmente há com respeito aos mártires na vida real. Mas eu me pergunto se Eurípides quis dizer isso ou está apenas tentando encontrar motivos para um altruísmo q. viu na vida, mas não tinha teoria para explicar…?

Terça, 4 de março: Após o café da manhã, eu caminhei para a cidade. Fui à biblioteca do College e procurei em Paley três passagens nas *Heráclidas* que me haviam intrigado. Paley emendou uma delas e "forneceu" palavras e frases para as outras duas. Como é fácil traduzir qualquer coisa nesses termos!

Então andei até New Inn Hall Street. Raymond, aliás, Herr Steinshen (a quem venham os profetas a rejeitar totalmente), nos mandou friamente para ver algumas taxas que foram enviadas a ele pela segunda vez. Loose, o cobrador de impostos, disse que havia sido simplesmente um erro e prometeu escrever para Raymond...

Por um grande acaso, encontrei tia Lily. Segui-a até Buols, onde ela estava almoçando, e conversei com ela até a comida chegar. Ela acabou (pela sétima ou oitava vez) de descobrir o segredo da criação. Tem algo a ver com comprimentos de onda. Também descobriu que não existe essa coisa de matéria, mas apenas energia: e desde que mente e matéria são energias desconhecidas, elas, portanto, devem ser a mesma coisa. Em cerca de dez minutos, ela despejou tantas metáforas enganadoras, paralogismos e contradições evidentes que teriam feito Sócrates ficar feliz por doze meses. Ela é louca — ou é apenas aquilo a que toda mente ativa deve chegar se não tiver disciplina dialética?...

Após o almoço, fui dar uma caminhada com Pat. Estava um dia brilhante com um céu azul cheio de grandes nuvens se movendo devagar... Eu caminhei ao longo da Horsepath e encontrei Ewing com Price, o que conseguiu a Bolsa que eu tentei em Magdalen. Eu sempre pensei que Price era o pequeno besouro com cara de judeu a quem eu constantemente observava e estava feliz por descobrir meu erro, pois o Price real parece um sujeito agradável...

Depois continuei com o *Hipólito* — coisa esplêndida. Eu gostaria de saber como Eurípides queria que a Enfermeira fosse concebida. Algumas das coisas que ela diz são sublimes: outras parecem cômicas para nós — eu só imagino, porque não somos simples e práticos o suficiente...

Quarta, 5 de março: Voltei a Henry More nesta manhã com considerável relutância e continuei um pouco com o *Mystery of Godliness*. Ele não tinha nenhum sabor.

Desde minha conversa com D sobre a sensatez de um D.Fil., eu tenho estado inquieto. Eu refleti que a graduação em si não seria um passaporte para a vida e que, enquanto eu trabalhava no meu velho monstro [a tese sobre Henry More], embora possa aprender muito sobre o século 17, poderia estar deixando meu grego e

1924

minha filosofia escaparem e perdendo, em parte, minhas qualificações para qualquer trabalho que pudesse surgir. Por outro lado, se eu estudar com afinco história, filosofia, inglês e grego, poderia me manter pronto para qualquer coisa, aumentando minha chance de uma bolsa de All Souls. Por menor que essa chance seja, *non temptasse nocet*.[15] Por fim, tomei minha decisão e encarcerei meu rastejante fólio do monstro. Durante o resto da manhã, li de novo minha "Promethean Fallacy". Ela é mais inteligível e, no geral, mais convincente do que eu pensava: mas não tão bem escrita (no sentido literário) quanto eu esperava.

Após o almoço, caminhei até a cidade e à biblioteca inglesa para devolver *Life of More*, de Ward. Simpson, com outro homem, estava sentado à escrivaninha e me disse que eu teria um aviso me multando em meia coroa pelo livro. Eu disse "E se o aviso não chegar, senhor, deduzo a meia coroa—". SIMPS: "A meia coroa permanece". Ele quase me deu 10/-a menos em meu troco, mas eu o observei com cuidado, pois é um grande acadêmico.

Daí para a Associação, onde estudei o mapa da Ordnance Survey[16] do distrito de Bookham — tenho sido ultimamente assombrado (como estou de vez em quando) por uma lembrança aguda de minhas excelentes caminhadas "naquela terra deleitosa". Eu faria qualquer coisa por uma permanência de uma quinzena lá...

Também dei uma olhada no *Girdle of Aphrodite* [Cinturão de Afrodite] — um novo livro de traduções da *Anthology* [Antologia], muito bom: e depois em *Life of St Francis* [Vida de são Francisco], de G. K. Chesterton — o capítulo sobre o naturalismo e a que levou entre os pagãos, q. considerei muito verdadeiro: embora, se o cristianismo fez alguma diferença imediata nas massas, não tenha ficado tão claro...

---

[15]"Não ter tentado faz mal."
[16]Uma organização de pesquisa oficial do Reino Unido, originalmente sob o comando do mestre da artilharia, que produzia mapas em grande escala, detalhados, de todo o país. [N. T.]

Todo meu caminho diante de mim

Quinta, 6 de março: Passei a manhã inteira compondo uma longa e difícil carta para meu pai.[17]...
Caminhei para a cidade e fui para a biblioteca do College. Examinei minuciosamente *Browning*, de G. K. Chesterton — um livro completamente ruim, cheio de generalizações bobas. Não há nada em seu capítulo sobre *The Ring and the Book* para mostrar que ele o leu. Então, examinei minuciosamente *William Morris*, de Noyes — o capítulo sobre *Jason*. Eu não poderia imaginar que em meia hora eu poderia ter lido tantas novas verdades sobre um poeta que conheço tão bem. Me deu uma noção de Morris — mais do que o próprio Morris.

Quando saí da escura biblioteca (por volta de 4), o ar estava maravilhosamente brilhante e com cores suaves. Era como uma noite de verão às seis horas. A pedra parecia mais suave em todos os lugares, os pássaros cantavam, o ar estava deliciosamente frio e excelente. Eu tive uma espécie de agitação estranha e caí na verdadeira alegria. Nunca vi Oxford parecer melhor. Parecia quando eu a via em meus dias de cadete e costumava desejar estar em uma cidade universitária de novo. Eu dei duas ou três voltas para cima e para baixo na Broad.

---

[17]Lewis estava respondendo à carta do pai de 24 de fevereiro, cuja resposta é encontrada em *Lewis Papers*, vol. VIII, pp. 193-95. Depois de detalhar suas muitas pequenas despesas, ele disse: "Você me pergunta se £85 por semestre para 'cobrir tudo' seria suficiente. Se por 'cobrindo tudo' você quer dizer cobrir meus livros, sapatos, camisas, meias e outros itens que até agora lhe enviei, receio que não. Como eu disse, se você desejar, tentarei me encarregar de meus próprios livros no futuro e, em alguma medida, reduzi-los... Se, por outro lado, você achar conveniente depositar £85 por semestre e pagar por tais extras na forma de vestuário etc., como pode ocorrer, tentarei fazê-los o mínimo possível [...] Fiz uma mudança em meu trabalho. Comecei a trabalhar experimentalmente o dr. Henry More — um teólogo do século 17 — com a ideia de 'fazê-lo' para um D.Fil. [...] No entanto, eu não tinha ido muito longe neste ingênuo país das maravilhas sem chegar à conclusão de que estava numa caminhada inútil. O D.Fil. acrescentaria muito pouco a meu Primeiro com vistas à qualificação: e, nesse meio tempo, eu poderia estar deixando meu conhecimento de filosofia e, acima de tudo, meu grego enferrujarem. Decidi, em vez disso, continuar melhorando vigorosamente minha filosofia e meus clássicos e também aprender um pouco de história – história como a porta de entrada para uma bolsa em All Souls".

1924

Embora isso tenha ocorrido há apenas algumas horas, vejo que já está sendo transfigurado pela memória em algo que nunca ocorreu em lugar algum e nunca poderia ter ocorrido.

Então fui a Manchester (depois de entrar em Mansfield por engano) e, com alguma dificuldade, encontrei o caminho para a sala onde o Grupo Filosófico dos Pós-graduados se reunia. Havia apenas três lá quando cheguei: uma pessoa sem importância, um pároco de queixo pequeno que falava em uma espécie de gorgolejo e um homem muito musculoso com o rosto escuro por barbear e lábios muito úmidos que sussurravam em sua voz e estava inclinado a fechar os olhos quando ele falava. Eles conversaram sobre Troeltsch.[18]

Naquele momento, Price entrou e então um homem de óculos de aros dourados que tinha cabelo e pele negroides, mas com as feições de uma ovelha. Suas calças estavam muito bem vincadas e ele foi chamado de "sr. Jones". Ele só falou para dizer "Boa tarde". Então Stout entrou — um homenzinho de aparência engraçada com uma maneira de falar extravagante que era muito atraente.[19] Chá, pão e manteiga foram trazidos: e Stout tirou alguns bolos inesperadamente de um saco de papel. Ele nos contou uma boa história de uma solipsista que escrevera a Bertrand Russell — "Caro sr. Russell, estou muito feliz por você ter se tornado solipsista. Eu sempre me perguntei se não havia mais de nós". Ross de Oriel entrou e fui apresentado a ele.[20] Como tinha havido algum empecilho quanto ao chá, estávamos muito atrasados para começar.

Eu li meu artigo "Hegemony [of Moral Values]". Em um ponto, Stout, não tendo ouvido, me interrompeu para perguntar "Qual era

---

[18]Ernst Troeltsch (1865–1923), teólogo e filósofo, foi professor de História da Filosofia e Civilização em Berlim, de 1915 a 1923.
[19]Alan Ker Stout (1900–1983) obteve seu BA no Oriel College em 1922, após o qual se tornou pesquisador acadêmico. Foi preletor de Filosofia do University College de North Wales (1924–1934) e professor de filosofia na Universidade de Sidney (1939–1965).
[20]William David Ross (1877–1971) foi professor assistente de Filosofia no Oriel College (1902–1929) e professor de Filosofia Moral em White (1923–1928).

o assunto dessa sentença?". Imaginei por um momento louco que ele fosse perguntar qual era o assunto do artigo.

Durante a interrupção, o homem musculoso veio e sussurrou Browning para mim. Então Stout disse "Ordem, Ordem" e todos nós nos sentamos. Ross abriu a discussão. Ele foi muito elogioso sobre meu artigo. Parte do que ele disse pode ser desprezado como a cortesia usual, mas o que de fato me agradou foi que ele disse "O sr. Lewis explica a precedência do bem moral de uma maneira muito engenhosa que eu realmente penso ser muito nova — e, à primeira vista de qualquer forma [medida?], eu a acho atraente".

O que foi ainda melhor, quando estávamos terminando, ouvi-o dizer a outra pessoa "Isso era *novo*". Não tivemos muito tempo para discussão e o que houve foi ruim. O Homem Musculoso fechou os olhos com mais força do que nunca e falou absolutamente fora do ponto. Stout fez algumas boas observações. Quando saímos, Ross me perguntou se eu iria publicá-lo. Eu disse que certamente faria se tivesse alguma oportunidade. Ele me aconselhou a enviá-lo para *Mind* ou *The Hibbert*: *The Hibbert* pagaria mais, mas *Mind* era a melhor opção...

Sexta, 7 de março: Trabalhei no *Hipólito* de manhã e, pouco antes do almoço, examinei minuciosamente *Greek Epic* [Épico grego], de Gilbert Murray — uma grande obra imaginativa de que gosto mais do que nunca a despeito de seus detratores.

Após o almoço, Ewing me procurou e nós andamos em Shotover e dali por Horsepath e Cowley para seus aposentos alugados em Iffley Road, onde tomamos chá. Era um belo dia de sol com uma névoa azul no vale e eu teria desfrutado se estivesse sozinho ou em companhia congenial. Nós falamos do artigo de Ziman. Eu disse que não o considerava grande coisa. Ewing respondeu: "Não se deve esperar muito de um trabalho de graduação". Falamos de Kant. Eu disse que não o lia desde os Greats. Ewing riu e disse: "Olho para trás horrorizado com as ideias que tive de Kant quando fiz Greats".

Descobri que Ewing (que era inapto para o serviço ativo) também havia sido abordado sobre a próxima guerra, mas fiquei lisonjeado

1924

ao descobrir que Farquharson havia lidado com ele e comigo de maneira diferente, perguntando-me simplesmente se eu serviria e apontando para Ewing para dizer que se ele colocasse o nome no serviço público, estaria a salvo de ser posto em um trabalho "inadequado para ele", se o recrutamento viesse...

Sábado, 8 de março: D acordou-me repentinamente nesta manhã dizendo "Você tem de se levantar já". Acabou sendo um cartão de Carritt me perguntando se eu poderia jantar na segunda para encontrar Prichard e precisava de uma resposta imediata.[21] Eu levantei de um pulo, vesti de qualquer jeito algumas roupas, escrevi uma aceitação e corri para o correio... Havia também um cartão de Barfield me pedindo para encontrá-lo fora da Cadena às 11h de hoje...

Fui à Cadena e esperei. Bem ali, e no momento de uma manhã ensolarada, vê-se o pior de Oxford — as esplêndidas crianças com "*plus four*"[22] e longas piteiras, andando insolentemente e falando alto com a intenção de serem ouvidas, e as garotas correspondentes.

Após esperar meia hora, dei de cara com Fasnacht. Nós começamos a falar de filosofia. Ele era muito cético e quase um "solipsista instantâneo", embora negasse. Pouco depois, Rink apareceu com uma bicicleta e se juntou a nós. Ele nos contou sobre o artigo que havia escrito para o Jowett. Tentou combinar uma espécie de visão bergsoniana da realidade q. não era "nem harmoniosa nem racional" com uma "conhecível" separada, tal como encontramos na matemática. Eu disse que isso deixava de fora o fato de que a matemática se conformava com a experiência onde quer que a natureza do caso lhe permitisse tocá-la e que essa era, de fato, a razão pela qual nós as chamamos de verdade.

---

[21]O sr. Carritt estava ansioso para que Lewis conhecesse Harold Arthur Prichard (1871–1947), que era o membro de Filosofia do Trinity College (1898–1924). Prichard foi mais tarde professor de filosofia moral de White (1928–1937), e ele já era bem conhecido por seu *Kant's Theory of Knowledge* [Teoria do conhecimento de acordo com Kant] (1909) e um influente artigo, "Does Moral Philosophy Rest on a Mistake?" [A filosofia moral apoia-se em um erro?] (*Mind*, 1912).
[22]Calças para prática de esporte, principalmente golfe, presas quatro polegadas (de onde o nome; cerca de dez centímetros) abaixo do joelho. [N. T.]

Um policial passou e disse a Rink para tirar a bicicleta da calçada. Nós, como bons heraclianeanos, dissemos a Rink que não se preocupasse, uma vez que era impossível envolver-se duas vezes com o mesmo policial e a bicicleta já estava fora da calçada. Ele preferiu agir no sentido vulgar. Nosso argumento continuou e estava no auge quando um homem enorme com bigode branco apareceu atrás de Rink. Rink nos disse em um sussurro: "Este é o cara mais tedioso de Oxford e eu sei que ele vai chamar minha atenção" e continuou virado para nós e mantendo-se de costas para o grandalhão, explicando que, embora os dados dos sentidos de duas bolinhas de gude mais os dados dos sentidos de mais duas bolinhas de gude davam os dados de quatro bolinhas de gude, nenhuma delas era realmente bolinha de gude no sentido conceitual.

O grandalhão, no entanto, deu voltas e voltas e, por fim, puxou-o pela manga dizendo com voz calorosa "Tenho três ingressos para *Katinka* e não sei como me livrar deles então estou agindo como uma fada madrinha" — neste momento vi o rosto de Barfield ao longe e fugi.

Ele havia perdido o trem de Long Crendon e estava de bicicleta, passando por "Hillsboro". Colocamos a bicicleta dele na Associação e caminhamos para o jardim de St. John. Conversamos sobre a função do coro grego, de Squire (apesar de tudo, Barfield me aconselha a enviar "Dymer" quando estivesse pronto), de Henry More e da diferença entre a arte dionisíaca e a arte apolínea.

Ele tinha conseguido de algum livro a ideia de dionisíaco como mera realização de desejo. Eu tentei formular meu próprio ponto de vista muito diferente, mas fui derrotado em detalhes, já que, sempre que ele me perguntava em qual classe eu colocava uma obra em particular, eu tinha de dizer "Oh, dionísico sem dúvida — bem não, talvez seja realmente apolíneo" ou o equivalente. Isso levou a algumas conversas sobre a "polaridade" de Steiner. Barfield desistiu da chance de £500 por ano permanentes na equipe de *Truth* a fim de ter tempo livre para seu próprio trabalho. Nós almoçamos na Cadena, onde a esposa dele, que estava dando uma aula de música, se juntou a nós. Após o almoço, fizemos algumas compras todos juntos e depois nos separamos para nos encontrarmos novamente nos jardins de Wadham.

Eu retirei *Space, Time and Deity* [Espaço, tempo e divindade], de Alexander, da Associação e fui para Wadham, onde me sentei e caminhei pelo jardim lendo a introdução, apreciando a beleza do lugar e muito interessado na verdadeira antítese de prazer e contemplação, segundo meu autor.

Quando os outros apareceram, conversamos sobre memórias da infância e depois fomos tomar chá nos salões de chá de Yeats. Eu prometi vir para a noite na quinta dessa semana, então os deixei após um dia muito agradável...

Segunda, 10 de março: De manhã li um pouco mais de Alexander, que se torna mais e mais difícil à medida que prossigo. Também comecei provisoriamente um ensaio sobre o "Todo" que pensei ser uma exposição mais sistemática de minha teoria da potencialidade.

Após o almoço, chegou uma carta de Pasley para dizer que ele tinha jantado com Baker no Beckett's e o primeiro o confrontara sobre mim. Pasley respondeu o mais vagamente possível e me disse que eu deveria esperar uma carta de Baker.

Desde a morte do Doc, quando não ouvimos nada dele, nossa amizade havia sido suspensa. Infelizmente, embora o silêncio de vez em quando tenha sido a causa eficiente do presente intervalo, minha frieza, assim ocasionada, foi retrospectiva. Durante muito tempo, fiquei perturbado com seu egoísmo e com seu mal disfarçado desprezo por D e por todos os demais que ele encontrou em nossa casa. Independentemente dos desejos de D, eu realmente não quero de modo algum renovar minha intimidade com ele: mas como responder a sua carta quando ela chega, eu não posso imaginar. D e eu conversamos bastante sobre isso. Ela me incentivou, sem dúvida sinceramente, a não considerar o sentimento dela sobre ele, mas esse é apenas um capítulo da história...

Fui à Sala Comunal Sênior, onde encontrei Carlyle, que prometeu escrever para as pessoas da Trinity sobre mim. Carritt logo entrou, "despido" porque Prichard (que logo o seguiu) também estava assim. Prichard é um homenzinho de aparência fraca, com um bigode cor de palha. Foi uma noite muito chata. Carlyle falava o tempo todo sobre a Índia e a África do Sul: e, mesmo nas pausas, eu não conseguí manter nenhuma conversa com Prichard. Pobre Carritt!

Quarta, 12 de março: ... Como minhas velhas calças de flanela estão usadas além da miséria para a indecência, eu tenho de usar meu ex-melhor terno marrom sempre que eu saio agora e isso me irrita...

Após o almoço, fui para o cruzamento de Headington e esperei que o ônibus de Aylesbury me levasse até a casa da tia Lily. Assim que eu subi, perguntei ao cobrador onde eu deveria descer para Lower Farm. Ele não sabia onde ficava. Expliquei que "Lower Farm, Thame Road" era o endereço postal completo: com o que um mui respeitável homem de suíças brancas, da classe de pequenos fazendeiros, exclamou para o cobrador: "Ora, Jarge, você não sabe — é aquela velhinha que vive sozinha". "*Aquela* velhinha!", disse o cobrador. "Sim, é esse aí o lugar", disse eu. O homem de suíças brancas disse "Você vai passar trabalho para chegar lá quando descer": e explicou aos passageiros em geral que eu ia ver "A velhinha que vive sozinha com os dez gato [*sic*]".

O ônibus estava muito quente e sacudindo muito. Depois de um tempo, o cobrador veio e sentou-se ao meu lado, tirando um cigarro de atrás da orelha e comentando "Há uma coisa nessa velhinha, ela é de um tipo muito bom".

EU: "Oh sim. Ela tem suas pequenas peculiaridades, mas é muito decente."

COB.: "Isso mesmo. Eu a conheço muito bem. Há um gato dela que eu estava levando para o veterinário e trazendo todos os dias por um tempo. Mas eu não sei como ela aguenta, morando lá sozinha."

EU: "Ela é muito ocupada. Passa todo o tempo escrevendo."

COB.: "Eu suponho que ela seria muito inteligente, então?"

EU: "Oh sim, muito."

1924

Depois conversamos um pouco mais sobre o trabalho dele e sobre a greve que eles tiveram algum tempo atrás. Quando saí do ônibus fiquei impressionado com o "doce súbito silêncio" na faixa solitária da estrada, o brilho azul sem nuvens e a pálida, quase branca beleza dos campos.

Tia Lily veio me encontrar — parecendo, apesar das diferenças, estranhamente com o que eu me lembro de minha mãe. Seu chalé está agora mobiliado e muito agradável por dentro. As paredes de sua sala de estar são inteiramente cobertas de gravuras — a maioria delas de italianos primitivos. Ela falava da "incrível loucura" da última proposta dos socialistas de dar o seguro-desemprego a todas as crianças que abandonaram a escola — como se isso não fosse simplesmente incentivar todos os piores a se reproduzirem como coelhos. Eu sinceramente concordei com ela. Tivemos uma conversa muito desconexa — tratando quase nada sobre os temas de nossas recentes controvérsias ferozes por carta. Ela disse que achou *Lear* muito doloroso de ler. Conversamos sobre Meredith, inspiração e o sr. Allen. Ela mencionou como algo que muitas vezes esteve em sua mente, o fato de que não podemos ter certeza de que a consciência realmente cessa no que chamamos de corpo morto.

Ela me mostrou as três gravuras que ela há muito havia destinado a mim. As duas menores são uma cabeça desconhecida e uma cabeça de Virgílio: a maior é o Francis de Giotto diante de Honório. Ela está me dando essa porque diz que Honório é um retrato meu. Eu poderia facilmente ver o que ela queria dizer, e olhar para meu retrato pré-natal foi uma experiência muito estranha.[23] Como eu não podia levar todos os três, foi combinado que eu levasse este hoje e voltasse pelos outros dois.

É certamente um magnífico... presente. Eu sou apenas parcialmente capaz de apreciar coisas assim — eu posso captar o incessante efeito decorativo, o prazer sentimental e um pouco do prazer

---

[23] A imagem agora [1933] está pendurada nos aposentos de Clive no Magdalen College; Honório é notavelmente semelhante a como Clive era em 1924. (W. H. L.)

ingênuo no mero ver coisas q. as pessoas para quem foram pintadas tinham nelas. Talvez uma apreciação mais completa venha quando eu tiver vivido com elas. Pouco antes de eu sair, nós entramos em uma discussão sobre o Eu, q. ela considera capaz de coalescer com outros eu ou com o Espírito.

Cheguei em casa segurando minha imagem nos joelhos: ela era tão alta que eu não pod. ver por cima dela... A pobre D estava com a cabeça ruim de novo nesta noite. Cedo para a cama, cachorro cansado.

Quinta, 13 de março: ... Eu... fui de ônibus para o College, para a Sociedade Filosófica. Na sala lindamente apainelada de Ware encontrei Ware (que se revelou ser o homem com quem caminhei vindo da casa de Allen na outra noite) e King.[24] Este último começou a ler *The Crock of Gold* e está satisfeito, embora confuso com ele. Carritt, Ewing, Prece de Magdalen, Rink, Ziman, Fasnacht, Curtis e vários outros entraram. Carritt leu um artigo sobre a "Faculdade Moral": foi bastante desconectado e difícil de seguir. Parecia cansado e distraído.

No intervalo, tive uma boa conversa com Price, principalmente sobre a distinção de essência e existência, com uma digressão sobre a estética de Croce. Olhamos para as coisas de pontos de vista bastante semelhantes. Eu gostaria de ver mais desse homem. Ele abriu a discussão em um estilo que me divertiu — era tão caracteristicamente oxfordiano e "doniano". Talvez ele supere isso. Ele adotou (acho que apenas para fins dialéticos) a linha de que a distinção entre querer, julgar etc, era apenas "sofisticação": que, quando alguém diz que uma pessoa estava com fome, ela simplesmente contemplava uma comida atraente sem "desfrutar", no sentido de Alexander, o ato de querer aquilo. Isso levou a uma boa discussão.

Mais tarde, demonstrei minha "antinomia da razão prática", que também produziu boa disputa entre Allen, Ziman, Rink e eu mesmo. Saí às 11h20 e caminhei para casa ao luar em meia hora...

---

[24] Robert Remington Ware e Richard Henry King estudaram Greats no University College e obtiveram seus BAs em 1925.

1924

Sexta, 14 de março: Passei a maior parte da manhã em meu ensaio sobre o Todo, tentando lidar com a questão de *essentia* e *exisentia*. Após o almoço, lavei a louça enquanto D lavava o cabelo de Maureen. Mais tarde joguei croquet com Maureen pela primeira vez neste ano, o que trouxe muito empolgação para Pat, que observa as bolas rolantes e ressoantes com um sentimento religioso...

Domingo, 16 de março: A pobre D teve uma noite muito inquieta e ainda sofria de náusea e dor de cabeça nesta manhã.

Após o café da manhã, saí imediatamente e, não encontrando ônibus, caminhei para All Souls. Estava uma manhã deliciosa com a estrada cintilando entre as longas sombras e nenhuma neblina visível *per se*, mas um leve azulado e nebulado sobre as árvores mais distantes. A Mesa Alta, em todo o seu vazio inicial, sua limpeza, sua luz e seu espaço era uma coisa para fazer um homem gritar.

Eu fui até os aposentos de Sir John Simon (muito bons painéis de carvalho), q. Beckett usa, e esperei ali lendo *Icarus*, de Russell, até que Beckett voltasse do café da manhã em algum lugar, seguido pouco depois por Harwood. Estávamos todos, eu espero, deleitados com o encontro, e logo saímos para nossa caminhada.

Passamos por baixo da ponte ferroviária e daí para Ferry Hinksey. Eu descobri que Beckett tinha sido um militar de alta patente na guerra, primeiro na Macedônia e depois no Cáucaso, onde teve um comando militar e foi realmente um sátrapa, até condenou um homem à morte — que escapou. De Hinksey, entramos nos campos e subimos a colina que descia até onde estão as três chaminés da fábrica, em Cumnor, e assim pelos Long Leas até Bablock Hythe. Não houve boa *conversa*, mas excelente bate-papo todo o caminho. Em Bablock Hythe, sentamos na grama deste lado do rio e conversamos mais amplamente sobre *Hassan* e se o cinema poderia se tornar uma arte: mas o "chap-chap" da água agitada e a luz do sol são mais memoráveis.

Depois de algum tempo, fomos para Stanton Harcourt, onde almoçamos. Antes de chegarmos, o sol repentinamente desapareceu, o céu ficou branco e um vento frio surgiu. No salão da estalagem, consumimos grandes quantidades de pão, queijo e cidra fresca.

Harwood encontrou um livro encantador aqui — uma *History of Rome* [História de Roma], "relatada em conversas de um pai para seus filhos com comentários instrutivos". As crianças fizeram comentários como "Quão agradável é a piedade filial, Papá!" e "Meu caro senhor, certamente tu foste muito indulgente ao descrever os vícios de Honório como fraquezas".

A seguir entramos no bar (deleitosamente aquecidos depois do salão parecido com uma tumba), onde Beckett conversou com um fazendeiro descontente sobre a cooperação de uma maneira magistral que mostrava o homem de negócios que estava emergindo.

Após examinar a igreja, voltamos bem rápido e chegamos para o chá nos aposentos de Beckett depois de quase 25 quilômetros de caminhada. Eu estava com os pés um tanto doloridos.

Durante o chá, Beckett falou de seu misterioso colega Lawrence. Ele começou o negócio Hejaz e conseguiu um emprego no Ministério das Relações Exteriores, que manteve por um tempo, recusando-se a receber qualquer salário, mas logo desistiu dele. Então obteve sua bolsa de estudos, mas de novo recusou o dinheiro e permaneceu em All Souls, nunca jantando em Hall, e frequentando a Sala Comunal à noite em roupas comuns, falando muito bem quando falava, mas com muito mais frequência silencioso. Agora ele voltou para o exército como um soldado privado de infantaria sob um nome falso. Acredita-se que ele não tenha pessoas próximas a quem falar sobre: nenhum homem é íntimo dele.[25]

Então pedi a Beckett conselhos e informações sobre uma Bolsa All Souls. Eu soube que ela é de apenas £200 por ano e que você nunca pode dormir em qualquer outro lugar em Oxford enquanto você a tiver. Isso a estraga por completo para mim. Ele disse que eu teria "quase certamente" de consegui-la depois dos Greats, mas que minha idade agora estava bastante contra mim. De modo geral, no entanto, ele falou de maneira otimista. Ele achava que Pasley

---

[25]Trata-se de T. E. Lawrence, a quem Lewis conheceu em All Souls, em 11 de agosto de 1922. Em setembro de 1922, Lawrence entrou para a Royal Air Force, mudando seu nome para T. E. Shaw.

tinha m. poucas chances dela. Eu disse que Pasley estava "morto": Beckett disse que achava que ele "ainda estava lutando — lutando muito mesmo".

Eu os deixei e fui de ônibus para casa. D ainda estava se sentindo muito mal, mas não tão ruim quanto de manhã. Foi uma pena que o velho Taylor escolhesse esta noite para nos visitar, embora, do contrário, ficaríamos felizes em vê-lo. Ele ficou para jantar e a conversa variou sobre todas as coisas.

Segunda–terça, 17–25 de março: Durante este tempo, foi uma infelicidade que minha primeira enchente de primavera de "Dymer" coincidisse com uma explosão de produção de marmelada e limpeza de primavera por parte de D, que levou sem interrupção para o empacotamento. Dei um jeito de escrever bastante nos intervalos do trabalho na cozinha e de dar mensagens em Headington. Eu escrevi o todo de um último canto com considerável sucesso, embora o final não funcione. Eu também mantive meu bom humor quase o tempo todo. O penoso trabalho doméstico é excelente como alternativa à ociosidade ou a pensamentos odiosos — o que talvez seja a razão da pobre D acumulá-lo neste momento: como alternativa ao trabalho que alguém deseja fazer e é capaz de fazer (*naquela época* e o céu sabe quando de novo) é enlouquecedor. Não é culpa de ninguém: a maldição de Adão.

Quarta, 26 de março: Levantar cedo e concluir o empacotamento. Partimos de táxi às 11h30 com nossos dois gatos, Pat e todo o resto. Fizemos uma boa viagem. Uma pessoa "alegre" do tipo bufão profissional habitual viajou conosco para Wantage Road. Ele conhece Cranny e contou-nos uma deliciosa história dele dizendo em seu estranho sotaque gorgolejante "Você sabe que estou aqui há tanto tempo que ninguém pensaria que eu era irlandês".

Chegamos em Clevedon[26] muito mais cedo do que esperávamos e encontramos Edie no apartamento, que estivera trabalhando

---

[26] Esta é uma cidade litorânea a oeste de Bristol, em Somerset. Lewis e as Moore passaram férias no apartamento de Mary Askins em "Osborne House", Elton Road, Clevedon, enquanto ela estava nos Estados Unidos.

como escrava ou santa para deixar tudo confortável para nós e nos trouxe presentes comestíveis para alimentar uma guarnição. Fiquei encantado com o apartamento. Ao caminhar para a sala de estar, você se depara com uma janela que lhe dá um quadrilongo de puro mar e céu com nada mais. À medida que você se aproxima, isso é estragado pelo costumeiro píer abaixo: no entanto, o píer não é tão vulgar quanto se pode temer, e o pequeno pavilhão japonês no final é quase bonito às vezes. Durante o chá, Edie nos contou muito sobre Willie e Carrie. Pobre Edie, ela está muito enfraquecida e sua conversa rápida é muito incoerente e bastante semelhante ao "Isso seria muito..." da srta. Bates em *Emma*.

Bem tarde para a cama, m. satisfeito com tudo. D e eu sofremos de resfriados e tosses.

Quinta, 27 de março: ... Eu me dirigi para o leste e quase comecei a me desesperar por ter escapado das ruas residenciais além de Dial Hill quando, de repente, como em uma visão, a coisa toda, por assim dizer, desmoronou diante de mim. À frente havia um gramado liso com um castelo em ruínas no topo — Castelo de Walton, eles o chamavam. A minha direita havia um longo declive de colinas arborizadas com um desfiladeiro súbito através de cuja forma em V eu podia ver o interior da região, plano como uma mesa e azul com a distância. Subi a colina verde a minha esquerda, que é ocupada por um campo de golfe e aberta a todos os homens: essa é a única coisa boa que conheço de golfistas, que impedem que trechos de bom terreno sejam estragados.

Após uma árdua subida sobre a grama esponjosa e cheia de coelhos, com pedras cinzas aparecendo aqui e ali, cheguei ao castelo. Sua aparência e posição são mais como o sonho de um menino de um castelo medieval do que qualquer coisa que já vi. Após ter caminhado por todo o gramado raspado do pátio, entrado na fortaleza sem teto e observado as nuvens correndo pelo círculo de céu aberto no topo, eu saí novamente ao vento e continuei minha caminhada por uma trilha que corre ao longo do topo mesmo dessa longa colina, de modo que eu tive uma boa visão dos vales de cada lado...

1924

Dali pela estrada a minha esquerda até que eu atingi a costa e comecei a voltar para casa através de campos que desciam pelo tojo até a beira da água. Em um campo habitado por dois cavalos e um burro (todos se moviam juntos em intervalos, sincronizando movimentos de maneira cuidadosa), desci quase até as rochas e sentei-me por um momento entre o tojo. Eu estava abrigado do vento. O sol ficou quente. Um grande navio de carga estava ancorado logo abaixo de mim. Eu raramente tive um momento melhor...

Sexta, 28 de março: Minha tosse estava tão ruim nesta manhã e minha temperatura tão abaixo do normal que eu passei o dia na cama. Comi enormes refeições, li um bom tanto de uma tradução para o inglês de *Dichtung und Wahrheit* [Poesia e verdade], de Goethe — q. comecei a ler no original com Kirk muito tempo atrás. Era bastante encantador. Também li o ensaio de Thoreau sobre Walking e seus discursos realmente nobres sobre John Brown: mas eu não consigo dizer o que é que está errado com todo aquele ambiente de Boston. Eu tentei o *White Doe of Rylstone* [Corça branca de Rylstone] e achei o primeiro canto realmente deleitoso, o segundo tolerável e o próximo ilegível.

À noite eu desanimei com respeito a *Confessions of a Young Man* [Confissões de um jovem], de George Moore. Pode ter méritos de estilo aos quais sou insensível. Na *matéria*, é justamente a ideia que qualquer oitentista pedante afrancesado de graduação gostaria de ter de si mesmo. Na verdade, não se pode lê-lo de maneira impessoal. Eu tenho encontrado muitas pessoas exatamente como George Moore, e elas me aborreceram e irritaram igualmente na vida ou em "confissões". Em outras palavras, o livro produziu só aquele efeito q. o autor queria que ele tivesse em pessoas como eu. Mas não significa que a risada esteja do lado dele.

Sábado, 29 de março: ...De manhã fiz alguns trabalhinhos avulsos e então, por sugestão de D, para que agradasse a Edie, caminhei até a igreja para ver o túmulo do Doc. É sem dúvida uma espécie de ofício para os mortos que eu jamais pagaria a alguém por minha livre vontade — "para que toda essa circunstância de vermes?"

Era uma manhã de sol brilhante e vento. A igreja entre as duas colinas do penhasco é de fato bela: embora a fealdade gritante das lápides tumulares — as cruzes, os pergaminhos e os anjos femininos — certamente a estrague.

Casa e almoçar. Depois Maureen e eu passamos pela agência do correio e por uma estrada realmente encantadora até Strawberry Hill... No pequeno vilarejo, ao fundo, Maureen e Pat me deixaram e eu continuei sozinho pelo lado arborizado da próxima colina. Após uma deleitosa subida através de densos e íngremes bosques, saí em um lugar plano e cheio de coelhos pontilhado de tojos e aglomerados de árvores, com um longo caminho verde na encosta da colina. Eu o segui. A minha esquerda ficava o longo vale que me separava do Castelo Walton e suas belas ondulações das áreas de colinas suaves com poucas árvores: à minha direita, uma planície que se estendia até as colinas baixas, mas pontiagudas, azuis, muito distantes. Eu passei por um cavalo que relinchou para mim e rolou de costas...

Domingo, 30 de março: ... Eu... caminhei pela Highdale Road, passando por Strawberry Hill e de East Clevedon até a Court Hill. Aqui eu passei um longo tempo vagando dentro e fora dos bosques em todo este fim da colina. O sol apareceu quando eu estava no topo: o sol irrompeu e de repente mudou toda a paisagem — as copas das árvores pontiagudas dos outros bosques se projetavam como agulhas onde haviam estado planas um momento antes. Tornei-me a cada minuto mais enamorado desta região. A ingrimidade das encostas nas quais eu andava com dificuldade, as árvores escondendo o chão abaixo de mim e a rapidez de minhas mutáveis visões dos vales produziam, em pouco espaço, uma verdadeira sensação de montanha. *Sed omnia nisi vigilaveris in venerem abitura.*[27]

Casa para um chá tardio e depois nós três visitar a srta. Rimington, que Mary chama de "Cães" — uma velhinha agradável com sete gatos que têm nomes bíblicos como Pedro, Moisés e semelhantes. Nós a encontramos em um quarto com vista para o mar de onde

---

[27]"Mas tudo, a menos que você esteja vigilante, vai deteriorar em sexo."

vimos um belo, embora gelado, pôr do sol. Viemos para casa por um deleitoso caminho acima do mar, todos apreciando-o, e tivemos uma ceia real de salsichas, tomates fritos e batatas fritas. À noite trabalhei em "Dymer".

Abril

Terça, 1º de abril: ... Após as minhas atividades, terminei de copiar o canto que será o último em "Dymer" quando ele estiver concluído e me satisfiz muito com ele.

Então comecei *David Copperfield*. Eu li parte dele em Wynyard por volta de 1910 e acho que lembro de um bom tanto. Lembro-me também de quão mais sombrias as partes da Salem House eram quando eu mesmo estava em uma escola não muito diferente dela...

Depois saí sozinho. Eu andei em direção ao Castelo, entre as pedreiras e através do vale. Subi a região da Court Hill no lugar além do alojamento, onde desci no outro dia e continuei ao longo do topo perto dos postes de telégrafo. Nuvens imensas continuavam rolando da direção de Bristol, e eu era alternadamente alcançado por uma chuva com granizo e por rajadas de sol brilhante — durante as quais a grama e o musgo nas áreas de colinas suaves com poucas árvores assumiam mais uma aparência de joia verde brilhante como nunca vi em toda a minha vida. Uma vez eu tive de me refugiar em um pequeno bosque. Cheguei ao acampamento de Cadbury, q., como acampamento, não deve ser comparado ao de Malvern. Mas a paisagem de lá é maravilhosa: as colinas galesas (agora muito mais próximas), o canal, Avonmouth e mais colinas, e um vale plano como uma panqueca alcançando os Mendips à minha direita. Os azuis e os pálidos, os verdes pálidos quase amarelos e os vermelhos eram quase inimagináveis — e mudavam a cada minuto com o movimento das nuvens.

Vim para casa ao longo das colinas, todo o caminho em grande deleite e, chegando às 10 para 6, encontrei o apartamento vazio e tomei chá sozinho. Li *David Copperfield* até a hora do jantar e depois dele. Na hora do jantar, D foi chamada para descer a fim falar com uma sra. Clarke, que mora no apartamento abaixo. Nós chamamos a ela e a sua filhinha de *Gollywogs*[28] por conta de seu penteado sem precedentes...

Sábado, 5 de abril: Pelo correio da manhã, chegou uma carta de Wilkinson dando-me alguns trabalhos de exame em julho — Deus seja louvado:[29] também as provas de 'Joy" do *The Beacon*.[30] Depois do café da manhã, eu devolvi as provas, respondi a Wilkinson e escrevi para Carritt pedindo um depoimento e também fiz minhas atividades comuns.

À tarde caminhei com Maureen até Castelo Walton e entrei no bosque que ficava abaixo dele, onde eu não fiz nada (consideravelmente pouco entediado) enquanto ela apanhava prímulas e violetas brancas. Há tão poucas no bosque neste ano que parece cruel colhê-las. Então descemos para Walton-in-Gordano e voltamos para casa pelo caminho da praia. Estava ensolarado e muito quente, sem vento, e nos sentamos por algum tempo na minha alcova recentemente descoberta. Depois do chá, os outros foram ao adro da igreja: fiquei contente por não ter sabido no bosque para que finalidade essas flores estavam sendo colhidas.

Caminhei pelas ruas esquálidas além da estação para interrogar o pessoal do gás, explicar que Mary estava na América e que pagaria

---

[28]Parece ser uma variação de *golliwog*, que, originalmente, era uma boneca, personagem de livros infantis de Bertha Upton, ilustrados por Florence K. Upton, que a mostravam de forma grotesca. Na Inglaterra, o termo era usado para referir-se a uma boneca macia com roupas brilhantes, rosto negro e cabelos encrespados, de modo geral feita de trapos ou roupa velha. Pode ser também uma maldosa junção das palavras *golly*, maneira como especialmente os negros americanos se referem a Deus, e *wog*, um termo em extremo ofensivo para referir-se a pessoas que não sejam brancas. [N. T.]

[29]Cyril Hackett Wilkinson (1888–1960), vice-reitor do Worcester College (1920––1947), era o secretário de Oxford da Junta de Exames das Schools de Oxford e Cambridge e aquele a quem Lewis tinha de reportar-se para os *Certificates School*.

[30]"Joy" foi publicado em *The Beacon*, vol. III (maio de 1924), pp. 444–51. Esse foi provavelmente o primeiro trabalho que Lewis publicou sobre alegria como um desejo intenso, a experiência que se tornaria o tema de *Surpreendido pela alegria*.

sua conta quando voltasse em maio. D estava preocupada de que eles pudessem de repente cortar nosso gás por causa dos pecados dela. Muito mais quente hoje à noite.

Domingo, 6 de abril: Pela primeira vez desde que chegamos, não houve vento nesta manhã. O canal era vítreo, afilando-se na névoa sem linha de horizonte: e havia a luz do sol por toda parte, embora levemente embotada pela névoa, e prometendo um dia quente.

Após as atividades habituais (ou seja, "correr" com Pat antes do café da manhã, buscar terra para os gatos, limpar a banheira e limpar batatas), sentei-me na sala da frente. Trabalhei por alguns minutos em um novo Canto VII de "Dymer" e examinei minuciosamente os *Sonnets from the Portuguese* [Sonetos dos portugueses], da sra. Browning. Eles pareciam muito bons, e eu não senti a menor inclinação para ler um deles até o fim. Passei o resto da manhã no *The Sunday Times* e em *David Copperfield*. As partes de Dora são odiosas...

D dissera na hora do almoço "Vamos tomar chá num bom momento hoje" e como eu em particular desejava, e tinha desejado o tempo todo, levá-la para fora antes que a luz do sol se fosse, interrompi minha caminhada e cheguei em casa pouco depois das quatro. No entanto, D estava escrevendo cartas quando cheguei e só tomamos chá após uma hora. Depois nós todos saímos e D deu uma passada rápida para dizer algumas palavras à srta. Rimington. Maureen, Pat e eu nos sentamos na arborizada margem oposta por cerca de meia hora até que o sol se pôs e estava ficando frio. Quando D finalmente reapareceu, descobri que ela e "Cães" estavam falando sobre esse assunto perene, o egoísmo de Grace e Rob e os sofrimentos de Edie...

Terça, 8 de abril: Uma manhã ventosa. Após buscar argila para os gatos e um balde de água salgada da praia para o pé de Maureen — a quarenta degraus para esse apartamento —, fui até Rowles, o comerciante de carvão, e descobri que eles pod. não entregar hoje, levei para casa a terça parte de um peso de cem nas costas. D tinha decidido ir a Bristol hoje, então almoçamos quase tão logo eu terminei de carregar o carvão. Maureen diz que eu a lembro de Christian com seu fardo em Bunyan. Ela e D partiram depois do almoço e eu lavei a louça...

Tomei chá e comecei a trabalhar em "Dymer" e fiquei muito satisfeito, embora agora pense que estava escrevendo lixo. Eu tinha terminado *David Copperfield* no início do dia. Estou muito feliz por ter desistido dele. Eu acho que as partes ruins superam as boas. A estabelecida risibilidade de Micawber etc. é muito mecânica e realmente acho que serve apenas para crianças. As partes boas de verdade são as pequenas trivialidades semidivertidas e o cenário da cidade — mas a tempestade é boa. Que pena que seja apenas a abertura para tal conversa vazia!

Li alguns dos ensaios de Alice Meynell — m. bons mesmo — e comecei a colocar cortinas na cozinha. Os outros voltaram antes que eu terminasse. Um apartamento é o pior lugar para se ficar sozinho, e nossos jantar e noite animados foram um contraste agradável.

Quarta, 9 de abril: ... Foi um dia de sol brilhante alternando com chuviscos de granizo. Eu andei pela estrada para Walton-in--Gordano e subi a colina que fica além dela. Eu estava então de imediato em uma região desconhecida e devido à curva da colina não podia ver muito à frente. Eu estava sob um céu tão brilhante de azul e branco como eu já vi. A minha direita vi uma sucessão de cordilheiras como ondas — seus vales intermediários eram invisíveis — ficando mais azuis à medida que recuavam para o horizonte e dando uma sensação de enorme espaço.

Mais uma vez fiquei impressionado com o brilho quase onírico da paisagem — o transparente verde arsênico da grama, o vermelho brilhante da argila. O pequeno círculo de horizonte que eu via do topo aumentou enquanto eu me movia e o começo disperso de um bosque começou a se destacar acima dele. Eu passei pelas cercanias para um pequeno caminho vermelho com as árvores muito próximas de cada lado — serpenteando a cada minuto de modo que eu nunca conseguisse dizer aonde estava indo. O intenso silêncio (uma vez quebrado por um gaio) aumentou minha empolgação.

1924

O caminho gradualmente me levou para a esquerda e para fora do bosque atravessando um campo até a Portishead Road.

Aqui me deparei com uma vista esplêndida. A metade mais próxima do canal estava num sol brilhante e nela estava um grande navio de carga a vapor com todas as suas sombras muito nitidamente destacadas. Cerca de dois quilômetros depois havia uma enorme nuvem colorida de poeira com bordas muito irregulares, no próprio ato de chocar-se com a água: atrás dela a costa galesa, miraculosamente próxima, com bosques e as divisões de campos visíveis como nunca antes. O vento já estava rompendo a meu redor e os bancos de areia no meio do canal tinham um amontoado branco de espuma ao redor deles.

Eu caminhei ao longo da Portishead Rd. até que encontrei outra correndo para o interior a minha direita, para a qual me virei. Quando cheguei ao topo da colina tive uma súbita visão das colinas e dos vales à frente, todos caóticos sob esse novo ângulo — e sugerindo vales muito maiores entre eles do que realmente são.

A essa altura a primeira chuva leve estava passando por mim. Logo cheguei a um aviso "Para a White Harte Inn" e exatamente ali encontrei um chalé em ruínas onde me abriguei. Não havia nenhum teto. Um coruchéu estava densamente coberto de hera e havia sarças no canto oposto. Eu consegui um assento muito confortável na lareira. A chuva virou neve. A coisa toda — o vento impetuoso, a visão de um antigo pomar emoldurado por uma das janelas vazias, os patos no fundo do pomar e os grandes flocos de neve flutuando sobre meus pés enquanto eu me sentava no maior conforto — tudo pode ter sido arranjado para se adequar a meu gosto nos mínimos detalhes. A neve derreteu assim que caiu. Depois de cerca de um quarto de hora, o sol ficou mais brilhante do que nunca.

Os vários deleites de minha caminhada para casa — por Weston--in-Gordano, subindo a colina até o mesmo bosque em que comecei e para casa pelo caminho do mar, são extensos demais para serem descritos. Tudo foi tão bom quanto pode ser em qualquer lugar ou a qualquer momento: e durante toda a tarde eu estava embebido na mera visão e livre de todo pensamento e desejo...

Quinta, 10 de abril: Atividades e escrita do diário de manhã. Eu li "Dymer" VIII[31] e fiquei mais satisfeito do que quando o escrevi...

Edie desceu hoje e foi com D e Maureen ao cemitério da igreja. Ela não teve tempo de vir para o chá — embora eu as tenha visto conversando na porta por um espaço que me serviria para o chá. D e Maureen saíram de novo depois do chá.

Sentei-me na sala da frente trabalhando em "Dymer" VII — com mais sucesso do que antes, mas não muito bem. Eu sempre assumi que poderia voltar para meu negócio romântico Avalon--Hespérides-Ocidente sempre que eu quisesse. Agora que preciso, eu acho a coisa difícil...

Sexta, 11 de abril: ... Fiz uma caminhada pela colina além de Walton. No bosque cheio de azeda, onde encontrei um galo faisão, tive um momento maravilhoso de memórias indefiníveis. Comecei *Além do bem e do mal*, de Nietzsche.

Sábado, 12 de abril: Atividades pela manhã. Após o almoço, comecei a fazer um novo começo em "Dymer" VII — desta vez, com muito mais esperança. Houve chuva e um maravilhoso céu tempestuoso o dia todo...

Mais Nietzsche. Até agora não há nada de novo — apenas aquilo em que o egoísta comum sempre acreditou e agiu de acordo. Eu tive um sonho ontem à noite. Eu saí com W e vi uma lua do tamanho de uma catedral rolando rapidamente ao longo do céu. Embora brilhasse intensamente, não lançava luz sobre a paisagem, que permanecia um perfeito espaço vazio negro, exceto pelas silhuetas que surgiam sucessivamente contra a lua em movimento. Havia ruínas, vergas de rocha e cruzes. Nós estávamos subindo entre poços e coisas quebradas. Foi-me dado a entender que era o fim do mundo e havia uma grande sensação de sublimidade e grande medo por tudo aquilo.

---

[31] i.e. IX. (C. S. L.)

1924

Domingo, 13 de abril: Hoje a casa foi virada de cabeça para baixo pela manhã a fim de preparar a chegada de Ruth e Willie. Após o almoço, saí com Pat e fiquei encharcado de chuva, embora protegendo-me por muito tempo em uma deleitosa caverna na praia. Casa e encontrei os convidados já aqui. O resto do dia é um pesadelo de lavar coisas gordurosas, vozes que nunca cessam, roupas molhadas, dor de cabeça, atividades de empregada doméstica e calor intenso. Eu "desabei" no sofá por volta das duas e quinze — frio e cansado. Pobre D, estas são as "férias" dela! Willie tem muitas qualidades excelentes. Sua fala é de bois e bispos.[32]

Segunda, 14 de abril: Acordei sentindo-me como se tivesse estado em uma orgia por uma semana. Lavei tudo depois do café da manhã e desci para o comerciante de carvão, esperando ter de levar carvão para casa. Felizmente eles concordaram em enviar hoje. Casa e atualizei meu diário. Almoço muito tarde, e eu lavei tudo depois dele e do chá q. se seguiu de imediato. Os convidados partiram depois. M. cansado a noite toda.

Quarta, 16 de abril: Os outros foram até Bristol em um ônibus bem cedo. Enchi a caixa de argila que tenho, levei Pat para uma corrida, levei os cobertores de volta para a srta. Rimington, fiz compras, limpei a banheira, lavei as coisas do café da manhã e comecei a escrever por volta das doze e quinze. Eu me saí melhor, mas, assim que chego à parte do diálogo, a velha dificuldade surge — um pequeno e duro grânulo irredutível de narrativa conectada que de algum modo deve ser transformado em um final em si mesmo.

Almocei por volta das duas, alimentei os animais, escrevi um pouco mais e saí às 3h30 ao longo da costa com Pat, encontrando muitas máquinas de imersão e perdendo tempo de modo que só cheguei em casa às 6h15. Comecei *Erewhon*, que é muito divertido.

Sexta, 18 de abril: Neste dia, W chegou de Colchester de motociclo, tendo passado a noite em Oxford. Eu havia me proposto a

---

[32]No original "His talk is of bullocks and bishops". Referência à passagem bíblica contida no Eclesiastico, 38:26. [N. T.]

ir encontrá-lo em Bristol, mas, como era Sexta-feira Santa, não havia como ir lá. Isso eu descobri na quinta e enviei-lhe um cartão dizendo-lhe para me pegar entre as duas e as quatro horas em Clapton-in-Gordano.

Saí logo após o café da manhã para ir a esse encontro. Foi um dia glorioso e brilhante, e nunca me senti melhor na minha vida. Caminhei até East Clevedon e subi pelos bosques em Court Hill, daí ao longo do topo de Cadbury Camp, onde comi uma maçã e deitei-me para um cigarro no dique do campo. A caminhada até Clapton foi adorável além das expectativas: através de plantações de abeto muito jovens em uma paisagem ainda mais brilhante do que todas as outras que vi aqui.

No *pub* solitário de Clapton, comi meus sanduíches e tomei uma caneca de cerveja, e embora eu não tenha estado muito tempo ali a conversa dos aldeões incluiu um infanticídio e um ataque indecente.

Esperei por W. no vilarejo por duas horas — muito pouco entediado, pois era um lugar bastante satisfatório. Ele consiste em uma vereda de corte profundo com margens de primuladas e um córrego ao lado, alguns chalés, uma casa paroquial com uma residência de portão acastelado e uma igreja em uma pequena colina. Foi aqui que finalmente encontrei W, sentado debaixo de uma árvore. Ele havia ido até East Clevedon antes de pensar em procurar por Clapton e então voltar: assim entrou no vilarejo a partir do fim de casa, não do fim de Bristol, onde eu naturalmente procurei por ele. Ele está mais gordo do que nunca. Tomamos chá na aldeia e eu voltei para casa no *sidecar*.

Sábado–sábado, 19–26 de abril: A visita de W foi, no geral, um momento agradável: embora sempre haja pequenos desconfortos quando alguém além de nós está na casa. Maureen partiu no sábado para ficar com Valerie Evans em Chipping Norton. O costume de nossa vida era assim. De manhã, eu fazia minhas atividades habituais e compras, se necessário, e depois saía com W e Pat, geralmente ao longo da costa, parando para mergulhar numa enseada e

1924

parando para cerveja no Pier Hotel, na viagem de regresso. Eles têm lá uma das melhores cervejas que eu já bebi.

À tarde, W geralmente lia: eu com frequência saía para pegar alguma coisa, ou mesmo ler e escrever. Após o chá, nós três fomos fazer um excelente passeio em clima encantador. Atravessamos Yatton e Wrington até os Mendips, passando à vista de Winscombe, bem-amado por D — um campanário na encosta de uma colina visto por um momento no coração de uma bela longa sulcada, arborizada, *tortuosa* região. Depois, corremos através de um pequeno desfiladeiro até a encosta meridional sul dos Mendips e descemos até as pequenas ruas estreitas e as casas que se salientavam de Axbridge — glória! que cidade e como está localizada!

Daí para Cheddar por uma estrada que contorna as colinas. Aqui vi muitos campos e árvores bastante embranquecidos com florescência e margaridas. Em Cheddar, avistamos o desfiladeiro à nossa esquerda de maneira muito inesperada: e então, enquanto eu ainda estava com uma impressão confusa — a velocidade de um motociclo às vezes é uma grande vantagem estética —, W de repente se virou e correu para cima. Deitei de costas no *sidecar* e observei os imensos penhascos coloridos se aproximando mais e mais perto, até que parecia que estávamos entrando em um túnel. Eu estava completamente despreparado para qualquer coisa do tipo. Foi um grande momento.

Retomamos nosso caminho e fomos para Wells. Pouco antes de chegarmos lá, viramos à esquerda em uma placa de sinalização "Para Wookey Hole" a fim de encontrar algum *pub* tranquilo onde nós pod. comer nosso almoço. A vereda serpenteava tão longamente que começamos a temer que Wookey Hole[33] fosse uma característica da natureza, uma poncheira do diabo ou coisa parecida, e não um vilarejo. No entanto, revelou-se um vilarejo, com um *pub* onde

---

[33] É um vilarejo no sudoeste da Inglaterra, em Somerset, perto de Wells: conhecida pela caverna de calcário nas proximidades na qual vestígios pré-históricos foram encontrados. [N. T.]

nos sentamos em um banco curiosamente desconfortável, comemos nossos sanduíches e bebemos cidra. Então voltamos para Wells, onde W foi multado em 6d. por deixar a bicicleta na Wells Square pelas autoridades da cidade, que, no entanto, "não assumem responsabilidade de qualquer tipo" por isso.

W ficou encantado com o exterior da Catedral, mas menos agradado com o interior. Eu acho que concordei com ele. Também concordei com a opinião dele de que King's Chapel, Cambridge, é o prédio perfeito. Então passeamos ao redor do Palace falando de todas as coisas que surgiram — Barchester, abades, táticas medievais de cerco. Nossas tranquilidade, liberdade e conversa agradável tornaram essa visita a Wells muito melhor do que a minha primeira, quando vim aqui no passeio de carro com meu pai e os Hamiltons.[34] Sob muitos aspectos, W é a pessoa ideal com quem fazer uma excursão...

Foi pouco antes da chegada de W que recebi uma longa carta de Baker, dando-me notícias dele, e dizendo que era evidente que havia algum mal-entendido considerável entre nós — q. ele também havia deduzido de sua conversa com Pasley. Disse que escreveu para D no momento da morte do Doc e então, mais tarde, para mim, e não tinha tido resposta para nenhuma delas. Eu estava em dúvida considerável sobre como responder a ele. Minhas únicas alternativas pareciam ser silêncio, aceitação insincera de seu relato com reservas mentais de minha parte ou toda a verdade.

No final, escrevi aceitando sua explicação (o.s., que ele havia enviado cartas embora eu nunca as houvesse recebido), mas acrescentando que essa era apenas a ocasião de minha frieza: as verdadeiras razões eram certas qualidades nele com q. eu estava ficando cada vez mais descontente. Expliquei sem rodeios quais eram, adicionando, ao mesmo tempo, que eu esperava que nós consid. possível retomar nossa antiga amizade.

---

[34]Esse passeio de carro é descrito na carta de Lewis a Warnie de 7 de agosto de 1921 e se encontra nas *Letters of C. S. Lewis*, pp. 142–156.

1924

No sábado, dia 26, todos voltamos para Oxford. Foi arranjado que eu t. de viajar no *sidecar*. Era óbvio que um de nós t. de fazê-lo para economizar passagens e D, é claro, se recusou. Portanto *trenzei* com ela para Yatton e a vi embarcar em um trem para Bristol com a bagagem, e W, Pat e eu subimos a bordo da moto. Quando estávamos nos aconchegando do lado de fora da estação de Yatton, um cesto grande, q. tinha acabado de ser retirado do trem, foi aberto de repente do nosso lado para liberar uma nuvem de pombos que enchiam o ar com um barulho surpreendente antes de sabermos o que estava à frente. Foi uma experiência curiosa, porque eu não suspeitava que o cesto grande contivesse qualquer coisa viva. Estava chovendo quando começamos, mas logo clareou. Entramos na estrada principal pouco antes de Wrington e em Bristol por Bedminster...

De Faringdon, seguimos em uma velocidade muito boa através de Bickland, Kingston Bagpuize, Fyfield, Bessels, Leigh, Cumnor e Botley até Oxford. É uma região humilde, bem aplainada, alegre, com bosques crescentes e bem-ordenados, portões brancos, estradas escuras asfaltadas, chalés confortáveis, às vezes etraordinariamente [*sic*] bonitos, sebes verdes e distâncias azuis planas. A velocidade, a luz do sol e a sensação de voltar para casa me colocaram em uma situação invulgar e prolongada de "alegria". Em casa por volta das cinco para encontrar D muito bem, embora após uma viagem bastante desconfortável. Maureen apareceu às oito horas. À noite apresentei W aos poemas de W. de la Mare e fiz dele, penso eu, um convertido.

Domingo–quarta, 27–30 de abril: W saiu de bicicleta para Colchester logo após o café da manhã, sob chuva torrencial. Sua partida me deixou inquieto e perturbado por cerca de uma hora — é ruim para mim entrar no modo de viver com qualquer pessoa que tenha lazer, dinheiro e tranquilidade de mente — até que voltei a meus sentidos e me alegrei o suficiente para me reacomodar à nossa vida normal. Sempre há um prazer em estar conosco mesmos depois de alguém ficar aqui por um tempo.

No decorrer dos dias que se seguiram, recebi um convite para jantar em Trinity e também um misterioso telegrama do Mestre pedindo-me para ir a seu alojamento às 9h30 da segunda à noite "para encontrar Farquharson e Carritt".

Pat ficou muito doente, Gillard veio um dia e declarou que era doença valvular do coração e lhe ordenou uísque. Nessa época, comecei a usar o sótão (onde Ada costumava dormir) como um estúdio. Eu terminei e passei a limpo o Canto VII de "Dymer" e assim, pela primeira vez, havia realmente um texto da coisa toda em existência. Interrupções domésticas (culpa de ninguém) tornaram impossível que eu tivesse oportunidade de ler tudo de uma só vez: mas mesmo sem isso, eu logo percebi que havia algo errado. Não tem unidade. Cheguei à conclusão de que o Canto VI t. de ser alterado e comecei um novo.

Maio

Domingo, 4 de maio: Jantei em Trinity nesta noite. Fui primeiro à casa do Presidente e ele me levou até Hall.[35] Suas maneiras foram bastante repulsivas no começo, mas eu penso que de maneira não intencional, e ele melhorou mais tarde. Descobri que ele conhecia meu antigo mestre em Malvern, H. W. Smith, "Smugy" de abençoada memória: mas não consegui convencê-lo a falar muito sobre ele.[36]

Formávamos uma mesa muito cheia. Falei com meu vizinho, que era um cientista recém-importado de Cambridge e aparentemente um sujeito agradável: também com quem estava diante de mim, que é seu tutor de direito — um homem muito moreno, de pele lisa, inteligente, risonho e serpentino de quem eu não gostei.[37] Ele era, no entanto, muito agradável.

Na sobremesa, eu fiquei ao lado de Pritchard, que condenava Jane Austen, ou melhor, a vida apresentada por Jane Austen, por sua

---

[35] O reverendo Herbert Edward Douglas Blakiston (1862–1942) foi presidente do Trinity College, Oxford (1907–1938).
[36] Lewis presta um belo tributo a Harry Wakelyn Smith (1861–1918) no cap. VII de *Surpreendido pela alegria*.
[37] Philip Aislabie Landon (1886–1961).

1924

estreiteza e trivialidade. Eu, e um homem muito agradável com um braço, tentei defendê-la e objetei que era preciso usar a imaginação histórica para superar isso, como se faz para superar os vícios em Platão. Mas nós não avançamos muito.

Fomos então tomar café e fumar em um aposento superior, pois o Presidente não permitiria fumar na Sala Comunal. Aqui eu conversei com o Tutor de Mods sobre Mods, Poynton, Bailey e Myres, que esse homem conhecera no mar Egeu. Um homem idoso do clero e com licor veio e sentou perto de mim (Patterson, Tutor sênior)[38] e, após me confundir com outra pessoa, descobriu que eu era da Univ. e disse "Ah...! então você vai conhecer meu querido amigo Farki". Ele começou a me contar como a filha de Farki acabara de ser demitida de um hospital de Londres por alimentar uma criança que tinha diabetes com bolo de ameixa sob acusação de homicídio. Ele também nos contou algumas histórias das cartas de Jeremy Bentham.

Depois dele veio Kirk, capelão deles.[39] Conversa se tornou genérica. Falamos de Dickens e da graça *Benedictus benedicatur*, q. ninguém p. traduzir. Saí após uma noite muito agradável e descobri, quando cheguei ao ar livre, que eu não estava muito sóbrio.

Segunda, 5 de maio: Gastei a manhã trabalhando em uma nova versão de minha "Hegemonia dos valores morais" para *Mind*. D e eu levamos Pat para uma caminhada tanquila em Cuckoo Lane, depois do chá.

Após o jantar, fui de ônibus até o College e encontrei Carritt e Farquharson com o Mestre. Este último colocou diante de mim a proposta que eu pod. assumir parte do trabalho de Carritt durante o próximo ano, q. Carritt iria passar na América. Ele disse que reconheceu que deve haver duas coisas em minha mente: o trabalho de

---

[38] Melville Watson Patterson (1873–1944) tornou-se membro do conselho da Trinity em 1897 e foi vice-presidente e tutor sênior até sua aposentadoria, em 1938.
[39] O reverendo Kenneth Escott Kirk (1886–1954) era capelão e palestrante de Teologia no Trinity College (1922–1933), professor de Teologia Moral e Pastoral, cônego da Christ Church (1933–1937) e bispo de Oxford (1937–1954).

Trinity e a última possibilidade de uma Bolsa na Univ: mas talvez, para o momento, façamos melhor em deixar isso em suspenso e sem preconceito. Disse que, para mim, tudo se resumia a uma pergunta "Eu assumir esse trabalho envolve a retirada de minha candidatura para Trinity?" O Mestre disse que ninguém havia cogitado fazer tal exigência. Se a Trinity me elegesse, era bem possível que pod. não objetar que eu também fizesse meu trabalho na Univ.: se eles objetassem, a Univ. pod. me liberar. "Ou", acrescentou Carritt, "se você, embora Trinity o permita, achar muito o trabalho duplo".

Agradeci-lhes por tomar uma atitude tão liberal e disse que removeu a única objeção que eu pod. ter. Então seguimos para as finanças, e o que entendi depois de muitas convoluções da língua de Farquharson foi que eu pod. ter por certas £200 para o ano, no mínimo. Escusado será dizer que concordei com tudo e saí por volta das dez. Foi combinado que eu deveria lecionar duas vezes por semana no próximo semestre.

Terça, 6 de maio: Trabalhei de novo em meu artigo de manhã. Após o almoço e minhas atividades habituais, fui tomar chá com Robson-Scott em seus aposentos, em Beaumont St. Foi exatamente o que aconteceu da última vez: estávamos entrando em uma conversa realmente interessante quando chegou seu amigo Bateson. Não consigo imaginar por que Robson sempre insiste em convidar esse jovem prodígio a me encontrar. Conversamos sobre Yates, W. de la Mare, Walter Scott e Marlowe: fiquei contente em achar isso de muito bom em Bateson, que ele realmente sente a velocidade e a origem do verso branco de Marlowe.

Algum tempo depois, ele observou que, à medida que progrediu, encontrou seu interesse por um poema centrado mais e mais no autor. Eu disse que me parecia inconsistente com a verdadeira experiência estética. Em alguns minutos, por alguma circunlocução que não consigo lembrar, ele estava dizendo que o desfrute de um poema consistia em entender, observar e analisar o efeito que tinha sobre quem lia. Disse que, sobre minha base de mero desfrute alógico

1924

direto, alguém pod. nunca provar que uma coisa era boa — alguém pod. dizer apenas "eu gosto disso".

Perguntei-lhe se era possível provar o bem sobre a base que ele propôs: a q. ele deu a odiosa resposta "Pode não ser *possível*, mas é mais *fácil* do que sobre a sua". Perguntei-lhe se esse prazer (de análise etc.) não pod. se derivar tão bem da má poesia quanto da boa: com o q. a princípio ele concordou, mas depois disse que os efeitos a serem analisados eram mais complexos e intensos no caso da boa poesia. Perguntado como seu prazer poderia ser chamado de prazer da poesia, ele disse "Porque a poesia é necessária para isso". Perguntei-lhe se oxigênio, digestão e outras coisas não eram assim necessárias. Ele acabou dizendo que, de qualquer modo, outras pessoas sentiam como ele, como W. Pater e J. A. Symonds: então eu suponho que esses sejam seus deuses. Escusado será dizer que ele é um seguidor, ou acredita ser um seguidor, de Croce, e não se preocupa quase nada com a natureza.

Casa por volta das oito depois de passar na Associação para retirar Leibnitz [*sic*].[40]

Quarta, 7 de maio: Passei a manhã em meu sótão lendo a *Monodalogia*, o primeiro livro de *Novos ensaios sobre o entendimento humano* e o *Sistema novo da natureza e da comunicação das substâncias e outros textos*, de Leibniz. Há mais sutileza nele do que eu esperava.

Após o almoço, tive tempo de varrer a cozinha, sacudir os capachos e fazer minhas outras atividades antes que Ziman, que realmente forçara o envolvimento comigo, aparecesse para me levar para uma caminhada. Seguimos pelo caminho do campo até a estrada, a casa de Stowe Woods até Elsfield etc. Estava um dia lindo e um belo pedaço da região — céu azul e branco, cucos por toda parte e inúmeras cores nas cercas vivas. Eu não acho que Ziman se importasse dois níqueis com isso, embora ele fosse capaz de *falar* bem o

---

[40]Lewis estava começando a receber suas aulas de Greats antes de começar a ensinar em outubro de 1924.

suficiente sobre um efeito de nuvem que eu mencionei. Afinal, eles lhes ensinam isso aqui.

À força de tomar tudo firmemente *au pied de la lettre*, eu logo o induzi a deixar de ser esperto e alguma conversa surgiu. Chegamos em casa e [tomamos] chá: depois sentou-se comigo até as 7h30, conversando sobre o que chamava de "felicidade" pelo q. aparentemente queria dizer minha "verdadeira alegria", e de muitas outras coisas. Não é um mau sujeito, mas que desperdício de uma tarde!

Quinta, 8 de maio: Esta noite para a Sociedade Filosófica da Univ. depois do jantar para ouvir McMurray de Balliol ler um artigo.[41] Ele é sucessor de Lindsay, um escocês, com uma mente que me parece curiosamente perversa.

O juízo moral para ele é antes de tudo o juízo "Isto é mal", q., uma vez que ele é um bradleyano, significa "o todo é tal que isso é mal", e ele encontra uma dificuldade sobre o universo ser logicamente coerente e moralmente incoerente. Uma boa discussão depois.

Domingo, 11 de maio: Uma curta caminhada até Stowe Woods com Pat pela manhã. Lavei a louça após o almoço e li Malory pela primeira vez desde que eu tinha dezesseis anos. Li o livro sobre Balin e Balan, e, embora eu tenha muitas vezes chamado Malory de "sonhador" em um sentido descuidado, agora vi pela primeira vez quão estritamente como um sonho toda a cena no castelo do rei Pellam é, e, de fato, toda a história das inexplicáveis culpa e má sorte sobre-humanas de Balin. Eu o apreciei enormemente.

Segunda, 12 de maio: ... Lavei tudo etc. após o almoço, tranquei a casa e desci para os aposentos alugados de Ewing, em Iffley Road — ele me convidou, por meus pecados, a andar com ele. Fomos a Iffley e voltamos. Perguntei-lhe se ele sofria periodicamente, como eu, de uma sensação da futilidade do aprendizado: ele não tinha noção do que eu queria dizer. Ele disse que Price (de Magdalen) era um

---

[41]John Macmurray (1891–1976) foi tutor de Filosofia no Balliol College (1922–1928) e professor de Filosofia da Mente e de Lógica da Universidade de Londres (1928–1944).

1924

homem perigoso para a esperança de Trinity, pois lhe convidaram para jantar lá. Eu disse "Não serão todos os candidatos convidados?". Ele respondeu "Oh, caro, não, só os que estão na disputa". De volta para o chá em seus aposentos e uma longa conversa sobre o teísmo. Não sei como é que Ewing consegue falar tão bem e, no entanto, nunca interessar a alguém.

No caminho de volta, passei para ver a srta. Featherstone porque D tivera um pesadelo com ela na noite anterior. A srta. F disse que o sonho era pós-datado, pois esteve muito doente há cinco semanas, mas agora estava melhor. Ela tem um ótimo coração...

Terça, 13 de maio: Passei a manhã no sótão lendo a nova versão de meu artigo "Hegemonia", que estou enviando para *Mind* e alterando o final. Também escrevi algumas estrofes de "Dymer" VI.

Após o almoço, saí com Pat e passei pelos loteamentos para Quarry, daí subi para Shotover e desci para Pullen's Gap, q. é agora um mar de verde e branco. Estava um radiante dia quente com uma infinita sucessão de nuvens cruzando o céu. O chão coberto de campânulas azuis e alguns tojos, embora muito menos brilhante em cor do que em Clevedon...

Quinta, 15 de maio: Fui à cidade fazer compras de manhã e sentei-me por um longo tempo na Associação, lendo *Suggestions in Ethics* [Sugestões em ética], de Bosanquet, q. eu retirei por causa da linda passagem sobre o Absoluto comendo de sua mão. Bosanquet tem aparentemente o ponto de vista certo sobre a maioria das coisas... mas é um pouco confuso.

Casa novamente, almoço e tarefas domésticas, e então para o sótão, onde eu trabalhei em Locke (com um intervalo para o chá) até o jantar.

À noite eu li o *Right Royal* [Direito real], de Masefield, com intenso prazer e empolgação — mas sem dúvida, não se pode dizer realmente que vale a pena até que seja relido sem a empolgação.

Domingo, 18 de maio: Um lindo dia de verão. Após o café da manhã, D teve a súbita ideia de que nós mesmos deveríamos colocar linóleo na cozinha em vez de esperar Knight vir e fazê-lo — por quê, eu não sei. Durante todo aquele dia quente, que terminou em uma tempestade, passamos trabalhando de joelhos na cozinha, com intervalos curtos para refeições bastante esquálidas na área de serviço, até as dez e meia da noite. Então fomos para a cama.

Segunda, 19 de maio: D muito cansada e mal-humorada hoje. Fui para a cidade após o café da manhã e fiz compras para ela. Apressei-me para casa e fui imediatamente mandado para Headington com outra mensagem: quando voltei, D se virou contra mim de maneira bastante selvagem por eu ter esquecido de levar Pat comigo. Não respondi, sabendo que estava em meu poder falar ou não falar, mas temendo que, se eu começasse, poderia dizer coisas lamentáveis. Na prática, porém, acho que meu silêncio tinha uma aparência indelicada e zangada, e não era realmente a linha correta a seguir. Pobre D — eu provavelmente fiquei tão mal ou pior pelo resto do dia, embora sinceramente tentasse não ser desagradável. Tenho medo de ter uma bom tanto da natureza infeliz de meu pai em mim.

Após o almoço, a irritação nervosa dentro de mim chegou a tal ponto, e meus pensamentos tornaram-se tão irresponsáveis, tolos e tão fora de controle, que por um momento fiquei realmente com medo de estar entrando em histeria.

Passei a tarde terminando o trabalho de linóleo na cozinha: outro dia quente. A pobre D estava ocupada fazendo bolos para o bem de sua prima Norah Murray, que está vindo para ficar amanhã. Foi sugestão de Edie: ela achou que seria "muito legal" vir a conhecê-la.

Nesta noite eu recomecei a ter as mesmas dores que me assustaram tanto na Irlanda no verão passado: a dor difusamente localizada, que faz com que o centro de suas atenções fique próximo ao apêndice, e espero que seja indigestão.

Terça, 20 de maio: Norah Murray chegou hoje — alta, simples, muito escocesa, sem instrução, uma séria jogadora de bridge e de golf. Uma tempestade chegou na hora do chá, e ela estava com tanto medo do trovão que D a colocou na cama na sala amarela e foi se sentar com ela. Ela tem cerca de trinta e cinco anos e, quando criança, era uma das "garotas" de Rob.

1924

Sexta, 23 de maio: As crianças Holmes chegaram após o café da manhã, e D logo me puxou para o lado para dizer que a sra. Holmes estava morrendo e que as crianças ficariam conosco durante a noite e até novo aviso. Ela e eu subimos correndo para arrumar as camas e assim por diante. Depois eu lavei tudo. Sugeri mandar um telegrama para dispensar Harwood (que viria para o fim de semana), temendo que sua chegada significasse apenas novos problemas para ela e que a visita dele fosse desperdiçada nessas condições. Mas D não me deixou...

Jantamos a tempo e estávamos terminando (D e eu) quando Harwood chegou. Embora eu desejasse muito que a visita dele houvesse ocorrido em um momento melhor, fiquei deleitado em vê-lo — como um sopro vindo do mundo exterior, confortável e tranquilo. Enquanto eu lavava a louça, ele conversou comigo sobre sua turnê a pé com Beckett no Tirol. Eu tive tanto prazer vicário que foi só depois que senti as dores da inveja. Mais tarde nós três nos sentamos na sala de jantar. Harwood e eu tivemos uma boa conversa sobre livros e amigos, e cada frase me trouxe de volta à sanidade. Ele está montando uma empresa de publicações com um Lewis May, um grande virgiliano que tinha recursos para as *Sortes Vergilianae* antes de se comprometer e lançou mão das palavras *Una salus ambobus erit.*[42]

Hoje à noite, eu dormi no meu quarto bem abaixo do telhado. Minhas dores estavam muito fortes e sem dúvida o caso da sra. Holmes tão perto de mim traz certos pensamentos bastante proeminentes a minha mente: mas faz uma enorme diferença estar em casa e não exilado na Irlanda. Eu também estava com muito frio, até que desci para pegar meu sobretudo.

Sábado, 24 de maio: Eu lavei tudo após o café da manhã enquanto Harwood fazia um serviço troiano para divertir as crianças e, embora ele admitisse que era um esforço no fim, você podia

---

[42]Virgílio, *Eneida*, II, 710. Eneias a seu pai, o qual, com seu jovem filho Iulo, está se afastando do saque a Troia: "Haverá um [caminho de] libertação para nós dois".

ver que tinha uma aptidão natural para isso. Fiz várias atividades até cerca de doze, quando ele e eu saímos para levar a bagagem de Norah de ônibus até a estação — uma tarefa bem-vinda — e depois fomos para All Souls para almoçar com Beckett.

Almoçamos (como antes) na "casa redonda" e depois sentamos em um pequeno jardim murado cercado de figueiras, do lado de fora da sala de fumantes. Estávamos todos um pouco sonolentos e a conversa não ia bem: na verdade, eu sempre acho difícil estabelecer muito contato com Beckett, embora eu tanto gosto dele como o admiro.

Por volta das 3, saímos, e Harwood olhou para ver se Bodley tinha um exemplar de *Christian Ethics* [Ética cristã], de Traherne, q. ele pensa em reimprimir. Caminhamos para casa por Mesopotâmia e Cuckoo Lane, parando em cada ponte para observar a água. Isso abateu infinitas hordas de insetos afogados e afogantes. Falamos dos horrores que ocorreram em uma milha quadrada do mundo dos insetos a cada mês. Harwood achava que a consciência deles poderia ser tão rudimentar que sua luta contra a morte poderia significar não mais do que um confuso mal-estar. Na altura dos cilindros, o Cherwell estava muito inundado e turvo.

Chegando em casa, encontramos não apenas os meninos, mas Joy Holmes aqui para o chá. D me disse que a sra. H. havia morrido nesta manhã: depois dos últimos dias, foi um grande alívio saber que ela estava seguramente fora do alcance da dor. Pelo que foi dito no chá, percebi que os dois meninos estavam nos deixando nesta noite: mas logo descobri que estavam levando o mais velho e deixando o mais novo — o q. parecia um arranjo extraordinário. Depois de lavar as coisas do chá, saí para o gramado, onde Harwood ainda estava galantemente divertindo as crianças: na idade delas, eu teria rejeitado a interferência crescente como uma interrupção de meus próprios desenhos e solilóquios intermináveis. Naquele momento, no entanto, o carro de Holmes apareceu e descobri que eles haviam mudado de ideia e levariam as duas crianças. Fiquei muito aliviado, principalmente por causa de D, e depois por Harwood e

1924

por mim. Quando eles partiram, Harwood me contou um maravilhoso exemplo de obtusidade infantil: Bobbie (de sete) apareceu e perguntou-lhe "Adivinha quem morreu hoje?". Mas acho que isso manifesta um defeito na idade mental.

D e eu então saímos para fazer compras, e mais tarde Harwood e eu levamos Pat para um passeio. À noite desfrutamos de paz e lazer abençoados livres dos meninos e de Norah.

Após o jantar, Harwood leu a maior parte de "Dymer" e me deu uma quantidade de seus novos poemas para ler — "Epitaph on Sudden Death" [Um epitáfio sobre uma morte súbita], no qual ele realmente toca a sublimidade e a perfeição clássica... um pequeno poema sobre uma cotovia que é quase perfeito também, embora em um estilo muito mais leve: octossílabos para "R. M.", um poema mais interessante contendo petiscos de verdade ("A mesa espalhada/ Faltam todas as coisas faltando pão comum" — "Um tríplice destino projetado/ Saltem com a emoção nossos olhos alinhados"), mas ainda precisando de revisão: "at ille labitur" [Na ilha labitur] q. falha no final: "A modern journey" [Uma jornada moderna] q. é bom: e duas outras peças de menor interesse.[43]

Ele tem progredido esplendidamente. Ainda acho minha poesia melhor do que a dele, mas invejo sua graça, sua cortesania, certa superioridade e precisão. É tudo tão limpo, garboso, bem-humorado, primorosamente "correto" em suas coisas boas.

Ele aprovou firmemente o "Dymer" VI. Do VIII, disse que a coisa toda foi obscurecida pelas dificuldades da "história natural" do bruto como o filho de Dymer: ele prefere um tipo calibano de pessoa.

Tarde para dormir no sótão. Dores um tanto melhores.

Domingo, 25 de maio: Um dia fresco e de céu cinzento de verão. Harwood e eu fizemos uma deliciosa caminhada com Pat — até Stanton St. John, onde almoçamos pão, queijo e *shandy*, então

---

[43]"An Epitaph on a Sudden Death", "A Meeting with R.M." [Um encontro com R.M.], "At Ille Labitur" [Na ilha Labitur] e "A Modern Journey" são encontrados em *The Voice of Cecil Harwood* [A voz de Cecil Harwood] (loc. cit.).

passando pela floresta e pelo caminho do campo até Beckley, por um dos mais belos "lugares" campestres que já vi (na Woodferry, eu acho) — uma casa georgiana com grandes portões, coberta de liliseiros [*sic*], e bem afastada de uma trilha que era ela mesma bem afastada: cercada por prados profundos cobertos de castanheiras e cheios de porcos pretos que eram tão limpos e tocáveis como cavalos jovens. Casa por Stowe Woods e Barton End. Harwood nos deixou após o jantar.

Junho

Domingo, 1º de junho: Levantei cedo, fiz o saguão e a sala de jantar antes do café da manhã. Tinha chovido a noite toda, mas agora estava uma manhã brilhante. Após o café da manhã, saí com Pat e atravessei os campos até Stowe Woods, daí pela estrada descendo a colina em direção a Islip. No sopé da colina, encontrei inesperadamente à minha esquerda o campo a que cheguei na quarta, cheguei ao canto do bosque depois de muita dificuldade e me afundei na lama. Então vim para casa por Elsfield e Old Headington após uma caminhada muito não apreciável — ou melhor, "não apreciada", pois havia muita beleza se eu estivesse com bom humor.

Após o almoço, fiz minhas atividades habituais, lavei a louça e depois tirei todas as gravuras da sala de visitas em preparação para a limpeza que vem amanhã. D passou a maior parte da tarde fazendo mais preparativos e não me deixou ajudar.

Depois do chá, escrevi para meu pai e terminei a primeira parte do *Peregrino*. O fim é pobre: na verdade, nada mostra a baixeza (em um aspecto) dos cristãos originais tanto quanto sua ideia do Céu q. legaram. Compare essa carrancudice de ruas douradas e hino sendo cantado com "*largior hic campos*",[44] de Virgílio, ou a ilha das Hespérides, ou Isaías, ou mesmo Nirvana...

---

[44]"Aqui um éter mais abundante veste as planícies com luz brilhante" — Virgílio, *Eneida*, VI, 640 — falando da morada dos bem-aventurados no mundo inferior.

1924

Quarta, 4 de junho: Chovendo o dia todo, como de costume agora. Trabalhei no sótão após o café da manhã em meu ensaio sobre Locke. À tarde, por estar muito úmido para caminhar, fui de ônibus até a Associação, onde li com grande prazer *Man and Mystery in Asia* [Homem e mistério na Ásia], de Oddenowski. É extraordinário ler a mistura de Rider Haggard e Algernon Blackwood e saber que é verdade. A história do Monge Negro, a princípio, me pareceu um tema capital para um poema — mas, na verdade, nada mais foi deixado para o poeta fazer.

Casa de novo, subi ao sótão depois do chá, onde trabalhei em meu artigo para *Mind*, vencendo, como eu pensava, uma aresta muito difícil na qual fiquei preso por muito tempo.

Então, após um jantar cedo, saímos todos: D e Maureen para uma atividade da equipe na escola e eu para os Martlets. Cheguei cedo nos aposentos de King, encontrei apenas Ware e King presentes, e tive uma rápida conversa com o último sobre a *Crock of Gold*. Logo apareceram outros, Carritt, Fasnacht, Dawson, Ewing, Allen, Carlyle, Stevenson. Carritt leu um artigo deleitoso sobre Arnold, do qual anunciou que eu era "o gerador". A discussão depois não foi muito boa.

Eu caminhei para casa com Ewing. Ele me perguntou se eu sabia o que estava acontecendo com os alunos de Carritt. Eu disse: "Eles me pediram para eu pegar alguns deles".

EWING: "Quantos?"
EU: "Cerca de treze."
EWING: "Quantos ficarão?"
EU: "Não tenho certeza, mas temo que o Farq os esteja levando."
EWING: "Oh, eu esperava pegar alguns deles."
EU: "Sim. Eu sempre sinto que esta posição é degradante para todos nós, mas não podemos evitar. Sinto muito."
EWING: "Parabéns."

Um diálogo horrivelmente desconfortável...

Quinta, 5 de junho: Trabalhei em meu ensaio sobre Locke pela manhã. D acordou hoje com uma dor de cabeça horrível, mas melhorou durante a manhã.

Após o almoço, saí com Pat pela trilha que desviava para sua direita e subia pelos campos quase até Horsepath. Quando eu a tinha à vista, virei para minha esquerda e assim, através da samambaia, para meu bosque de abeto favorito, onde me sentei por um longo tempo e tive a "alegria" — ou melhor, apenas o vislumbre dela, mas ela mesma não chegou.

À noite nos aposentos de Touche e King, em Beaumont Street, onde a Fil. Soc. se encontrou e Fasnacht leu um artigo sobre a Vontade Geral.[45] No intervalo, perguntei como o hábito de aplaudir nessas sociedades havia surgido — pois era desconhecido quando eu vim pela primeira vez. King disse que tinha começado com Curtis, que havia dormido uma noite e acordado subitamente quando o artigo acabou, aplaudido pela mera força do hábito. Carritt concordou comigo que era um mau hábito.

Sábado, 7 de junho: Carta do Pres. da Trinity dizendo que eles haviam tomado sua decisão.[46]...

Segunda, 9 de junho: ... Eu jantei com Carritt no saguão. Enquanto eu estava esperando no Alojamento, tendo chegado cedo demais, tive uma conversa com Rink. Fomos acompanhados pelo Mestre que, em primeiro lugar, perguntou se eu frequentava os Cursos — portanto, mostrando quão pouco se lembra de mim: o que é muito natural e de modo algum culpável. Então veio Raymond, o médico, que estava aqui nos velhos tempos.

Com ele entrei na Sala Comunal. Foi uma grande noite. Poynton estava na cadeira: com ele estavam Miles de Merton, Leys,

---
[45] George Lawrence Capel Touche matriculou-se no University College em 1921. Ele obteve um Primeiro em Greats e recebeu seu BA em 1925.
[46] Lewis deve ter achado dolorosamente irônico que o homem que ganhou a bolsa de estudos em Magdalen, para a qual havia se inscrito em 1922 — H. H. Price —, tivesse agora recebido a bolsa de Trinity.

1924

Bowen,[47] dois desconhecidos, Allen, Farquharson, Raymond, um terceiro desconhecido. Carritt e eu fizemos a festa. Mas deve ter havido mais um de quem não consigo me lembrar. Poynton estava em ótima forma. Ele nos disse que as únicas pessoas que realmente pronunciavam o AE latino como AI vieram de Praeneste e falavam pelo nariz. Farquharson contou-nos algumas histórias sobre o último Mestre no golfe. Conversei um pouco com Leys e também com Allen sobre *Antic Hay* [Dança divertida].[48]

Na Sala Comunal, depois Poynton levantou-se para entregar o vinho e observou: "Eu sou a favor da viagem para o exterior. Nós somos treze e eu me levantei primeiro. Foi exatamente como aconteceu com o pobre Emmet. A única coisa a fazer é beber o máximo de Porto possível". Depois, ele melhorou muito e nos deu uma imitação de sua ideia de um coro grego. Leys, Carritt e eu tivemos uma ótima conversa sobre Wordsworth. Mais tarde fui até os aposentos de Carritt e ele me deu um monte de sugestões para minhas tarefas futuras...

Quinta, 12 de junho: Comecei Berkeley nesta manhã. Após um almoço adiantado, Maureen e eu fomos de ônibus para Oxford e nos juntamos à fila do lado de fora do Sheldonian para o coro de Bach. Tivemos uma espera muito quente, o sol estava bastante forte naquele momento, e fiquei muito preocupado ao ver tia Lily: mas acho que ela não nos viu.

Conseguimos assentos em uma das janelas — o melhor lugar para estar, mas ainda assim muito desconfortável. Eles nos deram, em primeiro lugar ,o Kyrie, o Credo e o Agnus da *Missa em ré*, de Beethoven. Fiquei entediado com o Credo, mas gostei muito do resto: então seguiram para a *Sinfonia coral*. Os três primeiros movimentos eu apreciei muito — o segundo "até o êxtase": o quarto com

---

[47]Sir John Charles Miles (1870–1963) foi o tutor de Direito (1899–1930), tesoureiro interno (1904–1923) e diretor do Merton College (1936–1947). Kenneth King Munsie Leys (1876–1950) foi membro do colégio de História Moderna no University College (1911–1942).
[48]De Aldous Huxley (1923).

o coro, eu não gostei. O final — tal é minha ignorância — soou para mim como algo de um Teatro de revista.

Maureen então pegou o ônibus e eu escrevi um bilhete para Coghill na Associação, dizendo que eu viria *depois* do jantar de domingo: deixei-o em Exeter e fui de ônibus para casa a fim de encontrar Jenkin no chá com os outros na cozinha. Fiquei muito feliz em vê-lo. Ele acabou de chegar da Suíça e dos lagos italianos — *terque quaterque beatum*![49] Ele esteve também em Wembley e denuncia minha falta de interesse em exibições como uma afetação da moda...

Jantamos a tempo, fui de ônibus até a cidade e dirigi-me aos aposentos de W. H. Sutton na Christ Church para assistir a uma reunião dos Pós-graduados. Fui o primeiro lá. Pouco depois, Stout e alguns outros chegaram. Stout era a única pessoa que eu conhecia e, como ele não falou comigo nem me apresentou a ninguém (nem mesmo a nosso anfitrião), limitei-me a me entreter com meus próprios pensamentos. Não importava a princípio, mas, no momento em que os outros ficaram conversando em semissussurros sobre empregos e os homens famosos que haviam conhecido por meia hora, e minha cabeça começou a doer e meu tabaco acabou, eu comecei a achar que eu poderia ter meditado de maneira mais confortável em outro lugar.

Eu estava pensando seriamente em levantar e dizer "Boa noite. Obrigado por uma noite agradável" quando, por fim, eles mostraram sinais de iniciar a reunião propriamente dita. O palestrante revelou-se ser o sr. Catlin, a quem conheci no Encaenia, em 1921, quando ambos éramos ganhadores de prêmio. O homem diante dele naquela ocasião lera um trecho muito longo da composição *dele*, e Catlin tinha sussurrado para mim com um aceno de cabeça: "*Muito* longo". Ele então se levantou e leu o dobro do tempo em voz muito paroquial com um forte ritmo retórico.

---

[49] "Ó três vezes, quatro vezes bem-aventurados!" (são aqueles que morreram na batalha em Treia). Virgílio, *Eneida*, I, 94.

1924

Ele é pálido e magro, com um nariz comprido, mas bulboso, lábios muito grossos e pálidos: suas mãos, que são grandes, sustenta diante de si e as lava "em sabão invisível". Seu sorriso é a coisa mais fascinante: quando é citado, repentinamente inclina a cabeça para um lado até o nariz ficar quase horizontal. Então há uma extensão rápida de sua boca o máximo possível em cada direção: esse arreganho dos dentes começa e termina de repente e não afeta nenhuma outra parte de seu rosto. Ele varia a *intensidade* do sorriso mantendo a contorção por um tempo maior ou menor: assim, quando alguém lhe convidou para o chá, durou cerca de quarenta segundos. Ele fica às vezes em uma perna, às vezes na outra: nunca em ambas. As contínuas contorções de rosto, mãos e corpo me lembraram de Uriah Heep.

Ele leu um artigo chamado "Prometheus" [Prometeu], baseado em *Daedalus*, de Haldane. Assim que ele estava iniciando, um homem (o mais cavalheiresco ali eu lamento dizer) veio, se espremeu entre mim e meu vizinho em um Chesterfield, de modo que fiquei muito desconfortável. Foi nesse ponto que realmente fiquei com raiva: posso suportar o isolamento mental, mas não a proximidade física.

O artigo de Catlin, no entanto, deu-me intenso prazer — embora não do tipo que ele pretendia. Eu não sei qual era sua tese: apenas que devemos evitar os preconceitos do "vulgo-o-o" e que "não existe um mal (não mal, mas ma-al — pronunciando todas as letras) social permanente pois isso significaria uma anormalidade normal", que deveríamos distinguir entre "o adultério do coração e o pecado passageiro do corpo" e "que o futuro da religião estava entre o cristianismo e alguma religião ainda desconhecida". Eu me esforcei para manter o rosto sério às vezes — embora houvesse sentido no artigo e profusão em meio à afetação.[50]

---

[50](Sir) George Catlin (1896–1979) obteve seu BA do New College em 1924. Ao deixar Oxford, ele foi professor de Política na Universidade de Cornell (1924–1935), após o que se preocupou com a política da Comunidade do Atlântico e foi o fundador do Movimento para a União Atlântica (UK). Além de dar palestras em todo o mundo, escreveu vários livros sobre filosofia e política e publicou uma autobiografia, *For God's Sake, Go* [Pelo amor de Deus, vá] (1972).

Um homem perto de mim — uma grande coisa grosseira escura, negroide ou judia, eu não sei o que — desistiu do esforço e deitou-se de bruços com o rosto em uma almofada. Meu vizinho colocou os pés no sofá em que eu estava sentado.

Assim que o artigo acabou, fui até Sutton e disse "Obrigado. Eu tenho um ônibus para pegar. Temo que preciso ir". Sutton olhou para cima e não respondeu nada: então saí e fui de ônibus de Carfax para casa. As únicas outras pessoas de que consigo me lembrar eram o sr. Dickie (acha-se que todos eles devem ter o "sr." de algum modo) e o homem "sussurrador" a quem encontrei lá antes.

Sexta, 13 de junho: Esta manhã estava muito mais fria e o céu, cheio de nuvens: mas um vento forte e úmido do noroeste afugentou esse peso horrível que pairou sobre nós por tanto tempo. Isso me empolgou tanto que saí após o café da manhã com Pat e andei na Shotover.

Por comer indiscretamente um naco um tanto rijo de bacon no café da manhã, eu tinha deixado meu maxilar esquerdo e todo esse lado do meu rosto dolorido: e, embora a dor fosse leve em si mesma, o medo de que ela se tornasse uma dor de dente definitiva e o esforço de vontade para evitá-la me impedia de usufruir de minha caminhada. Ao chegar em casa, tomei uma aspirina e escrevi meu diário: na hora do almoço, eu estava bem. Após o almoço, D foi para a cidade e eu, depois de lavar tudo e atividades habituais, fui para meu sótão e trabalhei em Berkeley.

Maureen, Aideen e eu tomamos chá sozinhos na cozinha às 4h45. Pouco depois, D voltou com muito boa disposição e nos cumulou como de costume com presentes a todos. A mesa da sala de jantar logo foi coberta com alimentos, novos chinelos de ficar em casa, cadernos e fixadores de papel para mim, sapatos e sombrinha para D, almofadas, papel higiênico e não sei mais o quê.

Eu fiz um pouco mais de Berkeley antes do jantar: depois do q. eu lavei tudo e levei Pat pela Cuckoo Lane. À noite eu li um pouco *Urn Burial* [Urna funerária] de Th. Browne. Tudo muito bom e bem-bem cedo para a cama.

1924

Sábado, 14 de junho: Uma grande queda na temperatura esta manhã. Após o café da manhã, terminei *Principles* de Berkeley[51] e escrevi uma pequena crítica sobre ele. Então comecei Hume: e apreciei a perfeita clareza, tranquilidade, humanidade e quietude de sua maneira [de escrever]. Essa é a forma correta de escrever filosofia.

Após o almoço, esperei que Jenkin aparecesse, mas, quando terminei minhas atividades e ele ainda não havia aparecido, saí sozinho com Pat. O sol tinha acabado de despontar com uma intensidade de outono repentino e estava mais quente do que tem estado por muitos dias. O calor sacudia a grama: passei por Quarry e subi para Shotover. Havia uma espécie de brancura sobre a paisagem. Caminhei ao longo da "planície" e desci a pequena alameda que leva à ponte ferroviária — apreciando muito tudo. Na minha jornada de egresso, desci ao fundo de Pullen's Gap e descansei durante muito tempo sob um amontoado de jovens bétulas prateadas q. faziam em torno de mim um farfalhar curiosamente nítido.

Chegando em casa, encontrei o chá servido no gramado e Jenkin lá com D. Ele nos mostrou muitas fotos coletadas em suas viagens — Lemone, Benacus, Veneza e lugares nas montanhas. Ele acabara de ler *Philip the King* [Filipe, o rei], de Masefield. Ele disse que a parte em que ocorre o rumor da vitória é um malogro, porque, conhecendo a história, sente-se o tempo todo que isso só está sendo feito para aumentar o clímax. Eu disse que não me sentia assim. Ele me contou sobre uma nova carta de Sir Thomas Browne recentemente descoberta e citou uma boa passagem — "cada hora assim acrescentada a essa sociedade sombria".

Ele também falou de Oxford — com que rapidez havia perdido contato com ela. "Quando almocei com Ziman e Curtis outro dia", disse ele, "senti em primeiro lugar que tudo o que eles diziam era bobo: e, em segundo lugar, que havia um falso brilho intelectual que eu havia perdido em poucos meses". Ele estava receoso de que

---

[51]George Berkeley, *Princípios do conhecimento humano* (1710).

estivesse realmente se "rusticalizando", mas eu disse a ele (o q. era a verdade) que não vira nenhuma mudança e que falar com ele era como colocar um sapato bem usado.

Quando ele saiu, descobri que Maureen e D haviam desaparecido em algum lugar, então levei Wordsworth para o jardim e lá, na deliciosa frieza, li o Livro I de *The Prelude* [O prelúdio]. Esse poema está realmente começando a substituir *Paraíso perdido* como minha metrópole literária. D e Maureen apareceram das compras em Headington com cargas muito pesadas. D sem dúvida fez pouco caso disso: mas fiquei um pouco aborrecido ao perceber que minha hora mais ou menos tanto de conversa e de leitura, desfrutada tão inocentemente, me levara de surpresa a isso. Tão exigente é a vida comum: não se pode desviar por um momento...

Domingo, 15 de junho: ... Após o jantar, fui de ônibus para Exeter e segui para os aposentos de Coghill onde, depois de uma curta espera, juntaram-se a mim Coghill e Morrah.[52] O último é muito sombrio, débil e vivaz: um homem que poderia ser gerado pelo casamento de um vaga-lume com um rato. Ele é um Membro de All Souls. Me falou de alguma universidade canadense que procura um jovem como professor de inglês e oferece £1.000 por ano: não precisam eleger ninguém e não têm pressa. Ele me deu um endereço para o qual escrever sobre isso.

A conversa recaiu sobre Catlin, a quem Morrah havia examinado quando tentou uma Bolsa em All Souls. Catlin enchera seus artigos com citações da Vulgata. "Foi sua desgraça", disse Morrah, "cair em minhas mãos, que sou o único papista na sociedade. Vi de imediato o que ele estava fazendo — tomando a Versão Autorizada e traduzindo-a para o latim: mas o problema foi que o fez em latim ciceroniano". Então lembrei como Catlin havia citado uma Bula Papal em seu artigo na outra noite: e senti "súbita glória".

---

[52] Dermot Macgreggor Morrah (1896–1974) foi um membro do All Souls College (1921–1928). Ele foi o principal articulista de vários jornais e publicou vários livros sobre a família real.

1924

Aconteceu de eu comentar jocosamente que All Souls era uma instituição indefensável. Morrah disse que a função dela era manter a Universidade em contato com o *grande monde*: e, ao desenvolver essa tese, tornou-se apenas um pouco como um orador após o jantar (do tipo sério).

Ele nos contou uma boa história de como H. G. Wells tinha jantado em All Souls e disse que Oxford gastava muito tempo em latim e grego. Por que essas duas literaturas têm toda atenção para si? Agora a literatura russa e a persa eram muito superiores aos Clássicos. Alguém (esqueci o nome) fez algumas perguntas. Logo ficou evidente que Wells não sabia grego, latim, persa ou russo. "Eu acho", disse alguém, "que sou a única pessoa presente aqui esta noite que conhece estas quatro línguas: e posso assegurar-lhe, sr. Wells, que você está enganado: nem literatura russa nem persa são tão boas quanto as literaturas da Grécia ou de Roma".

Perguntei a Morrah se ele acreditava na formulação comum de que os *dons* precisam tanto de humanização e do *grande monde*: ele deu uma resposta tão cuidadosamente equilibrada, cujo resultado foi nulo. Após uma rápida conversa sobre Gilbert Murray, Lindsay e outras coisas, ele nos deixou: um homem distinto em maneiras, pronto com a língua, mas de alguma forma faltando algo que pod. fazer dele um sujeito realmente agradável.

Então Coghill e eu tivemos um longo e agradável *tête-à-tête* até sermos interrompidos pela chegada de Dawson, um Professor em Exeter e grande amigo de Coghill. Tivemos uma conversa triangular muito boa, principalmente sobre livros, até eu sair às 11h30 e voltar para casa apressadamente pelo luar branco leitoso...

Segunda, 16 de junho: ... O almoço saiu tarde e, quando terminei minhas atividades, já passava das três. Então fui de ônibus para a cidade para fazer algumas compras. Também fui à Associação, onde li todo *Ding Dong Bell*, de De la Mare, um belo livro em prosa.

De ônibus para casa, tomei chá sozinho no jardim com D: depois, decidi levar Pat para uma corrida e foi inesperadamente agradável encontrar Jenkin, que acabava de virar em nossa estrada.

Caminhamos juntos pela Cuckoo Lane — que também é chamada de "a parte de trás da colina" e "trilha de Joe Pullen". Falei da atitude dos Pasleys em ir a uma tourada. Jenkin desaprovou firmemente e disse que o fato de eles serem estrangeiros e ingleses tornava seu comportamento mais importante, pois, por mais estranho que parecesse, a desaprovação de estrangeiros, em especial de ingleses, tinha alterado o sentimento sobre os animais em alguns lugares até agora. Ele citou como exemplo as pedreiras de mármore italianas e disse também que a presença dos exércitos ingleses na França havia feito algo para melhorar o tratamento francês aos animais desde a guerra. Eu fic. feliz em acreditar nisso...

Terça, 17 de junho: Eu sonhei à noite que eu tive uma separação dolorosa e (eu entendi) final de D, logo depois me encontrei em uma grande piscina de natação cujos lados e fundo eram de grama verde. Ali descobri que um grupo de universitários particularmente desagradáveis — estetas com riso satânico de escárnio — se tornou muito grosseiro e violento. No entanto, eu converti um deles, e ele veio comigo para um hotel, onde, sendo despertado durante a noite, olhamos para fora e vimos as ruas todas iluminadas com fogo vermelho. Eu sabia que eram os estetas que tinham feito isso e acordei comentando "Suponho que este seja o segundo incêndio de Londres."...

Quarta, 18 de junho: ... À noite fui de ônibus ao College para ler meu artigo sobre J. Stephens nos aposentos de Donald — os antigos aposentos de Edwards.[53] Aqui eu encontrei King, que me disse que Carritt tinha sido atropelado por um motociclo e pareceu bem por dois dias, exceto por um olho roxo: mas agora estava acamado.

Estávamos em uma pequena reunião — King, Donald, Fasnacht, Daw e dois jovens desconhecidos.[54] Minhas citações de Stephens produziram muita alegria e acho que fiz alguns convertidos.

---

[53] Um relato do artigo de Lewis no livro de atas dos Martlets está reproduzido em "To the Martlets" [Aos Martlets] em *C. S. Lewis:* Speaker and Teacher [C. S. Lewis: palestrante e professor], ed. Carolyn Keefe (Grand Rapids, 1971; Londres, 1974).
[54] Douglas Alexander Donald matriculou-se em 1922 e obteve seu BA em 1927.

1924

Durante o intervalo, Fasnacht me contou sobre Sutton — meu anfitrião da outra noite na Christ Church. Ele recebeu uma Bolsa de estudos lá antes dos Cursos e depois recebeu apenas um Segundo. Fasnacht disse que era o maior chato e o pior raciocinador de todas as pessoas que se conheceu em sociedades filosóficas...

Sábado–terça, 21–24 de junho: Saí de Oxford no 10h50 para meu fim de semana com Harwood e viajei para Londres em um trem lotado de estudantes de graduação. Havia um em meu compartimento que adicionava as palavras "quero dizer" ao final de cada frase e, o que era mais indesculpável, mantinha a janela fechada.

De Paddington metrozei até Victoria e dali, depois de alguma dificuldade, peguei um ônibus 24 para Lupus St. Eu estava no apartamento há algum tempo antes de Harwood chegar. Ele descobriu que eu nunca tinha visto os mármores de Elgin, assim após o almoço, ele me "carregou" para o Museu Britânico.

Nossa atenção foi capturada e mantida por muito tempo pelos portões de touro do Palácio Assírio. Eu disse "Que crueldade — Hassan — alguém pode imaginar tudo dentro desses portões". "Não", disse Harwood, "é mais a crueldade da natureza".

Em contraste, as coisas gregas eram ainda mais impressionantes. Ficamos sentados por um longo tempo em frente ao frontão de Egina, imaginando o que na terra parecia com uma companhia de garotos de rua que passeavam por ali. Os melhores de todos eram os bustos do lado de fora da sala de Elgin: especialmente os de Péricles, Homero e Crísipo.

Apreciei as coisas do Partenon mais do que esperava. Se apenas a área completa do frontão que tinha os cavalos subindo em uma das extremidades e mergulhando na outra tivesse sobrevivido. Além disso, o que mais me impressionou foi o Artêmis entre os relevos dos outros deuses — o único que já vi que é virginal, mas *não* da maneira que apela ao amor de base da virgindade de um homem — e sem ser próprio de moça ou insignificante. É apenas pensativo, inconsciente de si mesmo, sério, desumano e (por assim dizer) irrelevante — fora do nosso mundo.

Os outros deuses, até onde pude ver, não tinham nada de divino a respeito deles. Depois disso, as coisas assírias, quando passamos por elas no caminho, eram simplesmente selvagens e estúpidas.

Tomamos chá no jardim de uma pequena casa de chá perto do Museu. Esqueci de mencionar que Harwood me levara para a sala de leitura do Museu. Ele é um leitor, mas eu não sou: ele cuidou disso admiravelmente, dizendo: "Agora ande como se você viesse aqui todos os dias". Então um funcionário gritou alguma coisa para nós e Harwood gritou "Tudo bem" por cima do ombro e assim estávamos ali — é um lugar muito deprimente. Nos sentamos para nosso chá no jardim um longo tempo e tivemos uma boa conversa.

Então casa para jantar e depois para o poço da orquestra da New Oxford, para ver o pessoal do Old Vic apresentar *As You Like It*. Eles eram terrivelmente ruins e essa é uma peça ruim. Nós os observamos (a palavra "veio à existência" de alguma forma entre nós e eu não sei quem é o autor) adaptando Boswell: "Nós não vamos mais ser comovidos *diante* de suas cenas Baker: os seios brancos de suas atrizes *fracassam* em excitar nossas propensões amorosas".

Após o espetáculo, fomos até a porta do palco para ver Baker. Eu consenti porque achei mais fácil conseguir meu primeiro encontro na presença de uma terceira pessoa. Fomos admitidos depois de uma longa espera e descemos muitos degraus até uma longa e estreita passagem de pedra nas entranhas da terra q. me lembrou de nada mais do que um lavatório subterrâneo: então finalmente em uma pequena cela esverdeada, onde encontramos Baker demaquilando o rosto.

Ele nos cumprimentou calorosamente e perguntou nossa opinião sobre a peça. Nós nos restringimos um pouco, dizendo que não tínhamos sido capazes de ouvir bem — q. era verdade. Baker, muito tipicamente, responsabilizou-se por toda a peça de uma maneira senhoreial [*sic*] e pediu desculpas por ela — como um anfitrião pedindo desculpas por algum problema no jantar. Outra coisa divertida e característica ocorreu. "São botas finas", disse Harwood pegando um par de estranhos *gambadoes*.⁵⁵ "Não, elas não são", disse Baker com muita seriedade, "mas estas" (tirando outro par de seu armário) "são as botas de verdade".

Nós então emergimos de nosso covil. Uma multidão estava esperando do lado de fora da porta do palco e, quando eu passei, alguém me perguntou "Você sabe quando Cyril sairá?". Eu poderia ter ficado encantado com essa minha identificação com o mundo teatral se Baker não tivesse me assegurado que eu havia sido confundido com um eletricista.

Esses eletricistas de palco, ele nos disse, não têm sindicatos eficientes e são terrivelmente explorados: alguns dos homens desse teatro não tinham tirado as botas⁵⁶ por oito dias. O sujeito que os dirige é o mesmo Cochran que é responsável pelo notório Rodeo. Ele parece um dos piores nibelungos de Londres.⁵⁷ Harwood disse que era maravilhoso que a multidão se opusesse espontaneamente às crueldades de laçar o gado. Isso mostrava que nós ainda não éramos decadentes, que mesmo que gladiadores e touradas fossem apresentados, o público mesmo os rejeitaria.

Nós três fomos tomar um café em um lugar próximo e depois nos separamos, combinando de encontrar Baker em Kew Gardens no dia seguinte. Naquela noite fui novamente incomodado com indigestão.

No domingo de manhã, levantamos tarde e não fizemos nada até a hora do almoço. Depois de comer, trenzamos para Kew e encontramos Baker sob o pagode — uma construção feia. Era um dia quase insuportavelmente brilhante e a luz e sombra nos cedros era maravilhosa. Após caminhar por algum tempo, achamos um lugar sombreado e sentamos. Conversamos sobre a religião dos selvagens, a situação russa com seu negócio louco e unidimensional sobre ascensão social e de Shakespeare — até onde ele realmente

---

⁵⁵Uma espécie de bota de couro ligada à sela que servia como estribo. [N. T.]
⁵⁶No sentido de que não haviam recebido dias de folga. [N. T.]
⁵⁷Sir Charles Blake Cochran (1872–1951), o *showman* que promovia lutas de boxe e de *wrestling*, e apresentações de palco como Houdini, também foi responsável por trazer aos palcos populares pessoas como Sarah Bernhardt e o balé de Diaghilev.

acreditava em pessoas como Romeu e Coriolano —, com que frequência ele era irônico.

Tomamos chá nos jardins e então caminhamos pelos jardins ornamentais com pedras e plantas — Baker se tornou jardineiro. Depois voltamos de trem e jantamos no restaurante "Espagnole" no Soho, onde Baker nos serviu uma garrafa de Chianti. Foi ali que ele anunciou seu noivado de uma maneira muito divertida.

Harwood e eu o deixamos logo depois, pois ele me persuadiu a ir com ele à Sociedade Antroposófica — principalmente para me fazer de tolo. Tivemos de pegar um táxi. Chegando em uma casa de aparência bastante inocente, subimos muitos degraus para uma sala pequena e insuportavelmente quente onde cerca de doze pessoas de vários sexos e idades sentavam-se juntas.[58]

Fui apresentado a uma mulher com aparência um tanto comum e subjugada, a sra. Kauffman. Harwood disse a ela que eu era bem novo para o jogo. Ela disse que seria um tanto difícil para mim, tendo minha primeira palestra neste estágio do curso, mas acrescentou "talvez eu não devesse dizer isso. Não sei o quanto você fez". *Eu*: "Eu sou um neófito absoluto nesse tipo de coisa". *Sra. K.*: "Oh. Isso significa que você já condenou isso de antemão". *Eu*: "Eu não acho que você possa realmente extrair esse significado das minhas palavras". Pouco depois, Barfield entrou e sentei entre ele e a srta. Olivier.

O próprio Kauffman apareceu agora, um homem muito sombrio, cuidadosamente barbeado, de testa larga com uma espécie de unção sobre ele. Ele se sentou a uma mesa com sua esposa ao lado e nos leu sua palestra de uma maneira impressionante, deixando seus olhos escuros repousarem sobre cada um por vez com uma espécie de familiaridade açucarada e espiritual. Um tipo sacerdotal, sem sombra de dúvida.

---

[58]Cecil Harwood levara Lewis para ouvir George Adams von Kaufmann (1894--1963). Kaufmann nasceu na Polônia e, durante alguns anos, foi um dos principais líderes do movimento antroposófico na Inglaterra.

1924

Mas ele mostrou seu melhor no momento de perguntas depois da palestra, quando algumas garotas muito tímidas, um tanto tolas e de muito bom coração, comuns, fizeram perguntas para ele começando com gaguejos e hesitações e terminando com pequenas explosões de arroubo — então voltavam rapidamente a seus buracos, assustadas com o som da própria voz. Nesse momento, ele se inclinou para a frente com uma expressão indescritível de encorajamento, ajudando-as e dizendo por cada gesto: "Sim — sim — pelo menos eu entendo você, minha querida — que alma adorável você tem". Isso me enojou.

Harwood disse depois que minha objeção não era às conquistas espirituais em geral, mas às conquistas espirituais alcançadas por qualquer um que não eu: que não gostava de Kauffman porque era um rival de Kauffman. "Pensamento horrível se verdade!"

Combinamos de encontrar Barfield nos escritórios de *Truth* [Verdade] na terça e almoçar com ele. Nós então "carregamos" a srta. Olivier de volta para o apartamento de ônibus e ela tomou café conosco e, após uma boa conversa, Harwood viu a casa dela.[59]

Na segunda, decidimos repentinamente, após o café da manhã, ir a *The Valkyrie* [A valquíria] no His Majesty's, nesta noite. Essa proposta me ergueu aos céus e fiquei surpreso ao descobrir quão vigoroso meu entusiasmo wagneriano voltou para mim — era como revisitar a cidade natal. Quando Harwood foi para seu trabalho, saí e fiquei tão receoso de não entrar na galeria hoje à noite que fui a

---

[59]Nessa ocasião, estavam sendo feitos planos quanto à criação de uma escola em Streatham, Londres, "para educar meninos e meninas à luz do ensino educacional do dr. Rudolf Steiner". Esperava-se que a srta. Olivier fosse uma das professoras, e ela e Cecil Harwood foram a Torquay, de 9 a 23 de agosto de 1924, para ouvir Rudolf Steiner palestrar sobre "Caminhos verdadeiros e falsos da investigação espiritual". Foi nessa conferência que Harwood conheceu Steiner, e ficou tão impressionado com ele que imediatamente se comprometeu totalmente com a antroposofia e permaneceu assim pelo resto da vida. A Michael Hall School, a primeira escola Steiner no país, foi fundada em janeiro de 1925, com Cecil Harwood e Daphne Olivier, que se casaram em 14 de agosto de 1925, como dois de seus primeiros cinco professores. Veja "Cecil Harwood", de Owen Barfield, *Anthroposophical Quarterly*, vol. 21, n. 2 (verão de 1976), pp. 36–39.

His Majesty's e consegui dois ingressos para a arquibancada superior. A caminho de casa, entrei no Tate e vi muitas coisas que me interessavam, mas esqueci quais eram.

Não me lembro claramente do que aconteceu à tarde. Acho que foi quando Harwood me mostrou alguns de seus novos poemas incluindo o excelente sobre o dito de Donne de que "não é onde registramos que nosso Senhor Jesus riu". Ele tem um sabor muito bom e especialmente harwoodiano. No refrão ele aceitou minha emenda de "*Fac tecum nos maerere*" em lugar de seu "*Fac nos tecum*".[60] Foi também hoje à tarde, eu acho, que passamos pela Charing Cross Rd quando voltávamos de algum lugar esquecido[61] e passei os olhos por muitas livrarias.

Apesar do grande calor, as horas no His Majesty's foram tão gloriosas quanto quaisquer que eu tenha passado. Não é arte — é um pecado irresistível ou uma expressão religiosa. É maravilhoso como, em todas as longas cenas entre Wotan e Brynhild ou Wotan e Fricka (q. algumas pessoas acham monótonas), ele realmente nos dá a sensação de assistir os debates dos deuses, de ver as coisas mais definitivas forjando-se entre si. "Tu grande Argumento ouviste e o grande desígnio que traz o mundo do mal para o bem." Edna Thornton como Fricka era formidável: a única que realmente dava a você a sensação de divindade.

Em resposta a uma pergunta de Harwood sobre o enredo, eu expliquei que Fricka era meu "velho, velho terror matriarcal",[62] o q. ele repetiu para Barfield no dia seguinte no almoço, e todos caíram na gargalhada.

Nós caminhamos para casa passando por Pall Mall, atingindo as estrelas com nossas cabeças sublimes. Beckett tinha retornado, então eu dormi na cama de acampamento (uma m. confortável).

---

[60]"Faça-nos angustiar-nos com você." O poema é chamado de "The Repentant City" [A cidade arrependida] em *The Voice of Cecil Harwood* (loc. cit.).
[61]De um passeio pelos jardins de Kensington. (C. S.L.)
[62]Em *Dymer*, de Lewis, Canto VI, 18.

1924

Na segunda, almoçamos com Barfield em um pequeno restaurante subterrâneo perto dos escritórios da *Truth*. Ambos me atacaram sobre meu ceticismo acerca da antroposofia e me defendi vigorosamente. Barfield e eu chegamos a uma boa concordância de opinião no final. Fiquei contente, pois (como disse) sempre foi um choque avançar contra algo irredutivelmente diferente da própria pessoa em qualquer ser humano: que a pessoa *tinha* de acreditar que todo *tu* era apenas um *eu* disfarçado. Harwood disse que eu queria acabar com toda a personalidade humana, mas Barfield concordou comigo.

Barfield, com tantas outras possibilidades, teve de ir a uma teatral festa no jardim e Harwood, para seu trabalho. Eu fiquei à toa por um pouco, peguei minha mala no escritório de *Truth* e depois, impulsionado por sede e curiosidade, fui pela primeira vez na vida a uma máquina de refrigerantes — e a última. A mais repugnante bebida que jamais provei. Então Metrozei até Paddington e a seguir para casa, depois de um ótimo feriado: e também alegre, como de costume, por estar de volta.

Quarta–segunda, 25–30 de junho: Um período tranquilo. Eu levei Pat para tomar banho em Parson's Pleasure, q. estragaram ao cortar o topo das árvores.

D e eu fizemos alguns passeios noturnos deleitosos pelo cemitério após o jantar. Maureen vai regularmente todas as noites andar com Joy Holmes. A sra. Phipps, nossa arrumadeira, está doente e D levou para ela as refeições (o que quer que tivéssemos) todos os dias.

Julho

Quinta, 3 de julho: Hoje fui a Colchester para viajar de volta no *sidecar* de W. Eu embarquei no 10h50 e metrozei de Paddington para aquele lugar desolador, Liverpool St., onde consegui um almoço bastante pobre por 4/6d no G. E .R. Hotel. Eu viajei para Colchester no mesmo compartimento de alguns soldados e um homem das classes mais pobres que era aparentemente um inválido (neurastenia, eu acho) e teve uma separação horrivelmente patética de sua esposa — "Senhor, mande verão para eles algum dia".

Uma chuva rápida caiu quando cheguei a Colchester, onde fui recebido na estação por W e levado para o Red Lion, onde tomei chá. Este é um dos mais antigos hotéis da Inglaterra, curiosa e lindamente radiante. W me diz que o americano que insultou Kipling no jantar de Rhodes, em Oxford, alcançou muita fama (de alguma espécie) no exército. W tinha acabado de ler *Puck of Pook's Hill* [Duende da colina da meda de feno] pela primeira vez: elogiou muito e eu concordei com ele.

Enquanto estávamos sentados sob o teto de uma espécie de pátio após o chá, esperando a chuva parar, um Major apareceu, a quem W me apresentou, dizendo-me depois que ele era um espécime muito bem preservado do verdadeiro velho tipo de aborrecido do exército.

Quando clareou um pouco, caminhamos para ver a cidade, que é um lugar do velho mundo muito preguiçosamente agradável, não diferente de Guildford. O castelo romano é muito agradável, de um estilo bastante novo para mim, como também os restos do antigo portão de Camolodunum. Há também uma antiga casa agradável (agora um escritório, mas deveria ser um *pub*), marcada com tiros das guerras civis.

Depois de tudo, motociclamos pra fora da cidade para uma terra elevada, ventosa e cheia de acampamentos. O acampamento de W consiste em uma pequena casa de campo antiga ("uma casa de Jorrocks"[63], como ele a chamava) e seu parque, agora cheio de barracas. O C. O.[64] mora na casa de Jorrocks. Eu fui levado para onde os soldados fazem as refeições (Senhor, como é estranho estar em tal lugar novamente!) e, é claro, me foi dada uma bebida. Os "Orficiais" foram realmente muito agradáveis comigo. Foi estranho para mim ver o lugar das refeições cheio de pessoas à paisana.

---

[63]Um personagem humorístico, criado pelo escritor inglês Robert Smith Surtees (1805–1864), que ama corrida de cavalos e caça à raposa. [N. T.]
[64]Commanding Officer (Oficial Comandante). [N. T.]

1924

Depois motociclamos para a cidade, para um clube civil do qual W é membro, onde ele havia providenciado uma festa real do tipo que nós dois gostávamos: nenhum disparate sobre sopa e pudim, mas uma solha para cada um, costeletas com ervilhas verdes, uma *grande* porção de morangos e creme e uma caneca da cerveja local, que é muito boa. Então nos empanturramos como Imperadores Romanos em uma sala só para nós e mantivemos uma boa conversa. W me disse que tinha dado *Dauber*[65] para um Major Falle (um amigo dele), que, embora odiador de poesia, tinha gostado, mas fez uma crítica: *viz*. que os marinheiros não pod. ter desprezado as pinturas de Dauber: mesmo que eles tivessem se divertido às custas dele, teriam ficado internamente impressionados.

Nós voltamos ao acampamento. W. havia se transferido para outra barraca e eu fiquei com seu quarto. Ele tem dois quartos para seus aposentos. A sala de estar com fogão, poltrona, fotos e todos os seus livros franceses é muito agradável. Percebo que um estúdio em uma barraca, ou em uma caverna, ou na cabana de um navio, pode ser agradável de uma maneira que é impossível para um simples quarto em uma casa, a agradabilidade aqui é uma *vitória*, uma espécie de conforto desafiador — enquanto em uma casa, sem dúvida, a pessoa exige conforto e fica simplesmente irritada com sua ausência. Ele "pôs em minhas mãos" *A revolta dos anjos*, de Anatole France, em uma tradução, o que parece ser um divertido sarcasmo.

Sexta, 4 de julho: Começamos nossa jornada em Oxford após o café da manhã, no refeitório militar. O dia pareceu ameaçador no início, mas tivemos tempo bom. Não me lembro do nome dos vilarejos pelos quais passamos, exceto Braintree e Dunmow (onde vive o manta de toicinho).

Em St. Alban's, paramos para ver a Catedral: eu já estive antes em meus dias de Wynyard por volta de 1909 ou 1910 para sentar e me ajoelhar por três horas para assistir Wyn Capron (a quem Deus rejeita!) sendo ordenado diácono ou sacerdote, não

---

[65] De John Masefield (1913).

lembro qual.⁶⁶ No entanto, naqueles dias, naquele dia sem trabalho, a viagem a St. Albans, o serviço de três horas e um almoço de carne fria e arroz em um hotel foram um deleite para o qual contamos os dias antes e sentimos "*nessun maggio dolore*"⁶⁷ quando o dia seguinte nos trouxe de volta à rotina. Fiquei muito feliz em considerar definitivamente a catedral inglesa mais pobre que eu já vi.

Na cidade compramos duas tortas de carne de porco para suplementar o que W considerava o suprimento espartano de sanduíches que nos foi dado pelo refeitório e bebemos cerveja. Eu acho que foi aqui que W formou o projeto de se afastar da estrada para comer nosso almoço em Hunton Bridge, no L.N.W.R., onde costumávamos sentar e assistir à partida dos trens quando saíamos em nossas caminhadas de Wynyard. Eu assenti ansiosamente. Adoro exultar em minha felicidade por estar para sempre a salvo de pelo menos um dos maiores males da vida — o de ser um menino na escola.

Nós nos jogamos alegremente ao sol brilhante, enquanto a região se tornava cada vez mais feia e insignificante a cada período e, portanto, melhor para nosso propósito. Chegamos à ponte e fixamos a vista na cena — os dois túneis, q. eu quase não reconheci a princípio, mas a memória voltou. Claro que as coisas haviam mudado. O matagal de pequenas árvores novas cresceu bastante. O campo não era mais o enorme ermo que uma vez nos pareceu. Comemos os sanduíches de ovo, tortas de carne de porco e bebemos a cerveja engarrafada. Apesar dos temores de W, era o máximo que poderíamos fazer para superar todos eles. Mas então, como ele apontou, era apropriado para a cena. Estávamos nos comportando exatamente como faríamos quinze anos antes. "Tendo comido tudo à vista, agora

---

⁶⁶A uns treze quilômetros de St. Albans, em Watford, os irmãos tinham sofrido por vários anos na Wynyard School. Antes de seu fim em 1910, ela havia sido dirigida por Robert "Oldy" Capron e seu filho Wynyard, e é a escola chamada de "Belsen" no capítulo II de *Surpreendido pela alegria*, de Lewis.
⁶⁷"Não há dor maior" (do que lembrar tempos de felicidade quando em miséria). Dante, *Inferno*, V, 121.

estamos completos." Nós tivemos muitas gloriosas conversas sobre reminiscências. Desenvolvemos nossa própria versão de "*si jeunesse savait*": se pudéssemos tão somente ter visto quanto isso estaria fora do inferno de Wynyard. Senti um prazer meio cômico, meio selvagem (a "glória repentina" de Hobbe) ao pensar como, pelas meras leis da vida, havíamos vencido completamente e Oldy havia perdido completamente. Pois aqui estávamos nós, com o estômago cheio de sanduíches, sentados ao sol e ao vento, enquanto ele esteve no inferno nesses dez anos.

Seguimos em frente e tomamos chá em Aylesbury — já atordoado e abobalhado com ar fresco — e chegamos a Oxford antes das sete.

Sábado–segunda, 5–7 de julho: No sábado... W e eu (depois de eu lavar a louça suja do almoço) pedalamos para Wantage Road, onde ele queria tirar uma foto do trem mais rápido na Inglaterra. Fizemos isso com sucesso e procuramos um lugar adequado para o chá na viagem de volta.

Um camponês nos disse que não havia nenhum *pub* perto, mas que poderíamos tomar chá no... — soou como Casa de Cachorro. Nós dois tínhamos certeza de que não poderia haver um lugar chamado Casa de Cachorro, no entanto, de imediato, o encontramos. Ali tivemos aventuras estranhas. Toquei a campainha em uma porta fechada — é uma pequena casa vermelha sob um tablado de madeira —, esperei dez minutos: depois toquei de novo. Por fim, apareceu uma mulher feia e muito velha. Eu perguntei se poderíamos tomar chá. Ela me olhou de modo severo e perguntou: "Vocês são golfistas?": à minha resposta "não", ela fechou a porta suavemente e eu a ouvi mancar nas entranhas da casa. Me senti como Arthur no Castelo de Orgólio.

Sem demora, a antiga dama apareceu outra vez e, olhando de maneira ainda mais severa para mim, perguntou-me uma segunda vez o que eu queria. Repeti que queríamos chá. Ela aproximou o rosto do meu e depois, com o ar de quem por fim chegou à questão, perguntou: "*Há quanto tempo* você quer?". Eu fui incapaz de responder a esta pergunta, mas pela graça de Deus a bruxa me deixou *multa parantem dicere*[68] e mancou mais uma vez.

Dessa vez ela deixou a porta aberta e nós entramos e seguimos para uma confortável sala de jantar, onde um chá abundante e bastante decepcionante nos foi trazido. Ficamos ali por muito tempo. Uma tempestade de vento surgiu (levantada, sem dúvida alguma, por nossa anfitriã, que, a propósito, pode ter sido o terror matriarcal) e a hera açoitava as janelas.

No dia seguinte, domingo, fomos para o banho no Parson's Pleasure com Pat, que nadou duas vezes pelo Cherwell. W. nos deixou na segunda. Enquanto ele esteve aqui, eu li e terminei *A revolta dos anjos*, de France. Um bom livro — mas eu *não* consigo aceitar a verdadeira francesice. Quando um jovem, ao ser repreendido pelo pai por causa de uma aventura amorosa, primeiro sente um impulso de romper em lágrimas, em segundo uma inclinação para cair de joelhos e finalmente insere na história uma tentativa de desviar o assunto chamando a atenção dos pais para as imoralidades de sua irmã — não se pode permanecer na esfera estética. Um mau cheiro está além do alcance da arte.

Quarta–quarta, 9–16 de julho: Passei a maior parte do tempo procurando os livros que eu deveria examinar: e os livros que erroneamente acreditava que deveria examinar: Lamb, Wordsworth, *Macbeth*, *Hamlet*, *Ricardo II*, *Lear*, *A Décima Segunda Noite*, *Eōthen*, *David Copperfield* e *Chatham and Clive* [Chatham e Clive], de Macaulay.

Esta é a primeira vez que eu dou uma olhada em Macaulay em muitos anos: espero que demore muitos anos até que o leia novamente. Não é o estilo (no sentido mais restrito) que é o problema — é um estilo muito bom dentro de seus próprios limites. Mas o homem é uma fraude — uma mente vulgar, superficial e autoconfiante, absolutamente inacessível às complexidades e delicadezas do

---

[68]"preparando-me para dizer muitas coisas" — Eneias tentando (e falhando em) responder às censuras de Dido ao deixá-la. Virgílio, *Eneida*, IV, 390.

mundo real. Ele tem o ar jornalístico de especialista em tudo, de aceitar todos os pontos de vista e estar sempre do lado dos anjos: ele apenas irrita um leitor que tem tido o mínimo de experiência de *conhecer* as coisas, de saber como são. Não há dois centavos de valor de pensamento real ou de real nobreza nele. Mas não é estúpido.

Estes foram dias de sol adoráveis, eu tomava banho quase todos os dias e me expunha nu ao sol.

Na quarta, recebi meu primeiro lote de artigos para corrigir — *Higher Certificate Shakespeare* — e comecei a trabalhar.

Quinta–terça, 17–29 de julho: Todos estes dias, eu trabalhei duro em meu exame. No começo, eu tive de me interromper várias vezes para ir e "colaborar" com meus colegas examinadores quanto aos *Locals* nos aposentos do Examinador Sênior, um Simpson, um pároco, na Museum Road. Essa colaboração não foi tão incômoda como esperava: Simpson era m. agradável e uma ajuda, não um obstáculo. Aqui encontrei Rice-Oxley, a quem conheci em Keble: também um interessante Major Gray.

Quando acabou, eu me adequei à seguinte rotina. Tomava café da manhã às quinze para as oito. Nas primeiras manhãs, eu estava tão indisposto que só comia um pedaço de torrada e mesmo assim permanecia indisposto por mais alguns momentos. Começava a trabalhar às oito e continuava até o almoço. Enquanto bebia meu chá, após o almoço, eu caminhava por uns cinco minutos ou mais no jardim. Então começava a trabalhar de novo e continuei até as 6h45 ou sete, tomando meu chá da tarde enquanto trabalhava. Às sete eu caminhava até Old Headington e tomava um uísque com soda e voltava para o jantar. Imediatamente após o jantar, eu começava de novo e continuava até as doze horas, quando eu ia para a cama.

No início essa rotina se manifestou sobre mim muito severamente sob a forma de indisposição, dor de cabeça e, acima de tudo, nervos. Eu tinha uma reação terrível a cada noite quando ia para a cama, me sentindo bastante amedrontado e instável. Após alguns dias, no entanto, eu tomei meu segundo fôlego e isso se tornou um modo de vida normal e tolerável.

A pobre D sofreu tanto, se não mais do que eu. Pois nos primeiros dias Valerie Evans esteve aqui como convidada de Maureen e, sem dúvida, nem ela nem Maureen deram a menor ajuda. Que mortal ousa interromper os prazeres *delas*. Portanto, D tinha uma casa de quatro humanos e cinco animais m. problemáticos para cuidar sozinha. Além disso, ela estava sofrendo com indisposição, como eu, e com calos: ela não conseguia sapatos que não a machucassem.

Valerie está mais bonita do que nunca: mas o conhecimento desse fato parece estragá-la rapidamente. Seu principal interesse agora é roupa, e ela adotou — talvez inocente e inconscientemente (*et mentem Venus ipsa dedit*)[69] — todos aqueles pequenos maneirismos provocativos que sublinham o fato de que a natureza cega a fez para um único propósito. Se apenas mulheres bonitas percebessem com quantas pessoas e com *quais* pessoas compartilham o poder de atrair dessa maneira!

Quarta, 30 de julho: Eu já tinha passado pelo pior de meus artigos e, como não havia pressa com respeito ao resto, tirei um dia de folga. O trabalho rotineiro anterior, no entanto, não me deixou de forma alguma visivelmente pior: na verdade, tenho muito mais horror disso em retrospecto do que na época. Hoje comprei uma cópia de *Tom Jones* e comecei a ler...

Agosto

Sexta–domingo, 1–3 de agosto: Continuei minha rotina pela manhã e tarde, mas, em vez de continuar até a meia-noite, em geral, terminava às 6h30: então tomava minha bebida, lavava tudo após o jantar e lia *Tom Jones* à noite. Quando cheguei perto do fim, achei mais difícil manter minha mente no trabalho em vez de cuidar dos artigos. Eu queria refletir quão pouco ainda estava por fazer.

---

[69] "a mente que também a própria Vênus deu". Virgílio, *Geórgicas*, III, 267 — mudando o significado de Virgílio, que é sobre paixão sexual apoderando-se de éguas.

1924

Tom Jones é um bom livro. Eu não sei como ele conseguiu a reputação de ser libidinoso. O ponto real é o poder narrativo puro: tem um tal *momentum*. Quando os romances se desligam de um grupo de personagens para outro, o leitor em geral fica irritado: Fielding sempre faz você sentir que é exatamente o que você quer. As partes homéricas simuladas são importantes — muito melhores que aquelas em *The Battle of the Books* [A batalha dos livros].[70] O que mais me surpreendeu foi a verdadeira sensação romântica na cena q. introduz o Homem da Colina: embora, claro, sua história seja um lixo.

    Dorothea (ou Dotty, ou Toddy, ou Totty, pois D ainda não estabeleceu seu nome) parece ter muitas boas qualidades. Parecia simples no início, mas sua aparência melhora com a familiaridade e se torna realmente um tanto atrativa às vezes. Ela é a antítese de Valerie. Acredita que é simples, sempre tem buracos nas meias e raramente tem mãos limpas, tem pontos de vista femininamente violentos em relação ao pó e ao interesse em roupas: tudo q. é para o bem. Ela é absolutamente insensível — uma pessoa barulhenta, desajeitada, desmazelada, irritável, ocupando todos os espaços ao mesmo tempo: no aspecto, para citar Stephens, "uma anatomia delgada, a perna, cabelo, olhar fixo, todos como um potro jovem". Intelectualmente, por outro lado, ela é muito mais madura do que qualquer outra garota que eu tenha conhecido nessa escola: leu bastante e é cheia de pontos de vista extremos sobre todos os assuntos imagináveis — assim como alguém deveria ser na idade dela. Ela é a única das amigas de Maureen que já demonstrou um mínimo de consideração por D, para quem ela comprou laranjas — que são agora m. difíceis de conseguir.

---

[70] De Jonathan Swift (1704).

1925

Após o registro de 1–3 de agosto de 1924, Lewis deixou seu diário de lado até 6 de fevereiro de 1925. Ele esteve muito ocupado durante este período corrigindo Local Examination Papers e preparando-se para assumir o magistério do sr. Carritt. Em 14 de outubro de 1924, ele iniciou seu curso de palestras duas vezes por semana intitulado "O bem: sua posição entre os valores", bem como tutorias para o University College.

Jack e Warnie estiveram com o pai em Belfast de 23 de dezembro de 1924 a 10 de janeiro de 1925, depois do que Warnie ficou em "Hillsboro" por uma semana.

O semestre em Hilary começou em 11 de janeiro de 1925 e, em 23 de janeiro, Lewis iniciou um curso de palestras duas vezes por semana intitulado "O bem moral: sua posição entre os valores". Quando o diário é retomado em 6 de fevereiro, encontramos Lewis dando tutorias no University College e corrigindo os School Certificate Essays no tempo livre.

Todo meu caminho diante de mim

Fevereiro

Sexta, 6 de fevereiro: Na cidade, como de costume, após o café da manhã. Buckley me trouxe um ensaio sobre dedução — melhor do que da última vez.[1] Eu acho difícil me fazer entender com ele — temos sempre propósitos opostos. Em seguida veio Hogg, com quem eu li a primeira e a segunda analogias.[2] Swanwick veio se juntar a nós, mas como ele trabalha com as seleções de Watson, achamos impossível harmonizar e o mandamos embora.[3]

Às 12 fui ao Payne para minha palestra. Hoje meu público havia diminuído para dois — Hawker e o velho pároco. Como eles professaram o desejo de continuar o curso, eu os levei para meu aposento. Disse que agora podíamos ser informais e esperava que interrompessem quando quisessem. O velho pároco se valeu disso tão liberalmente que eu mal consegui falar uma palavra. Parece ser um monomaníaco — tem algum ressentimento contra o arcebispo de York — que veio *duas vezes* — esqueci como. Ele também tem algum brinquedo de criança psicológico sobre o "tom hedônico da psicose" q. apareceu na conversa mais de uma vez. O mais engraçado foi quando ele disse que um objeto *qua* cognição não poderia *atrair*: estendeu uma mão muito feia com cabelo nas costas e unhas afiadas e disse "Agora suponha que eu tenha um objeto aqui — um objeto pouco atraente".[4] Hawker prometeu me apoiar.[5]

Casa por volta de 1h30 e um almoço excelente. Após as atividades habituais fui dar uma caminhada por Shotover. Estou apenas começando a ter consciência da face da natureza novamente depois

---

[1] Charles Douglas Buckley obteve seu BA em 1925.
[2] Robert Heuzé Hogg obteve seu BA em 1926.
[3] Michael Robert Swanwick obteve seu BA em 1926. Esses alunos liam Kant, e Swanwick estava usando *The Philosophy of Kant as Contained in Extracts from His Own Writings* [A filosofia de Kant como contida em extratos de seus próprios escritos], selecionados e traduzidos por John Watson (1888).
[4] O reverendo Frank Nightingale foi para a Universidade de Londres depois de ser sacerdote na Igreja da Inglaterra desde 1894 e agora se aposentara em Oxford.
[5] Gerald Wynne Hawker, do University College, obteve seu BA em 1923.

1925

de uma longa e estranha prisão em mim mesmo. O céu com cor de aço, e uma chuva fria veio. Pat e eu nos escondemos entre as árvores no topo de Pullen's Gap. No caminho para casa metade do céu era nuvem cinzenta, mas havia um imenso rasgo azul sobre Wytham e pilhas brilhantes de branco além dele.

Casa para o chá. Posteriormente eu fiz artigos sobre o *Mercador de Veneza* e comecei a procurar uma "História inglesa" adequada para o C[ertificado] L[ocal]. Às 6h30 no Hall.

Um homem chamado Ingles estava lá como convidado de Keir que aparentemente estava exaltado comigo, mas eu o havia esquecido — agora em Cuddesdon — um tanto pedante eu acho. Sentei entre Allen e Lawson.[6] Conversa muito boa.

Casa por volta de 9 horas. Li *Matière et Mémoire* [Matéria e memória] à noite.[7]

Sábado, 7 de fevereiro: Beattie veio esta manhã com um ensaio bastante confuso mas vigoroso sobre a pluralidade de bens.[8] Tivemos uma excelente discussão. Então veio Donald sobre a causação de Kant.[9] Interessante e paradoxal como sempre, mas não muito sólido. Finalmente veio Swanwick sem um ensaio, e eu tentei elaborar com muito esforço alguma interpretação de dedução com ele. É impossível dizer o quanto ele entende...

Andei depois do almoço e comprei *Travels with a Donkey*[10] [Viagens com um burro] (que eu preciso para o C.L.) em Mowbray's: então de ônibus para casa e caminhei até Shotover com Pat. Fui para o bosque no final do caminho pela trilha q. acaba de ser reaberta desde que a febre aftosa alarmou. Casa com dor de cabeça depois

---

[6]Frederick Henry Lawson (1897–1983) foi *Lecturer* em Direito no University College (1924–1925). De lá ele foi para o Merton College como membro de Direito (1925–1930), após o que se tornou Professor de Direito Comparado e um membro do Brasenose College em 1948.
[7]De Henri Bergson (1896).
[8]George Liddell Caruthers Beattie matriculou-se no University College em 1923.
[9]Douglas Alexander Donald obteve seu BA em 1927.
[10]De Robert Louis Stevenson (1879). [* O nome completo do livro é *Travels with a Donkey in the Cévennes*.]

de uma bela caminhada. Maureen trouxe Celia Waterhouse para o chá — uma garota sem graça. Li *Travels with a Donkey* à noite: um livro glorioso se você puder omitir as partes de Modestine.[11] Bem tarde para a cama.

Segunda, 9 de fevereiro: Fiquei em casa depois do café da manhã. O pequeno Buchanan[12] veio com um ensaio sobre o utilitarismo, o primeiro que ele fez para mim: realmente muito bom e já muito além de Swanwick. Em seguida veio Nash que achava que os dois lados de um papel almaço eram um ensaio suficiente sobre a *Refutation of Idealism* [Refutação do idealismo] e pareceu na discussão ter lido quase nada disso. Tornei-me o mais desagradável que pude com respeito a isso, mas não sou muito bom nesse tipo de coisa.[13]

Então eu saí e peguei um envelope para postar minha longa carta adiada para Carritt e ordenei a Gadney que a enviasse com a *Historical Ballad* [Balada histórica], de Sidgwick, para C. L...

Depois do chá para o College e trabalhei sobre minhas anotações de Berkeley e Hume para amanhã. Jantei lá. Haig, de meu ano (agora na Nigéria) estava lá como convidado de Ley. Uma noite maçante, exceto por alguns gracejos de Poynton. De ônibus pra casa — uma ventosa noite enluarada — e fui pego pelo colarinho para invisíveis por Dotty. Pobre D ainda geleiando.

Terça, 10 de fevereiro: Levantei um tanto atrasado. Fui para a cidade e trabalhei em meu artigo Sidgwick para o C.L. Às 12 chegou Campbell — um tanto sonolento eu pensei, e não tão bom como de costume.[14] Keir e Lawson vieram almoçar: a habitual conversa alegre, mas não realmente interessante. Nós somos um tanto como os três curas em *Shirley*.

Cheguei em casa e levei Pat para uma caminhada na Cuckoo Lane. Às 5h30 Bradley e Gordon-Clark vieram: o primeiro fez

---

[11]Nome do burro do título. [N. T.]
[12]Edward Handasyde Buchanan obteve seu BA em 1928.
[13]Eric Francis Nash obteve seu BA em 1926.
[14]Ralph Abercrombie Campbell matriculou-se em 1924.

quase todo o discurso — ele é um sobrinho de *Appearance and Reality*[15] [Aparência e realidade]. Eles me trouxeram várias perguntas sobre Berkeley e Hume, todas as quais eu pude responder, por sorte.[16]

Jantei no saguão e parti imediatamente apressado para o teatro para a [produção de] O.U.D.S de *Peer Gynt*. D, Maureen e Dotty já estavam lá. Eu fiquei m. desapontado com a peça. A ideia geral de uma história da alma está correta, mas a alma de Peer não é suficiente para durar quatro horas: a maior parte dele é mera tagarelice nórdica. Não é bom fazer uma história de Peer: você só quer chutar o traseiro dele e seguir em frente. As partes com Troll do ponto de vista visual foram a melhor diabrura de palco que eu já vi...

Quarta, 11 de fevereiro: Levantei às 7h30 e logo para o café da manhã. Stevenson também tinha ido ao O. U. D. S. e achou excelente. Cox não apareceu. Henderson e, depois dele, Ross, o americano.[17]

Keir e Lawson para o almoço. Eu citei uma frase do *Prelude* e Lawson achou que era de Rowbottom.

Casa e para uma caminhada com Pat pelo cemitério. Trabalhei em Leibniz à noite na nova edição que eu tenho. Ele teve uma percepção maravilhosa em alguns aspectos: ele tem o senso de biologia a q. nenhum de seus contemporâneos chega nem perto.

Cedo para cama, totalmente cansado. D *ainda* na geleia infernal.

Quinta, 12 de fevereiro: Dentro de casa como de costume pela manhã e uma caminhada à tarde. De volta à cidade pelas 5h30 e peguei Firth — uma hora completamente boa.[18] Eu jantei no salão: vários alunos de graduação de outras faculdades lá como convidados.

Imediatamente depois fui aos aposentos de Ware em Worcester St. para uma reunião da Soc. Fil. — eu teria tido alguma dificuldade

---

[15]De F. H. Bradley (1893).
[16]Kenneth Grenville Bradley e John Stanley Gordon-Clark obtiveram o BA em 1925.
[17]Kenneth David Druitt Henderson obteve seu BA em 1926, e James Alexander Ross, em 1925.
[18]Edward Michael Tyndell Firth obteve seu BA em 1926.

em achá-los se não tivesse encontrado Ewing. Ziman leu seu artigo sobre causalidade. Eu, tendo ouvido tudo isso dele pela manhã, estava um tanto entediado. A discussão que se seguiu logo foi parar na posição favorita de Touche e Dawson e eu tive uma agradável discussão. Casa tarde — uma noite chuvosa.

Sábado, 14 de fevereiro: Beattie veio esta manhã. Eu realmente gosto muito desse homem. Então veio Donald que leu um ensaio muito pretensioso, cheio de epigra, mas bobos, nominalmente sobre a pluralidade de bens, mas como de costume a todos os gentiles[19] e água. Eu apliquei o método socrático, acho que com alguns bons resultados. Quão bem um semestre com Kirk faria a ele! Finalmente chegou o pobre Swanwick.

Lawson veio almoçar: conversamos sobre a Islândia que ambos queremos visitar. Comprou uma cópia de *Peer Gynt* (Everyman) e tirou *Spinoza*, de Joachim, da Associação.

De ônibus para casa. Levei Pat pelo cemitério e pegamos alguma chuva: também uma maravilhosa luz límpida sobre Otmoor. Depois do chá trabalhei em Spinoza — acho a psicologia (se é que se pode chamar assim) muito intrigante. Phippy esteve aqui. Graças aos céus D terminou a geleia. Ela teve uma crise de neurite na noite passada. Longa conversa com Dotty e Maureen na hora do jantar sobre a diferença entre amizades de homens e mulheres.

Domingo, 15 de fevereiro: ... Cheguei em casa por volta de meio-dia e sentei em meu antigo quarto onde o fogo tinha sido aceso para secar a umidade da parede. Eu li direto "Dymer" I–VI. I, II, IV e V estão melhores do que eu pensava — se ao menos eu pudesse ter mantido assim!

Após o almoço lavei tudo e fiz as atividades habituais, então trabalhei em Leibniz até a hora do chá. D veio e sentou-se comigo e nós estávamos muito confortáveis. Depois do chá eu separei um período e li *Mary Rose* — uma peça bela e sugestiva.[20]

---

[19]Seguidores da filosofia de Giovanni Gentile (1875–1944).
[20]De Sir James Barrie (1920).

Então jantei e, depois de arrumar potes etc., eu li a maior parte do *Master Builder* [Mestre construtor] e o entendi muito melhor do que quando eu o vi com Harwood na Playhouse. Bem cedo para a cama — um dia muito agradável.

Segunda, 16 de fevereiro: Eu entrei com receio de que uma reunião de equipe pudesse ter surgido para nós desde o sábado, mas felizmente um bilhete de alerta para a próxima sexta chegou e deixou minha mente em repouso.

Buchanan trouxe um ensaio sobre Trasímaco. Enquanto ele estava comigo Dawson entrou e me convidou para o jantar dos Martlets. Eu pedi para ser permitido entrar em Martlet (i.e., não como um parasita), mas ele não faria isso. Eu agendei com ele para uma caminhada e chá no próximo sábado. Nash chegou às 11 e leu um ensaio muito melhor do que na semana passada.

A manhã foi realmente gloriosa — Dionisíaca. Apreciei a minha caminhada com Pat antes do café da manhã grandemente — ao redor do Croft. Agora estava ainda melhor, olhando de minha janela para os açafrões no jardim e para a torre de Merton.

Fui para a Associação e devolvi Hoffding, peguei *Spinoza*, de Pollock: depois casa de ônibus. Li um bom tanto de Pollock antes do almoço. Depois disso desci com Pat pelo cemitério. Casa e trabalhei novamente em Spinoza...

Terça, 17 de fevereiro: ... Fui para o College, tendo comprado um exemplar de segunda mão de *Problems* [*of Philosophy*], de B. Russel, por 1/-, eu trabalhei por algum tempo em Spinoza e terminei a *Ética* Parte II: então li *Problemas* q. eu não tinha lido desde 1917. Que livro excelente e cristalino pelo qual qualquer um pode começar...

Casa e li um pouco de Bridges, então, depois do chá, para a cidade e examinei Bradley e Gordon-Clark em Spinoza e Leibniz.

Jantei. Farquharson na cadeira. Ouvi uma esplêndida história sobre Campbell de Hertford se embebedando com éter de dentista — preciso lembrar de contar a Tchanie [Jane McNeill]. Farquharson falou sobre a loucura de Mary Lamb — uma conversa bastante interessante. Mencionei minhas apreensões sobre Swanwick para ele antes de sair.

Casa em boa hora. D com excelente disposição.

Quarta, 18 de fevereiro: Chamado por D às 7h30 e (depois do chá e do pão com manteiga) caminhei até o topo da colina e então fui de ônibus para o café da manhã na Sala Comunal. Ovos escalfados frios — por que eles não esquentam as coisas?

Subi para meus aposentos onde Cox logo chegou. Eu comecei a criticá-lo sobre faltar a sua última tutoria quando descobri para meu horror que ele estava ausente porque seu pai estava morrendo. Sem dúvida que eu não sabia nada sobre isso, embora eles tenham me enviado cartas com o nome de todos os outros colegas que estiveram ausentes. Pedi desculpas sem dúvida, e fiz o melhor que pude, mas foi muito desagradável para todos.[21]

Em seguida veio Henderson com um excelente ensaio; em seguida Ross, que estava inesperadamente bom. Depois dele Nightingale e Hawker para a palestra. Eu infelizmente mencionei Heathcliff e sem dúvida descobri que Nightingale era um ardente bronteísta o que lhe dá outra oportunidade de conversação.

Quando eles foram embora, desci até os aposentos de Keir e almocei com ele e Lawson. Eles também se queixaram de nunca terem seus próprios alunos na lista de *Aeger*.[22] Keir sugeriu que eles colocassem uma seleção representativa de nomes para mostrar a você: "Esse é o tipo de homem que está doente no presente."

Eu retirei os *Philosophical Studies* [Estudos filosóficos], de Moore,[23] da biblioteca e de ônibus pra casa. Phippy estava aqui. Comecei uma caminhada com Pat antes do chá, mas fui trazido de volta pela chuva. Desci a Cuckoo Lane com ele mais tarde — um belo pôr do sol. Li Moore sobre "Relações externas" à noite. Jantar em casa e tudo muito alegre.

---

[21]Trata-se de Harold Henry Cox, que permaneceu e obteve seu BA em 1927.
[22]Latim: "doente". É uma antiga gíria universitária. [N. T.]
[23]De George Edward Moore (1922).

1925

Quinta, 19 de fevereiro: Um dia muito frio. Low chegou às 10 e leu um bom ensaio sobre Spinoza.[24] Em seguida foi Johnson sobre *Ética*, de Kant: uma boa discussão e não um ensaio ruim — não há dúvida de que ele está melhorando.[25] Uma bem-vinda mensagem por telefone chegou para dizer que Ziman estava com um resfriado forte e não poderia vir para sua tutoria.

Ônibus para casa. Após o almoço comecei a dar um passeio com Pat e estava apenas atravessando os lotes para Shotover quando fui trazido de volta pela chuva. Fui para meu quarto e passei por todo "Dymer" VIII: fiquei satisfeito com ele e agradeço ao Senhor que não é muito *velho*. Consegui dar um passeio pela Cuckoo's Lane: casa para o chá e ir para o College suportar Firth sobre a Casualidade de Kant. Um ensaio interessante. Jantei no salão. Poynton e Farquharson ambos lá e muito divertidos.

Sexta, 20 de fevereiro: Levantei bem cedo. A pobre D teve uma neurite muito forte durante a noite — muito pior do que antes...

Buckley veio com um ensaio sobre Spinoza. Eu avancei com ele mais do que da última vez. O próximo foi Hogg — um pouco melhor, mas longe de ser bom. Depois dele foi palestra. Hawker chegou um pouco antes de Nightingale e eu troquei algumas palavras com ele. Ele disse que o meu era o esquema de ética mais inteligível que ele já ouvira. Nightingale estava especialmente interruptor hoje e comentou "Espero não estar ocupando seu tempo — mas descobri que aprendo mais conversando do que ouvindo." Fui tentado a responder "Eu também".

Almocei com Keir e Lawson no aposento de Keir. Keir rastreou a ascendência escocesa de Kant — aparentemente Kant é um bom nome escocês. Muito boa conversa cheia de brincadeiras.

Então de ônibus pra casa. Sentindo-se muito saudável. Eu tive uma caminhada divina até Shotover pela estrada principal e abaixo pelo caminho por Quarry. Estava gelado com um céu azul velado

---

[24]Marcus Warren Low obteve seu BA em 1926.
[25]Harold Cottam Johnson matriculou-se em 1922.

e grandes pináculos de nuvens e o mais maravilhosamente fresco e doce ar. Então trabalhei nas "Relações externas" de Moore depois do chá e lá para jantar. Nós tomamos vinho na sala comum de verão depois, o que eu sempre prefiro. Farquharson na cadeira. Ele e Allen muito divertidos.

Sábado, 21 de fevereiro: Uma bela manhã brilhante. Beattie veio e então Donald leu um ensaio cheio de sarcasmos, bastante inteligente, mas fora do ponto. Então o pobre Swanwick — pior que nunca. Eu tenho falado com Farquharson sobre ele, mas ninguém toma conhecimento.

Então casa para almoço. Dawson, Touche e Ewing chegaram às 2h30 e todos nós caminhamos para Stowe Woods, Dawson pregando Gentile a mim com seriedade. Sem dúvida que nenhum de nós mudou o outro, mas foi uma conversa muito boa. Eles voltaram para o chá e ficaram até as 6h45. Gostei de todos eles, até mesmo daquele pequeno troll esquisito de um Ewing. Dawson tem um toque de vaidade nele e é um pouco irritável, mas ele tem isso sob controle. Touche eu tomo por *anima candida*.

Terça, 24 de fevereiro: Para o College por volta de 10 horas e trabalhei até as 12 em Hobhouse — um homem segundo meu próprio coração. Então veio Campbell com um ensaio sobre a Pluralidade de Bens. Uma discussão bastante interessante.

Um dia terrível de chuva fria e forte. Ônibus para casa e almocei: então levei Pat para uma curta caminhada em Cuckoo Lane, começando a chover novamente. D parecia bastante cansada e deprimida hoje...

Eu então anotei algumas ideias que me ocorreram sobre a teoria do conhecimento. No College por volta de 5h30 e examinei Bradley e Gordon-Clark em Kant. Este último falou bastante, pela primeira vez: gosto dele muito mais do que de Bradley...

Quarta, 25 de fevereiro: No café da manhã por volta de 8h15. Uma manhã muito boa. Um episódio muito engraçado ocorreu quando a porta foi aberta por um momento e um fragmento de voz de Carlyle grasnando de longe do lado de fora entrou de repente e

1925

nos jogou na gargalhada. Leys deu um excelente esboço de Carlyle no outro mundo.

Examinei Cox às 9, Henderson às 10 e Ross às 11 — tudo bem no nível de cada um... Então vieram Hawker e Nightingale: o último muito falante, embora mais relevante do que o habitual...

Às 7, de ônibus para o jantar dos Martlets. Consegui me vestir enquanto Hayden (o Cambridge Martlet que eles alojaram no meu quarto) estava no banho. Ele apareceu de imediato e fomos juntos para os aposentos de Cox. O Mestre, Allen e Keir estavam lá. No jantar no J.C.R. sentei-me perto de Hayden — um rapazola muito agressivo que me disse que eu era "terrivelmente Oxford" e "acadêmico" porque eu disse que desaprovava o inglês como uma escola de honra final.

Ele nos leu um artigo depois sobre Atlântida na Sala Comunal Sênior, trazendo algumas evidências antropológicas e geológicas que eram bastante interessantes, e então nos dando um esboço da civilização atlante: quando, por uma corrente de iniciados plantados pela primeira vez na "colônia atlante" do Egito e depois indo para o Tibete, derivamos toda nossa ética e religião até este dia. Cristo, Moisés e alguns outros foram todos iniciados ou discípulos deles. O estranho foi que quando desafiado por Dawson (que agora é Presidente) ele negou qualquer conhecimento de antropologia. Carlyle esteve muito bem e destruiu Hayden com críticas, dentro dos limites da civilidade, mas primorosamente...

Quinta, 26 de fevereiro: Low estava ausente. Johnson leu um ensaio sobre a faculdade moral que era realmente muito bom em estilo e também em pensamento — uma mudança em relação a seus primeiros esforços. Eu gosto desse homem, apesar de suas maneiras e aparência estranhas. Ziman, que deveria vir após ele, estava *aeger*... Firth às 5h30 — uma boa e agradável hora.

Jantei no salão e fui depois à Soc. Fil. nos aposentos de Firth onde Paton de Queens leu um artigo sobre "Dever ou deveres". Uma criatura encantadora: um rosto de filósofo e uma voz suave a cujas modulações ele deu muita atenção e não em vão.[26] Ele é forte na analogia entre ética e estética e distingue nitidamente a moralidade legal do vulgo da moralidade criativa do santo. Ele pensa que o mais elevado bem moral pode muito bem ser algo literalmente impossível para a maioria dos homens — que o *dever* não implica o *poder*. Agradeci a meu Deus quando um homem bêbado invadiu a sala por acidente com um grito genial, mas ele nos deixou rapidamente, e nós prosseguimos. Uma discussão bem acalorada depois. Dawson e eu uma vez pelo menos estávamos do mesmo lado. Nós não poderíamos fazer com que Paton admitisse qualquer diferença essencial entre arte e virtude...

Sexta, 27 de fevereiro: Buckley, Hogg (muito aprimorado) e palestra. No final da última, Nightingale irrompeu em um panegírico sobre minhas palestras. O que entre o desespero cômico de que meu único admirador fosse um idiota tão velho, e uma espécie de vergonha que eu dev. sentir por retribuir a boa vontade de um velho homem honesto *achando-o* um idiota, eu estava em um estado confuso...

Março

Domingo, 1º de março: Levantei tarde. Um dia cinzento, úmido, aproximando horizontes. Fui para Shotover com Pat depois do café da manhã. Muitas pessoas ao redor, mas eu apreciei minha caminhada. O fogo estava no quarto amarelo. Sentei ali quando cheguei em casa e comecei a reler *Jerusalem*, de Tasso, com considerável prazer: mas fiquei desapontado com meu italiano. Almoço e atividades e uma tarde tranquila e agradável lendo no quarto amarelo com D: com as garotas todas nos Taylors, D e eu fizemos um agradável passeio por Barton depois do chá.

---

[26]Herbert James Paton (1887–1969) foi membro e preletor em Clássicos e Filosofia no Queen's College, Oxford (1911–1927), e Professor de Filosofia moral de White, Oxford (1937–1952).

Mais uma vez, Lewis abandonou seu "laticínio",[27] desta vez de 2 de março a 16 de agosto de 1925. Embora seja uma pena que isso tenha acontecido em um período em que muita coisa interessante estava ocorrendo, os eventos com que ele estava ocupado demais para registrar estão amplamente cobertos nas cartas para o pai. Escrevendo para ele em abril de 1925, Lewis disse: "Este é meu último semestre 'no cativeiro' na Univ. e ainda não há palavra sobre a Bolsa. Eu começo a temer de que ela não vá acontecer. Uma Bolsa de estudos em inglês é anunciada em Magdalen e sem dúvida estou me candidatando para ela, mas sem nenhuma esperança séria pois acredito que muitas pessoas de alto nível incluindo meu antigo tutor de inglês estão interessadas nela. Se ele a conseguir eu posso ter algo da 'boa vontade do negócio': quero dizer, alguns dos alunos da Univ., Exeter e de outros lugares que ele terá de abandonar. Essas esperanças continuamente adiadas estão [me] atormentando, e estou receoso de que atormentem você também. Quanto ao dinheiro, se você colocar £40 — se achar que isso é razoável — eu ficarei bem tranquilo."

As próximas semanas seriam as mais torturantes da vida de Lewis. Escrevendo ao pai sobre elas em 25 de maio, ele descreveu o que aconteceu com a Bolsa em inglês em Magdalen: "Antes de mais nada, como eu lhe disse, achei que tinha meu próprio tutor Wilson como rival, o que deixaria a coisa sem esperança. Mas eu achei que fosse um rumor falso. Então escrevi para Wilson e Gordon... por depoimentos, contando com eles como meu maior apoio. No prazo de vinte e quatro horas tive a mesma resposta de ambos. Eles lamentaram muito. Se eles soubessem que eu estava buscando isso... eles achavam que eu definitivamente havia abandonado o inglês pela filosofia. Assim, eles já haviam dado seu apoio a meu

---

[27]Ver Introdução. [N. E.]

amigo Coghill de Exeter... Isso era o suficiente para fazer qualquer um se desesperar: mas note como as estrelas às vezes lutam por nós. Dois dias depois chegou a notícia de que Coghill recebera uma bolsa de estudos de sua própria faculdade e se retirara da disputa. O depoimento de Wilson — um muito bom — veio no próximo correio. Gordon disse que não escreveria nada pois ele seria consultado pessoalmente pelo pessoal de Magdalen, mas ele me apoiaria...

"Então veio um convite para um jantar dominical em Magdalen quinze dias atrás [3 de maio]. Isso mostrou apenas que eu era um dos possíveis... Então veio um período de trovoadas do tipo que deixa o homem nervoso e irritado mesmo que ele não tenha nada em mente: e a notícia de que Bryson e eu éramos os dois candidatos reais... Certa tarde, naquela semana, eu vi o dito Bryson saindo de Magdalen e ('tão cheio de formas é extravagante') senti uma convicção irrefutável de que ele havia ganhado e ajustei minha mente pra isso... Na segunda [18 de maio] recebi uma mensagem muito abrupta de [Sir Herbert Warren — Presidente do Magdalen College] pedindo que eu o visse na manhã de terça... Eu fui ao Magdalen, e... quando ele me viu verificou-se ser tudo mera formalidade. Eles estavam elegendo amanhã e me acharam o 'candidato mais forte e mais aceitável'. Agora, se eu fosse eleito, eu deveria concordar em fazer isso e deveria estar preparado para fazer aquilo... A única coisa de menor importância era que 'eu estaria preparado para, além dos alunos ingleses, ajudar com a filosofia'. (Isso, eu imagino, me colocava em uma posição boa: provavelmente nenhum outro candidato havia feito inglês assim como filosofia.) Eu quase disse que teria concordado até em treinar uma trupe de pássaros domesticados no pátio interno... E então no dia seguinte — por volta de 2h30 — telefonaram para mim e eu desci. Warren me viu, disse que eu

1925

havia sido eleito e apertou as mãos... *É um bom trabalho para nossos padrões: começando com £500 por ano com 'provisões feitas para aposentos, uma pensão e subsídio de refeições'.*"

Agosto

Domingo, 16 de agosto: O dia foi gasto nos preparativos para nossa partida amanhã para Cloud Farm em Oare em Exmoor. Como o acondicionamento de roupas de três pessoas para três semanas pode exigir tanto trabalho é um mistério. D passou a maior parte do dia fazendo uma cobertura de lona para o novo baú de modo que o empacotamento propriamente dito só pôde começar às cinco e só terminou às 2 da manhã...

À tarde fui pedir um táxi para amanhã em Griffins, e ao encontrá-lo agendado desci para Nichollson na Cowley Road. Uma tarde sufocante. Em algum momento entre onze e uma entramos em uma discussão sobre empacotamento, na qual Maureen e eu tolamente nos aventuramos em algumas críticas. Espero que não tenha sido minha culpa, mas D estava tão zangada e nervosa que tivemos que abandonar o assunto. Para a cama com uma dor de cabeça bastante forte, mas dormi bem.

Segunda, 17 de agosto: Levantei logo. Tempo muito ruim até chegarmos às 10h45. D passou por Herbert para acertar alguma coisinha nos novos dentes dela que são, em geral, uma peça de arte de verdade: não muito regulares — uma versão idealista de sua vida antiga e confortável também. Fico feliz que os negócios tenham sido bem resolvidos.

No trem para Reading D almoçou com uma velha notavelmente desagradável que contou mentiras descaradas sobre uma poltrona. Foi outro dia grandioso. Acho que nunca parei de sofrer de ansiedade desde o momento em que me levantei até depois do jantar. Conseguimos o resto da viagem para Minehead bem confortavelmente, embora estivéssemos apinhados até Taunton. Almoçamos e tomamos chá de nossos próprios víveres no trem. Foi interessante passar pela região de Old Cleeve. Eu fiquei na janela de Watchet a Minehead selecionando cada detalhe daquelas maravilhosas três semanas em 1920. De Minehead chegamos ao County Gate (acima de Glenthorne por meio de um charabã: a primeira vez que qualquer de nós viajou em um). Nós não gostamos dele — seja por conforto ou segurança — especialmente na colina do pesadelo vindo de Porlock).

Uma vez no topo da charneca, apesar do calor e do desconforto de nossos assentos lotados, todos nós reavivamos: embora a pobre D estivesse se sentindo um pouco indisposta. Havia urze em volta de nós e um grande cheiro... o mar lá embaixo à nossa direita: e de vez em quando um vislumbre à esquerda de cumes cinzentos e marrons, um atrás do outro até o horizonte — um horizonte gloriosamente amplo.

No County Gate fomos recebidos por um jovem civil, mas muitíssimo estúpido, rústico e desossado com um veículo de duas rodas no qual D e Maureen e a bagagem foram despachadas. Havia uma mulher perto do Gate da qual sempre me lembrarei: um cruzamento entre a Duquesa em *Alice no País das Maravilhas* e a primeira sra. Rochester.

Então Pat e eu nos aprontamos em êxtase para nossa caminhada. Pat correu atrás dos outros, mas eu o trouxe de volta. Passei por um postigo na charneca e desci a colina. À minha frente eu vi um vale profundo e tortuoso que se estendia até onde eu podia ver à esquerda e à direita e profundamente arborizado: perpendicularmente a ele no outro lado, outra e mais estreita baixada (que eu corretamente tomei como sendo Badgworthy) cruzando bem a charneca. Depois de mais alguns passos, pude ver um largo rio marrom raso no fundo diante de mim. Enquanto eu descia tive um vislumbre de uma cobra rápida e gorda na samambaia. Cheguei ao rio e o vadeei: sapatos e meias na minha mão esquerda, uma vara e a coleira de Pat na direita.

Aqui, no fundo, eu estava entre paredes: paredes roxas de urze atrás de mim e verdes diante: ambas inesperadamente íngremes quando vistas daquele ângulo. Eu me lembrarei enquanto viver da

1925

sensação daquela água fria, mas não cortante e das pedras deliciosamente frias. Isso compensou todos os problemas de empacotamento e viagem.

Eu segui então uma trilha vermelha em Malmsmead que provou ser não mais que três ou quatro chalés com porcos pretos na porta e uma casa de entretenimento onde *stone ginger*[28] era o melhor que eles poderiam me dar. Tive alguma dificuldade em encontrar o caminho para a Cloud Farm: mas fui finalmente conduzido a ela por um homem em um pônei que conheci em Oare: uma respeitosa pessoa montada — talvez um caçador, que me deu uma palestra sobre os méritos dos pôneis Exmoor. Eu segui uma trilha através de um bosque até um campo plano à beira do rio: ainda era uma terra cultivada ao meu redor, mas vi a verdadeira charneca adiante — a baixada quase negra se abrindo para além da Cloud Farm em suas tortuosidades.

Ali encontrei D e Maureen. A coisa toda realizou meus melhores sonhos. A casa da fazenda fica sob um bosque de pinheiros com um campo entre ela e o rio. Os quartos eram confortáveis e o jantar, bom.

Depois da refeição Pat e eu saímos e tendo cruzado Badgworthy começamos a seguir o vale. Era uma noite quase sem cor com uma estrela muito embotada pela névoa que pairava na fenda em forma de V das colinas diante de mim. O rio está muito represado com pedras e há muita espuma branca. Fui até um pequeno bosque e aqui o caminho era um pouco mais alto, e dali desci para uma plataforma plana de relva entre o bosque e a água. Eu estava completamente fora da vista das terras cultivadas aqui: eu olhei para trás e eu olhei para a frente e de qualquer forma nada vi além de altas colinas.

Foi só quando acendi um fósforo para meu cachimbo que percebi quão escuro tinha ficado. Quando voltei pelo bosque estava quase escuro como breu exceto pela estranha luz projetada para cima vinda do riacho através dos troncos das árvores. Havia muitas

---

[28]Stone's Ginger Wine é talvez a marca mais famosa, e uma das mais antigas, desse vinho que é feito de gengibre verde e uvas-passas.

aparições estranhas de pedras brancas que poderiam ter passado por fantasmas.

Casa e cama por volta das onze naquela coisa gloriosa — um *bom* colchão de penas. Através de minha janela vi uma parte de charneca e umas poucas estrelas. O céu parecia ter desaparecido.

Terça, 18 de agosto: Tomamos café por volta de nove, depois de uma boa noite de descanso, com ovos e bacon curado caseiro: ambos excelentes. D ainda estava bastante cansada da viagem e disse que ela tiraria um "dia de preguiça". Maureen e eu começamos uma caminhada às dez.

Subimos o vale pelas trilhas de meu passeio noturno. O bosque cresceu ainda mais além de minha última noite mais para o sul. As árvores eram muito velhas e cobertas de musgo, a relva de uma joia como verdor e recoberta de seixos brancos. O caminho subiu consideravelmente conforme passamos pelo bosque. Paramos para nosso primeiro descanso em um riacho onde Maureen refrescou os pés. Depois que saímos do bosque o caminho estava bem acima do rio e muito cheio de urze. A vista de volta para os recessos do vale, aprofundando-se enquanto recuava e apoiado pela grande cordilheira no County Gate, era uma das mais sublimes que já vi: e a cada passo à frente aumentava a sensação de penetrar nas "entranhas da terra".

Logo chegamos ao Vale Doone. Aqui ficamos um pouco desapontados ao encontrar um destacamento montando pôneis à nossa frente. Perto da cabana do pastor, uma vaca correu para nós, mas eu agitei minha vara e ela considerou que sua dignidade estava satisfeita. Apressamo-nos depois disso até que passamos pelos pôneis e depois atingimos a charneca aberta. Estava muito quente. Logo começamos a descer e vimos uma grande colina oposta a nós, que considero ser Great Black Hill. À nossa direita tivemos um novo adorável vislumbre de Badgworthy Combe e dos bosques além dele. Por aqui entramos numa urze muito densa e a vimos de repente tremer na nossa frente... Nós... enveredamos à esquerda até chegarmos a uma ravina verde com cerca de um metro e meio de profundidade e

1925

correndo bem em linha reta pela encosta. Depois de algumas jardas de descida ela se desenvolveu, como eu esperava, em um riacho, de onde seguimos nosso caminho de pedra em pedra laboriosamente. Encontramos ovas de sapo e alguns musgos vermelhos.

Foi um alívio encontrar outro riacho correndo para o leste na parte inferior e esticar nossas pernas em cascalho plano. Era Lank Combe... Nós então fomos novamente um pouco para nossa esquerda até que vimos os bosques de Cloud Farm abaixo de nós. Nós intencionalmente ultrapassamos nossa marca e seguimos, além de uma pequena baixada, para a parte verde da colina. Ali tiramos um longo descanso.

Maureen, a propósito de alguma coisa, perguntou-me se a teoria da evolução significava que tínhamos vindo de macacos. Eu expliquei o que realmente significava. Ela perguntou onde Adão e Eva entravam. Expliquei que os relatos bíblicos e científicos eram alternativas. Ela me perguntou em que eu acreditava. Eu disse o científico. Ela disse "Suponho que se alguém acredita nisso, ele não acredita em Deus". Eu disse que alguém poderia acreditar em Deus sem acreditar em todas as coisas ditas sobre ele no Antigo Testamento. Aqui o assunto terminou. Eu não vejo como eu poderia ter respondido de forma diferente em qualquer momento.

... Nós vadeamos o rio para o bem de nossos pés e assim chegamos a casa à 1h15. D tinha desempacotado tudo e estava com muito sono. Na verdade todos nós sentimos uma modorra no ar que aumentou depois de um almoço muito farto e excelente de frango cozido. Maureen e eu fizemos algumas brincadeiras com alemão, enquanto D quase mergulhava num sono de verdade.

... Depois do chá encontramos lugares mais confortáveis para sentar no topo de uma espécie de colina em miniatura perto da fazenda. Eu continuei com *Task* [Tarefa], de Cowper, que comecei a ler pela segunda vez pouco antes de sairmos de casa. Eu estava no Livro II, "The Timepiece" [O cronômetro], uma das partes mais medíocres. Na pior das hipóteses ele é ruim o suficiente, mas de alguma forma ele nunca me irrita...

Depois do jantar, nós três fomos até o bosque como eu havia feito ontem à noite. A diferença entre sociedade e solitude, junto com um pouco mais de deleite, alterou tudo. Ontem à noite tudo havia sido desolação e temor: esta noite foi pacífica e sonolenta. Para cama por volta de onze.

Quarta, 19 de agosto: Tivemos alguns trovões e relâmpagos durante a noite e chuva contínua. Quando acordei de manhã a vista de minha janela era uma sólida muralha de neblina. Então gradualmente a superfície escura da charneca se mostrava através dela e alcançava certo ponto de clareza: depois disso ela voltava a desvanecer. A neblina continuou ora tênue ora espessa por uma hora. Depois que me barbeei desci ao rio. A algumas jardas de distância o contorno estava invisível: apenas os redemoinhos de espuma pareciam mais brancos do que a névoa esfumaçada. Eu dei um mergulho na piscina profunda sob a queda d'água. Era bastante profunda para nadar e muito fria, de modo que não consegui mais do que chegar à outra margem e voltar.

D estava mais descansada esta manhã e acho que ela vai gostar do lugar — um ponto sobre o qual tive alguns receios. Depois do café da manhã, Maureen e eu saímos com Pat. Nós descemos o vale deste lado pelo caminho por três campos e por um bosque que é a entrada normal desta fazenda. A grama estava encharcada e o nevoeiro, muito denso. Ao chegar à estrada viramos à direita e fomos para Oare onde demos uma olhada na igreja: um agradável prédio pequeno e apinhado, mas nem muito antigo nem bonito...

Pouco antes do almoço cedi a um desejo há muito entesourado e escrevi para Geo. MacDonald, de *Lilith*: ele e Wordsworth são as únicas pessoas que parece possível ler aqui. Nós tivemos galinha novamente para o almoço: muito bom e melhor que ontem pela adição de ervilhas verdes. Não fizemos nada de útil até a hora do chá. Eu pratiquei um pouco de alemão com Maureen e continuei *The Task*.

Depois do chá nós três saímos para uma deliciosa caminhada. Nós subimos o vale, ficando em nosso lado do rio. É muito mais acidentado aqui e, felizmente, não é aberto ao público. A vista para cima e para baixo estava além de qualquer coisa que eu já vi. Lembrou a Noruega para D...

Quinta, 20 de agosto: Uma manhã cinzenta. Eu me banhei como antes. Depois do café da manhã, Maureen disse que ficaria em casa e eu saí sozinho. Eu cruzei o rio e virei para a direita como que para Malmsmead: então à esquerda por uma trilha que me levou rapidamente a uma parte alta e ricamente coberta de urzes da charneca. Eu a segui por um caminhozinho e virei à direita por uma vereda que me levaria além dos túmulos pré-históricos. Mesmo consultas frequentes ao mapa não me mantinham no verdadeiro caminho. Eu avancei muito à direita e cruzei dois riachos para o oeste em vez de um. No começo eu tive uma parada agradável e um cigarro em um pequeno vale verde cheio de seixos pendurados em penhascos em miniatura de urze.

Cheguei ao meu objetivo — a extremidade superior de Lank Combe — mais cedo do que eu esperava, mas não lamento. Nos topos dessas colinas sem vales em vista considerei um pouco opressivo. De fato por minhas caminhadas e em meus quadros mentais nestes últimos dois dias posso traçar uma pequena hiperestesia. Talvez tivesse sido melhor que eu nunca tenha visto montanhas reais. A descida de Lank Combe foi muito trabalhosa, mas bonita.

Quando cheguei ao fundo começou a chover. O resto de minha caminhada foi desagradável, não tanto por causa da chuva mas por causa de um garotinho — *ceteris paribus*[29] o tipo menos agradável de ser humano — que se agarrava a mim e me seguia com uma conversa implacável por mais rápido ou devagar que eu andasse. Um toque da natureza merece um registro. Ele me perguntou (no bosque) se eu havia estado aqui no escuro. Eu disse "sim" e comecei a gostar mais dele. Perguntei se ele havia estado no rio. Ele respondeu "Não" e, pobre criatura, parecia mortificado como se tivesse renunciado a todas as reivindicações de masculinidade. Então, de repente, uma

---

[29]"outras coisas sendo iguais".

ideia brilhante o atingiu. "Eu e meu irmão quase morremos outro dia." A cabeça de seu irmão havia sido cortada por chocar-se contra uma pedra e "ele fez dez xelins mostrando aos visitantes".

Cheguei em casa e troquei de roupa. Após o almoço, iniciei *Alice and a Family* [Alice e uma família], de St John Ervine, que encontrei em um armário: em muitos aspectos um bom livro, mas ele se aplica muito à mera linguagem de Cockneys. Agora isso é apenas uma repetição da ideia da criança de que todas as línguas estrangeiras são inglês murmurado. Todo dialeto deveria ser recuperado e valorizado. Então podemos chegar ao que realmente está acontecendo.

Após o chá fizemos uma excelente caminhada até o outro lado do vale quase no "Doone Valley". A propósito, quando vejo multidões de habitantes da cidade perdidos que trilham aquele lado distante do rio em uma bela manhã, cegos para urze, céu e rocha, e surdos para pássaros e água, para olhar para uma das menos atraentes baixadas porque foi rotulada como "Doone" e então perguntar de mau humor: "Mas o que há para *ver*?" — eu pod. desejar que Blackmore nunca tivesse escrito...

Sexta, 21 de agosto: Outro dia cinzento. Banhado. Parti para encontrar o caminho para o mar em Glenthorne. Caminhei pelo nosso lado do vale, cruzei o Lyn em Parsonage Farm e subi até o County Gate. Não foi possível encontrar nenhum caminho para baixo assim virei para oeste e fui para Brendon. Casa pela estrada com uma deliciosa parada no bosque de Malmsmead.

Saí depois do chá com D e Maureen. Um cartão para dizer que *Lilith* está fora de catálogo e uma carta insana da tia Lily. Sinto muito por *Lilith*. Eu pedi por ela cerca de dois anos atrás e estava em catálogo na época, mas naqueles dias 6/-por um livro desnecessário era impensável.

Sábado, 22 de agosto: Finalmente um céu azul, que se manteve todo o dia, embora cheio de nuvens brancas flutuantes. Depois de um banho e de um excelente café da manhã de pescada marlonga fresca, fui até Brendon para ver sobre o espelho da sra. Hume-Rotheray. Assim que cruzei a ponte, Maureen correu

1925

atrás de mim, pedindo-me em nome da sra. Lock para comprar uma lb. de velas. Moral — não diga onde você está indo!

A caminhada pela charneca foi maravilhosa. Ultrapassei um pouco minha marca e desci por um longo e belo vale estreito e profundo com um caminho fácil que me levou ao vale do Lyn, a mais de um quilômetro a oeste de Brendon. Virei à esquerda para uma estalagem mais abaixo onde uma ponte me permitiu atravessar para o bosque do outro lado: e através deles voltei para Brendon...

Após o almoço (carne de carneiro assada e ervilhas *muito* boas) todos nós nos sentamos ao sol sob o bosque de pinheiro. Eu li *Esmond*. Eu nunca tinha avançado tanto nele antes. É bom. Depois do chá todos nós caminhamos até o começo de Lank Combe. D, que se queixara de lumbago e não pretendia ir muito longe, foi instigada a aparecer e depois de um curto vale profundo emergimos inesperadamente em um adorável lugar aberto cheio de luz do sol com toda a baixada diante de nós. Passamos muito tempo infantilmente jogando gravetos no riacho e observando suas várias sinas e peripécias nas corredeiras. Maureen deu a Ada uma aula de música à noite.

Domingo, 23 de agosto: A dor de D estava muito pior hoje de manhã. Ela pensou que fosse um frio nos rins. Ela ficou muito mal com isso o dia todo e eu estou terrivelmente ansioso. Saí de manhã pelo vale profundo que D descobriu, ao longo de Oare Common, descendo o vale do rio Chalk até Oareford (ou mais além) e para casa pela estrada. Um céu em mudança que brilhava no começo mas virou chuva perto das 12.

Não fiz nada durante toda a tarde e o mesmo se deu também com D. Escrevi algumas linhas sobre Jesseran. Ada deu a Maureen uma aula de equitação. Depois do jantar D foi aquecer-se no fogo da cozinha e saí para uma tentativa lamentável de passeio que Pat quase se recusou a acompanhar. Um lugar de aparência horrível e ominosa é o que se tem quando há algo pesando sobre.

D foi para a cama às 10h30 com duas garrafas de água quente. Maureen me sugeriu em particular que devíamos dividir a noite e cada um observar uma parte. Eu escolhi a primeira pois D tinha grande alívio com os frascos e parecia sonolenta. Eu esperava que ela tivesse uma boa noite e que depois de algumas horas eu pudesse ir para a cama sem acordar Maureen. Quando subi às 12, D estava acordada e tinha só cochilado. O bom efeito dos frascos parecia ter desaparecido. Subi novamente à 1 e descobri que ela não tinha dormido nada desde então. A dor está muito forte: mas parece piorar muito com qualquer movimento depois de ela estar na mesma posição por algum tempo, o que me dá esperança de que *seja* um frio. Sentei-me com ela por cerca de meia hora, interrompendo para ir e procurar chaleiras na cozinha para o reabastecimento dos frascos. Nós conversamos muito alegremente.

Eu tenho suprimido até mesmo os dymerismos mentais até agora. Eu tenho lido *Esmond* o qual sempre odiarei por isso, e estou escrevendo isso aos dois minutos para duas. Fica frio aqui embaixo. 2h50 desci [do quarto] de D novamente: ela está a mesma coisa. Encontrei um pouco de turfa na área de serviço e consertei o fogo da cozinha, mas receio que demore muito para que haja água realmente quente. Eu estava bem e quente lá dentro. 4 horas: enchi os dois frascos e a água estava muito quente. Eu quase tinha me desesperado com o meu fogo de turfa: é uma coisa comovente ferver uma chaleira. Quando levei o segundo frasco para cima, D parecia estar adormecida — dificilmente me atrevo a registrar isso por causa da superstição. Bater na madeira: dei o frasco silenciosamente para Maureen e me esgueirei. Eu encontrei um pouco de leite na cozinha, cerca de meio cop [*sic*] grande, no qual agora vou me deliciar. A pobre Maureen mal dormiu. Cansei de *Esmond* e estou lendo *Mr. Emanuel Burden*, de Hilaire Belloc. Eu não o conheço o suficiente para apreciá-lo completamente, mas imagino que seja bom.

Segunda, 24 de agosto: Fui para a cama por volta das 4h30 e depois às 9 desta manhã. D ainda está muito ruim. Assim que tomei o café da manhã fui até o médico mais próximo que mora em Rockford: este é o *pub* com a ponte além de Brendon e são mais de

1925

quinze quilômetros de ida e volta. Eu achei a caminhada tediosa, apesar de atravessar um vale glorioso o tempo todo, e estava com os pés doendo. Eu tinha esquecido de trazer dinheiro e não consegui beber. O médico mora em um chalé cheio de troféus: um velho triste e maltratado: não é um cavalheiro e não é de conversa muito agradável. Ele prometeu vir à tarde. Quando chegou ele deu todas as instruções para a sra. Lock. Ele deixou um medicamento e pediu um emplastro de mostarda. D gostou muito dele.

Passei a maior parte do dia na cozinha alimentando os fogos para os repetidos frascos de que precisávamos. Meus poderes de transpiração eram uma fonte de diversão para a família que aparentemente se sente como Chaucer sobre isso. Devo admitir que a necessidade de estar sempre entrando e saindo com eles tornou-se um tanto cansativa antes de ser feito. D estava bastante melhor à noite. Dei a ela dois frascos por último às 10h30 e fui para a cama. Eu os substituí às cinco, tendo sido então acordado para o propósito.

Terça, 25 de agosto: D estava muito melhor esta manhã. Eu comecei a caminhar na neblina e na chuva pela charneca até Brendon por causa do tabaco que eu não consegui pegar ontem. Quando cheguei ao topo da charneca começou a clarear. Havia sol brilhante com grandes nuvens brancas singrando. Eu tive um vislumbre do mar. Meu espírito se elevou e em poucos minutos eu estava cantando meu pequeno estoque de Wagner e conseguindo o que parecia no momento ser uma esplêndida ideia de Jesseram. Cheguei em casa do mesmo modo depois de uma agradável caminhada e uma caneca de cerveja em Brendon.

Nós dois nos sentamos no quarto de D no período da tarde. Continuei com *The Task*: agora estou na "The Winter morning walk" [Caminhada matinal de inverno]. D estava muito melhor e muito alegre. Depois do chá, Maureen e eu fizemos uma entrevista com os dois porcos pretos que dormiam no campo. Eles dificilmente pareciam animais: mais como grandes garrafas de couro com tampas de formato curioso. Deitam-se de lado e grunham um ao outro alternadamente tão rápido quanto o tique-taque de um relógio de pêndulo. Cada grunhido agita todo o corpo. Eu fiz cócegas em um com meu pé e isso o fez rolar de costas como um gato. Eles estão perfeitamente limpos. Eu nunca vi porcos tão de perto antes. Mais tarde subi até o Doone Valley.

Quarta, 26 de agosto: D teve uma noite ruim. Caminhei até Rockford na chuva depois do café da manhã e informei ao médico como ele me disse para fazer. Ele pareceu satisfeito e me deu outra garrafa. D levantou à tarde e mais confortável. Prossegui lendo *The Task* e fiz algum trabalho sobre Jesseram.

Quinta, 27 de agosto: D muito bem hoje mas ainda no andar de cima. Estava uma manhã úmida e havia uma caçada lá fora, as duas razões que me determinaram a ficar cá dentro. Li um bom tanto mais de *Esmond*. Depois de um almoço muito tardio clareou e o resto do dia tinha um céu branco fresco com algumas manchas de azul e mais cor de pombo.

Eu saí às 3h30. Eu caminhei pela estrada para Oareford em um deleitoso vale arborizado onde o rio é mais profundo do que os nossos e muito rochoso. Embora seja um riacho pequeno, às vezes tem um desfiladeiro de rocha com cerca de cinco metros de profundidade. Saí da estrada logo depois de atravessar o riacho e tomei um caminho que subia para a esquerda, ou seja, para o norte, até a estrada principal. Isso me levou até o lado de uma magnífica baixada que era principalmente de árvores derrubadas com aquela estranha aparência cinzenta sobre ela (como o chão se horrorizava com a luz). A paisagem em todas as direções estava além da expectativa. Atrás estava a charneca com fascinantes vales profundos serpenteantes: para o oeste o vale verde e pedregoso do Lyn com seu caminho e montes de pinheiros. Na minha frente essa grande ravina cinzenta se aproximava dos bosques mais densa que faziam o horizonte.

Cheguei pela estrada principal ao portão de entrada onde tomei uma cerveja de gengibre. Eu então atravessei uma propriedade ao norte da estrada e contornei por cerca de um quilômetro. Era parcialmente bosque e parcialmente urze. Eu vi o mar, o ponto

Foreland e as colinas além de Porlock. Eu então cruzei a estrada principal novamente e encontrei uma trilha para cavaleiros em um bosque raquítico que corria para o sudoeste por uma vala coberta de musgo com uma sebe de jovens faias acima dela. Isso me levou ao campo raso de urze acima de Deddy Combe.

Eu nunca vi nada melhor. Todo vale de Oare e Malmsmead apareceu de repente como uma ilha verde no meio da charneca azul-escuro com o primeiro sol daquele dia brilhando sobre ele. Tudo estava tombado e torto, correndo assim e assado, de modo que alguém dificilmente saberia onde estava a horizontal. As distâncias pareciam muito maiores do que realmente eram.

Casa pelas 6 e estudei francês com Maureen. Terminei *Esmond* no final do dia.

Sexta, 28 de agosto: D teve uma noite ruim e estava muito tesa e dolorida pela manhã. Isso diminui aos poucos durante o dia. Eu fiquei em casa depois do café da manhã e terminei *The Task*. Há algumas boas passagens no último livro que eu tinha esquecido — eu posso tê-las ignorado antes — sobre o bom, velho e inesgotável tema do bom tempo vindouro. É interessante lê-las logo após *Prometheus Unbound*: q. eu li em Londres com o Barfield recentemente. Depois de um almoço muito tardio, saí.

Choveu pela manhã, mas agora estava uma tarde clara e quente com um ar muito suave. Todas as colinas estavam vivas com a luz do sol e as sombras em movimento das nuvens. Passei por Parsonage Farm e subi ao County Gate: daí para o oeste ao longo da estrada principal na esperança de encontrar um caminho até o mar. Eu estava à vista disto o tempo todo: muito azul hoje, com as montanhas galesas aparecendo do outro lado. A região entre mim e isso era muito atraente com urzes e desfiladeiros profundos, mas era toda fechada e eu não pude deixar a estrada principal até o caminho que conduz a uma fazenda que meu mapa nomeia "Desolada"...

Eu encontrei uma trilha mais definida. Isso logo me levou para a estrada que se dirigia ao Farol de Foreland. Estava muito tarde por isso não desci. Fiquei sentado por um longo tempo olhando para Caddow Combe, uma ravina sombria muito bela entre duas colinas íngremes de grama e xisto. Uma pequena escuna que serpenteava ao redor do ponto deu uma sensação mais confortável ao local.

Eu voltei para Brendon pela estrada que passa por Combe Farm onde eu ainda não estive. O vale Brendon e as charnecas além, vistos deste novo ângulo, me surpreenderam. De fato toda a caminhada foi bastante desconcertante com a quantidade e as variações de sua beleza. Nunca passei três ou quatro horas melhores. No *pub* Brendon conheci o velho Lock, que me serviu um copo de cerveja: bebê-lo e devolvê-lo me manteve lá algum tempo. Ele estava envolvido em um jogo de argolas com alguns outros agricultores e todos muito felizes. Casa para um chá tardio.

À noite estávamos todos na cozinha, onde um casal de novos visitantes — um jovem e sua esposa — estavam sentados. O jovem disse acerca de algo que não poderia ser porque não era útil. "Ah", disse eu, meio brincando, "isso pode levar a uma discussão interessante." Para minha surpresa levou. Ele é um designer de móveis, bem preparado com Morris e Ruskin e uma pessoa digna. Não sei qual de nós ficou mais surpreso ao descobrir que o outro conhecia esses escritores. Tivemos uma longa e animada discussão que logo passou para a sala. Depois de passarmos uma hora e meia nisso e estarmos assentando o conflito entre o artista e a natureza da sociedade industrial (ou algum querido veterano do mesmo tipo), o veterano Lock apareceu de repente.

Sua família, a propósito, estava procurando por ele o dia todo e quando o deixei em Brendon ele saiu atrás de mim para dizer "Você pode dizê que num me viu" — uma orientação a que eu obedeci escrupulosamente. Encontrando sua própria cozinha vazia exceto por dois jovens e, intensa conversa, um de cada lado do grande fogo de turfa aberto, Lock me surpreendeu (pois ele é um homem muito reservado) arrastando uma pequena cadeira para si mesmo no meio de nós e dizendo: "Ah... vocês tão falando de política. Eu gosto um pouco de política agora."

Ficamos um pouco perplexos com essa demanda totalmente inesperada sobre nossos poderes conversacionais, mas conseguimos pôr em ordem e levar a conversa para os canais que esperávamos. Lock resumiu o estado da nação dizendo "As coisas foram um pouco demais em um caminho nos velhos tempos e agora tão um pouco demais pro outro". Ada veio e disse "Por onde você esteve o dia todo, Papai?", ao que Lock respondeu com grande deliberação "Uma coisa e outra, você sabe, uma coisa e outra". Toda a cena me lembrou fortemente de *Tristram Shandy*.

Sábado, 29 de agosto: Pobre D teve uma noite ruim novamente com reumatismo; espero que não esteja se tornando crônico.

Era uma manhã cinzenta com um leve vento úmido, mas Lock disse que provavelmente iria fazer a limpeza, e eu decidi realizar hoje meu antigo projeto de caminhar para Simonsbath. A partir das 10h30 fui para o sul até Badgworthy pelo caminho comum. Os bosques e as colinas parecem diferentes quando se passa por eles a passos largos tendo a nova região conhecida há um dia diante de si. Tudo estava encharcado de orvalho. Uma vez além do Doone Valley eu estava em águas desconhecidas. O desfiladeiro do Badgworthy tornava-se mais estreito e as colinas de ambos os lados mais baixas. A urze logo deu lugar à grama irregular e à samambaia. Ainda havia um caminho tolerável. O desfiladeiro serpenteava tanto que eu quase imediatamente perdi de vista de tudo o que eu conhecia. Não havia sequer uma ovelha para ser vista e um silêncio absoluto até que pouco a pouco no estreito vale o vento começou a se fazer ouvir — um curioso som abafado estrondeando nos lugares afastados.

Na solitude, o som de Pat correndo atrás de mim às vezes soava como um monte de ovelhas ou pôneis e me fazia virar. Depois que passei por Hoccombe Water (vindo de minha direita) fiquei incomodado com um muro de pedras não cimentadas a poucos metros da beira da água. O terreno parecia melhor do lado do rio, mas de vez em quando quase não havia espaço entre o muro e a água. O caminho havia desaparecido completamente. Quando o próximo afluente veio da direita, deixei o Badgworthy: depois uma parada no encontro dos riachos em um vale plano pedregoso. Eu já me sentia como se tivesse estado o dia todo neste deserto. Uma garça se levantou bem perto de mim.

Continuei minha jornada por esse novo riacho até o chão ficar tão pantanoso que fui levado a caminhar pelas colinas à direita. Eu estava agora em Trout Hill. A partir dali encontrei o riacho e segui-o bem perto como meu único guia até o ponto em que eu deveria cruzar a próxima serrania. A água logo ficou vermelha e coalhada e fedia abominavelmente: ovelhas mortas, eu acho. Eu agora entrei em um brejo ruim, bem em cima da serrania. Era o negócio habitual: três passos à frente e então minha vara afundava até a empunhadura na minha frente: então dei com o que parecia ser um caminho óbvio para a direita ou para a esquerda que eu seguia alegremente, apenas para ser parado da mesma maneira depois alguns passos. Isso durou cerca de meia hora. O brejo estava coberto de belas flores brancas e musgos vermelhos e habitado pelas mais enormes lesmas que eu já vi. Eu estava pingando por causa do calor. A visão por detrás fica em minha memória mais do que qualquer outra coisa neste dia: a terra cinzenta absolutamente nua que se afasta de mim até onde posso ver sem qualquer variação exceto as pequenas rugas que eram realmente profundos vales.

Por fim, consegui me firmar, embora ainda encharcado, moído, e comecei a descer. Eu vi dois cervos a cerca de trezentos metros à minha direita. Um longo vale verde acinzentado atravessando meu caminho surgiu, e uma estrada para o leste que eu corretamente achei ser o caminho de Warren Farm até a estrada principal. Eu estava tão cansado de brejos e torcendo o tornozelo em elevações do terreno que desisti do meu plano de sair em Cloven Rocks e fui para a estrada. Foi um alívio ouvir os pés sobre o metal. O restante da caminhada para Simonsbath foi um tanto tedioso: embora a região — estradas brancas aqui, não vermelhas, e muito parecidas com o norte da Irlanda — era muito agradável.

1925

Em Simonsbath almocei no Exmoor Forest Hotel: uma casa decrépita onde eles mantém "apenas vinhos" ou *stone ginger*. Havia três residentes no almoço: um era um homem muito bem-educado com aparência de velho, com uma voz seca e rabugenta, que eu considerei mentalmente desordenado. Ele tinha uma filha adulta com ele (ou uma enfermeira) e a conversa transcorreu mais ou menos assim.

ELE: "Olha para este presunto. Todo cortado em pedaços."
ELA: "Oh fique quieto."
ELE: "Qualquer um pensaria que eles estavam cortando isso para os carregadores de carvão (pausa) ou quebradores de pedra. Isso... isso... é desperdício você sabe, tanto desperdício."
ELA: "Bem *você* não precisa se preocupar com isso, precisa?"
ELE (selvagemente): "Veja isso. É abominável."
ELA: "Oh *fique* quieto. Continue com seu almoço. Eu quero sair."
ELE: "Como está lá fora?"
ELA: "Está adorável."
ELE: "Oh sim, eu sei que está adorável. O que eu quero saber é: está frio ou quente?"
ELA: "Estava frio quando saí pela primeira vez, mas..."
ELE (interrompendo): "Você fez de novo. Frio. Eu sabia que estava frio."
ELA: "Eu ia dizer, se você me deixasse, que estava muito quente antes de eu voltar."
ELE (depois de uma pausa): "Olhe para aquilo. É realmente vergonhoso cortar presunto assim. Era um bom presunto também. Bem defumado, bem curado e uma boa fibra. E eles vão e estragam tudo cortando em pedaços. Pedaços. Basta olhar para isso!" (espetando um pedaço e segurando-o no ar).
ELA: "Oh vamos."
ELE: (algo inaudível)
ELA: "Bem, eles têm tanto direito aqui como nós. Por que você não pode entrar e comer seu almoço?"

ELE: "Eu não vou ser empurrado para o almoço. Empurrado. Não vou deixar você me empurrar desse jeito." (uma pausa) "Por que você não pede à sra. Ellworthy para deixar você fazer um pouco daquele seu lindo mingau de aveia?"
ELA: "Como eu poderia em um hotel?" (Eles tiveram uma longa discussão sobre isso.)
Então ELE (quase pateticamente): "Por que você não come um pouco dessa salada? Está lindamente saborosa" (aqui sua voz falhou e ele acrescentou quase em um sussurro) "— com *pepino*. Se não fosse pelo presunto..."

E assim eles continuaram. Eu tomei uma xícara de café e um descanso no jardim e saí por volta de 2h30. Eu cheguei em casa pela estrada principal através das charnecas. Durante a primeira hora mais ou menos a ampla estrada branca com suas altas sebes e vislumbres de grandes campos em encostas intermináveis mas suaves, e uma cabana branca aqui e ali, sustentavam a ilusão de estar na Irlanda. O rugido do vento na ondulada faia no canto à minha esquerda tinha um sentimento caseiro.

Depois de cruzar o "moleque Exe" vim para a charneca aberta e tudo mudou. O sol saiu e brilhou pelo resto do dia. A estrada, sem cercas, serpenteava pela urze até o horizonte. Para a esquerda e para a direita o solo se derramava em vales longos e muito coloridos e depois passava suavemente para o céu, serrania após serrania, azul, púrpura, cinza e verde. Instintivamente andei mais depressa: e assim, depois de uma longa parada em Brendon Two Gates e outra em Tippacott Ridge, voltei para casa sonhando e só descobri no chá como eu estava com os pés doloridos.

Eu admito que fiquei aborrecido quando mais tarde tive de sair com Maureen e seu pônei. Um dia de caminhada nunca deve ser realizado a menos que a ociosidade da noite — a coroa do dia — esteja assegurada. Em outras palavras, vida familiar é incompatível com caminhada real. Comecei *Chance*, de Joseph Conrad — um dos melhores romances que li. D parecia muito melhor à noite.

1925

Domingo, 30 de agosto: A pobre D teve uma noite pior de novo e precisou me acordar por causa de jarros frescos — depois de horas de horrível vigília para ela — às cinco horas. Após o café eu caminhei pela estrada para Rockford e vi o médico. Ele me deu uma nova garrafa. Parece haver muito pouco a ser feito para um ataque reumático. Muita dor nos pés. D muito melhor durante o dia. Segui com *Chance*.

Segunda, 31 de agosto: Graças a Deus D teve uma noite muito melhor, provavelmente devido ao belo sol de ontem.

Foi acertado que eu deveria ir a Lynton fazer algumas compras necessárias e Maureen decidiu me acompanhar. Nós partimos às 10h30 mais ou menos e fomos pela estrada sobre a charneca. A primeira subida da trilha de Malmsmead, entre sebes altas, era muito abafada e quente e receei que estivéssemos perto de um dia tempestuoso, pouco propício para caminhada.

Assim que nós chegamos ao topo da charneca sentimos brisas frescas e calor e frio mantiveram-se alternando com os altos e baixos da região pelo resto do caminho... Através de um portão tivemos um vislumbre de campos empilhados sobre colinas até um pico à distância, e salpicados de chalés. Nós então seguimos e descemos uma colina tão íngreme que era igualmente desconfortável se você se levantasse, sentasse ou andasse, e entramos em Lynton.

Almoçamos no Cottage Hotel. A vista da sacada estava além de tudo que eu tinha visto — não por sublimidade ou "sóbria certeza de beatitude desperta", mas por mera voluptuosidade e beleza sensual. Em frente e através do desfiladeiro, a encosta subiu centenas de metros acima de nós em um grande cimo de rocha bem talhada. Atrás dela o vale do Lyn se abria em longa perspectiva de águas sinuosas e muitos bosques coloridos, urze e grama. À esquerda ficava a baía, não profundamente azul mas de uma cor clara estranhamente pura e além dela uma linha de rebentação entre a água e os penhascos que desciam do leste e do norte, às vezes avermelhada, às vezes quase púrpura, e coberta com uma grande nuvem perfeitamente branca que cobria todo o promontório e enviava alguns fragmentos esfumaçados pelas encostas...

Setembro

Terça, 1º de setembro: D teve uma boa noite até as seis horas: essa eu suponho foi a melhor de todas elas. Choveu o dia todo e eu não saí exceto por cinco minutos antes do jantar. Nós acendemos nosso fogo de turfa (eu adquiri a turfa) e estava bastante confortável.

Eu terminei *Chance*. É um bom livro: ótimo mesmo. Se o desfecho tem alguma justificativa eu não sei. Ele parece matar Anthony por nenhuma outra razão a não ser a excêntrica de evitar um final feliz, e depois casar Flora com Powell em um momento de arrependimento sentimental. Talvez eu tenha entendido mal.

Quarta, 2 de setembro: Sentei-me pela manhã e li *The Bride of Lammermoor*[30] [A noiva de Lammermoor] que eu comprei em Lynton. As partes iniciais são um pouco mecânicas, eu achei, mas fica ótimo conforme avança. O livro fez o que era pretendido e as bruxas são excelentes de sua espécie: assim é a cena do retorno de Ravenswood.

À tarde eu caminhei pela rota mais curta até o farol em Foreland. Eu tive dor de cabeça quando saí, mas ela me deixou depois de um tempo. Estava um dia amargamente frio com um vento forte, o mar com cor de aço, o céu branco e cinza escuro e as colinas adiante negras. Eu geralmente aprecio esse clima, e a desolação do promontório quando lá cheguei deveria ter me agradado, mas por uma razão qualquer achei a caminhada toda tediosa.

Tomei chá em Combe Farm no caminho de volta — uma bela casa de pedra construída em torno de três lados de uma praça e bem afastada das estradas. A espaçosa cozinha com vigas com um claro piso da lareira e muito pão com manteiga me curaram bastante de meu humor aborrecido.

D tinha tido uma boa noite e estava muito melhor hoje.

Quinta, 3 de setembro: Outro dia chuvoso. Fiz apenas uma curta caminhada depois do chá quando explorei Southern Wood pela primeira vez; a luz do sol vespertina, brilhante, mas muito fria, estava

---

[30] De Sir Walter Scott (1819).

1925

se dissipando agora depois de um dia de nuvens. Deixei o caminho habitual assim que cheguei ao topo da colina acima de Malmsmead.

Em um momento eu estava fora de vista de tudo em um bosque com nada além de carvalho, muito baixo e emaranhado como uma mata de algas marinhas. Não havia uma folha de grama a ser vista, mas o musgo imperturbado crescia no chão e nos galhos mais altos. A luz do sol atravessava obliquamente as árvores e o vento rugia. Então havia clareiras onde o caminho parecia correr direto para o céu, e outras de onde eu vislumbrava as colinas circundantes, novas e difíceis de reconhecer desta posição. Apesar de todas as minhas gloriosas caminhadas por aqui, foi só neste pequeno passeio (até agora) que obtive a verdadeira alegria...

Sexta, 4 de setembro: Li um pouco do *Kingis Quair* de manhã — um poema de segunda categoria: não pode ser comparado à antiquada *Story of Thebes* [História de Tebas], de Lydgate, de que todo mundo zomba. Eu a li pouco antes de sairmos de casa e achei um romance muito agradável. Tudo o que lemos sobre esses autores nos críticos modernos geralmente se resume a isto: que os críticos são sofisticados demais para gostar de romance a menos que sejam impelidos por algum interesse extrínseco. Eles não sentem curiosidade sobre o que acontecerá com o cavaleiro quando ele entrar no jardim: isso não é uma virtude neles, mas "sua necessidade de serem velhos".

De tarde fui a Rockford para pagar o Doutor. Fui pela estrada para Brendon e depois segui pela estrada que passa por Combe Farm. Foi um dia instável com sol ocasional. Quando cheguei à urze aberta perto de Countisbury fiz uma parada a fim de olhar pela última (suponho) vez a paisagem mais bonita que conheço. O vale de Brendon estava à minha esquerda e à frente o desfiladeiro mais baixo de Lyn com seus complicados bosques serpenteando em direção a Lynmouth.

Eu então fui para o oeste atravessando a charneca, com os postes telegráficos à direita e comecei a descer de um ponto que a longa reta alcança em cuja extremidade superior fica Rockford, estava diretamente à minha frente. Depois de uma descida íngreme pela samambaia e urze entrei num bosque espesso e silencioso. Todo tipo de árvore cresce aqui, todas em um ângulo agudo na encosta íngreme. Há uma abundância de musgo e hera e rochas grandonas e seixos, alguns cobertos de verde, alguns que se esticam como ossos da colina. Eu sentei lá e novamente cheguei muito perto da verdadeira alegria, mas não cheguei de fato.

Depois disso desci até a beira da água. O córrego era liso aqui e o fundo do vale bastante plano (deste lado) com grandes árvores florestais pontilhando a intervalos largos... Havia um lugar impressionante onde olhei através de abetos mortos para um buraco negro iluminado com espuma no fundo: e de repente uma andorinha voou logo acima da água.

Eu vi o doutor e tomei chá em Rockford. Eu cheguei em casa por Southern Woods. Aqui eu tomei à direita e depois de um belo passeio pelo bosque saí na charneca. Um deslumbrante sol amarelo estava vindo do oeste. Atravessei a estrada superior para Brendon e atravessei a charneca para casa — com uma enorme sombra à minha frente. A coisa mais estranha aconteceu aqui. Uma andorinha veio e por dez minutos ou mais voou para frente e para trás na minha frente, tão baixo que estava quase na boca de Pat, tão rápido que você mal podia seguir seu tremeluzente preto e branco.

Na noite estranha e brilhante a vista pouco antes de eu descer ao vale de Badgworthy era indescritível: as colinas estavam cheias de cor e sombras em direção a Porlock e o pedacinho de mar que se mostrava acima de County Gate estava abrasador. Tudo desapareceu antes que eu alcançasse Cloud e se tornasse um cinza uniforme... Li Hans Anderson à noite.

Sábado, 5 de setembro: Como não tínhamos ouvido falar da garagem em Porlock para quem escrevemos por causa de um táxi na segunda, foi combinado que eu deveria ir para lá hoje...

Subi o vale passando por Oare, depois pelo vale mais selvagem e estreito passando por Oareford, então subindo a colina arborizada até Oare Post. Tinha estado nublado o dia todo e agora estava chovendo muito forte. Eu continuei na estrada principal com uma visão

1925

borrada do vale de Porlock e as colinas estranhamente amarelas, parecendo carecas além de Porlock. Logo depois de Whit Stones desci pela charneca em direção a Shillett Wood: tão adorável quanto todos os vales profundos desta região e mais solitários do que a maioria. Meu rosto havia sido açoitado com a chuva por tanto tempo que foi um alívio estar em abrigo. O resto do passeio, constantemente cruzando e recruzando o rio abaixo de Hawk Combe, foi deleitoso.

Depois de arranjar um táxi para chegar a Cloud às 8h45 comi um excelente almoço no Castle Hotel (onde, infelizmente, eu perdi minha vara). Eu comecei a jornada de volta para casa. Em um ponto a meio caminho entre West Porlock e Porlock Weir eu encontrei uma trilha indo até o bosque. Essa foi a mais selvagem em que eu já estive: a estrada era na verdade uma espécie de trincheira de cerca de um metro de profundidade, cheia de pedras vermelhas e escavada entre as árvores. Eu vi uma doninha bem próxima. Não é um bom lugar para se sentar, tendo sido entregue a essa raça de superformigas que eu encontrara antes em Old Cleeve.

Enquanto prosseguia tive um ou dois vislumbres agradáveis do vale altamente colorido atrás de mim: mas logo começou a chover e a ventar. Ambos, mais e mais violentamente, pelo resto da tarde. Eu raramente estive em uma tempestade assim. Enquanto eu estava no caminho do bosque acentuadamente escuro (tão escuro em alguns lugares que a abertura do próximo túnel de árvores, quando você tinha um vislumbre dela, às vezes parecia, não uma abertura, mas um grande objeto preto sólido) estava tolerável. Subindo Small Combe, no entanto, tornou-se impossível ver à frente: meus pés estavam ensopados e olhar para o mapa estava fora de questão. Eu subi para a Lodge e cheguei em casa descendo Deddy Combe — apreciei bastante isso tudo de um modo que felizmente pude.

Fiquei ocioso o resto do dia depois de uma mudança e chá perto de um bom fogo. Dormi em outro dormitório esta noite para deixar três mulheres encalhadas em meu quarto.

*O diário é interrompido aqui e só é retomado
em 27 de abril de 1926.*

1926

Após as férias em Oare, Lewis foi a Belfast em 13 de setembro para visitar o pai. Dessa vez, passaram um tempo tranquilo juntos, e, quando Jack partiu, em 1º de outubro, o sr. Lewis escreveu em seu diário: "Jack retornou. Uma quinzena e alguns dias comigo. Muito agradável, não uma tristeza. Fui até o barco com ele. A primeira vez que eu não paguei o dinheiro da passagem dele. Eu ofereci, mas ele não quis".

Na época em que o Semestre Michaelmas começou, em outubro de 1925, Lewis havia se mudado para o Magdalen College e para uma das partes mais bonitas de uma das faculdades mais bonitas de Oxford. Ele recebeu três quartos em New Buildings — Nº 3, Staircase 3. "Meu ambiente externo é lindo além da expectativa e da esperança", escreveu ao pai em 21 de outubro. "Viver no Palácio do Bispo em Wells seria bom, mas dificilmente poderia ser melhor do que isso. Minha grande sala de estar dá para o norte e dela não vejo nada, nem mesmo um coruchéu ou pináculo, para me lembrar de que estou em uma cidade. Eu olho para baixo em um trecho de grama nivelada que passa por um bosque de imensas árvores de floresta, *atualmente coloridas com vermelho-outono. Sobre ela anda a esmo o cervo... Algumas manhãs, quando olho para fora, há meia dúzia ruminando logo abaixo de mim, e em outras, não há nenhum à vista... Minha sala de estar e quarto menores dão para o sul através de um amplo gramado até os prédios principais de Magdalen com a Torre no meio."*

Começando em outubro, Lewis dividiu seu tempo entre Magdalen e "Hillsboro". Durante o semestre, ele dormia no College e visitava a "família" durante as tardes e, quando o semestre terminou, passava as noites em "Hillsboro" e ia para o College durante o dia. Vê-se por que o presidente de Magdalen falou de Lewis como o candidato "mais forte e aceitável" para o cargo que agora ocupava. Lewis estava dando tutorias para aqueles que liam em inglês, bem como os de Greats, e o curso de Filosofia, Política e Economia. A maioria dos alunos que começaram a chegar a ele em outubro de 1925 eram os que tinha quando voltou a atualizar o diário em abril de 1926.

Abril

Terça, 27 de abril: Uma das pessoas novas, Waddington, surgiu em minha lista esta manhã, mas nunca compareceu. Eu não sei se o erro é dele ou meu. Continuei com *Oxford Reformers* [Reformadores de Oxford], de Seebohm, pela manhã. É muito ruim em estilo, pobre sem ser simples e bobo no sentimento: o *arranjo*, por outro lado, é quase o melhor que já vi.

Também redigi uma carta para a srta. Perham, de St. Hugh, sobre um assunto um tanto delicado.[1] Ela escreveu outro dia me pedindo para assumir [o ensino de] um aluno dela este semestre. Eu respondi recusando e sugerindo Ewing, com Hardie como possível substituto

---

[1] A srta. Margery Freda Perham foi tutora em História Moderna no St. Hugh's College.

se Ewing estivesse com o grupo completo. Ela respondeu dizendo: "Se eu fosse inescrupulosa deveria perguntar ao sr. H. de imediato, mas como ainda não vi o dr. Ewing, suponho que não posso. No próximo semestre, procurarei o sr. H. cedo...". Eu queria, se pudesse sem fazer uma asneira, dizer que ficaria muito triste se alguma palavra minha a tivesse induzido a preferir Hardie a Ewing. Mas eu não consegui e deixei o assunto.[2]

Depois das 12, ficou quase escuro demais para ver: um céu negro e morto desceu atrás das árvores do bosque. Saí para devolver livros para a Associação e encontrei Rowse de All Souls em Chaundy's. Eu o havia conhecido no último semestre, quando jantei com Coghill para encontrar De la Mare e tenciono acompanhá-lo desde então; convidei-o para jantar na próxima quarta.[3]

Da Associação fui para casa e encontrei tudo bem. Até agora, D parece estar muito satisfeita com Winifred. Fui dar uma volta com Pat até Shotover por Quarry e ao longo da Planície: depois desci quase até Wheatley, atravessando a estrada de ferro pela trilha. Ainda era o mesmo tipo de dia sombrio, estranhamente colorido, suspenso, do fim do mundo: mas estou muito insensível ao país e ao céu no presente.

Após o chá, voltei ao College e continuei com Seebohm até o *hall*. À noite dei uma olhada em linguagem e estava apenas me acomodando para a introdução de Skeat quando Weldon chegou.[4] Isso significava uísque e conversa até as 12h30, para minha grande decepção. De alguma forma, entramos na verdade histórica dos Evangelhos e concordamos que havia muita coisa que não podia ser explicada. Ele acredita na doutrina hegeliana da Trindade e disse que a coisa toda se encaixa: na verdade, ele é um cristão "de certa forma". Eu nunca teria suspeitado disso. Então nos voltamos para o ego.

---

[2] Veja William Francis Ross Hardie no Apêndice biográfico.
[3] Alfred Leslie Rowse (1903–1997), um membro da All Souls (1925–1974), dedicou um capítulo a Lewis em *Memories and Glimpses* [Memórias e vislumbres] (1986).
[4] Veja Thomas Dewar Weldon no Apêndice do Magdalen College.

Fui para a cama m. tarde, com uma dor de cabeça, lamentando uma noite desperdiçada, embora interessante.[5]

Quarta, 28 de abril: Outro dia muito escuro e nublado — menos apocalíptico, embora mais deprimente. Alunos pela manhã. Yorke para linguagem.[6] Então Betjeman e Valentin para cambalear na *Voyage of Ohthere* [Viagem de Ohthere]: por último, Hamilton e Hetherington, que parecem ser realmente muito bons.[7] Hamilton leu o discurso de Simon Perrott no salão, na outra noite.

Então fui de ônibus para casa, almocei e dei uma caminhada pela Cuckoo Lane e pela Private Rd., chegando em casa para tomar um chá adiantado.

Daí fui a Lady Margaret Hall, para minha aula. Sete meninas apareceram. Colborne (digna e bastante sensata), Scoones (esguia, sombria), Grant (uma pessoa muito volumosa, rugosa, que nunca abria a boca), Thring (a mais falante), House (nervosa, um pouco nobre e preocupada), Johnston (talvez a melhor) e Carter, que chegou muito tarde porque estava procurando por sua dócil tartaruga. Ela é a mais

---

[5]É impossível ter certeza, mas é possível que Lewis tivesse essa conversa com Weldon em mente quando disse em *Surpreendido pela alegria*, cap. XIV: "No início de 1926, o mais empedernido dos ateus que jamais conheci sentou-se no meu quarto e, contra tudo o que eu dele esperava, observou que os indícios da historicidade dos Evangelhos eram de fato surpreendentemente bons. 'Coisa esquisita', continuou. 'Toda aquela história de Frazer sobre o Deus que morre. Coisa esquisita. Chega até a parecer que aquilo realmente aconteceu'".

[6]Henry Vincent Yorke (1905–1973) matriculou-se em 1924 e estava estudando Literatura Inglesa. Ele escreveria muitos romances sob o pseudônimo de "Henry Green" e uma autobiografia chamada *Pack My Bag* [Faça minha mala] (1940).

[7]John Betjeman (1906–1985), o poeta, foi um dos alunos mais difíceis de Lewis. Ele se matriculou em 1924 e estudou Inglês, mas saiu de Oxford sem um diploma. A história do relacionamento de John Betjeman com Lewis é contada em *Young Betjeman* [Jovem Betjeman], de Bevis Hillier (1988). Deric William Valentin (1907–?) matriculou-se em 1924. Ele também estudou Inglês e também saiu sem um diploma. Robert William Hamilton (1905–1995) estudou Clássicos em Magdalen e obteve seu BA em 1928. Ele foi palestrante sênior em Arqueologia do Oriente Próximo em Oxford (1949–1956) e guardião de antiguidades do Ashmolean Museum (1962–1972). William Dixon Hetherington (1905–?) foi um estudante sem subvenção (1924–1928) e estudou Classical Moderations e Greats. Ele obteve seu BA em 1931 e foi trabalhar em Kingston, Jamaica.

bonita e talvez um pouco b****. Como quase nenhuma delas leu os *Diálogos* [de Platão], foi um pouco difícil começar a discussão, mas, uma vez que começaram, tudo correu muito bem. A srta. Scoones e a srta. Thring se uniram em desprezar a srta. House, muito acrimoniosamente, eu penso: assim fiz o melhor que pude por ela, mas ela ficou irritada e assustada com as demais.[8]

No caminho, olhei para Keble Hall pela primeira vez desde que era cadete: não era m. como o que eu lembrava.

À noite terminei Seebohm e iniciei *Friar Bacon and Friar Bungayo* [Frade Bacon e frade Bungay]. É agradável o suficiente — "beber leite e cerveja em canecas campestres" e "transportar toda a *toluniversidade* de barco para Southwark". Eu devo lembrar "*toluniversidade*".

Quinta, 29 de abril: Percival e Waterfield chegaram esta manhã.[9] Waterfield chegou aqui primeiro e eu tive uma curta conversa com ele. Ele é uma pessoa atraente, robusta e bem-humorada — um celta sombrio, eu acho — e leu um ensaio sobre Mill: muito poético, e eu me opus a algumas linhas de verso branco que ele não havia percebido — espero que funcione como uma verificação inofensiva sobre rapsodação [*sic*] no futuro. Na discussão, ele era bom. Percival estava entediado e entendiante. Ele também não abre a boca quando fala e eu tenho de dizer "O quê?" a cada vez, e isso não ajuda em nada.

Trabalhei na Introdução de Skeat ("e" aberto e fechado, finas iguarias assim) pelo resto da manhã. Casa para almoçar e depois sair para uma caminhada pelos campos na direção de Forest Hill. Estava um dia muito quente e enevoado, a cor predominante era

---

[8] Essas moças se matricularam em Lady Margaret Hall em 1924 e estudaram Inglês. As aulas semanais de Lewis não eram de Inglês, mas de Filosofia. As alunas são: Joan Elizabeth Colborne, Diana Dalton Scoones, Violet Augusta Grant, Monica Rose Thring, Bridget Johnston, Nancy Carter e Elizabeth House.
[9] David Athelstane Percival (1906–1987) estudou Clássicos (1914–1918) e obteve seu BA em 1928. Depois, foi para a Nigéria, onde trabalhou no College Administrative Service. Thomas Edward Waterfield (1905–?) estudou Classical Moderations (1924–1927) e, mais tarde, fez um estudo especial sobre as aves de Oxford.

um cinza acinzentado. Os campos estão plenamente ataviados de dentes-de-leão e chicórias-silvestres, e uma fileira de amentilhos me impressionou em particular. Casa de novo, e fui destruído no badminton por Maureen e Dotty. O pobre velho Trapp veio e me pediu para não fazer barulho: sua esposa parece estar pior. Depois, jogamos em perfeito silêncio, marcando os pontos por sinais.

Para o chá, veio a sra. Wilbraham (que foi muito gentil durante a doença de D), sua filha, seu sobrinho Wittall de Oriel — de quem não gosto muito — e Diz.[10] Após o chá, D e eu recebemos o conselho de Diz sobre minhas declarações de imposto de renda e seguro de vida: foi meia hora de horror para mim, como tais discussões são: mover-se em mundos não reconhecidos entre "coberturas", "políticas" e coisas do tipo. Suponho que seja mais benéfico conhecer com familiaridade as misérias do que não ser capaz de compreendê-las.

Quando voltei para o College, fui e conversei com Hardie, que está perto o suficiente de meu desamparo para poder me dar algumas ideias vagas. Em conclusão, nós dois fomos para Thompson e por fim tenho alguns pontos definitivamente fixados em minha mente.[11] O aviso dele no outro dia é sobre o dinheiro que me pagou desde minha eleição até o final deste ano tributável: é nesse ano que eu pago imposto durante o próximo ano: eu pago um prêmio de um 5º de minha bolsa para o seguro.

Jantei e não fui à Sala Comunal. Quando voltei para o New Building [I], encontrei um aconta [sic] de despesa de comida e acomodação de £38 e não tenho certeza se elas são para o semestre antes do último ou para o último semestre. Se para o último, minhas economias não parecem ter sido muito úteis. Um dia de preocupação — que parece não ter nada com que se preocupar agora; mas

---

[10]"Diz" era Sydney Cecil William Disney (1892–?), que estudava Direito em Magdalen e trabalhava no Inland Revenue Service (1921–1928).
[11]O reverendo James Matthew Thompson (1878–1956) foi um membro de Magdalen (1904–1938). Ele foi Deão de Divindade (1906–1915) e Tesoureiro (1920–1927).

é porque eu tenho lido *The Spectator* desde as 9 horas com grande prazer. Está chovendo. Uma gostosa chuva suave, apenas audível através de cortinas esticadas, e um som agradável para ler. Pontadas no dente todo o dia.

Sexta, 30 de abril: Sem alunos essa manhã. Gastei uma hora ou mais em meu poema "Esboço de história" com pouquíssima objetividade: depois caminhei até o Turl e comprei *England Under the Stuarts* [Inglaterra sob os Stuarts], de Trevelyan, para combinar a política da rainha Anne com o objetivo de fazer Swift com Yorke esse semestre. Eu também dei uma olhada no Clarendon Press para ver se *Prelude*, de Selincourt, estava lá, mas não consegui encontrá-lo.[12] Eu li uma resenha empolgante dele na Sala Comunal, no café esta manhã. Voltei para o College e li Trevelyan até a uma com grande interesse. Eu me pergunto: ele é verdadeiro?

De ônibus para casa. D me diz que Dotty foi bastante ofensiva ontem, falando muito do benefício financeiro de Diz e depois ficando acordada até tarde para trabalhar como resultado do tempo que desperdiçou. Maureen também tem uma queixa sobre Dotty "mandando" nela em seu próprio barco, para o que eu não dou a mínima. Por estar em sua própria casa, Maureen tem muito mais oportunidades de fazer esse tipo de coisa do que Dotty e faz. Em geral, se as duas precisarem dominar, prefiro o método barulhento, maria-moleque e descuidado de Dotty ao paciente de Maureen, aquele resmungo afetado repetido de maneira incessante.[13]

Estava bastante quente hoje, mas com o mesmo céu opaco — armando-se para uma tempestade, suponho. D com boa disposição. Caminhei com Pat pelos campos até Stowe Woods: extraordinariamente lindo e cheio de cheiros frescos de verão. Nós tomamos chá no jardim e desfrutamos "nosso tordo" que canta lá todos os dias...

---

[12] A edição de Ernest de Selincourt de Prelude, de Wordsworth.
[13] Dorothea "Dotty" Vaughan, aluna periódica na Headington School, era pensionista em "Hillsboro".

Maio

Sábado, 1º de maio: Chamado às 5 da manhã para fazer "minhas cerimônias para o Maio". Uma manhã fria, escura. Bebi o que restava do leite da noite anterior, fiz a barba, vesti-me e fui até a Torre com sobrepeliz e capelo. Havia multidões subindo e era um negócio lento.[14] O hino latino era lindo: o Vaughan Williams que se seguiu, inadequado. Apesar do mau tempo, fiquei impressionado com a paisagem em direção a Marston, as encostas baixas e o brilho do rio. Começou a chover antes de eu sair do topo da torre, mas não fiquei realmente molhado. Havia uma multidão de visitantes, Maureen e Dotty entre eles.

Voltei para o New Building por volta das 7, tomei um longo banho quente, bebi uma xícara de chá e li Trevelyan. Às 8 tomei o café da manhã sozinho com Benecke, então o dia comum começou.[15]

Eu tive De Peyer e Clark (um par desesperadamente estúpido), Yorke sobre Steele e Addison, então Glasgow sobre Lydgate.[16]...

À tarde, caminhei pelos campos com Pat até Stowe Woods. Fui conduzido de alguma forma a uma linha de pensamento na qual fiz a descoberta desagradável de que estou me tornando um pedante — a justa indignação contra certas afetações modernas tem seus perigos, mas também não sei como evitá-los.

Após o chá, trabalhei em Aristóteles. Jantar em casa, então de volta ao College para passar a noite com Hardie discutindo

---

[14] A Torre Magdalen é uma das joias de Oxford. Foi concluída em 1504, e é costume em 1º maio [chegada da primavera e também Dia do Trabalhador] saudar o nascer do sol com um concerto no topo da torre.

[15] Veja Paul Victor Mendelssohn Benecke no Apêndice do Magdalen College.

[16] Eric Clarence Evelyn De Peyer (1906–1990) estudou Classical Moderations (1925–1927) e Inglês (1927–1929). Ele obteve seu BA em 1931. Leonard Ernie Clark (1906–1964), da Nova Zelândia, estudou Classical Moderations (1925–1928). Ele se tornou um inspetor aéreo; fez um voo solo do Reino Unido para a Nova Zelândia em 1936. Ele serviu na RAF (1939–1946). Paul John Weade Glasgow (1902–?), canadense, estudou Inglês e obteve seu BA em 1926. Ele obteve um B. C. L. [Bacharelado em Direito Civil, sigla em inglês] na McGill University em 1930 e foi admitido na Corte de justiça de Quebec.

Aristóteles. Para cama por volta de 11h30, muito cansado, e tive um sonho aterrorizante à noite do qual não posso me lembrar.

No ônibus esta noite ouvi dizer que os mineiros tinham entrado em greve.[17]

Domingo, 2 de maio: Todos falando sobre a greve no café da manhã. Craig[18] diz que o V[ice] C[hanceler] está ansioso para impedir que os universitários se voluntariem na cidade para formar uma estrutura universitária separada. Isso já se espalhou no exterior em uma versão distorcida. Craig impediu que Boddington publicasse uma notícia sobre o assunto, porque não queria que as pessoas entendessem que Oxford era uma turma de "romper greve". Ele foi muito incisivo na necessidade dos universitários manterem a cabeça e não se tornarem provocativos. A ideia de Chute[19] era que alguns dos líderes dos mineiros deveriam ser cortados em pequenos pedaços. Hardie e eu esperávamos que agora pudéssemos realizar um sonho de menino e dirigir locomotivas.

Um dia muito fresco, de céu cinzento e ventoso. Saí de casa após o café da manhã. Passei boa parte da manhã lendo os jornais. O direito parece estar principalmente do lado dos mineiros, se for verdade que a Comissão prescreveu "reorganização e redução" e que os mineiros foram convidados a submeterem-se à redução sem qualquer garantia de reorganização...

---

[17] Este foi o começo da Greve Geral. O Comitê Samuel recomendara cortes no salário dos mineiros. Os donos das minas, no entanto, embora aceitassem um corte nos salários, insistiam em mais horas e, no final de abril, trancaram os mineiros fora das minas. O Conselho Geral do Congresso dos Sindicatos Trabalhistas convocou uma reunião e conseguiu uma "greve nacional". Sua esperança era que a ameaça forçaria o governo a chegar a um acordo, mas Stanley Baldwin [primeiro-ministro britânico pelo Partido Conservador] cancelou as negociações porque os impressores se recusaram a imprimir um artigo antissindical no *Daily Mail*. A partir de 3 de maio, todos os trabalhadores dos setores de transporte, ferro e aço, eletricidade, gás, construção e impressão de jornais pararam de trabalhar. Em cada cidade, havia um comitê de greve local que tentava manter a circulação dos suprimentos essenciais. Embora os mineiros se recusassem a ceder, após nove dias, o CS cancelou a greve.
[18] Veja Edwin Stewart Craig no Apêndice do Magdalen College.
[19] O reverendo Anthony William Chute (1884–1958) foi Membro e Deão de Divindade (1925–1929).

Após o chá, fiz uma deleitosa caminhada até Stowe Woods pela estrada até Elsfield e para casa pelo caminho do campo. Eu não fazia esse trajeto há muito tempo. Depois de mais algumas reflexões sobre o pedantismo, parei de pensar de maneira bem agradável. O vento, em especial nas profundezas da urze, com suas flores brancas, estava muito bom.

Voltei para casa e jantei. Trabalhei em Aristóteles depois, tentando encontrar uma passagem. D estava ouvindo: os outros na Catedral. Chegou a notícia de que os fascistas e os comunistas haviam entrado em conflito no Hyde Park. Esses fascistas vão estragar tudo. Contanto que fossem apenas arruaceiros em um dos lados, nós pod. vencer um bom bocado sem gerar um problema real: uma vez que temos arruaceiros endinheirados (sem queixas) atuando como agentes provocadores dos outros arruaceiros (que têm uma queixa), é provável que haja uma grande quantidade de problemas...

Segunda, 3 de maio: Um belo e brilhante dia ventoso. Trabalhei em Aristóteles durante toda a manhã para Boddington, que chegou às 12.[20]

À uma h. fui a Merton e almocei com Lawson e Keir. A notícia no *Times* de hoje foi que as negociações haviam sido interrompidas. Lawson tinha visto um jornal do meio-dia que informava que os impressores do *Daily Mail*, ofendidos em seu principal artigo, já haviam entrado em greve e não haviam aparecido hoje. Merton tinha uma notícia dando licença a todos os que desejassem se oferecer como voluntários em sua área de origem — um tanto prematuro da parte de Merton. Keir desaprovou a ideia do V. C. de uma organização especial da Universidade como promotora de guerra de classes. Lawson defendeu a notícia de Merton alegando que os estudantes de graduação seriam perigosos e problemáticos como um grupo, mas seriam facilmente tratados se dispersos em seus próprios distritos.

---

[20]Hubert Cecil Boddington (1903–1974) matriculou-se em 1922 e estudou Clássicos, fazendo Schools em 1926. Ele obteve seu BA em 1934 e foi membro da Bolsa de Valores de Londres.

1926

Juntos deixamos Merton. A rua estava cheia de carros e motos. Estudantes de graduação com grande empolgação e alegria estavam queimando pneus, embebidos em gasolina, e amarrados a malas. Oxford muito lotado. Estávamos divertidos com a ideia geral de que a maneira de ajudar era manter todos em movimento — de qualquer lugar para qualquer lugar. Depois de dar uma olhada na Associação (onde não havia notícias), eu os deixei e fui para casa.

D sentou-se ontem à noite até a uma h. e ouviu as últimas notícias. Pelo visto, outras pessoas além dos impressores do *Daily Mail* entraram em greve prematuramente, e a situação era que o governo se recusava a continuar as negociações a menos que o C. S. T. repudiasse isso. Fiz uma deleitosa caminhada até Shotover e voltei para o chá no jardim com D.

Voltei para o College por volta das 5h30 e encontrei no Vestíbulo o aviso do V. C. dizendo que ele não queria que os alunos de graduação se voluntariassem na cidade e que oportunidades lhes seriam dadas de fazê-lo por meio de seus colleges.

Nos meus aposentos, encontrei o novo *Prelude*, de Selincourt, e imediatamente comecei a lê-lo. Muitos dos fragmentos resgatados de livros de notas são interessantes e importantes: em especial, aquele que distingue entre as imagens e as coisas reconhecidas como pensamentos q. são "a pequenez da vida" e nosso verdadeiro eu: sendo levado para a passagem sobre o leste sem nuvens e o oeste sem nuvens. É quase a distinção entre... contemplação e prazer.

Jantar maçônico nesta noite para que nós não maçons fizéssemos uma pequena festa no Hall. Na Sala Comunal, Craig nos deu um esboço de política. Os alunos de graduação devem ser divididos em quatro classes: (a) aqueles que são livres para sair e são voluntários de uma só vez para o serviço em sua área de origem. (b) Aqueles que, "por uma razão ou outra", não estão livres, no momento. Seus documentos serão enviados para o centro de Oxford, mas eles não serão chamados até que a cidade tenha esgotado seus próprios recursos. Isso é para evitar a provocação de "mão de obra importada" tanto quanto possível. (c) Aqueles com carros etc. que serão voluntários para o serviço de mensageiros neste distrito, o q. (na opinião de Craig) não estará sob o rótulo de "mão de obra importada". (d) Aqueles que matriculados nos Cursos neste semestre. Eles podem preencher formulários para o serviço com a cidade, mas os formulários serão retidos pelo College até que a situação esteja irremediável.

Algumas conversas muito divertidas na sala de fumantes, principalmente graças a Dixon e Benecke, sobre suas experiências de guerra.[21] Depois, Hardie e eu saímos para um passeio no Grove, que é mais bonito no crepúsculo. Encontramos um poço profundo que não poderíamos explicar e também perambulamos entre os depósitos da área industrial temporária de lapidação. Eles eram muito impressionantes, estas criaturas volumosas pálidas entre as árvores escuras. Como Jenkin teria apreciado o sentimento produzido por aquela cena! Hardie sabe muito pouco sobre esse tipo de coisa, embora em outras esferas, ele seja mais do que inteligente e realmente sábio. Voltei para meus aposentos por volta de 9h30 e li o novo Wordsworth até a hora de dormir, exceto por alguns minutos em meu Esboço de História. Eu demorei muito para dormir.

Quarta, 5 de maio: Levantei às 7h45, muito tonto e imprestável. Waddington e Sykes chegaram às 9.[22] Eles são uma boa dupla... Aos 11 anos mostrei a Valentin e Betjeman que O.E. Valentin traduziu "twentig hryðera" "twenty hydras" [vinte hidras].[23]

Disseram-me que os fascistas invadiram o Clube do Trabalho ontem à noite, onde estavam sendo feitos discursos sobre as esposas e os filhos dos grevistas: e embora eles tenham interrompido com

---

[21] Veja Arthur Lee Dixon no Apêndice do Magdalen College.
[22] Thomas Elliot Waddington (1907–1977) foi um estudante sem subvenção de Magdalen (1925–1928) e estudou Filosofia, Política e Economia. Ele foi diretor de investimentos de várias empresas e serviu no K. R. R. C. [Unidade de Rifles do Rei, sigla em inglês] (1939–1945). Richard Laurence Sykes (1906-1977) foi um plebeu de 1925 a 1929 e obteve seu bacharelado em 1930. Ele trabalhou como agente publicitário.
[23] *The Voyages of Ohthere and Wulfstan* [As viagens de Ohthere e Wulfstan], 49; "vinte vacas".

perguntas, antes de saírem contribuíram com uma boa quantia para o alívio das referidas esposas e filhos. Quão gloriosamente inglês! Às 12 vieram Hamilton e Hetherington. O primeiro leu um ensaio: para minha surpresa, não tão bom quanto o de Hetherington na última semana.

Almocei na Sala Comunal: então para Balliol às 2. Reunião na antiga Sala Comunal com o V. C. na cadeira. A discussão concentrou-se principalmente nos esforços para encurtar o aviso: gostaria de saber se eles deviam fazer o papel muito mais precioso do que o tempo. Eu havia terminado por volta de 2h30, fui para a English Library e retirei Dunbar. De volta ao College: escrevi em meu diário, trabalhei em meu Esboço e escrevi uma nota para Driver.[24]

Chá na Sala Comunal e então para L. M. H. para ter minha aula. A srta. Scoones leu um artigo: de fato, espantosamente bom para um amador. Ela e a srta. Colborne foram muito bem nas discussões. Deixei-as às 6h15 e de ônibus para casa.

Após uma manhã onírica, comecei a me sentir melhor por volta da hora do chá e agora era quase eu mesmo. Fiquei preocupado ao saber que a dor que D sentiu em Oare tinha voltado: fora isso, tudo bem, uma noite agradável e ociosa...

Quinta, 6 de maio: Comecei a corrigir o artigo em inglês de Spenser — história da língua.[25] Ele levantou pontos sobre os quais eu não tinha certeza e saí para comprar *Mother Tongue* [Língua materna], de Wyld, mas não consegui encontrar o que eu queria.

Um luminoso dia frio com um céu azul e branco. Casa para almoçar como de costume. D parecia bem. Eu li os jornais — *Times* 2 páginas e a *Govt. Gazette*. Eu me surpreendi com o tom festivo de seu primeiro número, certamente deveria ter visado um tom imparcial e oficial. Isso levou a críticas severas e justas na Câmara...

---

[24](Sir) Godfrey Driver (1892–1975) foi um membro de Magdalen (1919–1962) e professor de Filologia Semítica em Oxford (1938–1962).
[25]Charles Richard Spencer (1903–1941) estudou Classical Moderations e, em seguida, Inglês (1922–1926). Obteve seu BA em 1926. Tornou-se mestre-assistente em Stowe.

Na hora do jantar, ouvi dizer que o Gov. invadira o escritório do *Daily Herald*. Weldon disse que, se continuassem como tinham começado, provavelmente conseguiriam causar problemas onde nenhum problema teria havido. Eles fizeram três coisas muito provocantes: declararam estado de emergência antes das negociações terem sido rompidas, usaram a *Gazette* para propaganda e invadiram um jornal de oposição. Sobre a *Gazette*, de qualquer maneira, eu concordei totalmente. Na sala de fumantes, Brightman estava muito bem disposto, propondo ir com qualquer um q. se voluntariasse e fizesse pó do novo edifício de Carter.[26]

Relatos de tumultos na Escócia. Voltei para meus aposentos e trabalhei em Dunbar. Hardie chegou por volta de 10h30 e fizemos grogue quente. Amargamente frio.

Sexta, 7 de maio: Continuei a corrigir o artigo de Spenser. Waterfield e Percival chegaram às 12. O último leu um ensaio de um tipo muito vago e sem objetivo.

Fora de casa por volta de 1h30. Após o almoço, eu caminhei pelos campos em direção a Forest Hill: estava uma bela tarde amena com um céu azul e me sentei por algum tempo: quando decidi por voltar para casa, vi efeitos maravilhosos. Acima e atrás de mim, ainda estava brilhante: à minha frente, havia um enorme banco de nuvens com quase preto por baixo e enormes pináculos brancos acima, dirigindo-se rapidamente na minha direção e fazendo a planície embaixo dele azul-claro. Caiu uma chuva de granizo sobre mim um pouco antes de eu chegar a Barton: grandes pedras de granizo firmes, muito dolorosas para o nariz e a orelha.

Troquei de roupa e tomei chá. O discurso de Baldwin na Câmara (*Times* de hoje) diz que uma mensagem exigindo o repúdio da greve

---

[26]Frank Edward Brightman (1856–1932), liturgiologista, foi um bibliotecário original de Pusey House (1884–1903), Membro de Magdalen (1902–1932) e autor de *The English Rite* [O rito inglês] (1915). Cyril Robert Carter (1863–1930) foi deão de Divinity (1896–1902) e tesoureiro do Magdalen College (1910–1930), tendo assim muita relação com os novos edifícios que estavam sendo erguidos em Magdalen.

do *Daily Mail* e a retirada de avisos de greve em geral foi enviada ao C. S. T. na noite de domingo e não respondida, o que colapsou as negociações. Eles pareciam estar quase chegando a um acordo antes disso. Voltei ao College por volta de 5h30 e trabalhei em Hoccleve. Na sala dos fumantes após o jantar, Wrong circulou a Petição expressando a esperança de "que não se deve permitir nada que fique no caminho da retomada das negociações".[27] Foi assinado por Sadler, Gilbert Murray, Lindsay, Wrong, Weldon, Lee e outros. Segar disse que era como mandar uma petição a Haig pedindo-lhe para assinar um armistício no momento em que toda a sua missão fosse amedrontar os alemães.

Protestei contra a ideia de que o Premiê, durante uma greve, estava na mesma posição que um general em guerra ou que seu negócio era amedrontar. No final, não assinei porque me pareceu que, se tomado levianamente, a petição significaria apenas "Queira a paz", o que não era útil: se tomada de maneira estrita, significaria "Reabrir as negociações em quaisquer termos não importando o que aconteça amanhã", com o que eu não concordei.

Craig disse que era equivalente a um voto de censura ao Gov. Parece falso. O que realmente o irritou e a muitos outros é que o Bispo anunciou uma reunião religiosa na Câmara Municipal e usou-a para aprovar essa resolução. O sentimento geral é que fora desonesto.

Voltei para meus aposentos e trabalhei nos chaucerianos (fazendo anotações sobre "aureação") até quase 11. Então para a cama, mas não sem um longo tempo para dormir, depois de arrumar meu quarto. Chovendo forte.

Sábado, 8 de maio: Notícias de tumultos vindas de muitos lugares hoje.

---

[27]Edward Murray Wrong (1889–1928) tornou-se membro de Magdalen em 1914. Ele foi vice-diretor do Manchester College of Technology (1916–1919), após o que retornou a Magdalen.

De Peyer e Clark às 12. Casa para almoço às 13h30 mais ou menos. Li os jornais: o grande artigo de hoje é o discurso de Sir John Simon sobre a ilegalidade da greve atual. Não tenho certeza de que algo seja obtido dizendo aos operários que todos eles "podem ser processados" (essa era a manchete).

Knight estava aqui consertando a fechadura da porta da área de serviço. Ele nos contou a versão da interrupção da *Worker's Gazette*. Eles quase chegaram a um acordo em uma base para discussão mais aprofundada quando a notícia da greve do *Daily Mail* chegou a Baldwin. Ele então escreveu para o C. S. T. praticamente assumindo que a Greve Geral havia começado e pedindo alguma declaração. Eles sabiam tão pouco da greve do *Daily Mail* quanto ele e escreveram de volta para dizê-lo: ao que ele respondeu que a porta estava agora fechada. A *Worker's Gazette* pertinentemente pergunta se ele teria se comportado da mesma maneira se a greve prematura tivesse ocorrido nos impressores do *Daily Herald*. O relato de Baldwin foi (nos jornais de hoje) que ele escreveu pedindo um repúdio à greve dos impressores e nenhum foi dado.

É impossível descobrir de que fato essas duas histórias são o disfarce. Pode haver algo na ideia de Craig de que Baldwin estivesse sendo empurrado por Birkenhead e Churchill...

Nós estávamos um tanto adiantados para o ônibus, e estava frio, o que não melhorou as coisas, já que D aparentemente ainda está incomodada com a dor nas costas. Ela parecia um pouco melhor na Playhouse. O *Shepherds of the Delectable Mountains* [Pastores das montanhas deliciosas], de Vaughan Williams, foi acima de louvor: palavras, música, atuação e iluminação, tudo realmente unificado, e o resultado bastante sobrenatural. No intervalo, encontrei Benecke, Chute e Hardie esperando a chance de entrar. Eu também encontrei C. K. Allen e consegui dele um sopro de sólido Univ. Toryismo — sarcástico, assustado, sabedoria mundana. A *Coffee Cantata* [Cantata do café], de Bach, e o balé Purcell do *Gentleman Dancing Master* eram ambos deleitosos, e a pessoa não se importava com a descida das alturas. No geral, um

1926

show esplêndido. Todos em casa de táxi, os outros me largando no portão de Magdalen.

Domingo, 9 de maio: Uma manhã brilhante e bonita. Os passeios perto do Cher quando saio de casa após o café da manhã são agora "túneis de verde" e espinheiro, cheios de pássaros cantores, ou melhor, gritadores, e jacintos.

D em nada parecia ter estado ruim na noite passada. Passei um dia muito ocioso: inconscientemente a greve é um pretexto para abandonar todos os hábitos regulares. Joguei badminton à tarde: derrotado por Maureen e derrotei Dotty. Eu li algumas das melhores histórias de *Country of the Blind* [País do cego], de H. G. Wells. Nunca se relê um velho favorito sem descobrir que ele contribuiu mais do que se pode suspeitar para o exercício habitual do trabalho.

De volta ao College por volta das 5h30. Encontrei Valentin nos claustros, que me disse que está descendo amanhã e, portanto, não pod. vir a mim. Participou na Capela e leu uma lição muito relevante, Deuteronômio VIII.

Sentei ao lado de Weldon no Hall. Ele acha que estaremos livres de todos os alunos até o final desta semana e teremos de começar a pensar em trabalhos de sucesso para nós mesmos. Ele propõe juntar-nos a outros que pensam como nós e tentar entrar no trabalho de estivador ou algo comparativamente neutro: cooptaríamos Hardie para nossa companhia, pois ele é inocente e não sabe como cuidar de si mesmo: p. ex., ao ouvir sobre o novo Code of Conduct Regulation[28] (C. C. R.) a ser suprido com capacetes de aço, ele disse que se recusaria a usar um capacete de aço!…

Na sala de fumantes houve muita conversa interessante. Jellicoe diz que a polícia e as pessoas comuns pobres (datilógrafos e afins) em Londres são realmente ótimas.[29] A polícia e o exército vão quebrar se de fato vierem a lutar: o que ele acha que vai acontecer.

---

[28]Regulamento de Código de Conduta.
[29]O reverendo John Basil Lee Jellicoe (1886–1935) foi chefe da Missão do Magdalen College (1922–1927) e presidente da St. Pancras House Improvement Co.

O que ele gostaria (Chute e eu ansiosamente endossamos isso) é que o Gov. deve ganhar a greve, no sentido de produzir um retorno ao trabalho sem desordem, e sem perder a paz, no sentido de que o país, em franca oposição ao Gov., se necessário for, confirmaria os Sindicatos Trabalhistas em seus legítimos poderes e protegeria os mineiros.

Weldon disse que isso era totalmente impossível. Birkenhead e Joynson Hicks tinham deliberadamente provocado uma situação hostil para esmagar o Sindicalismo Trabalhista de uma vez por todas: se a greve geral fracassasse (estava fadado a acontecer), os Sindicatos Trabalhistas estariam mortos na Inglaterra e, como não haveria eleições gerais, seria impossível impedir que Birkenhead e Co. mutilassem o cadáver. O resultado seria que o trabalho moderado pod. ser forçado a se tornar socialista. Jellicoe diz que a paróquia de Euston ficou enfurecida com o uso do trabalho de graduandos em Euston. Wrong e eu mantivemos o direito de as pessoas se alimentarem e às outras independentemente da questão industrial: Weldon não q. ouvir falar disso. Não se tinha escolha, senão ser um partidário do C. S. T. ou ser um fura-greve.

Fui ao quarto de Craig com Wrong e Weldon (Chute chegou mais tarde) para beber uísque e conversar. Uma discussão obstinada de Weldon e eu contra Craig e Wrong, que sustentavam que alguém tinha o dever de apoiar o país ou o "Estado" mesmo quando este está errado. Craig continuou dizendo que concordava comigo, o que ele não concorda. Em grande parte, porque eu sustentei que o Gov. tem o direito (pelas regras de toda negociação — *ius gentium*)[30] de exigir um repúdio à geve [sic] do *Daily Mail*. Wrong disse "Craig & Lewis pensam que Deus era um Whig[31] moderado". Eu só exigi "é" em vez de "era"...

---

[30]"O direito das nações", ou seja, o direito natural.
[31]O Partido Whig britânico era de linha liberal, favorável ao progresso e às reformas, em oposição ao Partido Tory, de linha conservadora. Desse modo, *Whig* tornou-se termo designativo de quem abraça ideias liberais. [N. T.]

1926

Segunda, 10 de maio: ... Fui almoçar na Univ. com Keir e Lawson. Chegaram tarde, ambos estavam escutando na Sala Comunal da Univ. Eles ouviram que tudo tem estado quieto em Hull nas últimas 48 horas: por outro lado, Keir ouviu de um aluno recém-chegado de Hull que a lei marcial estava sendo proclamada. Mas como ele ouviu isso no refeitório dos sargentos e tarde da noite, talvez não devesse pesar muito.

Então de ônibus para casa. Havia meia dúzia de mineiros de Lancashire no ônibus, muito bêbados. Eles disseram que todos tinham sido soldados e sabiam como atirar: se não conseguissem quebrar nossos bolsos, quebrariam nosso coração etc. etc. Alguém começou a discutir com eles ao que responderam (muito sensatamente) dizendo "Você é mineiro?" — "Ooh q'raio cê é?" — "Você é uma maldita assistente de loja". Uma viagem não agradável, embora eu ache que eles eram provavelmente bêbados bem decentes e não tão maus quanto pareciam.

Disse a D que todos teríamos de sair até o fim da semana se a greve ainda continuasse, o que naturalmente a preocupou. Srta. Baker para o chá. Chovendo. Tudo muito deprimente.

De volta ao College para jantar e depois com Hardie para o cinema, onde vi Felix (excelente) e Harold Lloyd pela primeira vez na vida.

Decidimos ir ver Weldon e ter mais discussões sobre nossos planos. Encontrando seus aposentos vazios, fomos aos de Chute, onde encontramos Craig, Chute, Weldon, Jellicoe e alguns alunos de graduação. Descobrimos que Weldon arrumara uma festa para ir atracar e escapou de nós. Eu disse que sempre acalentara a crença de que, sob o comportamento cínico dele, escondia um bom coração. Ele respondeu "Agora você sabe".

A afirmação de Jellicoe de que ele queria homens para uma cantina, no entanto, abriu uma nova porta: e quanto mais eu pensava nisso, mais eu gostava. Estou bastante confuso sobre os acertos e erros da coisa agora, mas parece que não se pode estar fazendo *o mal* distribuindo comida em uma cantina. Também parece bastante seguro e o fato de não se estar sendo amarrado pelo Gov. Londres também atrai por causa de Barfield e Harwood.

Hardie e eu fomos aos aposentos de Weldon para beber grogue e provar *Sortes Virgilianae*. Nós pegamos "*At regina pyra penetrali in sede sub auras*".[32] Não pareceu muito explícito, então tentamos a Bíblia e obtivemos uma linha, não de texto mas de matéria editorial, sobre "a queda de grandes impérios". Foi muito explícito, então tentamos Milton. Ele deu a passagem sobre "todo o inferno solto" e "raiva infinita provocada". Pior e pior! Nós fizemos com Virgílio mais duas tentativas: uma foi sobre o retorno dos reinos saturnianos no Lácio, mas como tolos não paramos por aí, e tentando de novo obtivemos "*Miscuerunt herbas et non innoxia verba*".[33] Não mais oráculos para mim!...

Terça, 11 de maio: ... Eu pretendia sair de casa mais cedo nesta manhã, mas Hetherington veio me ver e logo Hardie se juntou a nós. Hetherington é a favor do Apelo do Arcebispo e da Balliol Independant,[34] cujo objetivo é o inteiramente digno de encontrar o quanto antes alguns meios de reaproximação que salvem a situação de ambas as partes. Essa é a única maneira pela qual a coisa pode ser terminada sem grande mal...

Em Merton para o "chá inglês" às 4. Ali não houve praticamente nenhuma conversa sobre a greve. A discussão se voltou à proposta

---

[32]Virgílio, *Eneida*, IV, 504: "Mas a Rainha [Dido], tendo erigido uma pira no íntimo coração de sua casa, ao ar livre".
[33]Virgílio, *Geórgicas*, III, 283: (de madrastas) "elas misturaram ervas e feitiços nocivos".
[34]O Apelo do Arcebispo é prática da Igreja Católica Romana, principalmente na Inglaterra e nos Estados Unidos, em que um arcebispo faz um apelo anual a sua arquidiocese objetivando levantar fundos para atender a seus programas e projetos pastorais. O Balliol College é uma das mais antigas constituintes da Universidade de Oxford, tendo sido fundada por volta de 1263. Lugar em que se formaram muitos primeiros-ministros ingleses, vários premiados com o Nobel e muitas figuras de destaque da filosofia e da literatura, como John Wycliffe (tradutor da Bíblia para o inglês), que dela foi mestre nos anos 1360. O *Independant* (ou um erro de grafia de Lewis ou um jogo de palavras com *pendant*: pendente; parelha; apêndice) pode ser referência aos diferentes centros independentes de estudo que lá existem, principalmente sobre religiões. [N. T.]

de Fletcher para coordenar a lista de palestras com o curso normal do trabalho de tutoria.[35] Todos concordaram, embora Gordon tenha falado do perigo de tornar a coisa muito como "um motor que funciona sem esforço e que não dá prazer a ninguém, exceto ao engenheiro". A srta. Lee falou um monte de absurdos sobre a necessidade de ter aulas de pronúncia e "esboços de literatura" para iniciantes.[36] Tolkien conseguiu encaminhar a discussão para o proposto Inglês Prelim.[37] Eu tive uma conversa com ele depois. Ele é um rapazinho afável, pálido e fluente — não consegue ler Spenser por causa das formas — acha que a linguagem é o que importa na escola — acha que toda literatura é escrita para a diversão de *homens* entre trinta e quarenta — devemos nos afastar por voto da existência se formos honestos — ainda assim, as mudanças fonéticas e os fragmentos são muito divertidos para os *dons*. Nenhum problema nele: só precisa de um pouco de sabor. Sua abominação favorita é a ideia de estudos "liberais". Passatempos técnicos estão mais de acordo com ele.

Casa novamente. Debate no *Times* hoje muito interessante. Parece não haver uma resposta adequada para a pergunta por que o apelo do Arcebispo foi excluído da *Gazette*. Churchill é o editor. O relatório de Trabalho de um colapso da Organization for the Maintenance of Supplies[38] (O. M. S.) em Newcastle foi repetido com a circunstância. Tive uma noite sossegada com D após o jantar: agradável vida doméstica de novo — há tão pouco disso agora.

De volta ao College por volta de 10h15. Tive uma conversa com Hardie e cama antes das onze. As notícias de hoje relatam menos tumultos, e a transmissão de hoje à noite vê alguma esperança de as negociações serem reabertas. Mas, graças ao comportamento do

---

[35]O reverendo Ronald Frank William Fletcher foi capelão e tutor em Língua e Literatura Inglesas em St. Edmund Hall.
[36]Margaret Lucy Lee foi tutora em Inglês na Society of Oxford Home-Students (mais tarde St. Anne's College).
[37]Veja John Ronald Reuel Tolkien no Apêndice biográfico. [*Prelim.*: exame preliminar, preparatório.]
[38]Organização de Manutenção de Suprimentos.

Gov., compartilho com todos que conheço (de qualquer classe ou partido) uma profunda desconfiança das notícias oficiais.

Quarta, 12 de maio: Escrevi mais algumas linhas de meu Esboço e fui interrompido por Hardie. Discutimos nossa ida para Londres: ele queria ir amanhã, eu, na sexta. Escrevemos para Jellicoe, então fui para casa às 11h30.

Eu fiz uma visita ao banco e peguei os números de minha renda do ano passado, preenchi meus formulários e os enviei pelo correio. Graças a Deus, tirei esse peso de cima de mim...

Eu decidi ir com Hardie amanhã. À uma hora escutei a notícia inesperada de que o C. S. T. havia chamado Baldwin e dissera que estavam encerrando a Greve Geral hoje. Não consigo entender essa repentina e incondicional rendição. Foi um grande alívio: a vida comum fluía de volta para a mente deleitosamente, como depois de um sonho.

Galinha e língua frias no almoço. Eu levei Pat para passear em Cuckoo Lane e me encharquei em uma chuvarada repentina.

De volta ao College por volta das 3h30 e troquei de roupa. Encontrei Hardie e Mabbott, de St. Johns. Comentamos o fato de que J. A. manteve silêncio durante toda a greve e não enunciou doutrina moral: pensamos que o presságio "*J. A. tacuit*"[39] (cf. *bos locutus est*)[40] deve ser enviado para os áugures.[41]

Chá na Sala dos Fumantes com Benecke, e daí para L. M. H., para minha aula, apesar dos Parques em uma súbita explosão de calor úmido, sol forte e cores brilhantes nas árvores gotejantes... Minha turma estava completamente serena com a greve e ainda muito interessada em Berkeley. A srta. Thring leu um artigo. A discussão foi a respeito do ego. Eu lhes falei sobre a distinção de contemplação e prazer de Alexander,[42] e todos eles (eu acho) entenderam

---

[39]"ficou em silêncio".
[40]"um boi proferiu palavras": um familiar presságio romano registrado por historiadores tal como os augúrios foram dados a interpretar.
[41]Veja James Alexander Smith no Apêndice biográfico.
[42]Em *Space, Time, and Deity* [Espaço, tempo e divindade] (1920).

de maneira bem clara. A srta. Colborne esteve especialmente bem, dizendo à srta. Grant (que queria "conhecer" o ego) "É como se, não contente em ver com seus olhos, você quisesse tirá-los e olhar para eles — e então eles não seriam olhos."...

Quinta, 13 de maio: ... As notícias do *Times* de hoje e pela radiotelegrafia são ruins. A maioria das empresas está se recusando a aceitar de volta suas equipes como um todo, e a maioria dos homens se recusa a voltar até que lhes seja prometido que todos voltarão juntos. Temo que ainda possa arruinar todo o espetáculo. Na medida em que não é necessário, mas uma mera represália, culpo muito os patrões.

D parecia um pouco melhor hoje. Após o almoço, eu andei até Shotover: muito quente e brilhante entre as pancadas de chuva. As cores profundas e os contornos ameaçadoramente claros da planície vista de Shotover quase me acordaram por um momento da letargia desatenta em que normalmente caminho agora...

Para a Associação, onde retirei Gavin Douglas e *Poetic Unreason* [Irracionalidade poética], de Robert Graves... Li o livro de Graves à noite. Ele explica poesia a partir de princípios psicanalíticos e não explica onde está a poesia disso: isto é, resolve um conflito, assim como um sonho. Mas um sonho não é poesia, e onde está a diferença? Um sujeito estúpido que foi derrubado pela psicanálise porque não tinha pensado o suficiente antes de se deparar com ela. Eu suponho que esse seja o pedante em mim de novo!...

Sexta, 14 de maio: Li os Prólogos de Gavin Douglas a Virgílio. Porcaria. Fiquei bastante surpreso e um tanto chocado com a chegada de um aluno nesta manhã — Betjeman. Ele está em Oxford o tempo todo, "dirigindo pessoas para os vilarejos para falar, em seu carro" — suponho que signifique pessoas como meus mineiros no ônibus.

Casa por volta de 1h15. D parece melhor hoje. Li os jornais: quase ninguém parece ter voltado ainda. Baldwin fez um ótimo discurso na Câmara ontem, renunciando a todas as intenções de represálias e apontando que ele mesmo induziu alguns empregadores a encontrarem os homens e a discutir sobre a reintegração. Thomas fez um bom discurso também, chamando a atenção para a ação de alguns departamentos do Gov. e também a diferença entre o tom de Baldwin e o da edição de "rendição" da *Gazette*...

Após o chá, li (em casa) *The Palice of Honor* [A lapalissada da honra] que, apesar da dicção bárbara, é bastante bom. O horror do deserto é bem construído, e eu tive uma emoção real da música que "distante, de longe, foi carregada pelas profundezas". Também é bom ter Vênus e sua corte nocauteadas pela primeira vez.

De volta ao College às sete, sentindo-se inapto para qualquer coisa. Peguei *Club of Queer Trades* [O clube dos negócios estranhos], de Chesterton, da biblioteca da sala de fumantes depois do jantar: li, fiz chá e fui para a cama às onze horas ou antes...

Sábado, 15 de maio: De Peyer sozinho nesta manhã (Clark ainda está fora) por uma hora confusa sobre Butler. Então veio Yorke para I. A. Ele teve aventuras incríveis. Viajou de caminhão até Bristol, encontrou as docas fechadas (era um sábado à noite) e foi para um hotel. Ali conheceu um homem que, por alguma razão, decidiu que estava fugindo de casa e conversou com ele sobre essa hipótese até a meia-noite. No domingo, (ele estava vestido como um vagabundo) saiu para uma caminhada e foi interpelado por uma menina de cerca de 12 anos com a pergunta "Cê conseguiu um domingo?". "Um domingo", aparentemente significa alguém com quem caminhar aos domingos. No dia seguinte, ele foi a uma Agência de empregos do governo — por que diabos ele não foi a uma das organizações comuns, eu não sei — e não conseguiu nenhum trabalho: o que é estranho. Em seguida, recebeu um tapa nas costas de outro vagabundo e disse "Qu'azar, meu velho".

Eu contei a ele sobre a morte de Dent — q. eu estou esperando não afete a publicação de "Dymer". Pocock tem um acordo assinado por mim, mas eu ainda não o tenho assinado por eles.[43]

---

[43]"Dymer" foi concluído no verão de 1925 e foi aceito para publicação pela J. M. Dent Ltd. em 1º de abril de 1926. No entanto, com a morte do sr. Dent, Lewis estava preocupado que o contrato pudesse não ser honrado. Ele recebeu garantias de Guy Pocock.

Casa por volta de uma. Até agora eu estava me sentindo melhor por meu entardecer quieto e antecipado da noite passada mas, assim que eu saí para minha caminhada após o almoço, a velha dor de cabeça e a sensação de irrealidade caíram sobre mim. Fiz apenas um curto passeio nos campos abaixo de Shotover.

Passei o resto do dia em casa preguiçosamente lendo a vida de Hannah More escrita por William Roberts Esq. (1838).[44] Ele é um evangélico deliciosamente pomposo e mordaz, embora as cartas (que são em grande parte responsáveis por isso) são m. interessantes. É um prazer ver Johnson com a arara de Sir Joshua no pulso...

Domingo, 16 de maio: ... Continuei a ler sobre Hannah More. O relato do trabalho dela nos bairros de Clevedon, Blagdon e Wrington relembra um agradável passeio com W e traz muita luz interessante sobre o período jacobino e antijacobino.

É horrível ver a humanista gradualmente murchando nela, e engraçado ouvir a autora descrevendo a sociedade de homens como Johnson, como as ciladas "do mundo" — "aliadas contra ela" — das q. ela escapou. Os diários são como os de Frances Havergall: vê-se o autoexame assumindo uma forma na qual ele é compelido a se tornar cada vez pior: quanto mais você arranha, mais você coça. O problema levantado é este: como se preocupar seriamente com a bondade sem deixar que o "ego empírico" se torne o objeto incorporado. Talvez seja insolúvel.

Winifred foi para casa a fim de ver o pessoal dela hoje e eu lavei tudo depois do almoço: dei uma curta caminhada depois do chá e escapei da dor de cabeça etc. Até então tinha sido um dia agradável: o resto foi desagradável. Maureen se ofereceu para lavar tudo depois do jantar. Como um tolo (ou um patife), eu aquiesci e ela começou, não de acordo com os princípios fundamentais de D, que correu para a área de serviço e tirou os implementos das mãos dela e uma violenta altercação se seguiu, com Maureen alegando ser julgada

---

[44] William Roberts, *Memoirs of the Life and Correspondence of Mrs Hannah More* [Memórias da vida e da correspondência da sra. Hannah More], (1834).

pelos resultados, e D dizendo que, se todos os serviçais tiveram de aprender o jeito dela, ela não via por que a filha não deveria etc. Eu fiquei de fora disso.

Então fomos para a sala de jantar e só tivemos alguns minutos de sossego antes de outra briga. Esqueci como começou. Maureen disse que não perdoava a Dotty e a mim pela noite de sexta. Eu descobri que significava que D tinha ido ao encontro de Maureen em seu retorno do Musical das Senhoras e esperado por três ônibus. Eu realmente não consigo enxergar que tenha sido culpa minha. De qualquer forma, Maureen continuou a protestar contra a imprudência de D em sua costumeira falta de tato, e claro, tudo num piscar de olhos, D ficou furiosa, e se tornou tão injusta que me aventurei a dizer alguma coisa a favor de Maureen.

Só piorou as coisas: e a pobre D fez disso uma questão moral e dizia que sempre cumpria seu dever não importando o que todos nós falássemos, e ela tinha uma dor de cabeça lancinante e, se a incomodássemos mais, ela sairia da sala. Acho que a dor de cabeça estava no fundo da coisa toda: eu temo que ela ainda esteja muito mal. Nesses casos, pode-se ter certeza de que qualquer linha de ação tomada será um erro.

De volta ao College às 9, sentindo-me infeliz. Spencer me encontrou e veio a meu quarto. Ele tem sido um [professor de ensino] especial em Londres e tem passado um tempo muito bom: apenas quatro horas de trabalho por dia, sem brigas, e muita diversão. As pessoas estavam dirigindo ao longo do aterro a mais de 100 quilômetros por hora. Ele confirma a história sobre o C. S. T. pedir proteção policial. Hardie se juntou a nós. Spencer só chegou às 11h45, e eu fui ao quarto de Hardie para aquecer os pés ao fogo que esfriaram em meu próprio quarto sem um. Para cama à meia-noite e meia com dor de cabeça —, mas possivelmente dormi melhor do que se tivesse ido direto, depois dos problemas em casa.

Segunda, 17 de maio: Valentin parece ainda estar fora. Boddington ligou e marcou para vir amanhã. Trabalhei um pouco em Aristóteles pela manhã e li *Edward II*, de Marlowe: nada de muito bom ou de muito ruim.

1926

Almocei em meus aposentos com Keir e Lawson: o último, como sempre, ficou por algum tempo e era muito chato.

Cheguei em casa por volta de 2h30 e encontrei um carro do lado de fora de "Hillsboro". Eram os Blacks, que vieram levar D para um passeio de carro. Eu vi D mesmo apenas por um momento, ela estava sofrendo de dor de cabeça de novo. Li por meia hora um novo livro da biblioteca que encontrei na mesa do vestíbulo — *Potterism*, de Rose Macaulay. Eu provavelmente ter. gostado mais dele alguns anos atrás, mas ainda é formidável.

Então levei Pat para um passeio pela Cuckoo Lane e pela Private Road e, não esperando ou planejando nada além de uma meia hora de exercício, fiquei muito feliz e mais eu mesmo (isto é, menos eu mesmo) do que há muito tempo.

Cheguei em casa quando D estava voltando de seu passeio de carro: eu a vi por apenas alguns minutos sozinha (já que os Blacks ficaram para o chá). Ela tinha apreciado a volta e parecia m. melhor.

De volta ao College logo depois das cinco: terminei *Edward II* e li um pouco de *Tamburlaine*. Depois do *hall*, olhei os fragmentos de Aristóteles de Boddington. Então Hardie veio e leu o artigo do Doc Brown sobre Personalidade para mim, ao qual ele deve responder no Jowett na noite de quarta. Partes dele muito vagas e mitológicas, mas melhor no final. Concordo com o que ele pretende dizer, embora não com a maioria de suas tentativas de dizê-lo.

Terça, 18 de maio: Boddington às 10 sobre Aristóteles, então Spencer sobre Lydgate e Hoccleve: esta última uma boa hora, eu espero.

Então fui para casa (às 12), conversei e almocei. Elas tiveram uma noite inquieta devido a Maureen estar doente & D estar muito mal em consequência, embora alegre.

Eu voltei de ônibus ao College, às duas, para encontrar Ewing e sair para uma caminhada com ele, minha penitência periódica. Passamos pelas alamedas para Marston Road e subimos pelo cemitério para Headington. Ele acaba de ganhar o prêmio Green. O pobre sujeito estava tão aborrecido como sempre. Ele navega para Nova York em 19 de junho para dar palestras de verão em Ann Arbor.

Esqueci de mencionar ontem o relato de Keir sobre Ewing aparecer na Univ. para jantar com Carritt, vestindo um traje de noite completo com um nó de gravata falso do qual um grande rabo ficou preso perpendicularmente atrás do pescoço — e botas marrons. Tomamos chá em "Hillsboro" e, pela graça de Deus, ele teve de ir quase imediatamente.

D e eu andamos por ali até Phippy. Esta foi a primeira caminhada que D fez desde sua doença e grande era a empolgação de Pat. No caminho de volta, fomos chamados pelo velho Knight para ver seus porcos, que admiramos devidamente: e, na verdade, são porcos muito bem-apessoados...

Quarta, 19 de maio: Trabalhei em *Toxophilus* [Amante do arco], de Ascham... Hetherington e Hamilton chegaram às 12, e Hetherington leu sobre a Faculdade Moral. Ele se saiu bastante bem, Hamilton não muito. Eu estava muito mal.

Casa para o almoço. Li um pouco mais de *Potterism* — não é realmente *muito* bom —, andei na Cuckoo Lane e vim depois de um chá antecipado para minha aula na L. M. H. Nossa sala habitual estava ocupada, e eles me levaram à Biblioteca de Sir Charles. Aqui novamente eu estava muito mal e desnorteado: assim eles estavam ou pareciam estar.

De volta ao College, propus algumas perguntas para o artigo geral da Bolsa & então vesti-me e fui para o jantar do Martlets na Univ. Sentei-me ao lado de Fell, que é uma das ovelhas negras do College, mas um sujeito suficientemente agradável.[45] Farquharson e Carlyle estavam fazendo troça um do outro e ambos estavam ótimos. Eu tinha esquecido quão boa a conversa na Univ. era.

Após o jantar, John Freeman leu alguns de seus poemas. Eu não sabia nada dele a não ser o nome e dois dos poemas em *Poems of Today* [Poemas de hoje], que eu havia consultado esta tarde. Ele é um homem que passou da meia-idade com óculos e um ceceio:

---

[45]Bryan Greg Fell se matriculou no University College em 1924 e obteve seu BA em 1933.

um queixo um tanto fraco: no conjunto, um rosto que não é lá grande coisa. Poetas não devem ler sua obra em voz alta como um entretenimento pós-janta: é extremamente desconfortável...

Quinta, 20 de maio: Yorke veio para I. A. e trabalhamos a *Fall of the Angels* juntos. Ele me conta que conheceu Siegfried Sassoon e outros literatos durante a greve. Siegfried falou da guerra civil, q. (ele disse) pod. começar, e então, sentando em uma cuba em que uma árvore crescia, deitou a cabeça contra a árvore, fechou os olhos e agonizou em silêncio.

Todos os nossos poetas modernos são assim? Eram os antigos assim? É quase o suficiente para provar a afirmação de R. Graves de que um artista é como um médium: um neurótico com um complexo de inferioridade que se vinga atribuindo a si mesmo poderes anormais. De fato, tenho notado em mim mesmo uma tendência ridícula de me entregar à complacência poética como um consolo quando estou menos pouco à vontade do que o habitual para administrar a vida cotidiana...

Depois que Yorke foi embora, fui até a Alfred Street — de odiosa memória, pois lá me alistei em 1917 — para ver um homem sobre meu imposto de renda. Parece que o retorno do College não coincide com o meu. Não há dúvida de que o meu está errado.

Comprei um Froissart de Berner[46] e fui de ônibus para casa. D com boa aparência. Curta caminhada e voltei de novo para encontrar a sra. Wilbraham lá para o chá. Ela, seu sobrinho e amigos de graduação parece que voltarão no domingo. Há um que não joga badminton, e D muito gentilmente disse que eu gostaria de falar com ele. Essa coisa ameaça se tornar um aborrecimento. Eu resolvi que, não importa o que acontecesse, eu não deix. ser um costume para mim divertir estranhos graduandos (pelos quais não sou pago) naquele dia da semana em que pareço estar em casa e à vontade...

---

[46]John Bourchier (c. 1467–1532?), posteriormente Lorde Berners, escritor e estadista britânico, é famoso por sua tradução do francês para o inglês das *Chroniques* [Crônicas], de Jean Froissart (c. 1333–c. 1400), poeta medieval e historiador da corte. [N. T.]

Sexta, 21 de maio: Um dia realmente bom, finalmente. Waterfield e Percival pela manhã. Terei de separar esses dois: W. é muito bom e aquela sorridente pessoa sem importância do Percival só age como um obstáculo para ele.

Casa e tive um passeio deleitoso nos campos perto de Marston. O espinheiro cheira mais forte nessas armadilhas solares de baixa altitude, e o caminho em um campo é uma linha verde longa à frente que divide um amarelo quase sólido de ranúnculos. De volta para o chá...

Sábado, 22 de maio: Betjeman, Clark e De Peyer, Yorke (m. bom, sobre Swift) e Glasgow esta manhã: casa pelo resto do dia.

D com boa aparência. Outro dia lindo. Eu caminhei para Elsfield pelos campos, minha primeira boa caminhada em muitos dias. "Montagens da mente... venham depressa sobre mim." Cheguei em casa e li *Meditações metafísicas*, de Descartes, com muito interesse. Joguei uma partida de badminton com Dotty: após o jantar com ela e Maureen. Esta última então deu a Winifred uma lição no jogo. Ela se saiu muito bem, embora suas gargalhadas e gestos sejam muito estranhos. Todos nós nos sentamos na sala de jantar muito preguiçosamente e conversamos no crepúsculo até as dez quando voltei para o College.

Escrevi uma breve nota sobre "Um paralogismo em Berkeley". Hardie veio e declarou meu argumento válido.

Domingo, 23 de maio: Saí de casa imediatamente após o café da manhã. A caminhada pela Mesopotâmia fica mais bonita a cada semana. Tudo bem e alegre em casa...

Fui para o College, participei na capela e li a primeira lição. J. A., Hardie e eu saímos juntos da sala de fumantes e ficamos por muito tempo no claustro do New Building falando sobre livros. Esta é praticamente a primeira vez em que *conversei* com J. A. — já que muitas vezes propus teses a ele e escutei suas questionadoras (mas nunca respondendo) exposições. Como Cox disse na Univ. na outra noite, é uma marca da escola italiana — e J. A. é totalmente italianizado em filosofia — nunca discutir.

1926

Para a cama às 11h30 e li *The Lunatic at Large* [O lunático à solta] na cama por meia hora.

Segunda, 24 de maio: Não tendo anotado em meu diário por dois dias, esqueço o que aconteceu esta manhã. Eu presumo que foi gasta em pensamentos profundos. Me lembro apenas deste momento. Foi: eu estava escrevendo uma nota sobre o que significa "apresentar à mente".

Almocei em Merton com Lawson e Keir e separei-me cedo. Fui para casa. Fazia muito calor e eu dei apenas uma curta caminhada. Mais tarde, eu tive um jogo extenuante de badminton com Dotty. Jantei em casa: voltei tarde para o College e para a cama.

Terça, 25 de maio: Boddington veio esta manhã e discutimos seu artigo de *collections* sobre Lógica. Uma mensagem de Spencer desculpando-se por não ter vindo...

Saí de casa após o chá e trabalhei em Descartes com muito interesse. Na sala de fumantes, Segar[47] me presenteou com um ingresso grátis (mas eu devo pagar por ele) para *Ruddigore* de hoje à noite, algum de seus combinados falhou completamente. Saí de imediato e cheguei cerca de dez minutos depois de subirem a cortina. Já faz alguns anos que não via um Gilbert e Sullivan, e esse, que eu nunca vira antes, foi deleitoso. Sheffield como Despard foi particularmente bom, e também a canção fantasma. Casa com o luar baixo Holywell, pensando quão alegre tudo foi (bater na madeira) e para cama pelas doze.

Quarta, 26 de maio: Sykes e Waddington nesta manhã, depois Hetherington e Hamilton: discussão muito interessante com ambos.

Casa para o almoço. Depois dei meu passeio pelos campos até a fileira de pinheiros a caminho de Forest Hill e sentei-me ao pé de um onde havia uma brisa agradável. O lugar é coberto de margaridas, ranúnculos e cercado de espinheiros. Eu pensei um pouco — todas as minhas ideias estão em um estado de desagregação no momento —, mas, graças a Deus, fixei mais os olhos. Eu suspeito

---

[47]Veja Robert Segar no Apêndice do Magdalen College.

que a contemplação mística de um objeto externo em particular, se realizada formalmente, é uma falsificação e leva a um modo inferior de consciência, mas apenas um sopro disso — concentração do momento em uma árvore ou algo assim — geralmente lhe dá algo que você não tinha antes. Eu me diverti.

Lar para o chá adiantado e depois para a L. M. H. Uma boa hora sobre a teoria de causação de Hume. A srta. Colbourne manteve-se quieta.

De volta ao College e trabalhei em Descartes. Jantei e fui para a Sala Comunal depois. J. A. tinha um convidado americano que se sentou à minha esquerda. Eu disse, quando passei pelo vaso para decantar licores: "Este é porto". "Diga-lhe o que é", disse Cowley, "É de 96. Antes de você nascer". Eu transmiti esta informação importante. "O quê, 1906?", disse o americano, "*Bão*, de verdade".

Por volta das 10h30, Weldon, que havia instruído Elliston, entrou e me "carregou" para dar uma volta pelas trilhas: muito frio e escuro, com o som agradável da represa e uma lua amarela. Ele falou sobre a absurda situação financeira aqui. Um terço de nossa receita líquida vai para a Universidade e, portanto, é de nosso interesse gastar tanto do total quanto possível: por consequência, essa contínua sucessão de muros e prédios feios e desnecessários com os quais nos cercamos gradualmente. Voltei e tomei uísque em meus aposentos, falando do estado ideal, eugenia, Raymond e tabaco astral, e por que as caças às bruxas ocorreram no século 17...

Quinta, 27 de maio: Um dia mais frio com um vento fresco. Betjeman e Valentin vieram com I. A. Betjeman apareceu com um par de pantufas excêntrico e disse que esperava que eu não me importasse com eles, pois tinha uma bolha. Ele parecia tão satisfeito consigo mesmo que não pude deixar de responder que eu deveria me importar muito com eles, mas que não tinha nenhuma objeção a *ele* usá-las — um ponto de vista que, eu acredito, o surpreendeu. Ambos estavam muito preguiçosos com respeito ao I. A., e eu lhes disse que não funcionaria.

Casa para o almoço, depois de trabalhar pelo resto da manhã no *The Dunciad*. Fui dar uma caminhada em direção a Stowe Woods:

1926

com o vento e o céu mudando t. sido agradável, exceto pelo número de crianças em todos os lugares. De volta para o chá, e nós três fomos às compras em Headington depois.

Então retornei ao College e participei de uma reunião de examinadores de Bolsa na sala de fumantes. Eu fiquei muito impressionado com o olhar envergonhado de Weldon, que mantém um olhar de aborrecimento ostensivo nessas ocasiões, que deve ser realmente mais cansativo do que uma demonstração de interesse. Ele é um sujeito estranho. O Presidente fez rir a todos dizendo de repente "Ah, mas, Hardie, você é um filósofo, também, não é?".

Jantei e saí quase de imediato para trabalhar em Courthope, mas falhei miseravelmente em me concentrar. Descendo para o claustro, encontrei Hardie e Brightman retornando de *Os piratas de Penzance*. O reverendo e idoso cavalheiro estava de ótimo humor, assumindo as atitudes de um rei pirata e proclamando seu desejo de abraçar ambas as principais damas. Então fui até os aposentos de Hardie e conversei por um tempo. Tarde para a cama.

Sexta, 28 de maio: Percival e Waterfield nesta manhã. Estou ficando bastante cansado dos símiles domésticos deste último em seus ensaios: exemplos longos e sem sentido que começam "Era uma vez um menino".

Casa para o almoço, onde recebemos um telegrama de W esperando que pudéssemos recebê-lo para o final de semana. Eu caminhei como de costume e voltei para o College após o chá. Reunião de tutoria na Sala do capelão após o *hall*, onde participei e fiz relatórios.

Sábado, 29 de maio: Betjeman chegou às 9 e me surpreendeu com um ensaio muito digno. Então Clark e de Peyer sobre Descartes, ambos estúpidos, mas mantivemos uma boa discussão da mesma forma. Então Yorke sobre Pope, trabalho realmente bom: ele está progredindo da maneira mais encorajadora. Por fim, Glasgow — uma manhã difícil.

W chegou à 1 hora e me "carregou" para o Mitre para beber cerveja. Ele tinha muito a dizer sobre a greve e tivera algumas experiências desagradáveis: ao participar de uma escolta por Londres,

Todo meu caminho diante de mim

a multidão gritou para os Tommies "Por que vocês não baionetam a b[...]a?". Ele diz que as tropas são muito sólidas e que os recentes acontecimentos fizeram muito para restaurar o antigo desprezo delas pelos civis: devemos estar em um estado desesperado quando sentimos gratidão por essa insolência útil, como temo que eu tenha sentido. Os homens chamam Saklatvala de "sr. Saco-lavatório"[48]...

Aqui está uma boa história de um Coronel Guardee,[49] que, quando algum superior começou uma entrevista dizendo que a situação era muito mais séria do que eles pensavam a princípio, respondeu fervorosamente "Sim senhor, é — eles me disseram em meu Clube de banho turco que o fornecimento de carvão pode ser cortado!".

Fomos a Leighton's, em Holywell, onde havíamos deixado o motocyclo [*sic*] para um pequeno reparo, mas não haviam feito nada e os homens não voltariam antes das duas. Nós nos divertimos com um homem que, perguntado se ele estava no comando, perguntou o que queríamos e, quando ouviu a queixa, disse "Não, eu não estou no comando".

Fui e almocei no Town & Gown, então recuperei o motocyclo [*sic*] e fui para casa. Joguei duas partidas de badminton com W antes do chá, e depois caminhei até a Mesopotâmia com ele e dei um banho em Pat. Após o jantar, as garotas participando, nós quatro tivemos um badminton divertido. W me levou de volta ao College no motocyclo [*sic*], entrou para tomar um drinque e me deixou no Headington às onze.

D me diz que Dotty está um tanto inclinada a "iludir" W: considerando todas as outras falhas dela, eu pensei que estava livre dessa. Este foi o ponto de partida de uma ideia, e eu escrevi o primeiro soneto e a metade de uma sequência que seria colocada na boca de um homem que está gradualmente se apaixonando por uma vadia,

---

[48]Shapurji Saklatvala (1874–1936) era membro do Parlamento (comunista) por North Battersea (1922–1923 e 1924–1929) e membro da União Geral dos Trabalhadores.
[49]Membro da Guarda Real Britânica, especialmente considerado como representante de inteligência, elegância e distinção. [N. T.]

embora muito consciente do que ela é. Eu não ligo para sequências de sonetos e não é o tipo de coisa que já me imaginei escrevendo: seria divertido se f. publicado.[50]

Domingo, 30 de maio: Após o café da manhã, redistribuí o que escrevi ontem à noite em uma estrofe que há muito tempo tenho em mente (a a b c c b branco b). Ainda não está muito satisfatória.

W chegou por volta das 10 e me levou para casa em seu *sidecar*. Passamos a manhã caminhando até a Mesopotâmia e dando a Pat outro mergulho: tomamos um pouco de cerveja em Headington quando voltamos. Winifred foi para casa depois do almoço e eu lavei a louça...

Jantei cedo e voltei para o College, onde Hardie me levou a Hertford para ouvir Alexander na Sociedade Filosófica.[51] Nós encontramos Price no quad. de Hertford e permanecemos ali conversando até que o grande homem, barbudo, surdo e muito venerável, apareceu apoiado por Pritchard, Carritt e outros. Cox estava lá como convidado de Carritt. Foi uma ótima noite.

A primeira parte do artigo de A, sobre criação artística, foi um ataque admirável e, para mim, satisfatório de todo o absurdo de Croce: a segunda parte, "criação cósmica", estava muito além de mim. Ele tem grande senso de humor, como quando ele comentou, depois de um ditado sombrio: "Eu não tenho tempo para adicionar as qualificações q. fazem esta afirmação verdadeira". Na discussão, uma cadeira foi colocada ao lado dele, para a qual os contestantes foram um por um, por causa de sua surdez. Carritt que abriu a discussão, se saiu muito bem: não assim os vários advogados e teólogos que se seguiram, até que J. A. tomou o assunto para si. De volta ao College com Hardie por volta de 11.

Segunda, 31 de maio: Valentin chegou nesta manhã: muito mal. Passei o resto do tempo antes do almoço em meu novo poema e

---

[50]A primeira versão desta sequência de sonetos permanece no mesmo caderno da última parte do diário. Uma versão revisada dela, intitulada "Infatuation" [Obsessão], é encontrada em *Poems* [Poemas], de Lewis (1964).
[51]Samuel Alexander, autor de *Space, Time, and Deity*.

fiz oito estrofes, saindo-me muito melhor do que eu esperava. Eu realmente começo a pensar que algo virá disso.
Para a Univ. para o almoço só com Keir, Lawson ausente em Stow-in-the-Wold por ordens de seu médico.
De ônibus para casa. D havia feito compras na cidade e estava com dor de cabeça. Caminhou entre o almoço e a hora do chá, depois se acomodou para *Boke of the Governour* [Livro do governador], de Elyot, pelo resto do dia. Um bom livro: a breve descrição do futebol é digna de ser lembrada.

Jantei em casa e fui para o College às 10: continuei com Elyot até as 11h30: depois li Janeiro, Fevereiro & Março em *Calendar* [Calendário], de Spenser, e fui dormir. Eu tinha esquecido completamente o agradável sabor de terra do Briar e do Oak e estava deleitado. Um dia bom, mas instável, e dor-de-cabeçável [*sic*] no final.

Junho

Terça, 1º de junho: ... Esqueci de mencionar ontem uma carta vinda de Pasley na Índia, bastante alegre, mas queixando-se da sociedade anglo-indiana e com uma tendência pasleyiana de projetos para o futuro, sugerindo que ele ainda não se encontrou completamente. Ele tem dois filhos agora.[52]

Fui para casa e almocei (depois de passar o resto da manhã em Elyot: *Titus & Gisippus* é uma boa novela).

D esteve melhor hoje. Subimos a Shotover na tarde, passando por Headington Quarry, por onde há muito tempo não passo. Na volta para o chá, chegou uma carta de Harwood anunciando o nascimento de um filho.[53] Ficamos ambos felizes, embora seja um tanto

---

[52]Rodney Pasley foi vice-diretor do Rajkumar College em Rajkot (1926–1928).
[53]John Oliver Harwood, o primeiro dos cinco filhos de Cecil e Daphne Harwood, nasceu em 31 de maio de 1926. Após servir na Marinha Real Britânica durante a Segunda Guerra Mundial, foi para Oxford e estudou Inglês no Magdalen College (1947–1950).

1926

assustador pensar em uma criança nascida em uma casa cheia de teorias educacionais!

D está cada vez mais descontente com Dotty, que lhe dá uma hora de trabalho todas as manhãs preparando refeições para ela e suas amigas comerem no rio. Receio que ela seja um de nossos muitos erros.

De volta ao College, onde escrevi para Harwood (incluindo um bilhete de D) e li Elyot novamente até o *hall*. Depois entrei na Sala Comunal e sentei-me ao lado de J. A., que se saiu muito bem, embora uma de suas histórias fosse uma velha piada familiar sem graça.

Então caminhei para a Associação, para devolver Gavin Douglas — uma bela noite clara com uma aparência fria sobre a pedra. Na Market Street, encontrei Hardie e tolamente me permiti ser persuadido a ir ao Cinema. Fui recompensado por um péssimo Harold Lloyd. De volta ao quarto dele para discutir se alguém conhece a própria individualidade conhecendo outros eus (minha teoria) ou vice-versa, até as 12h30. Ele teve o melhor argumento. Uma noite mal gasta.

Quarta, 2 de junho: Waddington & Sykes às 9 horas. Eu me senti muito cansado e moroso no começo, mas uma discussão animada se desenvolveu... Hetherington e Hamilton chegaram às doze. Hetherington é um homem extraordinário e parece ver o todo do idealismo moderno por natureza. Ele começou no nível subjetivo, mas aceitou a distinção entre o eu e o me e, desse ponto, ascendeu em suas próprias asas para os confins do mundo. O que se pode fazer com ele pelo resto de sua carreira?

Para o *hall*, durante o que Segar me contou de suas experiências quando torpedeado no Mediterrâneo. Era uma história de pânico e má conduta pior do que qualquer outra que eu tenha ouvido na guerra. O Capitão disparou contra si mesmo. Segar, na água, aproximou-se de um barco com três homens: um homem com o queixo arrebentado por um disparo, o outro um capelao [*sic*] temporariamente louco, o terceiro ileso. Este disse "Vá embora, você está me deixando enjoado" e, tirando as botas, martelou as mãos de

Segar até que ele soltasse as cordas. Depois ele foi apanhado por um rebocador...

Quinta, 3 de junho: ... Yorke sobre I. A. nesta manhã, seguido por Betjeman e Valentin, que se saíram melhor. Eu tentei fazer algo em meu novo poema, mas não produzi nada. Temo que nada mais *possa* ser feito com ele.

Casa para o almoço. D estava bastante *affairé* fazendo sanduíches para as três garotas (o diabo que as carregue) irem ao rio na direção de Eights. Saí para uma curta caminhada pelo cemitério e em casa para o chá.

... Após o chá, voltei para o College e trabalhei em Spenser, depois de terminar *Governour* [Governador], de Elyot. Fiquei por algum tempo na sala de fumantes após o jantar, fazendo um jogo de palavras-cruzadas impossivelmente difícil com J. A. e Wrong. Voltei a meus aposentos e passei a noite toda em Spenser, com grande satisfação. Para a cama por volta de 11h30 e ouvi muitos sons de folia.

Sexta, 4 de junho: ... Uma bela manhã quente e nublada, o nevoeiro todo transparente e luminoso com o sol oculto, pombos do mato fazendo barulho no bosque e um orvalho pesado. Sugeria o outono e me dava um bafejo do que eu costumava chamar "a verdadeira alegria".

Tentei escrever após o café da manhã e copiei quatro novas estrofes, incluindo a da andorinha. Esse poema deve se concluir ou ter um desenvolvimento inesperado. Betjeman veio esta manhã, seguido por Percival e Waterfield, ambos muito bobos.

Casa para almoçar, caminhar e voltar para o College depois do chá, onde comecei a ler *Ecclesiastical Polity* [Sistema governamental eclesiástico], de Hooker (na cópia da biblioteca) com grande prazer, tendo concebido a ideia de dar uma palestra no próximo semestre sobre Elyot, Ascham, Hooker e Bacon.[54]

---

[54] Essa ideia se expandiu em um curso de palestras duas vezes por semana durante o Semestre Michaelmas de 1926 intitulado "Alguns pensadores ingleses do Renascimento (Elyot, Ascham, Hooker, Bacon)".

Após o jantar, ao qual poucos estavam presentes, entrei em uma interessante conversa com J. A. sobre a mitologia nórdica, a respeito da qual ele está bem informado.

Sábado, 5 de junho: Outro dia lindo. Saí depois do café da manhã e comprei o Everyman Hooker em dois volumes. Clark & de Peyer, Yorke e Glasgow vieram essa manhã.

Casa para o almoço. D sofrendo muito de rigidez após tosar e escovar Pat. Fiquei a tarde inteira lendo Hooker, que certamente é um grande homem. Após o chá, saí para um agradável passeio com Pat, subindo a estrada de maçã silvestre até os degraus para a cerca e para casa pelos campos: sol suave da tarde, melhorado pelo vento ameno... D e eu tivemos uma noite quieta sozinhos, e terminei o primeiro livro de Hooker, voltando para o College por volta de 10h30.

Lá encontrei uma longa carta de P[apai]., que eu respondi imediatamente e fui para a cama.

Domingo, 6 de junho: Uma gloriosa manhã de verão. Caminhei para casa após o café da manhã e encontrei tudo bem: D muito melhor hoje. Dei minha caminhada pela manhã apesar do calor, a fim de ter a tarde livre, quando D estaria em condições de se sentar e as cadeiras pod. ser desocupadas pelas garotas. Fui ao campo com os pinheiros e sentei-me na relva e nos ranúnculos por um tempo, depois voltei para beber cerveja em Headington, e a seguir casa para o almoço.

Após o almoço, todas as garotas foram para o rio. Tivemos uma conversa erudita em que Valerie e Dotty explicaram como alguém pode chorar de propósito. Uma começa com um fim psicológico por meio de uma representação de erros e desolação e, logo, fica muito fácil. Valerie é especialmente instrutiva, porque é mais ingênua do que Dotty e diz as coisas mais pavorosas sem se dar conta. Ela admite que sente "respeito" ou se "sente pequena" na presença de garotas com chapéus realmente admiráveis: e quanto a roupas, ela se sente pronta para "arrancá-las" de seus possuidores. Disse que era muito complicado: eu falei que achava que era o sentimento *mais simples* que já ouvira alguém colocar em palavras.

D e eu passamos a tarde no jardim debaixo da ameixeira, que parece que vai dar alguns frutos neste ano. Eu li *Idea of Great Poetry* [Ideia de grande poesia], de Abercrombie, que eu peguei emprestado de J. A. Ele não é uma grande mente, mas sabe mais sobre poesia do que a maioria dos que agora escrevem — entende o que um longo *poema* é — e combate a teoria héctica da poesia como existente apenas em impressões líricas momentâneas. Esperemos que a maré esteja mudando.

Saí de casa por volta de 5h30 e entrei para ir à capela, mas não fui... Uma grande multidão jantando. Onions me apresentou a seu convidado, Fiedler, e mergulhando na conversa com Brightman, deixou-me para entreter o Allemão.[55] A melhor coisa que eu tirei dele foi sua declaração de que, antes da guerra, ele costumava deleitar Farquharson dizendo-lhe que ele se parecia um pouco com Moltke.[56] Dawnay chegou e Weldon me diz que ele vai conseguir um Batalhão de guardas e que ele é "muito bom para um soldado".[57] (Uma boa linha inicial em verso branco, como observamos.)

Quando Hardie e eu estávamos indo para o New Building, fomos surpreendidos por J. A., que propôs um passeio nas alamedas. Fomos e nos sentamos no jardim até que ficasse bastante escuro. Ele estava muito bem, contando-nos sobre suas viagens nos Bálcãs. As melhores coisas eram (a) as damas magistrais (inglesas sem dúvida) num pequeno navio grego que se tornaram tão chatas que o capitão dizia "Vocês não têm irmãos? Por que eles não conseguiram alguém pra casar com vocês?", e continuou murmurando em intervalos pelo resto da noite "Deveria ter sido possível conseguir *alguém*". (b) O ministro austríaco em alguma cidade sinistra

---

[55]Hermann George Fiedler (1862-1945) foi um membro do Queen's College e professor de Língua e Literatura Alemãs (1907–1937).
[56]Conde Helmuth Johannes Ludwig von Moltke (1848–1916), um general alemão, foi chefe de gabinete na Primeira Guerra Mundial.
[57]O coronel Alan Geoffrey Dawnay (1888–1938), antigo membro de Magdalen, estava na Guarda Coldstream. Ele comandou o O. T. C. [talvez Escritório de Comunicações, sigla em inglês] da Universidade de Oxford (1922–1926) e recebeu o comando do 1º Batalhão (1928–1930).

que levou J. A. e seu grupo para uma caminhada na linha férrea, que era o único lugar plano o suficiente para caminhar, e começando a se equilibrar nos trilhos, comentou com tristeza "*C'est mon seul sport*". (c) O clérigo grego que convidou J. A. e sua irmã para o chá e, quando eles partiram, os acompanhou de volta ao hotel deles, repetindo "Vocês se lembrarão de mim?", "Sim, certamente", disse J. A. O clérigo repetiu seu comovente pedido cerca de quinze vezes e, cada vez, J. A. (embora um pouco surpreso) assegurava-lhe com crescente ardor que nunca iria esquecê-lo. Foi só depois que perceberam que o reverendo cavalheiro estava pedindo uma gorjeta.

Começamos a ser incomodados por mosquitos-pólvora e, como J. A. tinha usado todos os meus fósforos, era impossível fumar, assim voltamos. Li alguns poemas de Emily Brontë e fui para a cama.

Segunda, 7 de junho: Valentin e Boddington nesta manhã.

Escrevi alguns dísticos para outra parte do poema, descrevendo a cidade dos colonos, como uma abertura para a história do bosque em que as pessoas parodiam a ação humana. A ideia está se expandindo e pode encontrar espaço para muitas coisas, incluindo meus antigos poemas de Foster.

Lawson e Keir vieram almoçar. Consideramos a lista Qualquer-um com o intuito de sugerir acréscimos, como Pocock me convidara a fazer: após o almoço, nos sentamos no pomar — muito bonito com luz e sombra naquela tarde quente — e continuamos o trabalho perto das três.

Então fui de ônibus para casa: tudo bem lá, exceto que D parece estar cada vez mais preocupada com Dotty. Só saí depois do chá, então passei a poucos passos da sra. Seymour para sentar-me entre as árvores perto do riacho Bayswater. Há quase um matagal de árvores podadas entre a grama plana e os ranúnculos ao lado do riacho...

Terça, 8 de junho: Terminei de escrever um artigo de Literatura e Crítica para o exame da Bolsa nesta manhã. Telefonei para o teatro e consegui três ingressos para o *Coriolano* hoje à noite. Escrevi para Spencer em resposta a seu pedido de desculpas, para Margoliouth dando-lhe o nome de Yorke para o fundo inglês,[58] para Driver dizendo-lhe que eu tinha definido meu artigo, para Fell dizendo que eu pod. me unir ao Mermaid Club e para Joan Colborne mudando a aula de amanhã para as 5h30, como ela havia pedido...

Folheei *Coriolano* até a hora do jantar e dei uma olhada em *Shadow of Mt Carmel* [Sombra do monte Carmelo], de Stead, recentemente publicado, que ele me enviou. Já havia me mostrado a prova e eu tinha criticado muito claramente, mas não teve efeito algum...

A apresentação foi ruim além da descrição. Eles tinham apenas dois modos de falar, sussurrar ou gritar, e ambos inaudíveis. Coriolano tinha todos os truques do tradicional ator ambulante, e é de perguntar como esse tipo de atuação sobreviveu a cem anos de paródia. Eu encontrei Carter em um dos intervalos. Ele achava bom: mas para um Frei Tuck sorridente como Carter, todas as coisas são boas. Foi um alívio de verdade sair no final e não receber mais gritos e caretas...

Quarta, 9 de junho: Um dia ocupado. Waddington e Sykes chegaram às nove e tivemos uma boa, embora exaustiva hora.

Então escrevi para Stead agradecendo-lhe pelo livro e anexando para sua crítica uma paródia de T.S. Eliot q. eu tinha acabado de rabiscar: muito sem sentido, mas com um sabor de vileza nela toda. Minha ideia é enviá-la para seu jornal[59] na esperança de que ele seja levado a publicá-la: se cair na armadilha, eu vou considerar a melhor maneira de usar a piada para o avanço da literatura e a punição do charlatanismo. Se ele não o fizer, provarei que há algo mais do que eu suspeitava neste tipo de coisa...

Então vieram Hamilton e Hetherington, e nós tivemos uma hora muitíssimo vigorosa e cansativa...

Eu fui... às 3h45 para a sala de reuniões do velho Clarendon para um encontro do subcorpo docente. Conheci a srta. Spens, que

---

[58]Herschel Maurice Margoliouth (1887–1959) foi secretário de faculdades da Universidade de Oxford (1925–1947).
[59]O "jornal" de Eliot era *The Criterion*, uma revista literária que ele fundou em 1922.

1926

parece achar minha turma um grande sucesso e concorda com a maior parte de meu relatório, embora ela esteja surpresa por eu ter pensado que a srta. Colborne é tão boa.[60] A reunião foi bastante ridícula. O ar estava eletrizante com "antagonismos de sexo", a srta. Rooke sendo o expoente eloquente e irônico das injustiças das mulheres ("Naquele semestre, a maioria de nossos alunos está tratando com o 19º século e dificilmente qualquer homem aguenta isso, e não há palestras sobre isso naquele semestre, então eu suponho que está tudo bem").[61]

Só consegui sair às 4h30. Tomei chá na sala de fumantes e fui para L. M. H., para minha aula, na qual a srta. Colbourne leu um artigo sobre o ceticismo e uma discussão animada se seguiu.

Casa de ônibus sob chuva torrencial. Cartas de Pocock (1) Reconhecendo minha lista de propostas de Quaisquer-um. (2) Perguntando se eu queria alguma das alterações feitas no design da página de título de "Dymer", por um tal Knowles, que vieram em um envelope separado. Não está ruim, mas há muito de Beardsley nos rostos. Após o jantar, eu escrevi elogiando tanto quanto eu pd., mas implorando por algo mais clássico e menos dezenoventista nos rostos...

Quinta, 10 de junho: Betjeman chegou nesta manhã e mudou sua tutoria para segunda-feira. Então veio Yorke e, depois de trabalhar o I. A., eu lhe falei da ideia de minha dragonada literária: uma série de falsos poemas elióticos para serem enviados ao *Dial* e ao *Criterion* até que, mais cedo ou mais tarde, um desses editores imundos caísse na armadilha. Nós dois analisamos os poemas de T.S. Eliot (que Betjeman havia me emprestado) e Yorke ficou satisfeito com a ideia. Ele soltou uma boa linha de abertura "Minha alma é uma fachada sem janelas": depois caçamos uma rima e, claro,

---

[60] Janet Spens (1876-1963) foi membro de Inglês em Lady Margaret Hall (1911–1936).
[61] Eleanor Willoughby Rooke (1888–1952) obteve seu BA do Lady Margaret Hall em 1908 e foi tutora de Inglês no St. Hilda's College (1920–1941).

"de Sade"[62] apareceu, com o duplo mérito de ser irrelevante e ofensivo. Decidimos trazer Coghill para a maquinação...

Casa à uma em uma tempestade de chuva, e achei a casa inteira zumbindo com deliberações sobre o torneio de badminton no sábado...

De volta ao College, onde encontrei uma carta de Stead. Foi encorajador descobrir que, embora eu tenha *dito* a ele que meu "Barco que cruza o canal" era uma paródia, ele o impressionou bastante. Pobre colega, encontrou naquilo "um sabor robusto e galhofeiro"! Yorke apareceu com um poema pronto, todo sobre de Sade e móveis cobertos de repes rosa e bebendo julepo de hortelã. Eu acho que vai funcionar...

Sexta, 11 de junho: ... Eu... alistei Hardie no grupo anti-Eliot. Betjeman veio, não tendo feito praticamente nenhum trabalho, e eu tive uma briga com ele: ele é m. vaidoso, o que o torna vulnerável.

De ônibus para casa. Provas de "Dymer" (I, 1–30) chegaram da Temple Press em Letchworth. De volta ao College após o chá. Corrigi minhas provas e as enviei pelo correio. Escrevi outro poema de pasquim — muito triste, desesperado e desiludido, barato como sujeira. Hardie veio depois do *hall* e me leu seu "A Portrait" [Um retrato]: tem graça, mas muito engraçado para um começo.

Sábado 12 de junho: Um dia de muita gente. Alunos das 9 à 1. Casa, para almoçar sanduíches em uma cozinha de pernas para o ar. Festa das 2h30 às 6... Na última meia hora, a conversa de Dotty e Valerie foi insanamente boba. D passou o dia muito bem. Espero que isso não tenha feito muito mal a ela.

Mais provas de "Dymer" e uma carta de Pocock concordando comigo sobre o design da página de título. De volta ao College, às 10h30, cansado do enfado insalubre de longas horas fazendo caretas e fingimento. Livrei-me daquela atmosfera com um pouco de uísque e um romance policial e fui para a cama. Disseram-me que a festa foi um sucesso: de qualquer forma *acabou*.

---

[62]Em inglês, a linha de abertura é: "My soul is a windowless façade". [N. T.]

1926

Domingo, 13 de junho: Acordei sentindo-me muito cansado e rígido. Fui atraído para uma discussão com J. A. sobre estética após o café da manhã e estava atrasado para voltar pra casa.

Uma bela manhã que passei em parte no jardim corrigindo provas, em parte na cozinha ajudando D. As meninas saíram com Pat. Eu lavei tudo depois do almoço.

Tive uma tarde quieta e sonolenta e reli um pouco de *Lore of Proserpine* [Erudição de Prosérpina], de Hewlett. O símile dos três homens nos três andares da casa me afetou estranhamente. Comecei a pensar que eu deixara meu "retórico" dominar meu "recôndito" por muito tempo e de maneira muito severa. Sem dúvida, foi uma reação necessária contra o domínio do "recôndito" *além* de sua própria esfera, o que significa sonhos de Christina. Talvez agora que aprendi minha lição eu possa começar a encorajar o recôndito um pouco mais. Não é necessário se fazer perguntas e dar julgamentos o tempo *todo*. Essa psicologia em extremo rude me colocou em um estado de ânimo que eu não desfrutara há anos: era como derreter, como se eu fosse um homem de neve, ou ter portas abertas *nas costas*.

Voltei para o College por volta de 6h30 e olhei por minhas janelas para uma luz extraordinária no Bosque. O velho cavalo branco estava transfigurado nele. Na Sala Comunal, sentei-me ao lado de um pároco idoso que falou comigo sobre o Great Eastern,[63] a primeira bicicleta e o sentimento inglês durante a guerra civil americana...

(D cansada, mas eu não esperava nada pior. A principal empolgação hoje foi sobre Henry, a tartaruga de Dotty, que foi descoberto a cerca de duzentos metros do portão forçando seu caminho laboriosamente em direção à estrada de Londres. Ele foi trazido de volta amarrado por um cordão ao redor do corpo e alimentado com folhas de alface e caracóis, pelos quais ele não teve interesse. Ele escapou

---

[63] Famoso navio a vapor de passageiros britânico, concluído em 1858, a maior embarcação da história à época (só foi superado no início do séc. XX). Em 1862, sofreu um rasgo no casco 60 vezes maior do que o que afundou o Titanic, mas, graças ao casco duplo, concluiu a viagem até Nova York, onde foi reparado. [N. T.]

repetidamente durante o dia. Quando eu comprar uma tartaruga, direi que quero uma tranquila para senhoras.)

Comecei *Eugenics and Other Evils* [Eugenia e outras desgraças], de G. K. Chesterton.

Segunda, 14 de junho: Betjeman e Valentin para I. A.: ambos trabalharam (de acordo com seus pontos de vista) muito bem. Eu corrigi e enviei o segundo maço de provas de "Dymer"...

De ônibus para casa. D cansada e as garotas dando muito trabalho a ela: elas a mantiveram acordada ontem à noite e havia quatro almoços no rio a serem feitos para Dotty hoje. Elas certamente pretendem extrair a "utilidade total" de qualquer um que lhes permita. Uma carta de Pocock dizendo que ele me enviou minha cópia do contrato no dia 7 de abril. Ela certamente nunca chegou até mim. Levei Pat para uma curta caminhada em Cuckoo Lane.

De volta ao College às 5 para participar de uma reunião da fraternidade nos aposentos de Benecke, com Weldon e Hardie. Foi interessante ver de novo, como eu costumava ver quando era seu pupilo, a lareira de Benecke cheia de porcos — porcos de pedra, porcos de porcelana, porcos de pelúcia e porcos de bronze. A reunião durou até as 6h30, quando Hardie e eu corremos para nos vestir...

Fomos de ônibus para os Prichards e descobrimos que *smokings* teriam servido. Foi um jantar muito racional. Os convidados eram todos homens — Mabbott, Harrod (?) da Câmara, Hardie e eu. As filhas não estavam lá, e a sra. Pritchard retirou-se quase imediatamente. Então falamos filosofia até as 11h30, uma discussão muito boa...

Terça, 15 de junho: Acordei cedo de manhã de um sonho abominável. Começou inocente e absurdamente suficiente com W e eu andando em um píer e perguntando se certos pontos diminutos de luz que tínhamos em nossas mãos eram "apenas sinais de tempo" ou algo mais. Mas então estávamos sentados perto de um velho, a quem não ousamos ofender, ouvindo seu relato triunfante de alguém que ele havia enterrado vivo ou que iria enterrar vivo. Pelo menos isso é o mais próximo que a mente desperta pôde registrar: era realmente,

1926

eu acho, um cadáver q. foi enterrado, e em decomposição, mas de alguma forma também vivo — a vida na morte do poema em *Lilith*, de MacDonald. Eu estava quase dizendo com uma aprovação diabólica (real ou fingida?) "Sim. Basta pensar em como seria perto do terceiro dia", quando acordei. Eu estava "meio morto sem causa" e levei algum tempo para voltar a dormir.

Valentin sobre Spenser esta manhã, muito ruim. Escrevi outra paródia de Eliot...

Coghill veio para o jantar. Ele me contou que o "presente de réplica" de Gertrude Stein (como a Mag. o chama) foi realmente como na reunião em honra a ela na outra noite. Cecil de Wadham levantou-se para perguntar a ela o que queria dizer com as mesmas coisas serem "absolutamente idênticas e absolutamente diferentes", ao que Stein (ela é uma americana deselegante) respondeu: "Bão, você e o homem perto de você são abso-o-luta-mente idênticos no modo como vocês dois se levantam para fazer perguntas, mas abs-o-luta-mente diferentes no caráter".[64] Esse absurdo foi recebido com sucessão de risadas de aprovação pela multidão.

Após o café, viemos para cá, Yorke e depois Hardie se uniram a nós. Todos lemos nossos poemas elióticos e discutimos planos de campanha. Coghill achava que se tivéssemos sucesso estaria sempre aberto a Eliot dizer que tínhamos pensado seriamente nos poemas e depois fingido que eles eram paródias: a resposta de Coghill para isso era torná-los acrósticos e os que ele compusera avisavam sucessivamente "A poesia Sham paga o mundo em sua própria moeda, papel-moeda".

Então veio a brilhante ideia de que deveríamos ser irmão e irmã, Rollo e Bridget Considine. Bridget é a mais velha, e eles estão unidos por um carinho tão terno que é quase incestuoso. Bridget escreverá uma carta para Eliot (se tivermos uma posição segura) contando a ele sobre a vida dela e a do irmão. Ela é incrivelmente

---

[64]"Cecil de Wadham" era Lorde David Cecil (1902–1986), que foi membro e preletor de História moderna no Wadham College (1924–1930), membro do New College (1939–1948) e professor Goldsmith de Inglês (1948–1969).

deselegante e tem cerca de trinta e cinco. Nós rolamos de rir quando imaginamos uma ocasião para tomar chá em que os Considines se encontram com Eliot: Yorke pod. vestir-se como Bridget e talvez carregar um bebê. Nós selecionamos como nossa primeira tentativa, meu "Nidhogg" (para Rollo) e "Conversation" [Conversa], de Hardie, e "Sunday" [Domingo], de Yorke (para Bridget). Eles devem ser enviados de Viena, onde Hardie tem um amigo. Achamos que Viena diminuirá a suspeita e também é um lugar mais provável em que os Considines viveriam.

Nossa reunião terminou por volta de 12. Hardie e Coghill estão ali por pura diversão, eu por ardente indignação, Yorke principalmente por amor à brincadeira de mau gosto. Fui para a cama, sentindo-me, por alguma razão, muito nervoso e esgotado — talvez o sonho desta manhã ou talvez a exaustão de tantas gargalhadas.

Quarta, 16 de junho: Corrigi provas toda a manhã até as 12 horas e fiz (espero) algumas boas correções. Sentindo-me muito envelhecido, fraco e começando a desenvolver uma tosse. Às 12 vieram Hamilton e Hetherington sobre Berkeley: tivemos uma discussão muito animada e obstinada que durou até 1h30.

De ônibus para casa. A pobre D parecia cansada e deprimida. Dotty está fora o dia todo, todos os dias desta semana, o q. significa que D tem de gastar duas horas ou mais todas as noites fazendo quatro refeições de piquenique. Isso me enfurece. Levei Pat uma curta caminhada pela Cuckoo Lane e em casa para tomar um chá adiantado. Mais provas hoje e uma carta (não de Pocock) para me avisar que não terei oportunidade de fazer as segundas correções para a edição americana.

De volta ao College, dali pelo Grove, onde vi o O. U. D. S. ensaiando *Sonho de uma noite de verão* e saí para L. M. H. A srta. Colborne estava fora, a srta. Scoones surpreendentemente lerda, e o artigo lido pela pesadona srta. Grant. A hora foi um desperdício e estou um pouco envergonhado de conseguir uma libra por isso.

De volta ao College, onde comecei a corrigir as novas Provas. Yorke chegou com dois novos e excelentes poemas de Bridget.

1926

Vesti-me e fui para a Univ. às 7h45 para o jantar de Greats. Sentei-me ao lado de Campbell,[65] que ainda é um grande admirador de T.S. Eliot, embora ele tenha transferido parte de sua admiração para Gertrude Stein. Perguntei-lhe se ele tinha ouvido falar dos Considines — um irmão e uma irmã, eu acreditava, que moravam em Viena e escreviam coisas notáveis: mas eu duvidava que alguma coisa deles aparecesse na Inglaterra. Ele não ouvira, mas estava bastante interessado.

Após o jantar, eu conversei com Cox[66] e também com Henderson, que está indo para o Sudão. Ele é um sujeito esplêndido, um "homem sólido" que deleitaria o "amável", um filósofo muito tolerável, um grande e entusiasta leitor de livros antigos e novos, um atleta excelente, uma autoridade (quase) sobre escultura, e sem menor traço de brilho, apenas sábio, normal e totalmente desenvolvido em todas as direções. Ele tem todas as virtudes de um subalterno regular, um cavalheiro do interior e um esteta, com as faltas de nenhum deles. Esta é a melhor coisa que Oxford faz.[67]...

Sexta–terça,18–22 de junho: Meu resfriado estava forte, e eu estava obstinado durante o final de semana. Na sexta-feira, veio uma seleção de capas de Dents para "Dymer", enviadas para minhas observações. Até agora eles são certamente uma casa mais agradável do que a de Heinemann. Jantei ali e fui para a Sala Comunal, onde a conversa girava sobre os dias de escola e a infância em geral. Quase todos se juntaram para explodir o mito da infância feliz: todos nós estamos conscientes de estar muito melhor como estamos. Depois li

---

[65] Archibald Hunter Campbell (1902–1989) estudou Clássicos no University College. Ele foi membro da All Souls (1928–1930) e membro do University College (1930–1935).
[66] Harold Henry Cox obteve seu BA em 1927.
[67] Keith David Druitt Henderson (1903–1988), que havia sido ensinado por Lewis em 1925, entrou para o serviço político no Sudão em 1926 e foi governador da província de Kassala, Sudão (1945–1953). Em 1953, foi nomeado secretário de Spalding Educational Trust and Union for the Study of Great Religions [Fundo e União Educacional Spalding para o Estudo de Grandes Religiões] e, em 1966, vice-presidente do World Congress of Faiths.

Path of the King [Caminho do rei], de John Buchan, e fui cedo para a cama sentindo-me muito mal mesmo.

Passei uma manhã inativa, com dores de cabeça no sábado, e mandei as últimas amarguras de "Dymer". Às 2 horas fui ao Curso para supervisionar primeiro a srta. Spens (que deseja me tomar alguns de meu pessoal da L. M. H. para aulas normais sobre o século 19. Eu pus de lado.) e depois a srta. Wardale. Estava muito quente, meu resfriado forte, e três longas horas...

De volta ao College em torno de 5h15 e tomei chá na sala de fumantes. De ônibus para casa — para as férias —, levando *Lorde Jim*, de Conrad. Isso pod. ter sido agradável neste caso, saindo para casa após o período e um dia desagradável, se eu estivesse me sentindo bem. Fui para a cama imediatamente após o jantar e fiquei lá todo o domingo. Li *Lord Jim*, um grande romance, em especial a conversa de Marlow com Stein, e toda a figura de Stein, onde o incrível é feito convincente. Mas infelizmente a filosofia estraga a pessoa para todas essas literárias "reflexões sobre a vida", exceto em Wordsworth, Meredith, MacDonald e uns poucos mais...

Só pude me levantar ao meio-dia de segunda, já que Griffin não trouxera minha bagagem do College. Provas revisadas corrigidas (que vieram no sábado) de "Dymer" I, 1–30. Sentei-me no jardim a maior parte da tarde lendo *Modern Utopia*, de Wells: muito boa, mas — ugh! Nenhum cachorro, nenhuma janela em seu quarto e praticamente o mundo inteiro cheio de vilas espalhadas. Ele também acha que "descobriu a singularidade" lendo Bosanquet, o que é uma pena.

Levei Pat para um rápido passeio após o chá e tomei um pouco de cerveja escura em Old Headington. Cedo para a cama. É muito agradável estar em casa, e D e eu nos alegramos por ter a casa livre das Dotties e das Valeries...

Quarta, 23 de junho: Levantei-me muito tarde me sentindo mais bem-disposto como há muito não me sentia. Sentei-me de manhã, terminei de reler *Warden*, de Trollope (eu tinha esquecido como era bom), e li *The Times*. Também escrevi uma longa carta

1926

para Pasley. Não tenho praticamente nada em comum com ele agora e ela não veio fácil, mas é preciso, por pura caridade, escrever para um pobre diabo de um homem culto isolado na sociedade indiana.

A perspectiva de jantar com os Warrens nesta noite e encontrar Sir James Craig[68] (eu estava receoso de que eu pudesse entrar para a política doméstica & ficar enredado em minha conversa) lançava uma sombra sobre o dia e, quando D descobriu que até agora eu tinha apenas £300 do College, e suspeitava que a coisa toda "fosse um logro", e decidiu que eu deveria ver Thompson imediatamente e resolver tudo, comecei a antever uma tarde e uma noite muito ruins...

O jantar, embora nada brilhante no que diz respeito à comida, foi bastante agradável. Eu recepcionei a sra. James Murrell, com quem era muito fácil de conversar ao passo que discordávamos sobre tudo, especialmente sobre escolas e serviços públicos. Ela me acha horrivelmente esquisito. À esquerda estava a sra. Pickard-Cambridge, uma mulher de uma fina dignidade à moda antiga, de quem eu gostei.

No momento do porto, depois que as damas se retiraram, a conversa se voltou inteiramente para a política da Universidade, que era bastante tediosa para Sir James. Eu não cheguei a conversar com ele: parece um pouco estranho. Fui embora por volta das 10h35 depois de alguns momentos conversando com Lady Craig e de uma longa conversa com a sra. Webb sobre os animais. Ela é encantadora.

Assisti ao O. U. D. S. da grama entre os claustros e o New Building por alguns minutos em companhia de Benecke, depois caminhei para casa sob o luar brilhante. Os outros estavam na cama quando voltei.

Quinta, 24 de junho: Levantei tarde e fui para o College... Passei a manhã no prefácio de Raleigh para Hoby. Também deixei instruções com o bibliotecário para encontrar-me Patrizi, que está

---

[68]Sir James Craig (1871–1940), posteriormente visconde Craigavon, foi o primeiro primeiro-ministro da Irlanda do Norte (1921–1940). Durante a Primeira Guerra, quando Craig era deputado pelo condado de Down, Albert Lewis havia pedido para ajudar a conseguir com que seu filho fosse transferido da infantaria para a artilharia.

erroneamente catalogado, e subi à Torre do Fundador para pegar a *Institutio Regis Christiani* [Instituto Régio Cristão], de Erasmo, ambos mencionados pelo D. N. B. como fontes para *Governour*, de Elyot. Das silenciosas salas sol-e-poeira de livros da torre, subi e segui pelas orientações para apreciar por um momento algumas visões confusas e escorçadas do College.

Voltando para a Biblioteca fiquei agradavelmente surpreso com Jenkin que tinha vindo para tirar seu M.A.[69] Nós combinamos de nos encontrar às 7h30... Fui para Merton Street e encontrei Jenkin em seus antigos aposentos alugados. As próprias imagens em suas paredes estavam cheias de lembranças agradáveis. Jantamos juntos no George, com grande contentamento. Ele está envolvido em quatro ou cinco pequenas atividades diferentes, incluindo um esforço para arrecadar dinheiro para a Exeter University, q. envolve um monte de viagens para o oeste do país e despesas pagas. Ele escreveu um livro (sobre o negócio de mineração na Cornualha) que agora está nas mãos de alguma agência. Ele também vai consultar um especialista: não, eu deduzo, que sua saúde esteja pior do que sempre foi, mas como ele diz "eu havia inclinado minha mente para isso — a viver com base nisso —, mas as pessoas aconselharam a fazer uma tentativa por uma saúde melhor e depois, se quiser, me acomodar". Fomos para o Magdalen, onde nos sentamos até as 10h30, quando eu embarquei no último ônibus. Ele não mudou, e tivemos uma boa conversa. Casa ao luar, comi um pires de morangos e creme e fui para a cama.

Sexta, 25 de junho: Fui para o quarto dos fundos após o café da manhã e trabalhei um pouco mais em meu jornal. Por volta das 11, fui para o College e encontrei um recado de Benecke no alojamento dizendo que a reunião da irmandade às 12 ainda estava de pé.

Fui ao quarto de Hardie e li com ele o novo poema de Bridget feito por Yorke. É sobre a sala de espera de um dentista e bastante bom.

---

[69] *Master of Arts* [Mestre em Artes]. [N. T.]

1926

Inesperadamente Lawson uniu-se a nós (eu não sabia que ele conheceu Hardie) e depois um tal Fordyce. Às 12 fomos para a Sala Nova e encontramos o Presidente, Benecke, Driver e Weldon. A reunião foi muito simplória, e houve uma revisão desnecessária da maioria dos artigos que levaram a uma confusão imoral q. vai ser por fim definida. Um ensaio particularmente ruim de Benecke sobre os direitos das minorias foi aprovado — ruim, porque apenas os filósofos podem realmente dizer qualquer coisa sobre isso. O grande triunfo foi o artigo de filosofia de Weldon, Hardie e eu. Nós três nos sentamos tesos durante cinco minutos de silêncio significativo enquanto os outros pareciam muito sábios e finalmente aprovaram sem alteração.

Saí à 1h10 e corri para a Good Luck para almoçar com Jenkin: depois nos sentamos no jardim da Associação. Tivemos uma conversa desconexa e sem esforço do tipo mais proveitoso.

Casa às três e continuei com meu artigo, até me sentir enredado. Comecei a ver dificuldades inesperadas. Após o chá, caminhei pelos campos em direção a Forest Hill, negligenciando uma bela noite colorida em favor de vagos sonhos de Christina sobre refutar Eliot e Stein. Voltei com uma disposição insatisfeita e comecei a reler *Lilith*, de MacDonald.

Após o jantar, voltei para o College... Entrei na sala de fumantes, tomei uma xícara de café, conversei e li no *T. L .S.* a resenha de um novo poema longo publicado por Heinemanns. Quão amargo isso pod. ser se Dent não tivesse tomado "Dymer"! É chamado de *Two Lives* [Duas vidas], por um tal Leonard, e soa quase ótimo na citação, embora o resenhista não seja muito favorável...

Domingo, 27 de junho: Levantei e fui para o quarto dos fundos após o café da manhã para escrever. Minha ideia era começar o novo poema com um relato de uma idosa senhoria sentada no porão: depois para o andar térreo, onde deveríamos ter o homem "do bocado": daí para o velho Foster no primeiro andar.

D veio para "lavar roupa" e descobri que o silêncio do College quase me roubou meu antigo poder de trabalhar em uma agitação.

Todo meu caminho diante de mim

Era impossível descer enquanto o piano de Maureen tocava ali, deixando a poesia fora de questão. A pobre D teve dificuldades com a limpeza e estava se movimentando para dentro e para fora da sala até as 12 horas, a hora em q. eu já estava bastante incomodado. Assim que comecei a fazer algum progresso, fui chamado para descer a fim de almoçar. Após o almoço e a limpeza, renovei a tentativa, mas o que pretendia ser uma mera exortação ao leitor para usar sua imaginação transformou-se em longas fieiras de conversa fiada filosófica, bastante irrelevante e muito medíocre...

Segunda, 28 de junho: No College pela manhã. Encontrei Hardie em um dos assentos em frente ao New Building tomando sol. Começamos a conversar e concordamos em jogar uma partida de bowls[70] — Wrong nos presenteou com um set. Nós jogamos sobre a grama nos claustros, para o interesse dos turistas, e de pronto fomos acompanhados por Thompson e Weldon. Eu raramente estive em qualquer lugar com maior beleza. Cerca de um quarto do quadrilátero estava na sombra — uma sombra profunda e bem delineada, terminando nas formas das ameias: o resto ainda estava levemente cinzento porque o orvalho não estava bem seco: acima estava a Torre, com um brilho enorme e deslumbrante, ocasionalmente batendo os quartos e as horas, e além dela um céu azul brilhante com enormes nuvens brancas, retorcidas e inchadas em todas as formas pródigas que você poderia pedir. Então havia os ruídos agradáveis das bolas e, de quando em quando, sons frios e ecoantes nos próprios claustros.

Eu vi Segar por um minuto ou dois, e ele está disposto a considerar dividir a casa em Merton Street. Casa e trabalhei até a hora do chá. Joguei badminton com Maureen, tomei banho e caminhei, além do cemitério. Os lugares pantanosos estão finalmente secos. Li *Dauber* à noite. É grandiosa como sempre, mas Senhor!, quão incrivelmente ruim em linhas e estrofes. Para cama bem cedo e fiquei acordado até meia-noite e meia.

---

[70]Um jogo semelhante à bocha, normalmente jogado sobre a grama. [N. T.]

1926

Terça, 29 de junho: Fui para o College após o café da manhã e para a bela casa de Wrong sobre a represa. Perguntei-lhe sobre a casa (pertencente ao College) em Merton St., e ele me enviou para Carter. Tínhamos pensado em tentar compartilhar com Segar se Raymond nos tirasse dessa. Carter estava fora e eu vi Teden, que me disse que ela estava ocupada, que eu dev. ir e pedir ao inquilino para me mostrar. Fui de ônibus para casa e voltei com D para Merton St., onde, depois de uma espera, é claro, nos encontramos com Maureen. Uma mulher gorda, amável e comum nos mostrou a casa. As escadas a tornam impossível para D e seria difícil dividir entre duas famílias: também não há jardim. A vista de suas janelas de trás, sobre jardins e cedros para a Torre Magdalen e além de Headington Hill, nos impressionou a todos...

Li *Dauber* de novo à noite e obtive algumas impressões vívidas, dando-me um bom choque realista para contrabalançar meu crescente idealismo na metafísica. Toda a parte sobre o vento do Polo faz com que seja claramente compreendida a sensação de "um outro"...

Quarta, 30 de junho: Passei a manhã trabalhando em *Courtyer* [Cortesão], de Hoby, além de escrever uma estrofe. Após o almoço, decidindo tirar pelo menos um trabalho incômodo do meu peito, troquei de roupa e entrei às 3h30 para pagar meu jantar em Lady Warren. Encontrei Price e Hardie jogando bowls e conversei com eles por um tempo. Graças ao céu, Lady W estava fora. Comprei um exemplar da *A saga dos Forsyte* e vim para casa.

Depois do chá, caminhei pelos campos em direção a Forest Hill — espantosamente quente, mas de um colorido bonito. Maureen entrou no jantar em grande indignação sobre a srta. Woods ter apresentado algumas pessoas muito comuns — os Franklins — no clube de tênis. Depois do jantar, D e ela deram uma volta para ver os Disneys sobre esse assunto. Como esses tolos começaram um clube sem nada combinado sobre a eleição de novos membros, eles só têm que agradecer a si mesmos. Escrevi para Carter, comovido por isso, para perguntar se poderia conseguir uma das quadras do College para Maureen durante as fér. Há mais um trabalho desagradável sobre...

Julho

Quinta, 1º de julho: No College às 9h30 para consultar Thompson (por insistência de D) e descobrir o que está por vir para mim. Todo mundo estava no café da manhã quando cheguei. Depois de sentar por alguns minutos na sala de fumantes, vi Thompson e também Carter. Aparentemente, após todas as deduções terem sido feitas, eu ainda tenho apenas cerca de £55 a receber. Era menos do que eu esperava, e eu estava um tanto temeroso de levar as notícias para casa.

Fui para a Associação, onde li *Bernard Shaw*, de Chesterton, e cheguei em casa por volta de 1. D parecia considerar que estava tudo bem com as £55. Espero que o assunto esteja agora acabado. Passamos uma tarde preguiçosa terminando Chesterton e as *Alegres comadres* no jardim. A sra. Wilbraham e a srta. Blaxland vieram tomar chá e tivemos quatro no badminton. Depois D, que nunca havia tentado o jogo, decidiu iniciá-lo e eu a instruí. Então banho, caminhada e cerveja. Após o jantar, outro jogo com D, que se saiu muito bem. Para cama por volta das doze.

Sexta, 2 de julho: ... Depois do jantar, nós três jogamos badminton, e então D foi ver o velho Knight, que está sofrendo muitíssimo de dor ciática. Fui para o quarto dos fundos de novo e escrevi um pouco mais, com grande dificuldade. Escutei "Quão lindos eles são" na Immortal Hour [Hora da imortalidade],[71] minha primeira amostra desse trabalho. Eu não fiquei muito impressionado, mas ela trouxe minha mente para a atmosfera celta e li um pouco de *Wanderings of Oisin* [Perambulações de Oisin], de Yeats. Faz séculos desde que olhei para essa obra e me perguntei como eu poderia ter pensado dela como algo mais do que um pouco agradável: está muito abaixo de Morris...

Sábado, 3 de julho: Acordei às 4h30 de um pesadelo sobre uma pessoa pavorosa que entrou de repente pela janela do pequeno

---

[71] Ópera de Rutland Boughton (1878–1960), compositor inglês. [N. T.]

1926

vestíbulo na casa e disse "Agora então, Guv'nadô, o que *você* tá fazendo aqui?" Havia mais coisas das quais esqueci.

Notícias de hoje de que Dotty e seu pai estão vindo para Oxford na próxima semana e ela propõe ficarem aqui, o q. não me agrada muito e a D ainda menos. Terminou Hoby de manhã e trabalhei um pouco em "Sigrid".

Na hora do chá (no jardim), chegou uma carta de Carter dizendo que Maureen poderia ter uma quadra para jogos — e que custaria quatro libras para as fér. Isso foi um choque para os outros, e a pobre D ficou muito angustiada. Eu disse "Se você não se importa em me fazer *perguntar* por essas coisas, que eu odeio, por que você deveria se aborrecer com o dinheiro que não me preocupa?" — uma observação rude e inútil da qual me arrependi depois.

Então levei Pat para Parson's Pleasure para tomar banho, mas encontrei um aviso "cães não são admitidos" — uma inovação bastante sensata em si mesma, mas um nocaute para mim, já que significa que nunca poderei tomar banho, exceto nas raras ocasiões em que tanto tenha tempo para ir ao Parson's Pleasure como separadamente para levar Pat a uma caminhada...

Domingo, 4 de julho: Desci ao Parson's Pleasure após o café da manhã e me sentei debaixo de uma árvore lendo *Citizen of the World* [Cidadão do mundo].[72] Era uma manhã nublada com uma brisa, não muito quente. Diz estava lá e persuadiu o homem a manter Juno (a alsaciana, uma beleza) no escritório. Desejei conhecer o truque ontem. Tomei banho por volta das 12h15, meu primeiro banho ao ar livre neste ano, e fiz pouco mais do que nadar duas vezes para cima e para baixo.

Caminhamos para casa. Caía uma chuva constante da qual nós precisávamos urgentemente e que era agradável ouvir e ver enquanto D e eu sentávamos na sala de jantar depois do almoço com a porta para o jardim aberta. Ela teve o efeito usual de trazer todos os tipos de sons de pássaros que não se notavam nos últimos dias. Após o

---

[72]De Oliver Goldsmith (1762).

chá, levei Pat para sua caminhada e consegui o único bom intervalo. Subi a estrada de maçãs silvestres até os degraus e voltei a Barton pelos campos. Os riachos estavam turvos, os pássaros gorgolejando e um cheiro agradável e úmido em toda parte.

Passei a tarde e a noite entre turnos de trabalho em "Sigrid" (o que fiz com incrível dificuldade, mas por fim me agradou) e comecei a reler *The Well at the World's End* [O poço no fim do mundo]. Eu estava ansioso para ver se o antigo feitiço ainda funcionava. Funcionou — e muito bem. Essa volta aos livros lidos nessa idade é humilhante: o leitor mantém-se buscando a origem do que agora são coisas bem grandes em seu conjunto de coisas mental em fontes curiosamente pequenas. Fiquei imaginando o quanto até mesmo meu sentimento pela natureza externa vem das breves e convincentes pequenas descrições de montanhas e bosques neste livro.

Segunda, 5 de julho: Ainda chove esta manhã. D e Maureen foram à cidade após o café da manhã para fazer compras. Fui até a sala dos fundos e escrevi mais ou menos dez linhas de "Sigrid" com uma facilidade inesperada: depois fiquei desgostoso com a coisa toda. Eu pretendia trabalhar se não pudesse escrever, mas cedi à tentação de continuar *The Well at the World's End*, o que fiz com intenso prazer até que as outras voltassem na hora do almoço, e de novo após o almoço até a hora do chá, quando o tempo clareou.

Depois do chá, desci a Cuckoo Lane e entrei no College pelo caminho dos fundos. Fiquei bastante incomodado com a facilidade com que meu velho mundo romântico havia retomado sua influência. Em outra ocasião deverei saber não tentar estabelecer minha presunção por ser condescendente com Wm. Morris!

No College, encontrei cartas de Waddington e Sykes perguntando o que eles pod. fazer nas fér: também de Craig, me convidando para uma luta do chá na Sala Comunal. Trouxe os fólios de Erasmo, q. eu recentemente peguei emprestados da biblioteca. Prendi Pat no jardim por causa da impropriedade grosseira de perseguir esse animal muito respeitável, o Gato da Sala Comunal, e dei-lhe um abraço por causa de suas dores. Casa e respondi a Waddington & Sykes antes do jantar.

D teve uma dor de cabeça — provavelmente por usar um chapéu por muito tempo nesta manhã...

Terça, 6 de julho: Acordei por volta das cinco, pois D estava tendo um pesadelo. Sua noite fora boa e tinha se livrado da dor de cabeça, mas ainda estava doente.

Eu gastei a manhã com *Institutio Principis Christiani*, de Erasmo, e observando paralelos com Elyot. Não é muito empolgante, mas pod. ser tolerável se o fólio fosse menos comido por traças e mais claramente impresso — o tipo é maravilhosamente desenhado, mas borrado.

Após o almoço, saí para uma caminhada, a primeira verdadeira em muitos dias. Atravessei a Headington Quarry, ao longo de Shotover, descendo a pista de pinheiros para além da Shotover House, virei à direita sobre os campos, atravessei a linha férrea e depois voltei. Estava um dia cinzento e ventoso, às vezes chovendo, com nuvens baixas. Eu peguei muita umidade nos campos: o cheiro, e rusticidade e vários sons me jogaram em um estado de espírito bem receptivo. Casa para o chá, com uma forte dor de cabeça às 4h30, troca de meias e sapatos. A pobre D estava doente demais para tomar até mesmo uma xícara de chá.

Depois passei pelas provas revisadas de "Dymer" q. chegaram hoje do Canto I, 30, ao final do conjunto. Eu nunca gostei menos dele. Eu senti que nenhum mortal poderia ter qualquer noção acerca do que diabos era tudo aquilo. Eu temo que esse tipo de coisa seja muito imprevisível, mas acho que é minha única linha real...

Quarta, 7 de julho: Fui para meu próprio quarto depois do café da manhã, uma vez que Dotty agora ocupa o quarto dos fundos, e trabalhei em Erasmo, terminando a *Institutio*. É um livro muito diferente do de Elyot. Aquele é todo uma irresponsabilidade cosmopolita agradável e gratuita, enquanto este é caseiro e quase meticuloso. Passei a última meia hora da manhã tentando trabalhar em "Sigrid", mas sem objetividade. Eu acho que dísticos estão além de mim.

Após o almoço, caminhei: pelos campos até Stowe Woods, descansando apenas ao lado da estrada, onde havia uma bela paisagem enevoada descendo até o vale: depois para Elsfield, com um vislumbre de Otmoor, atravessando os campos até a casa grande com porcos no pomar, e então casa, com mais uma parada, que encurtei por causa de moscas.

D sentindo-se muito doente e com dores de cabeça durante todo o dia — e a habitual produção infernal de geleia começou...

Quinta, 8 de julho: D teve uma boa noite e se sentiu muito melhor nesta manhã. Estava uma bela manhã nublada de verão. Após o café da manhã, fui até a cidade, comprei um *Quentin Durward* da Everyman[73] (que examino para o Lower Certificate), e depois fui até a Câmera para encomendar *De Regno* [Do reinado], de Patrizi, mas fui enviado para Bodley. Fui ao College para responder à carta-convite de Craig, mas percebendo que eu não sabia onde eu estaria naquele dia, em vez disso trouxe-a comigo, após desperdiçar uma agradável meia hora na sala de fumantes tratando das *Unpublished Works* [Obras inéditas], de Godley...

Sexta, 9 de julho: Levantei muito tarde e me permiti tolamente ceder à esperança de que uma das garotas houvesse levado Pat para sua corrida matinal. Isso tinha acontecido uma ou duas vezes. Sem dúvida elas não tinham e, aborrecido com esse atraso adicional, fiquei irritado e agressivo — um típico homem-de-negócios-no--café-da-manhã de fato!

Fui para Bodley por volta das 10h30 e gastei a manhã em *De Regno*, de Patrizi. É um trabalho deplorável, o assunto da Realeza sendo apenas uma estaca na qual se pode pendurar cada história dos Clássicos que a velha conversa fútil pode lembrar. Assim, um capítulo sobre bajuladores começa "*Nullum veri assentatoribus inest, ut dixit Democritus*"[74] — e então você está fora por cinco páginas do

---

[73]*Quentin Durward* é um romance histórico escrito por Walter Scott (1771–1832) e publicado pela primeira vez em 1823. *Everyman* refere-se a uma editora inglesa, fundada em 1906, especialista em edições luxuosas de clássicos da literatura. [N. T.]
[74]"Não há verdade em bajuladores, como disse Demócrito".

1926

que Agesilau fez e o que Philopernon disse. Eu suponho que o livro seria agradável o suficiente para ser lido em trechos, mas é de partir o coração se você está tentando rastrear Elyot nele. Há um porçãozinha bastante alegre sobre desenterrar antiguidades.

Pouco antes de eu sair para o almoço, Onions de repente veio até mim e disse "Você não pretende dizer que está lendo alguma coisa. Eu pensei que você nunca leu". Fui ao College para almoçar, onde encontrei Onions, que expressou igual surpresa por eu estar lá. Eu revidei perguntando se, raciocinando como ele fez com minha leitura, ele supunha que eu nunca almoçava, exceto nos dias em que me via almoçando...

Sábado–quarta, 10–14 de julho: Abandonei meu diário sob a influência da onda de calor. Manhã e tarde de sábado passei em Bodley, almoçando no College e tomando banho depois do chá.

No domingo, comecei a ler a *Lee Shore* [Costa Leste], de Rose Macaulay, q. no começo eu odiei. Agora eu acho que é quase uma grande obra. Ela sacudiu bastante minha mente e, até agora, foi bom.

Naquela tarde a sra. Wilbraham veio e jogou badminton — foi o maior calor sob o qual eu já joguei.

Na segunda, passei novamente o dia em Bodley. Estava quente o suficiente em Duke Humphreys sob o teto de cobre, mas mesmo isso parecia legal em comparação com as ruas. As belezas da arquitetura são para o inverno. Durante esses dias Oxford parecia uma espécie de deserto de pedra ardente. A água em Parson's Pleasure subiu para quase 23°. Naquele dia, comprei *Amelia*, de Fielding, e comecei a ler. É estranho com tal sucessão monótona de infortúnios — em q. os contínuos assaltos à inexpugnável virtude de Amélia tornam-se ridículos — lastreados por uma retórica de má qualidade no diálogo, podem ser tornados palatáveis por força do poder narrativo absoluto. O contador de histórias nato pode realmente fazer o que gosta na literatura...

Na quarta, comecei a escrever minha primeira palestra no jardim. O sol era uma espécie de demônio onipotente que penetrava toda a casa e até os espaços mais sombrios do gramado. Eu fiz pouco progresso.

Todo meu caminho diante de mim

D tem estado sobrecarregada todos esses dias, em parte por causa da incerteza dos Vaughans que estão sempre enviando Dotty de volta para as refeições quando ela não é esperada ou levando-a embora quando ela é, em parte — o Senhor sabe por quê. Ter uma empregada parece fazer estranhamente pouca diferença, e eu às vezes duvido que qualquer coisa faça alguma diferença...

Quinta–sábado, 15–17 de julho: Passei a maior parte do meu tempo compondo um discurso formal em latim que tenho de entregar no Gaudy — um empreendimento laborioso, não só pela língua (não escrevo nada assim desde Mods.), mas pelos pesquisadores dos fatos q. se tem de fazer. Eu perdi dois dias inteiros no College, virando as folhas de *Who's Who* e a *Magdalen Register*, ou os discursos de apresentação de Godley para encontrar o latim para coisas como K. C. B.[75] e K. C. S. I. É uma ocupação fútil e cansativa.

Eu terminei *Amelia* e comecei a ler o *Kalevala* que eu comprei anos atrás e nunca terminei de ler. É bastante bom — uma atmosfera agradável de salmão, patos, salgueiros, lagoas salgadas, magia e trabalho de caldeireiros: também há o que no original deve ser poesia real em alguns dos símiles: e mito bem real como onde Ilmarinen observa as coisas estranhas que saem de sua fornalha e não gosta delas e nunca sabe o que virá a seguir, pois [ela] é sua própria fornalha mágica.

Domingo, 18 de julho: Acordei tarde, pesado e com dores de cabeça depois de um dia exaustivo e uma noite agitada. Passei uma manhã inquieta lendo o *Kalevala*, banhando a pata de Pat, e indo a Hewitt de quando em quando para ver se os documentos já tinham chegado. O sr. Thomas, um egiptologista mirradinho e velho, que Maureen encontrou em algum lugar, veio para o chá e, após o chá, os Wilbrahams. Jogamos badminton. O sr. T. ficou um tempo excessivo e conversou bastante. Um homem agradável, mas um tolo. Uma

---

[75]Provavelmente *Knight Commander of the Bath* [Cavalheiro comandante do banho], *King's County* [Condado do rei] e *Statutory Instrument* [Instrumento estatutário]. [N. T.]

tempestade muito fina na noite acompanhada (que eu nunca vira antes) de um vento forte.

O diário de Lewis termina aqui e só é retomado em 9 de janeiro de 1927. Ele estava tentando conseguir que seu pai viajasse para Oxford e permanecesse em Magdalen como seu convidado, mas, quando o sr. Lewis não veio, ele foi a Belfast para um feriado, de 11 a 20 de setembro. Ele vinha trabalhando em seu poema narrativo, Dymer, desde 1922, e este foi publicado pela J. M. Dent & Sons em 18 de setembro. Ele teve muitas críticas favoráveis, mas poucos leitores.

Warnie soube em setembro que ele havia sido selecionado para participar de um curso de seis meses em Economia na Universidade de Londres, a partir de 4 de outubro. Ele e Jack viajaram juntos para Belfast no dia 21 de dezembro para estar com o pai no Natal. Este seria o último que o sr. Lewis passaria com os dois filhos, e é uma sorte que, ao final, ele tenha escrito em seu diário de 8 de janeiro de 1927: "Warnie e Jack voltaram hoje à noite por Fleetwood. Como o barco só saía à 11h, eles ficaram comigo até as 9h30. Assim terminou um feriado muito agradável. Rosas por todo o caminho".

1927

Janeiro

Domingo, 9 de janeiro: Chamado às quinze para as sete no barco Fleetwood, pelo qual W e eu cruzamos ontem à noite vindo da Irlanda. Tínhamos quartos individuais no convés, mas terrivelmente abafados porque o camaroteiro insistira em parafusar as janelas em antecipação a uma tempestade que nunca aconteceu. Eu tive uma noite ruim e um pesadelo — uma coisa que eu nunca tive no mar antes. Se a água do mar, mesmo, não proteger um homem dos maus espíritos, é um caso difícil.

O trem que fazia conexão com o navio deixou Fleetwood às 8 e esteve muito lento todo o caminho, provavelmente por causa do carvão estrangeiro ruim. Nós dois tomamos café da manhã e almoçamos no trem. Li *Erewhon Revisited* [Erewhon revisitado] e achei que era fraquinho.[1] As ideias às vezes são excelentes, mas ele sofre (como até mesmo *Gulliver* faz em minha mente) de elaborar demais o q. você poderia fazer por si mesmo, uma vez que a ideia lhe foi

---

[1] De Samuel Butler (1901).

dada. O sermão de Hanky e o jornal de Sunch'ston são pelo menos tão enfadonhos quanto podem ser na vida real.

Cheguei a Euston às 2h45 (programado para 1h30), deixei minha bagagem em Paddington e então fui de táxi com W. para o Refeitório R. A. M. C.,[2] em Millbank, onde ele deixou suas coisas. Eu achei o refeitório um tipo muito bom de construção. Ele e eu caminhamos de volta para Paddington do outro lado do Parque, felizes por esticar as pernas depois da longa manhã no trem.

Deixei Paddington às 4h10. Mandei um telegrama de Fleetwood para D dizendo que eu não dev. chegar antes das 6, e agora me ocorreu que em um domingo o telegrama poderia não ser entregue e ela ficaria assustada, já que eu geralmente apareço por volta de 1h30. Isso me deixou muito infeliz e estragou uma jornada q. eu pod. de outra maneira ter amado, estando quase sozinho em minha carruagem e observando um extravagante pôr do sol carmesim sobre baixas colinas negras e bosques, com um ocasional brilho de água em meio a eles refletindo o vermelho do céu.

Graças a Deus, D realmente tinha recebido meu telegrama e a encontrei bem e de bom humor, apesar do tempo muito difícil que ela teve enquanto eu estive fora — Maureen ficou acamada com sarampo-alemão e Winifred, incapaz de ajudar, porque ela mesma não tinha tido. D foi chamada como jurada há alguns dias, e embora não tenha sido de fato incluída no júri, retida no tribunal, como uma espécie de substituta, suponho. Ela esteve muito interessada (ela diz) por estar desconfortável e passou o tempo durante o único caso muito caracteristicamente, segurando a mão da esposa do prisioneiro.

Para cama por volta de onze depois de uma noite muito agradável de bate-papo e conversa. Acordei uma vez durante a noite e me imaginei ainda na Irlanda — então, oh, o alívio! O melhor de tudo é que descobri que o semestre começa na sexta, e não na quinta seguinte, como eu temia.

---

[2] Royal Army Medical Corps (Corpo Médico do Exército Real). [N. T.]

1927

Segunda, 10 de janeiro: Dormi muito bem e saí com Pat antes do café da manhã como de costume. Passei a manhã marcando os exames para os C. L. e terminei rapidamente Narrativa, Ditado e Sidgwick. Eu também escrevi para J. Betjeman.

Após o almoço, dei minha caminhada por Barton e pelos campos, voltando pela Crab Apple Road. Estava uma tarde muito extraordinária. A maior parte do céu era de um azul cremoso muito pálido, e havia nuvens por todos os lados, do mais frio tom de azul-escuro que eu já vi. As outras colinas eram exatamente iguais às nuvens em cor e textura. Mas perto do sol o céu simplesmente ficou branco e o próprio sol (seu contorno era invisível) era um remendo de luz branca absolutamente pura que parecia não ter mais [poder] de aquecer do que o luar — embora fosse um dia bastante ameno de fato.

Entrei num clima tremendamente feliz, com a alegria de estar em casa de novo e certas antecipações vagas de boas coisas começando e uma sensação geral de austereza se quebrando — como o começo do *Prelude*. Uns poucos pássaros estavam fazendo um grande barulho como se fosse primavera...

À noite nós três tivemos uma conversa sobre Dotty e os problemas que suas últimas horas e entretenimentos extravagantes lançaram sobre D. Eu queria decidir de uma vez por todas o que poderíamos de modo justo exigir dela e então insistir nisso — em vez de continuar para sempre sendo alternadamente enfurecido e indulgente: mas D achou isso bastante impraticável, e eu receio que só a preocupei...

Terça, 11 de janeiro: Li *Guy Mannering* a manhã toda, do qual me lembro de maneira confusa de minha última leitura. Apesar da construção maluca e das cartas sentimentais absurdas, é um bom conto.

Andei depois do almoço com Pat. No caminho para Shotover, encontrei a sra. Hinckley, que me disse que estava tentando obter *Dymer* do Times Book Club, mas não conseguiu. Prometi enviar-lhe um exemplar. Eu subi Shotover pelo pequeno caminho na beira do Pullen's Gap e ao longo da "Planície" até o fim. Um dia cinzento muito escuro, parecendo neve, mas com sensação de muito quente.

Casa outra vez para o chá para o qual os outros vieram, tendo chamado os Schofields. Ele é um *don* em Ruskin e conhecia Fasnacht, a quem ele descreveu como sendo "muito educado". Terminei *Guy Mannering* após o jantar e defini um artigo C. L. sobre ele — um pequeno trabalho irritante em que eu fiz vários pontos de partida artificiais. Durante o jantar, Maureen lembrou-se "Eu estou começando a me empolgar com o semestre. Você está?". Como ela sabe muito bem que D e eu odiamos a chegada do semestre e que isso significa muito trabalho excessivo para D, é difícil entender por que ela diz essas coisas. Suponho que é pra ser uma espécie de piada. Carta de Warnie hoje para me dizer que ele conseguiu lugares para *Hansel and Gretel* no sábado: mas como agora *collection* será no sábado, eu não poderei ir.

Quarta, 12 de janeiro: Depois do café da manhã, escrevi um artigo sobre *Macbeth*, escrevi para Attenborough sobre os C. L. e para W sobre *Hansel and Gretel*... Em seguida, fui ao Davenport para ver um conjunto de Obras de prosa de Milton e descobri, para meu aborrecimento, que não havia nenhuma no mercado, Masson totalmente e Bohn parcialmente esgotado...

Casa e li *Mother Tongue*, de Wyld (uma maldição seja sobre Wyld) até a hora do almoço. Dei uma boa e longa caminhada à tarde, pelos campos até Elsfield, ao longo da estrada e para casa pelos campos passando por Barton. Um dia cinzento absolutamente morto, mas sem a grandeza ou o suspense que os dias cinzentos às vezes têm. Eu, de qualquer forma, estava m. insensível e caminhei avante "pensando", como é chamado: i.e. — no mundo da lua...

Quinta, 13 de janeiro: Na cidade depois do café da manhã, onde cortei o cabelo, paguei por meu Milton e levei para casa um volume, pedindo que o resto fosse enviado para o College. Comecei *Reformation in England* [Reforma na Inglaterra] e li um bom tanto dele antes do almoço — com grande prazer. Por causa de certo tipo

1927

de humor, a prosa de Milton supera qualquer uma que eu conheça. Ele abusa como um vendedor de frutas inspirado — como Falstaff. Assado quente para o almoço. Andei por Shotover através de Quarry à tarde e ao longo da Planície. Um dia muito frio com uma sensação de beleza no ar, um céu azul pálido e luz solar intensa. No caminho de volta, dei uma olhada nas operações de escavação em Quarry...

Trabalhei duro com Linguagem pelo resto do dia, descobrindo o que Wyld diz a despeito de tudo o que Wyld faz para me frustrar. Fiz anotações do "Alemão oriental para o I. A. primitivo" e escrevi um poema mnemônico — vai ficar muito divertido. Eu também fui bem em "I. A. primitivo para I. A.". Mas parece impossível descobrir qualquer coisa sobre Consoantes. É também m. irritante que, tendo sido feito um registro de que as vogais mudam sob a mutação J, quando você chega à mutação U, é dito que elas mudam, mas não para o quê elas mudam. Todos os filólogos são loucos?

Sexta, 14 de janeiro: D me trouxe à cama nesta manhã um anúncio de uma Agência de Imprensa q. continha, finalmente, a resenha do *T.L.S.* de *Dymer*. Fausset escreveu para mim em setembro para dizer que o havia resenhado, mas achou que talvez demorasse algumas semanas para aparecer e estava escrevendo para me avisar: uma carta muito entusiasmada e um ato muito gentil da parte de um completo estranho.[3] Desde então, eu tenho a procurado, e acho que ontem foi a primeira quinta, em diante. Eu esqueci tudo sobre [isso]. A Resenha foi realmente muito satisfatória e me aplaudiu muito.

Todos nós dormimos até m. tarde nesta manhã. Trabalhei até o almoço em mudanças vocálicas no I. A., acoplando a Fratura e a mutação J em octossilábicos, com igual prazer e proveito. Escrevi para Fausset agradecendo-lhe pela resenha e repetindo meu convite.

Estava muito escuro e chovendo, mas eu coloquei meu casaco de chuva e saí — ao longo da Windmill Rd. e sua continuação para

---

[3]A resenha de *Dymer* feita por Hugh Fausset apareceu em *The Times Literary Supplement* (13 de janeiro de 1927), p. 27.

a curva para os Quartéis: depois atravessei os campos e subi para Shotover passando por Pullen's Gap, e casa através de Quarry. Uma caminhada encharcada muito escorregadia, mas eu a apreciei bastante. Maureen convidara uma garota para o chá. Continuei com Linguagem até o jantar e li Milton depois. Concluí *Reformation in England* e quase todo *Prelaticall Episcopacy* [Episcopado de prelados]. Ele não é, nesta fase, um grande escritor de prosa: a exuberância de algumas passagens é excessiva, e o argumento não é realmente muito poderoso. Eu lembrava como sendo melhor. Hooker teria feito picadinho dele.

Sábado, 15 de janeiro: ... Trabalhei a manhã toda na mudança de I. A. para I. M., com grande dificuldade, mas algum prazer. O melhor (isto é, seu pior) truque de Wyld é dizer que certa vogal fez isso ou aquilo, exceto, digamos, em Kentish: mas o que ela fez em Kentish, ele não lhe diz, e você precisa ler o livro inteiro para descobrir. Outro belo gracejo é o exemplo que não exemplifica. "Ă no norte, através de æ, alcançado ē. Exemplo: Bruce rima *schame* (ă curto em I. A.) com *blame*." Alguém pode geralmente resolver isso no final, mas depois de uma enlouquecedora perda de tempo.

Após o almoço, saí e coloquei um exemplar de *Dymer* na caixa de correio da sra. Hinckley: então segui e subi para Shotover. Estava uma tarde de silêncio absoluto, uma sensação de fluidez no ar, e um céu azul muito claro com um punhado de nuvens cirrus brancas. Caminhei até o final da Planície e depois desci pela samambaia, não em Pullen's Gap, mas pelo lugar aberto próximo, onde fica meu pomar. Descendo para os campos ouvi o "pio" de alguns pássaros subitamente vindo de muito distante. O sol de inverno na samambaia e no bosque era indescritivelmente leve e puro. Casa pelo caminho muito lamacento.

O resfriado de D ainda estava m. forte na hora do chá. Continuei com meus estudos de Linguagem até o jantar e depois e comecei a próxima etapa de meu mnemônico. Todos os dias quando saio para minha caminhada eu repito até onde consigo, o que acho bastante fácil: também me impede de passar para um dia idealizado

1927

na primeira meia milha, e me deixa (quando a repetição é feita) realmente receptivo.

Maureen saiu essa noite para o teatro a fim de ver o *Ghost Train* [Trem fantasma]. Carta de meu pai hoje anexando uma crítica negativa da *Westminster Gazette* e (o que é muito pior) dizendo que os Heynes estão visitando Oxford e vão "me procurar".

Maureen chegou por volta de 11 e uma conversa bastante infeliz ocorreu (eu esqueci os estágios iniciais) em q. eu disse que D cometeu um grande erro sempre ao esconder tudo o que estava errado com ela até isso ter ficado muito ruim. Maureen interrompeu a conversa com algo sobre os olhos de D q. eu não entendi completamente mas q. significa, eu suponho, que eles eram maus enquanto eu estava fora. Isso enfureceu D. Eu tentei acalmar a situação, e disse rindo que D não aprovava críticas. Maureen disse "Quando você me critica, eu não parto para uma disposição violenta" — q. sem tato, mas de modo algum falsa, a expressão, sem dúvida tornou as coisas muito piores.

Domingo, 16 de janeiro: D ainda m. irritada esta manhã. Eu sentei e trabalhei no primeiro trecho do "King of Drum" [Rei do tambor], q. deve consistir, espero, em três pequenos trechos — cerca de 130 linhas cada. Esse trecho é uma nova versão de um pedaço que comecei a escrever cerca de dois anos atrás, q. era uma reescrita da "Wild Hunt" [Caçada selvagem] (por volta de 1920), que, por sua vez, foi baseada em algo que comecei em Bristol, em 1918.

Lavei tudo após o almoço, sendo este o domingo de Winifred ir para casa em Appleton: depois levei Pat para um curto passeio pela Cuckoo Lane. Uma tarde muito mortalmente fria, sombria. Após o chá, continuei escrevendo até o jantar, concluindo o primeiro trecho a meu gosto, e tentei sem sucesso começar o segundo. Lavei tudo depois do jantar e reli novamente algumas das cartas de Raleigh. D está lendo *Passage to India* [Passagem para a Índia], de Foster...

Segunda, 17 de janeiro: Uma geada matinal branca pesada. Eu trabalhei do café da manhã ao almoço em linguagem, principalmente construindo um mnemônico para "I. A. para I. M. (Vogais)".

Eu estou começando a apreciar essa coisa e certamente tenho conseguido mais desta vez do que em qualquer uma de minhas inumeráveis tentativas anteriores de ordenar esse caos. Quão bruto Wyld é — sem ordem, sem poder de exposição, sem cuidado com o leitor. É satisfatório ver que nenhuma quantidade de aprendizado pode salvar um tolo.

Começou a nevar antes do almoço. À tarde, Pat e eu caminhamos pela Cuckoo Lane e entramos no College pelos fundos. A neve estava naquele estágio em que produzia a maior variedade de cores — os caminhos molhados marrom, a grama meio branca (como um doce de groselha espinhosa com nata batida e creme) e uma raia ocasional de branco de verdade em um galho carregado. O rio era de um verde muito escuro, quase preto. Encontrei o fogo aceso em meu quarto e roupas e cobertores sendo arejados.

Casa para o chá e continuei na linguagem, lidando com as consoantes: onde eu quase perdoei Wyld por me apresentar as belas palavras "yeave" e "yeavey".[4]

Uma carta de Barfield para dizer que ele está em Air Hill e virá — sempre uma boa notícia. Depois do jantar, terminei *Prelaticall Episcopacy* e li todo o primeiro livro de *Reason of Church Govt.* [Razão do governo da igreja]. Cheio de coisas grandiosas — a passagem sobre Disciplina (m. platônica) e os caps. VI e VII...

Terça, 18 de janeiro: Uma geada e neblina branca nesta manhã. Trabalhei após o café da manhã, sob a influência de Norman, no I. M., além de aprender meus mnemônicos atualizados.

Um esplêndido passeio à tarde, a neblina tendo já desaparecido. Eu subi a Shotover por Quarry e ao longo do topo para a pista de Horsepath, pela qual desci. Uma pista sinuosa descendo a colina antes de uma encosta íngreme, com árvores, mas não muitas, para que se possa ver os limites da trilha abaixo, é uma das melhores atrações. O sol estava à minha frente, um sol parecendo úmido, e abaixo

---

[4] A primeira palavra parece relacionar-se a dar esmolas, dar algo voluntariamente. Não é possível precisar o significado da segunda. [N. T.]

dele no vale a névoa se acumulava de novo — um roxo muito fraco. Como sempre, havia um grande silêncio, enfatizado pelo ocasional gorgolejo de primavera de um pássaro muito próximo, ou o canto muito preguiçoso de um galo mais distante. Passei pelo Horsepath e subi novamente pelo caminho do campo até a samambaia.

Estava pensando sobre a imaginação, o intelecto e a confusão profana em que estou a respeito deles no presente: fragmentos não digeridos de antroposofia e de psicanálise lutando com o idealismo ortodoxo em detrimento do bom e velho racionalismo kirkiano. Senhor que bagunça! E todo o tempo (comigo) existe o perigo de cair na maioria das superstições infantis, ou de fugir para o materialismo dogmático para escapar delas. Eu esperava que o "King of Drum" pudesse escrever a si mesmo para esclarecer as coisas — do modo como "Dymer" esclareceu o negócio do Sonho de Christina.

Casa bem tarde para o chá, e descobri para meu desgosto que os visitantes de D (a sra. Studer e os Thomas) ainda não tinham aparecido. Eles vieram por volta de 5 e o sr. Thomas ficou até as 6h30, arruinando assim meu trabalho da noite.

Seguimos com influências nórdicas antes e depois do jantar, achando-as inesperadamente difíceis. Wyld odeia influências estrangeiras e quer dar conta de tudo por meio de leis sonoras — consequentemente diz a você o mínimo possível. Wright tem muito a dizer sobre vogais nórdicas etc., mas não usará exemplos (dificilmente), exceto palavras de dialeto.[5] No final, tive de recorrer principalmente aos livros populares — Bradley e Pearsall Smith. Terminei o dia lendo um bom bocado de *Reason of Church Govt*. O resfriado de D parece melhor.

Quarta, 19 de janeiro: Eu pretendia ir à cidade esta manhã, mas mudei de ideia e sentei-me para meus estudos de Linguagem — começando as inflexões de I. M. e traçando um mapa de áreas dialetais, o que acho que fiz todo errado...

---

[5]Joseph e Elizabeth M. Wright, *Old English Grammar* [Gramática de inglês antigo] (1908; 1925).

Eu fui para minha caminhada através dos campos para Stowe Woods e casa pela estrada. Ainda intrigado com a imaginação etc. Enquanto eu atravessava o grande campo em direção a Barton no caminho de volta, de repente me vi pensando "Do que não vou desistir é da doutrina de que aquilo que obtemos na imaginação no mais elevado é real de algum modo, embora, nesse estágio não se possa dizer como": e então minha consciência intelectual me golpeou por ter chegado ao último tom de sentimentalismo — afirmando o que "eu não vou fazer" quando deveria estar perguntando o que eu posso saber.

Decidi elaborar toda a doutrina da Imaginação em Coleridge assim que eu tivesse tempo — e o pensamento de Wordsworth era de alguma forma muito reconfortante. Essa é a verdadeira imaginação, sem espectros, sem Karmas, sem gurus, sem maldito psiquismo lá. Eu me perdi em ideias de segunda categoria por muito tempo...

Saí logo e fui de ônibus para o College, para procurar artigos da *Collection*. Encontrei os artigos em grande confusão. Não há uma *Ethics* completa entre todos eles. O pior é que eu não consigo lembrar o quanto de *Ethics* meus cordeirinhos devem ter feito! Enquanto estava no College, eu fui chamado ao telefone por Betjeman, falando de Morton no Marsh, para dizer que ele não foi capaz de ler I. A., pois estava com suspeita de sarampo e proibido de ler um livro. Provavelmente uma mentira, mas o que se pode fazer?...

Quinta, 20 de janeiro: Na cidade imediatamente após o café da manhã. Havia uma geada espessa, um céu claro e estava amargamente frio. Fui para as gráficas e deixei meu artigo em I. A. Eles comprometeram-se a me entregar provas às 3 amanhã. Comprei um pouco de manteiga para D, paguei minha conta no Davenant (£22) e cheguei em casa. D tinha ido ver Hedges que esteve em contato com o pessoal do imposto de renda sobre meu 1925–26: o resultado é que eu tenho de enfrentar o Tesoureiro de novo. Começo a temer que este negócio miserável nunca seja resolvido.

Passei o resto da manhã no *Milton*, de Raleigh, q. é cheio de coisas boas e não um bom livro. Saurat e até mesmo Abercrombie estão a quilômetros adiante dele.⁶ Raleigh está sempre reclamando que o Deus de Milton não é gentil e amoroso, e dizendo que Satanás é o verdadeiro personagem simpático — e todo aquele querido velho discurso vazio. Ele não tem noção do verdadeiro tema da vontade individual contra a estrutura das coisas, e nenhuma noção de que Milton possa apreciar e simpatizar com o individual e ainda assim pensar que o Universal deve ser mais correto e mais real. Na verdade, Raleigh está realmente na mesma posição das pessoas que acham que, se Milton apreciasse Comus, ele não poderia mais apreciar a Lady: essas pessoas nunca conseguem ver que o homem que realmente gosta de balinhas de caramelo é também o homem que entende de xerez marrom e sabe que isso é melhor do que balinhas de caramelo.⁷

Entrei em Old Headington depois do almoço e encontrei Percy Simpson levando seus dois filhos em um carrinho de bebê: ele parecia uma figura estranha, zunindo a cerca de dois quilômetros por hora, com seu olho lacrimoso e seu pequeno chapéu perfeitamente circular. Acompanhei-o até a esquina da Barton, anatematizando fonético-maníacos.

Em seguida, passei pelos campos, rumo aos degraus, e casa pela estrada. Eu não estava muito receptivo e me dediquei à repetição de mnemônicos. Segui com linguagem após o chá. Um exemplo enlouquecedor de Wyldismo: — ele repentinamente observa em um parêntese "O desenvolvimento normal de *feaht* pod. ser *faught*". Você se lembra dele dizendo que ea se tornou e. Olha para cima e descobre que você está certo, nada sobre *au* lá. Então você tenta o contrário e procura "Novos Ditongos em I. M. Fontes de au". Nem uma palavra sobre ea + ht. Depois de meia hora, procurei a fonte da verdadeira explicação para *earth* [terra] em Wright.

---

⁶Os livros citados são *Milton*, de Sir Walter Raleigh (1900), *Milton: Man and Thinker* [Milton: homem e pensador] (1925), de Denis Saurat, e *Principles of English Prosody* [Princípios da prosódia inglesa], de Lascelles Abercrombie (1923).
⁷Algumas dessas críticas foram publicadas em *A Preface to Paradise Lost* [Um prefácio para *Paraíso perdido*] (1942), de Lewis.

Após o jantar, discuti a confusão fiscal com D e juntei os fatos sobre os q. eu tenho de escrever ao Tesoureiro. Quando esse negócio desagradável foi concluído, eu refutei como absurda uma sugestão interior de que poderia trabalhar mais um pouco e resolver um enigma de palavras-cruzadas...

Sexta, 21 de janeiro: Acordei para uma manhã muito fria e descobri que uma boa quantidade de neve havia caído durante a noite. Decidi não perder a liberdade de meu último dia de trabalho e me acomodei lá embaixo após o café da manhã para "The King of Drum". Produzi cerca de 20 linhas para a abertura do próximo trecho, em uma métrica que nunca havia atingido antes (ritmo de verso I. A., mas rimando), com muito pouco esforço e me dando grande satisfação. Eu também comecei a ferver lentamente com ideias para o desenvolvimento da história.

Levei Pat para uma curta caminhada pela Cuckoo Lane, onde a neve o agitou muito. Após o almoço, fui de ônibus para o College, onde encontrei as provas confiáveis de Baxter de meu trabalho de I. A. esperando. Também um bilhete de Barfield em latim rimado e uma carta de Fausset, dizendo que ele não pod. vir no momento, mas pedindo que lhe fosse permitido vir dois dias depois do bilhete...

Casa para o chá. Eu estive ansioso o dia todo para retomar os poemas de "Drum", mas, quando vim para isso após o chá, me vi completamente seco. Produzi cerca de sete linhas ruins com grande trabalho e desisti.

Depois, uma agradável noite de folga junto ao fogo — palavras-cruzadas e conversas com D — arruinada pela ideia de que o semestre começaria amanhã.

Sábado, 22 de janeiro: Levantei-me um tanto cedo e fui de ônibus para a cidade depois do café da manhã para *Collections*. Eu encontrei Weldon descansando na sala de fumantes e soube com ele que vou manter os homens de Greats neste semestre (os quais eu pensei que era para entregar) e levá-los através de Aristóteles, que é uma surpresa desagradável. Mantive minhas *Collections* no Hall para o aborrecimento dos funcionários do College.

1927

Almocei na Sala Comunal e depois voltei para meu quarto, onde Valentin e Betjeman vieram fazer um trabalho de I. A. Sentei-me no canto da chaminé e corrigi artigos enquanto eles se sentavam à mesa e murmuravam e trabalhavam em contorções destinadas a expressar uma agonia mental. Eles pararam por volta das 4, dizendo que tinham feito tudo o que pod. Eu disse algo sobre os usos da imaginação em adivinhar palavras ao q. Valentin respondeu com um sentido incomum "Oh, eu poderia *escrever uma história* toda certinha".

De ônibus para casa. A neve estava começando a derreter e havia uma névoa pesada. D estava chamando os Studers quando cheguei. Tomei chá e conversei perto do fogo, sentindo-me um tanto lânguido e com dor de cabeça.

De volta ao College para jantar e sentei-me para terminar os artigos da Collection depois — o de Aristóteles levantando pontos q. me tomou um bom tanto de tempo. Eu pod. tê-lo terminado, no entanto, se Weldon não tivesse chegado pouco depois das 10: isso significou grogue quente e conversa obscena até a 1 hora. Ele me conta que seu irmão é mestre em uma instituição de Borstall e, daquela fonte, (1) que, entre os meninos-criminosos, os assassinos são os mais agradáveis e aqueles que tiram o máximo proveito do tratamento cuidadoso, porque eles têm algum caráter; (2) que é bastante comum as pessoas fazerem £50 por semana na cidade ou em Brighton prepararando emboscadas e depois chantageando as pessoas por sodomia. Bispos parecem ser a melhor presa...

Domingo, 23 de janeiro: Levantei tarde. Coloquei minha roupa a ser lavada debaixo dos braços e *Reader* [Leitor], de Sweet, no bolso e saí após o café da manhã em minha caminhada para casa. Estava mais "yeavey" do que nunca e era preciso dar os passos com cuidado para evitar uma queda. Os "passeios" estavam muito bonitos de um modo sombrio, com o rio parecendo tinta verde e a outra margem apenas uma faixa de branco, mais clara à beira da água e então derretendo quase imediatamente em um nevoeiro cinza escuro, com alguns espectros de árvores podadas. Fiquei muito impressionado com as palhaçadas de um rato d'água, que se sentou (aparentemente na água, suponho, em algum galho logo abaixo da superfície) a fim de olhar para mim e então, em um acesso de acanhamento, mergulhou de cabeça para baixo como um pato.

Cheguei em casa com muito calor da luta de subir a colina na neve parcialmente derretida: me senti tão pesado o dia todo e tive tal dor de cabeça que comecei a pensar que estava sofrendo uma das muitas epidemias atuais, mas suponho que seja a súbita mudança de minhas horas regulares de Headington e dieta.

Passei a manhã lendo *Sermon* [Sermão], de Wulfstan, com algum prazer. Eu realmente estou captando essa linguagem finalmente. Tudo bem em casa, D com boa disposição.

Saí para uma longa e pesada marcha depois do almoço para tentar me livrar da opressão que estava sobre mim. O clima tinha pelo menos uma vantagem — havia limpado a paisagem da habitual multidão de caminhantes-em-seu-melhor-domingo. Fui a Stowe Woods pela estrada e para casa pelos campos até Barton. A névoa m. espessa. Ocasionalmente dois arbustos e um pedaço de grama estavam completamente livres da neve e estes, duplamente *emoldurados* tanto com neblina como com neve que os rodeava, tinham uma aparência curiosamente indiferente.

Casa aproximadamente 4h30 muito cansado mas sentindo-me muito melhor. Li algo da *Fall of the Angels* e depois de ônibus para a faculdade. Sentei-me ao lado de Onions após o jantar e contou-lhe sobre as iniquidades de Wyld sobre a palavra *fought*. Ele concordou que W não tinha método — mas também mencionou a dificuldade real, que você tem de tratar o S[axão] O[cidental] como a Norma para "fins de negócios", e ainda assim é menos importante para a história da linguagem...

Segunda, 24 de janeiro: Me sobrecarreguei nesta manhã: estava ciente de que Hatton[8] vinha me procurar, e então, o momento seguinte parecia, eram 8h30 e meu chá estava frio.

---

[8]W. K. Hatton, que se juntou à equipe do Magdalen College em 1923, era o "patrulheiro" de Lewis ou empregado da faculdade.

1927

Uma boa resenha do *G. K's Weekly* chegou pelo correio da manhã, assinada por um homem chamado Crofte-Cooke, onde *Dymer* figura como "um grande poema" para uma primeira impressão.[9]

Esta manhã veio Hetherington, depois Valentin, a quem passei por algumas páginas de Wulfstan, traduzindo eu mesmo e depois fazendo-o voltar a fazê-lo — como Kirk me ensinou grego em Bookham.

Um novo aluno de Greats chamado Campbell veio entrevistar-se comigo, um jovem lânguido com os olhos meio fechados e uma fala arrastada — o que Parker chama de "La-de-da."[10] Eu fui também chamado ao telefone por Betjeman, que me convidou para tomar chá nesta tarde. Um maldito incômodo, mas é claro que é preciso aceitar.

De ônibus para casa e ouvi de D que o pobre M. Studer faleceu. É a melhor coisa para ele, mas sem dinheiro e com uma esposa que já está fora de si, a perspectiva para seus filhos é terrível.[11]

Andei até Shotover após o almoço. A neve quase desapareceu embora a paisagem, vista da colina, ainda esteja decorada com algumas raias e salpicos de branco — muitas vezes nas bordas dos campos. Estava uma tarde sem sol, mas muito agradável com um forte vento quente soprando, e as cores da grama e das sebes, após o recente branco e cinza sujo, eram muito refrescantes e suaves.

Voltei de ônibus à cidade e para os aposentos de Betjeman em St. Aldates — uma sala apainelada m. bonita olhando para o lado da Câmara. Eu me encontrei lançado em uma galáxia de supergraduandos, incluindo Sparrow da Nonesuch Press.[12] Os únicos outros

---

[9] E pela última! (C. S. L.)
[10] John Colquhoun Campbell (1907–?) estudou Greats (1926–1930) e obteve um BA em 1930. Trabalhou com a Anglo-Iranian Oil Co. Ltd. até 1952.
[11] A sra. Studer, amiga da sra. Moore, era esposa de Paul Studer (1879–1927), Professor tayloriano de Línguas Românicas da Universidade de Oxford, que morreu em 23 de janeiro. Ambos eram suíços e tinham três filhos.
[12] John Hanbury Angus Sparrow (1906–1992), do New College, foi eleito membro do All Souls College em 1929, chamado para a Corte em 1931, e foi diretor de All Souls (1952–1977).

de que me lembro são Harwood da Câmara (sem referência) e uma pessoa absolutamente silenciosa e surpreendentemente feia chamada McNeice, de quem Betjeman disse depois: "Ele não fala muito, mas é um grande poeta". Isso me lembrou do homem em Boswell "que estava sempre pensando em Locke e Newton". Este bardo silencioso vem de Belfast ou de Carrickfergus.[13] A conversa foi principalmente sobre cortinas de renda, artes e ofícios (do q. todos eles não gostam), ornamentos de porcelana, bules de prata *versus* de barro, arquitetura e os estranhos hábitos dos "Entusiastas". A melhor coisa foi a m. curiosa coleção de livros de Betjeman.

Fui embora com ele e voltei ao College para levá-lo pela Wulfstan até a hora do jantar. Apesar de toda a sua tagarelice ele é realmente tão ignorante e estúpido quanto Valentin.

Voltei direto para meus aposentos após o jantar (onde Cowley[14] estava jantando e dando palestras sobre a crueldade das mulheres) e fiquei um pouco chocado ao pegar minhas Contas para o último semestre — £47. Trabalhei até 11 terminando os artigos da Collections e agradeci aos céus que esse peso me foi tirado. Li Milton por três quartos de hora e fui para a cama, m. cansado, e só dormi depois de muito tempo.

Terça, 25 de janeiro: Trabalhei em Milton (Poemas menores) pela manhã, com considerável interesse a despeito de uma sensação de cansaço e dor de cabeça.

Casa para o almoço onde encontrei D com m. boa disposição, mas tremendamente ocupada a cozinhar: ajudei a fritar o grelhado para o almoço. Saí para uma caminhada depois, pelos campos para Elsfield e para casa por Barton. Um vendaval soprando, Oxford e as colinas além dela muito azuis e ocasionais raios de sol amarelos sobre a paisagem mais próxima.

---

[13]George Harwood matriculou-se em Christ Church em 1926 e é mencionado em *Betjeman*, de Bevis Hillier, p. 188. Louis MacNeice (1907–1963), escritor e conferencista, estudou em Marlborough e no Merton College. Ele publicou seu primeiro livro de poemas, *Blind Fireworks* [Fogos de artifício cegos], em 1930.

[14]Arthur Ernest Cowley (1861–1931) foi bibliotecário de Bodley (1919–1931) e um membro de Magdalen.

1927

Minha caminhada demorou mais do que eu pretendia, e quando cheguei em casa e ingeri um chá apressado eu estava muito atrasado para encontrar Barfield, a quem (agora me lembrei) eu pedira para ir ao College às 3. Ele havia deixado um bilhete dizendo que saíra para o chá, mas ele logo chegou. Eu estava deleitado em vê-lo. Após um papo confuso de filosofia e piadas, combinamos ler *Prometeu*, de Ésquilo, juntos, como nos havíamos prometido fazer.

Depois de uma hora ou mais, saímos e jantamos no Town & Gown. Voltando, nos sentamos até a uma e meia para terminar nossa peça, às vezes convulsionados de tanto rir de nossa própria tradução literal — ou as de Paley, q. são ainda mais incrivelmente engraçadas — mas igualmente impressionados com a poesia quando a lemos de novo em grego. Eu entendi melhor a peça dessa vez. O desafio selvagem no final deve definitivamente (para um grego) ter estampado *Prometeu* como um dos Τὰ πρίυ πελώρια[15] — um "primitivo" apropriadamente suplantado por Olímpicos.

Barfield se recusou a chegar a uma opinião sobre a visão moral de Ésquilo. Eu acho que ele está um pouco inclinado a aplicar seus princípios mitosóficos de uma maneira bastante procrustiana.

Esqueci de dizer que eu havia lhe mostrado o "King of Drum" antes do jantar e ele aprovou: também acha que a história, até onde eu poderia delineá-la, é muito promissora. Ele tem experimentado na métrica de *Kalevala* com variações e leu pra mim uma passagem de uma história inexistente. Ela tem um frescor refrescante real (como a *Kalevala*) e eu acredito que ele possa fazer uma boa métrica disso: embora eu ainda seja a favor de mais variações. Para cama sem dor de cabeça, e passei uma noite muito melhor.

Quarta, 26 de janeiro: Dormi profundamente até ser chamado às 8. Após o café da manhã, Barfield e eu fomos dar uma volta pela Mesopotâmia. Ele me falou de um amigo para quem havia enviado *Dymer* e que o havia devolvido com o comentário "O nível métrico é bom, o vocabulário é extenso: mas Poesia — nem uma linha".

---

[15] *Prometeu acorrentado* 151. (Zeus está agora destruindo) "os antigos poderosos".

Nós conversamos sobre os terrores noturnos e se a morte de uma pessoa de fato afetava emocionalmente a ponto de pod. abolir o horror do sobrenatural ou aumentá-lo. Ele também falou da reação que vem depois de uma noite de risos entre seus melhores amigos, quando o tipo de segurança mental q. teve entre eles se vai de você, e você percebe que ninguém além de si mesmo pode lhe dar essa segurança.

Depois do café na Cadena, ele foi buscar a esposa em "Hillsboro" e dirigir para Londres. Eu lamentei vê-lo ir — esses encontros são sempre além das expectativas.

Pouco antes do almoço, Parker entrou em meu quarto para discutir Waterfield: mas ele não tinha nenhum plano de ação e só veio pelo prazer de parecer sério e chafurdar no sentido de responsabilidade.[16]

Almocei na Sala Comunal e participei de uma reunião do C. T.[17] Como o Presidente não estava lá, e Craig na cátedra, nós tratamos de tudo m. rapidamente. Foi decidido que Wood (que veio me ver no outro dia) poderia mudar de Botânica para Inglês sem perder seu *Demyship*.[18] Eu estou m. contente: pod. ser deleitoso ter um verdadeiro entusiasta como aluno, e ele pode se tornar um.[19]

Voltei para os meus aposentos logo depois das três, e descobri que não tinha dinheiro, assim tive de caminhar para casa, o q. fiz pelo caminho dos fundos. O vento forte ainda estava soprando, e havia uma luz muito intensa, criando sombras longas e claras. Eu vi os primeiros galantos no jardim quando passei, e oh o conforto disso! Meu ânimo parecia se elevar continuamente durante todo o caminho para casa.

Encontrei D bastante deprimida, tinha acabado de chegar do funeral de Studer. Caminhei até o jardim para ver se o ano novo

---

[16]Veja Henry Michael Denne Parker no Apêndice do Magdalen College.
[17]Conselho de Tutores.
[18]Um tipo de bolsa de estudo concedida pelo Magdallen College, em Oxford. [N. T.]
[19]Arthur Denis Wood (1907–?), depois de obter seu BA em 1929, ingressou na empresa familiar William Wood & Son Ltd., paisagistas de Taplow.

começara lá: não havia nada, mas me senti muito inexplicavelmente deleitado com tudo. A sra. B[arfield] aparentemente tem tido conversas íntimas com D. Ela "odeia, odeia, odeia" a antroposofia de Barfield, e diz que ele deveria ter contado a ela antes de se casarem: o q. soa sinistro. Ela certa vez queimou um panfleto antroposófico "blasfemo" dele, o q. me parece uma coisa imperdoável de se fazer. Mas eu penso (e também D) que eles realmente se dão m. bem, melhor que a maioria das pessoas casadas. A sra. B fica sempre feliz quando Barfield vem me ver porque eu não tenho "nenhuma daquelas opiniões".

Falei de imposto de renda com D depois do jantar e então bate-papo geral até 10h15, quando ela e Pat caminharam até o ônibus comigo. Uma adorável noite estrelada.

Fui para a cama assim que voltei (após olhar para *Milton*, de Saurat, q. eu encontrei esperando por mim). Há séculos que não me sentia com o espírito tão elevado. Puxei minha cortina para ver as estrelas, pensei de repente em Bergson: depois em como tenho feito o diabo com meus nervos ao deixar coisas em que realmente não acredito e possibilidades vagas assombrarem minha imaginação. Eu tive uma forte convicção de ter virado em uma esquina e logo ter tirado toda a "enfermeira e vovó da minha alma". Logo dormi e tive uma excelente noite. Sem dor de cabeça hoje.

Quinta, 27 de janeiro: Comecei *Apology for Smectymnuus* [Apologia a Smectymnuus] hoje e o li toda a manhã até as 12h30 quando saí para o Davenant para encomendar um exemplar de *Metafísica*, de Aristóteles.

De lá, casa de ônibus. Estava mais como um dia de março, vento ainda forte, e chuva e sol se alternando. Encontrei tudo bem em casa.

Caminhei pelos campos até Stowe Woods após o almoço, para ver se havia alguma flor lá em cima, mas não encontrei nenhuma. Tudo que eu pud. fazer no caminho de volta era andar contra o vento ou manter os olhos abertos contra o sol. Como se desfruta das violências da natureza até o momento em q. elas se tornam realmente dolorosas ou perigosas. Fui para trás de um monte de feno por um momento para recuperar o fôlego e tive uma mudança repentina e maravilhosa para silêncio, calma e forte cheiro de feno — como entrar em uma espécie de banho.

Casa, tomar chá e bate-papo, então para o College. A *Metafísica* não veio, então continuei com Milton. Muitas pessoas no jantar hoje à noite, incluindo o velho impostor Mallam.[20] J. A. me disse na sala de fumantes depois que eu pod. encontrar *Icelandic Reader* [Leitor islandês] de Craigie, no quarto dele e que pod. levá-lo, o que eu fiz m. alegremente contra a reabertura do Kolbitár.[21]

Voltei para o New Building e, depois de ler *Ohthere*, continuei com *Smectymnuus* e o terminei e então li Saurat. Eu também copiei várias passagens paralelas dos panfletos do Bispo para meu *Paraíso perdido* como Notas. Para cama por volta de quinze para as doze e dormi bem...

Sexta, 28 de janeiro: Radice, Betjeman & Wood pela manhã.[22]

Casa para o almoço. O maior temporal estava soprando sempre que eu me lembro e eu dei uma adorável caminhada até Shotover sob o rugido das árvores. Subi por Quarry, até o final da planície, desci pela samambaia e voltei pelo caminho lamacento. Parei nos degraus antes do trecho arborizado para comer uma maçã e refleti o quanto eu estava gostando disso.

De volta ao College depois do chá e levei Waterfield. Trabalhei um pouco de islandês depois do jantar, me esforçando para passar pelo primeiro capítulo da *Younger Edda* [Edda mais jovem], exceto os trímetros escáldicos (*Gefjun dró fra Gylfi*) do q. partes se mostraram

---

[20] O dr. Ernest Mallam (1870–1946) estudara Fisiologia em Magdalen (1888–1892) e fora palestrante de Medicina em Litchfield.
[21] O "Kolbitár" era um clube informal de *dons* fundado pelo professor Tolkien com o propósito de ler sagas islandesas.
[22] Edward Albert Radice (1907–1996) recebeu um Primeiro em *Mathematical Moderations* em 1916 e um Primeiro em *Literae Humaniores* em 1929. Ele obteve um BA em 1929 e um doutorado em Filosofia em 1938. Depois de um começo como professor-assistente de Economia na Universidade Wesleyana em Middletown, Connecticut (1937–1939), ele se tornou um historiador econômico de grande destaque.

intraduzíveis. Esqueci de dizer que as três horas de aula foram boas esta manhã e pela primeira vez me senti bastante satisfeito comigo mesmo. Passei o resto da noite em Bentley e Milton.

Sábado 29 de janeiro: Hood, Wood & Valentin pela manhã.[23] O ensaio deste último sobre Poemas Menores de Milton era puro Raleigh: eu disse a ele que preferia isso claro e lhe passei uma espécie de exame oral no q. ele se saiu m. mal. Ele é um estúpido inútil.

Casa para o almoço. A pobre D obrigada a sair à tarde para alguma apresentação de Maureen. Caminhei ao longo do caminho de Forest Hill e até Shotover através do Parque: vento e sol bonitos e muitos efeitos de variação de luz. Voltei para o chá por volta de 4h30, q. tomei sozinho, e então trabalhei em Aristóteles. D voltou por volta de 6. Dotty (uma chegada m. indesejável) apareceu. Fiquei em casa para jantar, voltei para o College e fiz um pouco mais de cotejamento com Bentley — uma boa ocupação sedativa mecânica para terminar um dia de prazer surpreendente.[24] Carta de Harwood hoje prometendo uma visita e me pedindo para entreter um Kruger, um antroposofista.

Domingo, 30 de janeiro: Chamado às 8. Saí de casa pelo caminho dos fundos depois do café da manhã. Os galantos e as celidônias nas trilhas não fizeram nenhum progresso visível, mas uma manhã adorável. Trabalhei em Aristóteles durante toda a manhã, com aqueles vislumbres inesperados da verdadeira alegria q. às vezes vêm enquanto se está lendo, cheio de lembranças que você não consegue identificar.

Lavei tudo depois do almoço e Maureen saiu com Pat. Continuei o trabalho e depois do chá fui dar uma curta caminhada com D. Muito agradável, e olhamos para a casa dos Studers q. ela acha que talvez possamos comprar se a sra. S. voltar para a Suíça. Os pássaros

---

[23]John Douglas Lloyd Hood (1904–1991), um erudito de Rhodes da Tasmânia, obteve um Primeiro em Filosofia, Política e Economia, em 1929, e um BA em 1930. Seguiu a carreira diplomática.

[24]Richard Bentley publicou uma edição revisada e aumentada de *Paraíso perdido* em 1732.

estiveram muito barulhentos durante todo o dia e mesmo agora no crepúsculo davam deliciosas cacarejadas. Lavei tudo novamente após o jantar e fiquei em casa até cerca de 10, começando agora a me sentir um pouco cansado.

De volta para cá na parte de cima de um ônibus sob o mais maravilhoso céu de estrelas. Dei uma olhada em Wulfstan e li meio capítulo da *Edda*.

Segunda, 31 de janeiro: Escrevi coisas atrasadas do diário após o café da manhã. Então veio Hetherington com um ensaio sobre a crítica de Aristóteles às Ideias, não um de seus melhores, mas gastamos nele (espero) uma boa hora. Depois dele, Valentin para I. A., em que fiquei contente em ver finalmente alguma melhora.

Campbell, o novo Greatsman, chegou às 12 e leu seu primeiro ensaio, sobre Mill: era todo sobre o cristianismo e tomou o ponto de vista que você não poderia ter nenhuma ética independente de seu *Weltanschauung* geral. Eu não lhe disse quão verdadeiro isso era a longo prazo, mas critiquei as conexões mais cruas entre os dois e acho que ele viu.

Então para a Univ. para almoçar com Keir, que se ofereceu para me acompanhar em minha caminhada da tarde. Um entardecer brilhante. De minhas janelas durante toda a manhã vi nosso remanso correndo a uma velocidade furiosa e os campos foram inundados, gerando um m. lindo lençol de água salpicado de árvores.

Eu apenas passei em casa para pegar Pat e depois continuei com Keir subindo a colina. Gosto muito da conversa lenta dele e ele professa (sinceramente) desfrutar da natureza, mas ele não é um daqueles poucos em cuja companhia alguém pode continuar sentindo o dia como se estivesse sozinho. Ele me contou sobre o reinado de David na Rugby[25] e os vários modismos que ele adotou — incluindo a manutenção de um psicanalista de animais de estimação para analisar os garotos, q. deve ser uma ofensa criminal.

---

[25] O reverendo Albert Augustus David (1867–1950) foi diretor da Rugby School (1909–1921) e bispo de St Edmundsbury e Ipswich (1921–1923).

Casa por volta de quatro com uma dor de cabeça violenta. Tomei chá e bati papo com D, depois voltei para o College para pegar Hamilton às cinco: um ensaio melhor do que o de Hetherington, mas temo que eu não estivesse muito bem. Às 6 veio Betjeman para I. A. — muito ruim. Eu não sei o que fazer com ele.

No jantar J.A. comentou que nosso novo colega Tansley[26] (um desses professores que vem até nós *ex officio* quer queiramos ou não) "imaginou-se como psicólogo" de modo que podemos esperar uma boa ironia socrática de J. A.

À noite li o discurso de Miguel no final do *Paraíso perdido* — i.e., a maior parte do XI e todo o XII. Coisa maravilhosa — eu não leio e penso nessa parte final o suficiente. Eu também li alguns dos *New Poems* [Novos poemas], de Bridges, q. Betjeman me emprestou: eles são cheios de passagens de extrema beleza e *páthos*, e a métrica (quero dizer, os "silábicos neomiltônicos") é muito bem-sucedida. O desfecho geral das partes mais longas, especialmente "Come si Quando" q. é a melhor, não consegui entender.

Para a cama por volta de 11 e tive uma boa noite. Tive algum sonho um tanto desagradável (mas não fantasmagórico) à noite q. eu esqueci.

Fevereiro

Terça, 1º de fevereiro: Uma geada ofuscante e sol brilhante e pálido esta manhã. Eu comecei a manter a janela do banheiro aberta novamente para o prazer de olhar para o Pomar com os raios horizontais entre as árvores e um cervo ocasional.

Carta da tia Lily, ou melhor, duas cartas, a primeira m. entusiasmada com *Dymer*, a segunda não. Ela explicou sua anterior declaração enigmática sobre o câncer muito cândida e corajosamente. Ela parece estar sã no presente, mas pegou a ronha de um dos gatos. Sua bravura

---

[26](Sir) Arthur George Tansley (1871–1955) foi um membro do Magdalen e Professor sherardiano de Botânica (1927–1937).

é surpreendente — todas essas coisas são mencionadas de passagem, enquanto a parte principal da carta é composta de crítica e filosofia.

Li o *Doctrine and Discipline* [Doutrina e disciplina] durante toda a manhã. Casa para almoçar e encontrei tudo bem lá. Saí para caminhar, depois pela estrada para Stowe Woods e casa pelos campos. O sol se fora e estava um dia acinzentado, muito frio, mas o gorjear e o chilrar incessante dos pássaros manteve a sensação de primavera. Apreciei isso grandemente — eu havia esquecido de dizer ontem que enquanto estava com Keir vi e ouvi uma cotovia, a primeira desta estação...

Às 19h05 houve uma reunião na Sala Comunal para admitir Tansley. Quando entrei no cômodo, q. estava lotado, Craig me disse "Acho que você não conhece Tansley", então voltando-se para o tapete pequeno diante da lareira disse "Este é Lewis". Eu então executei o ato mais ridículo de minha vida ao caminhar em frente na direção q. parecia estar sendo indicada e apertar calorosamente as mãos de Manley, que é claro está aqui há anos e a quem encontrei dezenas de vezes, mas no calor do momento não percebi isso.[27] *Soluuntur tabulae risu!*[28]

Hardie jantou esta noite e eu combinei ir a seu espetáculo de quinta no *Theaetetus*. Fui para o quarto de Peacock em Oriel depois para os Mermaids.[29] Eu não sei por que estou nesta sociedade. Eles são todos (exceto Brett-Smith) rapazes bastante vulgares e estridentes, que gargalham a cada sugestão de obscenidade no *White Divel* [Demônio branco] q. nós estávamos lendo para estragar a cena trágica. Não há dúvida de que quando alguém passa dos Greats para a

---

[27] John Job Manley (1863–1946) foi aluno de graduação em Magdalen. Ele foi eleito membro em 1917 e foi Curador do Laboratório Daubenay (1888–1929).
[28] "As tabuletas [contendo a acusação legal] serão derretidas sob risadas." Adaptado de Horácio, *Sátiras*, 2, 1, 86.
[29] O Mermaid Club [Clube da Sereia] foi fundado em 1902 "para promover a leitura e o estudo do drama elisabetano e pós-elisabetano". Muitos *dons* se interessaram por ele, ou fingiram, e Lewis foi Presidente dos Mermaids durante o semestre de Michaelmas de 1927. Conway John Peacock era um membro de graduação do Oriel College.

audiência inglesa, deixa os χαριέντες pelos τυχουτες, os homens de bom gosto e inteligência e humanidade por uma mera coleção de bárbaros. É uma grande pena...
Quarta, 2 de fevereiro: Neve espessa e um céu nublado esta manhã. Trabalhei até a hora do almoço nos panfletos do *Divorce* [Divórcio]. Naquela ocasião então uma brilhante luz do sol saiu e todos os telhados estavam gotejando.

Almocei na Sala Comunal e às 2 fui para a reunião do College. Craig estava na cadeira, enquanto o Presidente ainda estava na cama — uma troca tão eminentemente desejável que terminamos por volta de 3h30. Um anúncio foi feito sobre o menino que acidentalmente atirou em outro menino na School (Carter já havia me falado disso durante o almoço) — um negócio desagradável.[30] O resto da reunião foi principalmente gasto tratando de uma questão de subvenções para a compra de livros que não merecem ser colocados na biblioteca, o q. ocasionou uma espécie de duelo entre Driver e Weldon, este último superando a si mesmo em desagradabilidade. É uma espécie de passatempo para ele, como ele me confessou uma vez, tornar-se o mais ofensivo possível em debates sobre pontos sobre os quais ele não se importa, com pessoas com quem ele não tem brigas. Eu nunca o ouço falar em tais momentos sem ser convertido para o outro lado: há algo ameaçador em sua lógica que desperta a pessoa a dizer "Dane-se eu serei inconsistente se eu quiser!"

De ônibus para casa e encontrei muitos papéis enviados por algumas pessoas que se chamavam de Panton Arts Club, pedindo-me para participar... D chegou por volta de 4, tendo estado na cidade para comprar uma peneira para as cinzas do carvão, e parecia com excelente aspecto.

Passei o resto do dia em casa em grande paz e conforto, continuando com minhas leituras de Milton — exceto por uma discussão

---

[30]Um cadete da Magdalen College School foi acidentalmente baleado pelo capitão da equipe da escola, enquanto este estava tirando o que ele achava ser um cartucho vazio do rifle.

um tanto desagradável com Dotty que chegou a apelar contra a decisão de D impedindo confusas festas que dá. O ponto é que não podemos realmente desistir de uma das salas de estar toda vez que aconteça de ela querê-la, já que Maureen pratica na sala de visitas o que torna os cômodos permanentemente necessários. É claro que mantivemos uma frente firme e sou a favor de resistir às suas imposições contínuas sobre D — mas eu desejo que nossa resistência pos. ter chegado a um ponto aparentemente menos grosseiro. Esse é o diabo de coisa com a boa natureza de D: se não se resiste a exigências realmente escandalosas (como os sanduíches diários) desde o início, tem-se de adotar uma linha menos agradável de S.O.S. depois...

Quinta, 3 de fevereiro: ... Casa para o almoço. Um lindo dia de sol e todos os pássaros cantando. D pegou alguns galantos para a sala de jantar.

Após o almoço, subi a Shotover, desci o campo em Horsepath, e casa pela estrada. Havia um bom tanto de neve, e algumas belas vistas: especialmente olhando para o norte do topo da colina através de um campo de neve ininterrupta em primeiro plano, e além para o azul muito pálido da região meio nevada no horizonte. Apreciei minha caminhada imensamente, até mesmo a caminhada longa e estafante para casa, onde a corrente de água da neve fluindo profunda e rápida nas valas, deu uma nova vivacidade à estrada.

Casa para o chá e depois de volta para o College na parte de cima de um ônibus. Esse trajeto descendo a colina em direção ao pôr do sol é sempre agradável: dessa vez ele me colocou em uma exaltação rara, recuperando sentimentos enormes (tudo misturado com Ideias de Platão sobre o q. Waterfield vinha me ler num ensaio) que perdi por meses.

Acabei de trabalhar em meu Lydgate uma "árvore de Troia" q. eu comecei de manhã. Waterfield às 6h15, não muito bem.

Jantei e me sentei na Sala Comunal ao lado de J. A. que me contou sobre uma senhora que há muito o preocupava ao aparecer no final das palestras para fazer perguntas, e finalmente escreveu oferecendo-lhe a mão. "Ela fingiu que era uma piada depois", ele disse, balançando a cabeça branca, "mas não era. E ela não era a única também. Um homem que faz palestras para mulheres tem responsabilidade com elas."...

Sexta, 4 de fevereiro: Radice, e Wood pela manhã, Radice m. bom e interessante. Wood foi decepcionante, embora, pobre sujeito, ele tinha feito uma quantidade prodigiosa de mera monotonia. Sua ideia é eliminar todos os fatos que ele é capaz de descobrir e não se aventurar em nenhum exercício de seu próprio julgamento.

Casa para o almoço e descobri que a *Panton Magazine* tinha chegado, contendo uma resenha muito laudatória e bastante tola de *Dymer*. O resto da revista estava no mesmo nível, exceto pela profundidade mais acentuada alcançada por uma seleção do *Modern Book of Proberbs* de uma mulher q. é um pouco como Tupper. Fico feliz por não ter corrido precipitadamente para uma bagunça como essa.

Após o almoço, desci pelo cemitério e atravessei o caminho do campo, com Marston à minha esquerda, para encontrar a estrada: depois subi a colina até Elsfield e casa atravessando o campo. Era uma tarde calma e brilhante, pássaros cantando e o riacho fluindo gloriosamente cheio sob a ponte na curva de Water Eaton...

Voltei para o College depois do chá e sentei-me para trabalhar no "King of Drum", quando fui muito irritantemente interrompido pela chegada de Valentin que disse que eu lhe falara para vir naquela hora. Escrevi novamente depois do jantar e fiz cerca de vinte linhas descrevendo o "Dique"[31] do rei. Para a cama, um tanto inquieto e descontente.

Sábado, 5 de fevereiro: Alunos durante toda a manhã incluindo Betjeman que leu um excelente ensaio q. logo descobri ser pura farsa, pois ele não sabia nada sobre o trabalho quando começamos a conversar. Eu desejaria pod. me livrar desse pedante ocioso.

Casa para o almoço. Comecei uma caminhada depois mas cedi à chuva e entrei para perder tempo fazendo nada em particular até

---

[31] A palavra *levee* pode também significar "assembleia pública no tribunal apenas para homens, realizada no início da tarde" ou "recepção formal oferecida por um soberano logo que ele sai da cama". [N. T.]

o chá, e depois do chá fiz a tentativa novamente. Desta vez eu perseverei a despeito da chuva e fiz uma caminhada molhada, mas não desagradável no crepúsculo.

O jantar foi m. tardio porque Winifred e Maureen iam dançar: pela mesma razão eu tive de lavar tudo depois. Tinha esperado continuar com o "King of Drum", mas perdi a inspiração, como comumente acontece quando a ordem geral do dia não resulta como você esperava. Wordsworth acertou — os "espíritos que se recusam a fluir quando planos são levemente modificados".

Domingo, 6 de fevereiro: Um lindo dia. Caminhei para casa depois do café da manhã, apreciando o ar ameno e o sol, e os pássaros e o barulho da água. Encontrei tudo bem em casa, exceto que D estava com dor de cabeça. Passei a manhã escrevendo, resolvi a primeira entrevista do Rei com a Rainha e comecei a "reunião da faculdade".

Após o almoço, caminhei por Quarry até Shotover, quase até Wheatley, então pelos campos até a linha férrea e subi novamente perto do topo do túnel. Apesar da presença dos caminhantes de domingo, era m. deleitoso e cada momento quase estava cheio de sugestões indescritíveis. Casa para o chá.

Voltei para o College e jantei lá, conversando com Webb, de quem gosto bastante apesar de sua esquisitice.[32] De volta a meus aposentos, passei a limpo o que eu havia escrito e li um pouco de Quarles.

Segunda, 7 de fevereiro: Um dia cinzento muito úmido que logo se transformou em chuva. Hetherington veio ler sobre Μεσοτης:[33] seu ensaio era em sua maioria Spengler e não muito bom ou não o bom que se espera de um homem tão bom. Então eu tive uma folga quando Valentin desistiu das relações.

Saí m. tolamente para comprar um exemplar do *Theaetetus* (contra a panelinha política de Hardie) e só percebi quando cheguei

---

[32]Clement Charles Julian Webb (1865–1954) foi tutor em Filosofia em Magdalen (1890–1922).
[33]Uma posição mediana ou central.

ao Davenant que ele já estava em um dos volumes que tenho. Por sorte, no entanto, avistei um novo Everyman (*Trench* sobre Estudo de Palavras) q. eu imediatamente comprei e comecei a ler de pronto. Ele é um pioneiro, muito ignorante sem dúvida pois não podia deixar de ser então, um pouco tedioso: mas tem entusiasmo verdadeiro e o sentimento de vida, e ocasional eloquência a despeito do estilo muito elaborado.

Campbell chegou às 12, e pela segunda vez toda a discussão filosófica foi sustentada por suas opiniões religiosas. Eu nunca tive um caso assim antes...

Casa na parte de cima do ônibus sob chuva torrencial. D dissuadiu-me de levar Pat para fora e continuei com Trench na sala de jantar. D teve de sair para o chá.

De volta ao College para pegar Hamilton às 5 e então Betjeman sobre I. A., que esteve um pouco, bem pouco, melhor. Depois do jantar comecei o *Theaetetus* e li aproximadamente 10 páginas, então Trench. Para a cama às 12 depois de uma noite muito agradável...

Terça, 8 de fevereiro: ... Passei a manhã em parte no *Edda*... Ataquei algumas páginas por cerca de uma hora, mas estou fazendo algum progresso. É uma experiência emocionante, quando me lembro de minha primeira paixão pelas coisas nórdicas sob a iniciação de Longfellow ("Drapa" & "Saga de K. Olaf", de Tegner) por volta dos nove anos: e seu retorno muito mais forte quando eu estava com quase 13, quando os sumos sacerdotes eram M. Arnold, a música de Wagner e o *Anel*, de Arthur Rackham. Parecia impossível à época que eu pod. algum dia chegar a ler essas coisas no original. A velha e autêntica emoção voltou para mim uma ou duas vezes esta manhã: os simples nomes do deus e do gigante prendendo minha atenção quando eu virava as páginas do dicionário de Zoega eram suficientes...

Tive uma conversa interessante após o jantar na sala de fumantes com Segar (Weldon & Tansley também lá) sobre o destino dos pagãos virtuosos, que Segar declara capazes de salvação de acordo com a doutrina de sua Igreja. Se isso for verdade ficarei grandemente surpreso. O ponto principal da história de Trajano, na Idade Média, certamente é que foi uma exceção.[34]

De volta a meus aposentos e continuei com o *Theaetetus* e um pouco mais de Trench. Leia também o mito do *Politicus* na cópia de Jowett, q. me preocupou por ser tão antroposófico, até me ocorreu que sem dúvida Steiner deve ter lido Platão. Uma praga em todo esse absurdo que me roubou tanto a beleza e a maravilha, a degradação da pura imaginação em pretensiosas mentiras, e as verdades do espírito em meras matérias de *fato*, mirraram tudo completamente com o rastro de sua asneira infernal! Como eu qu. poder apreciar esse mito uma vez: agora por trás da deleitosa imaginação *civilizada* de Platão eu sempre tenho a imagem de antigas tradições obscuras resgatadas por pajés sussurrantes, professando representar "informações particulares" sobre fatos.

Para a cama e tive uma noite muito pior do que já tive há longo tempo. (N.B. Tudo se resume a isto. Uma vez que você tenha em sua cabeça a noção de procurar o tipo errado de verdade na imaginação (i.e. matéria de fato oculta) você perdeu completamente a verdade que de fato está na imaginação (i.e. retidão de sentimento — o lado "afetivo" de uma cognição sem a cognição) e transformou a boa comida em veneno. Apenas se deleitar com a *sensação* da ninfa na árvore é compartilhar emocionalmente a vida comum de todas as coisas vivas q. você não pode compreender por completo intelectualmente: acreditar que em certas cerimônias você pode fazer uma garota sair da árvore é se colocar a mil quilômetros de distância de qualquer contato espiritual com a árvore-vida real que você tinha antes — e muitos outros quilômetros mais perto do asilo.)

Quarta, 9 de fevereiro: ... Comprei um exemplar da *Volsunga Saga* [Saga de Volsunga], tendo recebido um cartão ontem à noite

---

[34]Sem dúvida, Lewis tinha em mente a lenda de que São Gregório, mediante suas orações, trouxe o imperador Trajano morto de volta do Inferno e o batizou para a salvação. Dante soube disso, e menciona o virtuoso Trajano em *Purgatório* X e em *Paraíso* XX.

1927

para dizer que o Kolbitár está lendo este semestre e eu fui escalado para os Capítulos I e II na próxima reunião. Comecei a trabalhar nisso. Senti-me m. mal e deprimido a manhã toda. Foi um daqueles dias em que o frio é uma sensação positiva intensa — vento soprando sobre a geada negra e um céu cheio de neve que não cairá... Dei uma olhada na tradução de Morris de *Volsunga Saga* na Associação...

Pouco depois das 4, apareci no Driver-MacKeith em casa no vestíbulo.[35] A princípio não encontrei ninguém que eu conhecesse exceto Manley e sua esposa, que parece uma mulher idosa muito comum, pobre alma. Então entraram os Carlyles. Ele me falou muito mais sobre o assassino de Rasputin,[36] que tinham sido incapazes de passar em qualquer exame e que sugeriram ao Fark que "sem dúvida, ele presumiu, lá não pod. haver dificuldade em organizar essas coisas no caso de uma pessoa de qualidade". Ao ser informado de que a organização de nossos exames era inflexivelmente democrática ele exclamou "Mas o que devo fazer? Meus pais não me deixam casar a menos que eu tenha algum tipo de certificado ou diploma — eles só me mandarão para outra universidade." Por fim Farquharson & Carlyle o fizeram preencher em pergaminho m. solenemente uma espécie de certificado deles mesmo.

Saí por volta de cinco, a sra. Driver dizendo para Craig, Chute e para mim enquanto todos nós saíamos juntos para nos despedirmos "Eu estava esperando a ocasião com todos vocês. Todos vocês fizeram muito bem e aguentaram por um longo e bom período."...

Quinta, 10 de fevereiro: ... Casa para o almoço. D parecia bastante cansada e deprimida hoje embora ela negasse. Saímos para uma deleitosa caminhada depois do almoço, ao longo do caminho de Forest Hill, até o Shotover House Park e casa ao longo da colina. Eu não estava tão receptivo como de costume, mas apreciei bastante, especialmente a doçura peculiarmente fria do ar.

---

[35] Veja Malcolm Henry MacKeith no Apêndice do Magdalen College.
[36] Príncipe Youssopoff, da Casa Imperial da Rússia. (W. H. L.)

Após o chá, voltei para o College. Waterfield não apareceu e eu li *Troilo*. Entrei na Sala Comunal depois do jantar, uma noite estranhamente alegre. Todos nós reprovamos J. A. com sua proposta (ela será feita na próxima reunião) de introduzir mulheres na Sociedade Filosófica. Ele disse que era o maior antifeminista em Oxford e realmente fez isso porque a Sociedade não tinha tido negócios privados há muito tempo.

Fui a Corpus — Hardie me enviou um bilhete para dizer que o *Theaetetus* estava esgotado, mas eu poderia passar e conversar. Tivemos uma noite de bobagens agradável e desconexa, enriquecida mais tarde pela chegada de Weldon. Alguém começou a perguntar "Se Deus pode entender sua própria necessidade": em seguida Hardie toma a *Suma* de São Tomás e depois de esquadrinhar o índice repentinamente pronunciou, sem qualquer intenção de ser engraçado: "Ele não entende nada." Isso levou a um grande divertimento, sendo o melhor uma cena imaginária de Deus tentando explicar a teoria do castigo vicário a Sócrates…

Sexta, 11 de fevereiro: … Radice, Wood & Betjeman pela manhã. Wood um pouco mais interessante, mas temo que ele tenha muito mais boa vontade do que poder e manterá sua mente de estudante. Eu descobri, entretanto, que Fiona Macdonald é seu autor favorito, q. é uma coisa muito esclarecedora e útil de se saber. Será bom ter um romântico depois de todos esses escarnecedores: e é uma boa base. Um homem pode ascender das fadas para o *Paraíso perdido* (eu deveria saber), mas nunca sair da Comédia da Restauração para algo do sublime. Betjeman razoavelmente bom.

De ônibus para casa, ainda me sentindo mal. D pensou que fosse provavelmente um indício da gripe e mediu minha temperatura que estava um pouco mais de 37°.

Passei a tarde cochilando perto do fogo com *Trimblerigg*, de Laurence Housman, q. é m. divertido, mas muito maquinal e o leitor ri, mas nunca por um momento sonha em acreditar em Trimblerigg e Dividina. Housman sabe que o hipócrita da literatura anterior, de mente clara e perfeitamente consciente, é artificial, mas acha que usa esse conhecimento suficientemente apenas *dizendo*-nos que Trimblerigg acreditava em si mesmo: ele não nos faz *senti*-lo agindo assim. Ele escreve com ódio, ódio a um objeto externo: ele deve ter se inspirado na hipocrisia que encontrou em si mesmo. Esse é o único tipo de sátira que é literatura — o método pelo q. Willoughby Patterne & Soames Forsythe foram projetados.

De volta ao College e levei Percival & Waterfield junto...

Sábado e domingo, 12–13 de fevereiro: Muito melhor no sábado de manhã. Depois dos alunos, casa para o fim de semana, q. passei lá em grande tranquilidade e conforto, tudo muito alegre. Estava bastante curado quando voltei para o College na manhã de segunda. Fiz uma caminhada muito agradável no sábado na geada, a mais pesada que eu já vi. Notei em muitos galhos em direção a Shotover que a geada não reveste o galho redondo, mas está tudo de um lado dele em uma faixa lateral em direção ao galho.

Segunda, 14 de fevereiro: Nevoeiro ainda pesado hoje, como aconteceu no final da semana. Hetherington, Valentin e Campbell pela manhã. Dei a Valentin uma dose de perguntas socráticas, q. eu raramente faço, e descobri que ele realmente não sabia o que queria dizer com a maioria das coisas em seu ensaio. Ele precisa desse tipo de *exposé* de vez em quando.

Almoçou com Keir. Casa para uma curta caminhada e chá: então Hamilton & Betjeman. Jantei às 7h30 em New Room com Benecke, Driver, Parker, Blockley e os Torpids. Muito agradável.[37]

Tive uma conversa com Slade, que desistiu de Greats há um ano.[38] Ele me diz que eu fui bem-sucedido (quando eu era seu tutor) em demolir todas as suas crenças originais em moral, mas não em substituí-las. Eu não sei quão seriamente ele quis dizer isso...

---

[37] O reverendo Thomas Trotter Blockley (1864–1950) foi capelão de Magdalen (1897–1911).
[38] Humphrey Slade (1905–) estudou Direito e obteve seu BA em 1927. Tornou-se advogado no Quênia e, em 1963, tornou-se orador na Câmara dos Representantes do Quênia.

Terça, 15 de fevereiro: Passei a manhã em *England in the Age of Wycliffe* [Inglaterra na era de Wycliffe], de Trevelyan, e em parte na leitura de Gower, um poeta a quem sempre recorro por puro, embora não intenso, prazer. É uma coisa estranha Morris querer tão desesperadamente ser como Chaucer e conseguiu ser tão exatamente como Gower...

Caminhei depois do almoço até Shotover, desci a Horsepath e subi novamente pelo campo — em meu estado de espírito mais tolo em meu antigo jogo de pensar em grandes ataques a todo tipo de coisa, como Steiner e J. C. Squire (realmente porque Squire não tinha me resenhado, mas o pretexto tinha vários motivos). Me livrei de tudo isso no caminho de volta um pouco e abri os olhos...

De volta ao College e li Gower até a hora do jantar: após o jantar, encontrei D e Maureen no teatro onde os O. U. D. S. estavam apresentando *Lear*. Nós decidimos que ir. desistir de segui-los daqui em diante. Essa foi aquele tipo de atuação q. enche alguém no início com constrangimento e pena, por fim com um ódio pessoal irracional dos atores. "Por que esse maldito homem continua gritando comigo?" Quase todos gritaram rouca e inarticuladamente.

De ônibus com os outros para o portão de Magdalen, todos m. alegres, apesar de nossa noite perdida. Dei uma passada na sala de fumantes e encontrei Benecke com quem conversei um pouco. Depois para o New Building, tomei chá, e para a cama. Dormi muito bem.

Quarta, 16 de fevereiro: Trabalhei em minha "tarefa" (esta agradável) dos dois primeiros capítulos da *Volsunga Saga* e terminei-os, exceto por algumas frases obstinadas. Caminhei para a Associação para consultar a tradução de W. Morris. O dia começara com a névoa habitual mas no meio da manhã havia um clarão fraco, apenas o fantasma de uma sombra aqui e ali no Pomar, e ao final uns dez minutos reais de sol. Os pássaros estavam tagarelando e havia uma grande sensação de agitação depois de tantos dias de escuridão.

De ônibus para casa: D não parecia pior devido a uma noite muito curta por ter ido tarde para a cama e levantado cedo por conta

1927

de Dotty. Após o almoço, caminhei meu trajeto familiar, atravessei Elsfield e voltei para casa por Barton. A sugestão de luz do sol desaparecera mas o ar permanecia deliciosamente suave e os pássaros muito audíveis. Nos campos planos além da casa da sra. Seymour, a névoa ainda pairava, havia uma maravilhosa mistura de calor e quietude e frescor. Gostei m. de minha caminhada...

Depois do jantar, Waterfield veio falar comigo sobre os universais. Ele provou ser um dialético persistente e não desprovido de habilidade, mas tudo em defesa do ultrajante paradoxo em que ele realmente não acredita. Ele ficou até 10 para as 12 e eu acho que nós dois gostamos de nossa contenda...

Quinta, 17 de fevereiro: Notícias de que Harwood não pode vir. Para Corpus à noite, para ler o *Theaetetus* com Hardie e seus três alunos Erskine, Green e Shewring. Todos muito bons companheiros. Descobrimos em Liddell e Scott a gloriosa palavra "porwizzle".[39]

Sexta, 18 de fevereiro: Para o Kolbitár em Exeter à noite. Muito agradável. Saiu-se bem melhor do que antes.

Domingo, 20 de fevereiro: Passei o dia todo em casa e fiz um bom tanto do "King of Drum", não muito satisfatório.

Voltei ao College depois e fui para o Filosófico. Hardie leu um bom artigo e recebeu uma "reprovação moral" de J. A. exatamente do mesmo tipo que eu recebi, só que pior. A moção de J. A. para admissão de convidadas do sexo feminino foi derrotada, mas apenas por um voto.

Segunda, 21 de fevereiro: Alunos costumeiros. Betjeman veio, mas m. doente e eu o mandei embora. Passei a noite respondendo à carta filosófica de Prichard & lendo Gower.

Terça, 22 de fevereiro: Valentin para I. A. nesta manhã. Ele está se aprimorando e parece estar lendo um livro sobre mitos e se interessando por poesia primitiva o que é um bom sinal. Eu acho que

---

[39] Provavelmente um erro de grafia de Lewis, ou de transcrição de seu diário, uma vez que não há registro da palavra. Talvez a palavra original fosse *porwigle* (ou *porwiggle* ou *polliwog*), "girino". [N. T.]

todo interesse real com os garotos (em oposição à vaidade e à pose de confraria e o desejo de estar atualizado) deve começar do lado romântico. *Introitus sub specie infantis*.[40]... Hamilton apareceu para falar sobre o silogismo prático...

Depois do jantar, li o *Knightes Tale* [Conto dos cavaleiros]: então veio Weldon para beber uísque e conversar até as 12h15. Contou-me uma excelente história do Presidente escrevendo para um americano (totalmente desconhecido dele) sobre um testemunhal para um estudante estrangeiro e dizendo "Quando soube do assassinato de seu ilustre pai fiquei tão comovido que escrevi um soneto q. anexo."

Bilhete de Coghill hoje dizendo que o "V. O.", cuja resenha favorável de *Dymer* no *Irish Statesman* me pareceu não ser "boa" em qualquer sentido exceto o de ser favorável, é realmente A. E. (Russell).

Quarta, 23 de fevereiro: ... Almocei lá e pude me tornar um portador de boas novas para todos os homens dizendo-lhes que eu havia encontrado o Presidente pela manhã e que ele não estava vindo para o T. B. Nosso encontro ocorreu às duas. A questão principal era a eleição (nominal) de um palestrante mas (na verdade) um membro oficial em Física: Johnson, que agora está aqui em cima, para se tornar um "palestrante", mas não para palestrar para que haja um meio de financiá-lo por um ano de trabalho no exterior antes de se tornar um membro — uma espécie de palestrante *in partibus*. Parker liderou a oposição e eu concordei com ele, já que ninguém teve a oportunidade de considerar possíveis rivais e o relato do trabalho de Johnson não era muito encorajador. Sua principal qualificação parecia ser que ele era melancólico e um "sujeito muito bom" q. no que me dizia respeito "lança conjecturas sinistras sobre toda" a eleição. Nós a derrotamos, e ela deve ser adiada.[41]...

---

[40]"Entrada sob a aparência de uma criança."
[41]Patrick Johnson (1904–?) obteve um Segundo em *Mathematical Moderations* (1924) e um Segundo em Ciências Naturais (Física), em 1927. Ele obteve seu BA em 1927 e se tornou palestrante em Magdalen naquele mesmo ano. Ele foi um membro de Magdalen (1928–1947) e demonstrador universitário em Física (1934–1947).

1927

De ônibus para casa para o chá. D estava bem, mas bastante cansada depois de uma noite agitada devido ao barulho do vento. Levei Pat para um curto passeio depois do chá. Fiz um bom tanto de trabalho em "Drum", incluindo o discurso do chanceler...

Quinta, 24 de fevereiro: Esta manhã o alemão com quem Harwood me pediu para ser civilizado, chamado Kruger, chegou, parecendo mais um cartum alemão de guerra do que pod. acreditar ser possível. Como ele já estava comprometido de jantar na Câmara e estava saindo de Oxford no início da manhã, eu não consegui entretê-lo. Ele ficou até cerca de 12h30 e partiu, prometendo vir e me ver à noite. Ele fez uma observação gloriosa, quando descreveu sua experiência de guerra por dizer "Não consegui me conectar com essa vida — eu não pude compreender a realidade daquela guerra, daquele soldado: assim fiquei m. doente."

De ônibus para casa sob chuva constante, sentindo-me bastante vazio e cansado — não tanto por causa de Kruger como por ter trabalhado em "Drum" antes dele chegar. D tem um livro de 12 palavras cruzadas com as q. todos nós vamos tentar a sorte, e eu tentei a primeira depois do almoço. Dei uma caminhada curta, molhada e desinteressante em Cuckoo Lane.

De volta ao College depois do chá. Waterfield chegou, uma hora muito boa, espero. Entrei na Sala Comunal depois do jantar e tive um debate com Benecke sobre a diferença entre poesia e retórica. Então de volta para meus aposentos e comecei a ler Waller enquanto esperava por Kruger. Ele não apareceu e eu li Waller até a meia-noite: os dísticos em eventos públicos são "completamente nada", mas toda coisa de Amoret e Sacharissa são deliciosas, às vezes quase perfeitas. Eu estou surpreso com o quanto eu gosto disso.

Sexta, 25 de fevereiro: Radice, Valentin e Wood pela manhã: este último está melhorando.

Casa para almoçar sob chuva fria e pesada. Demasiado molhado para dar uma caminhada à tarde assim comecei *Mystery at Geneva* [Mistério em Genebra], de Rose Macaulay — m. gostoso de ler.

De volta ao College depois do chá e levei Percival. Depois do jantar li um pouco mais de *Life of Waller* [Vida de Waller], de Waller e Johnson, que é cheio de coisas boas. Eu então comecei Denham e estava quase na metade de *Cooper's Hill* [Colina de cobre], quando J. A., que tinha ficado sozinho durante todo o dia devido à gripe, olhou para dentro e perguntou se eu pod. ir e "fazer-lhe uma breve visita". Assim eu fiz, e ela foi muito apreciada embora ele esteja (no sentido fotográfico) m. positivo e não pode influenciar o curso da conversa. Ele me contou tudo sobre Sweet: que ele era filho de um pai tirânico que o colocou em um banco e tentou impedi-lo de se tornar um filólogo (queira Deus q. ele tenha conseguido), e como Sweet fez tantos inimigos que ele foi para a Sociedade Filológica simplesmente para ser banido...

Sábado, 26 de fevereiro: Alunos pela manhã, e casa para o almoço. Tudo muito desagradável em casa: D m. cansada de ser continuamente mantida de pé até tarde por Dotty e sofrendo de dor de cabeça, e tudo de cabeça para baixo em preparação para a chegada da menina Forest. Chovendo novamente depois de uma manhã adorável.

De volta à cidade às 7 para encontrar os Barfields para jantar e teatro. Nós nos alimentamos na Good Luck — ele, a sra. B. e suas duas irmãs. Eles não são bonitos e são extremamente desleixados no vestuário mas ambos m. simpáticos e inteligentes — acho que eu pod. pensar neles assim mesmo que eles não tivessem tido a honrosa graça de serem admiradores de *Dymer*!

A peça foi *Rumour* [Rumor], de Munro, a. q. eu apreciei enormemente. Foi quase um trabalho magnífico: magnífico na concepção, admirável na construção, e falhando apenas porque os personagens permanecem confinados demais a seus cenários particulares — quero dizer, exceto no caso de um dos financistas, alguém dificilmente sentiu o mal universal ou o *páthos* mostrado por meio do indivíduo.

Domingo, 27 de fevereiro: Conversei com Thompson no café da manhã sobre o *Rumour*, q. ele considera uma das piores peças que já viu.

Caminhei penosamente para casa em um dia quente, úmido, pegajoso. D ainda cansada e mal e as coisas bagunçadas. Tentei desesperadamente reescrever o discurso da Rainha no poema "Drum", toda a manhã, sem o menor sucesso. A velha dificuldade de fundir um desagradável punhado de coisas factuais (a *convicção* da Rainha sobre os outros) em poesia: só se consegue expandir isso em retórica.[42] Lavei tudo depois do almoço. A chuva parou e começou um grande vento: fiz um grande esforço caminhando pelos campos até Forest Hill, entre cercas vivas ondeantes e riachos profundos fluindo — o melhor período de um dia não m. bom.

Li *Erastae*, de Platão, depois do jantar, o q. contém um peq. relato em quadrinhos do ideal do cavalheiro gr. — m. como o do renascimento, de certa forma.

Voltei para o College e acho que estive febril durante a noite — sempre meio acordado e dormindo numa mistura confusa de sonhos emaranhados, m. sedento.

Segunda, 29 [28] de fevereiro: (as datas deram errado por algum motivo). Acordei com dor de cabeça e me senti fraco. Passei pela manhã muito bem, descobrindo para meu deleite que Hetherington é admirador de *Phantastes*. Casa para almoçar. Continua chovendo. D estava melhor hoje embora ainda cansada. Voltei depois do chá para receber Hamilton & Betjeman. Depois do jantar, decidi cuidar de mim e me livrar desse o-que-quer-que-seja. Sentei-me perto de meu fogo com um romance policial e grogue quente até cerca de 10h45, então fui para a cama.

Março

Terça, 1º de março: Acordei depois de uma boa noite [de sono] me sentindo muito melhor. Passei a manhã observando paralelos entre Donne, Milton e Burton.

---

[42] Além do que ele diz aqui, pouco se sabe sobre o desenvolvimento desse poema. Em 1938, quando ele o mostrou a John Masefield, havia-se tornado "The Queen of Drum" [A rainha do tambor]. Foi publicado em *Narrative Poems* [Poemas narrativos], de Lewis (1969).

Hudson veio de All Souls para me dar a receita do ponche, já que estou entretendo os Mermaids hoje à noite, malditos sejam. Eles não são nada além de uma matilha de bárbaros que bebem e gargalham com quase nenhum gosto entre si, e eu gostaria de não ter me juntado a eles: mas não vejo saída pra mim agora.

Casa para o almoço. D parecia ainda m. cansada. Todos tentamos falar francês no almoço. Não estava chovendo quando saí para minha caminhada, pelos campos até Stowe Woods, mas ela veio exatamente quando me dirigi pela Crab Apple Road, e fui bombardeado.

Voltei para o College, e tive de passar a maior parte do tempo preparando as coisas para os filhos de Belial. A noite passou bem eu penso: *Revenger's Tragedy* [Tragédia do vingador], de Tourneur, foi lido, uma obra toda desmantelada, cujos méritos, bem pequenos para começar, estavam inteiramente perdidos no contínuo falatório q. acolheu cada referência obscena (ainda que trágica) e todo erro cometido por um leitor. Se alguém passar muito tempo com esses suínos vai blasfemar contra o próprio humor, como sendo nada mais que uma espécie de escudo com o qual a turba se protege de qualquer coisa que possa perturbar a poça de lama dentro deles.

Arrumei o quarto depois que eles saíram e separei as coisas limpas das sujas para o bem de Hatton. Então para a cama e dormi bem, e oh! o belo silêncio e o ar fresco afinal a noite inteira!

Quarta, 2 de março: Uma manhã linda e brilhante. Li os capítulos de Courthope sobre Wit. Não há nada neles ("Ela está vazia. Ouça com atenção, ela anuncia"). Qualquer um pode fazer essa palestra em termos gerais sobre a ruptura do escolasticismo, e isso não leva você mais longe. O que se deseja é algo que faça você perceber de dentro *como* a ruptura do escolasticismo pode ter levado você a um paradoxo. Alguém pode fazer melhor para si mesmo sem Courthope.

Eu também li um pouco de Dryden na tentativa de descobrir o que ele quis dizer com sagacidade. Mas ele quer dizer algo diferente a cada vez. Ele é um estranho caso de um homem que era apenas

1927

um poeta e nada mais — sem magnanimidade, sem conhecimento, sem poder de pensamento: apenas ritmo e entusiasmo.

Fui a Bodley e pedi as 1ª, 2ª, 3ª e 4ª Eds. de *Paraíso perdido* para amanhã para saber mais sobre "crouch" ou "couch".[43] Encontrei Cowley lá o qual se inclinou com a mão sobre o coração e me convidou para fazer uso de seus serviços. Então parti para casa, em excelente estado de espírito até que de repente alguma coisa entrou em meu olho.

D ainda m. cansada e incomodada, tendo sido arrastada para o cemitério pela sra. Studer novamente esta manhã. Espero que a sra. S. deixe o país ou brigue com D antes que a faça adoecer. E Dotty tem mantido D em pé, e Winifred a tem aborrecido, e um visitante veio tomar chá — ah, maldição! Nunca haverá paz ou conforto?

---

[43] *Crouch*: agachamento; aviltamento, humilhação. Couch: sofá; cama, leito. [N. T.]

EPÍLOGO

Houve muita paz e conforto. Em 1930, a sra. Janie Moore e Jack compraram uma casa como sempre quiseram. É The Kilns, em Headington Quarry, com seu próprio açude e bosques. Lá a sra. Moore permaneceu, com seus muitos animais de estimação, durante a maior parte de sua longa vida. Além de um grande jardim, ela tinha um jardineiro chamado Paxford, em quem ela nunca encontrou uma falha. Em 1949, quando estava muito velha e esquecida, ela foi para uma casa de repouso na parte mais bonita de Oxford. Jack visitou-a todos os dias até a morte dela, em 12 de janeiro de 1951. Seu marido, Courtenay Moore, nunca saiu da Irlanda. Quando ele morreu, seis meses depois de Janie, deixou tudo para a Sociedade de Dublin para a Prevenção da Crueldade contra os Animais. Maureen foi para o Royal College of Music e tornou-se professora de música. Ela se casou com Leonard Blake e eles tiveram dois filhos. Em 1963, ela se tornou inesperadamente Lady Dunbar de Hempriggs, com um castelo na Escócia. Warnie se aposentou do Exército em 1932 e veio morar em The Kilns. Ele agradou a todos por escrever seis excelentes livros sobre a história francesa. E Jack Lewis, como quase todo mundo já sabe, converteu-se ao cristianismo. Você pode ler sobre essa jornada espiritual na autobiografia, *Surpreendido pela alegria*. A carreira literária, que ele já havia começado a combinar com a acadêmica, floresceu de modo bastante firme, e livros de todos os tipos saíram de sua pena.

APÊNDICE BIOGRÁFICO

ALLCHIN, Basil Charles (1877–1957) era de Oxford. Ele foi membro da Oxford's Society of Non-Collegiate Students e obteve seu BA em 1898, após o qual ele foi para o Royal College of Music, em Londres. Após retornar a Oxford em 1905, tornou-se membro do Hertford College, onde, por mais de 20 anos, foi organista da faculdade. Durante a Primeira Guerra Mundial, ele foi capitão no OTC de Oxford, e foi com ele que Lewis aprendeu leitura de mapas, treinamento de pelotão e outros assuntos militares. Além de ensinar os alunos em particular na 15 Beaumont Street, Allchin dava palestras na universidade sobre "treinamento auricular". Em 1920, foi nomeado membro do conselho do Royal College of Music e diretor de música no Ladies' College, em Cheltenham, de 1921 a 1928. Ele se tornou o secretário do Royal College of Music em 1935 e, em 1940, publicou *Aural Training: Musicianship for Students* [Treinamento auricular: musicalidade para estudantes]. Ele era tido como possuidor de grande habilidade para explicar assuntos complexos em linguagem simples.

ASKINS, dr. John Hawkins (1877–1923) — "o Doc" — era irmão da sra. Moore. Ele era o filho do reverendo William James Askins e Jane King Askins e nasceu em Dunany, Co. Louth, onde seu pai foi sacerdote da Igreja da Irlanda. Teve sua formação no Trinity College Dublin, onde obteve um bacharelado em Medicina, em 1904. Em 1915, tornou-se tenente no Royal Army Medical Corps, capitão em 1916, e foi ferido em janeiro de 1917. Após seu casamento com Mary Emmet Goldworthy, de Washington, D. C., eles foram morar em Osborne House, Elton Road, Clevedon, onde sua filha Peony nasceu. A saúde do dr. Askins parece ter sido abalada pela guerra; após sua baixa, ele dedicou grande parte do tempo à psicanálise. Pouco antes de 1922, ele e a família mudaram-se para o vilarejo de Iffley, nos arredores de Oxford, para que ele pudesse estar perto da irmã. C. S. Lewis nunca esqueceu ter assitido a loucura do dr. Askins pouco antes da morte deste, episódio que está registrado no diário. Foi sobre o dr. Askins que Lewis escreveu em *Surpreendido pela Alegria,* cap. XIII, em que diz: "Fora minha chance de passar quatorze dias, e a maior parte das quatorze noites também, em íntimo contato com um homem que estava enlouquecendo. [...] E esse homem, como eu bem sabia, não se mantivera na trilha habitual. Flertara com a teosofia, a ioga, o espiritismo, a psicanálise e coisas afins."

ASKINS, dr. Robert (1880–1935), outro dos irmãos da sra. Moore, era filho do reverendo e da sra. William James Askins. Ele foi criado em Dunany, Co. Louth, onde o pai foi sacerdote da Igreja da Irlanda. Ele obteve seu bacharelado em medicina em 1907 e seu M.D. em 1913, ambos pelo Trinity College Dublin. Foi comissionado tenente no Royal Army Medical Corps em 1915, capitão em 1916 e mencionado por bravura em agosto de 1919. Praticou medicina em Bristol por muitos anos. Mais tarde, mudou-se para a Rodésia do Sul, onde foi diretor de serviços médicos. Em 1931, ele se casou com Mollie Whaddon, e morreu no mar em 1º de setembro de 1935.

ASKINS, O reverendo William James (1879–1955) era irmão da sra. Moore. Seus pais eram o reverendo e a sra. William James Askins, e ele foi criado em Dunany, Co. Louth, onde o pai foi sacerdote da Igreja da Irlanda. Ele obteve seu BA no Trinity College Dublin em 1901 e foi ordenado sacerdote na Igreja da Irlanda em 1903. Ele foi cura da Kilmore Cathedral, Co. Cavan (1902–1906), reitor de Kilmore (1906–1930) e deão da Kilmore Cathedral (1931–1955). Ele foi casado com Elizabeth Askins (m. 1941) com quem teve dois filhos: Charles e Frances.

BAKER, Leo (1898–1987?) matriculou-se no Wadham College em 1917, mas saiu para servir como tenente de voo na RAF. Ele foi condecorado com a Distinta Cruz Voadora em 1918. Retornou a Oxford em 1919 para estudar História. Ele e Lewis se conheceram em 1919 graças ao interesse comum em poesia e trabalharam, por algum tempo, em

Apêndice biográfico

uma antologia de poemas para a qual não conseguiram encontrar um editor. Ele obteve seu BA em 1922 e teve uma breve carreira no palco de Londres.

BARFIELD, Owen (1898–1997) nasceu no norte de Londres e estudou na Highgate School. Ele ganhou uma bolsa de estudos para estudo de clássicos no Wadham College, Oxford, em 1919. Depois de concluir seu BA em 1921, obteve um B. Lit. e um B. C. L. Foi durante uma graduação em Oxford que ele conheceu C. S. Lewis por meio do amigo comum Leo Baker. Owen Barfield estava na Highgate School com Cecil Harwood e, em 1922, enquanto escrevia sua tese de B. Lit. sobre "Dicção Poética", os dois homens moraram em "Bee Cottage", em Beckley. Barfield e Harwood ficaram interessados nas obras de Rudolf Steiner durante o ano de 1922, quando este estava na Inglaterra, e ambos se tornaram antroposofistas. Em 1923, ele se casou com Matilda Douie (1885–1982). Owen Barfield foi procurador em Londres por 28 anos. Desde a aposentadoria em 1959, ele foi professor visitante em várias universidades americanas. Seus livros incluem *Poetic Diction* [Dicção poética] (1928), *Romanticism Comes of Age* [Romantismo amadurece] (1944), *Saving the Appearances* [Mantendo as aparências] (1957), *Worlds Apart* [Mundos separados] (1963), *Unancestral Voice* [Voz não ancestral] (1965), *What Coleridge Thought* [O que Coleridge pensava] (1971), e (como G.A.L. Burgeon) *This Ever Diverse Pair* [Este par sempre diverso] (1950). Embora Barfield e Lewis discordassem sobre muitas coisas, especialmente com respeito à antroposofia, provavelmente não havia outra pessoa a quem Lewis admirasse tanto. Há um retrato carinhoso de Barfield no capítulo XIII de *Surpreendido pela alegria* e outro carinhoso de Lewis em *Owen Barfield on C. S. Lewis* [Owen Barfield sobre C. S. Lewis] (1990).

BECKETT, (Sir) Eric (1896–1966), estava no Regimento de Cheshire (1914–1918) e serviu na França e em Salônica. Ele obteve uma graduação de primeira classe em Jurisprudência pelo Wadham College em 1921 e foi membro do All Souls College (1921–1928). Foi chamado para o Tribunal em 1922 e foi assessor jurídico adjunto do Foreign

Office (1925-1945) e conselheiro jurídico (1953-1955). Eric Beckett frequentemente fazia caminhadas com C. S. Lewis, Owen Bardfield e Cecil Harwood.

CARLYLE, O reverendo Alexander James (1861-1943) foi filósofo político, historiador eclesiástico e reformador social. Ele foi ordenado na Igreja da Inglaterra em 1888 e tornou-se Membro e Capelão do University College em 1893. Ele teve de desistir da membresia quando se casou em 1895, mas continuou a servir o College como palestrante de Política e Economia e como capelão. Ele era o esteio da União Social Cristã. Seus trabalhos incluem o influente *History of Mediaeval Political Theory in the West* [História da teoria política medieval no Ocidente] (6 vols., 1903-1936), que ele escreveu em colaboração com seu irmão, Sir R. W. Carlyle.

CARRITT, Edgar Frederick (1876-1964), professor de Filosofia de C. S. Lewis, foi membro e preletor de Filosofia no University College (1898-1941). Ele era considerado um excelente palestrante, combinando um procedimento muito lógico com ilustrações de senso comum. Ele não estava contente com a trilha familiar e, em 1902, foi o primeiro em seu College a dar uma palestra sobre Estética. A partir de 1933, ele deu um curso regular sobre materialismo dialético. Algumas de suas palestras foram ampliadas em obras publicadas. Elas incluem *Theory of Beauty* [Teoria da beleza] (1914), *Philosophies of Beauty* [Filosofias da beleza] (1931) e *Ethical and Political Thinking* [Pensamento ético e político] (1947), nas quais estão resumidas as conclusões tiradas do que ele próprio considerou serem a discussão de 15.000 horas de filosofia moral, política e estética com alunos e colegas. Carritt, um devotado socialista e firme apoiador da ala esquerda, não era cristão. Uma discussão que ele e outros tiveram com Lewis é mencionada em "Cristianismo e cultura", de Lewis e encontrada em *Reflexões cristãs* (1967).

COGHILL, Nevill (1899-1980) nasceu em Castle Townshend, Skibbereen, Co. Cork, de notável linhagem anglo-irlandesa. Seu pai era Sir Egerton Bushe Coghill, e sua mãe era filha do coronel Henry Somerville e irmã de E. Oe. Somerville, a autora. Depois de deixar o Haileybury College, foi artilheiro no front de Salônica em 1918. Matriculou-se no Exeter College, em Oxford, em 1919, e estudou história e depois inglês. Após um curto período de ensino no Royal Naval College, em Dartmouth, tornou-se membro pesquisador do Exeter College em 1924, e foi membro do curso de inglês do Exeter College (1925–1957). Em 1957 foi eleito professor Merton de Literatura Inglesa, cargo que ocupou até a aposentadoria em 1966. Coghill foi um dos homens mais conhecidos e amados de Oxford. Estabelecer um teatro em Oxford foi um dos principais objetivos de sua vida e, para esse fim, trabalhou incessantemente. Suas próprias produções foram brilhantes e pareciam sugerir uma nova forma de arte. Entre outras coisas, ele é creditado por dar a Richard Burton seu primeiro papel. Coghill era um acadêmico admirado de Literatura Inglesa Medieval e sua tradução para o inglês contemporâneo de *Os contos de Canterbury* (1951), de Chaucer, foi apreciada por um grande público. Ele realizou o mesmo serviço para *Troilus and Criseyde* (1971), de Chaucer. Este homem encantador registrou sua amizade com Lewis em "The Approach to English" [Aproximação ao inglês], encontrado em *Light on C. S. Lewis* [Luz sobre C. S. Lewis], ed. Jocelyn Gibb (1965).

FAMÍLIA EWART, A. O chefe desta família de Belfast era Sir William Quartus Ewart (1844–1919), que se graduou no Trinity College Dublin e entrou para a empresa da família de Wm. Ewart and Son Ltd, fiandeiros e fabricantes de linho. Em 1876 ele se casou com Mary Heard (1849–1929), que era sobrinha da avó materna de Lewis, sra. Mary Warren Hamilton. Esses são os parentes a que Lewis se refere como "primo Quartus" e "prima Mary" em *Surpreendido pela alegria*. Eles viviam perto dos Lewis em uma casa chamada "Glenmachan". Os filhos de Sir William e lady Ewart foram: (1) Robert Heard Ewart (1879–1939), que sucedeu ao baronato depois do pai; (2) Charles Gordon Ewart (1885–1936), que se casou com Lily Greeves (irmã de Arthur Greeves); (3) Hope Ewart (1882–1934), que em 1911 se casou com George Harding e se mudou para Dublin; (4) Kelso "Kelsie" Ewart (1886–1966), que viveu perto de Glenmachan toda a vida; (5) Gundrede "Gunny" Ewart (1888–1978), que se casou com John Forrest em 1927.

Escrevendo sobre esta família no capítulo III de *Surpreendido pela Alegria*, Lewis disse: "A cerca de um quilômetro e meio de casa ficava a maior mansão que eu conhecia, que chamarei aqui de Mountbracken, e ali vivia o sr. W. E. A senhora E. era prima-irmã de minha mãe, e talvez dela a amiga mais querida, e foi sem dúvida por amor à minha mãe que ela assumiu a heroica tarefa de educar a mim e a meu irmão. Éramos sempre convidados a almoçar em Mountbracken quando estávamos em casa; a isso, quase inteiramente, devemos o fato de não termos crescido como selvagens. [...] A prima Mary era o próprio parâmetro da bela senhora idosa, com seu cabelo prateado e a doce voz sul-irlandesa; os estrangeiros precisam ser avisados de que isso lembra quase tão pouco aquilo que chamam de 'sotaque irlandês' quanto a fala de um nobre da região montanhosa da Escócia lembraria a gíria dos subúrbios pobres de Glasgow. Mas eram as três filhas que conhecíamos melhor. Todas as três já eram 'crescidas', mas na verdade muito mais próximas de nós na idade do que qualquer outro adulto que conhecíamos; e todas as três eram admiravelmente belas. H., a mais velha e mais séria, era uma Juno, uma rainha morena que em certos momentos lembrava uma judia. K. mais parecia uma Valquíria (embora todas, acho eu, fossem boas amazonas), trazendo o perfil do pai. Havia no seu rosto algo da delicada ferocidade de um corcel puro-sangue, uma indignada delgadeza nas narinas, a possibilidade de um excelente desdém. Tinha aquilo que a vaidade do meu próprio sexo chama de sinceridade 'masculina'; homem nenhum jamais foi amigo tão verdadeiro. Quanto à mais nova, G., só posso dizer que era a mulher mais linda que jamais vi: perfeita na forma, na cor, na voz e em cada momento — mas quem é que consegue descrever a beleza?"

FARQUHARSON, Arthur Spenser Loat (1871–1942) foi para o University College em 1890 e obteve uma graduação de primeira classe em Clássicos. Após um curto período como diretor, ele retornou ao University College como professor universitário e foi membro do College (1899–1942). De 1900 até a eclosão da Primeira Guerra Mundial, ele teve o ofício de deão, e isso o colocou em contato com muitas gerações de estudantes. Durante a guerra, quando foi Censor-Chefe dos Correios, ele cumpriu missões na França, na Bélgica

Apêndice biográfico

e na Itália, e recebeu duas menções por bravura. Em 1918 foi-lhe conferida a patente de tenente-coronel da Força Territorial, e foi nomeado C.B.E. [Comandante do Império Britânico, da sigla em inglês] em 1919. Farquharson ensinou filosofia a homens que estudavam "Greats", e mais tarde aos que frequentavam a nova escola de Filosofia, Política e Economia. Ele também tinha um grande interesse na literatura inglesa, para o que foi estimulado pelo cunhado, Sir Walter Raleigh. Ele era um grande estudioso da história militar, e a figura de Marco Aurélio, o filósofo soldado, tinha um apelo especial para ele.

GORDON, George Stuart (1881–1942) formou-se na Universidade de Glasgow e no Oriel College, em Oxford. Ele foi professor Merton de Literatura (1922–1928), em seguida foi Presidente do Magdalen College (1928–1942). Sir Walter Raleigh tinha inaugurado uma Classe de discussão para aqueles que estudavam Literatura Inglesa, e Gordon continuou essa prática quando se tornou professor Merton de Inglês e Literatura. Lewis contribuiu com uma descrição da Classe de discussão de Gordon para *The Life of George S. Gordon* [A vida de George S. Gordon], 1881–1942 (1945), de M.C.G., p. 77.

GREEVES, Arthur (1895–1966) era um dos cinco filhos de Joseph Malcomson Greeves e Mary Margretta Greeves, cuja casa, "Bernagh", ficava imediatamente em frente à casa da família de C. S. Lewis. Embora Arthur e Jack Lewis estivessem no Campbell College ao mesmo tempo, eles só se conheceram em abril de 1914, quando Lewis estava no Malvern College. Esse importante primeiro encontro, que levou a uma amizade próxima e duradoura, é mencionado no capítulo VIII de *Surpreendido pela alegria*. Eles se correspondiam bastante regularmente, e as cartas de Lewis a Arthur foram publicadas sob o título de *They Stand Together* (1979). A família Greeves pertencia aos Irmãos de Plymouth, e há muito nas cartas a respeito da influência de Arthur, como cristão, sobre Lewis. Arthur tinha uma doença cardíaca e, com uma renda vinda de sua família, ele nunca teve de trabalhar. Com exceção dos anos 1921 a 1923, quando esteve na Slade School of Fine Art, em Londres, Arthur passou a maior parte da vida em Belfast.

Em 1949 ele se mudou para Crawfordsburn. Embora Arthur fosse mais teologicamente ortodoxo do que Lewis quando eram jovens, isso foi revertido à medida que cresciam. Perto do fim da vida, Arthur se tornou quacre.

HAMILTON-JENKIN, Alfred Kenneth (1900–1980) matriculou-se no University College em 1919 e obteve um BA e uma graduação em B.Litt. Ele veio de uma família intimamente conectada com as minas de carvão e os mineiros da Cornualha desde o século XVIII. Isso permaneceu como um interesse especial toda a sua vida. Depois de deixar Oxford, tornou-se um ilustre escritor sobre as minas da Cornualha e outros aspectos daquela amada região. Seu primeiro livro, *The Cornish Mines* [As minas de Cornualha], foi publicado em 1927 e continua sendo o trabalho-padrão. Suas outras obras *Cornish Seafarers* [Marítimos da Cornualha], *Cornwall and the Cornish* [Cornualha e o cornualês], *Cornish Homes and Customs* [Lares e costumes cornualeses] e *The Story of Cornwall* [A história da Cornualha] foram todas escritas na década de 1930. Estas foram seguidas por numerosos artigos e livros, incluindo *Cornwall and Its People* [Cornualha e seu povo] (1945) e *News from Cornwall* [Notícias da Cornualha] (1951). Hamilton-Jenkin ajudou na formação de sociedades da Antiga Cornuallha, e foi grande responsável pela organização do Escritório de Registros do Condado de Cornuallha, o qual é um dos abrigos no país.

HARDIE, William Francis Ross (1902–1990) é um dos filhos de W. R. Hardie, professor de Humanidades da Universidade de Edimburgo. Ele formou-se no Balliol College e tornou-se membro por Examination do Magdalen College em 1925. Ele foi membro e tutor de Filosofia no Corpus Christi College, em Oxford (1926–1950), e presidente do Corpus Christi College (1950–1969). Suas obras publicadas incluem *A Study in Plato* [Um estudo em Platão] (1936) e *Aristotle's Ethical Theory* [Teoria ética de Aristóteles] (1968). W. F. R. Hardie não deve ser confundido com seu irmão, Colin Hardie, que não é mencionado no diário. Ambos eram amigos de C. S. Lewis, e Colin Hardie foi um membro e tutor de Clássicos no Magdalen College (1936–1973).

Apêndice biográfico

HARWOOD, Cecil (1898–1975) esteve na Highgate School, em Londres, com Owen Barfield. Ele veio para Oxford em 1919 e estudou Clássicos na Christ Church. Ele e Owen Barfield assistiram a uma conferência antroposófica em 1923 na qual Rudolf Steiner falou, e foi lá que Harwood conheceu sua futura esposa, Daphne Olivier, que já era antroposofista. Ele conheceu Rudolf Steiner em 1924 e em 1925 ele se casou com Daphne. Nesse mesmo ano, ele e a esposa tiveram um papel importante na criação da primeira escola Rudolf Steiner na Inglaterra, a Michael Hall School, em Streatham, onde foi professor. Ele foi presidente da Sociedade Antroposófica na Grã-Bretanha (1937–1974). Suas obras publicadas incluem *The Way of a Child, an Introduction to the Work of Rudolf Steiner for Children* [O caminho de uma criança, uma introdução à obra de Rudolf Steiner para crianças] (1940), *The Recovery of Man in Childhood* [A recuperação do homem na infância] (1958) e *Shakespeare's Prophetic Mind* [Mente profética de Shakespeare] (1964). Há uma descrição agradável dele no capítulo XIII de *Surpreendido pela alegria*.

KEIR, Sir David Lindsay (1895–1973) nasceu na Escócia, um filho da casa paroquial. Ele estudou na Glasgow University, depois serviu com os King's Own Scottish Borderers [Fronteiriços escoceses do rei] (1915–1919). Ele foi para o New College, em Oxford, após a desmobilização e obteve um Primeiro em História Moderna em 1921. Foi preletor em História Moderna no University College, Oxford (1921–1939). Entre 1939 e 1949, foi presidente e vice-chanceler da Universidade da Rainha, em Belfast. Sob sua direção, a Universidade completou com sucesso a primeira fase importante do desenvolvimento do pós-guerra e ele a deixou muito forte. Ele foi mestre do Balliol College, Oxford (1949–1965). Ele não estava de acordo com algumas tendências recentes da educação em Oxford, como a pós-graduação e as propostas de coeducação. Ele fez muito para manter a alta reputação de Oxford, incluindo o renascimento da tradição de fazer do Master's Lodgings um porto de escala para todos os homens antigos de Balliol e outros assim distintos. David foi um historiador hábil com um interesse especial em História constitucional e Direito. Escreveu *Constitutional History of Modern Britain* [História constitucional da Grã-Bretanha moderna] (1938) e, com F. H. Lawson, *Cases in Constitutional Law* [Casos em direito constitucional] (1928).

LAWSON, Frederick Henry (1897–1983) nasceu em Leeds e estudou na Leeds Grammar School. Ele serviu na Guerra Europeia (1916–1918); em seguida foi para o Queen's College, em Oxford, e obteve um Primeiro em História Moderna. Ele foi palestrante universitário de Direito no University College (1924–1925). Em 1925, ele se tornou um Pesquisador associado júnior no Merton College, e Membro oficial e Tutor em Direito (1930–1948). Depois de atuar como palestrante universitário em Lei Bizantina (1929–1931), Lawson se tornou professor de Direito Comparado e membro do Brasenose College (1948–1964). Após a aposentadoria, ele foi professor de Direito em período parcial na Universidade de Lancaster (1964–1977) e palestrou em muitas universidades americanas. Escreveu muitos livros, entre os quais *Negligence in the Civil Law* [Negligência no Direito Civil] (1950), *Constitutional and Administrative Law* [Direito Constitucional e Administrativo] (1961) e *The Oxford Law School 1850–1965* [A Escola de Direito de Oxford de 1850–1965] (1968).

LEWIS, Albert James (1863–1929), pai de C. S. Lewis, foi procurador da corte policial em Belfast. Ele era filho de Richard e Martha Lewis e nasceu em Cork. A família mudou-se para Belfast em 1868. Em 1877, Albert foi para o Lurgan College em Co. Armagh, onde o diretor era William T. Kirkpatrick — o "Grande Golpe" — que, anos depois, teria Jack Lewis como aluno. Albert se qualificou como procurador em 1885 e logo começou um negócio próprio. Ele também era conhecido por seu amor pela literatura inglesa. Depois de cortejá-la por nove anos, ele se casou com Florence Augusta "Flora" Hamton em 1894. Ela era filha do reverendo Thomas Hamilton, reitor de São Marcos, Dundela. O primeiro filho, Warren Hamilton, "Warnie", nasceu em 16 de junho de 1895, e o segundo filho, Clive Staples, "Jack", nasceu em 29 de novembro de 1898. Em 1905, essa família feliz mudou de Dundela Villas para "Little Lea" nos arredores de Belfast, que Albert construiu

Apêndice biográfico

especialmente para Flora. Eles a desfrutaram por apenas três anos como família, pois em 1908 Flora morreu de câncer. Depois disso, nada foi o mesmo para os outros, cada um infeliz a sua própria maneira com a ruptura da família. Albert nunca parou de lamentar pela esposa. Ele nunca gostava de se afastar da casa e, depois disso, passava a maior parte do tempo trabalhando. Desde muito cedo, Albert tinha sido um membro muito sincero da Igreja da Irlanda, e ele continuou a vida inteira como um fiel paroquiano de São Marcos, Dundela. Ele teve câncer em 1929 e suportou paciente e bravamente até o fim.

MACRAN, O reverendo dr. Frederick Walker (1866–1947) — "Cranny" — era um velho e estimado amigo da sra. Moore e do dr. John Askins. Ele nasceu na Irlanda e obteve um BA do Trinity College Dublin em 1886; em seguida tornou-se sacerdote na Igreja da Irlanda e serviu em várias paróquias em Co. Down. Ele se mudou para a Inglaterra e foi reitor de Childrey (1905–1923); logo após se mudou para a diocese de Chelmsford. Lewis descreveu-o em *Surpreendido pela alegria,* cap. XIII, como "um velho pároco irlandês — sujeito sórdido, tagarela, trágico — que havia muito perdera a fé, retendo porém o meio de vida. […] Ele só queria a confirmação de que aquilo que podia chamar de 'si mesmo', em quase quaisquer termos, duraria mais que sua vida corpórea."

MCNEILL, Jane "Janie" (1889–1959) era a filha de James e Margaret McNeill, de Belfast. O sr. McNeill teve a mãe de Lewis como aluna quando ele era um mestre no Campbell College, Belfast, e considerou-a "a aluna mais inteligente que já teve". Anos mais tarde, quando o sr. McNeill foi diretor do Campbell College, ele era o professor favorito de Lewis. Janie era filha única deles e permaneceu em Belfast a vida toda, cuidando da mãe quando o pai morreu em 1907. Embora fosse amiga principalmente de Jack, ela gostava de toda a família Lewis e visitava Albert Lewis com regularidade. Janie também lecionou no Campbell College e em um obituário escrito para *The Campbellian* (julho de 1959) Lewis disse sobre ela: "Ela era uma mulher religiosa, uma filha verdadeira, às vezes severa, do Kirk; não menos certamente, a donzela de fala mais ampla dos seis condados. Ela era uma satírica nata. Todo tipo de farsa e justiça própria eram seus alvos. Ela descreveu o *unco-gude*[1] com uma única frase irônica, seguido de um momento de silêncio, depois o grande estouro de sua risada."

ONIONS, Charles Talbut (1873–1965), lexicógrafo e gramático, ganhou um London BA em 1892. Em 1895, J. A. H. Murray convidou-o para se juntar à pequena equipe do English Dictionary em Oxford. De 1906 a 1913, ele foi encarregado da preparação especial de várias partes do dicionário, e então começou o trabalho editorial independente na seção Su–Sz. Ele também foi responsável por Wh–Worling e os volumes contendo X, Y, Z. Em 1922, ele começou a revisar e completar o trabalho de William Little, *Shorter Oxford English Dictionary* [Minidicionário inglês de Oxford] (1933). Ele foi palestrante universitário de inglês (1920–1927), *Reader* em filologia inglesa (1927–1949) e membro do Magdalen College (1923–1965). Seu trabalho mais duradouro provavelmente é o *Oxford Dictionary of English Etymology* [Dicionário Oxford de etmologia inglesa] (1966).

PASLEY, (Sir) Rodney (1899–1982) formou-se na Sherbourne School e serviu como segundo tenente na Artilharia Real de 1914 a 1918. Ele obteve seu BA no University College em 1921; em seguida foi Professor Assistente na Alleyn's School, Dulwich (1921–1925); Vice-diretor do Rajkumar College, em Rajkot, Índia (1926–1928); Professor Assistente na Alleyn's School (1931–1936); Diretor da Barnstaple Grammar School (1936–1943) e Diretor da Central Grammar School, Birmingham, de 1943 até a aposentadoria em 1959. Em 1922, ele se casou com Aldyth Werge Hamber — "Johnnie".

POYNTON, Arthur Blackburne (1867–1944). Ele veio para o Balliol College em 1885 e foi um dos estudiosos de graduação mais distintos de sua geração. Ele obteve um Primeiro em Clássicos em 1889 e, em 1890, foi eleito para uma bolsa de estudos no Hertford College. Em 1894, ele foi para o University College como membro e preletor em grego

---

[1] Há um erro de grafia, pois o termo é *unco guid*, expressão escocesa antiga que indica pessoa de mente estreita, excessivamente religiosa ou com justiça própria. [N. T.]

Apêndice biográfico

e tutor de erudição clássica. Poynton foi reconhecido em Oxford não apenas como um dos mais brilhantes professores clássicos, mas também como um dos mais capazes e acurados acadêmicos. A oratória grega era seu estudo principal, e ele provavelmente conhecia mais sobre ela do que qualquer de seus contemporâneos. A profundidade de seu estilo oratório foi demonstrada em uma palestra extraordinária proferida em grego à maneira de Isócrates em novembro de 1927. Sua capacidade de ensinar pode ser vista em sua admirável edição de *Cicero Pro Milone* (1892), e a graça e amplitude de seu ensinamento em *Flosculi Graeci* (1920) e *Flosculi Latini* (1922). Ele foi mestre do University College (1935–1937).

PRICE, Henry Habberley (1899–1984) serviu na RAF de 1917 a 1919 e, em 1921, obteve uma graduação de primeira classe em Clássicos em New College, Oxford. Foi membro do Magdalen (1922–1923), membro e palestrante do Trinity College (1924–1935), e palestrante universitário em Filosofia em Oxford (1932–1935). Em 1935 tornou-se professor Wykeham de lógica e membro do New College. Price foi membro fundador da Universidade de Oxford e do City Gliding Club. Ele também estava interessado em pesquisa psíquica e foi o presidente da Sociedade de Pesquisa Psíquica. Em mais de uma ocasião ele debateu com Lewis no Clube Socrático da Universidade de Oxford, e o ensaio de Lewis "Religião sem dogma?" (em *Deus no banco dos réus*) é uma resposta para *The Grounds of Modern Agnosticism* [Os fundamentos do agnosticismo moderno], de Price.

RALEIGH, Sir Walter (1861–1922), crítico e ensaísta, tinha sido aluno de graduação no University College. Foi professor de Literatura Moderna, University College, Liverpool (1889–1900), e professor de Língua e Literatura Inglesas na Universidade de Glasgow (1900–1904). Em 1904, tornou-se o primeiro titular de uma nova cadeira de Literatura Inglesa em Oxford e membro do Magdalen College, e em 1914 foi eleito professor Merton de Literatura Inglesa e membro do Merton College. Ele contribuiu enormemente para o desenvolvimento da Escola de Língua Inglesa e Literatura, em Oxford, e suas palestras despertaram grande entusiasmo. Suas obras são *Style* [Estilo] (1897), *Milton* (1900), *Wordsworth* (1903) e *Shakespeare* (1907).

ROBSON-SCOTT, William Douglas (1900–1980) matriculou-se no University College em 1919 e obteve um Primeiro em Literatura Inglesa em 1923. Uma prova de sua notável extensão de dons é que ele foi nomeado palestrante-assistente em Holandês, em Bedford College, Londres, em 1929. Ele passou a residir em Berlim em 1932 e mudou-se para Viena em 1937, onde fez doutorado em inglês e alemão. Ao retornar à Grã-Bretanha, em 1939, foi nomeado palestrante de alemão no Birkbeck College, Universidade de Londres. Isso foi interrompido pela Guerra, durante a qual ele trabalhou para o Escritório da Guerra. Mais tarde, retornou ao Birkbeck College, onde foi promovido a *Reader* em 1961, e, em 1966, a professor de Língua e Literatura Alemãs. Ele é o autor de *German Travellers in England 1400–1800* [Viajantes alemães na Inglaterra 1400–1800] (1953) e *Goethe and the Visual Arts* [Goethe e as artes visuais] (1970).

SMITH, John Alexander (1863–1939), filósofo e acadêmico clássico, formou-se na Universidade de Edimburgo e no Balliol College, Oxford, onde obteve um Primeiro em Clássicos, em 1887. Ele se tornou membro de Balliol em 1891 e foi o professor Waynflete de Filosofia Moral e Metafísica e membro do Magdalen College (1910–1936). Ele era um distinto estudioso aristotélico. Sua tradução de *De Anima* foi lançada em 1931. Smith manteve a tradição idealista de T. H. Green e Edward Caird. Ele foi muito influenciado por Benedetto Croce e Giovanni Gentile.

STEAD, William Force (1884–1967) nasceu em Washington, D.C., e em 1908 foi nomeado para o Serviço Consular dos EUA, servindo como vice-cônsul em Liverpool e Nottingham. Ele se formou no Queen's College, Oxford, em 1916, e tornou-se sacerdote da Igreja da Inglaterra em 1917. Ele foi capelão do Worcester College, Oxford (1927–1933), e foi durante esse período que ele batizou seu amigo T. S. Eliot. Stead publicou muitos volumes de poemas e, além de ter esse interesse em comum com Lewis, sua esposa era a irmã da esposa de John Askins.

Apêndice biográfico

Ele retornou aos Estados Unidos antes da Segunda Guerra Mundial, onde se converteu à Igreja Católica. Seus poemas publicados incluem *Verd Antique* (1920), *The Sweet Miracle* [O doce milagre] (1922) e *Festival in Tuscany* [Festival na Toscana] (1927).

STEVENSON, George Hope (1880-1952), tutor de C. S. Lewis em História, nasceu em Glasgow e estudou na Universidade de Glasgow. Ele foi para o Balliol College, onde obteve um Primeiro em Clássicos. Em 1906 ele foi eleito para uma bolsa de estudos no University College como preletor em História Antiga no University College. Ele permaneceu lá até a aposentadoria, em 1949. Stevenson era excelente com alunos particulares, mas não era considerado um bom palestrante. Ele fez uma série de importantes contribuições para o estudo da história romana, e deve-se mencionar suas obras *Roman History* [História romana] (1930) e *Roman Provincial Administration* [Administração provincial romana] (1939). Um homem de alta integridade, era um dedicado membro da Igreja com convicções anglo-católicas. Por muitos anos, foi mordomo da St. Margaret's Church, em Oxford. Nos últimos anos, ele aprendeu a servir como acólito, um ofício geralmente realizado por jovens e meninos.

SUFFERN, Sra. Lily (1860-1934) — "tia Lily" — era a filha mais velha do reverendo e da sra. Thomas Hamilton, de Belfast, e, portanto, irmã da mãe de Lewis. Há uma descrição dela, feita por Warren Lewis em *Lewis Papers*, II, pp. 148-49, na qual ele diz: "Lily era uma mulher inteligente, mas excêntrica, bonita em sua juventude. Sua insolência cortante e sua disposição extremamente briguenta fizeram dela o petrel tempestuoso da família, da qual com todos ou com vários membros ela estava perpetuamente em guerra. Albert [Lewis] nunca a perdoou pela flecha que ela lançou contra ele, ao escrever para outro membro do clã sobre um problema legal, quando ela o descreveu em um parêntese gracioso, 'porque o pobre Allie é *tão* ignorante'. A boa natureza de seu sobrinho Clive Lewis (a quem ela se dirigia como 'Cleeve') permitiu a ela por muitos anos em sua velhice manter uma correspondência pseudometafísica que carrega evidência melancólica de um bom cérebro se deteriorando". Ela se casou com William Suffern, que, por volta de 1886, estava em um asilo em Peebles, na Escócia. Em 1900 foi declarado louco, e morreu em 1913. Após isto, o consolo principal da viúva era a poesia de Browning e uma enorme quantidade de gatos. Levou uma vida errante, vivendo sucessivamente em Peebles, Edimburgo, Holywood, Co. Down, Donaghadee, Oxford, Broadway e Perranporth.

TOLKIEN, John Ronald Reuel (1892–1973) nasceu em Bloemfontein, África do Sul, e cresceu em Birmingham. Estudou na King Edward School, Birmingham, onde seu amor por idiomas já aflorava. Ele se matriculou no Exeter College, em Oxford, em 1911, onde estudou *Honor Moderations*. Por seu tema especial de estudo, escolheu Filologia Comparada e foi ensinado por Joseph Wright. Ele passou a estudar Língua e Literatura Inglesas e obteve um Primeiro em 1915. Foi também durante seus anos de graduação que Tolkien desenvolveu interesse por pintura e desenho. Ele foi um tenente dos Fuzileiros de Lancashire de 1915 a 1918 e participou da Batalha do Somme. Enquanto ainda estava no exército, convalescente de uma doença, ele começou a escrever *O Silmarillion*. Depois de trabalhar por um tempo no Dicionário Oxford, tornou-se *Reader* em Língua Inglesa na Universidade de Leeds (1920–1924) e professor de Língua Inglesa em Leeds (1924). Em 1925, retornou a Oxford como professor de Anglo-saxão. Foi em 1926 que ele e Lewis se tornaram amigos e, alguns anos depois, ele começou *O Hobbit*. Tolkien foi professor Merton de Língua e Literatura Inglesas em Oxford (1945–1959). *O Senhor dos Anéis* foi publicado entre 1954 e 1955.

WARDALE, Edith Elizabeth (1863–1943) entrou no Lady Margaret Hall, Oxford, em 1887, e mudou-se um ano depois para o recém-inaugurado St. Hugh's Hall (agora College). Depois de obter um Primeiro em Línguas Modernas, tornou-se vice-diretora e tutora do St. Hugh's Hall e tutora da Associação para a Educação Superior das Mulheres. Ela esteve intimamente ligada à educação de mulheres durante alguns dos mais importantes anos dessa história. Ela foi tutora em Inglês em St. Hugh até 1923. Suas publicações incluem *An Old English Grammar*

Apêndice biográfico

[Uma gramática inglesa antiga] (1922) e *An Introduction to Middle English* [Uma introdução ao inglês medieval] (1937).

WARREN, Sir Thomas Herbert (1853–1930) chegou ao Balliol College em 1872, quando Benjamin Jowett era mestre há dois anos e o College estava no auge de sua reputação. Havia outros grandes homens lá na época, e Warren se mantinha nessa sociedade distinta. Ele obteve uma graduação de primeira classe em Clássicos e foi escolhido para representar a universidade no rugby. Provavelmente, a maior influência sobre Warren foi Jowett, cujo ideal do College era um campo de treinamento para a vida pública. Em 1877, ele foi eleito para uma bolsa de estudos em Magdalen e, pouco depois, para uma tutoria clássica. Em 1885, com 32 anos, foi eleito presidente do Magdalen, um ofício que manteve até 1928. Às vezes ele parecia muito ansioso com respeito à posição social de seus alunos de graduação, mas isso parece ter sido seu desejo de garantir o melhor para o Magdalen. Foi uma homenagem incomum à posição de seu College o rei George V, em 1912, tê-la escolhido para o príncipe de Gales. Ele escreveu dois volumes de versos: *By Severn Sea* [Pelo mar Severn] (1897) e *The Death of Virgil* [A morte de Virgílio] (1907), e foi um dos fundadores da *Oxford Magazine*.

WIBLIN, Vida Mary (1895–1937) — "Mancha" — nasceu em Oxford e estudou na Cathedral School e na Oxford High School for Girls. Ela se matriculou na Sociedade de Estudantes Caseiros de Oxford (mais tarde St. Anne's College) em 1920 e recebeu seu Bacharelado em Música em 1924. Ela passou a estudar Latim e Grego e obteve seu BA em 1926. A srta. Wiblin, que nunca se casou, foi diretora musical no Magdalen College School (1926–1937), onde era uma figura muito conhecida e amada. Ela também foi pianista do Coro Bach e na Sociedade Musical de Eglesfield, no Queen's College, e trabalhou árdua e lealmente como cossecretária da Sociedade Orquestral de Oxford.

WILSON, Frank Percy (1889–1963) — tutor de Lewis em Inglês — obteve um BA em Inglês da Universidade de Birmingham e, em seguida, um B. Lit. no Lincoln College, Oxford, sobre Thomas Dekker. Ele esteve no Regimento Royal Warwickshire durante a Primeira Guerra Mundial e ficou gravemente ferido em Somme. Voltou a Oxford em 1920, como palestrante universitário e foi nomeado *Reader* em 1927. Foi professor de Inglês na Universidade de Leeds (1929-1936) e professor Merton de Literatura Inglesa em Oxford (1947-1957). Ele foi, com Bonamy Dobrée, o editor-geral da *Oxford History of English Literature* [História da literatura inglesa de Oxford], e convidou Lewis para escrever *English Literature in the Sixteenth Century* [Literatura inglesa no século XVI] (1954).

WYLD, Henry Cecil Kennedy (1870-1945), filólogo e lexicógrafo, formou-se nas universidades de Bonn e de Heidelberg e depois em Corpus Christi, Oxford, onde estudou Filologia, Fonética e Linguística com Henry Sweet. Ele se formou em Oxford em 1899 e foi nomeado palestrante de Inglês no University College, em Liverpool. Em 1904, a Universidade de Liverpool elegeu-o como primeiro professor Baines de Língua e Literatura Inglesas. Permaneceu em Liverpool até 1920 e, ensinando, palestrando e escrevendo, estabeleceu-se entre os primeiros filólogos do país. Foi então que ele escreveu seu *Historical Study of the Mother Tongue* [Estudo histórico da língua materna] (1906) e *A Short History of English* [Uma breve história do inglês] (1914). Em 1930, foi eleito professor Merton de Língua e Literatura Inglesas, na Universidade de Oxford, com uma bolsa em Merton. Em Oxford, completou seu *Studies in English Rhymes* [Estudos em rimas inglesas] (1923) e escreveu o *Universal Dictionary of the English Language* [Dicionário universal da língua inglesa] (1932).

APÊNDICE DO MAGDALEN COLLEGE

No mesmo caderno em que Lewis escreveu a última parte de seu diário, ele incluiu "retratos" de nove de seus colegas no Magdalen College. Eles estão impressos aqui, pois parecem ter sido planejados como ilustrações para o diário. Infelizmente, Lewis parou de atualizar o diário antes de mencionar Edward Hope e Stephen Lee, mas guardei as descrições que fez deles.

BENECKE, Paul Victor Mendelssohn (1868–1944) era bisneto do compositor Felix Mendelssohn. Ele foi eleito membro de Magdalen em 1893 e ensinou Clássicos até a aposentadoria em 1925. Lewis dá este retrato dele:

> *Simplicissima Psyche.* Ele tem um rosto de extraordinária beleza e mantém a cabeça um pouco inclinada para cima e o corpo muito reto embora seja velho. Ele é um caminhante rápido e furioso e forte, mas suas mãos tremem. Toma banho frio, não bebe vinho, jejua às sextas-feiras, levanta-se muito cedo e não perde nenhum serviço na Capela. Ele é considerado por alguns como um homem pio, por outros como uma mulher idosa, e ambos estão certos.
> Sua santidade ele mostra claramente, não por seu asceticismo, mas por sua compreensão sábia e curiosa sobre os animais. Ele disse certa vez que viu bem por que os indianos encontraram no elefante uma manifestação do divino: e em outra que a vida de todo animal parecia triste e vazia do exterior, e que a melancolia nos olhos de um cachorro era sua pena pelos homens. É somente sobre este assunto que ele fala com confiança.

Na maioria das vezes ele não pode expor uma proposição sem imediatamente qualificá-la, e então novamente modificando a qualificação, de modo que ninguém saiba no final o significado de sua fala como um todo. Essa hesitação, que equivale a uma espécie de gaguejo mental, o torna ineficaz em reuniões e comitês, onde ele fala frequentemente e por muito tempo, não por amor a sua própria voz (pois é visivelmente nervoso e infeliz), mas porque ele concebe que seja um dever.

Pela mesma razão, é comum que ele fale com um convidado tedioso ou um recém-chegado tímido. Se alguém é rude com ele, ele acha que a culpa é sua e pede desculpas. Ele é ridicularizado pelas costas e às vezes insultado na face, por homens mais jovens, e nunca foi visto com raiva. Ele raramente sai do College, e se o faz, é para ficar com a irmã. O College é sua esposa e filhos e sua mãe e pai: ele conhece todos os estatutos dela bem como seu Livro de Oração, e não esquece ninguém que tenha pertencido a ela por muitas gerações.

Seu tempo livre é consumido em obras educacionais e de caridade. Se a formação de uma escola ou de uma sociedade, ou a administração de um hospital, envolver qualquer serviço monótono e trabalhoso de organização ou correspondência, esse trabalho certamente cairá sobre ele. Ele tem o ar de um homem que nunca procurou agradecimentos e muito raramente os conseguiu. Seu maior prazer está na música: e até mesmo aqueles que o desprezam acham necessário reverenciar seu julgamento.

CRAIG, Edwin Stewart (1865–1939). Ele foi um demonstrador no laboratório elétrico da Universidade de Oxford (1905–1913). Ele foi membro do Magdalen (1918-1930), período em que foi vice-presidente do College (1926–1928) e secretário da Universidade de Oxford (1924–1930). Lewis dá este retrato dele:

> O Burocrata. Ele tem o rosto de um coronel ou de um funcionário público e não de um acadêmico: corado de complexo, com dobras pesadas na bochecha, lábios sorridentes e um elegante "bigode de escova de dentes". Ele é muito bronzeado: ele está sempre muito bem-vestido e arrumado e

Apêndice do Magdalen College

tenta sempre levar sobre si o ar do grande mundo — como se um pouco de Whitehall ou do Foreign Office tivesse entrado em nosso meio.

Logo que aparece ele se mostra de todos os homens o mais difícil de negligenciar, ou de tratar com irreverência: seus próprios rosto e voz carregam o tipo de autoridade que vem da longa familiaridade com negócios, criação impecável, o hábito de comando e a consciência de ter um lugar no sistema de coisas. Ao contrário dos homens mais velhos ele é tratado por seus juniores com respeito invariável. Ele silencia a oposição por seu perfeito conhecimento de procedimento e sabe bem como enfrentar um argumento não com um argumento contrário, mas com um ponto de ordem: ou, não raramente, por um silêncio no momento certo ou um simples levantar das sobrancelhas. Ele é ciente de seus próprios poderes, mas de maneira alguma é vaidoso.

Ele é sempre gentil, mas sua gentileza é mais distante do que o mau humor dos outros. Para seus superiores, ou para dignitários de fora, suas maneiras são irresistíveis e produzem ao mesmo tempo, sem servilismo, tudo a que o servilismo visa. Com todos esses recursos, ele não tem projetos sérios nem originais para usá-los. O que seu poder impõe tem sido frequentemente sugerido a ele por outros, ou por mero precedente: ele foi descrito como a encarnação de uma agenda de papel. Ele não é de modo algum à prova de lisonja: ainda menos contra o charme infantil de um estudante de graduação com um rosto limpo e uma boa família. Propriedade, decência, conveniência, ele bem entende: bem e mal parecem-lhe uma forma um tanto ruim.

Ele está envolvido em negócios há tanto tempo que esqueceu todos os interesses intelectuais. Sua leitura é lixo: seus prazeres são totalmente sensuais: ele é um bom juiz de culinária, de vinho e de bebidas. Ele está envelhecendo rapidamente e suporta suas enfermidades com grande coragem quanto aos perigos, e com nenhuma paciência quanto aos desconfortos.

DIXON, Arthur Lee (1867–1955). Ele era membro do Merton College (1891–1922), membro do Magdalen e professor Waynflete de Matemática Pura (1922–1945). Lewis diz dele:

Epicuri de grege Porcus. Ele é um homem desgrenhado com um bigode esfarrapado, agora cinza, mas mostrando traços de amarelo-avermelhado. Tendo chegado aqui mais tarde na vida ele é júnior para a maioria dos que são mais novos do que ele: isso, combinado com a posse de uma esposa inválida em Folkestone, lhe dá um ar descomprometido. Ele é o alegre espectador de tudo o que se passa sobre ele, mas raramente ele mesmo assume o palco. Ele parece ter entrado no College como um viajante experiente entra em vagão lotado de trem: não dá problema para os outros, mas facilmente se acomoda porque sabe como se encaixar em qualquer lugar. Ele é feliz aqui, e seria feliz no Polo Norte ou na última trincheira: ele parece que nunca conheceu um homem com quem não pudesse se dar bem. Ele adora uma boa história de assassinato ou um bom poema épico, um bom chiste ou um bom jogo de boliche, um bom filósofo ou uma boa faxineira, com a mesma imparcialidade.

O conhecimento dele é muito grande e no entanto ninguém pensaria nele como um homem instruído. Ele fala para todos nós tão prontamente sobre nossos próprios assuntos que se esquece de que ele tem um assunto próprio: ou melhor, a matemática parece acomodar-se tão facilmente ao lado de Ovídio, Tasso, golfe, Kant, Gilbert & Sullivan, Trollope e pousadas francesas, que aparece como um dos interesses humanos normais. É um mero acidente se um homem inclui a matemática entre seus passatempos — como é um acidente se ele inclui jogo de damas.

Ele é um homem que parece ter resolvido o problema de viver, sem (o que é raro) tornar-se egoísta no processo. Tanto quanto um homem pode ir no nível puramente do mundo — sem descontentamentos divinos ou máximas desconfianças ou clamor pela lua — até agora ele tem ido. Um homem de quem depender até o fim: ele está em paz, como os animais, mas com o charme adicional da razão: um bom homem, um bom (quase grande) cavalheiro, porém não mais espiritual do que o pior degenerado em quem — para todos os demais — alguém encontraria seu oposto. Se ele tivesse beleza física seria o ideal pagão do "homem bom" perfeitamente realizado.

Apêndice do Magdalen College

HOPE, Edward (1886-1953) estudou na Universidade de Manchester e no Magdalen College. Ele foi membro e tutor de Química em Magdalen de 1919 até a aposentadoria. Lewis escreveu sobre ele:

> *Natura apis.* Por sua aparência, ele é um celta negro. Um homem pequeno, moreno e frágil, tão quieto e autocontido que você o tomaria por covarde se ele não fosse obviamente honesto, e por um místico se não fosse obviamente comum. Ele é um filho do povo, ainda carregando estranhos provincianismos do norte em seu discurso, e barulhento ao comer. Ninguém nunca deixou de gostar dele. Sua vida está em sua ciência: ele vive isolado entre nós leigos e na simplicidade de seu coração supõe que todos os homens sejam tão especialistas em seus próprios estudos quanto ele é nos seus. Ele não fala muito. Ele cuida da própria vida: para horas de trabalho, ciência, e para horas de lazer, sua própria digestão. Isso é ruim, e é o único tema sobre o qual ele é eloquente.
>
> Este é um daqueles homens em quem conhecimento e intelecto assumem sua morada sem fazer qualquer diferença: eles são adicionados à insignificância decente de caráter, e o caráter não foi transformado. Se você eliminasse seu conhecimento técnico não haveria mais nada para distingui-lo de qualquer respeitável lojista da Tottenham Court Road. No entanto ele não é vulgar: pois presunção, falsa-gentileza e ganância de dinheiro ou de atenção, nunca passou por sua cabeça. Um homenzinho modesto, capaz, laborioso, caridoso e despretensioso, que ninguém poderia descrever sem querer poder falar mais favoravelmente do que a verdade permitiria.

LEE, Stephen Grosvenor (1889-1962) foi aluno de graduação em Magdalen (1908-1912), onde estudou História. Ele foi professor-assistente na King's School, Worcester (1912-1913) e palestrante em Magdalen (1913-1914). Durante a Guerra, ele foi capitão na 6ª Brigada de Infantaria (1914-1918). Ele foi membro e tutor em História Moderna em Magdalen (1920-1947), e dele Lewis escreveu:

Ele é um homem de boa aparência, de ar saudável e ativo, do tipo de homem ao ar livre como o herói do primeiro romance de uma dama: seus dentes muito brancos, seus olhos claros, barbeado. Embora não seja tolo, ele está fora de seu lugar em uma faculdade: se ele pudesse levar sua esposa encantadora e seus filhos enérgicos com ele e ser colocado em uma fazenda de cem acres nas colônias ele teria encontrado sua vocação. Ele tem muito senso de dever para negligenciar seu trabalho — ele vem daquele estoque dissidente de tementes a Deus —, mas o semestre é um cansaço para ele, e ele nunca está feliz até que tenha levado a família para seu pequeno bangalô galês entre os urzes e os penhascos da península de Gower, onde ele pode passar o dia cortando madeira e tirando água. Ele preferiria manusear uma pá mais do que todas as canetas que já existiram, e cobiça uma sela mais do que qualquer cadeira profissional.

De tudo isso, que é visível para todos os outros, ele é apenas vagamente consciente de si mesmo. Ele se acha preguiçoso porque seu coração não se volta para seu trabalho: embora na realidade sua energia seja ilimitada, e o que sobra de ensinar os alunos e banhar as crianças recai sobre os escoteiros e a Liga das Nações. Por um paradoxo (que não é um paradoxo para aqueles que o entendem) ele é, por um lado, um homem muito modesto, e mesmo humilde, que aprenderia com qualquer um: por outro, a distância entre ele e aqueles que realmente [são] do tipo erudito, é algo com que ele nunca sonhou. Ele seria bom demais para sentir raiva se alguém tentasse mostrar isso a ele: mas seria impossível para ele entender.

MACKEITH, Malcolm Henry (1895–1942). Foi membro e tutor do Magdalen College (1922–1933), demonstrador no Departamento de Anatomia Humana da universidade (1921–1923), demonstrador universitário em Farmacologia (1922–1933) e deão da Faculdade de Medicina (1930–1933). Lewis deu este retrato dele:

Um homem do tipo escarrapachado e relaxado que se senta com frequência na cadeira inclinado a um ângulo de quarenta e cinco graus, com as mãos nos bolsos e o casaco desabotoado, balançando as pernas. Seu rosto tem uma aparência sonolenta e geralmente tem um sorriso

Apêndice do Magdalen College

astuto, como um caipira esperto. É tão natural imaginá-lo com uma palha na boca que mal se sabe se alguém se lembra de tê-lo visto de fato assim ou não. Ele fala com voz nasalada, muito lentamente.

Ele tem toda a aparência de boa natureza, embora não seja conhecido por ter prestado qualquer serviço a alguém. Ele nunca foi visto com raiva, nem sentido. Ele segue na companhia daqueles que sempre têm o próprio caminho e participam do dele, mas sem violência. É como se ele os usasse como eles usam o resto de nós. Quando um de seus confederados limpou o caminho com uma exposição selvagem de *realpolitik* e o outro pavimentou-o com precedentes e formalidades, ele ergue-se sobre os pés, fala algumas palavras hesitantes que cansam mas metade delas conciliam seus oponentes e desaba pesadamente em sua cadeira. "Ele acha que sabe uma coisa ou duas, mas ainda não atingiu o nível de cinismo. Ele vive no mundo de um fazendeiro onde levar vantagem e enfraquecer [o outro] são coisas asseguradas, e nada poderia ser mais tacanho do que seu orgulho honesto de enganar os colegas. Como ele nunca suspeitou da existência de um mundo diferente, ele não sente necessidade de se defender por meio de uma doutrina consciente de cinismo. Ele acha que só faz um pouco melhor o que todos os homens invariavelmente também fazem como podem: e embora percebesse que a parte derrotada em um acordo resmungará, ele não conseguia entender o tipo de animosidade que suas ações realmente despertavam.

Ele difere em toda a largura do céu de nosso primeiro personagem [Weldon]: como o inconsciente do consciente: como o pagão do apóstata: como o velhaco ingênuo, em paz com o seu mundo de velhacaria, difere do apóstolo desafiador do imoralismo. Você pode dizer que eles diferem como terra do ferro — mas apenas se você se lembrar de que a terra pode comer ferro, lentamente, sem perceber. Estando totalmente feliz, ele é uma boa companhia. Ele nunca vai para o inferno — a forca seria suficiente para acertar sua conta puramente humana, e até mesmo tocante.

PARKER, Michael Denne (1894–1972). Ele foi membro e tutor de História Antiga em Magdalen (1926–1945). Lewis geralmente se refere a ele como "Búfalo Ferido" ou "Bisão Ferido" e deu este retrato dele:

O homem comum. Ele é uma imagem de saúde grosseira. Seu rosto é muito vermelho e áspero, como um bife, os lábios grossos, a mandíbula pesada e geralmente esticada para suportar um cachimbo pesado. Ele tem um andar desleixado, como um atleta de folga, e anda com as mãos (que são cabeludas e como as mãos de um trabalhador braçal) nos bolsos.

Ele pensa de si mesmo como um homem simples sem nenhum absurdo a respeito de si, e espera que mesmo seus inimigos o considerem um sujeito honesto no fundo, e que mesmo homens ainda mais inteligentes e mais sutis permitam que ele seja um bom juiz de um assunto prático. O desejo de estar sempre exercitando esse senso comum prático e astuto leva-o a intermináveis discussões sobre tudo o que acontece: ele atrairá qualquer um que escute em uma esquina e ali permanecerá trocando confidências roucas sobre seus alunos e colegas enquanto você quiser. Qualquer que seja sua plateia ele sempre conclui que "nós dois (ou três, ou quatro) somos as únicas pessoas no College que entendem este assunto e devemos nos unir". As mesmas pessoas contra as quais ele oganiza [*sic*] seus confidentes na quarta-feira serão levadas ao conselho na quinta.

Sua paixão por sentir que segura as rédeas e está em segredo lhe dá a aparência (e, na prática, as qualidades) de um intrigante inescrupuloso: mas não a culpa, pois ele é tão inocente quanto um garoto em idade escolar brincando de sociedades secretas. Ele acredita em tudo o que diz no momento, mas sendo tão fraco quanto a água, toma uma nova cor de cada grupo em que ele entra. O que você diz a ele descuidadamente e em público um dia, ele trará de volta para você no dia seguinte, em perfeita boa fé, como uma ideia original dele para ser comunicada em segredo, com uma piscadela e um aceno de cabeça — *verbum sapienti*. O hábito agora está tão assentado nele que, mesmo quando ele está apenas pegando emprestado seus fósforos ou passando o tempo, ele se aproxima de você de tal maneira que qualquer um que esteja fora do alcance da voz pensaria que ele estava discutindo o destino da universidade.

Ele não é um homem de intelecto. Ele lê (além de seu assunto) nada além de histórias de detetives, e não tem gosto por nenhuma das artes. Seus prazeres são os de um atleta. Sua veia cômica é troça e gracejo:

Apêndice do Magdalen College

um trabalho violento de pancadaria que faz fronteira com o apalhaçado. Seu humor é facilmente elevado e apaziguado. Da moral seu maior alcance é o ódio contundente à falta de castidade e à crença de um aluno de escola pública no valor de assistir às partidas de críquete. Ambos são sinceros e ele provavelmente se gabaria de ser incapaz de dar suas razões para isso.

SEGAR, Robert (1879–1961). Ele estudou em Stonyhurst e na Universidade de Liverpool. Tornou-se um advogado do Middle Temple em 1903 e, durante a Guerra, serviu como capitão no Regimento de Worcestershire, na França. Com quarenta anos ele se tornou um estudante sem subvenção em Magdalen e, depois de obter seu BA, foi palestrante de Jurisprudência no Wadham College e Tutor em Direito em Magdalen (1919–1921). Ele foi membro do Magdalen (1921–1935). Lewis nos dá este retrato de Robert Segar:

> Um homenzinho gordo e curto, feio, de aparência alegre, com um brilho nos olhos. Ele usa um chapéu-coco e carrega uma pequena maleta, que combina com seu rosto largo e vulgar para lhe dar a aparência de um viajante comercial próspero e benevolente. Muitas vezes, mastiga o toco de um charuto.
>
> Ele é um Papista e acertou suas contas com o outro mundo: pelo resto da vida ele está livre para jogar golfe, comer seu jantar e contar suas piadas. Ele foi visto entregando um charuto a um mendigo na rua com uma expressão interrogativa. Ele aceita o que vier: o bom e o ruim, e ri de tudo: o humor está todo em seu rosto, e ele poderia se sair bem no palco do *music hall*. Ele traz sobre si o ar de um salão de bar: sentar com ele é estar confortável e contente e bem informado e não indelicadamente, e esquecer que existem campos verdes ou galerias de arte no mundo.
>
> Tudo isto é o lado que ele nos mostra dia a dia: mas há mais por trás, pois ele é um arruinado pela guerra e passa as noites praticamente acordado. Ele vai morrer lutando. Seu céu seria uma aconchegante casa pública com uma sala de bilhar e uma aposta ganha de um homem que poderia permitir-se perdê-la: seu inferno, um aluno.

WELDON, Thomas Dewar (1896–1958). Ele obteve um BA do Magdalen College em 1921 e foi membro e tutor em Filosofia no Magdalen (1923–1958). Lewis escreveu sobre ele:

Determinado a ser um vilão. Ele é um homem de aparência melancólica: seu rosto muito pálido, seu cabelo muito preto e raiado com óleo por cima de sua cabeça sem divisão: sua boca longa e magra: os traços bem definidos e muito pouca carne no rosto. Ele é um risonho frequente e barulhento, mas a expressão de seu rosto em repouso é feroz e taciturna. Ele contém uma grande quantidade de bebida sem estar bêbado. Sua fala leve é cinismo e indecência: quando ele fica sério sem raiva (o que é raro), ele gosta de estalar suas frases muito bruscamente e fechar a boca após elas como uma armadilha. Com raiva — que sempre aumenta a menos que ele se oponha — ele não é nada quente, mas fica mais pálido, sorri bastante e é poderoso na dialética. Ele é costumeiramente insolente com servos e com homens idosos, mas capaz de bondade, embora não seja dependente disso. Ele se mostrou corajoso na guerra e está em paz. Ele tem grandes habilidades, mas desprezaria a si mesmo se as desperdiçasse em empreendimentos desinteressantes. Ele não tem piedade e não pediria nenhuma. Ele acredita que já tenha visto de tudo e vive no fundo do poço. Ele seria capaz de traição, e acharia a vítima tola por ter sido traída. O desprezo é sua paixão dominante: coragem, sua principal virtude.

ÍNDICE

A rainha das fadas (Spenser), 224, 373
A saga dos Forsyte (Galsworthy), 148
Adventure of Living (Strachey), 239
After the War (Repington), 34, 36, 41
Ainley, Henry, 133
Alchemist (Jonson), 197
Alexander, Samuel, 521
Alice and a Family (Ervine), 470
Allchin, Basil Charles, 53, 68, 110, 351, 595
Allen, Carleton Kemp, 77, 82
Allen, Hugh, 57
Amelia (Fielding), 547
Anglo Saxon Reader (Sweet), 166
Anglo-Saxon Chronicle, 248
Antígona, 80, 84–87, 114
Antônio e Cleópatra (Shakespeare), 320
antroposofia, 436–437, 439, 569
Appearance and Reality (Bradley), 109
Appleton, E. R., 52
Aristóteles, 35, 61, 562, 563
Arnold, Matthew, 216n173, 254
Askins, Edith "Edie", 162, 398, 406

Askins, John Hawkins (Doc), 34, 40, 53, 56, 66–67, 76, 106–107, 110, 161, 185, 198, 208, 209, 210, 212, 242, 244, 258; surto e morte, 270–291, 293, 304–305
Askins, Mary, 275, 292
Askins, Robert "Rob", 162, 271–275, 279–285, 288–291, 304, 595–596
Askins, William James, 305, 596
Asquith, Herbert Henry, 57, 196
Asquith, Margot, 49, 57
Até que tenhamos rostos (Lewis), 348n82
Atlântida, 34, 459
Austen, Jane, 412
Autobiography (Trollope), 235
Autobiography of Margot Asquith, 173, 186

Bacon, Francis, 182, 201
Baker, Leo, 48, 50, 52, 55, 57, 59, 60, 61, 63, 66, 68, 68, 69, 71–72, 74, 77, 84, 87–89, 94, 99, 106, 108–113, 150, 157, 391, 596; carreira teatral, 49, 57, 59, 61,

62, 63, 89, 106, 110–111, 113, 114, 135, 213, 434–435; doença, 84, 87, 87, 89; sonhos sobre, 60, 63, 210; visita da família de Jack, 133–136
Baker, srta., 36, 44
Baldwin, Stanley, 495, 500, 502, 502, 508, 510
Barfield, Matilda "Maud", 213, 303n51, 362, 569, 588
Barfield, Owen, 63, 64–65, 82, 88, 92, 97, 99, 213, 251–252, 303n51, 362, 363, 390, 439, 567–568, 569, 588, 597; dança, 57, 59, 91; subeditor de *Beacon*, 49, 49, 52, 250
Bateson, Fredrick Wilse, 314, 414
Battle of Maldon, 197
Battle of the Books (Swift), 293
Bayliss, Lilian, 89, 94, 106
Beacon (revista), 49, 51, 52, 250, 402
Beauchamp's Career (Meredith), 224, 234
Beckett, Eric, 122, 125–126, 395–397, 597–598
Benecke, Paul Victor, 532, 539, 613–614
Betjeman, John, 509, 518, 519, 563, 565–566, 577
Blakiston, Herbert Edward, 412
Blunt, Henry Pyot, 47, 51, 60, 67
Boyd, família, 231
Bradley, Francis Herbert, 78, 109
Bride of Lammermoor (Scott), 482

Broad, Dorothy, 44, 46, 89, 115, 116, 157, 167, 262, 287, 339, 340, 342
Browning (Chesterton), 386
Burton, Robert, 158
Bussy D'Ambois (Chapman), 211

Cahen, Andrée, 115, 116, 120, 122, 129, 130–132, 136, 143, 145
Campbell, Archibald Hunter, 535
Campbell, John Colquhoun, 565, 572, 579
Carlyle, Alexander James, 160, 163, 205, 253, 300, 391, 459, 581, 598
Carritt, Edgar Frederick, 57, 60, 65, 68, 72, 77–79, 82, 85, 112, 119, 125, 176, 205, 311, 363–364, 391, 394, 414, 423, 598
Catlin, George, 426–427, 430
Catulo, Gaio Valério, 259
Cenci (Shelley), 191
Chance (Conrad), 480, 482
Changeling (Middleton & Rowley), 211
Chatham and Clive (Macaulay), 444
Chaucer, Geoffrey, 163, 165, 179, 184, 584
Childe, Rowland, 203
Childs, William Macbride, 84
Chute, Anthony William, 495, 504
Ciclo do Anel (Wagner), 340
Clarke, Alured George, 41–42, 66
Coghill, Nevill, 255–262, 259n24, 260n25, 260n26, 281n39, 318, 321, 533, 534, 598–599

Conferências introdutórias à psicanálise (Freud), 70
Confessions of a Young Man (Moore), 399
Coriolano (Shakespeare), 528
Country of the Blind (Wells), 503
Courthope, William John, 590
Cowper, William, 316
Crabbe, George, 316
Craig, Edwin Stewart, 495, 497, 501, 502, 504, 568, 574, 614–615
Craig, James, 537
Craigie, William Alexander, 326, 336, 570
Cranny. *Veja* Macran, Frederick Walker
Croce, Benedetto, 60, 64
Curtis, Geoffrey William, 174, 174

Daedalus (Haldane), 374
Darlow, Thomas Sherrock, 206, 249–251, 260, 269n34
Dauber (Masefield), 540
David Copperfield (Dickens), 401, 404
de Bergerac, Bernice, 106, 114
De la Mare, Walter, 185, 293, 379
De Regno (Patrizi), 546–547
de Villiers, Iris, 139, 142
Delanges, Maurice, 343–350
Democrat (jornal), 41
Deus no banco dos réus (Lewis), 607
Development of Greek Philosophy (Adamson), 35

Ding Dong Bell (De la Mare), 431
Dixon, Arthur Lee, 498, 615
Do jeito que você gosta (*As You Like It*) (Shakespeare), 196, 434
Dodds, Eric, 79–80, 84, 93, 152
Don Juan (Byron), 70, 182, 373
Donne, John, 227, 245
Dotty. *Veja* Vaughan, Dorothea "Dotty"
Dover Road (Milne), 133
Dryden, John, 264, 590
Dymer (Lewis): e Sonhos de Christina, 40n18, 559; comentários sobre, 56, 59, 65, 68, 71, 82, 92, 132, 181, 195–196, 335, 362, 421, 455, 567, 573; publicado, 510, 529–532, 535, 545, 549; redação, 34, 41, 49, 62, 75, 79, 80, 81, 83, 86, 88, 98, 108, 113, 239, 242, 327, 367, 406; resenhas, 555, 556, 564–565, 577, 586

Earp, Thomas Wade, 203
Egoist (Meredith), 337
Eliot, T. S., 528, 529, 533–535, 535, 539
Ellis, Havelock, 71, 110
Emerson, Ralph Waldo, 182
Empedocles on Etna (Arnold), 216
Empty Room (Harwood), 201
Endymion (Lyly), 207
Eneida (Virgílio), 153, 155
Energie Spirituelle (Bergson), 371

English Literature in the Sixteenth Century (Lewis), 612
English Review (revista), 39
Erasmo, 545
Erastae (Platão), 589
Erewhon Revisited (Butler), 551
Essence of Aesthetic (Croce), 64
Estudo de Palavras (Trench), 579
Evans, Valerie, 446, 525
Everlasting Mercy (Masefield), 38
Ewart, família, 217, 234, 599–600
Ewart, Isabella Kelso "Kelsie", 148, 217, 236
Ewart, Mary Gundred, 148, 199
Ewing, Alfred Cecil, 77, 152, 309, 312, 388, 416–417, 423, 514

Faithful Shepherdess (Fletcher), 234
Farquharson, Arthur Spenser, 68, 90, 102, 115, 164, 381, 455, 600–601
Fasnacht, George Eugène, 203–205, 244, 268, 432
Featherstone, srta. (senhorita), 33n1, 37, 38, 41, 44, 49, 51, 54, 55, 74, 102, 154, 289
Festival Musical de Oxford, 58n47
Flauta mágica (Dickinson), 156, 161
Fool Errant (Hewlett), 373
Foster (Lewis), 184, 186, 373
Freeman, John, 515
Freud, Sigmund, 67, 70, 71
Friar Bacon and Friar Bungayo (Greene), 490

Gallipoli Diary (Hamilton), 158
Glorious England (de Bergerac), 106, 111, 114
Gonner, Lady Nannie, 37, 43, 71, 101
Goode, Dr., 280, 281, 284
Gordon, George Stuart, 180, 189, 191, 195, 200, 205–206, 249, 259, 294, 317–318, 601
Gower, John, 179, 180, 584, 584
Graves, Robert, 93
Greeves, Arthur, 21, 27, 90, 92, 99, 107, 149, 222, 338–340, 601–602; pinturas, 87, 95, 96, 98, 99, 100, 102–103, 105; visitas de, 83, 88, 89, 90, 93–98, 103–108, 337–340
Greeves, John, 221, 233
Greeves, Mary Gribbon, 148, 219, 226, 231–234, 238
Greve Geral, 495–509
Gulliver's Travels (Swift), 295, 551

Haig, Edward Felix, 47, 78
Hamilton-Jenkin, Alfred, 58, 62–63, 70, 85–86, 101, 165, 182, 183, 191, 192–193, 203, 267, 275, 278, 293, 313, 332, 355, 363, 429, 431, 538; comentários sobre Dymer, 71, 200; discussão sobre o ideal real, 193; ideia de peça de terror, 315–316; preocupação com mineração, 99, 170, 315; sobre cavalaria, 169; sobre humanitarianismo, 100

Hamilton, Augustus Warren "Tio Gussie", 216
Hamilton, Thomas Robert, 221
Hankin, sra., 159, 161, 162, 171, 176
Hardie, William, 498, 506, 508, 519, 530, 534, 539, 582, 585
Harper, Annie, 220
Harwood, Cecil, 63, 65, 67, 81–82, 87, 92, 96–98, 99, 201, 229, 303, 303n51, 333, 341, 358–363, 419–422, 433–439, 522, 603
Hassan, (Flecker), 363–64
Hawes, Comandante, 123, 140, 141–144, 147
Hawes, Maisie "Moppie", 123, 124, 127, 130, 134, 136–147, 151–154, 157, 159, 189, 214, 243, 244
Hawes, sra. "A Cadela", 123, 136, 140–143, 189
Hegel, Georg Wilhelm Friedrich, 157
"Hegemony of Moral Values" [Hegemonia dos valores morais] (Lewis), 387, 417
Henderson, Keith David, 535
Henrique IV (Shakespeare), 135, 195
Henrique V (Shakespeare), 197
Henrique VI (Shakespeare), 109
Heráclidas (Eurípides), 383
Hetherington, William Dixon, 506, 515, 523

Hichens, Dr., 271, 271
Hinckley, sra., 81, 101, 111
Hipólito (Eurípides), 384
Holmes, família, 419, 420
Hope, Edward, 613, 617
Hugon, Marianne Cecile, 105, 122
Hume, David, 80, 429

Il Penseroso (Milton), 158
Ilíada (Homero), 295
"Infatuation" (Lewis), 520–521
Instinct and the Unconscious (River), 95, 100
Insurrections (Stephens), 296
Irish Fairy Tales (Stephens), 148
Irrational Knot (Shaw), 93
Ivy (criada), 137, 146, 147, 157, 157, 167, 201

J. A. *Veja* Smith, John Alexander
Jellicoe, John Basil, 504, 505
Jenkin. *Veja* Hamilton-Jenkin, Alfred
Jerusalem Delivered (Tasso), 350, 353
Johnson, Patrick, 586
Joseph, Horace William, 112
Jowett, Benjamin, 55
Joy (Lewis), 43–45, 49, 62, 373, 375, 402
Judas, o obscuro (Hardy), 218, 219

Kalevala (Lönnrot), 548, 567
Kant, Immanuel, 54, 56, 60, 388

Kaufmann, George Adams von, 436–437
Keir, David Lindsay, 266–267, 457, 496, 505, 572, 603–604
Kemshead, Chaloner Thomas "Tio Bunny", 197–198
"King of Drum" (Lewis), 557, 559, 562, 567, 577, 589

Lady Rose's Daughter (Ward), 373
"Lama Sabacthani" (Barfield), 251
Lawrence, Thomas Edward, 122, 396
Lawson, Frederick Henry, 455, 496, 505, 604
Lear (Shakespeare), 265, 584
Lee Shore (Macaulay), 547
Lee Shore (Macaulay), 547
Lee, Stephen Grosvenor, 613, 617–618
Legend of Good Women (Chaucer), 171
Leibniz, Gottfried Wilhelm, 415, 454
Letters of C. S. Lewis, 19nn5, 7, 21n12, 24n17, 25n20, 330, 374, 410n33
Lewis Papers, 21n9, 26n22–23, 28, 221n179, 338, 348n82, 380n11, 386n17, 609
Lewis, Albert James (pai de C. S.), 46, 61n52, 64, 126–127, 149, 190, 211, 211, 237, 298, 326, 352, 380n11, 386n17, 549, 604–605

Lewis, Clive Staples "Jack": assistir peças, 57, 114, 133, 150, 375, 434, 454, 527–528, 584, 588; banhos no Parson's Pleasure, 64, 67, 69, 333, 339, 345, 543, 547; candidatura à Bolsa de All Souls, 382, 385, 396–397, 430; candidatura à Bolsa de Magdalen, 151–155, 160, 163, 176, 461–462; candidatura a Trinity, 381, 382, 412–414, 416–417, 424; carreira acadêmica, 42–43, 61n52, 68, 72–75, 77, 78–80, 82–86, 93–94, 178, 269, 296–299, 300, 310, 341–342, 385, 386n17, 402, 486–487, 586; casa Hillsboro, 302, 304, 305, 308–310, 324; correção de exames, 444–446; crítica sobre Maureen, 105, 208, 446, 554; desinteressado, 237; discussão sobre boas emoções, 174; em Watford com Warnie, 118–119; English School, 163, 167, 179, 321–323, 336, 337, 339; escrevendo/ideias para histórias, 155, 251, 262, 310, 311, 348, 421, 520–521, 539; estudos de grego, 45, 46, 49, 66, 73–75, 80, 85, 383, 390; estudos nórdicos, 559, 579; feriado em Clevedon, 398–410; feriado em Cloud Farm, 463–485; ida a concertos, 184, 186, 190, 202,

425-426, 493, 502; ideia da peça de terror, 315-316, 349; ideia para o poema com Sarastro, 156, 162, 173; incômodos de Greeves a, 90, 92, 100, 107, 149; intimidade com a sra. Moore, 115, 121, 129, 233; mudanças, 37, 44, 45, 46, 50, 187, 198-200, 206, 296, 300, 331-332, 541, 593; na Classe de Discussão, 249, 255-256, 269, 313-314, 316-318; observações do Greve Geral, 495-509; paródia de Eliot, 528, 529-530, 533-535; pensamentos filosóficos, 38, 65, 203-205, 208, 333, 377, 381, 389, 390, 523; preocupações financeiras, 36, 38, 42, 237, 302, 542; registro de sonhos, 60, 63, 94, 136, 155-156, 190, 210, 309, 329, 406, 432, 532-533, 542-543; resenhando livros, 357; reuniões da sociedade filosófica, 387, 394, 416, 424, 426-428, 454-455, 459, 582, 585; reuniões dos Martlets, 54, 82, 173, 205, 258, 265-269, 423, 456, 459; sentimentos sobre Warnie, 121, 133; sobre a guerra, 160, 257; sobre a imaginação, 558-560, 580; sobre antroposofia, 436-437, 439, 569; sobre arte, 135, 262, 265-269; sobre as mulheres, 199, 200, 262; sobre casamento, 71, 77, 98, 111; sobre cristianismo/religião, 43, 50, 76, 135, 169, 194, 262, 385, 422, 467, 488, 579, 582, 593; sobre espiritismo, 66-67, 261; sobre publicar, 36, 39, 48, 259, 483; sobre sexo e perversão, 69, 70, 71; sociedade Mermaids, 574, 590; sonhos de Christina, 40, 65, 88, 91, 539; substituído por Carritt, 414, 423; tentativas de *Sortes Virgilianae*, 506; trabalho de tutoria e de palestras, 449-453, 455, 456-460, 487, 489-490, 508, 562-563, 565, 572; trabalho em I. A., 168, 171, 172, 178, 246, 555-560, 562; viagem de motociclo, 439-444; visita ao Museu Britânico, 433-434; visita de Karraways, 133-136; visitas a Irlanda, 147-150, 214-241, 364, 549

Lewis, Warren (Warnie) Hamilton, 24, 46, 72, 94, 126-127, 218, 221, 237, 338, 549, 593 viagem de motociclo, 407-411, 439-444; visitas de, 117-133, 301-303, 311, 519-521

Life of Henry More (Ward), 379, 380

London Mercury (jornal), 36, 37, 39

Lorde Jim (Conrad), 536

Love's Labour Lost (Shakespeare), 191

Loyalties (Galsworthy), 150
luta do chá, 69n60

Macbeth (Shakespeare), 167
MacKeith, Malcom Henry, 618–619
Macmurray, John, 416
Macran, Frederick Walker "Cranny", 43, 56, 101, 161, 189–190, 247, 262, 304, 605–606
Macran, Violet, 170, 190
Magic (Chesterton), 58
Maid's Tragedy (Beaumont & Fletcher), 208
Malcomson, srta., 90, 93, 94
Malory, Thomas, 416
Man and Mystery in Asia (Oddenowski), 423
Man's Man (Hay), 137
Mary Rose (Barrie), 455
Masson, David, 154, 158, 162
McNeill, família, 228
McNeill, Jane "Janie", 71, 72, 220, 229, 232, 236, 237, 605
Meade, Dr., 128
Memoirs of the Life and Correspondence of Mrs. Hannah More (Roberts), 511
Metamorfoses (Ovídio), 100, 315, 331
Milton (Raleigh), 560–561
Milton, John, 154, 157, 157, 162, 201, 556, 571

Misfire (Lewis), 35, 89
Modern Utopia (Wells), 150, 536
Moore Edward Francis "Paddy", 35, 71
Moore, Courtenay Edward (marido de Jane, "a Besta"), 36, 347, 593
Moore, George, 399
Moore, Janie King "D": cuidando das finanças de Jack, 537, 542, 560, 562; desafios domésticos, 37, 38, 44, 50, 198–200, 593; doença, saúde, depressão, 50, 66–67, 113, 115, 184, 185, 192, 200, 203,, 206, 231, 248, 264, 296, 324, 362–363, 364, 446, 471–475, 481, 502, 545, 546, 581, 591; e dos amigos de Jack, 83, 94, 96, 99, 106, 108, 569; frustrações com, 418, 510–512, 543, 557; preocupações com Maureen, 44, 50, 552; projetos de trabalho, 46–48, 76, 79, 80, 101, 137, 138, 161, 172; questões financeiras, 34, 36, 38; sobre perspectivas de Jack, 66, 73, 77, 86, 87, 93
Moore, Maureen (filha de Jane), 37, 192, 242, 248, 369–370, 541, 593; discussões sobre, 510–511, 557; vida acadêmica, 39–40, 151, 163, 178, 280; violino, 42, 68, 351–352
More, Henry, 364, 379–380, 384–385

Morrah, Dermot Macgreggor, 430–431
Morris, William, 166, 172, 256, 386, 544, 584
Mother Tongue (Wyld), 554
Mozart, 156
Murray, Basil, 125
Murray, Norah, 418
Myers, John Linton, 112

Narrative Poems (Lewis), 589n42
naufrágio do *Titanic*, 213
New Poems (Bridges), 573
New Psychology and the Teacher (Miller), 93
Niilismo Idealista, 204
Nimue (Lewis), 44, 45, 50, 51, 55, 55, 332

O afilhado (Tolstoi), 141
O livro da duquesa, (Chaucer), 163
O retorno (de la Mare), 185, 292
Of Morals (Hume), 80
Offa (Lewis), 35
Olivier, Daphne, 358–359
Onde existe amor, Deus aí está (Tolstoi), 141
Onions, Charles Talbut, 169, 249, 547, 606
Os contos de Canterbury (Chaucer), 171, 175
Os dois cavaleiros de Verona (Shakespeare), 172
Osmond, Austin, 90

Paley, F. A., 383
Paraíso perdido (Milton), 98, 157, 159, 162, 591
Parker, Michael Denne, 568, 586, 619–621
Pasley, Johnnie, 115, 117, 128, 376
Pasley, Rodney, 38, 39, 68, 77, 87, 97, 98, 115, 116, 117, 120, 127–129, 132, 132, 376–378, 397, 432, 522, 537, 606
Paton, Herbert James, 460
Peacocke, Mona, 236
peça de Wycherley, 48, 56, 57
Peer Gynt (Ibsen), 62, 454
Peregrino (Bunyan), 422
Perrott, Daisy, 130
Persian War (Grundy), 41, 47
Phantastes (Macdonald), 240
Philaster (Beaumont & Fletcher), 208
Philosophical Essays (Russell), 367
Piers Plowman (Langland), 184
Platão, 34, 47, 75, 83, 110, 112, 580, 589
Poems (Lewis), 521
Poetic Unreason (Graves), 509
Political Parties in Athens (Whibley), 47
Pompey the Great (Masefield), 39
Potterism (Macaulay), 513
Powell, srta., 85
Poynton, Arthur Blackburne, 59, 76, 79, 164, 606–607
Preface to Paradise Lost (Lewis), 561n7

Prelude (*Prelúdio*) (Wordsworth), 155, 430, 497, 553
Price, Henry Habberley, 163, 384, 394, 416, 607
Prichard, Harold Arthur, 389n21, 392, 532
Problems of Philosophy (Russell), 456
Prometeu (Ésquilo), 567
Prometeu desacorrentado (Shelley), 100, 258
"Promethean Fallacy in Ethics" (Lewis), 369, 371, 385
Psicologia do sexo (Ellis), 110
Psyche (Lewis), 52
Psychoanalysis (Hingley), 103

"Queen of Drum, The" (Lewis), 589n42
Queen Victoria (Strachey), 67, 71
Quinlan, srta., 151, 152, 158, 243

Raleigh, Walter, 58, 81, 179, 261, 560–561, 607
Raymond, sr. (proprietário de Hillsboro), 114, 136–138, 201, 210, 210, 270, 383
Raymond, sra., 48, 97, 201
Rayson, sr. (arquiteto), 45
Reflexões cristãs (Lewis), 598
Reformation in England (Milton), 554
Revenger's Tragedy (Tourneur), 590
Revolta dos anjos, A (France), 444
Riddles (I. A.), 168, 172, 178

Right Royal (Masefield), 417
Rink, George Arnold, 265–269, 389
Road to Endor (Jones), 58
Robinson, Edwin Arlington, 75, 87
Robson-Scott, William Douglas, 54, 195, 375, 379, 414, 608
Rodin, Auguste, 360
Rogers, Ethel, 229
Ross, William David, 388
Rumour (Munro), 588
Russell, Bertrand, 367, 368, 387, 456

Sadler, Michael, 309, 356,
Saint Francis of Assisi (Chesterton), 385
Sée, Georges, 131
Segar, Robert, 541, 579, 621
Selected Literary Essays (Lewis), 259n24
Shakespeare, William, 182, 191, 208, 310, 317, 321, 435
Shall We Join the Ladies? (Barrie), 150
Shelley, Percy, 176, 258
Sigrid (Lewis), 340, 544
Silver Trumpet (Barfield), 359
Simpson, Percy, 168, 178–179, 561
Simpson, Philip Overend, 48
Slade, Humphrey, 583
Smith, John Alexander "J. A.", 508, 516, 524, 526–527, 582, 585, 588, 608

Smith, Pearsall, 250
Sofistas, 51, 55, 59
"Soldier's Coat" (Harwood), 201
Sólon, 62, 63
Somerville, Martin Ashworth, 71
Sonhos de Christina, 40, 65, 88, 91, 539
Spencer, Charles Richard, 499, 512
Spenser, Edmund, 70, 201, 244, 258-260
Spinoza, Baruch, 455, 456
Spirits in Bondage (Lewis), 21, 42, 174, 296
Squire, John Collings, 36, 51, 55, 251, 584
Stead, William Force, 36, 43, 48, 334, 528, 530, 608-609
Stein, Gertrude, 533, 535, 539
Steiner, Rudolf, 334, 359n85, 437n58, 580, 584
Stevenson, Arthur, 42
Stevenson, George Hope, 47, 48, 51, 53, 56, 67, 73, 76, 78, 80, 119, 297, 357, 609
Stevenson, sra., 45, 45, 53, 66-67, 183
Stevenson, Sydney, 183
Stout, Alan Ker, 387, 388
Strachey, Lytton, 71
Strick, Richard Boase, 256, 261, 317-318, 320, 321, 323
Study of Metre (Omond), 92
Suffern, Lily (Tia), 42, 72, 81, 176, 180-182, 195, 202, 208-209, 299, 303, 319, 325-327, 384, 392-393, 573, 609-610
Suggestions in Ethics (Bosanquet), 417
Surpreendido pela alegria (Lewis), 21n10, 34n4, 119n97, 328n72, 402n30, 412n35, 442n65, 490n5, 593, 596, 597, 600, 603, 606
Sweet Miracle (Stead), 36, 48

Tasso, Fairfax, 350, 353
Tauton, sra., 87, 93
Taylor, sr., 74, 369
Taylor, sra., 197-198
teoria *eidee*, 35
Terry, Philip John, 266-267
Theory of the State (Bosanquet), 66
They Stand Together (Lewis), 18n1, 22n11, 25n19, 28n24, 601
Thompson, James Matthew, 491, 537, 542, 588
Thurston, família, 367
Tolkien, John Ronald Reuel (J.R.R.), 507, 610
Tom Jones (Swift), 446
Tower (Barfield), 82, 92
Travels with a Donkey (Stevenson), 451
Trimblerigg (Housman), 582
Troilo e Créssida (Chaucer), 165, 166, 167
Tucídides, 49, 50
Turn of the Screw (James), 93, 94, 99
Two Lives (Leonard), 539

Valentin, Deric William, 563, 565, 566, 571, 583, 585–586
Vanity Fair (Thackery), 372
Varieties of Religious Experience (James), 76, 78, 79
Vaughan, Dorothea "Dotty", 492, 520–521, 523, 525, 531, 534, 543, 548, 553, 576
Veil (De la Mare), 219, 252
Vox Clamantis (Gower), 179

Waller, Edmund, 587
Wallis, Edward John, 52
Walsh, sr., 136, 137, 142, 143, 147
Wardale, Edith Elizabeth, 165, 168, 173, 180, 183, 188, 192, 246, 610
Warren, Thomas Herbert, 151, 537, 611
Watling, Edward Fairchild, 52, 85, 118
Weldon, Thomas Dewar, 488, 504, 505, 518, 539, 563, 575, 582, 586, 622
Well at the World's End (Morris), 544
Wells, H. G., 431, 503, 536
Wharton, srta., 235
Whitty, srta. (professora de música), 46, 48

Wiblin, srta. (irmã de Vida), 246–247
Wiblin, Vida "Mancha", 68, 70, 88, 97, 100, 104, 110, 115, 116, 120, 124, 126–131, 137, 139, 145, 146, 158, 161, 245–247, 308, 611
William Morris (Noye), 386
Williams, Vaughan, 109
Wilson, Frank Percy, 164, 171, 175, 180, 195, 201, 276, 328, 339, 611–612
Winds of Doctrine (Santayana), 367
Women Beware Women (Middleton), 211
Wood, Arthur Denis, 568, 577, 582
Wordsworth (Garrod), 357
Wordsworth, William, 160, 317, 560, 578
World of Dreams (Ellis), 70, 71
Wyld, Henry "Patife", 173, 182, 188, 191, 191, 195, 258, 554–559, 561, 564, 612
Wyllie, Basil Platel, 73, 74, 247

Yeats, William Butler, 48
Yorke, Henry Vincent, 510, 515, 528, 529–530, 534, 538

Ziman, Herbert David, 54, 381, 415–416

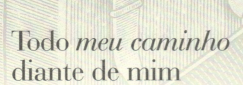

Todo *meu caminho* diante de mim

Outros livros de C. S. Lewis pela
THOMAS NELSON BRASIL

A abolição do homem
A última noite do mundo
Cartas a Malcolm
Cartas de um diabo a seu aprendiz
Cristianismo puro e simples
Deus no banco dos réus
O assunto do Céu
Os quatro amores
O peso da glória
Reflexões cristãs
Sobre histórias
Um experimento em crítica literária

Trilogia Cósmica

Além do planeta silencioso
Perelandra
Aquela fortaleza medonha

Este livro foi impresso em 2020, pela Ipsis,
para a Thomas Nelson Brasil. A fonte usada
no miolo é Adobe Caslon Pro corpo 11,5.
O papel do miolo é pólen soft 70 g/m².